성경의 인간학

김재진 지음

한국신학총서 **16**

성경의 인간학

지은이 · 김재진 ‖ **펴낸이** · 김승태

초판 1쇄 찍은 날 · 2007년 11월 20일 ‖ 초판 1쇄 펴낸 날 · 2007년 11월 25일

편집 · 김지인, 이덕희, 방현주 ‖ **본문편집디자인** · 이훈혜, 정혜정

표지 디자인 · 예영 B&P

영업 · 변미영, 장완철 ‖ **물류** · 조용환, 엄인휘

등록번호 · 제2-1349호(1992. 3. 31) ‖ **펴낸 곳** · 예영커뮤니케이션

주소 · (110-616) 서울시 성북구 성북1동 179-56 ‖ **홈페이지** www.jeyoung.com

출판사업부 · T. (02)766-8931, F. (02)766-8934 e-mail: jeyoungedit@chol.com

출판유통사업부 · T. (02)766-7912 F.(02)766-8934 e-mail: jeyoung@chol.com

copyright ⓒ 2007, 김재진

ISBN 978-89-8350-457-9(03230)

값 15,000원

한국신학총서 *16*

성경의 인간학

김재진 지음

예영커뮤니케이션

서울교회 당회장, 철학박사 Ph.D 李鍾潤 목사님의
성역聖役 30년을 기념하여
이 책을 헌정합니다.

머리말

'기독교 인간학Christliche Anthropologie', 특히 '성경의 인간학Anthropologie der Heiligen Schrift'은, 창조주 하나님께서 최초 인간 '아담Adam'에게, "아담아! 네가 어디 있느냐?"(창 3:9)라고 인간을 찾으시는 데서부터 출발한다. 왜냐하면 이러한 하나님의 부름은, 최초 인간 '아담'과 그의 아내가 "동산 각종 나무의 열매는 네가 임의로 먹되, 선악을 알게 하는 나무의 열매는 먹지 말라. 네가 먹는 날에는 반드시 죽으리라"(창 2:16-17)고 말씀하신 하나님께 불순종하여, 뱀(사탄)의 유혹에 넘어가 '선악을 알게 하는 나무의 열매'를 따 먹은 후, 저희들이 두려워 하나님의 낯을 피하여 동산 나무 사이에 숨었을 때 일어난 일이기 때문이다. 따라서 '아담아! 네가 어디 있느냐?'는 하나님의 부름은, '네가 지금 어디 있느냐?', 아니 '과연 네가 지금, 네가 있을 곳에 있느냐?'라는 물음을 동시에 내포하고 있는 것이다. 다시 말하면, '아담(인간)이 지금 자신이 있을 곳에 있지 않다'는 뜻이다. 자기가 있을 곳을 떠난 '아담', 다시 말해서, 바다의 물고기와 하늘의 새와 가축과 온 땅과 땅의 기는 모든 것을 다스리고 있어야 할 '인간Adam이 제 자리를 떠나 다른 곳에 있다'는 뜻이다. 이렇게 자기 자리를 잃어버린 인간, 다시 말해서 자기 신분을 상실한 인간들에게 말씀을 걸어오고, '아담아! 네가 지금 어디 있느냐?'고 인간을 찾으시는 하나님의 이야기가 바로 '성경의 인간학'의 출발점이다.

그러므로 성경은, 한편으로는 자기신분을 상실한 인간이 하나님의 낯을 피하여 이 땅에서 유리방황하며 살아가고 있는 인간의 삶에 대하여 이야기하고 있으며, 다른 한편으로는, 잃어버린 양을 찾아 나선 목자처럼, 자기 자리를 떠난 인간을 찾아 이 땅에 인간의 모습을 입고 오신 하나님, 곧 예수 그리스도에 대한 이야기 이외에 다른 것이 아니다. 따라서 신학은 인간 없는 하나님에 대하여 이야기할 수 없듯이, 하나님 없는 인간에 대하여 이야기할 수도 없다. 한 마디로 말해서, 하나님에 관하여 이야기하는 '신학Theologie'은 인간에 관하여 이야기하는 '인간학Anthropologie'을 내포하고 있으며, 그런 점에서 '신학'은 하나님과 인간 사이에서 일어나는 모든 일(사건)들에 대한 진술 이외에 다른 것이 될 수 없다. 즉 '인간학'은 모든 신학적 주제의 가장 근본적인 전제이며, 동시에 마지막이다. 왜냐하면 '인간학'은 그의 창조에 관한 창조론, 그의 타락에 관한 죄론, 그의 구원에 관한 '구원론' 혹은 '칭의론', 그의 '보혜사'에 관한 '성령론', 선택받고 부름받은 자들의 공동체에 관한 '교회론', 인간의 심판에 관한 '종말론', 그들의 구원자이신 '참 인간' 예수 그리스도에 관한 진술인 '기독론' 등과 직-간접적으로 연관되어 있기 때문이다.

따라서 '성경의 인간학'은 두 인간, 곧 최초 인간 '아담Adam'의 후손과 '참 인간vere homo'인 '인자人子', 예수 그리스도에 대하여 서로 '병렬적'으로 혹은 '역설적'으로, 그리고 때론 '변증법적'으로 진술할 수밖에 없다. 왜냐하면 육신으로는 다윗의 혈통에서 태어난 '인자', '나사렛 예수'는 최초 인간 '아담'이 상실한 신분, 그가 숨은 자리, 바로 '그 신분Status', '그 장소Ort'에 태어나서 다시 한 번 최초 인간 '아담Adam'의 자리에서 하나님의 말씀(명령)을 들어야 했기 때문이다. 따라서 필자가 본 '성경의 인간학'은 '그리스도론적 인간학Christologische Anthropologie' 혹은 '인간학적 그리스도론Anthropologische Chistologie'의 특성을 갖는다. 이러한 점에서 '성경의 인간학'은 죄로 인한 징벌과 심판으로 끝나는 '비극적 인간학Tragische Anthropologie'이 아니라, 예수 그리스도의 부활로 인하여 주어진 '인간의 부활'에 관한 '약속된 생명의 인간학Anthropologie des versprochenen Lebens'이다. 그러므로 '성경의 인간학'은 인간의 죄에 대한 깊은 성찰과 삼위일체 하나님, 곧 '창조주' 하나님과 '화해자' 예수 그리스도와 '보혜사' 성령님의 구원을 소망하는 깊은 '참회의 기도'와 하나님께 대한 '영광송'으로 귀결된다.

그럼에도 불구하고 필자의 부족한 '성경의 인간학'은 아직도 완전히 사멸되지 않은 '사탄 마귀'의 '악한 세력'으로 인하여 여전히 천착穿鑿되어야 할 인간학적 과제를 남겨 놓고 있다. 그것은 미래에, 아니 조만간 나타나게 될 '사람의 형상'을 가진 존재들, 곧 '로봇인', '복제인', 그리고 '외계인'과 '자연인' 사이에 생길 갈등과 위기에 관한 문제이다. 왜냐하면 에스겔 선지자는 '사람의 형상'을 가진 '네 생물'(겔 1:4-5)에 관하여 이미 언급했기 때문이다. 조만간 현실화 되어질 우리 '자연인'과 '사람의 형상'을 가진 다른 존재들과의 갈등과 하나님의 구원 역사는 앞으로 전개할 인간학의 새로운 과제이다. 이 점을 필자는 미래의 인간학의 과제로 남겨 두었다.

이제 '성경의 인간학'의 마지막 '마침표'를 찍으면서, 부족한 필자는 가슴 깊이 새겨진 이름들을 기억하지 않을 수 없다. 그 중 어느 누구보다도 가장 깊이 필자의 마음에 각인된 분은 필자의 신앙을 인도해 주신 서울교회(통합)의 당회장이신 이종윤 목사님이시다. 이종윤 목사님은, 필자에게 '인간론'을 주제로 서울교회 신앙 강좌 2부에서 매주일 강의하도록 허락해 주시면서, 성경의 인간학의 가장 핵심적인 주제를 가르쳐 주셨다. 목사님은, "인간학은 철저히 징벌 받아야 할 죄인들에 대한 이야기, 곧 다름 아닌 죄론罪論이며, 동시에 철저히 징벌 받아 마땅히 죽어야 할 바로 이 인간을 구원하시는 예수님에 관한 기독론基督論"이라고 가르쳐 주셨다. 한분 더 꼭 기억해야 할 분이 계시다. 그 분은 필자의 박사 학위 지도 교수였으며, 현재 독일 하이델베르크Heidelberg 대학의 미하엘 벨커Michael Weleker 교수님이다. 벨커 교수님은 '성경 신학Biblische Theologie'에 기초한 조직신학을 전개하는 신학 방법을 성심껏 가르쳐 주셨다. 본 책의 신앙적 그리고 신학적 특성은 바로 이 두 분의 '신앙'과 '신학 A방법'에 기초를 두고 있다. 따라서 필자는 가르침에 감사하는 마음에서 늦었지만 부족한 책을, 2006년 성역 30년을 맞이하시는 이종윤 목사님 앞에 헌정하는 바이다.

그리고 감사해야 할 분들이 또 있다. 부족한 원고가 세상에서 빛을 보도록 수익성 없는 책을 기꺼이 출판해 주신 예영커뮤니케이션 김승태 사장님과 정성껏 교정을 맡아 주신 편집자 여러분, 그리고 평신도로서 필자의 원고를 매 주일 열심히 읽고 요약하면서 어려운 부분들을 일일이 지적해 주신 '서울교회 신앙강좌 2부' 우지원 부장 집사님을 비롯한 교사 교우님들에게 진심으로 감사를 드린다. 필자는 부족한 사람을 '그리스도의 종'이라는 이름 때문에 사랑으로 도와주신 이분들의 이름이 '어린 양의 생명책'에 기록되기를 간절히 기도드린다.

그리고 무엇보다도 자주 주일 아침 이른 새벽까지, 필자의 책상 곁에서 삶에 지쳐 쓰러져 잠을 청해 보지만, 비춰오는 책상의 '스탠드' 불빛 때문에 잠 못 이루었던 사랑하는 아내 '수경秀卿', 그리고 어려운 삶을 함께 참아가면서 굴하지 않고 자신들의 길을 스스로 굳건히 개척하면서 살아가고 있는 사랑하는 큰 아들 '성수聖洙', 작은 아들 '영수榮洙', 그리고 천국 문을 눈앞에 두고 계신 늙으신 어머니, 아버님에게 진심으로 감사한다. 끝으로 필자는 이 모든 분들과 함께 성부, 성자, 성령 삼위일체 하나님을 다음과 같이 찬양하고자 한다.

Gloria Patri et Filio et Spiritui Sancto
sicut erat in principio et est nunc
et erit semper et in saecula saeculorum,
Amen

북한산北韓山 바라보며
하나님께서 영광 받으실
그날이 기필코 올 것을 믿으면서

2007년 10월 15일

신학박사Dr. theol. 김재진 목사

차례

머리말 11

제1부 하나님 앞에 있는 인간人間

제1장 기독교 인간학의 출발점 21

I. 어느 때 자기 자신에 대하여, 질문을 던지는가? 21
II. 하나의 생물체로서의 인간 24
III. 사회를 형성하고 발전시키는 문화적 인간 27
IV. 생각하는 이성을 가진 철학적 생물체 28
V. 인간의 모형으로서의 예수 그리스도 32

제2장 하나님의 형상으로 창조된 인간의 타락 34

I. 자기 부모를 꼭 닮았네 – 창조주 '하나님의 형상'이란 무엇인가? 36
1. 기독교 인간관의 핵심 주제로서의 '하나님의 형상'론 2. '하나님의 형상': 인간의 정신적 '본질', '성품' 혹은 다른 피조물에 대한 '통치권'인가? 3. 영과 형이 결합된 인격적 존재 구조로서의 '형상' 4. '모양': 인격적 존재 구조를 닮음 5. 하나님의 아들 예수 그리스도는 보이지 아니하는 '하나님의 형상'

II. 아담Adam아! 너는 흙이란다. – 하나님과 같이 되고자 하는 인간 51
1. 아담아! 너는 흙이란다 2. 아담과 그리스도는 인간성의 두 모형 3. 아담(흙) 안에 있는 인간 4. 그리스도 안에 있는 인간

Ⅲ. 떠나는 순간, 고생이란다 - 부모 곁을 떠나고자 하는 자녀 66
　1. 이름도, 얼굴도 없는 소외된 인간 2. 생명의 근원을 떠나고 싶어 하는 탕자 3. 그래
도 되돌아가고 싶은 고향 4. 하나 되게 하는 그리스도

Ⅳ.　노예가 되어 있는 인간 - 죄와 악에 사로잡혀 있는 인간 72
　1. 자유로부터 도피하고자 하는 인간 2. 세상 권세의 노예가 되고자 하는 인간
3. 인간의 의로 죄의 노예가 된 인간 4. 진리를 알지니, 진리가 너희를 자유케 하리라.

Ⅴ.　하나님의 아들을 죽인 인간 - 예수를 죽인 것은 인간의 시기와 질투이다 84
　1. 형제를 죽인 가인의 후손 2. 하나님의 아들을 죽인 인간 3. 누가, 무엇이 예수를 십
자가에 못 박았나? 4. 살인자를 위해서 죽은 하나님의 아들

제3장 인간에게 과연 희망이 있는가 96

Ⅰ.　자신 있으면, 하나님 없이 살아보게! - 하나님을 떠나서는 아무 것도 할 수
없다 98
　1. 계속되는 죄와 점점 더 비참해진 인간의 현실 2. 죄의 노예가 되어 있는 인간 3.
아무 것도 스스로 할 수 없는 인간 4. 그리스도 안에서는 무엇이든지 할 수 있다

Ⅱ. 인간 세상에 거룩한 것이 어디 있어 107
　1. 거룩한 곳에 가까이 갈 수 없는 인간 2. 스스로 거룩해 지고자 하는 인간의 또 다른
죄성 3. 유대교의 제의적 의미의 '거룩' 4. 하나님의 영이 '함께 있음' 하는 자(곳)가 '거룩
한 자(곳)'이다. 5. '하나님의 형상'으로서의 '거룩' 개념

Ⅲ. 누가 나의 부모이며, 형제인가? 119
　1. 부모와 자식 그리고 형제 사이에 참 사랑이 있는가? 2. 종말론적 현상으로서의 가정 파
괴 3. '가족' 공동체의 구성원은 모두 형제, 자매이다 4. 한 분 하나님에 대한 신앙 안에서
'함께'하는 형제 사랑

Ⅳ. 하늘 문: 하나님 나라에 대한 약속 128
  1. 당신의 미래는 보장되어 있는가? 2. 하나님의 섭리 안에서 개방된 미래 3. 스스로 자기 자신을 벗어날 수 없는 인간 4. '임마누엘'에 대한 소망

Ⅴ. 죽는다고 모든 것이 끝나는가? 139
  1. 죽음 그 자체로 인간의 생명이 끝나는가? 2. 영혼 불멸이 아니라, 죄에 대한 심판과 약속된 생명의 나라 3. 죽은 자의 부활과 하나님의 나라 4. 주여! 주여! 하는 자마다 하나님의 나라에 들어가는 것이 아니다

제4장 참 인간이 되신 하나님 149

Ⅰ. 왜 하나님은 인간이 되셨는가? 151
  1. 나사렛 예수의 몸으로 참 인간이 되신 하나님의 아들 2. 죄인을 대신하여 죽은 참 인간 예수 그리스도 3. 아직도 하나님 사랑의 대상인 인간 4. 다시 오실 사람의 아들(人子)

Ⅱ. 인간을 위해서 죽은 하나님 - 우리를 위해 죽은 그리스도 163
  1. 왜 하나님의 아들은 처참하게 십자가에 못 박혀 죽었는가? 2. 하나님의 사랑은 십자가의 사랑이다. 3. 인간 사랑을 통한 하나님 사랑에 대한 감사 4. 하나님의 사랑은 처음부터 죄인에 대한 사랑이다

Ⅲ. 인간의 동반자가 되신 하나님 - 하나님 없는 인간도 없고, 인간 없는 하나님도 없다 173
  1. 하나님은 홀로 계신 분이신가? 2. 이스라엘 백성과 함께 동행하신 여호와 하나님 3. 죄인들과 함께 하시는 하나님의 아들 4. 각 사람에게 임하신 성령님 5. 마지막 날 하나님의 나라에서 함께 거할 하나님과 그의 백성

Ⅳ. 인간의 '계약 파트너'가 되신 하나님 - 나는 너희 하나님, 너희는 내 백성 188
  1. 나 여호와는 인간이 아니다 2. 하나님의 영원한 의지: 나는 너희의 하나님이 되고, 너희는 나의 백성이 될 것이다 3. 하나님 백성의 의무

V. 인생의 빛이 되신 하나님 - 어린 양이 세상의 등불이 되리라 199
1. 어두움 속에 있는 인생 2. '빛'으로 나타나신 하나님과 예수 그리스도 3. 어두움 속에서 인생을 인도하시는 '구원의 빛' 4. 소멸되어질 광명체의 빛과 영원한 '등불'이 되신 어린 양

VI. 인간의 생명이 되신 하나님 - 죽는다는 것을 기억하라, 그리고 항상 하나님을 기억하라 210
1. 정말 죽고 싶을까? 2. 모든 인간은 죄인이기에, 모든 인간은 죽을 자이다. 3. 대속의 '죽음'으로 '죽은 자'를 해방시킨 참 인간 예수 그리스도 4. 죽고 싶어도 죽지 못하는 자와 죽어도 사는 자

제5장 하나님 앞에 있는 인간의 실존 221

I. 악인의 번성 224
1. 사탄의 '밥'이 된 죄인 2. 악인이라고 해서 하나님의 사랑에서 제외되는 것이 아니다 3. 악인의 번성은 한계가 있다. 4. 악인은 언젠가는 심판을 받는다.

II. 의인의 고난 235
1. '의인'이 있는가? 2. '의인'의 고난이 아니라, '믿는 자'의 고난이다. 3. 사탄은 '의인'을 시험하고, 하나님은 '의인'을 '연단'하신다. 4. 온전한 믿음에서 나온 절대적 순종이 시험을 이긴다.

III. 의인義人이 아니라, 의인義認된 인간 246
1. '그리스도인'은 어떠한 인간인가? 2. 그리스도인은 '의인義人'이 아니라, 믿음으로 '의롭다 인정된義認 인간이다. 3. '자신이 죄인이라는 것을 인정한 사람'이 의롭다 인정을 받는다. 4. 되어감 속에 있는 그리스도인Christen im Werden.

IV. 땀을 흘려야 사는 인간 256
1. 의식주를 위한 노동으로서의 삶 2. 땀을 흘리지 않으려는 죄: 불노소득의 죄 3. 해산과 부양의 짐을 거부하는 죄 4. 땀을 흘릴 수 없는 인간에 대한 주님의 은총 5. 안식(휴식)을 주시는 하나님

V. 운명運命인가, 하나님의 섭리인가 273

　1. 왜 나의 인생은? 2. '운명運命' 혹은 '역운歷運' 3. 하나님의 세상 통치 원리로서의 '섭리' 4. 생명 구원을 위한 하나님의 섭리

제2부 사람들 앞에 있는 인간人間

제6장 극복되어야 할 인간의 욕망 289

I. 의식주衣食住에 대한 욕구 291

　1. 땀을 흘리면서 살아야 하는 인간 2. 잘 입고 싶은 욕망 3. 잘 먹고 싶은 욕구 4. 좋은 집에 살고 싶은 소망

II. 성적性的 욕구 303

　1. 왜 매춘이 가장 오래된 직업 가운데 하나인가? 2. 성적 욕구는 사랑이 아니다 3. 보는 것과 호기심 4. 죄의 마지막 양태로서의 '성적 타락'

III. 세상 권세와 돈에 대한 욕구 314

　1. 죄악의 '앞잡이'로서의 '세상, 권세'와 '돈' 2. 돈과 세상 권세를 싫어하는 인간이 있는가? 3. 인생의 궁극적인 목표로서의 '영원한 생명'

IV. 머리(첫째)가 되고자 하는 욕구 326

　1. 야곱은 왜? 2. 창조 질서를 뒤바꾼 야곱 3. 하나님에게 속한 장자와 첫 태생 4. 남대문 지게꾼도 순서가 있다

V. 인간의 욕구 상승과 그 한계점 338

　1. 주어진 것에 만족할 줄 모르는 인간 2. '우상偶像'의 노예가 되어 있는 인간 3. 생명을 위한 '노동勞動' 4. 모든 욕망에는 한계가 있다

VI. 그리스도인의 인생은 희극喜劇이다 350

1. 어떠한 삶이 승리한 삶인가? 2. 비극悲劇으로 끝난 인생 3. 희극喜劇으로 끝난 인생
4. 고난을 극복하는 길은 의지意志가 아니라, 신앙이다.

제7장 인간의 자기 관계성 364

I. 감정感情을 가진 존재 367
1. 왜 '눈물淚'이 나오는가? 2. 감정의 표현 방식의 의해서 그의 '사람 됨'이 평가된다
3. 감정에 사로잡혀 있는 참된 기쁨

II. 이성理性을 가진 존재 378
1. 이해하고 믿기 위해서는 먼저 들어라! 2. 유한한 것은 무한한 것을 파악할 수 없다
3. 인간 이성을 계몽하시는 성령 4. 창조된 이성, 타락한 이성 그리고 새 창조된 이성

III. 의지意志를 가진 존재 389
1. 인간의 의지가 전도顚倒되었기에 '역설'이 필요하다 2. 인간의 의지는 단지 희망할
뿐이다 3. 신앙은 '의지'가 아니라, 전적인 '순종'이다. 4. 그리스도 안에서만 '할 수 있다.'

IV. 양심良心도 없는 존재 400
1. '진리를 부인否認할 수 없는 마음'으로서의 '양심良心' 2. '하나님의 말씀'을 깨달은 분
량에 따른 서로 다른 '양심' 3. '양심'은 하나님을 만남으로써 '각성覺醒'된다. 4. 소위 '양
심'이란, 자기 판단 기준일 뿐이다.

V. 언어言語를 가진 존재 411
1. 말言語의 창조성 2. 말言語의 인격성 3. 말씀하시는 하나님과 들어야 하는 인간
4. '육신肉身'이 되신 하나님 말씀.

제8장 치유 받아야 할 인간의 실존 424

I. 억압과 속박으로부터 해방되어야 할 인간 426

1. 귀신의 속박으로부터 해방되어야 할 인간 2. 병病의 고통으로부터 해방되어야 할 인간 3. 배고픔의 고통으로부터 해방되어야 할 인간 4. 죽음에서 해방되어야 할 인간

II. 믿는 자만이 산다 435

1. '병' 낫고자지 않는 자는 치유 받지 못한다 2. 특정한 정황 속에서 베푸신 예수님의 치유 은혜 3. 메시아 예수님에 대한 타인의 믿음으로 치유 받은 사람 4. 예수 그리스의 말씀을 믿음으로 치유 받은 인간

III. 하나님 앞에 불치의 병은 없다 449

1. 귀신에 사로잡혀 있는 인간: 정신병자의 치유 2. 날 때부터 '맹인' 된 인간의 치유 3. 불치의 병을 앓고 있는 인간의 치유 4. 이미 죽어 있는 인간의 치유

IV. 마음과 생각을 신앙으로 바꿔라 459

1. 죽음에 이르는 병病으로서의 절망 2. 치유의 전제로서의 전능하신 창조주 하나님에 대한 믿음 3. 복福 받기 위한 것이 아닌, 생명 구원을 위한 믿음

V. 아기 못 낳는 여인도 470

1. 생육과 번식을 위한 존재 양식으로서의 남성男性과 여성女性 2. '여호와께 능하지 못한 일이 있겠느냐?'(창 18:14a) 3. '부부의 성性 관계'는 창조의 섭리며, 삶의 활력소이다.

제9장 함께 더불어 살아야 할 인간의 책임 480

I. 창조주와 부모에 대한 책임 483

1. 인간은 '스스로 있는 존재'가 아니다. 2. 생존生存을 위한 삶의 '품앗이'로서의 부모 공경과 자식 양육 3. '삶의 품앗이' 원리를 유지하기 위한 방편으로서의 '축복'

II. 제1계명에 상응하는 부부의 책임 494

1. 인생의 창조적 동반자로서의 부부夫婦 2. 결혼의 법적 의미로서의 '선택과 계약' 3. 부부

관계의 내용적 원리로서의 '사랑의 책임' 4. 부부 관계의 실질적인 책임으로서의 '성적 사랑'

III. 형제(자매)와 이웃에 대한 책임 505
1. 참 자매이며, 형제로서의 예수 그리스도 2. 참 이웃으로서의 예수 그리스도 3. 그리스도의 은혜에 대한 감사로서의 형제와 이웃 사랑

IV. 자연 환경에 대한 책임 516
1. 보전하고 관리해야 할 주어진 '생태生態 환경' 2. '생태 환경 변화'의 주체로서의 인간 3. 정작 물려주어야 할 '생태적 환경'은 '함께 더불어 사는 의식'이다

V. 국가와 사회에 대한 책임 526
1. 하나님에 대한 신앙은 '세속 국가國家'와의 '연대Solidaität'을 거부하는가? 2. '신앙 공동체 사랑'으로서의 '나라 사랑' 3. '하나님의 주권' 아래 있는 '왕권 혹은 국가 권력' 4. 세속적 국가의 영적靈的 실체로서의 '신앙 공동체' 5. '하나님 나라'의 세속적 실존 양식으로서의 '신앙 공동체'

결론 541

I. 하나님 앞에 있는 인간homo coram deo 543
1. 아담아 네가 어디 있느냐? 2. 자기 죄와 허물을 알고 있지만, 숨기려는 인간 3. 하나님 앞에 있는 인간homo coram deo 4. 하나님의 낯을 '그에게 향하여 든 자'는 복되도다 5. 이 사람을 보라!Ecce homo

II. 사람들 앞에 있는 인간 Homo coram hominibus 561
1. 보이지 않는 하나님과 보이는 인간 2. 사람들 앞에 있는 인간homo coram hominubus 3. 자기 자신을 위하여 하나님을 부인否認하는 인간 4. 낮고 천한 사람들 가운데 계신 참 인간vere homo 5. 너 자신을 알라!(미래의 인간)

참고 문헌 575

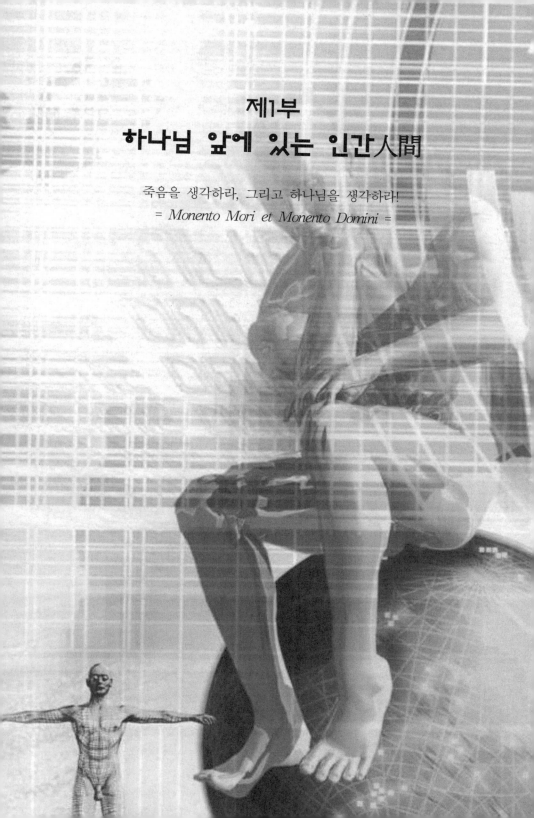

제1부
하나님 앞에 있는 인간人間

죽음을 생각하라, 그리고 하나님을 생각하라!
= *Monento Mori et Monento Domini* =

제1장
기독교 인간학의 출발점

I. 어느 때 자기 자신에 대하여 질문을 던지는가?

'나는 누구인가?', '나는 왜 이럴까?' 하는 질문을 사람들은 어느 때 던지겠습니까? 어느 때 인간은 자기 자신에 대하여 문제를 제기하고, 자기 자신에 대하여 보다 깊이 알아보고, 이해하고자 할까요? 이러한 질문을 던지게 될 때는, 아마도 대부분의 사람들이 자기 자신에 대하여 결코 스스로 만족하지 못할 때일 것입니다. 예컨대 자기 자신은 잘 행하고자 하였는데, 계획한 바대로 행하지 못하고, 실패하였거나, 혹은 자기가 하고자 계획한 바대로 일이 잘되지 않을 때, 대부분의 사람들은 자기 자신을 성찰하는 방법의 하나로 자기 자신의 본질本質에 대하여 질문을 던지게 됩니다. 혹은 자기 자신과 다른 사람을 비교하여, 다른 사람들보다 자기 자신이 부족하다고 생각될 때, 혹은 다른 사람들은 모든 일이 다 잘되어가고 있는 것 같은데, 자기 자신만이 어려움을 겪고 있거나, 계획한 바대로 일이 잘 풀려가지 않을 때, 대부분의 사람들은 자기 자신을 되돌아봅니다. 이때에 사람들은 자기 자신에 대하여 스스로 질문을 던지게 됩니다. '너는 도대체 어떠한 존재인가?' '너는 과연 무엇을 하는 사람인가? 과연 네(내)가 정상적인 존재인가, 아니면, 비-정상적인 존재인가?' 한 걸음 더 나아가 자기 자신이 다른 사람들로부터 과분한 대접을 받거나, 자기 자신에 비하여 지나친 대접이나 대우를 받을 때, 자기 자신의 위상과 본질에 대하여 되돌아 볼 때, '도대체 내가 누구이관대, 도대체 내가 무엇이라고, 이러한 과분한 대접을 받는가?'라고 자기 자신의 신분과 위상*Status*에 대하여 질문을 던지게 됩니다. 그래서 시편 기자는 하나님의 은총을 경험한 후에 다음과 같이 하나님께 자기 자신의 본질을 묻는 질문을 던집니다: "여호와여 사람이 무엇이기에 주께서 그를 알아주시며, 인생이 무엇이기에 그를 생각하시나이까?"(시 144:3)

이렇게 인간은 자기 자신에 대하여 질문하고, 그 답변을 기다리는 유일한 존재라고 볼 수 있습니다. 그리고 어쩌면 이것이 인간이 다른 피조물과 구별되는 점일지도 모릅니다. 왜냐하면 이러한 질문을 통하여 인간은 자기 자신을 사고思考와 숙고의 대상對象으로 세울 수 있는 유일한 존재이기 때문입니다. 그리고 이러한 자기 대상화Selbstentaeußerung를 통하여 자기 자신을 이해하고 인식하여 자기 발전을 이끌어 가는 존재가 바로 인간인지도 모릅니다.

그러나 여러 가지 상황과 여건에 속에서 사람들은 이렇게 자기를 대상화하고, 자기 자신에 대하여 질문을 던지지만, 대부분의 경우 결코 그에 대한 정확하고 바른 답변을 얻을 수 없습니다. 왜냐하면 '나는 누구인가?' '나는 왜 이럴까?' 라고 질문을 던지는 질문자와 그 질문에 대하여 답변해야 답변자가 인간, 곧 자기 자신이라는 동일 인물이기 때문입니다. 즉 인간에 관한 질문은, 질문을 하는 자가 바로 인간이고, 그 질문에 대하여 답변해야 할 자 또한 인간이라는 것입니다. 그러므로 인간에 대한 질문과 그에 대한 답변은 대부분 자문자답自問自答의 한계를 벗어나지 못하고 맙니다. 수 백百개의 질의서를 만들어서, 질문에 답변한 것을 통계로 종합하지만, 오히려 그 통계의 결과는 보다 점점 복잡해져서 자기정체성Selbstidentität을 발견하기가 더 어려울 때가 있습니다. 그 한 가지 예를 우리는 예수 그리스도에 대한 그 당시 사람들의 견해를 통해서 이를 알 수 있을 것입니다. 예수님은 자기 정체성을 자기를 직접 만나거나, 간접적으로 경험한 사람들에게 물었습니다. 그 때에 베드로는 예수 그리스도를 직-간접적으로 경험한 사람들의 견해를 예수님께 말씀드립니다: '더러는 세례 요한, 더러는 엘리야, 어떤 이는 예레미야나 선지자 주의 하나라 하나이다.'(마 16:14) 그러나 이러한 대답은 결코 예수 자신과 일치하지 않습니다. 이러한 답변은 부분적으로는 맞을 수 있을지 모르나, 예수 그리스도 자신은 결코 아닙니다. 이렇듯이 다른 사람들에 의해서 인식된 '나'와 '나 자신'과는 결코 일치할 수 없는 것입니다. 이와 같이 인간이 자기 자신에 대하여 질문하고, 그 질문에 인간 스스로가 이해하고, 답변한 인간관은 결코 정확하다고 말할 수 없을 것입니다. 왜냐하면 그러한 답변은 언제든지 부분적일 수밖에 없기 때문입니다. 마치 거울을 보고 자기 얼굴에 도취된 마귀할멈처럼, 인간 스스로가 던진 질문에 자기 자신이 답변하는 것은, 결국 자기 자신 안에 갇혀진 인간관일 수밖에 없기 때문입니다. 이러한 의미에서 몰트만J. Moltmann이 이야기하듯, "인간은 인간에 대하여 가장 큰 비밀입니다."1)

그래서 이와 같이 미궁에 빠진 자문자답식의 인간관을 벗어나기 위해서 많은 학자들은, 인간을 다른 피조물과 비교해 봄으로써, 인간의 참된 본질을 규명하려고 노력해 왔습니다. 그것이 바로, 철학적 인간학, 혹은 생물학적 인간학, 혹은 사회학적 인간학, 혹은 심리학적 인간학 등입니다.2) 그러나 이러한 시도 역시 단순히 비교 차원에서 벗어나지 못하고 있습니다. 그러므로 우리는 가장 근본적인 문제로 되돌아가서 왜 인간이 자기 자신에 대하여 질문을 하게 되는지, 어떠한 때에 인간은 자기 자신에 대하여 질문을 던지는지, 그 근본적인 "삶의 자리Sitz im Leben"로 눈을 돌려서 그 곳에서부터 인간의 본질에 대하여 묻는 인간학을 출발해야 한다고 생각합니

1) J. Moltmann, *Mensch. Christliche Anthropologie in den Konflikten der Gegenwart*, Stuttgart, Berlin 1971, 全景淵 편, 「人間」(복음주의총서 10), 12(이하 『人間』으로 약칭함).
2) 최근에 인간학을 저술한 판넨베르그(W. Pannenberg) 역시 신학적 전망에서 본 인간을 다룬다고 하면서 여전히, 제1부에서 "인간본성론"을 다루고, 제2부에서는 "사회적 존재인 인간"에 관하여 그리고 제3부에서는 "함께 사는 세상(인간문화론)"을 다루고 있다(W. Pannenberg, *Anthropologie in der theologischer Perspektive, Göttingen* 1983, 박일영 옮김, 『인간학』, 분도출판사 1996. 이하 『인간학』으로 약칭함).

다. 바꾸어 말해서 무엇인가 잘못되고 있는 나의 삶의 현장, 무엇인가 제대로 일이 잘 풀려가지 않고 있는 혼돈의 현장, 그리고 제대로 대접받을 위치가 아님에도 불구하고 값없이 은혜가 주어지는 현장에서 출발해야 합니다. 다시 말해서 '나는 누구인가?', '나는 왜 이럴까?', '나는 어디서 와서 어디로 가고 있는가?'[3], '내 인생의 고난의 원인은 무엇이며, 내 인생이 지향해 가야 할 목적지는 어디인가?' 하는 질문은, 지금 내가 이러한 질문을 던지게 되는 삶의 현장분석으로부터, 우리의 삶의 위상으로부터 제기된다는 것입니다. 그러므로 '인간이 무엇인가?'라는 인간학적 질문은 내 삶의 역사적 현장, 내가 지금 처해 있는 이 불균등하고, 무엇인가 잘못 놓여진 삶의 현장에 대한 분석에서부터 출발해야 한다는 것입니다. 그렇다면 인간의 역사적 '삶의 자리'는 어디인가? 그리고 그 '삶의 자리'는 어떠한 자리인가?

II. 하나의 생물체로서의 인간

'인간이란 무엇인가?'라는 질문에 답변하기 위해서, 많은 사람들은 인간 자신을 다른 피조물, 특히 동물과 비교하여 인간만이 가지는 독특하고 유일한 본질을 찾아 규명하려고 노력하였습니다. 여기서 생물학적 인간학이 정립되게 되었습니다. 그러나 생물학적 인간학은 인간을 다른 동물과 비교하여, 인간이 동물보다 우월한 그 어떤 점을 특별히 부각시킴으로써, 인간은 동물과 다르다는 점을 강조해 왔습니다. 여러 생물들 가운데서 인간이 차지하는 특별한 위상을 다른 생물과 비교하여 서술하려고 일찍이 시도한 사람은 헤르더Herder입니다. 그는 「언어의 기원Über den Ursprung der Sprach, 1770」에서 다음과 같이 말합니다:

> "모든 동물은 태어나면서부터 소속된, 곧 그 안에서 일생 머물면서 죽기까지 사는 영역을 가지고 있다. … 그러나 인간은 하등 동물과 같이 이러한 단조롭고 한 가지 일만 있는 좁은 영역에 놓여 있지 않다. 인간에게는 부단히

---

3) E. Bloch, *Das Prinzip Hoffnung I*, Suhrkamp 1970, 1

일해야 하는 것과 운명적 결단을 해야 하는 세계가 그의 주위에 있다 … 그래서 자연은 모든 곤충에 대하여 가장 자연스러운 어머니이지만, 사람에게 대하여는 가장 준엄한 의붓 엄마이다. 오히려 인간은 '자연의 고아'이다. 헐벗고 알 몸둥이로, 약하고 곤궁하게, 수줍고 아무런 방비 없이, 그래서 비참의 총화를 형성하고, 삶의 모든 지도자들을 빼앗긴 채 존재한다. 인간은 매우 분열되고 약화된 육감성 그리고 매우 불명료한 능력과 또한 매우 분화된 충동을 가지고 태어났다."4)

이러한 진술은 인간이 다른 동물과는 달리 자연을 정복하고 개발해 갈 수밖에 없는 본질을 설명해 주고 있습니다. 그래서 인간은 이러한 연약성에도 불구하고 다른 동물을 지배하고 다스려서 만물의 영장으로 군림할 수 있게 되었음을 생물학적 인간학은 강조하고 있습니다. 그래서 막스 쉘러Max Scheler는 인간은 "정신의 힘으로 자신을 세계에의 열린 문으로 향상시키는 본질을 가지고 있다"5)고 말하고 있습니다. 헤르더도 "동물은 허리를 굽힌 노예이지만, 인간은 창조에 있어서 최초의 자유민이다"6)라고 강조하고 있습니다. 특히 그는 인간이 언어를 가지고 있다는 점에서 다른 동물과 비교될 수 없을 정도로 독특한 본질을 가지고 있다고 강조합니다.

그렇지만 인간을 다른 생물, 특히 동물과 비교해서 말하는 이러한 생물학적 인간학의 진술들은, 단지 인간을 동물과 비교해서 인간이 가지는 우월성만을 강조하는데서 비롯된 것입니다. 그러나 간혹 인간은 저 동물보다 못하기도 하고, 인간에게서 동물과 아주 유사한 점들을 얼마든지 발견할 수 있습니다. 예컨대 개미는 그 개미 무리들의 공식을 철저히 지키며 살아가고 있으며, 꿀벌은 꿀벌 통의 규율을 철저히 준수하면서 살아가고 있습니다. 그리고 다른 동물들은 오히려 인간 때문에 멸망을 받았습니다. 그래서 하나님께서 "내가 다시는 사람으로 말미암아 땅을 저주하지 아니

---

4) J. G. Herder, *Über den Ursprung der Sprache*, Berlin 1959, 1970, 18ff.(전경연 편, 『인간』, 17f. 에서 재인용)

5) M. Scheler, *Die Stellung des Menschen im Kosmos*, München 1947, 41(『人間』, 17f.에서 재인용)

6) 『人間』, 18에서 재인용

하리니"(창 8:21a); "내가 … 다시는 모든 생물을 홍수로 멸하지 아니할 것이라. 땅을 멸할 홍수가 다시 있지 아니하리라"(창 9:11)고 말씀하셨습니다.

반면에 인간은 자신이 만들어 놓은 규율을 변형시켜 스스로 파괴하면서 살아가고 있습니다. 그리고 늑대는 철저히 일부일처제도, 곧 한 마리의 수컷은 꼭 한 마리의 암컷하고만 교미를 갖지만, 인간은 잡혼을 하거나, 수없이 간음을 많이 하는 점은 결코 인간이 다른 동물보다 절대적으로 우월하거나, 탁월하다고 말할 수 없을 것입니다. 가장 비근한 예로 충견忠犬은 자기 주인에게 죽기까지 충성을 하지만, 때에 따라서는 자기 스승마저 배반하는 존재가 인간입니다. 물론 모든 인간이 동물과 비교하여 부족한 점이 있다는 것이 아니라, 동일한 본질을 가진 인간이라도, 각 개인에 따라서 인간의 본질은 천차만별千差萬別하다는 것입니다. 그러므로 단순히 인간을 동물과 비교하여, 인간만이 사회적 동물이며, 인간만이 언어를 가졌다고 주장할 수 없다는 것입니다. 그리고 그 점을 기준으로 인간의 본질을 규명할 수도 없다는 것입니다. 왜냐하면 적어도 다른 동물은 동종同種 이외의 다른 동물과 성 관계를 가지지 않지만, 인간은 동성同性과 그리고 때론 다른 동물과도 성 관계를 맺는 점으로 보아(롬 1:26-27; 레 20:15-16)[7], 과연 인간이 다른 동물보다 우월하다는 기준을 어디에 두어야 할지 때론 의문이 제기되는 것입니다. 그래서 전도서 기자도 "인생이 당하는 일을 짐승도 당하나니, 그들이 당하는 일이 일반이라. 다 동일한 호흡이 있어서 짐승이 죽음 같이 사람도 죽으니, 사람이 짐승보다 뛰어남이 없음은 모든 것이 헛됨이로다."(전 3:19)고 증언하고 있습니다. 이러한 점에서 단순히 인간을 다른 동물과 비교하여 인간의 본질을 규명하려고 하는 것은, '인간이 무엇인가?'에 대한 답변을 이끌어 내는 정확한 방법이라고 볼 수 없습니다.

---

7) 롬 1:26-27: "이 때문에 하나님께서 그들을 부끄러운 욕심에 내버려 두셨으니 곧 그들의 여자들도 순리대로 쓸 것을 바꾸어 역리로 쓰며 그와 같이 남자들도 순리대로 여자 쓰기를 버리고 서로 향하여 음욕이 불 일듯 하매 남자가 남자와 더불어 부끄러운 일을 행하여 그들이 그릇됨에 상당한 보응을 그들 자신이 받았느니라."; 레 20:15-16: "남자가 짐승과 교합하면, 반드시 죽이고 너희는 그 짐승도 죽일 것이며, 여자가 짐승에게 가까이 하여 교합하면, 너는 여자와 짐승을 죽이되 그들을 반드시 죽일지니 그들의 피가 자기들에게로 돌아가리라."

III. 사회를 형성하고 발전시키는 문화적 인간

생물학적 인간학이 인간의 본질에 대한 바른 해답을 주지 못하자, 인간 본질의 특성을 "문화 창조"에 있다고 주장하는 사람들이 생겼습니다. 즉 인간은 '언어'를 가지고 있어서 새로운 문화를 창출하고, 발전시켜 갈 수 있다고 강조하였습니다. 그리고 한 걸음 더 나아가, 인간은 사회를 형성하여 사회 발전을 이루어갈 수 있는 사회적 동물이라고 주장하게 되었습니다. 바꾸어 말해서, 인간만이 그가 속한 사회에서 문화에 의해서 형성되는 동시에 그 문화를 지배하고, 새로운 문화를 창출할 수 있는 존재라고 생각하였습니다. 이러한 점에서 동시에 인간은 철저히 사회적 존재라는 것입니다. 왜냐하면 사회로부터 추상화된 개인은 없기 때문입니다. 다시 말해서 인간은 철저히 사회 안에서 실존하며, 인간의 모든 활동과 삶은 사회적 관계 속에서 이루어진다는 것입니다. 그래서 레즐리 스티븐슨은 "인간의 의식이 인간의 존재를 결정하는 것이 아니라, 그 반대로 사회가 인간의 의식을 결정한다"고 주장하였습니다.

이에 덧붙여 랜드만Michael Landmann은 "인간은 문화의 창조자요, 제 작품이다"라고 말하였습니다. 그리고 짐멜Georg Simmel은 "모든 문화는 자기 자신에 이르는 영혼의 길"이라고 하였습니다. 즉 모든 문화는 인간성을 드러내는 하나의 형식이며, 인간은 문화를 통하여 자기 자신을 형성해 가는 창조적 세포homo hominans라고 주장하였습니다. 다시 말해서 인간은 문화 속에서 자기 자신을 형성해 가는 역사적 존재라고 생각하였습니다. 이렇게 인간이 자기 자신을 위한 문화를 창출하고 역사적으로 발전시켜간다는 점은, 인간만이 다른 피조물과는 달리 문화사를 창조해 가는 문화적 존재, 곧 문화인이라고 주장하였습니다.

그러나 문제는, 인간이 사회 속에서 새롭게 창출한 문화가 과연 인간의 삶에 유익한 것인가? 동시에 고도高度로 발전된 문화 사회가 다른 동물들이 속해 있는 창조된 자연의 환경보다 과연 우월한 것인가? 하는 등의 의문이 제기되고 있습니다. 그리고 인간에 의해서 고도로 발전된 사회가 다른 동물이 향유하고 있는 자연과 비교해서 본질적으로 우수한 것인지에 대하여도 의문이 제기되고 있습니다. 따라서 어느 사회의 문화는 우수하고, 어느 사회의 문화는 미개하다고 평가할 수 있는 기준이 모호해졌습니다. 예컨대 인간의 고도로 발전된 문화가 하나님에 의해서 창조된 동물의 사회보다 더 우월하다든지, 혹은 백인白人들의 문화는 더 발전된 것이고, 흑인黑人들의 문화는 미개하다고 판단할 수 있는 기준이 불분명하다는 것입니다.8) 결국 사회를 형성하고 '문화를 창출하는 것' 그 자체가 인간을 다른 피조물과 비교하여, 인간의 본질을 규명할 수 있는 유일한 척도가 아니라는 것입니다. 왜냐하면 인간의 문화 창출은 오히려 창조주 하나님께 대한 거역 행위였기 때문입니다.(창 11:4-9)9) 그리고 인류학적으로 볼 때, 최초 아담은 모든 인류의 인간이지, 이스라엘 백성들만의 조상이 아니기 때문입니다. 즉 하나님은 모든 피조물의 창조주이시지(창 1장), 인간만의 창조주가 아니기 때문입니다.

IV. 생각하는 이성理性을 가진 철학적 생물체

스토아Stoa 철학자들은 인간의 이성理性은 만인이 공유하고 있는 인간의 본성이라고 강조하였습니다. 즉 민족적, 문화적 그리고 역사적 차이에도 불구하고, 모든 인간은 "이성"이라는 것을 태어나면서부터 공통적으로 가지고 있다고 생각하였습니다. 그래서 헤겔은 "정신만이 인간의 참된 본질이며, 정신의 참된 형태는 사유思惟하는 정신, 논리적이며 사색적인 정신이다."10)라고 말하였습니다. 그러나 좁은 의미의 철학적 인간학은 막스 쉘러의 유명한 책『우주에 있어서 인간의 위치』11)로부터 유래된 인간학적 탐

---

8) 희랍 철학자나 야만인에게 공통된 인간성Humanitas이 있다는 것은 비교적 역사의 후대에 생겨났다. 그 이전에는 인종에 따라서 인간성이 다르다고 생각하였다. 즉 인간 위에 인간이 있었던 것이다.

9) 창 11:4-9 : "또 말하되 자, 성읍과 탑을 건설하여 그 탑 꼭대기를 하늘에 닿게 하여 우리 이름을 내고 온 지면에 흩어짐을 면하자 하였더니, 여호와께서 사람들이 건설하는 그 성읍과 탑을 보려고 내려오셨더라. … 그러므로 그 이름을 바벨이라 하니, 이는 여호와께서 거기서 온 땅의 언어를 혼잡하게 하셨음이니라. 여호와께서 거기서 그들을 온 지면에 흩으셨더라."

10) K. Marx, *Kritik der Hegelschen Dialektik und Philosophie überhaupt*, Marx-Engels I [Fischer Taschenbuch 6059] , 1971, 66(김균진, 『기독교조직신학』 II, 연세대학교 출판부, 1991, 17에서 재인용)

구 방법입니다. 쉘러는 말하기를, 인격체로서의 인간은 정신적 존재인데, 그 정신성이라는 것은 인간 현존재Dasein의 생물학적 사실로부터 떼어내어 생각할 수 없다고 하였습니다. 즉 그는 인간 정신과 육체의 상호 공통성을 찾으려고 애썼습니다. 더 자세히 말하면, 인간의 정신적 특수성이 육체적으로도 표현되는 실상實狀을 찾고자 노력하였습니다. 그는 이 실상을 "세계 개방성"이라는 말로 표현하였습니다. 즉 인간은 "더 이상 본능이나, 주위 세계에 예속되어 있지 않고, '주위 세계로부터 자유로운umweltfrei 존재'라는 것입니다.12) 즉 인간은 단순히 본능의 대상이 아니라, 오히려 직관과 상념想念의 내용 안에 머무름으로써 "순수한 본성" 안에서 그 특성을 드러낸다는 것입니다.13) 그래서 본능적 자극은 인간의 이성理性에 의해서 억제될 수 있으며, 이러한 "자유로운 제어"는 그 사람의 인격이라든가, 인격의 유래인 정신精神에 의해서 이루어진다고 주장하였습니다. 그런데 쉘러는 이 정신은 인간의 모든 '삶'을 넘어서는 '저편Jenseits'에 있는 것이라고 생각하였습니다.14) 그리고 이어서 그는 이 인간 본능을 제어하는 능력을 '인간을 인간답게 만드는' "모든 인간 삶에 대면하고 있는 원리", 곧 "정신Geist"이라고 생각하였습니다.15)

이러한 쉘러의 인간론은 게렌A. Gehlen에 의해서 더욱 발전되었습니다.16) 그리고 쉘러와 관계없이 헬무트 플레스너H. Plessner도 철학적 인간학적 개념을 발전시켰습니다.17) 이러한 철학적 인간학에는 몇몇 생물학자, 곧 누구보다도 동물학자인 아돌프 포르트만A. Portmann과 네델란드의 행동 연구가인 부이텐다이크F.J.J. Buytendijk가 동조하였습니다.18) 우선 부이텐다이크과 헬무

---

11) Marx Scheler, *Die Stellung des Menschen im Kosmos,* München 1928(1947)
12) 『인간학』, 36.
13) M. Scheler, *op. cit.,* 37
14) 쉘러가 "이 세상 저편"을 무엇을 의미하는지는 정확하게 표현하고 있지는 않으나, 추측하건데 그도 여전히 하나님, 혹은 초월의 세계를 암묵적으로 암시하고 있다.
15) M. Scheler, *op. cit.,* 35 이 정신이 "무엇인가에 환원될 수 있다면, 사물의 최종 근거에로 돌아가는 것이며, '삶'을 통해 특별히 드러나는 근거에로 회귀되는 것이다"(35)라고 진술하는 점으로 미루어보아, 그의 철학적 인간학은 헤겔의 정신현상학에서 벗어나지 못하고 있음을 알 수 있다.
16) A. Gehlen, *Der Mensch,* 1940
17) H. Plessner, *Die Stufen des Organischen und der Mensch,* 1928.

트 플레스너는 이미 1935년에 파블로프에 의해서 발견된 '조건 반사'의 기제를 모든 행동을 설명하는 원리로 사용하는 것에 비판을 가하였습니다. 그에 의하면 자극과 반사라는 도식은 인과 관계를 획일적으로 드러내지 못한다는 것입니다. 왜냐하면 동일한 자극을 주더라도, 여러 가지 다른 반응을 나타낸다는 것입니다. 혹은 여러 다른 자극들이 동일한 반응을 나타내기도 한다는 것입니다. 그래서 그에 의하면, 동물들의 행동마저도 연쇄적인 반사 작용이라는 인과 관계에서 살필 수 있는 성질의 것이 아니라, '항상 자기통제Sichverhalten적'이라는 것입니다.19) 그에 의하면 인간의 행동은 '객관적 목표지향성'에 의해서 지배를 받는다는 것입니다. 결국 그의 연구는 인간의 정신이 인간의 행동을 지배한다는 결론에 도달하게 되었습니다. 신앙적으로 달리 표현하면, 이루어질 것을 믿고 행동하는 '객관적 목표지향성'에 의해서 인간은 행동하게 된다는 것입니다.

그러나 이러한 철학적 인간관 역시 '인간이 무엇인가?'라는 질문이나, '내가 누구인가? 왜 나는 이럴까?'하는 자기를 성찰하는 질문에 대하여는 여전히 해답을 주지 못하고 있습니다. 왜냐하면 인간이 자기 스스로 '내가 누구인가?'라고 질문할 때는, 부이텐다이크나 하머마스J. Habermas가 해석하듯, "주관적인 태도의 불변하는 요인에 의해서만 자극에 대한 반응이 시종여일하게 일어나는 것이 아니라,"20) 오히려 시종여일하게 반응하지 못하는 자기 자신에 대하여 던지기 때문입니다. 거듭 말해서 평소에는 동일한 자극에 대하여 시종여일하게 반응하였다가, 지금은 그렇게 행동하지 못했을 때에, 곧 예전과 다른 반응을 스스로 행할 때 던지는 질문이기 때문입니다. 그러므로 '인간이 무엇인가?'라는 질문에 대하여 생물학적으로, 혹은 사회 문화적으로 그리고 철학적으로 답변하고자 하는 것은 한 부분에 불

18) A. Portmann, *Zoologie und das neue Bild vom Menschen*. rde 20, 1956; F.J.J. Buytendijk, *Menschen und Tier. Ein Beitrag zur vergleichenden Psychologie*, rde 74, 1958(W. Pannenberg, 『인간학』, 35에서 재인용),

19) Buytendijk, *Allgemeine Theorie der menschlichen Haltung und Bewegung*, 1948, 14(독일어판, 1956, 12).

20) J. Habermas, *Zur Logik der Sozialwissenschaften*, 1967, 107.

과함을 알 수 있습니다. 따라서 '인간이 무엇인가?'라는 질문에 대한 답변을 그 어떠한 특정한 전망, 예컨대 철학적, 생물학적, 혹은 사회학적 혹은 문화 인류학적 전망에서 제시하고자 한다면, 언제든지 질문의 정황을 상실하는 것이 되고 말 것입니다. 그리고 동시에 그러한 답변은 자문자답으로 끝나고 말 것입니다.

그러므로 우리는 우리의 질문, 곧 '나는 누구인가?'라는 질문에 대한 답변을 인간 이외의 다른 존재로부터, 곧 하나님으로부터 들어야 할 것입니다. 다시 말하면 하나님께서 인간에 대하여 말씀하시고 있는 성경의 증언에서 '인간이 무엇인가?'에 대한 답변을 찾아야 할 것입니다. 왜냐하면 하나님은, 인간이 스스로 자기 자신의 참된 모습을 찾고자 했던 그 어떤 시도들과 다르게 답변해 주고 있기 때문입니다. 그래서 칼 바르트K. Barth는 그리스도적 인간학의 출발점의 정당성을 다음과 같이 기술하고 있습니다:

> "인간의 창조주인 그 분(하나님)이 인간이 누구이며, 무엇인가를 아신다. 왜 나하면 인간은 그의 피조물이며, 궁극적으로 그에게만 알려져 있기 때문이다. 인간이 정말 누구이며, 무엇인가가 … 알려져야 한다면, 그것은 하나님이 인간에게 말씀할 수밖에 없다."[21]

이와 상응하게 하나님은 아주 분명하게, 아담아 "너는 흙이니, 흙으로 돌아갈 것이니라"(창 3:19b)고 말씀하고 계신다. 그러므로 인간론은 성경의 증언으로부터 출발해야 할 것입니다. 왜냐하면 성경의 증언에 의한 인간학은 종교적 인간학이 아니라, 역사적, 생물학적, 사회적, 문화적인 총체적 인간학이기 때문입니다. 따라서 성경적 인간관은 바로 동시에 그리스도적 인간학이 되어야 할 것입니다. 왜냐하면 하나님은 최초 인간 아담에 대하여 '흙'이라고 말씀하셨지만, 빌라도는 예수 그리스도를 가리켜 말하기를, "보라! 이 사람이로다!Ecce homo!(요 19:5)로 말하였기 때문입니다. 그렇다면 그리스도적 인간학이란 과연 어떠한 인간학인가?

---

21) K. Barth, *Kirchliche Dogmatik* III/2, 145.

V. 인간의 모형으로서의 예수 그리스도

기독교가 예수 그리스도에 근거한 종교라면, 성경적 인간관 역시 필연적으로 예수 그리스도로부터 출발할 수밖에 없습니다. 그래서 에밀 부룬너E. Brunner는 말하기를 "우리는 모든 신학적 진술에 있어서 육신이 되신 하나님의 말씀이신 예수 그리스도 안에 나타난 하나님의 계시로부터 출발해야 한다."고 말하였습니다.22) 이 말씀은 '육신이 되신 하나님의 말씀인 예수 그리스도'가 인간의 모형이라는 것을 암시해 줍니다. 동시에 이 말은 빌라도가 예수 그리스도를 가리켜 '보라 이 사람이로다!'라고 말한 것과 상응합니다. 왜냐하면 타락한 인간, 아니 최초 피조된 인간 아담은 이미 참 인간vere homo이 아니기 때문입니다. 참 인간은 하나님으로부터 떨어져 나와 에덴에서 추방당한 아담의 후예가 아니라, 창조 이전, 곧 아담과 이브를 창조하기 전에 피조물의 모형이었던 하나님의 아들이기 때문입니다.

참 인간에 대한 이러한 인식은 결코 인간의 실존이나 자기 이해를 분석함으로써 가능한 것이 아니라, 오히려 인간의 역사적 상황에서 철저히 한 인간으로서 살아가신 예수 그리스도의 순종의 삶을 이해하고 따르는 데서 이해될 있는 것입니다. 그래서 칼빈J. Calvin은 십자가에 달리신 그 분 속에서만, 곧 예수 그리스도라는 한 인간의 거울 속에만 우리는 우리 자신과 하나님을 발견할 수 있다고 강조하였습니다. 왜냐하면 하나님에 의해서 창조된 인간의 버림받은 비참한 모습과 이러한 인간을 사랑하시는 하나님의 사랑이 예수 그리스도라는 한 인간 안에서 계시되었기 때문이라고 합니다. 그러므로 '인간은 무엇인가?' 혹은 '나는 누구인가?'라는 질문에 대한 답변은 십자가에 달리신 예수 그리스도의 삶과 죽음 그리고 그의 부활 속에서 계시된 것입니다. 다시 말하면 예수의 죽음 속에서 우리의 죄를, 그의 고난 속에서 우리를 위해 대신 고난당하시는 하나님의 사랑을, 그리고 예수 그리스도의 부활 속에서 우리의 희망을 발견하는 것입니다. 이러한 점에서 예수 그리스도에 대한 바른 이해 없이 우리 인간의 참 본질을 이

---

22) E. Brunner, *Dogmatik II*, 3.Aufl., 1972, 63.

해할 수 없고, 인간에 대한 참 이해 없이 예수 그리스도의 사역을 통하여 계시된 하나님의 깊은 섭리를 이해할 수 없는 것입니다. 그래서 칼 바르트는 이 점을 다음과 같이 종합하고 있습니다:

"우리는 그(예수)의 인간적 본성으로부터 우리의 본성을 추리하며, 우리 자신을 그 분 안에서 인식하고, 그 분 안에서 참으로 우리 자신을 인식하도록 초청을 받았으며, 요구받고 있다."[23]

---

23) K. Barth, *Kirchliche Dogmatik* III/2, 1959, 63.

제2장
하나님의 형상으로
창조된 인간의 타락

　성경의 증언에 의하면, 최초 인간 '아담Adam'은 '하나님의 형상'에 따라서 창조되었다고 말합니다. 그런데 왜 '아담' 이후의 모든 인간을 하나님을 찾지 않을 뿐만 아니라, 두려워하지도 않는가? 과연 인간에게 아직도 '하나님의 형상'이 남아 있는 것인가, 아니면 파괴되었는가? '하나님의 형상'을 인간이 잃어버렸다면 그 형상을 어떻게 되찾을 수 있는가? 인간이 죄를 범하게 되는 것은 '하나님의 형상'을 잃어버려서인가, 아니면 그 무엇이 인간으로 하여금 끊임없이 죄를 짓도록 만드는가? 환경인가, 아니면 인간 자신 안에 있는 그 무엇인가? 과연 인간은 새롭게 될 수는 없는가? 있다면 무엇을 통하여 혹은 누구를 통하여 인간은 새롭게 변화될 수 있는가? 자식을 키워 보면, 자녀들이 끊임없이 부모의 말을 듣지 않고, 제 멋대로 행하고 싶어 하는데, 그 이유는 무엇인가? 과연 인간은 하나님의 도움 없이 살 수 있는가? 부모의 품을 떠난 자녀처럼, 하나님을 떠난 인간에게 참 자유가 있는가? 그리고 어떠한 근거에서 많은 사람들은 인간을 살인자 '가인의 후예'라고 말하는가?

　앞에서 제기한 이러한 질문들에 대한 답변을 성경의 증언 속에서 찾아보기 위하여, 우리는 아래의 제2장에서 '하나님의 형상으로 창조된 인간의 타락'에 관하여 살펴보고자 합니다. 이를 위하여 우선 제1절에서는 인간이 '하나님의 형상'을 따라서 지음을 받았다는, 창세기가 증언하는 '하나님의 형상'에 관하여, 제2절에서는 '하나님과 같이 되고자 했던 최초 인간 아담의 죄'에 대하여, 제3절에서는 하나님 없이 살고자 하는 인간의 죄를 부모의 곁을 떠나고자하는 자녀의 모습에서 유비적으로 찾아보고, 제4절에서는 하나님 없이 권세, 명예, 돈, 성Sex 등의 노예가 되어 살아가고 있는 인간의 실존적 모습을 분석하고자 합니다. 그리고 마지막으로 제 5절에서는 하나님의 아들 예수 그리스도까지 죽인 인간의 깊은 죄악성에 대하여 살펴보고자 합니다. 이를 통하여 우리는 나 자신 속에 숨어 있는 죄악성을 적나라하게 의식함으로써 자신의 죄에서 벗어날 수 있는 길을 성경의 증언을 통하여 찾아보고자 합니다.

이를 통하여 우리는 인간의 실존적 모습은 결코 의롭고, 정의로우며, 순결한 것이 아니라, 십자가의 형刑과 같은 엄한 징벌을 받아 죽어야 할 존재임을 깊이 인식하게 될 것입니다. 동시에 우리는 우리를 대신하여 예수께서 십자가에서 못 박혀 죽으시면서 '아버지여, 저들을 사하여 주옵소서, 자기들이 하는 것을 알지 못함이니다'(눅 23:34)라고 자기를 죽이는 자들을 위하여 기도하시는 예수님의 모습에서 하나님과 최초의 살인자 '가인'의 후예들의 모습을 발견할 수 있을 것입니다. 그리고 한 걸음 더 나아가 오늘도 직-간접적으로 다른 사람들을 죽이며, 하나님 없이 살고자 하는 우리 인간들의 모습을 보게 될 것입니다. 그러나 반면에 이러한 인간의 자기 인식 속에서 우리는 예수를 십자가에 내어 주시는 하나님의 은총을 인식하게 될 것입니다.

I. 자기 부모를 꼭 닮았네

창조주 하나님의 형상Imago dei이란 무엇인가?

***** 토의 주제 *****

1. 창조 당시 인간에게 부여된 '하나님의 형상'이 인간의 죄로 인하여 파괴되었다고
   많은 신학자들이 주장하는데, 과연 '하나님의 형상' 중 '무엇'이 파괴되었는가?
2. '하나님의 형상'이 파괴되었다면, 과연 파괴된 '형상'은 회복될 수 없는 것인가?
3. 예수 그리스도가 "보이지 아니하는 하나님의 형상"(골 1:15)이라면, 참된 '하나님
   의 형상'은 무엇인가?

1. 기독교 인간관의 핵심 주제로서의 '하나님의 형상론' 24)

인간학人間學은 기독교 신학의 주제뿐만 아니라 철학, 윤리학, 교육학, 사
회학, 문학文學, 더 나아가 모든 인문학人文學의 주제입니다. 그런데 '인간'을
주제로 다루는 모든 학문 영역에서 인간에 대한 이해는 그 학문의 특성과
방향을 결정합니다. 기독교 신학에서도 인간에 대한 이해는 신학적 특성
을 결정짓는 매우 중요한 전제가 되고 있습니다. 그런데 성경적 인간학을
기술하는데 있어서 필연적으로 논의되는 것은 '하나님 형상Imago dei'에 관한
것입니다. 왜냐하면 성경은, 하나님은 자기의 '형상צֶלֶם 첼렘'에 따라 '모양

---

24) 본 절은 필자가 "'함께(עִם) 있음(삶)'으로서의 하나님 형상(Imago dei)"이란, 제목으로 연세대학
교 신과대학, 연합신학대학원 편, 「神學論壇」第三十一輯 (2003, 5), 73~97에 게재한 것을 요약
수정한 것임. 지면 관계상 각주는 대부분 생략하였음. 따라서 자세한 출처는 위 논문을 참조
하기 바란다.

רמות데무트'대로 인간을 창조하였다고, 증언하고 있기 때문입니다.(창 1:26-27) 그러나 기독교 신학에서 '하나님의 형상'에 관한 해석만큼 신학자에 따라서 서로 각기 다른 여러 해석이 있는 것도 없습니다. 그래서 '하나님의 형상'에 관한 신학자들의 토의는 오랜 역사 동안 쉬지 않고 계속되어 왔습니다. 이러한 이유에서 성경적 인간관은 '하나님 형상'에 관한 이론이라고 해도 과언이 아닐 것입니다.

그런데 '하나님 형상'에 대한 관심은, 처음부터 인간이 가지고 있는 이 性理性과 지배욕의 기원起源을 하나님에게서 찾고자 하는 의도에서 비롯되었습니다. 그래서 신학자들, 특히 가톨릭 신학자뿐만 아니라, 철학자 그리고 일반 평신도까지도 하나님과 인간의 존재론적 연관성 혹은 이 세상에 대한 인간의 통치권, 혹은 만물의 영장으로서의 인간을 강조할 때마다, 인간이 '하나님 형상'에 의해서 창조되었음을 강조해 왔습니다. 왜냐하면 많은 신학들은 '하나님의 형상'을 다른 피조물 가운데서 인간만이 가지고 있는 유일한 특성이라고 이해해 왔기 때문입니다. 그래서 아래에서는 신학자나 목회자들이 인간의 본질 혹은 특성인 '하나님의 형상'을 과연 어떻게 이해하고 있는지 알아보고자 합니다.

2. 하나님의 형상 : 인간의 정신적 본질, 성품 혹은 다른 피조물에 대한 통치권인가?

'하나님의 형상' 개념을 교회사적으로 숙고해 볼 때, 초대교회의 영지주의Gnosticism와 희랍 사상의 영향을 받은 신학자들은, 인간의 육체를 영혼의 감옥이라고 생각하여, '하나님의 형상'에서 육체적인 의미를 완전히 배제시켰습니다. 그들은 '하나님의 형상'을 '신적神的인 어떤 것', 곧 '신과 같은 형태, 신神과 교통할 수 있는 그 어떤 것'이라고 생각하였습니다.25) 그런즉 인간의 영혼 속에는 '신적 실체'가 들어 있는데, 이것이 "하나님의 형상"라고 해석하였습니다. 그래서 스토아Stoa 철학자들은, 인간의 영혼 속에 들어

---

25) W. Weischedel, *Gott der Philosophie I, Grundlegung einer Philosophischen Theologie im Zeitalter des Nihilismus*, 1971, 54.

있는 '신적 실체'를 인간의 이성적理性的 요소要素로 보고, 이를 '하나님의 형상'라고 주장하였습니다. 이러한 그리스-헬라 철학적 영향을 받아서 초대 라틴 교부敎父인 이레네우스Irenäus와 터툴리안Tertullian도 하나님의 '형상Imago'과 '모양Similitudo'을 구분하여, '형상'을 '신체적 특성'으로, '모양'을 '영적 혹은 성품의 특성', 곧 '영혼psyche'혹은 '이성nous'으로 보았습니다.26) 혹은 하나님 '형상εἰκών에이콘'과 '모양ὁμοίωσις 호모이오시스'을 구별하여, '형상'은 인간의 '이성과 정신적 자유'로 이해하고, '모양'은 '하나님의 은총'으로 완전해지고자 하는 인간의 노력 혹은' 의지Wille'로 이해하였습니다.27) 그러나 그들은, 인간의 타락으로 인하여, 하나님의 '모양'은 인간에게서 상실되었으나, '형상'은 그대로 남아 있다고 주장하였습니다. 그러나 인간은 타락한 후에도 '의지'와 '자유'와 '이성理性'을 가지고 있기 때문에 동물과 구분된다고 하였습니다. 심지어 터툴리안은 죄인도 하나님의 '형상'을 가지고 있다고 생각했습니다. 반면에 알렉산드리아의 클레멘트Clement와 오리겐Origenes은 하나님 형상의 신체적 특성을 거부하면서, '형상'이라는 단어는 인간의 인간적인 특성인 반면에, '모양'은 인간에게 주어지지 않은 자질資質로서 계발되기도 하고, 상실되기도 하는 것이라고 하였습니다.

그런데 아우구스티누스Augustinus는 최초로 '하나님의 형상'을 '관계의 의義'라는 윤리적 혹은 사회적 개념으로 새롭게 이해하였습니다. 그는 인간이 '본래적 의justitia origianlis'를 가지고 있었는데, 인간의 타락으로 말미암아 '본래적 의'를 상실하여 하나님과의 관계가 단절되었다고 하였습니다. 그러나 하나님의 '모양'은 상실되었으나, '형상'만은 남아 있다고 하였습니다. 왜냐하면 그는, 타락한 인간도 타락 이전의 인간과 같이 이성ratio과 오성intellectus을 가지고 있다고 생각하였기 때문입니다. 그래서 인간이 하나님에 대한 신앙을 가질 수 있는 것은, 인간 본성에 아직도 이성과 오성이 남아 있기

---

26) Louis Berkhof, *Introduction to Systematic Theology* (Grand Rapids, MI: Baker, 1988 = Edinburgh, The Banner of Truth Trust, 1974), 권수경, 이상원 공역, 『벌코프 조직신학』상, 크리스챤다이제스트, 1991, 412..

27) R. Dander, Gottes Bild und Gleichnis … nach d. Lehre des Hl. Thomas v. A, in: *Der Mensch als Bild Gottes*(hrsg. v. Scheffczyk), 206f. 223(G. Phölmann, *aaO.*, 201에서 재인용).

때문이라고 강조하였습니다.28) 이러한 아우구스티누스의 '하나님 형상' 개념에 의존하여 중세中世는 '형상'과 '모양'을 구분하여, '모양', 곧 '본래적 의'는 타락으로 완전히 없어졌고, '형상', 곧 인간의 '이성', '의지의 자유' 그리고 동물에 대한 '통치권'이나 지배권은 아직도 남아 있다고 보았습니다. 중세 신학자들은 인간에게 다행히도 아직 '하나님의 형상'이 남아 있기 때문에, 하나님의 '본래적 의'를 받아들일 수 있는 능력을 가지고 있다고 주장하였습니다.29) 그래서 펠라기우스Pelagius도 역시 "하나님의 형상"을 '하나님 인식 능력', '자유 의지', '피조물에 대한 통치권'으로 해석하였습니다.

그러나 종교 개혁 전통, 특히 마르틴 루터는 '형상'과 '모양'을 구분하지 않고, '하나님 형상'의 '전적 파괴'를 주장했습니다. 즉, 인간의 타락과 함께 인간의 '본래적인 의義'가 상실되었다는 것입니다. 그러므로 루터에 의하면, 인간이 구원받을 수 있는 '자유 의지liberum arbitrium'란 전혀 존재하지 않습니다. 즉 '인류는 온통 죄 덩어리massa perditionis'일 뿐입니다.30) 칼뱅J. Calvin도 인간에게 아직 "하나님의 형상"이 남아 있지만, "그것은 너무나 부패되었기 때문에 남아 있는 것은 소름이 끼칠 정도의 기형물奇形物밖에는 없다"고 강조했습니다.31) 그러므로 그는 "타락한 후에 '하나님의 형상'은, 그 형태는 있다 해도 아무 기능을 발휘하지 못하게 되었다"고 강조했습니다.32)

그런데 종교개혁자들의 '하나님 형상' 이해는 인간의 타락 이전과 타락 이후의 연속성 문제와 다른 피조물에 대한 인간의 책임성 문제로 인하여 수정되기 시작하였습니다. 슐라이에르마허Fr. Schleiermacher는 '하나님의 형상'을 '신적인 것을 수납하는 모종의 능력'이라고 보았고, 틸리히P. Tillich는, 인간이 '언어'를 가지고 있다는 점에서 '하나님의 형상'을 가지고 있다고 보

---

28) Augustin, De praed, sancta, 6,7(W. Kreck, Grundfrage der Dogmatik, 2.Aufl. München 1985, 320 재인용).
29) 베버(O. Weber)에 의하면 본래적 의는 "인간의 본성(natura)에 초월적으로 첨가된 선물(donum superadditum)"이라고 하였다(O. Weber, Grundlagen der Dogamtik, I, 4.Aufl., Neukirchen-Vluyn 1972, 624).
30) 李鍾聲, 神學的 人間學, 대한기독교서회, 57.
31) J. Calvin, Institutio Christianae Religionis, I, 15, 4.
32) Ibid.

았습니다. 즉 그는 '하나님의 형상'을 '로고스', 곧 '언어 구사력'으로 보았습니다. "왜냐하면 인간의 로고스는 하나님의 로고스와 유사하므로, 인간의 인간 됨Menschwerden이 파괴되지 않고서도, 하나님의 로고스가 인간에 의해서 표현될 수 있기 때문"이라고 주장하였습니다.[33]

그러나 바르트K. Barth는 초기에는, 종교 개혁 신학 전통을 이어받아, 하나님과 인간 사이에는 "건너갈 수 없는 죽음의 분계선이 그어져 있다"[34]고 강조함으로써, 인간에게 있었던 '하나님 형상'은 전적으로 파괴되었다고 주장했습니다. 그러나 그의 신학 후기에 와서 그는 인간에게 '하나님의 형상'이 아직은 남아 있다고 양보하기는 했어도, 그것은 창조와 더불어 '자연적으로 주어진 것datum'이 아니라, 그때그때마다 하나님의 은총에 의해서 '주어지고 있는 것dandum'이라고 했습니다. 그리고는 예수 그리스도만이 유일한 '하나님의 형상'라고 주장하면서, "인간은 오직 예수 그리스도를 통해서만, 그리고 그 안에서만 '하나님의 형상'이 될 수 있다"고, 그는 강조했습니다. 그리고 그는, '인간의 형상'과 '하나님의 형상'의 '비교점tertium comparationis'은 '존재의 유비analogia entis'에 있지 않고, '관계의 유비analogia relationis'에 있다고, 강조했습니다. 그에 의하면, 하나님은 한 분이시지만, 성부, 성자, 성령이 세 인격으로 계시며, 동시에 세 인격의 상호 관계 속에 계신 분이십니다. 이와 같이 인간도 이웃과의 관계 속에 있도록 창조되었다는 것입니다. 즉 인간은 처음부터 남자와 여자의 관계 속에 살도록 창조되었다는 것입니다.[35] 이렇듯 인간에게도 하나님에게서처럼 사회적 관계가 주어져 있다는 점에서, 인간은 '하나님의 형상'을 가지고 있다고, 바르트는 말합니다. 슈링크E. Schlink도 바르트의 견해를 따라서 인간의 '일반적 형상imago generaliter'을 거부하고, '신앙하는 자'만이 '하나님의 형상'을 가지고 있다고 말합니다. 반면에 브룬너E. Brunner는 '하나님의 형상'을 '형식적' 의미와 '실질적' 의미로 구분하고, '형식적 의미'는 "인간이 죄인이든 아니든,

---

33) P. Tillich, *Systematische Theologie*, I, 298f.
34) K. Barth, Die Römerbrief, 2.Aufl., 86, 341.
35) K. Barth, KD III/2, 262.

인간이 다른 모든 피조물과 구별되는 것," 곧 "피조물 가운데서 … 인간이 가지는 책임성과 우월성"이라고 보았습니다. 반면에 형상의 '실질적' 의미는 '인간의 언어 능력', 곧 '책임성'으로 보았습니다.36) 이와 비슷하게 알트하우스P. Althaus, 브룬너P. Brunner, 그리고 킨더E. Kinder도 자연 상태의 인간에게 상실될 수 없는 '인격 구조'를 인간의 형식적인 '하나님 형상'으로 보았습니다.37) 그리고 홀란드Holland 신학자 루이스 벌코프L. Berkhof는 "하나님의 형상은 자연적인 재능과, 본래적 의原義라고 불리는 영적靈的 자질들, 곧 참된 지식, 의, 거룩 등도 포함한다"38)고 강조하고 있습니다. 그러면서도 그는 "죄로 인하여 하나님의 형상 전체가 손상을 입었다. 그러나 완전히 소실된 것은 영적 자질뿐이다"고 덧붙이고 있습니다. 그는 '하나님의 형상'을 보다 자세히 세분하여 첫째, '참된 지식과 의와 거룩'으로, 둘째, 인간의 '지적 능력, 자연적 감정, 도덕적 자유'로, 셋째, '영성'으로, 넷째, '불멸성不滅性'으로, 다섯째, 부분적으로 '하등동물에 대한 지배권'으로 규정했습니다.39)

이상 앞에서 고대 교회로부터 시작하여 현대에 이르기까지 여러 신학자들의 '하나님 형상' 이해를 개괄해 본 결과, 다음과 같은 문제점이 드러났습니다: 첫째, 많은 신학자들이, '하나님 형상' 개념에서 육체성肉體性 내지 '인격人格' 개념을 삭제하였습니다. 둘째, '형상'과 '모양'을 동의어同義語로 간주하고, '하나님의 형상'을 단지 다른 동물과 구별되는 인간의 본질로만 생각하여, '하나님의 형상'을 '이성nous'이나 '정신' 또는 '윤리적 사고思考'로만 이해함으로써, '형상'이란 단어의 구체적이고 본래적 의미를 추상화하였습

---

36) E. Brunner, Natur und Gnade, 1935, 10f. 브룬너의 하나님 형상론에 관하여: *Kim* Jae Jin, E. Brunner: Sein Denkweg und Die Dialektik der autonomen Vernunft, in: Korea Journal of SYSTEMATIC THEOLOGY, Vol. I, 1997, 149-166.

37) P. Althaus, *Die christliche Wahrheit*, 7.Aufl., 1966, 337; P. Brunner, Pro ecclesia I, 1962, 91; E. Kinder, Die Erbsünde, 1959, 59; H. G. Pöhlmann, Analogia entis oder Analogia fidei, 1965, 126fff.

38) L. Berkhof, *Introduction to Systematic Theology*, Grand Rapids, MI.: Baker, 1988, 권수경, 이상원 공역, 크리스챤다이제스트, 1991, 413..

39) L. Berkhof, 권수경, 이상원 공역, 같은 책, 413-415.

니다. 셋째, 인간의 '하나님의 형상'을 하나님께서 인간에게 부여한 의무와 결합하여 다른 피조물에 대한 '통치권' 혹은 '지배권'으로 이해하였습니다. 그러나 '하나님 형상'에 대한 이러한 해석들은, 한편으로는 인간을 단지 다른 동물과 비교하여 인간의 본질을 규정하려는 것이고, 다른 한편으로는 하나님과 인간의 성품性品 혹은 속성屬性의 '존재론적 유비analogia entsis'를 전제하는 결과를 낳았습니다. 그러나 인간이 하나님과의 '존재론적 유비'를 가지고 있는 인격적 통일체라고 하더라도, '하나님의 형상'을 인간적 '성품'이나 '속성'으로만 보는 해석들은 인간의 극악무도한 죄성罪性을 너무나 쉽게 간과하고(롬 3:10-18), 인간의 죄성을 하나님의 창조로 돌리는 결과를 낳았습니다. 결국 지금까지의 '하나님의 형상' 개념들은 다른 피조물과 비교하여 인간 이성理性의 우월성을 강조하는 것에 머물고 말았습니다. 그러나 이러한 해석은 단지 하나님을 '신인동형론적anthropomorphisch'으로 이해하여, '하나님의 형상'을 인간 속성 개념에 국한시킨 것에 불과합니다. 왜냐하면 '하나님의 형상'을 속성과 이성적 능력 혹은 통치권으로만 해석한다면, 마귀도 지적인 능력을 가지고 있으며, 원숭이나 개와 같은 동물들도 어느 정도 지적 능력, 혹은 자기 주인에게 충실한 순종의 속성을 가지고 있기 때문입니다. 그리고 '하나님의 형상'을 인간에게 주어진 과제 곧 다른 피조물에 대한 '지배권'(창 1:26b)40)으로 이해하는 것은 '형상'과 '모양'이라는 단어를 중복해서 사용하고 있는 성경 기자의 본래적인 의도를 근본적으로 간과한 해석이라고 볼 수 있습니다. 왜냐하면 창세기 5장 3절, 9장 6절에서 '형상' 혹은 '모양'이라는 단어를 반복해서 사용하고 있으면서도, 다른 피조물에 대한 '지배'나 '통치'를 의미하는 그 어떤 표현도 첨부하지 않기 때문입니다. 그리고 '하나님의 형상'을 언급하는 신약 성경의 어느 성구 하나도 '하나님의 형상'을 다른 피조물에 대한 '통치' 개념으로 사용하고 있지 않기 때문입니다. 그렇다면 성경이 증언하는 '하나님의 형상'의 참된 의미는 무엇인가?

---

40) 창 1:26b: "그들로 바다의 물고기와 하늘의 새와 가축과 온 땅과 땅에 기는 모든 것을 다스리게 하자."

3. 영靈과 형型이 결합된 인격적 존재 구조로서의 형상

우선 하나님 '형상形象 ﬦﬥﬢ첼렘' 개념은 구약 성서 신학자들 사이에도 아직 통일되어 있지 않습니다. 그러나 성경은, "여호와 하나님이 땅의 '흙 ﬦﬢﬦﬤﬣ아담하'으로 사람을 지으시고, '생기生氣, ﬥﬦﬥﬢ네페쉬'를 그 코에 불어넣으시니, 사람이 '생령生靈'이 되니라"(창 2:7)고 인간 창조를 묘사하고 있습니다. 이러한 창조 기사에 의하면, 인간의 질료質料는 '흙'입니다. '흙'은 살아 있는 존재가 아닙니다. '흙'은 단지 질료에 불과합니다. 그러나 '영靈, ﬣﬦﬦﬢ루하'이신 하나님(창 1:2; 요 4:24)께서 '흙'으로 '사람'이라는 '형型 εἰκών에이콘'을 만들고, 그 코에 하나님의 영, 곧 '생기'를 불어넣으심으로써, 그 '흙'은 비로소 살아 있는 존재, 곧 '생령, 곧 살아 있는 존재ﬡﬤﬥ ﬣﬦﬢﬣ네페쉬 하야'가 되었는데, 이것이 바로 '인간ﬡﬤﬢ'입니다. 그러나 그 사람에게서 '생기'가 떠나면, 사람은 다시 '흙'으로 된 '사람'이라는 '형태'만 남고(왕상 17:17,22),[41] 그 '형태'도 오래되면 사라지게 됩니다. 이러한 의미에서 하나님의 '생기'는 인간의 생명이며, '흙'은 생명을 담고 있는 그릇, 곧 육체肉體, 즉 고기 덩어리에 불과합니다. 그러므로 '생령'이란, '생명ﬦﬥﬦﬣ하윰'이 있는 개체적 존재, 곧 사람을 가리킵니다.[42] 다시 말하면 하나님의 '영ﬣﬦﬦﬢ루하'을 담고 있는 개별적 생명체, 곧 '생령'이 인간인 것입니다.

이상 앞에서 살펴본 창조기사(J)와 예수 그리스도를 "보이지 아니하는 '하나님의 형상'"(골 1:15)으로 증언하고 있는 말씀을 비교 분석해 보면, 창세기 1장 26-27절이 증언하고 있는 "하나님의 형상"이 어떠한 것인지 분명히 드러납니다. 왜냐하면 "아담은 오실 자(예수 그리스도)의 모형(표상)이라"(롬 5:14)고 증언하고 있기 때문입니다. 따라서 최초 아담의 창조와 예수의 탄생을 비교해 봄으로써, '하나님 형상'의 의미를 보다 더 깊이 이해할

---

41) 왕상 17:17 : "이 일 후에 그 집 주인 되는 여자의 아들이 병들어 증세가 심히 위중하다가 숨이 끊어진지라"; 왕상 17:22 : "여호와께서 엘리야의 소리를 들으시므로, 그 아이의 혼이 몸으로 돌아오고, 살아난지라."

42) H. W. Wolff, 같은 책, 48. G. Gerlmann은 "생명"은 보다 "한층 더 높은 객관화가 내포되어 있는 반면에, "네페쉬"는 선천적이고, 육체에 결부된 생명의 원천으로 볼 수 있다"고 구별하여 말한다(G. Gerlmann, hjh ThHAT, 555f.).

수 있습니다. 왜냐하면 창세기 2장 7절의 인간 창조 기사에 상응하게 예수 그리스도께서도 성령, 곧 하나의 영靈으로 잉태되어(마 1:20) 육신肉身을 입고 태어났다고 증언하고 있기 때문입니다.(빌 2:6-8a)43) 여기서 최초 인간 아담의 창조와 아기 예수의 탄생을 비교해 보면 다음과 같습니다:

아담: 하나님의 생기נשמה를 불어넣어 --> 흙האדמ(형) => 아담(생물체היה נפש)

예수: 하나님의 성령רוח으로 잉태시켜 --> 여자רשב(형) => 예수(영이 함께하신 자, עמנואל) 44)

이러한 대조를 통하여 우리는 여기서 놀라운 사실을 발견하게 됩니다. 최초 인간 아담은 '생기生氣'로 살아 있는 '생물체生物體', 곧 '생령生靈'이 된 반면에, 예수는 하나님의 성령으로 잉태되어 하나님의 영을 담고 있는 '영적 생명체, 곧 영성체靈性體'가 된 것입니다. 이러한 의미에서 아기 예수의 탄생은 새로운 인간, 곧 '참 인간vere homo'의 탄생입니다. 그러므로 누구든지 예수 안에 있으면, 새로운 피조물이 되는 것입니다(고후 5:17). 왜냐하면 타락한 최초 아담의 후예인 인간에게는 하나님의 성령이 이미 떠났기 때문입니다(창 6:3).45)

그렇다면 여기서 더 말할 필요 없이, '형상imago' 개념이 분명해 졌습니다. 즉 최초 인간 아담과 예수 그리스도가 "하나님의 형상"이라면, 그 '형상'은 '생기를 불어넣는' 혹은 '성령으로 잉태하는' 과정을 거쳐서 '창조된

---

43) 빌 2:6-8a : "그(예수 그리스도)는 근본 하나님의 본체시나, 하나님과 동등 됨을 취할 것으로 여기지 아니하시고, 오히려 자기를 비워 종의 형체를 가지사 사람들과 같이 되셨고, 사람의 모양으로 나타나사,"

44) 겔 37:1-14의 마른 뼈들이 살아나는 기사에서, 하나님은 당신의 영(רוח루하)을 뼈들에 불어 넣어주심으로써 마른 뼈들이 살아나게 한다. 그리고 예수는 유대인 관원 니고데모에게 '너희가 물과 성령(πνεύματος)으로 거듭나지 않으면 결코 하나님의 나라에 들어갈 수 없다'고 말씀하신다 (요 3:5).

45) 창 6:3 : "여호와께서 이르시되, 나의 영(靈 רוח)이 영원히 사람과 함께 하지 아니하리니, 이는 그들이 육신(רשב, Fleisch 고깃덩어리)이 됨이라."

형상'임이 틀림없습니다. 다시 말해서 '하나님의 형상'이란, 하나님의 성령을 담고 있는 살아있는 생명체의 존재구조를 의미한다고 볼 수 있습니다. 즉 하나님의 영靈과 육肉(형εἰκών에이콘, 혹은 틀)으로 되어 있는 살아 있는 한 생명체의 인격적 존재 구조hypostatische Seinsstrukur 이외에 다른 것이 아닙니다. 한 걸음 더 나아가 '하나님의 형상'이란, '하나님의 자녀 됨Gottes Sohnschaft'이라고 볼 수도 있습니다. 왜냐하면 '보이지 아니하는 하나님의 형상'인 예수 그리스도는 바로 하나님의 아들이며, 동시에 참 인간이기 때문입니다. 그리고 우리들도 성령으로 말미암아 하나님을 아빠 아버지라고 부를 수 있는 '하나님의 자녀', 곧 '양자養子'가 되었기 때문입니다(롬 8:15-16).46) 그렇다면 '모양'대로란 무슨 뜻인가?

4. '모양' : 인격적 존재 구조를 닮음

'형상צלם첼렘'과 '모양דמות데무트'을 단순히 표현 양식으로만 본다면, 두 단어가 서로 다른 의미를 가지고 있다는 것을 논증하기가 그리 쉽지 않습니다. 그러나 내용으로 보면 두 단어는 분명히 서로 다른 개념을 가지고 있습니다. 비록 성경은 두 단어를 특별히 구별하여 기술하고 있지는 않습니다. 그러나 '형상'은 '영'과 '육'(흙 그릇, 혹은 형태)으로 된 인간, 즉 생명체의 인격적 존재 구조를 뜻하고, '모양דמות, ὁμοίωσις호모이오시스, similitudo'은 두 객체 사이에 있는 존재 구조의 '동일성' 내지 '유사성'을 의미합니다. 이러한 차이점을 우리는 다시금 창조 기사(P)에서 발견할 수 있습니다:

> "하나님이 이르시되, 우리의 형상을 따라 우리의 모양대로 우리가 사람을 만들고, … 하나님이 자기 형상 곧 "하나님의 형상"대로 사람을 창조하시되, 남자와 여자를 창조하시고"(창 1:26-27)47)

---

46) 롬 8:15-16 : "너희(그리스도인)는 다시 무서워하는 종의 영을 받지 아니하고, 양자의 영을 받았으므로, 우리가 아빠 아버지라고 부르짖느니라. 성령이 친히 우리의 영과 더불어 우리(그리스도인)가 하나님의 자녀인 것을 증언하시나니"

47) 창세기 5장 3절에서는 '형상'과 '모양'이 순서가 바뀌어 나타난다: "아담은 백삼십 세에 자기의

비록 여기서 '형상'과 '모양'이라는 두 단어가 함께 사용되고 있지만, "하나님의 형상"으로 창조된 사람Adam 혹은 인간人間은 분명히 '남자'와 '여자'라는 두 객체를 가리키고 있습니다. 즉 "하나님의 형상", 곧 '육肉'이라는 '흙 그릇'에 담겨져 있는 하나님의 '영靈'이라는 인간의 존재구조, 곧 그 '모양대로' '남자'와 '여자'가 창조되었다는 것입니다. 그래서 문자 그대로 하나님의 인격적 존재 구조와 '비슷하게' 혹은 '유사하게' 그 '모양ܬܘܡܕ, ὁ μοίωσις, similitudo'대로 '남자'와 '여자'로 인간이 창조되었다고 해석할 수 있습니다. 이러한 사실은 창세기 5장 1절에서 더욱 분명히 드러납니다.

"하나님이 사람을 창조하실 때에 하나님의 모양대로ܒܕܘܡܬ 지으시되, 남자와 여자를 창조하셨고"(창 5:1b-2a).

여기서는 '형상'이라는 단어가 빠지고, 하나님이 인간을 '하나님의 모양대로' 남자와 여자로 창조하셨다고 증언하고 있습니다. 이러한 의미에서 '모양'은 인격적 존재 구조의 '유사성' 혹은 '동일성' 이외에 다른 것을 뜻하지 않습니다. 왜냐하면 '하나님의 모양'은 '복수複數' 혹은 '원형과 모형의 관계', 혹은 두 존재 사이에 있는 연관 관계, 즉 '남자'와 '여자'의 관계를 뜻하기 때문입니다. 하나님의 이러한 내적 관계성, 곧 '아버지'와 '아들'의 관계성, 곧 '영'과 '인간이라는 형型', 곧 '그릇'이라는 존재 구조에 상응하게, 삼위일체 하나님이 '자기의 모양대로' 사람을 창조하시되, '남자와 여자'를 창조하셨다고 이해할 수 있습니다(창 1:27). 그런데 이러한 두 관계의 '동일성' 내지 '유사성'을 의미하는 개념이 바로 '모양ܬܘܡܕ, ὁμοίωσις호모이오시스, similitudo'이라는 단어입니다.[48] 바꾸어 말하면, 창조주 하나님이 성자 예수 그리스도와 맺고 있는 삼위일체 하나님의 내적 관계에 따라서,

---

모양ܒܕܘܡܬ, 곧 자기의 형상과 같은ܟܨܠܡ 아들을 낳아 이름을 셋이라 하였고,"(창 5:3)

48) Preuß, ܕܡܬ, ThWAT II, Sp.267. ܬܘܡܕ 는 구약 성경에 25번 나타난다(창 1:26; 5:1,3; 왕하 16:10; 사 40:18; 겔 1:5(2회) 그 밖에). 이 단어가 Lxx 에서는 ὁμίωμα, ὁμοίωσις, εἰκών(창 5:1), ἰδέα(창 5:3), ὅμοιος(사 13:4) 등으로 번역되었다. 즉 '모양(ܬܘܡܕ, ὁμοίωσις)'이라는 단어의 의미는 ܕܡܬ의 명사형으로서 '동일하게 혹은 비슷하게 보인다'라는 뜻을 가지고 있다. 이점에 관하여: L. Delekat, VT 14 (1964), 23-25.

인간을 '남자'와 '여자'로 창조하였다고 해석할 수 있습니다. 이것을 존재론적으로 바꾸어 말하면 '영'과 '육'으로 된 한 생명체의 존재 구조인 '형상'을, 다른 영역으로 이전移轉하여 새로운 존재를 만들 때, 그 '형상'의 구조대로 '본本을 따서' 새롭게 만들어야 합니다. 이 때 우리는 이러한 창조 행위를 '그 모양대로 ὁμοίωσις', 곧 '그대로 본을 따서' 혹은 '그 구조대로', '그와 비슷하게similitudo'라고 표현하게 됩니다. 왜냐하면 '비슷하다'라는 의미를 가진 '모양'이란 단어는 서로 다른 두 개의 독립된 객체를 전제하기 때문입니다. 그래서 보다 오래된 성구인 열왕기하 16장 10절에서 '모양 תבנית'이란 단어는 구체적인 관계를 적용하는 의미로 사용되고 있습니다: "아하스 왕이 앗수르의 왕 디글랏 빌레셀을 만나러 다메섹에 갔다가, 거기 있는 제단을 보고, 아하스 왕이 그 제단의 모든 구조와 제도의 양식을 그려 제사장 우리야에게 보냈더니"(왕하 16:10). 그런데 이 단어가 포로기 문헌들 속에서는 '형태Gestalt', 외모外貌를 의미하는 '모양Aussehen'으로 번역되었습니다.[49] 그래서 '모양 תבנית'이라는 단어를 가장 많이 사용한 에스겔은 이 단어를 사용할 때, 항상 유비적analogisch으로 사용하고 있습니다.(겔 1:26)

이상 앞의 두 절에서 분석한 '형상'과 '모양'의 개념을 고려해 볼 때, 이제 우리는 다음과 같이 종합할 수 있습니다. "우리의 형상을 따라 우리의 모양대로"(창 1:26)란 증언에서 '우리(하나님)의 형상'이란, 하나님의 '영靈'이 그 어떤 다른 존재에 내재內在immanent되어 있는 존재 구조, 곧 '인격적 존재 구조'를 뜻합니다. 왜냐하면 '형상'의 주어가 '우리'라는 복수로 표현되었다는 것은, '하나님의 형상'이 단지 단일체를 의미하지 않는다는 것을 암시해 주기 때문입니다. 그리고 창조 과정에서 하나님이 자기의 '영'을 '흙으로 만든 형틀'에 불어넣으심으로써 비로소 인간, 곧 '살아있는 생명체', 곧 '생령'이 되었기 때문입니다. 이러한 창조 과정으로 만들어진 인간이 '하나님의 형상'을 가지고 있다면, '하나님의 형상'이란, 하나님의 '영'이 '육'이라는

---

49) L. Köhler, ThZ 4 (1948), 16~22.

'흙 그릇', '틀' 혹은 '형型'에 내재되어 있는 인격적 존재 구조 이외에 다른 것이 결코 아닙니다. 왜냐하면 보이지 아니하는 '하나님의 형상'이신 예수 그리스도의 탄생도, 마리아라는 '여인의 틀'에 '성령'이 내재됨으로써 일어나기 때문입니다. 따라서 창조 이전의 '하나님의 형상'이란, 영원한 아들 속에 '영'으로 내재하신 창조주 하나님의 인격적 존재 구조라고 볼 수 있습니다. 이러한 의미에서 사도 바울도 "만일 너희 속에 하나님의 영이 거하시면 너희가 육신에 있지 아니하고 영에 있나니 누구든지 그리스도의 영이 없으면 그리스도의 사람이 아니라"(롬 8:9)고 단언하였던 것입니다.

그런데 이러한 하나님의 삼위일체론적 인격적 존재 구조가 밖으로 물질을 입을 때Hypostasis, Personifisierung 그 존재구조의 '본本'을 따서, 곧 '모양דומה대로' 창조한 것이 바로 '남자'와 '여자'란 인간입니다. 왜냐하면 여자는 이미 남자 속에 '갈빗대'로 '내재內在'해 있었기 때문입니다. 즉 여자와 남자는 하나이면서, 동시에 여자의 근원은 바로 남자이고(창 2:21), 여자는 남자의 "뼈 중의 뼈"(창 2:23)이기 때문입니다. 이러한 의미에서 '하나님의 형상'은 단지 남자만을 의미하거나, 혹은 단지 여자만을 의미하지 않습니다. 여자가 남자 속에 생명의 원천으로 존재하는 인간의 인격적 존재 구조가 바로 '하나님의 형상'입니다. 그래서 성경(P)은 "하나님이 자기 형상, 곧 하나님의 형상대로 사람을 창조하시되, 남자와 여자를 창조하시고"(창 1:27)라고 증언하고 있습니다. 그리고 이어서 반복해서 성경(P)은 하나님이 사람을 창조하실 때에, 이러한 '하나님의 형상'을 '본本 따서', 곧 "하나님의 모양대로 지으시되, 남자와 여자를 창조"(창 5:1b-2a)하셨다고 증언한 것입니다. 다시 말해서 하나님이 영원한 독생자 예수 그리스도 안에 영靈으로 내재되어 있는 '영'의 삼위일체적 존재 구조를 '본 따서', 곧 그 '모양대로' 남자와 여자가 창조된 것입니다. 즉 A와 B사이의 관계에 상응하게 A와 B 사이의 관계로 남자와 여자가 창조된 것이다. 그러므로 남자과 여자가 하나가 되는 결혼을 통하여 인간은 온전한 인간이 되는 것입니다: "이러므로 남자가 부모를 떠나 그의 아내와 합하여 둘이 한 몸을 이룰지로다."(창 2:24) 즉 남자나 여자가 단독으로 있으면 '하나님의 형상'을 가진 인간이 아닙니다. 이러한 근거에서 "하나님의 형상"과 '인간의 형상'은 유비적類比的, 곧 '모양חומה ר'이 비슷한 것입니다. 그러면 '하나님의 형상'으로서의 예수 그리스도는 어떻게 설명될 수 있는가?

5. 하나님의 아들 예수 그리스도는 보이지 아니하는 하나님의 형상

골로새서는 예수 그리스도는 "보이지 아니하는 '하나님의 형상'이시오, 모든 피조물보다 먼저 나신 이"(골 1:15)라고 증언하고 있습니다. 비록 골로새서는 왜 예수 그리스도가 '하나님의 형상'인지 자세히 설명하지 않지만, 앞에서 분석한 '하나님의 형상' 개념, 곧 인격적 존재 구조에 의하면, 예수 그리스도 안에는 하나님의 영靈이 내재immanent하고 있기 때문에 참 '하나님의 형상'이십니다. 즉 예수 그리스도는 성령聖靈, 곧 '하나님의 영'으로 잉태하였으며(마 1:20), 예수가 세례를 받고 물 위로 올라오실 때, 그에게 성령이 비둘기 같이 임하셨기(마 3:16) 때문에 보이지 아니하는 '하나님의 형상'이십니다. 이러한 '하나님 형상' 개념에 상응하게 예수 그리스도께서도 "아버지여, 아버지께서 내 안에, 내가 아버지 안에 있는 것같이, 그들도 다 하나가 되어 우리 안에 있게 하사 세상으로 아버지께서 나를 보내신 것을 믿게 하옵소서."(요 17:21)라고 기도하고 계십니다. 다시 말하면 '흙'에 하나님의 '생기'를 불어넣어 만든 인간이 '하나님의 형상'이듯이, 예수 그리스도는 성령으로 잉태되어, 성령을 받았고, 그 자신 안에 하나님의 영靈을 담지하고 계시는 분이시기 때문에 '보이지 아니하는 하나님의 형상'이십니다. 더욱이 예수님은 '모든 피조물보다 먼저 나신 자'라는 의미에서, 그는 창조 이전에 계셨던 '하나님의 형상'이십니다. 그래서 요한복음은 "본래 하나님을 본 사람이 없으되, 아버지 품속에 있는 독생하신 하나님이 나타내셨느니라."(요 1:18)고 증언하고 있는 것입니다. 이렇게 예수 그리스도 자신이 바로 '하나님의 형상'이기에, 예수님은 "나를 본 자는 아버지를 보았거늘 어찌하여 아버지를 보이라 하느냐"(요 14:9)고 반문하고 계신 것입니다.

그러므로 우리가 하나님의 '형상'을 되찾는 길은, 오직 성령聖靈, 곧 그리스도의 영으로 거듭나는 것입니다. 창조 당시 하나님께서 아담(흙, האדמ)

에게 '하나님의 영靈'인 '생기生氣'를 불어넣어 주셨듯이(창 27), 우리 안에 그리스도의 영이 있으면, 우리가 다시 새로운 피조물이 되는 것입니다(고후 5:17). 이러한 이유로 예수 그리스도는 하나님 나라에 들어가려면 "물과 성령"으로 거듭나야 한다고 말씀하셨고(요 35), 부활하신 다음에 제자들에게 나타나셔서, 제자들을 향하여 "숨을 내쉬며 이르시되, 성령을 받으라"(요 20:22), 성령을 불어넣어 주신 것입니다. 인간학적으로 말하면 '사랑의 영靈'으로 남자와 여자가 서로 하나가 되는 것입니다. 그래서 예수님도 성령 안에서 창조주 아버지와 아들 그리고 그의 자녀들이 하나 되기를 위해서 기도하셨던 것입니다.

*** 참회의 기도 ***

주님,
당신은 우리 마음속에 숨겨진 모든 비밀을 아시나이다.
그러나 저희 속에 있는 더럽고 추잡한 것으로 인하여
님의 얼굴을 우리에게서 돌리지 마옵소서!

주님의 얼굴을 우리에게 향하여 드사
몸과 영혼의 더러움을 씻어주시고,
당신의 전능으로 우리를 깨끗케 하소서!

흙으로 빚어진 이 질그릇에 주님의 영을 주시어,
우리 안에 '하나님의 형상'을 이루소서
그래서 우리로 하여금
당신의 빛나는 영광을 보게 하옵소서!

- 아멘 -

II. 아담_{Adam}아! 너는 흙이란다

하나님과 같이 되고자 하는 인간 *homo erit sicut deus*

***** 토의 주제 *****

1. 인간들이 범하는 죄악의 근본적인 뿌리가 어디에 있다고 생각하는가?
2. 어떻게 인간은 새로운 피조물이 될 수 있는가?
3. 본인은 신앙적으로 누구를 대표하며, 어디 안에 있다고 생각하는가?

1. 아담_{Adam}아! 너는 흙이란다

'인간이 무엇인가?'라는 질문은, 인간 스스로가 답변할 수 없는 질문이라는 것을 우리는 성경적 인간관의 출발점에서 이미 자세히 살펴보았습니다. 왜냐하면 '인간이 무엇인가?'라고 묻는 자惹도 인간이요, 그에 대하여 답변해야 할 자도 인간이기 때문입니다. 그래서 '인간이 무엇인가?'라는 질문에 대한 답변은 밖으로부터, 곧 제3자惹로부터 주어져야 함을 알았습니다. 즉 하나님께서 인간의 본질을 규정해 주신 것이 인간의 참된 본질이라는 것입니다. 그런데 성경의 증언에 의하면, 하나님은 인간을 흙으로 규정하고 있습니다: "너는 흙אדם이니, 흙으로 돌아갈 것이니라."(창 3:19b) 그렇다면 무슨 의미로 하나님은 인간을 '흙'이라고 말씀하셨는가?

이러한 질문에 대한 답변은 어느 때 하나님께서 최초 인간 아담에게 "너는 흙이니, 흙으로 돌아갈 것이니라"(창 3:19b)고 말씀하셨는지를 분석해 보면 그 의미를 알 수 있습니다. 이 말씀을 하나님은 최초 인간 아담이 범죄 한 후에 하셨습니다. 그런데 하나님은 이 말씀 이전에 최초 인간 아담에게 다음과 같은 최초의 율법을 주십니다:

> "여호와 하나님이 그 사람Adam에게 명하여 이르시되, 동산 각종 나무의 열매는 네가 임으로 먹되, 선악을 알게 하는 나무의 열매는 먹지 말라. 네가 먹는 날에는 반드시 죽으리라."(창 2:16-17)

그러나 여자는, 뱀이 "너희가 결코 죽지 아니하리라. 너희(너와 네 남편 아담)가 그것을 먹는 날에는 너희 눈이 밝아져 하나님과 같이 되어 선악을 알 줄 하나님이 아심이니라"(창 3:4-5)고 유혹하자, '하나님과 같이 되고자' 하는 욕심에서 아담과 함께 선악과를 따먹었습니다.(창 3:6) 이렇게 최초 인간이 하나님의 명령을 어기고 선악과를 따먹었을 때, 하나님께서는 당신의 말씀을 어긴 징벌로써, "네가 흙으로 돌아갈 때까지, 얼굴에 땀을 흘려야 먹을 것을 먹으리니, 네가 그것에서 취함을 입었음이라. 너는 흙이니, 흙으로 돌아갈 것이니라"(창 3:19)고 말씀하셨습니다. 그렇다면 '흙으로 돌아간다'는 것은 무슨 뜻인가?

'너는 흙이니, 흙으로 돌아갈 것이니라'는 말씀은, 모든 인간은 아무런 가치 없는 '흙'에서 지음을 받았듯이, 또 다시 아무런 가치가 없는 물질로 되돌아가야 할 가치 없는 존재가 되었다는 것입니다(욥 7:21).[50] 왜냐하면 여기서 말하는 '흙עפר'이란,[51] 첫째 티끌같이 너무 많아서(창 13:16; 28:14; 대하 1:9; 민 23:10)[52] '무가치Wertlosigkeit'한 것을 뜻하기 때문입니다(슥 9:3; 욥 27:16; 습 1:17; 시 18:42=삼하 22:43).[53] 그런데 최초 인간이 바로 이렇게 "무가치"한 것에서 지음

---

50) 욥 7:21 : "내가 이제 흙에 누우리니, 주께서 나를 애써 찾으실지라도 내가 남아 있지 아니하리이다."

51) *L. Wächter*, רפע, ThWAT, 275-284; *Ders.*, Der Tod im AT(AzTh II/8, 1967, 48-52, 97-106; *Ders,* Unterweltvorstellung und Unterweltsnamen in Babylonien, Israel und Ugarit(MIO15, 1969, 327/336)

52) 창 13:16 : "내가 네 자손이 땅의 티끌 같게 하리니, 사람이 땅의 티끌을 능히 셀 수 있을진대, 네 자손도 세리라"; 창 28:14 : "네 자손이 땅의 티끌 같이 되어…"; 대하 1:9 : "주께서 나를 땅의 티끌 같이 많은 백성들의 왕으로 삼으셨사오니"; 민 23:10 : "야곱의 티끌을 누가 능히 세며"

을 받았다는 점에서 타락한 인간은 이성理性 없는 들짐승이나 새와 다를 바가 없는 존재가 되었다는 것입니다. 왜냐하면 사람도 짐승이나 새처럼 흙으로 지음을 받았기 때문입니다: "여호와 하나님이 땅의 흙אֲדָמָה으로 사람을 지으시고"(창 2:7); "여호와 하나님이 흙אֲדָמָה으로 각종 들짐승과 공중의 각종 새를 지으시고,"(창 2:19a: 전 3:20)54) 둘째로 '흙עָפָר으로 돌아간다' 는 것은, 인간은 멸망 받을 존재라는 것을 뜻합니다. 그래서 에스겔 선지 자는 두로 왕에 대한 심판을 "땅위에 재(티끌)가 되게 하였도다"(겔 28:18)라고 증언하고 있습니다(말 3:21: 욥 30:19: 사 25:12: 26:5: 41:2: 왕하 13:7).55) 이와 같이 하나님의 말씀을 거역한 최초 인간Adam의 후손들은 모두 '흙', '티끌' 혹은 '재'에 불과한 것입니다. 그래서 아브라함도 자신의 존재를 "나는 티끌이나 재와 같사오니"(창 18:27)라고 고백하고 있습니다. 욥도 자신의 존재를 "흙집에 살며, 티끌로 터를 삼고, 하루살이 앞에서라도 무너질 자"(욥 4:19)라고 한탄하고 있습니다(시 103:14: 욥 42:6).56) 이와 유사하게 성경은 또한 인간의 삶을 말라 없어질 '풀'과 같이 시들어버릴 '꽃'으로 비유하였습니다(사 40:8: 51:12: 시 90:5f: 103:15f: 102:12: 144:4: 욥 8:9: 14:2 등등). 그렇다면 왜 인간의 위상Status이 이렇게 티끌처럼 무가치한 존재로 전락되었는가?

인간이 무가치한 '흙'으로 되돌아 갈 수밖에 없는 근본 원인은 앞에서도 언급하였듯이, '하나님과 같이 되고자 하는 인간homo erit sicut deus'의 욕심이 었다. 왜냐하면 뱀은 여인에게 "그것(선악과)을 먹는 날에는 너희 눈이 밝

---

53) 시 18:42 : "내가 그들을 바람 앞에 티끌 같이 부숴뜨리고, 거리의 진흙 같이 쏟아 버렸나이다 (삼하 22:43); 슥 9:3: "두로는 자기를 위하여 요새를 건축하며, 은을 티끌같이, 금을 거리의 진흙 같이 쌓았도다"; 습 27:16: 습 1:17.

54) 전 3:20 : "다(사람과 짐승이) 흙으로 말미암았으므로, 다 흙으로 돌아가나니, 다 한 곳으로 가거니와"그리고 예수님께서도 이스라엘 백성들의 교만을 보시고, "하나님이 능히 이 돌들로도 아브라함의 자손이 되게 하시리라"(마 3:9)고 말씀하신다.

55) 말 4:3 : "너희가 악인을 밟을 것이니, 그들이 내가 정한 날에 너희 발바닥 밑에 재(티끌)와 같으리니, 만군의 여호와의 말이니라."; 욥 30:19 : "하나님이 나를 진흙 가운데 던지셨고, 나를 티끌과 재 같게 하셨구나."; 사 25:12: "네 성벽의 높은 요새를 헐어 땅에 내리시되, 진토에 미치게 하시리라."; 사 26:5: "높은 데에 거주하는 자를 낮추시며, 솟은 성을 헐어 땅에 엎으시되, 진토에 미치게 하셨도다."(41:2: 왕하 13:7)

56) 시 103:14: "이는 그가 우리의 체질을 아시며, 우리가 단지 먼지뿐임을 기억하심이로다"; 욥 42:6 : "그러므로 내가 스스로 거두어들이고, 티끌과 재 가운데서 회개하나이다."

아져 하나님과 같이 되어 선악을 알 줄 하나님이 아심이니라"^(창 3:4-5)고 유혹하였기 때문이다. 다시 말해서 "욕심이 잉태한즉 죄를 낳고, 죄가 장성한즉 사망을 낳느니라"^(약 1:15)고 말씀한 것처럼, 인간은 '하나님과 같이 되고자 하는' 욕심으로 하나님의 말씀을 거역하고, 끝내 '흙'으로 돌아가게 된 것, 곧 죽게 된 것입니다. 왜냐하면 최초 인간 아담 - 더 자세히 말하면 여자가 - 이 뱀의 "시험을 받는 것은 자기 욕심에 끌려 미혹"^(약 1:14)되었기 때문입니다. 최초 인간 아담의 욕심으로 인하여 모든 인류는 흙에서 나서 흙으로 되돌아갈 수밖에 없는 아주 보잘 것 없는 무가치한 인생이 되었습니다. 이러한 인생을 살 수밖에 없는 것이 최초 인간Adam의 후손인 모든 인간의 본질적인 삶입니다. 왜 아담의 죄가 모든 인간에게 미치는가?

2. 아담과 그리스도는 인간성의 두 모형

사도 바울은 모든 인간을 대표하는 서로 다른 두 가지 인간의 모형을 다음과 같이 소개하고 있습니다:

> "한 사람으로 말미암아 죄가 세상에 들어오고, 죄로 말미암아 사망이 들어왔나니, 이와 같이 모든 사람이 죄를 지었으므로 사망이 모든 사람에게 이르렀느니라. … 그러나 아담으로부터 모세까지 아담의 범죄와 같은 죄를 짓지 아니한 자들까지도 사망이 왕 노릇 하였나니, 아담은 오실 자의 모형이라. 그러나 이 은사는 그 범죄와 같지 아니하니, 곧 한 사람의 범죄를 인하여 많은 사람이 죽었은즉 더욱 하나님의 은혜와 또한 한 사람 예수 그리스도의 은혜로 말미암은 선물은 많은 사람에게 넘쳤느니라. 또 이 선물은 범죄한 한 사람으로 말미암은 것과 같지 아니하니, 심판은 한 사람으로 말미암아 정죄에 이르렀으나, 은사는 많은 범죄로 말미암아 의롭다 하심에 이름이니라."^(롬 5:12-16)

이러한 증언을 분석해 보면 우선 다음과 같습니다:

한 사람Adam으로 말미암아 --> 죄가 세상에 들어왔다 ---> 모든 사람이 죄 값으로 사망.

한 사람Christus으로 말미암아 --> 순종의 삶으로 ---> 의롭다 인정을 받았다.

그러므로 한 사람 아담Adam과 한 사람 예수 그리스도Christus는 모든 인류의 대표자이다.

이 점을 사도 바울은 다시 다음과 같이 요약합니다: "사망이 한 사람으로 말미암았으니, 죽은 자의 부활도 한 사람으로 말미암는도다. 아담 안에서 모든 사람이 죽은 것 같이, 그리스도 안에서 모든 사람이 삶을 얻으리라"(고전 15:21-22) 이러한 증언들을 고려해 볼 때, 아담과 예수 그리스도는 단지 개별적인 한 사람이 아니라, 모든 인간을 대표하는 '집단인격체Kollektive Person'임을 알 수 있습니다. 다시 말해서 한 개인을 지칭하면서도, 그가 소속된 공동체의 전체 구성원을 대표하는 존재라는 것입니다. 대통령이 한 국가를 대표하듯이, 아담과 예수 그리스도의 행동과 그들의 생각은 모든 인류를 대표한다는 것입니다. 이러한 의미에서 이 세상에 있는 모든 인간들은 아담이나, 예수 그리스도 중 어느 한 '인간 모형'에 속하게 된다는 것입니다. 더 자세히 말하면, 개별적인 모든 인간들은 아담이라는 '인간 모형'에 속하든지, 아니면 예수 그리스도라는 '인간 모형'에 속한다는 것입니다. 아담이란 '인간 모형'에 속하면, 아담의 행적에 따른 결과를 최초 인간 아담과 함께 짊어져야 하고, 예수 그리스도란 '인간 모형'에 속하면 예수 그리스도의 행적에 따른 결과를 그리스도와 함께 공유한다는 것입니다. 이것이 바로 세례와 성만찬을 통한 공동체의 성례전적 유대성 혹은 일치성Identität입니다.

그래서 사도 바울은 이러한 세례를 통한 예수 그리스도와 성도의 성례전적 유대감 혹은 일치성을 다음과 같이 기술하고 있습니다:

"무릇 그리스도 예수와 합하여 세례를 받은 우리는 그의 죽으심과 합하여 세례를 받은 줄을 알지 못하느냐. 그러므로 우리가 그의 죽으심과 합하여, 세례를 받음으로 그와 함께 장사되었나니, … 만일 우리가 그의 죽으심과 같은 모양으로 연합한 자가 되었으면, 또한 그의 부활과 같은 모양으로 연합한 자도 되리라."(롬 6:3-5); "만일 우리가 그리스도와 함께 죽었으면, 또한 그와 함께 살 줄을 믿노니"(롬 6:8); "이와 같이 너희(예수 그리스도의 이름으로 세례 받은 자)도 너희 자신을 죄에 대하여는 죽은 자요, 그리스도 예수 안에서 하나님께 대하여는 살아 있는 자로 여길지어다."(롬 6:11)

이렇듯 예수 그리스도의 이름으로 세례를 받은 사람은, 예수의 행적이 세례 받은 자에게 전이轉移되는 것이 바로 성례전적 연대성 내지 일치성인 것입니다.57) 이러한 성례전적 유대감을 역逆으로 아담의 죄와 연관시켜서 말할 때, 그것을 아우구스티누스는 최초 인간 아담이 지은 '죄의 유전 Erbsünde', 곧 '원죄peccatum originale'라고 표현해 왔습니다.58) 이러한 근거에서 볼 때, 성경이 증언하는 최초 인간 아담과 참 인간 예수 그리스도는 모든 인간을 대표하는 두 가지 '인간 모형'이라고 볼 수 있습니다(롬 5:14: 아담은 오실 자의 모형이라). 따라서 이 세상에 있는 모든 인간들은 결국 최초 인간 아담 안에 있는 인간이든지, 아니면 예수 그리스도 안에 있는 인간일 수밖에 없습니다. 즉 최초 아담과 예수 그리스도에도 속하지 않는 제3의 인간이란 있을 수 없다는 것입니다.59) 그렇다면 아담 안에 있는 인간은 어떠한 인간인가?

3. 아담Adam(흙) 안에 있는 인간

우선 첫째로 아담 안에 있는 인간은 "연약한 존재"(롬 5:6)입니다. 다시 말하면 '흙'으로 만들어진 존재이기에, 다시 '흙으로 돌아갈 수밖에 없는 존재'입니다. 즉 생명이 없고, 죽을 수밖에 없는 존재가 바로 그들입니다. 왜

---

57) 성만찬을 통한 공동체적 유대감 내지 일치성에 대하여: 고전 10:16-17 : "우리가 축복하는 바 축복의 잔은 그리스도의 피에 참여함이 아니며, 우리가 떼는 떡은 그리스도의 몸에 참여함이 아니냐. 떡이 하나요, 많은 우리가 한 몸이니, 이는 우리가 다 한 떡에 참여함이라."

58) 이 점에 관하여: *J. Groß*, Geschichte des Erbsündendogmas I, 1960, 322f; 327f.

59) 본회퍼는 이 세상의 있는 인간을 "아담 안에 있는 존재Sein in Adam"와 "그리스도 안에 있는 존재Sein in Christus"로 이분하였다. 이 점엔 관하여: *D. Bonhoeffer*, Act und Sein. Transzendentalphilosophie und Ontologie in der systematischen Theologie, hrsg. von Hans-Richard Reuter, München 1988, 135ff.

냐하면 하나님께서 "선악을 알게 하는 나무의 열매는 … 먹는 날에는 반드시 죽으리라"(창 2:17)고 말씀하셨기 때문입니다. 그러므로 선악과를 따먹고 '흙'으로 돌아갈 것이라는 심판을 받은 인간은 죽을 수밖에 없는 존재입니다. 다시 말해서 다른 동식물들은 하나님께서 입히시고, 먹이시는 반면에(마 6:28-30),[60] 아담 안에 있는 인간은 120세를 넘기지 못하고 "사망의 몸"(롬 7:24)[61]에서 곤고한 삶을 살아가는, 곧 "흙으로 돌아갈 때까지 얼굴에 땀을 흘려야 먹을 것을"(창 3:19) 얻는 연약한 존재입니다. 자신이 계획한 바를 이루지도 못하고(잠 16:9),[62] 항상 사탄과 마귀의 노예가 되어 살아가는 존재가 바로 아담 안에 있는 인간입니다. 무능력하고 힘없는 존재, 아무 것도 행할 수 없는 존재, 그래서 '보혜사'가 필요하고, 누군가가 부끄러운 곳을 감싸주어야 하는 연약하고 힘없는 존재(창 3:31), 이것이 아담 안에 있는 인간입니다. 최초 인간 아담은 하나님께 범죄한 인간이기 때문입니다.

아담 안에 있는 인간은 둘째로 '죄인'입니다. 죄인은 자유가 없습니다. 아담 안에 있는 인간은 사탄의 유혹에 넘어가 하나님께 범죄한 연고로, 사탄의 노예가 되어 있는 인간입니다. 그래서 사도 바울은 죄의 노예가 되어 있는 인간의 모습을 다음과 같이 토로吐露합니다:

> "내 속, 곧 내 육신에 선한 것이 거하지 아니하는 줄을 아노니, 원함은 내게 있으나, 선을 행하는 것은 없노라."(롬 7:18); "내 속 사람으로는 하나님의 법을 즐거워하되, 내 지체 속에서 한 다른 법이 내 마음의 법과 싸워 내 지체 속에 있는 죄의 법으로 나를 사로잡는 것을 보는도다. 오호라 나는 곤고한 사람이로다."(롬 7:22-24)

---

60) 마 6:28-31 : "들의 백합화가 어떻게 자라는가 생각하여 보라. 수고도 아니 하고, 길쌈도 아니 하느니라. 그러나 내가 너희에게 말하노니, 솔로몬의 모든 영광으로도 입은 것이 이 꽃 하나만 같지 못하였느니라. **오늘 있다가 내일 아궁이에 던져지는 들풀도 하나님이 이렇게 입히시거든 …**"

61) 롬 7:24: "오호라 나는 곤고한 사람이로다. 이 사망의 몸에서 누가 나를 건져내랴"

62) 잠 16:9 : "사람이 마음으로 자기의 길을 계획할지라도 그의 걸음을 인도하시는 이는 여호와시니라."

그래서 에베소서 기자는 그리스도 밖에 있는 인간, 곧 아담 안에 있는 인간을 "허물과 죄로 죽은 자"(엡 2:1,5)라고 말하면서, "세상 풍조를 따르고, 공중의 권세 잡은 자"(엡 2:2)를 따르는 자라고 규정하고 있습니다.

그러므로 셋째로 아담 안에 있는 인간은 '하나님과 원수 된 자'입니다. 왜냐하면 그들은, 최초 인간 아담처럼 하나님의 말씀, 곧 하나님의 영에 불순종하고, 오히려 "불순종의 영"(엡 2:2)인 사탄에 사로잡혀 있는 자들이기 때문입니다. 그들은 하나님과 같이 되고자 한 불순종하는 존재들이었기 때문에, 하나님으로부터 에덴동산에서 내어 쫓김을 받아 '땅의 자녀', 곧 '흙'에 기록된 자가 되었습니다(렘 17:13).63) 그래서 그들은 그리스도 밖에 있는 자들로서, 그들의 이름은 생명책에 누락되어 있습니다(계 13:8).64)

이상 살펴본 바와 같이 아담 안에 있는 인간은 한 마디로 말해서 생명이 없는 죽은 자입니다. 왜냐하면 그들에게는 더 이상 하나님의 생명의 영이 함께 하지 않기 때문입니다: "여호와께서 이르시되, 나의 영이 영원히 사람과 함께 하지 아니하리니, 이는 그들이 육신이 됨이라. 그러나 그들의 날은 백이십 년이 되리라."(창 6:3) 그렇다면 그리스도 안에 있는 인간은 어떠한 존재인가?

4. 그리스도 안에 있는 인간

우선 그리스도 안에 있는 인간은 최초 아담의 범죄로 인하여 죽은 인간과 달리 새롭게 창조된 인간입니다. 그래서 사도 바울은 "누구든지 그리스도 안에 있으면, 새로운 피조물"(고후 5:17)이라고 증언하고 있는 것입니다. 다시 말하면 그리스도 안에 있는 인간은, '새 생명'이 있는 자입니다. 왜냐하면 그들은 그리스도의 영으로 거듭난 자들이기 때문입니다: "예수를 죽은 자 가운데서 살리신 이의 영이 너희 안에 거하시면, 그리스도 예수를

---

63) 렘 17:13 : "이스라엘의 소망이신 여호와여 무릇 주를 버리는 자는 다 수치를 당할 것이라. 무릇 여호와를 떠나는 자는 흙에 기록이 되오리니, 이는 생수의 근원이신 여호와를 버림이니이다."
64) 계 13:8 : "죽임을 당한 어린 양의 생명책에 창세 이후로 이름이 기록되지 못하고, 이 땅에 사는 자들은 다 그 짐승에게 경배하리라."

죽은 자 가운데서 살리신 이가 너희 안에 거하시는 영으로 말미암아 너희 죽을 몸도 살리시리라."(롬 8:11) 왜냐하면 그리스도 안에 있는 자들은 그의 이름으로 세례를 받아 "그리스도와 함께 장사되고, 또 죽은 자들 가운데서 그를 일으키신 하나님의 역사를 믿음으로 말미암아 그 안에서 함께 일으키심을 받았(기)"(골 2:12,13)[65] 때문입니다. 한 마디로 말해서 그리스도 안에 있는 인간은 아담 안에 있는 인간과 정 반대의 위치에 있습니다. 즉 생명을 가지고 있고, 하나님 나라를 유업으로 받을 자, 하나님의 영으로 거듭난 자, 그래서 그들에게는 '보혜사' 성령이 항상 함께 하는 자, 이러한 존재가 바로 그리스도 안에 있는 인간입니다. 그렇다면 어떻게 그리스도 안에 있는 인간이 될 수 있는가?

앞에서 이미 인용한 바와 같이 그리스도와 공동체적 유대감을 가지려면, 우선 예수 그리스도의 이름으로 세례를 받아야 합니다. 왜냐하면 우리가 그의 이름으로 세례를 받음으로써, 그의 모든 행적이 세례 받은 자들에게, 곧 그리스도인들에게 전이轉移되기 때문입니다. 이러한 의미에서 세례는 신앙 공동체 안으로 들어오는 교회의 예식이라는 차원을 넘어서, 예수 그리스도의 죽음과 부활을 나의 삶으로 현재화시키는 예식이기도 합니다. 그러나 성례전 그 자체가 예수 그리스도의 죽음과 부활을 나에게 전이시키는 것이 아니라, 나의 믿음이 예수의 죽음과 부활이 주는 은총을 자신에게 현실화시키는 것입니다. 그러므로 믿음으로 예수 그리스도와 하나가 되는 성례 없이 결코 예수 그리스도 안에 있을 수 없습니다. 이러한 근거에서 아담 안에 있는 인간의 죄는 보편적이지만, 예수 그리스도 안에 있는 구원의 은총은 오직 믿음을 통해서만 세례 받은 자들에게만 전이가 일어나는 것입니다. 다시 말해서 죄는 모든 사람이 지었지만, 구원은 모든 사람이 받는 것은 결코 아닙니다. 그래서 사도 베드로는 "너희가 회개하여 각각 예수 그리스도의 이름으로 세례를 받고, 죄 사함을 받으라. 그리하면 성령을 선물로 받으리니, 이 약속은 너희와 너희 자녀와 모든 먼 데 사람,

---

65) 골 2:13: "범죄와 육체의 무할례로 죽었던 너희를 하나님이 그(예수 그리스도)와 함께 살리시고, 우리의 모든 죄를 사하시고"

곧 주 우리 하나님이 얼마든지 부르시는 자들에게 하신 것이라."(행 2:38-39)고 선포한 것입니다. 그리고 또한 "누구든지 주의 이름을 부르는 자는 구원을 받으리라"(행 2:21)고 선포하였습니다.

참회의 기도

여호와여!
주위에 우리를 치려는 대적이 많기에,
신음 중에 여호와께 부르짖사오니,
주는, 주의 성전에서 우리의 기도를 들어주옵소서!

천만인이 우리를 에워싸고,
올무로 우리의 발목을 잡으려 해도
모든 원수들의 손목을 꺾으시어
우리의 행로를 견고해 하옵소서

주여!
오직 구원이 주님께만 있사오니,
주의 자비를 주님의 자녀들에게 베푸소서

여호와여!
속히 임하시어,
우리를 구원해 주시옵소서

- 아멘 -

III. 떠나는 순간, 고생이란다!

부모 곁을 떠나기 원하는 자녀

***** 토의 주제 *****

1. 인간이 왜 자꾸 하나님 아버지의 품을 떠나고자 하는가?
2. 하나님 없이 사는 삶이 과연 즐겁고 행복한가?
3. 나는 과연 '회개'하였는가?

1. 이름도, 얼굴도 없는 소외된 인간

현대 사회를 가리켜 가셋트Ortegay Gasset는 '대중화' 사회라고 특징지어 말합니다.66) 이 말을 바꾸어 말하면, 현대의 인간은 대중大衆 속에 파묻혀 있는 익명의 인간이 되었다는 뜻입니다. 즉 자신의 개성과 자기만이 가지는 고유한 특성을 살리지 못하고, 대중 속에 흡수되어 자기 정체성을 상실했다는 것입니다. 그래서 주일 예배를 드리러 교회를 찾아와도, 어느 누구하나 자신을 알아주는 사람 없고, 그리고 자기 자신조차도 다른 사람이 자기에게 가까이 접근해 오는 것을 꺼려하고 있습니다. 대중화 속에서 철저히 고립되어 있는 인간, 이것이 바로 현대인입니다. 그리고 현대인은 바로 이러한 환경을 즐기고 있습니다.

---

66) 가셋트는 현대인은 "다른 사람들로부터 떨어지지 못하는 인간"이라고 특징지었고(*J. Ortegay Gasset*, Der Aufstand der Massen, rororo 280, 912), 프로이드S. Freud는 현대인은 "축소된 지능을 가진 감정에 의해서 지배받는 인간"(*S. Freud*, Masenpsychologie und Ich-Analyse, Fischerb. 6054, 27)이라고 특징지었다.

이러한 대중화 속에서의 자기 소외 혹은 자기 분리 현상은 우선 주거환경에서 명백히 드러납니다. 아파트Apartment라는 콘크리트 박스concrete box 속에서 이웃과 단절되어 살아가고 있는 현대인, 아니 쪽방, 옥탑 방에서 사는 것도 부족하여, 직장에서도 1-2사람씩 칸막이로 막아놓은 좁은 공간에서 살아가는 것이 현대인들입니다. 하루 종일 1평도 안 되는 좁은 공간 속에서 철저히 자기 안에 갇혀 있는 인간들, 이들은 실제로는 대중들로부터 소외된 인간입니다.67) 따라서 '대중화'란, 이렇게 소외된 인간을 역설적으로 대변해 주는 말이기도 합니다.68) 인터넷Internet이라는 대중화된 전자통신 매개체를 이용하면서도, PC방에서 하루 종일 혼자 게임을 하고 있는 청소년이 바로 오늘날 현대인들의 삶의 양상입니다. 공인 중개사, 의사, 변호사, 검사, 판사, 교수, 공무원에서 비롯하여 거리의 콘테이너container 간이매점 등, 대부분의 현대 직장인들은 이렇게 많아야 2-3명 아니면 혼자서 하루 종일 박스에 갇혀서 생활하고 있습니다. 심지어는 대학의 도서관 책상도 칸막이가 되어 있습니다.

　　왜 이렇게 현대인은 대중화 사회 속에서도 칸막이 속에서 스스로 자기를 소외시키고 살아가고 있는가? 왜 인간은 자기 익명성匿名性을 좋아하고, 이름 없는 자, 얼굴 없는 자가 되기를 원하는가? 왜 어린아이들은 유치원에서 구석진 곳에 공간을 마련해 놓고, 그 속에 들어가 놀기를 좋아하며, 왜 어른들은 칸을 막아 자기 자리를 구획 짓고, 콘크리트 박스를 좋아하는가? 그리고 교회 공동체 안에서도 '연합 모임'보다는 'Cell 모임'을 좋아하는가? 그러면서도 왜 인간은 다른 사람들로부터 소외당하는 것을 두려워하는가? 한편으로는 '획일화' 혹은 '대중화', 그리고 다른 한편으로는 자기 '개성화'라는 갈등 속에서 살고 있는 것이 현대인이 아닌가? 왜 인간은

---

67) 소외와 자기 소외라는 개념은 칼 마르크스K. Marx의 초기 저술들이 알려진 이래로 특히 1844년에 그가 파리에서 쓴 경제-철학적 원고들이 알려진 이래로, 활발한 토론의 대상이 되었다. 그러나 이미 프리드리히 헤겔Fr. Hegel은 「정신현상학Phänomelogie des Geistes, 1809」에서 '소외 Entfremdung'란 개념을 사용하였다.

68) 밋셔리히와 로렌츠에 의하면, 인간의 특성은 감정이 빈약하고, 무감정하며, 무관심적인 존재라고 말한다. 이 점에 관하여: *A. Mitscherlich*, Auf dem Wege zur vaterlosen Gesellschaft, 1963 - *K. Lorenz*, Die acht Todsünden der zivilisierten Menschheit, 1973.

부모와 형제와 함께 살아가는 가족 공동체란 둥지를 떠나려고 하는가? 왜 인간은 이렇게 살아갈 수밖에 없는가?

2. 생명의 근원을 떠나고자 하는 탕자

인간이 대중으로부터 소외되어 살고자 하는 욕구, 바꾸어 말해서 생명의 근원이신 하나님, 혹은 부모님으로부터 떨어져 나가고자 하는 인간의 욕구를 우리는 탕자의 비유(눅 15:11-32)에서 발견할 수 있습니다.[69] 평안하게 아버지와 형님과 살아가던 둘째 아들은 아버지께, 아버지 재산 중에서 자기에게 돌아올 분깃을 달라고 청하였습니다. 그 청을 듣고 아버지는 언젠가는 나누어 주어야 할 재산이기에, 둘째 아들에게 재산을 나누어 주었습니다. 그 후 며칠이 안 되어 둘째 아들은 재물을 다 모아 가지고 먼 나라로 떠났습니다(눅 15:13). 그리고는 허랑방탕하여 그 재산을 모두 낭비하였습니다.

이 비유 말씀의 핵심은 두 가지입니다. 하나는 평안한 아버지 품을 떠난 후, 탕자가 되어 버린 아들이 돌아오기를 기다리고 있는 아버지, 곧 생명의 근원인 하나님을 떠난 인간이 다시 하나님 품으로 돌아오기를 기다리고 계시는 하나님 아버지의 사랑을 증언하는 것이고, 다른 하나는 아버지의 평안한 품을 떠나고자 하는 인간의 죄악상입니다. 왜냐하면 탕자가 아버지의 품으로 돌아가고자 결단하였을 때의 탕자의 심경을 누가복음은, "내가 일어나 아버지께 가서 이르기를 '아버지, 내가 하늘과 아버지께 죄를 지었사오니'"(눅 15:18)라고, 묘사하고 있기 때문입니다. 그러나 이 말씀이 하나님 아버지의 자비와 긍휼에 대한 비유이건, 아니면 아버지의 품을 떠난 아들의 죄악에 대한 비유이건, 공통된 점은 아버지의 품을 떠난 아들

---

69) 이 비유에 대한 해설: **K. Bornhäuser**, Studien zum Sondergut des Lukas, Gütersloh 1934, 103-137 - **J. Schniewind,** Das Gleichnis vom verlorenen Sohn, Göttingen 1940(재판: **J. Schniewind**, Die Freude der Buße, kleine Vandenhoeck-Reihe 32, Göttingen 1956, 34-87) - **J. Jeremias,** Zum Gleichnis vom verlorenen Sohn, ThZ 5(1949), 228-231. - **J. Jeremias,** Die Gleichnisse Jesu, Göttingen, Vandenkoeck & Ruprecht 1970 8.Auflage, 허역 역, 『예수의 比喩』, 분도출판사 1974, 123 이하.

의 '비참한 삶'입니다:

> "(그 재산을 낭비하더니), 다 없앤 후, 그 나라에 크게 흉년이 들어 그(둘째
> 아들)가 비로소 궁핍한지라. 가서 그 나라 백성 중 한 사람에게 붙여 사니, 그
> 가 그를 들로 보내어 돼지를 치게 하였는데, 그가 돼지 먹는 쥐엄 열매로 배
> 를 채우고자 하되, 주는 자가 없는지라."(눅 15:14-16)

이 말씀에 의하면, 둘째 아들은 차라리 돼지 "쥐엄"이라도 먹고살기를
원했지만, 그것마저도 그에게 주는 사람이 없었습니다.70) 즉 아버지의 품
을 떠난 둘째 아들은 극도로 궁핍해졌고, 동물과 같은 비천한 신분으로
떨어졌습니다. 한 마디로 말해서 아버지의 품을 스스로 떠난 아들은 고통
과 궁핍으로 비참한 존재가 되었다는 것입니다. 만일 그가 아버지의 품을
떠나지 않았더라면, 둘째 아들은 "돼지 쥐엄"을 먹고 싶어도, 얻어먹지 못
하는 존재는 되지 않았을 것입니다. 그렇다면 왜 둘째 아들은 아버지 품
을 떠났는가?

아들이 자기에게 주어질 유산의 분깃을 가지고 아버지의 품을 떠난 이
유는 분명, 자기 상속분을 받아 가지고 나아가서, 자립적으로 생활 기초를
닦으려고 하였을 것입니다. 그래서 그는 자기 재산을 "다 모아 가지고συναγ
αγὼν πάντα: 수나가곤 판타: 그가 모든 것을 돈으로 만들어"(13절) "그 후 며칠
이 안 되어ἀπεδήμησεν εἰς χώραν μακράν: 하페데메센 에이스 코란 마크란"(13절) 먼 나라로 떠
났습니다. 사실상 가나안 땅의 잦은 기근으로 인하여, 그 당시 사람들은
비옥하고 풍요로운 근동 지방의 대 상업 도시로 이주하여 풍요로운 삶을
살고 싶은 것이 대부분 젊은이들의 소망이기도 하였습니다.71) 긍정적으로
생각하면, 젊은이로서 자신의 장래를 위해서 기왕에 주어질 유산이라면,
빨리 받아서 자기 나름대로 새로운 세상에서 기반을 쌓아서 독립된 삶을
살고자 하였을 것입니다.

---

70) "쥐엄"은 지중해 연안에서 십여 미터까지 자라는 나무의 열매로서, 주로 가축의 사료로 사용되
었다.
71) 이 점에 관하여 *J. Jeremias*, Jerusalem zur Zeit Jesu, 3.Aufl., Göttingen 1962, 157-161

그러나 문제는 둘째 아들이 아버지의 품을 떠날 때, 아내와 함께 떠났다는 이야기가 없는 것으로 보아, 분명 아직 미혼이었을 것이 틀림없습니다. 그렇다면 그의 나이는 아직 어렸을 것입니다. 왜냐하면 그 당시 남자의 결혼 연령은 18-20세였기 때문입니다. 설사 노총각이라고 하더라도, 아직은 가정을 갖지 않은 젊은이였음이 틀림없습니다. 결혼을 해서 분가分家하기 위해서 아버지 품을 떠난 것이 아니라, 아버지 없이, 형님 없이 혼자서 제 마음대로 살고 싶었던 것입니다. 그래서 그는 부모를 떠나 먼 나라로 떠나자마자, 그곳에서 아버지와 형제 없이 혼자서 '허랑방탕'한 삶을 살았고, 끝내는 모든 재산을 낭비하게 되었던 것입니다. 그리고 이 일로 인하여 그는 부모와 형제로부터 스스로 완전히 소외된 인간이 되었습니다. 아버지 없이 살고자 하는 둘째 아들의 자유自由 분망奔忙한 욕심은 결국 자기 자신을 부모로부터, 그리고 형제로부터 소외시키고 말았던 것입니다. 이제 그는 다시 부모와 형제들이 있는 고향으로 되돌아가고 싶어도 갈 수가 없는 신세가 되었습니다. 이렇게 아버지와 형으로부터 스스로 자기를 소외시킨 인간의 모습을 누가복음은 "돼지 먹는 쥐엄 열매로 배를 채우고자 하되, 주는 자가 없는지라"(눅 15:16)고 표현하고 있습니다.72) 그리고 둘째 아들 자신도 "나는 여기서 주려 죽는구나"(눅 15:17)라고 자기의 신세를 탄식하고 있습니다.

이러한 둘째 아들의 모습은 실제로는 하나님 아버지를 떠나서 하나님 없이 스스로 살고자 하는 인간의 모습을 비유로 설명한 것이라고 볼 수 있습니다. 왜냐하면 사실상 최초 인간 아담의 죄로 인하여 모든 인간은 이 둘째 아들처럼, 비참한 신분으로 타락하였기 때문입니다. 그래서 바르트K. Barth도 자신의 「로마서 주해Römerbrief, 1922」에서 인간 죄의 역사적 사실성은, 인간이 하나님과의 일치에서 "떨어져 나옴", 곧 '소외됨'이라고 표현하고 있습니다.73) 그리고 이어서 그는 「교회 교의학Kirchliche Dogmatik」에서,

---

72) 유대인들은 돼지를 아주 불결한 짐승으로 본다.(레 11:7-8; 신 14:8). 아버지를 떠나 아들의 모습이 돼지의 쥐엄도 얻어먹지 못하는 신세가 되었다는 것은 불결한 돼지보다 못한 비참한 존재가 되었다는 것을 암시해 준다.

73) **K. Barth,** Der Römerbrief, 2.Aufl., 1922, 146: "죄의 역사적 사실은, 시간적으로 제약성을 가지

"인간의 사악한 삶의 행위" 자체가, 인간이 하나님으로부터 떨어져 나와서 아담과 같은 죄를 반복하고 있다는 것을 반증해 준다고 말하였습니다.[74]

결국 하나님 아버지의 품을 떠나 타락한 인간은 살아 있으나, 실상은 죽은 자입니다. 왜냐하면 생명의 근원이요, 뿌리인 아버지를 떠나 먼 곳으로 자기를 소외시켰기 때문입니다. 그래서 돌아온 탕자를 아버지는 "이 내 아들은 죽었다가 다시 살아났으며, 내가 잃었다가 다시 얻었노라"(눅 15:24, 32)고 설명하고 있습니다. 이 말은 생명의 근원인 하나님 아버지를 떠난 인간은 이미 죽은 자나 다름없다는 것입니다(마 8:22).[75] 아버지의 품을 떠난 자의 삶은 고작해야 돼지 "쥐엄"이나 먹으면서 살고자 하나, 그것마저 주는 사람이 없는 고달픈 삶입니다. 그래서 예수님은 이 세상에서 부귀영화를 누리는 것의 무가치함을, "솔로몬의 모든 영광으로도 입은 것이, 이 꽃 (백합화) 하나만 같지 못하였느니라"(마 6:29)고 비유로 말씀하신 것입니다. 즉 인간이 아무리 풍요롭게 산다고 해도, 하나님과 함께 사는 하나님 나라에서, 하나님께서 친히 입히시고, 먹이시는 것만 못하다는 것입니다. 그럼에도 불구하고 아버지의 품을 떠나고자 하는 인간, 이것이 바로 인간의 죄악입니다. 스스로 떠나는 자의 발길을 누가 막겠는가?

3. 그래도 되돌아가고 싶은 고향

비록 둘째 아들은 자기 욕심에서 아버지의 품을 떠나왔지만, 위기 상황에 직면하게 되자, 다시 아버지의 품을 동경하면서, 자기 자신을 되돌아봅니다: "스스로 돌이켜 이르되, 내 아버지에게는 양식이 풍족한 품꾼이 얼마나 많은가, 나는 여기서 주려 죽는구나"(눅 15:17) 이렇게 탕자는 아버지 품에 있는 일꾼과 자기 자신을 비교합니다. 그리고 그는, 아버지의 품꾼들이 아버지의 유산을 물려받고 멀리 타국에 와서 재산을 모두 탕진하고, 돼지

는 모든 사건들의 '배후에' 숨어 있는 시간의 측면에서 가장 앞선 사건이다."

74) *K. Barth*, Kirchliche Dogmatik IV/1, 1953, 556, 568.

75) 마 8:22 : "예수께서 이르시되 죽은 자들이 그들의 죽은 자들을 장사하게 하고, 너는 나를 따르라."

보다 못한 신세가 된 자기보다 훨씬 낫다고 생각합니다.76) 다시 말해서 이제야 비로소 아들은 자기의 모습을 제대로 발견하게 된 것입니다. 왜냐하면 '스스로 돌이켜'라는 말은, 그리스 말로 'εἰς ἑαΘτὸν δὲ ἐλη ών에이스 헤아트톤 데 엘에온'로서 '그는 자신에게 돌아왔다', 혹은 '그는 후회했다', 혹은 '그는 참회한다'라는 뜻이기 때문입니다. 그리고 탕자는 다음과 같이 참회를 합니다:

> "내가 일어나 아버지께 가서 이르기를, 아버지, 내가 하늘과 아버지께 죄를 지었사오니, 지금부터는 아버지의 아들이라 일컬음을 감당하지 못하겠나이다. 나를 품꾼의 하나로 보소서 하리라."(눅 15:18-19)

그러나 이것은 어디까지나 회심에 불과한 것이다. 그러나 탕자는 단지 자신의 잘못된 행동을 시인하는 회심에서 그치지 않고, '회개'를 합니다. 곧 아버지에게로 돌아갈 것을 결단하고 아버지에게로 발길을 과감하게 돌립니다. 왜냐하면 "내가 일어나 아버지께 가서…"(18절)라는 'ἀναστὰς πορεύ σομαι아나스타스 폴유소마이"란 말은, "일어나 … 가리라"라는 말로서, '회개'를 뜻하기 때문입니다.77) 그러나 되돌아가서 얻을 신분은 아들의 신분이 아니라, 품꾼의 신분이 됩니다. 왜냐하면 그는 이미 상속분을 다 받았으므로, 아들로서의 아무런 권리도, 심지어는 음식과 의복에 대한 권리조차 주장할 수 없게 되었기 때문입니다. 그는 단지 아버지의 종으로, 곧 아버지 집에서 일하는 품꾼의 하나로 되돌아가는 것입니다. 그래서 탕자는 "지금부터는 아버지의 아들이라 일컬음을 감당하지 못하겠나이다. 나를 품꾼의 하나로 보소서!"(19절)라고 자기 신분을 미리 규정합니다.

이러한 탕자의 자기 인식은, 우리 인간이 자기 잘못을 회개하고 하나님

---

76) 여기서 우리는 제1과에서 논의한 질문, 곧 언제 인간은 자기 자신에 대한 질문을 던지는가에 대한 답변을 여기서 찾을 수 있을 것이다. 모든 인간이 자기의 본질에 대한 질문을 던질 때는 언제든지 자기의 일이 무엇인가, 잘못되어 가고 있을 때임을 알 수 있다.

77) '회개'를 독일어로도 'Umkehr: 되돌아오다'라고 표현한다. 즉 하나님 아버지에게로 되돌아가는 것을 회개라고 한다.

아버지에게로 돌아간다고 하더라도, 우리는 이 탕자처럼 하나님 집의 품꾼의 하나일 뿐이라는 것을 암시해 줍니다. 그래서 마르틴 루터M. Luther는, '인간이 회개하고 예수 그리스도를 믿음으로 말미암아 하나님으로부터 값 없이 의롭다함을 받았다 하더라도 여전히 죄인이라고' 강조합니다. 이러한 근거에서 루터는 그리스도인을 '항상 동시에 의인이며 죄인이다semper simmul justus et peccator'라고 규정합니다. 그렇습니다. 우리가 회개하고 하나님의 자녀가 되었다고 해서 우리의 죄가 완전히 소멸된 것은 아닙니다. 우리가 회개함으로 하나님께서 우리의 죄를 단지 간과하시고, "의롭다 인정해 주신 것"(롬 3:23-24)[78] 뿐입니다. 한 걸음 더 나아가, 그리스도인들이 부활하여 하나님의 나라에 간다 하더라도, 인간이 하나님과 같이 되는 것이 아니라, 천사처럼 주님을 섬기는 종이 되는 것입니다. 왜냐하면 처음부터 최초 인간 아담은 하나님의 말씀에 순종하여 다른 피조물을 잘 다스려야했기 때문입니다. 그러나 아담의 타락 이후로, 인간은 회개하고 하나님께 되돌아간다 하더라도, 하나님 아버지의 영접 없이는 품꾼, 그 이상의 신분이 될 수 없습니다. 그렇다면 아버지로부터 스스로 떨어져 나온, 곧 스스로 자기 자신을 소외시킨 탕자가 어떻게 본래의 신분을 되찾을 수 있을까?

4. 하나 되게 하는 그리스도

아버지의 품을 떠나온 둘째 아들, 곧 스스로 자신을 아버지와 형제로부터 분리시킨 탕자와는 정반대로 하나님 아버지는 인간들이 하나님 품으로 되돌아와 하나님 아버지와 더불어 살기를 원하십니다. 그래서 예수님은 당신의 마지막 기도에서 다음과 같이 하나님 아버지와 자기 자신, 그리고 그리스도를 믿는 성도들의 하나 됨을 위해서 기도하셨습니다:

"내가 비옵는 것은 이 사람들만 위함이 아니요, 또 그들의 말로 말미암아 나를 믿는 사람들도 위함이니, 아버지여, 아버지께서 내 안에, 내가 아버지 안

---

78) 롬 3:23-24 : "모든 사람이 죄를 범하였으매, 하나님의 영광에 이르지 못하더니 그리스도 예수 안에 있는 속량으로 말미암아 하나님의 은혜로 값없이 의롭다 하심을 얻은 자 되었느니라."

에 있는 것과 같이 그들도 다 하나가 되어 우리 안에 있게 하사, 세상으로 아버지께서 나를 보내신 것을 믿게 하옵소서. 내게 주신 영광을 내가 그들에게 주었사오니, 이는 우리가 하나가 된 것 같이 그들도 하나가 되게 하려 함이니이다."(요 17:20-22)

이러한 예수님의 기도 속에 자주 나타나는 단어는 '하나 됨'입니다. 바꾸어 말하면, 하나님 아버지와 아들 그리고 그 아들을 믿는 사람들이 함께 더불어 사는 하나님 나라의 공동체입니다.79) 이 공동체를 이루기 위해서는, 하나님 아버지로부터 떨어져 분리되어 나온 인간이 하나님 아버지에게로 돌아가야만 합니다. 그리고 실제로 잃어버린 아들의 비유가 기술하고 있는 바와 같이, 아버지는 잃어버린 아들이 돌아오기를 기다리고 계십니다. 그래서 예수님은 "나는 세상에 더 있지 아니하오나, … 나는 아버지께로 가옵나니, 거룩하신 아버지여 내게 주신 아버지의 이름으로 그들을 보전하사 우리와 같이 그들도 하나가 되게 하옵소서!"(요 17:11)라고 기도하신 것입니다.

이렇게 하나님의 참된 아들 예수님은, 누구든지 아버지의 품으로 되돌아가 아버지와 하나가 되기를 원하십니다. 그리고 예수님의 의도와 상응하게 탕자가 자신의 죄악을 깨달았을 때, 아버지 품으로 되돌아가고 싶어하였던 것처럼, 자기 자신을 발견한 인간은 어머니와 아버지 품으로 돌아가고 싶어합니다. 그러나 인간은 스스로 아버지에게로 갈 수 없습니다. 그 길은 앞에서 인용한 예수님의 기도처럼 오직 예수 그리스도를 통해서만 가능합니다. 그래서 예수 그리스도께서도 "내가 곧 길이요, 진리요, 생명이니, 나로 말미암지 않고는 아버지께로 올 자가 없느니라"(요 14:6)고 말씀하셨던 것입니다. 이 말씀은, 첫째는 예수 그리스도가 하나님 아버지에게 이르는 길을 열어 놓았다는 뜻이며, 둘째는 하나님 아버지께서 다시 영접해 주시지 않으면, 아무리 아버지 집으로 되돌아가고 싶어도 갈 수 없다는

---

79) *R. Bultmann,* Das Evangelium des Johannes, *허혁* 역, 『요한 福音書 硏究』, 성광문화사 1979, 562ff.

뜻으로 이해할 수 있습니다.

그러나 첫째와 둘째 사항이 사실상 모두 가능합니다. 왜냐하면 스스로 집을 나간 탕자를 영접하는 아버지는 과거를 묻지 않고, 돌아온 아들을 다시 아들의 신분으로 회복시켜 주었기 때문입니다. 아버지가 아들의 돌아옴을 멀리서 보고서, "측은히 여겨 달려가 목을 안고 입을 맞추었다"(눅 14:20)는 것은, 아들의 죄를 용서한다는 것을 뜻합니다(삼하 14:33).[80] 그리고 아버지가 하인들에게 "제일 좋은 옷을 내어다가 입히고, 손에 가락지를 끼우고, 발에 신을 신기라"(22절)고 명령한 것은, 아들의 신분을 다시 회복시켜 준다는 것을 의미합니다. 왜냐하면 제일 좋은 옷을 입힌다는 것은, 근동의 풍습으로는, 큰 영예를 의미하기 때문입니다(창 41:41-42).[81] 그리고 가락지를 끼워준다는 것은, 아버지의 전권을 위임한다는 뜻입니다. 그리고 "신발을 신기다"는 것은 자유인이 되었다는 뜻입니다. 왜냐하면 그 당시 노예들은 맨발로 다녔기 때문입니다. 그리고 살진 송아지를 잡아 향연을 베풀어 주었다는 것(23절)은 아들로 다시 영접한다는 뜻입니다.[82] 돌아온 아들에 대한 이러한 아버지의 행동과 표현들을 다른 말로 바꾸어 말하면, 아들이 "죽었다가 다시 살아났다"는 것입니다. 즉 아버지가 아버지의 품을 떠난 자식, 곧 죽은 자식을 은혜로 다시 살린 것입니다.

이러한 의미에서 최초 인간 아담의 타락으로 인하여 이 세상에서 탕자가 되어 버린 인간을 성령으로 부르시어 다시 하나님의 자녀가 되게 하신 것은 전적으로 하나님의 은총입니다.(롬 8:15-16) 그리고 이러한 성령의 부르심을 가능하게 만든 분은 바로 예수 그리스도이십니다. 그래서 사도 바울은 "예수를 죽은 자 가운데서 살리신 이의 영이 너희 안에 거하시면, 그리스도 예수를 죽은 자 가운데서 살리신 이가 너희 안에 거하시는 그 영으

---

80) 삼하 14:33 : "왕이 압살롬을 부르니, 그가 왕께 나아가 그 앞에서 얼굴을 땅에 대어 그에게 절하매, 왕이 압살롬과 입을 맞추니라." 이것은 자기 부모를 살해하려한 압살롬을 그의 아버지 다윗 왕이 용서하였다는 것을 뜻한다.

81) 창 41:41-42 : "바로가 또 요셉에게 이르되, 내가 너를 애굽 온 땅의 총리가 되게 하노라 하고, 자기의 인장 반지를 빼어 요셉의 손에 끼우고, 그에게 세마포 옷을 입히고, 금 사슬을 목에 걸고"

82) 이 점에 관하여: J. Jeremias, 『예수의 비유』, 125이하.

로 말미암아 너희 죽을 몸도 살리시리라."(롬 8:11)고 증언하고 있습니다. 이렇듯 하나님은 인간과 더불어, 인간과 함께 살고자 우리를 다시금 찾아오시지만(요 14:3,18,28; 16:28), 인간은, 아버지 곁을 떠나기를 원하는 탕자처럼, 언제든지 하나님 아버지의 품을 떠나고자 합니다. 그러나 하나님 아버지의 품을 떠난 삶은 탕자의 삶밖에 남는 것이 없습니다. 그렇지만 하나님은 다시금 우리에게 찾으러 오실 것입니다. 그래서 우리는 이렇게 기도해야 합니다: "아멘! 주 예수여 오시옵소서!"(계 22:20)

***** 참회의 기도

여호와여!
어느 때까지 우리를 잊으시려 하시나이까?
어느 때까지 주의 얼굴을 우리에게서 가리우시려 하시나이까?
여호와여!
우리의 생각을 감찰하시고, 애통하는 기도를 외면치 마옵소서!
오직 주님의 사랑만 의지하오니,
우리의 믿음, 부끄러움 당치 말게 하소서!
여호와여!
우리의 탄식이 변하여 찬송이 되게 하소서!

- 아멘 -

IV. 노예가 되어 있는 인간!

죄와 악에 사로잡혀 있는 인간

***** 토의 주제 ****

1. 나는 지금 참으로 자유로운가, 혹시 나도 그 무엇에 갇혀 있지는 않는가?
2. 예수님을 믿은 후 내게 참 기쁨이 있는가? 없다면 왜 그런지 생각해 보았는가?
3. 참 자유를 얻기 위해서 무엇을 해야 하는가?

1. 자유로부터 도피하고자 하는 인간

이스라엘 백성들은 애굽 왕 바로의 폭정 아래서 고통과 고난을 겪고 있었습니다. 그들의 고통이 얼마나 심하였는지, 그들의 신음하는 소리가 하늘에까지 상달되었다고 출애굽기는 증언하고 있습니다:

> "여러 해 후에 애굽 왕은 죽었고, 이스라엘 자손은 고된 노동으로 말미암아 탄식하며 부르짖으니, 그 고된 노동으로 말미암아 부르짖는 소리가 하나님께 상달된지라"(출 2:23)

그럼에도 불구하고 정작 모세가 애굽에 내려가 이스라엘 자손들에게 애굽을 탈출할 것을 요구할 때, 그들은 선뜻 모세를 따라 나서지 않았습니다. 그래서 여호와 하나님께서는 한편으로는 여호와 하나님의 강하고 위대하신 능력을 계시해 주시기 위해서, 다른 한편으로는 이스라엘 백성들로 하여금 노예 생활을 빨리 청산할 것을 결단하게 하기 위해서 바로의 마음을 강퍅하게 하시고, 아홉 가지 재앙을 애굽과 바로의 궁전에 내리셨습니다. 그럼에도 불구하고, 이스라엘 자손들은 모세를 따라서 애굽을 기꺼이 탈출하려 하지 않았습니다. 오히려 그들은, "너희(모세와 아론)가 우리를 바로의 눈과 그의 신하의 눈에 미운 것이 되게 하고, 그들의 손에 칼을 주어 우리를 죽이게 하는도다"(출 5:21a)라고, 모세와 아론을 원망합니다. 이러한 이스라엘 자손들의 노예 근성을 보고서 모세는 하나님께 반문합니다:

> "모세가 여호와 앞에 아뢰어 이르되, 이스라엘 자손도 내 말을 듣지 아니하였거든, 바로가 어찌 들으리이까?"(출 6:12)

결국 이스라엘 자손들은 열 번째 재앙, 곧 여호와 하나님께서 "내가 그 밤에 애굽 땅에 두루 다니며, 사람이나 짐승을 막론하고 애굽 땅에 있는 모든 처음 난 것을 다 치고 애굽의 모든 신을 내가 심판하리라"(출 12:12)고 엄하게 경고하시고, "밤중에 여호와께서 애굽 땅에서 모든 처음 난 것, 곧 왕위에 앉은 바로의 장자로부터 옥에 갇힌 사람의 장자까지와 가축의 처음 난 것을 다 치시매"(출 12: 29) 그때서야 비로소 "허리에 띠를 띠고, 발에 신을 신고, 손에 지팡이를 잡고 (유월절 음식을) 급히 먹고,"(출 12:11) 모세를 따라서 허겁지겁 애굽을 탈출합니다.

이러한 출애굽 기사를 통해 볼 때, 이스라엘 자손들은 애굽에서 노예 생활로 극심한 고통을 받고 있었음에도 불구하고, 그래서 여호와 하나님께 탄식하며 울부짖었음에도 불구하고 정작 애굽을 탈출하여 여호와 하나님을 섬기라고 권하는 모세의 말은 순종하지 않았습니다. 이렇게 이스라엘 자손들뿐만 아니라, 대부분의 인간들은 자유를 동경하지만, 정작 자유를 쟁취하려고 노력하지 않고, 오히려 노예 된 상태에 머물러 있기를 더 원합니다. 마치 '예수 그리스도를 믿으면, 모든 죄의 노예에서 해방된다'고 증언하여도, 이러한 복음을 선뜻 받아들이려 하지 않는 현대인들과 비슷합니다.

이스라엘 자손들이 자유를 향유하지 못하는 근성은 광야의 삶에서도 다시금 드러납니다. 그들은 여호와 하나님의 인도하심으로 애굽 땅 종살이에서 해방되었음에도 불구하고, 광야에서 여전히 애굽의 노예 생활을 동경하며, 자신들을 애굽에서 해방시킨 모세를 원망합니다:

> "이스라엘 자손 온 회중이 그 광야에서 모세와 아론을 원망하여, 이스라엘 자손이 그들에게 이르되, 우리가 애굽 땅에서 고기 가마 곁에 앉아 있던 때와 떡을 배불리 먹던 때에 여호와의 손에 죽었더라면 좋았을 것을 너희가 이 광야로 우리를 인도해 내어 이 온 회중이 주려 죽게 하는도다."(출 16:2-3)[83]

실제로 애굽에서 생활하는 동안 고기 가마 곁에서 떡을 배불리 먹지도 못했던 인간들이 오히려 노예 생활에서 해방시켜 자유를 주신 여호와 하나님을 원망하고 있습니다.

뿐만 아니라 광야에서 이스라엘 자손은 스스로 아무 힘도 없고, 생명도 없는 금송아지 우상을 섬기는 노예가 되고자 합니다:

> "백성이 … 모여 … 아론에게 이르러 말하되, 일어나라, 우리를 위하여 우리를 인도할 신을 만들라. 이 모세 곧 우리를 애굽 땅에서 인도하여 낸 사람은 어찌 되었는지 알지 못함이니라. 아론이 그들에게 이르되, 너희의 아내와 자녀의 귀에서 금 고리를 빼어 내게로 가져 오라. 모든 백성이 그 귀에서 금 고리를 빼어 아론에게로 가져가매, 아론이 그들의 손에서 금 고리를 받아 부어서 조각칼로 새겨 송아지 형상을 만드니, 그들이 말하되, 이스라엘아 이는 너희를 애굽 땅에서 인도하여 낸 너희의 신이로다."(출 32:1-4)

이와 같이 이스라엘 자손들이 노예 생활에서 자신들을 해방시켜 주신 여호와 하나님을 버리고 금송아지를 만들어서 섬겼다는 것은, 자유의 영

---

83) 이 밖에 이스라엘 자손들은 자신들에게 조금마한 어려움이 오면 곧바로 애굽의 노예 생활을 동경하고, 애굽으로부터 자신들을 해방시킨 하나님과 모세를 원망한다. 또 한 가지 예가 바로 므리바 반석에 관한 이야기이다: "그들이 모세에게 대하여 원망하여 이르되, 당신이 어찌하여 우리를 애굽에서 인도해 내어서 우리와 우리 자녀와 우리 가축이 목말라 죽게 하느냐?"(출 17:3)

이신 하나님을 경배하기보다는, 자유를 버리고 스스로 금송아지 우상의 노예가 되었다는 것을 의미합니다. 그리고 이를 다시 현대적인 의미로 해석하면 금金, 곧 돈Mammon을 숭배하고, 돈의 노예가 되었다는 것으로 이해할 수도 있습니다. 더욱이 제사장 아론이 이스라엘 자손들의 금金 폐물을 거두어 금송아지 우상을 만들었다는 것은 하나님의 말씀을 중히 여기지 않는 부패한 제사장 혹은 목회자들을 은연 중 암시하고 있습니다. 그리고 한 걸음 더 나아가, 금송아지를 만들어 섬기게 한 아론은, 노예로부터의 해방, 곧 노예 생활로부터 이스라엘 자손을 구원하신 하나님을 재물財物의 신, 곧 복福이나 주는 사적私的 신神으로 전락시킨 것입니다.84) 결국 아론은 이스라엘 자손을 돈의 노예로 만들었고, 이스라엘 자손들은 스스로 돈의 노예가 되기를 자처하였던 것입니다. 왜냐하면 이후의 역사를 통하여 이스라엘 백성들은 가나안 땅에 들어가서도 자주 풍요와 다산을 상징하는 금송아지를 만들어 놓고 "먹고 마시며 일어나서 뛰놀며"(출 32:6, 비교 민 25:1-9: 왕상 14:24: 암 2:7) 그를 숭배하였기 때문입니다.85) 이렇게 이스라엘 자손뿐만 아니라, 인간은 자유를 향유할 줄 모르는 존재이고, 스스로 노예가 되기를 원합니다. 이렇게 여호와 하나님의 통치와 하나님이 주신 참 자유에서 벗어나 노예가 되고자 하는 인간은 결국 하나님 대신 세상의 왕을 세우고, 그 왕의 권세에 스스로 노예가 됩니다.

2. 세상 권세의 노예가 되고자 하는 인간

이스라엘의 왕은 처음부터 여호와 하나님 한 분뿐이십니다. 왕이신 하나님은 이스라엘 백성뿐만 아니라 온 인류를 위하여 자신의 독생자를 내어 주시는 사랑의 하나님이십니다(롬 5:8). 즉 창조주 하나님은 이스라엘 백

---

84) 자본주의 사회에 팽배한 물신주의에 대한 칼 마르크스 비판에 관한 연구: Franz J. Hinkelammert, *Las Armas Ideológicas de la Muerte*, 김항섭 역, 『物神』다산글방1999. 힌켈라메르트는 이 책의 부제를 "죽음의 이데올로기적 무기"라고 붙이고 있다.

85) 북 이스라엘의 왕 여로보암Jeroboam은 벧엘과 단 두 곳에 두 금 송아지를 만들어 세우고 말하기를 "이스라엘아 이는 너희를 애굽 땅에서 인도하여 올린 너희의 신들이라"(왕상 12:28)고 선포하였다.

성을 위하여 일용할 양식, 곧 '만나Manna'(출 16:35)[86]와 마실 물水(출 17:3)과 배불리 먹을 고기(출 16:12; 민 11:31-32)[87]를 제공해 주시는 이스라엘의 왕이십니다(비교 마 6:31,33).[88] 그럼에도 불구하고 이스라엘 자손들은 생사화복의 주관자 되시고, 온 우주의 통치자이신 여호와 하나님을 버리고, 세상 임금을 세워달라고 간청합니다: "이스라엘 모든 장로가 모여 라마에 있는 사무엘에게 나아가서, 그에게 이르되 … 모든 나라와 같이 우리에게 왕을 세워 우리를 다스리게 하소서"(삼상 8:4-5) 이러한 이스라엘 자손들의 요청 속에 숨겨진 근본적인 의도는, "그들(이스라엘 자손들)이 너를 버림이 아니요, 나(여호와 하나님)를 버려 자기들의 왕이 되지 못하게 함"(삼상 8:7)이라고, 여호와 하나님께서 사무엘에게 가르쳐 주십니다. 그리고 여호와 하나님은 이스라엘 자손들의 요청을 허락하시면서, 앞으로 "너희가 그(세상 임금)의 종이 될 것이라"(삼상 8:17)고 말씀하십니다. 다시 말해서, 이제는 세상 임금이 명령하는 대로 무조건 굴복하면서 살아야 하는 정치적 노예가 될 것이라고 말씀하십니다(삼상 8:11-17). 즉 폭군의 폭정에서 벗어나지 못하고, 고통과 고난의 삶을 살 것이라는 것입니다.[89]

이렇게 여호와 하나님을 왕으로 섬기지 않으며, 하나님께서 은혜로 베풀어 주시는 '하나님 나라'의 선한 통치를 거부한 이스라엘 백성들은 결국

---

86) 출 16:35 : "사람이 사는 땅에 이르기까지 이스라엘 자손이 사십 년 동안 만나를 먹었으니, 곧 가나안 땅 접경에 이르기까지 그들이 만나를 먹었더라"

87) 출 16:12 : "내(여호와 하나님)가 이스라엘 자손의 원망함을 들었노라. 그들에게 말하여 이르기를, 너희가 해 질 때에는 고기를 먹고 아침에는 떡으로 배부르리니"; 민 11:31-32 : "바람이 여호와에게서 나와 바다에서부터 메추라기를 몰아 진영 곁 이쪽 저쪽 곧 진영 사방으로 각기 하룻길 되는 지면 위에 두 규빗 쯤에 내리기 한지라. 백성이 일어나 그 날 종일 종야와 그 이튿날 종일토록 메추라기를 모으니, 적게 모은 자도 열 호멜이라. 그들이 자기들을 위하여 진영 사면에 펴 두었더라."

88) 마 6:31,33 : "그러므로 염려하여 이르기를 무엇을 먹을까 무엇을 마실까, 무엇을 입을까 하지 말라. … 그런즉 너희는 먼저 그의 나라와 그의 의를 구하라. 그리하면 이 모든 것을 너희에게 더하시리라."

89) 반면에 예수 그리스도는 왕이긴 왕이시되, 이러한 세상 폭군과 같은 왕이 아니라 하나님의 나라의 왕이다. 그래서 빌라도가 "네가 왕이냐?"라고 질문하셨을 때, 예수님께서 "내 나라는 이 세상에 속한 것이 아니니라. … 내 나라는 여기에 속한 것이 아니니라"(요 18:36)고 답변하셨던 것이다. 이 말씀을 바꾸어 말하면, 예수님은 이 세상 폭군들과 같은 왕이 아니라, 오히려 백성들을 위해서 죽는 구원자 왕이심을 암시하는 것이다.

육체적 물질적 노예뿐만 아니라, 정치적 노예까지 되고 맙니다. 그래서 그들은 세상 임금이 젊은이들을 자기 군사로 소집할 때, 어쩔 수 없이 자기 아들들을 전쟁터로 내어 보내야 합니다. 그리고 임금의 군대를 위한 군수 물자를 만들려고 징집할 때, 그 징집에 백성들은 끌려가야 하고, 세금을 바치라고 할 때, 곡식과 포도원 소산의 십일조를 임금에게 바쳐야 하며, 아름다운 딸과 아들들을 왕의 궁전 노비로 삼으려 할 때, 아무런 반항도 못하고 굴종하면서 딸과 아들을 궁중 노비로 내어 주어야만 합니다. 이러한 사태는 오늘날의 정치 체제 속에서도 동일하게 계속해서 일어나고 있습니다. 이렇듯 여호와 하나님을 버리고, 세상 임금을 택한 모든 인간은 지금도 정치적 노예가 되어 살아가고 있습니다. 그러므로 모든 사람은 역으로 이러한 정치적 권세를 잡아서 다른 사람을 노예처럼 부리고 싶어합니다.[90]

그러므로 이 세상은 정치적 폭군의 지배 아래 있는 세상이고, 이 세상의 모든 사람들은 스스로 자유를 포기한 대가로 세상 권세 잡은 자들의 노예가 되어 살아가고 있는 것입니다. 다시 말해서, 세상 권세 잡은 자들은, 몰트만J. Moltmann이 말했듯이, 세상 권세라는 "호랑이 등에 올라탄 사람들"입니다.[91] 그리고 일반 백성들은 그 권세 앞에 스스로 무릎을 꿇고 굴종하며 살아가는 노예입니다. 이것은 하나님께서 선물로 주신 자유를 인간이 스스로 포기한 결과이고, 인간 스스로 하나님의 통치에서 벗어나고자 한 결단의 결과입니다. 바꾸어 말하면, 최초 인간 아담이 '하나님과 같이 되고자 하는'(창 3:5) 욕심 속에서 하나님의 말씀을 거역하고, 사탄의 말을 따른 결과입니다. 왜냐하면 그 이후 인간은 죄와 사망의 노예가 되어 사탄의 권세 아래 놓이게 되었기 때문입니다. 그 사탄의 권세는 곧 세상

---

90) 니체(Fr. Nietzsche, 1884-1900)가 모든 인간은 "권력에 대한 의지Wille zur Macht"를 가지고 있다고 말한 것은 정치적 노예가 되어 있는 인간상을 역설적으로 표현한 것이라고 볼 수 있습니다. 왜냐하면 그는 "인간은 더 큰 권력을 위하여 자발적으로 쾌락을 희생하고 고통을 짊어진다"고 말하고 있기 때문이다.

91) *J. Moltmann*, Der Mensch, *전경연* 편, 『人間』, [복음주의 신학총서 10], 35: "호랑이를 탄 사람은 내릴 수 없다."

의 공중 권세 잡은 자들의 권세입니다(마 4:8; 엡 2:2; 6:12).92) 이렇듯 하나님께서 주시는 에덴동산에서의 자유를 포기한 인간은 스스로 죄와 사망의 노예가 되었을 뿐만 아니라, 왕을 세워 달라고 요청한 인간은 세상 권세 잡은 자의 노예가 된 것입니다. 이러한 인간의 비참함은 우리에게 주어진 의지로 하나님 말씀이 제한하신 한계선을 넘어감으로써 초래된 결과입니다. 결국 하나님의 말씀을 거역한 인간 의지의 자유, 그것은 자유의 영역을 보다 더 확장한 것이 아니라, 오히려 자유로부터 도피한 것입니다.93) 그렇다면 현대인들은 자유를 어떻게 도피하는가?

3. 인간의 의義로 죄의 노예가 된 인간

러시아의 문호 도스토예프스키(1821-1881)의 작품 「죄罪와 벌罰, 1866」에 나오는 '라스콜리니코프'라는 청년은 명석한 두뇌를 가지고 있으며, 사회적 비판 능력이 있는 유능한 청년이었습니다. 그러나 그는 아무런 노동도 하지 않고, 사람들이 가난 때문에 어쩔 수 없이 물건을 맡기고 돈을 빌려쓰는 가난한 사람들을 상대로 고리대금업을 하는 전당포 노파를 살해함으로써 사회의 불공평한 현실에 도전을 합니다. 그러나 '라스콜리니코프'는 노파를 살해하고 난 후 정의를 실현한 성취감보다는, 오히려 무가치한 노파를 살해한 죄책감으로 괴로워합니다. 그 후 그는 자신을 찾아오는 사람들 앞에서 자신의 살인 행위가 밝혀질 것을 두려워하여 오열을 흘립니다. 아무도 그를 살인자로 인지認知하거나 혐의를 두지 않았지만, 라스콜리니코프는 자신이 지은 죄로 인하여 스스로 견디지 못합니다. 뿐만 아니라 그는 자신이 저지른 살인죄로 인하여 스스로 불안하여 친구도, 부모도, 그

---

92) 마 4:8 : "마귀가 또 그(예수 그리스도)를 데리고 지극히 높은 산으로 가서 천하만국과 그 영광을 보여 이르되, '만일 내게 엎드려 경배하면, 이 모든 것을 네게 주리라.'; 엡 2:2 : "그 때에 너희는 … 이 세상 풍조를 따르고, 공중의 권세 잡은 자를 따랐으니, 곧 지금 불순종의 아들들 가운데서 역사하는 영이라."; 엡 6:12 : "우리의 씨름은 혈과 육을 상대하는 것이 아니요, 통치자들과 권세들과 이 어둠의 세상 주관자들과 하늘에 있는 악의 영들을 상대함이라."
93) 에리히 프롬Erich Fromm은 「자유로부터의 도피」라는 책에서 인간은 자유를 향유하는 존재가 아니라, 오히려 주어진 자유를 포기하고, 자유에서 도망하여 노예가 되고자 하는 존재라고 규정하고 있다.

리고 사랑하는 누이동생도 자연스럽게 만나지 못합니다. '도둑이 제 발 저리다'는 우리나라 속담처럼, 그는 스스로 지은 죄의 노예가 되어 골방에 숨어 있으며, 사람의 행보가 없는 밤에만 외출을 합니다. 다시 말해서 노파를 살해하지 않았을 때는, 비록 경제적으로 가난하고 사회에 대한 불만은 있었지만, 그래서 사회를 비판하고 싶을 때, 마음대로 비판할 수 있었습니다. 그러나 자신의 사회적·이성적理性的 의義를 실현하기 위하여 자기의 자유 의지를 마음껏 표현한 후, 그는 자유로운 인간이 된 것이 아니라, 오히려 자유를 잃어버린 죄의 노예가 되었습니다.

그래서 그는 자신의 내면 한 구석에서는 자유에 대한 열망이 불타오르면서도, 다른 한 구석에서는 자신을 억누르는 죄책감으로 괴로워합니다. 그래서 그는 결국 사회적으로 가장 천한 직업을 가진 '쏘냐'라는 창녀를 찾아갑니다. 라스콜리니코프는 '쏘냐'라는 여자에게서 자기 자신과는 정반대의 인간상을 발견하게 됩니다. 비록 그녀는 돈이 없어 자신의 몸을 파는 여자이지만, 일상에 필요한 돈이 없다는 것 이외에 모든 것으로부터 자유로운 모습을 발견하게 됩니다. 그녀는 어떠한 방법으로든 라스콜리니코프를 도와주려고 합니다. 그러자 라스콜리니코프는 쏘냐로부터 진정한 자유가 무엇인지를 깨닫게 됩니다. 그래서 쏘냐의 권유로 그는 결국 경찰에 가서 자수를 하고 유형流刑의 길을 떠납니다. 그 후 라스콜리니코프는 진정한 자유는 바로 죄로부터의 자유라는 것을 깨닫게 됩니다. 그의 몸은 비록 수인囚人이 되었지만, 마음은 죄의 고통과 징벌의 공포로부터 해방이 됩니다. 그는 그때에 비로소, 인간은 죄로부터 벗어날 때 참 자유인이 되는 것을 깨닫게 됩니다.

이 작품 속에서 우리는 범죄한 인간은 자유로운 존재가 아니라, 오히려 갇혀 있는 부자유한 존재, 곧 죄의 노예가 되어 있는 존재임을 알 수 있습니다. 한 걸음 더 나아가, 역사 속에서 살아가고 있는 현실적인 인간은 자유로운 존재가 아니라, 오히려 죄의 노예가 되어 있는 존재라는 것입니다. 그러나 대부분의 인간들은 단지 사회적 혹은 법적으로 구속을 받고 있지 않다고 해서, 자신들은 '자유로운 존재'라고 착각하고 있습니다. 뿐만 아니라, 인간적 의義로 참된 자유에서 벗어나고자 합니다. 마치 이스라엘 사람들이, 예수님께서 "진리를 알지니, 진리가 너희를 자유롭게 하리라"(요 8:32)고 말씀하셨을 때, "우리가 아브라함의 자손이라. 남의 종이 된 적이 없거늘 어찌하여 우리가 자유롭게 되리라 하느냐"(요 8:33)고 반문하였던 것과 같습니다. 그러나 이러한 대화가 암시해 주는 바는, 진정한 자유는 몸의 억압으로부터의 해방이 아니라, 죄로부터의 해방, 곧 영생의 구원이라는 것입니다. 결국 인간은 육신과 죄의 노예 상태에 있습니다. 그러므로 성령의 인도함을 받지 않는 모든 세상의 일은 죄의 노예가 되어 있는 인간들의 행위라는 것입니다. 그래서 사도 바울은 죄의 노예가 되어 있는 자신의 모습을 이렇게 탄식합니다:

> "내 지체 속에서 한 다른 법이 내 마음의 법과 싸워 내 지체 속에 있는 죄
> 의 법(ἐν τῷ νόμῳ τῆς ἁμαρτίας)으로 나를 사로잡는 것을 보는도다. 오호라 나는
> 곤고한 사람이로다. 이 사망의 몸에서(ἐκ τοῦ σώματος τοῦ θανάτου τούτου) 누가 나
> 를 건져내랴."(롬 7:23-24)

그러나 사도 바울은 곧 이어서, "그리스도 예수 안에 있는 생명의 성령의 법이 죄와 사망의 법에서 너를 해방하였음이라"(롬 8:2)고 증언하고 있습니다. 그렇다면 어떻게 성령의 법이 우리를 죄와 사망에서 해방시키시는가?

4. 진리를 알지니, 진리가 너희를 자유케 하리라

앞의 두 절에서 우리는 이 세상 모든 인간은 세상 권세와 의식주衣食住 문제, 곧 '돈'과 '죄'와 '사망'의 노예가 되어 살아가는 존재라는 것은 알았습니다. '그렇다면 인간이 자유롭게 되기 위해서는 의식주도, 세상 권세도 버리고 죄 짓지 않으면 되지 않겠느냐'고 간단하게 답변할 수 있을 것입니다. 그러나 결코 그렇지 않습니다. 왜냐하면 이 세상 어느 누구도 먹고, 자고, 입지 않고 살 수 있는 사람은 한 사람도 없기 때문입니다. 그리고

이 세상 어느 사람도, 무인도無人島에서 혼자 살지 않는 한, 사회적 경제 수단인 '돈'으로부터 자유로울 수 없기 때문입니다. 그리고 육신을 벗어나지 못하는 한, 육신의 욕심으로부터 완전히 해방될 수 있는 사람은 한 사람도 없습니다. 그렇다면 어떻게 인간은 자유로울 수 있을까?

인간이 모든 생존 여건으로부터 참으로 자유로울 수 있는 길은 오직 진리를 아는 것입니다. 그렇다면 진리가 무엇인가?, 진리는 자연과학적 지식이나, 사회 현상이나 인생에 대한 깨달음覺이 아니라, 바로 예수 그리스도가 누구인지를 아는 것입니다. 왜냐하면 예수님 자신이 "내가 길이요, 진리요, 생명"(요 14:6)이라고 말씀하셨기 때문입니다. 바꾸어 말하면 죄를 짓지 않으면, 인간은 자유롭다는 것입니다. 왜냐하면 예수님은 "죄를 범하는 자마다 죄의 종從"(요 8:34)이라고 말씀하셨기 때문입니다. 그러면 어떻게 하면 죄를 짓지 않을 수 있을까?

인간이 죄를 짓지 않는 것은, 하나님의 말씀에 순종하는 것입니다. 즉 최초 아담이 하나님의 말씀에 불순종하여 죄를 범하고 사탄의 종, 곧 죄와 사망의 종이 된 것과 반대로, 예수님처럼 하나님 말씀에 순종하면 죄를 범하지 않고, 죄에서 자유롭게 되는 것입니다. 과연 이 세상에 어느 누가 죄를 짓지 않고 살 수 있단 말인가? 그렇습니다. 이 세상 인간 중 죄를 짓지 않고 살 수 있는 사람은 하나도 없습니다. 즉 이 세상에 의인義人은 없나니, 한 사람도 없습니다(롬 3:9-18). 그러나 예수 그리스도께서 우리의 죄 값을 대신 갚아 주시면, 우리는 비록 의인은 아니라 할지라도, 죄의 값을 모두 지불했기 때문에, 의롭다고 인정받을 수 있습니다. 이것이 바로 예수 그리스도를 믿는 믿음으로, 우리가 값없이 의롭게 되는 칭의론입니다. 이것에 대해 사도 바울은 로마서 3장 23절 이하에서 자세히 설명하고 있습니다. 이를 필자가 다시 풀어서 기술하면 다음과 같습니다:

모든 사람이 비록 죄를 범하여 죄와 사망의 노예가 되어 있어, 하나님의 영광에 이르지도 못하고, 영생하는 하나님 나라에 이르지도 못할 뿐만 아니라, 이 세상에서 고난과 고통 속에서 살고 있었지만, 하나님께서 예수 그리스도를 통하여 내 대신 죄 값을 지불해 주셨기 때문에, 나는 이러한 하나님의 은혜로 값없이 의롭다고 인정받게 되어 이제는 자유의 몸이 되었습니다.

이러한 의미에서 그리스도인의 자유는 칭의, 곧 예수 그리스도로 말미암아 값없이 의롭다 인정받은 자유입니다. 그러므로 우리는 예수 그리스도가 누구인지를 바로 알 때만 참 자유를 향유할 수 있는 것입니다. 왜냐하면 예수 그리스도가 우리를 죄와 사망의 권세에서 해방시켜 주셨기 때문입니다. 바꾸어 말하면 예수 그리스도의 죽음과 더불어 우리의 옛 사람이 십자가에 못 박혀 죽었기 때문에 더 이상 죄가 우리를 지배하지 못하게 된 것입니다. 그래서 사도 바울은 "이제는 너희가 죄로부터 해방되고, 하나님께 종이 되어 거룩함에 이르는 열매를 맺었으니, 그 마지막은 영생이라"(롬 6:22)고 선포하고 있는 것입니다.

이렇게 인간을 죄의 노예로부터 해방시키는 것, 이것을 하나님은 기뻐하십니다: "내가 기뻐하는 금식은 흉악의 결박을 풀어 주며, 멍에의 줄을 끌러 주며, 압제 당하는 자를 자유하게 하며, 모든 멍에를 꺾는 것이 아니겠느냐?"(사 58:6) 그래서 예수님도 "포로 된 자에게 자유를, … 눌린 자를 자유롭게"(눅 4:18b)하시려고 이 땅에 오셨음을 증언하셨습니다. 그렇습니다. 이스라엘 백성을 애굽 땅 노예 생활에서 해방시킨 하나님은 예수 그리스도를 통하여 온 인류를 죄와 사망과 고통으로부터 해방시켜 주셨습니다. 그러므로 기독교 신앙은 해방, 곧 자유를 고대하는 신앙입니다.

***** 참회의 기도

여호와 하나님!
나에게
참 평화 없음이 어떤 연고이오며
불안, 초조, 근심의 억누름이 어찌된 일이니까,
참 기쁨과 평안은
어디서부터이니까

주님의 뜻 생각하기보다
내 뜻 앞세워놓고
하고 싶은 맘에
앞당겨 내 디딘 발길이
끝내 욕망의 고랑을 차고 말았나이다.

주님! 회개의 영을 주소서,
나의 허물과 죄를 인정하게 하소서
주님께 맡길 수 있는 믿음의 용기를
그리고
주신 은혜를
빚으로 생각하지 않고,
감사함으로써 받게 하소서!

- 아멘 -

V. 하나님의 아들을 죽인 인간

예수를 죽인 것은 인간의 시기와 질투이다

***** 토의 주제 *****

1. 인간을 가리켜 왜 가인Cain의 후예라고 말하는가?
2. 자기가 기도한 대로 이루어지지 않았다고 해서, '하나님의 존재'에 대하여 회의하는 것은 정당한 것인가?
3. 다수多數를 위한 소수의 희생, 혹은 대리적 죽음에 대하여 어떻게 생각하는가?

1. 형제를 죽인 가인의 후손

최초 인간 아담이 범죄 한 이후 아담의 죄, 곧 원죄Peccatum originale는 그의 후손인 가인Cain이 자기 동생 아벨을 살인하는 자범죄Peccata actualia로 이어집니다.[94] 가인은 자기 아우 아벨Abel에게 들로 나가자 말하고, 들에 나아가 자기 동생 형제 아벨을 돌로 쳐 죽입니다(창 4:8). 이처럼 인간의 조상

---

94) 요한 게르하르트J. Gerhard는 자범죄를 다음과 같이 세분하였다; ① 자발적인 죄와 비-자발적인 죄peccata voluntaria et, peccata involuntaria; ② 행위의 죄와 행하지 않음으로써 범하는 죄peccata commissionis et peccata omissionis; ③ 하나님을 버리는 죄와 피조물을 향한 죄peccata in aversione a Deo, et peccata in conversione ad creaturas; ④ 내적인 죄와 외적인 죄peccata interiora et peccata exteriora; ⑤ 마음으로 짓는 죄와 입으로 짓는 죄와 행동으로 짓는 죄peccata cordis et peccata oris et peccata operis; ⑥ 하나님을 거역하는 죄와 인간을 거역하는 죄peccata contra Deum et peccata contra homines; ⑦ 육적인 죄와 영적인 죄peccata carnis peccata spiritus; ⑧ 숨겨진 죄와 드러난 죄peccata occulta et peccata manifesta; ⑨ 용서될 수 있는 죄와 용서받을 수 없는 죄peccata veniaglia et peccata mortalis(H. G. Pöhlmann, Abriß der Dogmatik, 이신건 역, 「교의학 개요」, 한국신학연구소, 134에서 재인용)

들은 처음부터 자기 형제를 죽인 살인자였습니다. 그러나 이러한 가인의 살인은 그의 부모 아담와 하와의 범죄에 그 뿌리를 두고 있습니다. 이 사실은 가인의 범행 동기를 분석해 보면 명확히 알 수 있습니다.

가인이 자기 동생 아벨을 죽인 이유는 우선 하나님께 대한 분노忿怒였습니다.[95] 하나님께서 가인의 제물을 받지 아니하시자, "가인이 몹시 분하여 안색이 변하였다"(창 4:5)고 성경은 증언하고 있습니다. 그러자 여호와께서 가인에게 묻습니다: "네가 분하여 함은 어찌 됨이며, 안색이 변함은 어찌 됨이냐?"(창 4:6) 그리고 계속해서 하나님께서 가인에게 묻습니다: "네가 선을 행하면, 어찌 낯을 들지 못하겠느냐?"(창 4:7) 이렇듯 가인은 하나님께 죄를 범했으므로 하나님 앞에 낯을 들지 못하였습니다. 이와 동일하게 최초인간 아담과 그의 아내도, 여호와 하나님의 소리를 듣고, "하나님의 낯을 피하여 동산 나무 사이에 숨"(창 3:8)었습니다. 하나님께서 자기 마음의 생각을 이미 알고 계시기에, 가인은 하나님 앞에 낯을 들지 못한 것이며, 동시에 그가 하나님 앞에서 낯을 들지 못하였다는 것은, 가인의 분노가 바로 하나님께 대항하는 분노였다는 것을 스스로 인정한 것입니다.

하나님께 대항하는 가인의 분노는 결국 자기 동생 아벨에 대한 살인으로 변이變移됩니다. "가인은 그의 아우 아벨에게 '우리가 들로 나가자' 말하고, 그들이 들에 있을 때에 가인이 그의 아우 아벨을 쳐"(창 4:7)죽입니다. 그러자 하나님이 가인에게 "네 아우 아벨이 어디 있느냐"(창 4:9a) 물으시자, 가인은 "내가 알지 못하나이다. 내가 내 아우를 지키는 자이니까"(창 4:9b)라고 답변합니다. 이러한 답변은, 형 가인이 아우와의 형제 관계를 단절했다는 것을 뜻합니다. 즉 가인은 형으로서 자기 동생을 사랑하고 돌보는 책임을 이미 포기한 것입니다. 자기 형제에 대한 이러한 포기는 하나님께 대한 분노가 자기 아우에 대한 시기와 질투로 변형되는 과정 속에서 생긴 것입니다. 다시 말해서 형 가인의 하나님에 대한 분노가 자기 동생에 대

---

95) Freedman, Lundbom, Art. חרה, ThWAT Bd.III, 182-188. '분'이란, '활활타다brennen', '태워서 손상을 입히다versengen', '그슬리다rösten'란 의미를 가지고 있다. 그래서 예수님도 **"마음에서 나오는 것은 악한 생각과 살인**과 간음과 음란과 도둑질과 거짓 증언과 비방"(마 15:19)이라고 말씀하셨습니다.

한 시기 질투로 변하여, 결국 동생을 살해하는 범죄로 변이 된 것입니다. 결국 자기 동생 아벨을 죽인 형 가인의 살인殺人은 인간의 마음 깊은 곳에 자리잡고 있는 하나님께 대한 '분노忿怒'에서 비롯된 것이라고 볼 수 있습니다. 그러므로 가인의 살인은 아담과 하와의 하나님께 대한 대항 - 바꾸어 말하면 말씀에 대한 불순종 - 이 변형되어 나타난 것입니다. 이렇듯 인간은 하나님께 순종하는 인간이 아니라, 오히려 불순종하고 대항하고, 하나님께 분노하는 존재입니다. 한 마디로 말해서 하나님께 대한 인간의 반항反抗, 혹은 분노는 현실적으로 부모와 형제와 이웃에 대하여 대항하는 모습으로 변형되어 나타나는 것입니다.

그래서 예수님께서도, 살인의 원인이 형제에 대한 분노忿怒에 있음을 선포하고 계십니다:

> "옛 사람에게 말한 바 살인하지 말라, 누구든지 살인하면 심판을 받게 되리라 하였다는 것을 너희가 들었으나, 나는 너희에게 이르노니, 형제에게 노하는 자마다 심판을 받게 되고, 형제를 대하여 '라가ράκά'(히브리인의 욕설)라 하는 자는 공회에 잡혀가게 되고, 미련한 놈이라 하는 자는 지옥 불에 들어가게 되리라."(마 5:21-22)

이러한 예수 그리스도의 말씀에 의하면, 우리는 이미 살인자입니다. 왜냐하면 요한1서 3장 15절도 "그 형제를 미워하는 자마다 살인하는 자니, 살인하는 자마다 영생이 그 속에 거居하지 아니하는 것을 너희가 아는 바라"고 증언하고 있기 때문입니다. 비록 우리는 살인 행위는 현실적으로 행하지 않았으나, 우리의 마음에 하나님께 대한 분노와 원망이 잉태되었다면, 그것으로 이미 살인의 욕을 마음에 가지고 있는 것이고, 그 욕이 행동으로 옮겨지면 실제로 살인자가 되는 것입니다. 그래서 사도 바울을 "해가 지도록 분을 품지 말라"(엡 4:26b)고 권고하고 있습니다(엡 4:26 인용 시 4:4; 욥 36:13; 잠 12:16).96) '분노하는 인간' 이것이 바로 죄짓고 있는 인간의 모습입니다.

---

96) 엡 4:26 : "분은 내어도 죄를 짓지 말며, 해가 지도록 분을 품지 말고"(인용 시 4:4); 욥 36:13-14: "마음이 경건하지 아니한 자들은 분노를 쌓으며, 하나님이 속박할지라도 도움을 구하

그런데 범죄에는 항상 징벌이 뒤따르듯, 가인의 살인 행위에 대한 하나님의 징벌 역시, 최초 인간 아담이 범죄 한 후 당한 징벌에 유사類似합니다. 하나님은 살인자 가인에게, "네가 밭을 갈아도, 땅이 다시는 그 효력을 네게 주지 아니할 것"(창 4:12)이라고 징벌하십니다. 이 말씀은 최초 인간 아담이 하나님에게 범죄 하였을 때 받은 징벌과 비슷합니다. 왜냐하면 최초 인간 아담이 하나님에게 범죄 하였을 때도, 하나님은 "땅이 네게 가시덤불과 엉겅퀴를 낼 것이라. 네가 먹을 것은 밭의 채소인즉, 네가 흙으로 돌아갈 때까지 얼굴에 땀을 흘려야 먹을 것을 먹으리니"(창 3:18-19a)라고 징벌하셨기 때문입니다. 이러한 의미에서 이 세상의 삶에서 인간들이 의식주衣食住 문제로 고난을 받고 있다는 것은, 인간이 하나님의 말씀에 불순종한 연고緣故라고 볼 수 있습니다.97) 왜냐하면 예수님께서는 이와 반대로, 우리가 먼저 하나님의 나라와 그의 의義를 구하면 의식주 문제가 해결된다고 선포하셨기 때문입니다(마 6:33).98)

2. 하나님의 아들을 죽인 인간

하나님께 대한 분노를 참지 못하여 그 분忿을 자기 동생 아벨을 죽이는 것으로 풀어 버린 가인Cain의 살인은 끝내 하나님의 아들 예수 그리스도를 십자가에 못 박아 죽이는 인간의 범죄에서 극極에 달합니다. 단지 선량한 개인이 아니라, 하나님의 아들까지 죽이는 인간의 살인 욕구는 이제 집단적이고 보편적인 인간의 죄악으로 확장되었습니다. 그것이 바로 하나님의 아들 예수 그리스도를 십자가에 못 박아 죽인 인간들의 살인 사건입니다.

지 아니하나니, 그들의 몸은 젊어서 죽으며, 그의 생명은 남창과 함께 있도다."; 잠 12:16 : "미련한 자는 당장 분노를 나타내거니와 슬기로운 자는 수욕을 참느니라."

97) 여기서 '악인이 이 세상에서 잘 되는 것은 무슨 이유인가?'란 질문이 생길 수 있다. 이에 대한 답변은 아래의 4장 II. '그냥 놔두게'에서 보다 자세히 답변되어질 것이다.

98) 칼뱅은 인간에 대한 지식은 이중(twofold)적이라고 말한다. 즉 하나님께서는 자신을 인간에 대하여 창조주이시며, 구속주라는 것을 계시하셨고, 다른 한편 인간이 타락한 이후 하나님은 자신을 인간에 대한 심판주로 계시하셨다는 것이다. 따라서 인간은 하나님의 사랑의 대상이며, 동시에 하나님께 징벌 받을 죄인이라는 것이다. 이 점에 관하여 *J. Calvin,* 「기독교 강요」, II,6-17(I:340-534); III,6-10(I: 684-725)

하나님의 아들을 죽이고자 하는 인간의 살인 욕구는 예수가 이 세상에 태어날 때부터 시작됩니다. 예수 그리스도는 이 세상에 태어난 후 얼마 안 되어 죽음의 위기에 직면하게 됩니다. 동방박사들의 이야기를 전해들은 유대의 왕 헤롯Herod은 아기 예수를 잡아서 죽이려 하였습니다(마 2:16). 왜냐하면 동방박사들이 아기 예수를 "유대인의 왕"(마 2:2)이라고 불렀기 때문입니다. 그래서 요셉과 어머니 마리아는 아기 예수를 데리고 애굽으로 피신합니다(마 2:13). 이렇게 예수 그리스도는 세상에 태어나자마자 살인자들에게 쫓기는 자가 되었습니다. 30년 동안 갈릴리 나사렛에서 은둔 생활을 하던 예수님이 세례를 받고 공생애를 시작한 이후 제일 먼저 그가 자라난 나사렛 사람들이 예수님을 죽이려고 합니다: "회장에 있는 자들이 이것(눅 4:23-27)을 듣고 다 크게 화가 나서 일어나 동네 밖으로 쫓아내어 그 동네가 건설된 산 낭떠러지까지 끌고 가서 밀쳐 떨어뜨리고자 하되"(눅 4:28-29) 그 후 바리새인들과 헤롯당 사람들이 예수님을 죽일 음모陰謀를 합니다: "바리새인들이 나아가 곧 헤롯당과 함께 어떻게 하여 예수를 죽일까 의논하니라."(막 3:6, 병행 마 12:14; 막 14:1; 마 22:15)[99] 그리고 마침내 이스라엘의 대제사장들과 장로들도 예수를 죽일 음모를 합니다: "새벽에 모든 대제사장과 백성의 장로들이 예수를 죽이려고 함께 의논하고"(마 27:1) 이렇게 헤롯 왕, 나사렛 지방의 백성들, 이스라엘의 대제사장과 장로들은 하나님의 아들 예수 그리스도를 죽이고자 하는 욕구를 가지고 있었습니다.

이제 하나님의 아들 예수 그리스도에 대한 살인 욕慾은 헤롯 왕 한 개인, 나사렛 지방 사람들, 대제사장이나 장로 그룹Group의 차원을 넘어서서, 이스라엘의 온 백성으로 확산됩니다. 그래서 예수님의 제자 가룟 유다를 비롯하여 이스라엘의 대제사장과 서기관 그리고 모든 백성들은 하나님의 아들 예수 그리스도를 십자가에 못 박아 죽이는데 서로 합의합니다:

"이틀이 지나면 유월절과 무교절이라. 대제사장들과 서기관들이 예수를 흉계로 잡아 죽일 방도를 구하며."(막 14:1); "열둘 중에 하나인 가룟 유다가 예수

---

99) 마 22:15 : "이에 바리새인들이 가서 어떻게 하면 예수를 말의 올무에 걸리게 할까 상의하고,"

를 넘겨 주려고 대제사장들에게 가매"(막 14:10); "예수께서 무리에게 말씀하여 이르시되, 너희가 강도를 잡는 것 같이 검과 몽치를 가지고 나를 잡으러 나왔느냐"(막 14:48); "그들(이스라엘 무리)이 다시 소리 지르되, 그를 십자가에 못 박게 하소서"(막 15:13)

이와 같이 이스라엘 백성의 각계 계층과 백성들이 예수를 십자가에 못 박아 죽이는 일에 합의하였다는 것은, 인간들은 항상 하나님의 아들뿐만 아니라, 그의 자녀들, 곧 그리스도인들까지 죽이려고 한다고 볼 수 있습니다(롬 8:17). 왜냐하면 예수 그리스도의 부활을 믿는 그리스도인들을 살해하려는 살인 욕구는 부활하신 예수 그리스도를 만나 회개하기 전의 사울을 비롯하여 초대 교회의 역사를 통하여 끊임없이 계속되었기 때문입니다(행 7:58; 9:1-2).[100] 그런데 예수님은 그리스도인들을 박해하는 것은 자기 자신을 박해하는 것이라고, 그리스도인과 자신을 일치시키고 있습니다(행 9:4).[101] 즉 다시 말해서 예수님은 자신의 제자들이나 그리스도인들이 박해받는 것은 그들의 행위 때문이 아니라, 예수 그리스도 자신을 미워하는 것이라고 말씀하고 계십니다: "세상이 너희를 미워하면, 너희보다 먼저 나를 미워한 줄 알라. 너희가 세상에 속하였으면, 세상이 자기의 것을 사랑할 것이나, 너희는 세상에 속한 자가 아니요, 도리어 내가 너희를 세상에서 택하였기 때문에 세상이 너희를 미워하느니라."(요 15:18-19) 그러므로 예수님은 "나로 말미암아 너희를 욕하고 박해하고 거짓으로 너희를 거슬러 모든 악한 말을 할 때에는 너희에게 복이 있나니, 기뻐하고 즐거워하라. 하늘에서 너희의 상이 큼이라. 너희 전에 있던 선지자들도 이같이 박해하였느니라"(마 5:11-12)고 말씀하고 계신 것입니다. 이와 같이 이스라엘 조상들뿐만 아니라 인간들은, 스데반 집사님이 증언한 것처럼, 역대歷代의 선지자들 중에 누구

---

100) 행 7:58 : "성 밖으로 내치고, 돌로 칠 새 증인들이 옷을 벗어 사울이라 하는 청년의 발 앞에 두니라.": 행 9:1-2 : "사울이 주의 제자들에 대하여 여전히 위협과 살기가 등등하여 대제사장에게 가서, 다메섹 여러 회당에 가져갈 공문을 청하니, 이는 만일 그 도(예수 그리스도의 부활)를 따르는 사람을 만나면 남녀를 막론하고 결박하여 예루살렘으로 잡아오려 함이라."
101) 행 9:4 : "사울아 사울아 네가 어찌하여 나(예수 그리스도)를 박해하느냐"

하나 박해하지 아니한 적이 없으며(행 7:52), 심지어는 하나님의 아들 예수 그리스도마저 십자가에 못 박아 죽였습니다. 이렇게 하나님의 아들 예수 그리스도까지 죽인 살인 자, 이것이 바로 자기 동생 아벨을 죽인 가인의 후예들의 보편적인 죄의 본성입니다. 어느 누가 이 본성에서 벗어날 수 있는가? 그렇다면 인간의 무엇이 하나님의 아들을 죽였는가?

3. 누가, 무엇이 예수를 십자가에 못 박았나?

본 장 제IV절에서 '노예가 되어 있는 인간'에서 인용한 바와 같이, 「죄罪와 벌罰, 1866」에 나오는 청년 라스콜리니코프가 노파를 죽이고자 마음먹은 것은, 그 노파를 죽여서 일확천금一攫千金을 얻고자 해서가 아니었습니다. 그는 명석한 두뇌를 가지고 있는 청년이었고, 사회적 비판 능력도 있는 유능한 학생이었습니다. 그러한 청년이 보기에 아무런 노동도 하지 않고, 가난한 사람들의 물건이나 전당잡아 고액의 이자利子나 챙기는 노파의 고리대금업이 사회를 망칠 뿐만 아니라, 가난한 사람을 착취하는 것이라고 생각하였기 때문입니다. 그래서 그는 전당포 노파를 살해함으로써 불의不義한 사회에 대항하는 정의正義를 당대當代에 계몽하고자 하였던 것입니다. 바꾸어 말하면 부패한 사회에 대항하는 한 젊은 청년의 정의로운 분노, 혹은 정의감이 한 노파를 살해한 것입니다. 어떠한 모양이든지 소위 이러한 명분 있는 살인은 역사적으로 공산주의 국가에서나 소위 혁명가들에 의해서 많이 자행되었습니다. 그러나 그러한 행위의 실상은 소위 대의명분大義名分이라는 이름 아래 인간 내면에 잠재되어 있는 살인 욕구 혹은 분노를 표출한 살인 행위 이외에 다른 것이 아닙니다. 이러한 사태는 예수 그리스도를 십자가에 못 박아 죽인 대제사장들과 서기관들의 행동에서 더욱 명백히 드러납니다.102)

이스라엘의 대제사장이 예수님께 "네가 찬송 받을 이(하나님)의 아들 그리스도냐?"(막 14:61)고 물었을 때, "내가 그니라, 인자가 권능자의 우편에

---

102) 이 점에 관하여: *Ellis Rivkin*, What crucified Jesus, 신혜란 역, 무엇이 예수를 십자가에 못 박았는가?, 한국신학연구소 1996.

앉은 것과 하늘 구름을 타고 오는 것을 너희가 보리라"(막 14:62)고 말씀하신 것을 신성 모독으로 간주하고 사형에 처할 것을 결의합니다: "대제사장이 자기 옷을 찢으며 이르되, … 그 신성 모독하는 말을 너희가 들었도다. 너희는 어떻게 생각하느냐 하니, 그들이 다 예수를 사형에 해당한 자로 정죄하고"(막 14:63-64) 평소 예수 그리스도를 어떻게 책잡아 죽일까 음모하던 자들이 자신들의 살인 행위를 정당화하고 위장하기 위해서, 예수님이 하나님을 모독하는 말을 하였다고 주장한 것입니다. 왜냐하면 예수님을 죽인 이유가 정당하지 않으면, 대제사장과 장로들 자신들이 살인자가 되기 때문입니다. 그래서 그들은 예루살렘 성전이 무너질 것을 예언한 말씀(마 24: 1-2; 막 13:1-2; 눅 21:5-6)과 하나님의 아들로서 하나님의 우편에 앉아 계시다가 '심판 주主'로 오실 것이라는 말씀을 빌미로 예수를 십자가에 못 박아 죽인 것입니다.

그러나 이러한 이스라엘의 대제사장과 장로들의 살인 명분에도 불구하고 그들의 마음 깊은 곳에서는 예수님을 죽이고자 하는 살인 욕구가 이미 잉태되어 있었습니다:

> "그 때에 대제사장들과 백성의 장로들이 가야바라 하는 대제사장의 관정에 모여, 예수를 흉계로 잡아 죽이려고 의논하되, 말하기를 민란이 날까 하노니, 명절에는 하지 말자 하더라."(마 26:3-5, 병행 막 14:1-2; 눅 22:1-2)

그러나 사실상 이러한 살인 음모는 예수 그리스도에 대한 시기와 질투에서 비롯된 것입니다. 왜냐하면 대제사장과 바리새인들 그리고 서기관들은 평소 예수 그리스도와의 논쟁에서 많은 사람들이 자신들의 말보다는 예수님의 말씀에 동조하였을 뿐만 아니라, 논쟁을 통하여 자신들의 무지無智가 드러났기 때문입니다. 이러한 사실을 우리는 대제사장과 바리새인들의 이야기에서 발견할 수 있습니다:

> "대제사장들과 바리새인들이 공회를 모으고 이르되, 이 사람(예수 그리스

도)이 많은 표적을 행하니, 우리가 어떻게 하겠느냐, 만일 그를 이대로 두면 모든 사람이 그를 믿을 것이요, 그리고 로마인들이 와서 우리 땅과 민족을 빼앗아 가리라"(요 11:47-48a); "이 날부터는 그들이 예수를 죽이려고 모의하니라." (요 11:53)

이와 같이 예수님을 죽인 대제사장과 장로들과 바리새인들의 마음 구석에는 예수 그리스도에 대한 시기, 질투에서 비롯된 살인 욕慾이 자리 잡고 있었습니다(막 7:21-23).103) 다만 이러한 살인 욕을 정당화하기 위해서 그들은 예수님을 죽일 대의명분을 찾았던 것입니다. 그것이 바로 예수님의 말을 책잡아 예수를 신성을 모독하는 자로 음해陰害한 것입니다. 바로 이러한 이유에서 예수님은 "옛 사람에게 말한바 살인하지 말라, 누구든지 살인하면 심판을 받게 되리라 하였다는 것을 너희가 들었으나, 나는 너희에게 이르노니, 형제에게 노怒하는 자마다 심판을 받게 되고, 형제를 대하여 '라 가ρακά(히브리인의 욕설)'라 하는 자는 공회에 잡혀가게 되고, 미련한 놈이라 하는 자는 지옥 불에 들어가게 되리라"(마 5:21-22)고 말씀하셨던 것입니다. 그렇다면 예수를 죽인 자가 과연 이스라엘 대제사장들과 바리새인들뿐인가, 아니면 나도 저 살인자들의 무리에 속하는가? 빌라도가 손을 씻었다고 해서 그가 예수님을 살인한 자들의 반열에서 제외될 수 있었는가? 이러한 살인죄에서 우리는 어떻게 용서받을 수 있는가?

4. 살인자를 위해서 죽은 하나님의 아들

예수님께서는 자기를 십자가에 못 박은 무리들을 위하여 십자가 위에서 이렇게 죄 용서를 위한 중보中保의 기도를 올립니다: "아버지 저들을 사赦하여 주옵소서! 자기들이 하는 것을 알지 못함이니이다."(눅 23:34) 살인자들을 위한 이러한 예수님의 마지막 기도는 예수의 죽음이 누구를 위한 죽음, 곧 누구 때문에 당하는 죽음이며 그리고 무엇을 위한 죽음인지를 단적으

---

103) 막 7:21-23 : "속에서 곧 사람의 마음에서 나오는 것은 악한 생각, 곧 음란과 도둑질과 살인과 간음과 탐욕과 악독과 속임과 음탕과 질투와 비방과 교만과 우매함이니, 이 모든 악한 것이 다 속에서 나와서 사람을 더럽게 하느니라."

로 표현해 주고 있습니다. 이러한 중보의 기도를 통해 볼 때, 예수님의 십자가 위의 죽음은, 무엇보다도 먼저 자기를 십자가에 못 박은 저 대제사장들과 서기관 그리고 바리새인들 때문에 비롯된 것입니다. 즉 그들의 살인 욕이 예수님을 십자가에 못 박은 것입니다. 그래서 예수님은 세 번씩 자신의 죽음에 대하여 다음과 같이 말씀하셨던 것입니다:

"인자가 많은 고난을 받고 장로들과 대제사장들과 서기관들에게 버린바 되어 죽임을 당하고 사흘 만에 살아나야 할 것을 비로소 그들에게 가르치시되"
(막 8:31; 9:31; 10:33-34)

둘째로 예수님의 죽음은 저 대제사장이나 장로 그리고 바리새인들처럼 시기 질투하는 우리들의 죄 때문에 죽은 죽음입니다. 왜냐하면 예수님은 "인자가 온 것은 섬김을 받으려 함이 아니라, 도리어 섬기려 하고, 자기 목숨을 많은 사람의 대속물로 주려 함이니라"(막 10:45)고 말씀하셨기 때문입니다. 한 걸음 더 나아가 예수님의 죽음은 최초 인간 아담 이래以來로 온 인류가 지은 죄를 대속代贖해 주시기 위해서 죽은 죽음입니다. 왜냐하면 세례 요한은 예수님을 가리켜 "보라! 세상 죄를 지고 가는 하나님의 어린 양"(요 1:29)이라고 하였기 때문입니다. 그리고 셋째로 예수님의 죽음은 바로 나를 위한 죽음, 곧 나를 구원하시기 위한 죽음입니다. 왜냐하면 사도 바울은 "예수는 우리가 범죄 한 것 때문에 내줌이 되고, 또한 우리를 의롭다 하시기 위하여 살아 나셨느니라."(롬 4:25)고 증언하고 있기 때문입니다. 그래서 이사야 선지자는 이미 하나님의 종이 당하여야 할 죽음을 다음과 같이 예언하였던 것입니다:

"그(하나님의 종, 곧 예수 그리스도)가 찔림은 우리의 허물 때문이요, 그가 상함은 우리의 죄악 때문이라. 그가 징계를 받으므로 우리는 평화를 누리고, 그가 채찍에 맞으므로 우리는 나음을 받았도다. 우리는 다 양 같아서 그릇 행하여 각기 제 길로 갔거늘 여호와께서는 우리 모두의 죄악을 그에게 담당시키셨도다."(사 53:5-6)

그런데 이것이 바로 「죄와 벌」의 '라스콜리니코프'의 사회적 정의, 그리고 이스라엘의 대제사장, 장로, 바리새인 그리고 서기관들의 종교적이고 율법적인 의義와는 전적으로 다른 하나님의 사랑과 구속의 의義인 것입니다. 그래서 사도 바울은 "하나님이 죄를 알지도 못하신 이를 우리를 대신하여 죄로 삼으신 것은 우리로 하여금 그 안에서 하나님의 의義가 되게 하려 하심이라"(고후 5:21)고 증언하고 있는 것입니다. 그리고 이 사실을 믿는 것이 바로 신앙의 의義입니다(롬 3:22).

결론적으로 말해서 하나님의 말씀에 불순종하고, 하나님과 같이 되고자 하였던 최초 인간 아담의 후손들은 끊임없이 하나님께 대항하고 반항하였습니다(창 11:4). 그리고 인간은 가인의 살인으로 시작하여 수많은 형제를 죽였으며, 끝내는 이 세상에 오신 하나님의 아들 예수 그리스도마저 십자가에 못 박아 죽였습니다. 그럼에도 불구하고 하나님은 오히려 이러한 인간을 사랑하시어 독생자를 이 땅에 보내시어 인간의 죄를 사하여 주셨습니다(롬 5:8). 결국 피조물인 인간은 창조주 하나님의 아들을 죽인 존재가 되었지만, 반대로 하나님의 아들은 죄지은 인간을 위해서 스스로 목숨을 버리는 분이 되셨습니다. 흙덩이인 인간은 하나님의 아들을 죽였지만, 하나님의 아들은 자신의 죽음을 통하여 인간을 참 인간이 되게 하셨습니다. 그러므로 모든 인간은 하나님의 아들 예수 그리스도 안에 있을 때만이, 새로운 인간이 되는 것입니다: "누구든지 그리스도 안에 있으면, 새로운 피조물이라."(고후 5:17)

참회의 기도

십자가에 못 박으시오!
십자가에 못 박으시오!
아우성치는 군중들의 소리에
내심 나의 작은 음성은 파묻히길 바랬습니다.

그러나 주님은
군중의 아우성 소리보다
내 마음의 소리를 듣고 싶어
내 입술의 작은 움직임을 세심하게 살피셨습니다.

나무사이에 숨은 아담처럼
무리들 틈에 숨어 있던 베드로 같은 종에게
"네가 어디 있느냐?"
부르시는 주님의 음성에
대답 못한 이 인간을 용서해 주옵소서!

주님!
이제는 '내가 여기 있나이다'
크게 대답하도록
나를 도와주옵소서

- 아멘 -

제3장
인간에게 과연 희망이 있는가?

　우리는 '제2장 하나님의 형상으로 창조된 인간의 타락'에서, 하나님에 의해서 창조된 인간이 '하나님과 같이 되고자 한 욕심' 속에서 "선악을 알게 하는 나무의 열매는 먹지 말라"(창 2:17a)는 하나님의 말씀에 불순종하고, 선악과를 따먹음으로 말미암아 에덴동산에서 추방당하여 영생도 잃어버리고, 의식주衣食住가 문제가 생기고, 이 땅의 세상에서 계속해서 죄악을 범하면서 살아가고 있는 인간의 삶에 대하여 알아보았습니다. 이제 아래에서 전개되는 제3장에서는, '하나님과 같이 되고자' 했던 인간이 이 세상에서 과연 어떠한 능력을 갖고 얼마만큼 행복하게 살아가고 있는지에 대하여 살펴보고자 합니다. 바꾸어 말하면 '인간이 이 땅의 세상에서 살아가면서 과연 낙樂을 누리며 살고 있는가'에 대하여 숙고해 보고자 합니다. 하나님께서 먹지 말라고 금하신 선악과善惡果를 먹으면 하나님과 같이 될 수 있다고 유혹한 사탄의 유혹에 솔깃하여 스스로 만용을 부려 하나님이 되고자 했던 인간, 그 최초 인간 아담의 후손인 우리 인간이 얻은 것이 과연 무엇인가에 대하여 생각해 보고자 합니다. 그러나 최초 인간 아담의 후손인 우리는 지금 고작해야 의식주의 문제 해결을 위해서 평생 살아야 하고, 또한 이를 위해서 온갖 더럽고 추잡한 죄악을 지을 수밖에 없으며,

그러는 과정 속에서 남편과 아내가, 부모와 자식이, 시어머니와 며느리가, 형제와 형제가 서로 물고 뜯는 삶을 살다가 결국 흙으로 돌아가는 삶을 살고 있습니다. 이러한 인간의 세속적 삶에 과연 참된 평화와 영생永生에 대한 희망이 있는가?

그래서 본 장에서는 우리 인간들의 비참한 현실적 삶을 분석하여, 죄와 허물로 얼룩진 인간이 과연 어디로부터 참 행복과 영생을 얻을 수 있는지에 대하여 함께 숙고해 보고자 합니다. 생로병사生老病死의 질고疾苦를 짊어지고 살아가면서, 숱한 죄를 짓고, 그 죄의 구렁텅이 속에서 허덕이면서 살고 있는 인간, 그러면서도 여전히 교만하여 '하나님이 어디 있느냐?' 하나님을 부인否認하는 인간, 이러한 인간들이 죄를 용서받고 참 평화와 기쁨을 누릴 수 있는 길이 과연 어디 있는가? 그 길과 진리를 찾기 위해서 우리는 아래에서 우선 먼저 인간의 능력이 과연 얼마나 있는지, 스스로 '거룩'해 지고자 하는 인간에게 과연 '거룩함'이 있는지, 자기는 이웃을 사랑하면서 살고 있다고 주장하는 인간에게 과연 사랑이 있는지, 인간에게 과연 미래가 있는지 알아보고자 합니다. 그리고 마지막으로 '죽으면 모든 것이 끝난다'고 하나님의 나라를 부인否認하면서, 죄를 물먹듯 행하고 살아가고 있는 이 세상 관헌들의 방종함에 대하여 '낙원'을 약속한 예수님의 말씀이 무엇을 의미하는지 알아보고자 합니다.

제I절에서는 하나님을 떠나서 아무 것도 할 수 없는 인간에 대하여, 제II절에서는 인간에게 '거룩'한 것이 과연 있는가 알아보고, 제III절에서는 참된 부모와 형제에 대하여, 그리고 제IV절에서는 '하나님의 나라'를 준비하는 그리스도인의 삶에 대하여, 그리고 마지막 제V절에서는 인생의 희망으로 예수님께서 약속해 주신 '낙원'에 대하여 살펴보겠습니다.

I. 자신 있으면, 하나님 없이 살아보게!

하나님을 떠나서는 아무 것도 할 수 없다

***** 토의 주제 *****

1. 인간의 근본적인 고통이 어디서부터 유래되었다고 생각하는가?
2. 일상생활에서 나의 의지와 하나님의 말씀 중 어느 것이 우선되고 있는가?
3. 왜 인간은 하나님에게로 돌아가려고 하지 않는가, 그 이유가 무엇인가?

1. 계속되는 죄와 점점 더 비참해진 인간의 현실

최초 인간 아담이 범죄하기 전, 인간은 '에덴Eden' 동산에서 '동산 각종 나무의 열매를 임의로 먹을 수 있었습니다'(창 2:16) 즉 인간이 죄로 인하여 '에덴' 동산에서 추방당하기 전에는, 인간에게 의식주衣食住의 문제가 없었습니다. 그러나 최초 인간 아담의 범죄 이후, 인간에게 현실적으로 닥친 고난은 바로 의식주의 문제였습니다. 인간은 '얼굴에 땀을 흘려야 먹을 것을 얻게 되었고', 땅도 이제는 '가시덤불과 엉겅퀴'(창 3:18)밖에는 인간에게 주지 않았습니다. 그리고 인간은 가죽옷을 입어야 했습니다(창 3:21). 그리고 '에덴' 동산에서 추방당하여 이 세상에서 땅을 갈며 살아야 하는 인간이 되었습니다(창 3:23). 이렇게 최초 인간 아담의 죄로 인하여 생긴 인간의 삶의 위상은 아담의 후손으로 내려오면서 더욱더 비참해 집니다.

앞 절(2-V 하나님의 아들을 죽인 인간)에서도 이미 언급한 바와 같이, 최초 인간 아담의 죄는 그의 아들 가인Cain에게 이어져, 가인은 자기 동생 아벨Abel을 살해합니다. 그러자 하나님은 살인자 가인에게, "네가 밭을 갈아도, 땅이 다시는 그 효력을 네게 주지 아니할 것"(창 4:12)이라고, 징벌하십니다. 그럼에도 불구하고 인간은 그 후 계속해서 죄를 범합니다. "땅에 네피림이 있었고, 그 후에도 하나님의 아들들이 사람의 딸들에게로 들어와 자식을 낳았"(창 6:4)습니다.104) 이렇게 "사람의 죄악이 세상에 가득함과 그의 마음으로 생각하는 모든 계획이 항상 악할 뿐임을"(창 6:5) 하나님께서 보시고, "땅 위에 사람 지으셨음을 한탄하사 마음에 근심"(창 6:6)하십니다. 그후 결국 땅위의 인간은 홍수로 하나님의 심판을 받습니다(창 6:7; 7:1-8:19).

홍수의 심판을 경험한 이후에도 인간들은 계속해서 하나님께 대항하여 하나님의 존재를 무시하고 자신들의 이름을 세상에 내고자 합니다: "자 성읍과 탑을 건설하여 그 탑 꼭대기를 하늘에 닿게 하여 우리 이름을 내고, 온 지면에 흩어짐을 면하자"(창 11:4) 본래 처음부터 하나님으로부터 이름을 지음 받은 인간이(창 2:7 참고, 2:19) 스스로 하늘에 닿도록 자신들의 이름을 내자고 한 것은, 하나님께 대한 반항 행위 이외에 다른 것이 아니었습니다. 그래서 하나님은 인간들을 "온 지면에서 흩으셨습니다."(창 11:8) 그 후 인간과 인간은 서로 파당을 짓고, 스스로 서로 분리하는 인간이 되었습니다.(갈 5:19-20)105) 이렇게 인간은 끊임없이 하나님께 반항하고, 하나님의 말씀을 거역하는 죄를 짓고, 죄가 장성하여 사망死亡의 지배를 받게 되었습니다. 바꾸어 말해서 '흙에서 나서 흙으로 돌아갈 수밖에 없는 존재'(창 3:19)가 되었습니다. 한 마디로 말해서 피조물인 인간이 하나님과 같이 되고자 하는 '욕심을 내어, 죄를 짓고, 죄가 많아 사망하게 된 존재'(약 1:15), 이것이 모든 인간의 현실적 삶입니다.

---

104) '하나님의 아들들'이 어떠한 존재인지를 우리는 욥기 1:6; 2:1에서 알 수 있다: "하루는 하나님의 아들들이 와서 여호와 앞에 섰고, 사탄도 그들 가운데 온지라"(욥 1:6) 이러한 증언을 이사야서 6장을 참고하여 볼 때, 아마도 "하나님의 아들들"은 천상적 피조물, 곧 스랍, 곧 천사들이 아닌가 생각된다. 그리고 '하나님의 아들들'과 사람의 딸들 사이에 태어난 존재가 바로 '네피림', 혹은 골리앗과 같은 '장수'이다. 이를 성경에서는 '아낙' 자손(신 9:2; 수 15:14; 삿 1:20)이라고 부른 것 같다.

105) 갈 5:19-20 : "육체의 일은 분명하니, 곧 음행과 더러운 것과 호색과 우상 숭배와 주술과 원수 맺는 것과 분쟁과 시기와 분냄과 당 짓는 것과 분열함과 이단과"

이렇게 타락한 인간에게서 무슨 선한 것을 찾을 수 있겠습니까? 그리고 타락한 인간이 선을 행한들 얼마만큼의 선을 행하겠습니까? 그래서 사도 바울은 인간의 죄짓는 실상을 다음과 같이 묘사하고 있습니다:

> "의인義人은 없나니 하나도 없으며, 깨닫는 자도 없고 하나님을 찾는 자도 없고, 다 치우쳐 함께 무익하게 되고 선을 행하는 자는 없나니 하나도 없도다. 그들의 목구멍은 열린 무덤이요, 그 혀로는 속임을 일삼으며, 그 입술에는 독사의 독이 있고, 그 입에는 저주와 악독이 가득하고 그 발은 피 흘리는데 빠른지라. 파멸과 고생이 그 길에 있어 평강의 길을 알지 못하고, 그들의 눈앞에 하나님을 두려워함이 없느니라."(롬 3:10-18)

이러한 인간의 죄악상을 한 마디로 요약하면, 그것은 하나님 없이 제멋대로 살고자 함, 곧 '하나님을 두려워하지 않는 삶'입니다. 이렇듯 세상의 인간들은 하나님을 멸시하고 하나님 앞에서 망자존대妄自尊大하는 자들입니다. 그러나 이러한 인간들에게 되돌아오는 것은 결국 '파멸과 고생苦生'이며, 이러한 인간의 현실은 죄의 법에 사로잡혀 일평생 죄를 짓는 '사망의 몸'일 수밖에 없습니다. 그러므로 하나님을 떠나 하나님 없이 사는 자는 살아 있는 것 같으나, 사실은 죽은 자나 다름없습니다(마 8:21-22; 눅 15:32).106) 여기서 대부분의 사람들은 '그래도 사람들 가운데는 선한 의지를 가지고 있는 사람도 있지 않은가?'라고 반문할 것입니다. 과연 그런가?

2. 죄의 노예가 되어 있는 인간

앞 절에서도 언급한 것처럼 하나님께서 노아 시대 홍수로 인간을 심판하시고자 결단하셨을 때, 하나님은 "사람의 죄악이 세상에 가득함과 그의 마음으로 생각하는 모든 계획이 항상 악할 뿐임"(창 6:5; 8:21) 보셨습니다.

---

106) 마 8:21-22 : "제자 중에 또 한 사람이 이르되, 주여 내가 먼저 가서 내 아버지를 장사하게 허락하옵소서, 예수께서 이르시되 죽은 자들이 그들의 죽은 자들을 장사하게 하고 너는 나를 따르라 하시니라."; 눅 15:32 : "이 네 동생은 죽었다가 살아났으며 내가 잃었다가 얻었기로 우리가 즐거워하고 기뻐하는 것이 마땅하다 하니라."

그리고 실제로 사도 바울도 인간이 선善한 의지意志를 가지고 있어도 실제로 선을 행하지 못하는 인간의 모습을 다음과 같이 토로하고 있습니다:

육신 속에 있는 인간	선을 행하지 못하는 인간	죄에 노예 된 인간
"나는 육신에 속하여 죄 아래 팔렸도다"(롬 7:14)	"내가 원하는 것은 행하지 아니하고, 도리어 미워하는 것을 행함이라."(15)	"그것을 행하는 자가 내가 아니요, 내 속 거하는 죄니라" (17)
"내 속, 곧 내 육신에 선한 것이 거하지 아니하는 줄을 아노니,"(18a)	"원함은 내게 있으나, 선을 행하는 것은 없노라. 내가 원하는 바 선은 행하지 아니하고 도리어 원하지 아니하는바 악을 행하는도다"(18b-19)	"내가 원하지 아니하는 그것을 하면 이를 행하는 자는 내가 아니요, 내 속에 거하는 죄니라"(20)
"선을 행하기 원하는 나에게 악이 함께 있는 것이로다"(21)	"내 속사람으로는 하나님의 법을 즐거워하되, 내 지체 속에 있는 죄의 법으로 나를 사로잡는 것을 보는도다" (22-23b)	"나는 곤고한 사람이로다. 이 사망의 몸에서 누가 나를 건져내랴"(24)[107]

이와 같이 인간은 죄의 노예가 되어 있기 때문에, 아무리 선한 의지를 가지고 있어도 선을 행할 수 없는 존재입니다. 그래서 칼뱅은 인간의 의지는 죄에 속박되어 있으며, 다만 하나님의 은혜에 의해서만 자유롭게 될 수 있다고 주장하였습니다.[108]

죄의 노예가 되어 있는 인간, 로마서 3장이 증언하듯이, 육신에 거하는 인간은 항상 죄를 지으면서 살아갈 수밖에 없습니다.[109] 그래서 인간은 항상 육신의 열매, 곧 음행과 더러운 것과 호색과 우상 숭배와 주술과 원수 맺는 것과 분쟁과 시기와 분냄과 당 짓는 것과 분열함과 이단과 투기와 술 취함과 방탕한 삶을 살 수밖에 없습니다(갈 5:19-20). 그렇습니다. 인류의 역사는 선한 것보다는 악한 것이 훨씬 많았습니다. 인류의 역사는

---

107) 이 도표는 *이종윤*, 「로마서 II」, 필그림출판사 1966, 188의 도표를 인용한 것임
108) *J. Calvin*, Institutio, II, 3, 5.
109) 칼뱅은 로마서 3장은 인간이 타락했다는 것에 대한 증언이라고 특징짓고 있다.(*J. Calvin*, Institutio, II, 3, 1)

가인의 동생 살해로부터 시작하여 하나님의 아들 예수 그리스도를 십자가에 못 박아 죽이는 일까지 전쟁과 음행과 우상 숭배로 점철된 죄악의 역사였습니다.110) 뿐만 아니라, 한 개인의 삶을 되돌아보아도, 선을 행한 것보다는 죄를 범한 것이 더욱 많았습니다. 결국 인간의 자의적恣意的 삶은 죄를 범할 수밖에 없었고, 자유가 아니라 오히려 죄의 노예가 된 삶이었습니다. 그리고 지금도 인간은 이러한 죄의 노예로부터 벗어나지 못하고 있습니다. 인간 세상에서 현실적으로 일어나는 모든 일들은 죄악의 행위뿐입니다. 그렇다면 인간들이 이루어 놓은 문화는 무엇인가?

3. 아무 것도 스스로 할 수 없는 인간

인간의 문화 창조를 비롯하여 인간이 스스로 행하고자 하는 모든 일을 과연 인간이 자력으로 성취한 일이 있는가? 성경은 일언지하一言之下에 '아니요'라고 대답합니다. 이 점을 잠언 기자는 다음과 같이 증언하고 있습니다: "마음의 경영은 사람에게 있어도 말의 응답은 여호와께로부터 나오느니라"(잠 16:1) 그리고 계속해서 잠언 기자는 "사람이 마음으로 자기의 길을 계획할지라도 그의 걸음을 인도하시는 이는 여호와시니라"(잠 16:9) 이러한 증언은 인간이 계획을 세우고, 자기의 계획한 바를 성취시키려고 노력한다고 하더라도, 하나님의 도움이 없이는 아무것도 할 수 없다는 것을 역설하고 있습니다. 그래서 잠언 기자는 "사람의 마음에는 많은 계획이 있어도 오직 여호와의 뜻만이 완전히 서리라"(잠 19:21)고 선언합니다. 오히려 시편 기자는 "여호와께서 나라들의 계획을 폐하시며, 민족들의 사상을 무효하게 하시도다"(시 33:10)라고 증언하고 있습니다. 그러나 반면에 "여호와의 계획은 영원히 서고, 그의 생각은 대대에 이르리로다"(시 33:11)라고 증언합니다. 이상의 증언들에 의하면, 인간의 계획은 언제든지 확고 불변하게 성취되는 것이 아니라, 언제나 하나님의 뜻에 의해서 변경될 수 있으며, 인간

---

110) 화이트리Whitley는 이스라엘의 역사를 야웨 하나님께 반역한 우상 숭배의 역사라고 특징지어 말한다(**C. F. Whitley,** The Genius of Israel, **안성림** 역, 고대 이스라엘 종교의 독창성, 분도출판사 1981, 205f).

이 계획을 한다고 하더라도, 그 성취는 하나님의 뜻에 달려 있는 것입니다. 그리고 실제로 우리가 계획한 바를 얼마나, 그리고 어느 정도 이루었는지 회고해 볼 때, 우리들의 뜻대로 이루었다고 할 수 있는 일이 과연 얼마나 되는가? 분명한 것은 인간의 의지는 하나님의 도움이 없이는 아무 것도 성취할 수 없다는 것입니다. 왜냐하면 인간의 생명 그 자체가 하나님에게 달려 있기 때문입니다.

그래서 예수님은 포도나무의 비유에서 "나(예수 그리스도)를 떠나서는 너희가 아무 것도 할 수 없음이라"(요 15:5b)고 증언하고 계십니다. 그렇습니다. 하나님을 떠난 인간은 이 세상에서 죄 이외에는 스스로 행할 수 있는 것이 아무 것도 없습니다. 인간이 아무리 걱정하고 근심하고 노심초사勞心焦思하여도, 인간은 자기 자신의 몸에 대하여 행할 수 있는 것이 하나도 없습니다. 그래서 예수님은 "너희 중에 누가 염려함으로 그 키(목숨)를 한 자라도 더할 수 있겠느냐"(마 6:27) 반문하고 계신 것입니다. 그렇습니다. 실상은 아무 것도 스스로 행할 수 없으면서 항상 내일을 걱정하고 근심하는 것이 인간들의 삶입니다. 그러므로 예수님은 오히려 "내일 일을 위하여 염려하지 말라. 내일 일은 내일에 염려할 것이요, 한 날의 괴로움은 그 날로 족하니라"(마 6:34)고 말씀하신 것입니다. 왜냐하면 인간의 아무리 염려해도 장래 일을 스스로 결정할 수 없기 때문입니다. 이렇듯 인간은 하나님의 도움 없이는 아무 것도 스스로 행할 수 없는 무능한 존재입니다. 하나님께서 은혜를 베풀어 주시지 않으시면, 인간은 스스로 의식주 문제조차 해결할 수 없는 존재입니다. 농사꾼이 하나님께서 시시時時때때로 비와 햇빛을 주시지 않으면 과연 스스로 농사를 지을 수 있는가? 단 몇 달만 가뭄이 계속되면 인간은 곧 죽고 마는 것입니다. 과연 인간이 하나님의 도움 없이 무엇을 할 수 있단 말인가? 그렇다면 하나님의 도움만 바라고 뒷짐 지고 살아야 하는가? 결코 그렇지 않습니다.

4. 그리스도 안에서는 무엇이든지 할 수 있다

우리는 포도나무에 대한 비유에서 인간이 어느 때 무엇을 할 수 있는지를 잘 알 수 있습니다. 마치 탕자가 부모님을 떠나서는 아무 것도 하지 못하고, 쥐엄 열매마저 얻어먹기 힘들었던 것처럼, 인간이 하나님을 떠나서는 아무 것도 스스로 행할 수 없지만, 인간이 하나님에게 돌아가기만 하면 무엇이든지 할 수 있음을 예수님은 다음과 같이 선포하고 계십니다:

> "나는 포도나무요, 너희는 가지라. 그가 내 안에, 내가 그 안에 거하면, 사람이 열매를 많이 맺나니"(요 15:5); "너희가 내 안에 거하고, 내 말이 너희 안에 거하면 무엇이든지 원하는 대로 구하라, 그리하면 이루리라."(요 15:7); "너희가 내 이름으로 무엇을 구하든지 내가 행하리니"(요 14:13a,14); "지금까지 너희가 내 이름으로 아무 것도 구하지 아니하였으나, 구하라 그리하면 받으리니, 너희 기쁨이 충만하리라."(요 16:24)

이러한 증언은 하나님을 떠난 인간, 하나님 없이 스스로 살려고 하는 인간은 아무 것도 할 수 없지만, 그러나 역으로 하나님 안에 거하면, 다시 말해서 하나님의 말씀에 순종하면, 인간은 무엇이든지 할 수 있다는 것을 천명해 주는 말씀들입니다. 그러므로 예수님께서는 저 유명한 산상수훈에서 "염려하여 이르기를 무엇을 먹을까, 무엇을 마실까, 무엇을 입을까 하지 말라. … 너희는 먼저 그의 나라와 그의 의를 구하라. 그리하면 이 모든 것을 너희에게 더하시리라"(마 6:31,33)고 선포하신 것입니다.

그러므로 창조주 하나님, 생명의 근원이신 하나님에게 인간이 되돌아가, 하나님의 말씀에 순종하며 살고자 한다면, 인간은 이 세상에서 참으로 이 세상 만물을 다스리고, 원하는 바를 성취하면서 살아갈 수 있는 것입니다. 창조주 하나님에게로 돌아갈 때, 인간의 의식주 문제도, 자신의 소망하는 것도, 그리고 자신의 뜻하는 바도 모두 성취할 수 있는 것입니다. 다시 말해서 인간이 자기 의지의 무능력함을 철저히 깨닫고 창조주 하나님께로 귀의歸依할 때 - 바꾸어 말해서 회개할 때 - 최초 인간 아담이 '에덴' 동산에서 누리던 모든 행복을 되찾을 수 있는 것입니다. 이렇게 인간이 자신의 잃어버린 능력과 이 세상과 다른 피조물에 대한 권한을 다시금 되찾게 해 주시기 위해서, 예수 그리스도가 이 세상에 오셔서 죄와 사탄의 권세에서 인간을 해방시켜 처음 인간 아담이 가졌던 권한을 회복시켜 주신 것입니다. 그러므로 모든 인간은 예수 그리스도 안에 있을 때만이 참된 자유와 의지와 세상에 대한 권한이 있는 것입니다.

그럼에도 불구하고 인간들은 하나님과 더불어, 하나님 안에서, 하나님 말씀에 순종하며 살기보다는, 탕자처럼 아버지의 집, 곧 하나님을 떠나, 하나님 없이 살기를 더 좋아합니다. 이것이 자신을 스스로 하나님으로부터 소외시키는 인간의 죄 된 본성입니다. 그래서 이렇게 생명과 존재의 근원인 하나님으로부터 떨어져 나와서 고난과 파멸의 삶을 살아가고 있는 인간을 특징지어 신학자들은 실존적實存的 인간이라고 말합니다.111) 이렇듯 실존적인 인간은 죄인이고, 병과 환란과 전쟁과 시련을 끊임없이 겪으며 살아야 하는 내던져진 인간입니다. 즉 하나님을 떠난 인간은 "어두움의 권세"(눅 22:53) 혹은 "공중 권세 잡은 자"(엡 2:2)들에게 노예가 되어 있는 인간입니다. 이러한 인간들이 세상 권세에서 해방되는 길은 진리이신 예수 그리스도를 아는 것뿐입니다: "진리를 알지니, 진리가 너희를 자유롭게 하리라"(요 8:32)

---

111) 칼 야스퍼스는 실존적 인간을 다음과 같이 묘사하고 있다: "실존하는 현존재는 무(無)에서 나서 무로 돌아가는 삶이다. 현존재는 순간적으로 완결된 생이 환희나 몰락의 고통 직후에, 동일한 것을 반복하고 있다는 권태감에 사로잡히게 되고, 현존재로서 자체 안에 이미 타락의 씨앗을 잉태하고 있음을 알고 경악하게 된다."(*K. Jaspers,* Der Philosophische Glaube angesichts der Offenbarung, *신옥희·변선환* 역, 계시에 직면한 철학적 신앙, 분도출판사 1989, 118.)

***** 참회의 기도

하나님이여!
나의 근심하는 소리를 들으시고,
원수의 횡포에서 나의 생명을 보호하소서!

주여
나를 숨기시어
행악자들이 은밀히 꾀하는 죄악에서 벗어나게 하옵소서

나는 여호와로 인하여 즐거워하며,
주님께 몸을 피하리니,
종의 피할 바위와 방패가 되시고,
죄악을 도모하는 자들의
모든 악행을 멸하여 주옵소서!

- 아멘 -

II. 인간 세상에 거룩한 것이 어디 있어?

***** 토의 주제 *****

1. 인간이 거룩해 지는 것과 인간의 구원은 어떠한 관계가 있는가?
2. 하나님께서 하나님의 자녀들에게 참으로 원하는 것이 무엇이라고 생각하는가?
3. 나는 '성도가 되기 위해서' 어떠한 노력을 하고 있는가?

1. 거룩한 곳에 가까이 갈 수 없는 인간

어느 날 모세는 호렙Horeb 산에서, "떨기나무에 불이 붙었으나, 그 떨기나무가 사라지지 아니하는"(출 3:2) 것을 목격합니다. 그러자 모세는 좀 더 가까이 가서 그 광경을 보고자 합니다. 그 때에 "여호와께서 그(모세)가 보려고 돌이켜 오는 것을 보신지라. … 하나님이 이르시되, 이리로 가까이 오지 말라. 네가 선 곳은 거룩한 땅이니, 네 발에서 신을 벗으라"(출 3:4-5)고 말씀하십니다. 여기서 '왜 하나님께서는 모세가 가까이 오는 것을 만류하시고, 네 발에서 신을 벗으라'고 말씀하셨을까? 하는 의문이 제기됩니다. 여호와 하나님께서 "이리로 가까이 오지 말라. 네가 선 곳은 거룩한 땅이니, 네 발에서 신을 벗으라"(출 3:4-5; 수 5:15)고 말씀하신 것은, 죄로 물든 더러운 인간은 스스로 하나님께 가까이 갈 수 없다는 것을 암시해 주는 것입니다.[112] 뿐만 아니라 인간은 하나님처럼 거룩해질 수 없다는 것을 계시해 주신 것입니다. 왜냐하면 5절의 '거룩하다'란 단어, 'שָׁדוֹק 카도쉬'는 구약 성경에서 '계명'과 ' 금지'를 의미하는 진술과 자주 결합되어 있기 때문입니다.(출 16:9; 신 21:14; 암 4:4f; 5:4f. 그리고 이 밖에 다른 곳) 그리고 '가까이 가다'란 단어, 'קָרַב카라브'는 '성소'에 가까이 가는 제의적 의미로 자주 사용되고 있기 때문입니다(출 12:48; 16:9; 레 9:5,7f; 삼상 14:36; 겔 44:15f; 여 3:4; 레 22:3; 민 18:3f,22).[113] 특히 '신을 벗으라'는 명령은 불결한 것, 곧 죄를 벗어버리지 않고는 거룩한 곳에 가까이 갈 수 없다는 것을 의미합니다.[114] 따라서 '신을 벗는다'는 것은, '겸손', 혹은 '스스로 자신을 낮추는 모습', 곧 자신이 미천한 신분임을 표현하는 것입니다: "그 때에 여호와께서 아모스의 아들 이사야에게 말씀하여 이르시되, 갈지어다. 네 허리에서 베를 끄르고, 네 발에서 신을 벗을 지니라 하시매 그가 그대로 하여 벗은 몸과 벗은 발로 다니니라."(사 20:2, 이 밖에 삼하 15:30; 사 20:2; 겔 24:17,23; 미 1:8)[115]

그러나 바리새인들은 자기들이 거룩한 자임을 자처하여, 다른 사람들로부터 스스로 분리하였습니다. 왜냐하면 '바리새파'라는 것은 히브리어 '페루심' 혹은 아람어 '페리쇠이아', 즉 구별된 사람이라는 말에서 유래하였기 때문입니다. 그들은 하나님의 거룩한 공동체로서 모든 불결한 것과의 접촉을 피하기 위하여 그들의 주변사람들과 스스로 분리하였기 때문입니다.[116] 물론 바리새파 사람들이 추구했던 기본 신앙생활은 오히려 본받을 만한 것이 있었습니다. 왜냐하면 그들은 율법의 계명들을 준수하려고 노력하였고, 제의적祭儀的 정결 규정과 십일조 계명을 아주 엄하게 지켰으며, 경건한 생활과 기도 그리고 금식을 통하여 하나님께서 인도하실 미래를

---

112) 수 5:15 : "여호와의 군대 대장(천사장)이 여호수아에게 이르되, 네 발에서 신을 벗으라. 네가 선 곳은 거룩하니라."
113) 참고. **Werner H. Schmidt**, Exodus, 〔BK, II/1〕, Neukirchen-Vluyn 1974, 137.
114) 신은 죽은 동물의 가죽으로 만들기 때문에 불결하다는 생각이 고대 근동에 있었다. 신을 벗는 것에 대한 제의적 의미에 관하여: **H. Wilderberger,** BK X/1, 224; **W. Rudolph**, KAT XVII/1-3, 1962, 68; XIII/2, 1971, 141의 참고문헌.
115) 삼하 15:30: "다윗이 감람산으로 올라갈 때에 그의 머리를 그가 가리고, 맨발로 울며 가고, 그와 함께 가는 모든 백성들도 각각 자기의 머리를 가리고 울며 올라가니라." 이 점에 관하여: **E. Kutsch**, "Trauerbräuche" und "Selbst- minderungsriten" im AT: ThSt 78, 1965, 26, 32.
116) '바리새파'는 유대교 안에서 형성된 일종의 철학학파가 아니라, 오히려 종교적으로 자신들을 스스로 구별하는 신앙적 위선자였을 가능성이 높다. 이 점에 관하여: **Jesephus**, Jüdischer Krieg II, 119; Jüdische Altertümer XVII, 11.

준비하였기 때문입니다. 그래서 예수님께서도 "너희 의義가 서기관과 바리새인보다 더 낫지 못하면 결코 천국에 들어가지 못하리라"(마 5:20)고 말씀하셨던 것입니다. 그러나 문제는 바리새인들이 자기들만이 하나님의 율법을 잘 준수하는 '거룩한 자들'로 생각하고, 다른 사람들로부터 스스로 분리하였다는데 있습니다. 이 점을 우리는 성전에서 기도하는 바리새인의 모습에서 발견할 수 있습니다:

> "바리새인은 서서 따로 기도하여 이르되, 하나님이여 나는 다른 사람들, 곧 토색, 불의, 간음을 하는 자들과 같지 아니하고, 이 세리와도 같지 아니함을 감사하나이다. 나는 이레에 두 번씩 금식하고, 또 소득의 십일조를 드리나이다."(눅18:11-12)

이와 같이 바리새인들은 자기를 죄인인 세리(눅 18:13)와 스스로 분리함으로써 자기를 거룩한 자로 자처하는 신앙적 교만에 빠져 있었습니다.117)

그러나 예수님은 '거룩', '성결', '깨끗함' 등과 같은 단어를 별로 사용하지 않으셨습니다. 그것은 이 세상에는 '거룩'한 것이 하나도 없기 때문입니다. 예수님은 오로지 하나님께 대해서만 '거룩'이라는 단어를 사용하여 "하늘에 계신 우리 아버지여, 이름이 거룩히 여김을 받으소서"(마 6:9)라고 기도하라고 가르쳐 주셨습니다. 오히려 예수님은 "무엇이든지 밖에서 사람에게로 들어가는 것은 능히 사람을 더럽게 하지 못하되, 사람 안에서 나오는 것이 사람을 더럽게 하는 것이니라"(막 7:15-16)고 말씀하고 계십니다. 이 말씀은 인간에게 '거룩'한 것이란 전혀 없다는 뜻입니다. 그래서 사도 바울도, "의인義人은 없나니, 하나도 없으며"(롬 3:10) "모든 사람이 죄를 범하였으매, 하나님의 영광에 이르지 못(한다)"(롬 3:23)고 선포하셨던 것입니다. 그렇다면 교회는 왜 '거룩'이라는 단어를 인간적인 것에 사용하고 있는가? 우리가 그리스도인을 '성도聖徒', 즉 '거룩한 무리들'이라고 칭하는 것은 무슨

---

117) 눅 18:13: "세리는 멀리 서서 감히 눈을 들어 하늘을 쳐다보지도 못하고, 다만 가슴을 치며 이르되, 하나님이여 불쌍히 여기소서, 나는 죄인이로소이다."

뜻인가? 왜 우리는 많은 것에 '거룩하다'는 '성聖' 자字를 붙이는가? 예컨대 '성전聖殿', '성경聖經', '성찬聖餐', '성지聖地', '성자聖者'라고 부르는가? 심지어는 '주일성수週日聖守'라고 말을 자주 사용하고 있는가? 우리가 어떠한 의미에서 성도인가? 거룩해 지고자 하는 인간의 심성心性에 무엇이 숨겨져 있는가?

2. 스스로 거룩해 지고자 하는 인간의 또 다른 죄성罪性

기독교의 인간론, 곧 성경적 인간관에 의하면, 인간은 죄로 인하여 철저히 더럽혀진 인간입니다. 앞에서도 살펴보았듯이 인간은 스스로 하나님께 가까이 갈 수 없는 존재이기에, 예수님께서도 "내가 곧 길이요, 진리요 생명이니, 나로 말미암지 않고는 아버지께로 올 자가 없느니라"(요 14:6)고 선포하셨던 것입니다. 그럼에도 불구하고 인간의 '거룩성'을 강조하는 것은 '너도 하나님과 같이 될 수 있다'는 뱀의 유혹을 새롭게 변형시킨 것이라고 볼 수 있습니다. 왜냐하면 '거룩'이란 삼위일체 되신 성부, 성자, 성령 하나님에게만 속한 개념이기 때문입니다: "거룩하다. 거룩하다. 거룩하다. 주 하나님, 곧 전능하신 이여, 전에도 계셨고, 이제도 계시고, 장차 오실 이시라."(계 4:8; 사 6:3)118) 따라서 스스로 거룩해 지고자 하는 인간의 욕망은 '하나님과 같이 되고자'(창 3:5) 했던 최초 인간 아담의 '죄'와 동일한 유형의 죄악입니다. 왜냐하면 성경 어느 곳에서도, 인간이 거룩한 존재임을 증언하고 있지 않기 때문입니다. 오히려 시편 기자는 인간의 부패상을 다음과 같이 증언하고 있습니다:

> "어리석은 자는 그의 마음에 이르기를 하나님이 없다 하는도다. 그들은 부패하고 그 행실이 가증하니, 선을 행하는 자가 없도다. 여호와께서 하늘에서 인생을 굽어 살피사 지각이 있어 하나님을 찾는 자가 있는가 보려 하신 즉, 다 치우쳐 함께 더러운 자가 되고, 선을 행하는 자가 없으니 하나도 없도다."
> (시 14:1-3)

---

118) 사 6:3 : "(사람들이) 서로 말하되, 거룩하다. 거룩하다. 거룩하다. 만군의 여호와여 그의 영광이 온 땅에 충만하도다."

예레미야 선지자도 "만물보다 거짓되고 심히 부패한 것은 마음이라"(렘 17:9)고 증언하고 있습니다.

그러나 다른 종교에서는 인간의 거룩성을 강조하고 있습니다. 심지어는 가톨릭kathorische Religion에서도 인간의 '거룩성'을 강조하여 '성자聖者'에 대한 숭배를 강조하고 있습니다. 그러나 종교 개혁자 루터와 칼뱅은 천사에 대한 숭배조차 거부하였습니다. 하물며 특정한 물건이나, 장소 그 자체를 거룩한 것으로 규정하는 것은 기독교 사상이 아닙니다. 그러한 것은 유대-종교적 제의 전통에 불과한 것입니다. 그러나 유대-종교적 개념의 물질과 장소의 '거룩성'은 예수 그리스도에 의해서 완전히 수정됩니다. 예수님은 사마리아 여인과의 대화에서 유대교의 물질, 지역 그 자체로서의 존재론적 '거룩' 개념을 거부하십니다:

> "우리 조상들은 이 산에서 예배하였는데, 당신들의 말은 예배할 곳이 예루살렘에 있다 하더이다. 예수께서 이르시되, 여자여 내 말을 믿으라. 이 산에서도 말고, 예루살렘에서도 말고, 너희가 아버지께 예배할 때가 이르리라. … 아버지께 참되게 예배하는 자들은 영靈과 진리眞理로 예배할 때가 오나니, 곧 이 때라 아버지께서는 자기에게 이렇게 예배하는 자를 찾으시느니라. 하나님은 영이시니, 예배하는 자가 영과 진리로 예배할지니라."(요 4:20-21, 23-24)

한 걸음 더 나아가 예수님은 지역적 혹은 물질적 혹은 존재론적으로 잘못 이해된 '거룩' 개념을 제자들에게 가르쳐 주시기 위하여 예루살렘 성전의 멸망을 예고하셨습니다:

> "예수께서 성전에서 나가실 때에 제자 중 하나가 이르되, 선생님이여 보소서 이 돌들이 어떠하며, 이 건물이 어떠하나이까? 예수께서 이르시되, 네가이 큰 건물들을 보느냐, 돌 하나도 돌 위에 남지 않고 다 무너뜨려지리라 하시니라"(막 13:1-2)

이렇듯 기독교에서 말하는 '거룩'이란, 지역적, 물질적, 시간적, 존재론적 의미가 결코 아닙니다. 아무리 금은보화金銀寶貨로 성전을 지었다고 해도, 장사꾼들이나 득실거리며, 욕심과 죄악으로 가득 차 있다면, 그러한 성전은 단지 죄의 굴혈掘穴일 뿐입니다: "내 집은 기도하는 집이라 일컬음을 받으리라 하였거늘 너희는 강도의 소굴을 만드는도다."(마 21:13) 그렇다면 유대인들은 어떠한 것을 거룩한 것이라고 생각하였는가?

3. 유대교의 제의적 의미의 '거룩'

'거룩'이란 히브리 단어 'שדק카도쉬'는 '잘라 내다' 또는 '분리하다'라는 동사의 명사형입니다.[119] 종교적 용법으로는 하나님을 섬기고 예배하기 위해서 세속적인 것으로부터 구별한다는 뜻입니다.[120] 예컨대 하나님께 제물을 바치기 위하여 여러 마리의 양羊들 중에서 가장 살찌고 건강한 양을 구별해 내었다면, 그것이 '거룩'한 것입니다. 고대古代의 다른 종교뿐만 아니라, 유대교에서도 하나님에게 제물로 드리기 위해서 특별히 구별해 낸 것을 '거룩한 것'이라고 생각하였습니다. 심지어는 제사에 사용되는 모든 제기祭器들도 '거룩한 것'이라고 생각하였고, 하나님께 제물을 바치기 위하여 구별된 제기에 접촉하는 것도 거룩한 것이라고 생각하였고(출 29:37; 30:26-29, 참고 학 2:12), 제사하기 위하여 구별된 시간이나(창 2:3; 출 20:8; 느 9:14; 10:31; 사 58:13) 희년禧年(레 25:12)도 거룩한 시간이라고 생각하였습니다. 그리고 제사장의 예복(레 16:4), 성막聖幕의 성물聖物과 제단까지도 거룩한 것이라고 생각하였습니다.

그래서 '거룩'이란 개념은 제의를 위한 물질뿐만 아니라, 장소에 대하여도 적용되었습니다. 예컨대 앞에서 인용한 바와 같이, 여호와 하나님께서 모세에게 나타나신 호렙 산을 이스라엘 사람들은 성산聖山이라고 생각하였습니다. 이러한 지역적地域的 '거룩' 개념은 성전 건축 이후는 예루살렘 성전에 집중되었습니다. 그래서 예루살렘 성전 곳곳은 모두 거룩한 곳이었

---

119) '거룩'이란 의미를 가진 유대-기독교 전통에서 사용되어진 단어들은 niqdaš, ἁγιάζω, αγνίζω, *sanctificare*, heiligen, sanctifier, sanctify, hallow 등이 있다.

120) *Kornfeld* †, שדק, ThWAT Bd.Ⅵ., Sp.1179-1188.

습니다. 예컨대 성소聖所(시 28:2), 성전의 방들(겔 42:13; 46:19)과 뜰(사 62:9)뿐만 아니라, 성전 전역(대상 29:3; 사 11:9; 56:7; 64:10)과 심지어는 예루살렘 성城(느 11:1,18; 사 48:1-2; 52:1)까지도 모두 '거룩'한 곳이었습니다. 이렇듯 유대-종교에서 사용하고 있는 '거룩'이란 용어는 제의적 개념에 그 뿌리를 두고 있습니다.[121] 한 마디로 말하면, 인간적이고 세속적인 것이 신에게 제사하기 위한 것으로 사용될 때, '거룩한 것'이 되는 것입니다. 그렇다면 누가 그리고 어떠한 것이 참으로 거룩한 것인가?

4. 하나님의 영이 함께(מע) 임하는 자(곳)가 거룩한 자(곳)이다

구약과 신약에서 말하는 '거룩'이란 개념은, 하나님 자신이 인간뿐만 아니라, 이 세상 피조물과 '전적全的으로 다르다'는 뜻으로, 즉 '인간과는 완전히 구별 된다'는 의미로 하나님에게만 사용되었습니다. 그래서 '스스로 거룩함을 나타내다'라는 뜻을 가진 'נקדש(니크다쉬)'란 말은 오직 하나님에게만 사용하고 있습니다(민 20:13; 사 5:16; 겔 20:41). 왜냐하면 인간은 마음에 계획하는 바가 어릴 때부터 모두 악하기 때문입니다(창 8:21). 그리고 인간은 하나님을 찾지도 않고, 하나님 말씀에 순종하지도 않고, 입만 열면 시기와 질투와 파당을 만들고, 저주와 악독惡毒이 가득 차 있기 때문입니다(참고 롬 3:10-18). 그렇다면 질문이 제기됩니다: 왜 그리스도인들을 성도, 곧 '거룩한 무리'라고 칭하는가?

이에 대한 답변은 간단합니다. 참된 그리스도인은 그 안에 '그리스도의 영靈'이 거하는 자입니다: "만일 너희 속에 하나님의 영이 거하시면, 너희가 육신에 있지 아니하고, 영에 있나니, 누구든지 그리스도의 영이 없으면, 그리스도의 사람이 아니라"(롬 8:9) 다시 말하면 누구든지 하나님의 영, 곧 그리스도의 영이 함께 하는 사람만이 하나님의 '거룩한 자', 곧 '성도聖徒'라는 것입니다. 이러한 의미에서 '거룩한 곳'이란, 하나님의 영이 '함께מע'하시어 하나님의 역사役事가 일어나는 곳을 의미합니다. 그것이 사물이든, 사.

---

121) *Procksch*, ThWNT Bd.I, 89

람이든, 하나님께서 '임재'하셔서 하나님께서 일하시는 곳(장소), 사람, 물건이라면 모두 '거룩'한 것입니다. 예컨대 호렙 산 가시덤불 속에 하나님이 영이 임하심으로써, 그곳이 '거룩한 곳'이 되었듯이, '거룩'이란, 하나님께서 '임재'하시는 곳, 바꾸어 말하면, 하나님의 영이 '함께'하시는 것이 '거룩'한 것입니다. 이러한 의미에서 거룩하게 되는 것은 전적으로 성령의 역사입니다. 왜냐하면 우리는, 성령이 함께 하시지 않으면, 결코 스스로 거룩해질 수 없기 때문입니다.

이러한 근거에서 볼 때 하나님의 성령에 의해서 잉태되고, 성령으로 세례를 받으시고, 그의 생애 동안 항상 성령이 '함께'하신 예수 그리스도, 곧 '임마누엘(לאונמע: 하나님이 우리에게 함께 하신) 예수님만이 오로지 참으로 '거룩하신 분'이십니다. 따라서 이 세상 어느 누구도, 어느 곳도, 어느 물건도 그 자체로는 '거룩'하다고 말할 수 없는 것입니다. 만일 누구든지 스스로 자기를 '거룩한 자'라고 말하는 자는 성령의 사역을 멸시하는 것입니다. 그리고 이 세상 어느 곳도 하나님이 직접 계속해서 역사役事하지 않는 한, 결코 영구적으로 '거룩한 곳'이 될 수 없습니다. 왜냐하면 이스라엘 백성들이 '거룩한 백성'으로 칭함을 받은 것도 하나님께서 친히 그들과 함께 하셨기 때문이지(출 19:5a),[122] 이스라엘 백성 그 자신들이 스스로 거룩해서가 결코 아닙니다. 오히려 이스라엘 사람들은 목이 곧은 교만한 악한 사람들이었습니다(출 32:22; 33:3).[123] 우리 그리스도인들도 마찬가지입니다(고전 1:26). 우리 자신이 스스로 성결하고 '거룩'해서 '거룩한 무리'가 된 것이 아닙니다. 하나님께서 보혜사 성령을 우리에게 보내 주시어, 우리와 함께 계시기 때문에 우리가 '성도', 곧 그리스도인이 되는 것입니다. 이와 같이 우리 인간이 '거룩한 자'가 되는 것은 오로지 성령 안에 있을 때뿐입니다. 즉 성령의 인도하심에 따라서 살아갈 때만 '성도'가 되는 것입니다. 그렇다면 '거룩한 자'란 구체적으로 어떠한 사람을 가리킵니까?

---

122) 출 19:6a : "너희가 내게 대하여 제사장 나라가 되며, 거룩한 백성이 되리라"
123) 출 33:3 : "나는 너희와 함께 올라가지 아니하리니, 너희는 목이 곧은 백성인즉, 내가 길에서 너희를 진멸할까 염려함이니라"

5. 하나님의 형상으로서의 거룩 개념

예수 그리스도가 하나님의 거룩한 아들, 곧 '성자聖子'이신 것은, '하나님의 영靈'이 예수에게 내재immanent하고 있었기 때문입니다. 더 자세히 말하면 예수 그리스도가 성령으로 잉태되었으며(마 1:20), 예수가 세례를 받고 물 위로 올라오실 때, 그에게 성령이 비둘기 같이 임하셨기(마 3:16) 때문에 '거룩'하신 분이라는 것입니다. 그런데 골로새서는 이러한 예수 그리스도를 "보이지 아니하는 하나님의 형상이시오, 모든 피조물보다 먼저 나신 이"(골 1:15)라고 증언하고 있습니다. 다시 말하면 '흙'에 하나님의 생기를 불어넣어 만든 최초 인간 아담이 '하나님의 형상Imago dei'으로 지음을 받았듯이, 예수 그리스도도 성령으로 잉태되어, 성령을 받았고, 그 자신 안에 하나님의 영靈을 담고 있는 분이시기 때문에 '보이지 아니하는 하나님의 형상'인 것입니다. 그래서 예수님은 아주 직접적으로 "나를 본 자는 아버지를 보았거늘 어찌하여 아버지를 보이라 하느냐"(요 14:9)고 반문하고 계신 것입니다. 이러한 사실을 고려해 볼 때, 우리는 '하나님의 형상' 개념과 '하나님의 거룩' 개념은 유사하다는 것을 알 수 있습니다.

'하나님의 형상' 개념이 하나님의 영과 그 영을 담고 있는 그릇과 같은 인간의 존재 구조라는 것을 바울은 다음과 같이 증언하고 있습니다: "하나님이 미리 아신 자들을 또한 그 아들의 형상εἰκόνος을 본받게συμμόρφους 하기 위하여 미리 정하셨으니προώρισεν, 이는 그로 많은 형제 중에서 맏아들πρωτότοκον이 되게 하려 하심이니라"(롬 8:29) 여기서 동일한 형태를 갖게 한다는 뜻인 '본받게'라는 동사는 '미리 정하셨다'는 말과 아주 밀접히 결합되어 있습니다.124) 그리고 동시에 '미리 정하셨다προώρισεν'는 동사는 '맏아들πρωτότοκον'이란 명사와 결합되어 있습니다.125) 따라서 이 말씀에 의하면 본받게 할

---

124) προέγνω(미리 알다, 혹은 미리 인식하다)의 aor. 형인 "προγινώσχω"는 προορίζω의 aor. 형인 "προώρισεν(미리 정하였다 = prädestinieren)"보다 시-공간적으로 한 단계 앞선 행위이다. 이러한 개념적 차이에 관하여: *Adolf Schlatter*, Gottes Gerechtigkeit. Ein Kommentar zum Römerbrief, Stuttgart 1934.

125) 이 점에 관하여: *G. Godet*, Kommentar zu dem Brief an die Römer, deutsch von *E. R. und K. Wunderlich*, 2.Aufl., Hannover 1892, 118.

형상은 이미 예수 그리스도 안에서 미리 결정되었다고 해석할 수 있습니다.126) 다시 말하면 인간이 창조되고, 본받아야 할 '하나님의 형상'은 창조이전 예수 그리스도의 모습으로 곧 하나님의 영을 담고 있는 그리스도의 형상으로 하나님 안에 내재되어 있었다는 것입니다. 바로 이러한 근거에서 성경은 "하나님이 이르시되, 우리의 형상을 따라 우리의 모양대로 우리가 사람을 만들고"(창 1:26)라고 증언하고 있는 것입니다.

이와 같이 '거룩'이라는 개념과 '하나님의 형상' 개념의 유사성을 고려해 볼 때,127) 성령께서 우리 인간들을 거룩하게 하시는 것은 우리에게 '하나님의 형상'을 회복시키는 일이라고 볼 수 있습니다. 다시 말해서 최초 아담을 '하나님의 형상'으로 창조하셨지만, 그가 하나님께 불순종함으로써 하나님의 형상을 잃어버렸습니다. 그러나 성령으로 잉태한 예수 그리스도께서는 하나님 말씀에 철저히 순종하심으로써 '하나님의 형상'을 객관적으로 회복하셨습니다.128) 그리고 부활하신 예수 그리스도의 이름으로 오신 성령은 예수 그리스도가 회복한 '하나님의 형상'을 우리에게 개별적으로 회

---

126) 이러한 의미에서 볼 때 예수 그리스도의 존재방식은, Anhypostasie(인간 본성 의존)보다는 Enhypostasie(인간 본성 내재)에 가깝다고 볼 수 있다. 왜냐하면 Leontius von Byzanz에 의해서 주장된 Enhypostasie 론은 예수 그리스도의 인간적 본성이 그의 신적 본성에 실존한다고 주장하기 때문이다. 따라서 이러한 인간 본성 내재적 하나님 형상 개념으로 볼 때, "'하나님의 형상'"은 영원한 아들 예수 그리스도 안에 선재(Praeexistenz)하였다고도 볼 수 있다. 이러한 해석이 정당성을 가질 때만이, "우리의 형상에 따라, 우리의 모양대로"(창 1:26)라는 증언이 타당성을 갖는다.

127) 초대교회 공동체는 자신들을 성령이 자신들에게 임한 "거룩한 자"라고 불렀다.(롬 15:26)

128) 초대 교부 이레니우스(Irenaeus)는, 타락한 첫 번째 아담이 죄된 인간의 세대를 만들어 놓았듯이, 그리스도는 둘째 아담으로서 의로운 인간들의 세대, 곧 '하나님의 형상'을 인간들에게 회복시켜 놓았다고 주장한다. 그래서 인간은 예수 그리스도 안에서 새로운 피조물이 되었다고 말한다. 그 자신에 의하면 "그리스도는 화육하심으로 인간이 되셔서 새로운 인간들의 세대를 창시하셨으며, 간단하고 포괄적인 방법으로 우리에게 구원을 마련해 주셨으니, 이는 우리가 아담으로 말미암아 상실한 것, 즉 아담 안에서 하나님의 형상을 잃어버린 것을 그리스도 예수 안에서 다시 회복할 수 있게 하기 위함이었다: *Quando incarnatus et homo factus, longam hominum expositionem in se ipso recapitulavit. In compendio nobis salutem praestans, ut quod perdideramus in Adam, id est, secundum et similitudinem esse Dei, hoc in Christo reciperemus*"(Irenaeus, *Adversus haereses*, III, 18, 1. ANF, Vol.I, 446, J. L. Neve, A History of Christian Thought, Vol.1, 서남동 역, 『기독교 교리사』, 대한기독교서회, 1965, 138에서 재인용)

복시키는 사역을 하고 계십니다. 이러한 의미에서 하나님이 영靈이 '임재'하는 곳이 곧 거룩한 곳이고, 하나님의 영이 임한 자가 바로 '거룩한 자'입니다. 다시 말해서 하나님의 영이 함께 계신 예수 그리스도가 바로 '거룩하신 분'이고, 그 분만이 참된 '하나님의 형상Imago dei'이십니다. 이러한 점에서 우리에게 성령이 임하는 것은 아담으로 인하여 상실된 '하나님의 형상'을 본받게 하려는 것이라는 사도 바울의 증언을 이해할 수 있습니다.

그러므로 우리가 하나님의 '형상'을 되찾는 길은 오직 성령, 곧 그리스도의 영으로 거듭나는 것뿐입니다. 그래서 창조 당시 하나님께서 최초 인간 아담, 곧 흙אדמה에 생기生氣를 불어 넣어 주셨듯이(창 2:7), 부활하신 예수님께서도 제자들을 향하여 "숨을 내쉬며 이르시되, 성령을 받으라"(요 20:22)고 말씀하신 것입니다. 이러한 의미에서 우리들에게 그리스도의 영靈이 있으면, 우리도 새로운 피조물이 되는 것입니다(고후 5:17). 이러한 이유로 예수 그리스도는 하나님 나라에 들어가려면 '물과 성령'으로 거듭나야 한다고 말씀하셨던 것입니다(요 3:5). 결론적으로 말해서, 우리가 하나님의 영으로 인도함을 받을 때만, 우리는 '하나님의 거룩한 백성', 곧 '성도'가 되는 것입니다.

참회의 기도

여호와 하나님,
당신을 의지하는 자에게 힘주시고
당신께 피하는 자들의 방패가 되어주소서

원수들이 우리를 대하여 말하기를
올무를 놓자,
발목을 잡자 하나이다.

그러나 주님은
당신의 영으로 우리와 함께 하시고,
당신만을 의지하는 우리들을 구원하소서

우리의 영이
오직 주님의 도움만을 갈망함은
주의 성령이
우리와 함께 하시기를 원하고 계심을 믿기 때문입니다.

- 아멘 -

III. 누가 나의 부모이며, 형제인가?

***** 토의 주제 *****

1. "사촌이 땅을 사면 배가 아프다"는 말이 생성된 원인이 어디 있다고 생각하는가?
2. 지금까지 살아오면서 혈육의 형제와 그리스도 안에서의 형제 중 누구에게서 형제의 사랑을 더 많이 느꼈는가?
3. '그리스도 안에서의 형제'라고 말할 수 있는 사람이 자신에게 있는가?

1. 부모와 자식 그리고 형제 사이에 참 사랑이 있는가?

인간은 한 부모에게서 태어난 혈육의 형제라도 서로 형제를 사랑하기보다는, 오히려 시기 질투하여 살인까지 행하는 것이 최초 아담 가족의 역사였음을 우리는 앞에서 살펴보았습니다.129) 최초 인간 아담의 범죄가 그의 후손 가인Cain이 자기 동생(형제) 아벨Abel를 살해하는 범죄로 이어졌듯이, 인간의 역사는 형제간의 사랑보다는 형제를 미워하고, 시기하고 질투하여 살인하는 역사로 점철되었음을 성경은 기록하고 있습니다. 왜냐하면 가인이 자기 동생 아벨을 돌로 쳐 죽인 사건은(창 4:8), 이스라엘의 족장 야곱이 자기 아버지 이삭Isaac을 속이고, 자기 형, 에서Esau의 장자長子 권리를 빼앗는 속임과 사기詐欺 죄로 변형되어 나타나기 때문입니다:

---

129) 제2장 V절, 1. "형제를 죽인 가인의 후손"을 참조.

"야곱이 아버지에게 대답하되, 나는 아버지의 맏아들 '에서'로소이다. 아버
지께서 내게 명하신 대로 내가 하였사오니, 원하건대 일어나 앉아서 내가 사
냥한 고기를 잡수시고, 아버지 마음껏 내게 축복하소서!"(창 27:19); "이삭이 이
르되, 네 아우(야곱)가 와서 속여 네 복을 빼앗았도다. 에서가 이르되, 그의
이름이 야곱이라 함이 합당하지 아니하니이까, 그가 나를 속임이 이것이 두
번째니이다. 전에는 나의 장자의 명분을 빼앗고, 이제는 내 복을 빼앗았나이
다. 또 이르되, 아버지께서 나를 위하여 빌 복을 남기지 아니하셨나이까?"(창
27:35-36); "야곱이 이르되, 형의 장자의 명분을 오늘 내게 팔라. 에서가 이르되,
내가 죽게 되었으니 이 장자의 명분이 내게 무엇이 유익하리요. 야곱이 이르
되, 오늘 내게 맹세하라. 에서가 맹세하고, 장자의 명분을 야곱에게 판지라."
(창 25:31-33)

뿐만 아니라 가족 간의 범죄는 이삭의 아내, '리브가'가 자기 남편을 기
만하여 자기 맏아들의 장자 권리를 빼앗는 범죄로 확장됩니다:

  "'리브가'가 집 안 자기에게 있는 그의 맏아들 '에서'의 좋은 의복을 가져다
  가 그의 작은 아들 야곱에게 입히고, 또 염소 새끼의 가죽을 그의 손과 목의
  매끈매끈한 곳에 입히고,"(창 27:15-16)

그러나 자기 부모와 형을 속인 사기꾼 야곱은, 자기가 이전에 자기 형,
에서를 속인 죄의 값을 자기 아들들로부터 그대로 받습니다. 그것은 야곱
의 열한 아들들이 아비를 속이고 막내 동생인 요셉을 애굽 상인들에게 팔
아넘긴 사건입니다(창 37:20; 38:31-33).[130] 이렇게 부모 자식 사이에 서로 속이
고 속는 사기詐欺 극과 혈육의 형제들 간에 서로 죽이는 살인극은 이제 부
모의 왕권에 대한 자식의 역모逆謀로까지 확산됩니다. 그것이 바로 다윗
왕에 대한 그의 아들 압살롬Absalom의 반란 사건입니다(삼하 15:7-12).[131] 한 걸

---

130) 창 37:20a : "자, 그(요셉)를 죽여 한 구덩이에 던지고, 우리가 말하기를 악한 짐승이 그를 잡
    아먹었다 하자"; 창 37:31-33 : "그들이 요셉의 옷을 가져다가 숫염소를 죽여 그 옷을 피에 적
    시고, 그의 채색 옷을 보내어 그의 아버지에게로 가지고 가서 이르기를 우리가 이것을 발견하
    였으니 아버지 아들의 옷인가 보소서 하매, 아버지가 그것을 알아보고 이르되, 내 아들의 옷이
    라. 악한 짐승이 그를 잡아먹었도다. 요셉이 분명히 찢겼도다."

음 더 나아가 가족 간의 죄악은, 암논이 이복異腹 누이동생 다말을 강간하고(삼하 13:1-19), 압살롬은 이복 형, 암논을 살해하는 사건(삼하 13:23-29)으로, 그리고 사울Saul의 아들 아브넬은 아버지의 처를 강간하는 사건(삼하 3:7) 등으로 확산됩니다.

이상 앞에서 살펴본 바와 같이, 부모와 자식 관계 그리고 형제 관계라 할지라도, 일반 사람들 사이에서 일어나는 죄악의 사건들이 동일하게 일어나고 있습니다. 다시 말해서 부모 자식뿐만 아니라, 형제들 사이에도 혈연에 관계없이 일반 사회에서 일어나는 범죄가 일어날 수 있다는 것입니다. 이렇게 부모를 속이고, 혈육의 형제를 사기하고, 강간하고 살인하는 죄를 범하는 존재 이것이 바로 타락한 인간의 실상입니다. 왜냐하면 비록 우리가 현실 생활에서 직접 살인 행위는 행하지 않았다 할지라도, "형제에게 노하는 자마다 심판을 받게 되고, 형제를 대하여 '라가*baka*'(히브리인의 욕설)라 하는 자는 공회에 잡혀가게 되고, 미련한 놈이라 하는 자는 지옥 불에 들어가게 되리라"(마 5:22)고 예수님께서 이미 말씀하셨기 때문입니다. 이러한 이유에서 예수님께서 "누가 내 어머니이며, 동생(형제)들이냐?"(막 3:33)고 반문하신 것은, 혈연의 관계가 부모 자식 사이의 사랑과 순종 그리고 형제들 사이에 행하여져야 할 사랑의 전제가 되지 못한다는 것을 암시해 주는 것입니다. 여기서 질문이 제기됩니다: 왜 혈육의 정을 나눈 형제들이 서로 미워하고, 사기하고, 강간하고, 죽이는 죄를 범할까?

2. 종말론적 현상으로서의 가정 파괴

예수님께서는 부모와 자식 사이의 미움과 분쟁이 일어나고, 혈육의 정을 나눈 형제들이 서로 미워하고, 사기하고, 강간하고, 죽이는 것은 종말론적 환난의 징조라고 말씀하십니다:

---

131) 삼하 15:12 : "제사 드릴 때에 압살롬이 사람을 보내 다윗의 모사 길로 사람 아히도벨을 그의 성읍 길로에서 청하여 온지라. 반역하는 일이 커 가매 압살롬에게로 돌아오는 백성이 많아지니라."

"형제가 형제를, 아버지가 자기 자식을 죽는 데에 내주며, 자식들이 부모를 대적하여 죽게 하리라"(막 13:12, 병행 마 10:21); "이르시되, 민족이 민족을, 나라가 나라를 대적하여 일어나겠고, 곳곳에 큰 지진과 기근과 전염병이 있겠고, 또 무서운 일과 하늘로부터 큰 징조들이 있으리라."(눅 21:10-11); "심지어 부모와 형제와 친척과 벗이 너희를 넘겨주어 너희 중의 몇을 죽이게 하겠고"(눅 21:16)

그러나 곧 이어서 예수님께서는 이러한 종말론적 환난 날에 바로 인자가 다시 올 것이라고 증언하고 계십니다: "그 때에 사람들이 인자人子가 구름을 타고 능력과 큰 영광으로 오는 것을 보리라."(눅 21:27) 뿐만 아니라 예수님께서는 자신이 이 땅에 오심으로 인因하여 이미 가정의 불화는 시작되었음을 선포하고 계십니다: "내가 세상에 화평을 주러 온 줄로 생각하지 말라. 화평이 아니요, 검劍을 주러 왔노라. 내가 온 것은 사람이 그 아버지와, 딸이 어머니와, 며느리가 시어머니와 불화 하게 하려 함이니, 사람의 원수가 자기 집안 식구리라."(마 10:34-36, 인용 미 7:6) 그리고 형제지간兄弟之間 뿐만 아니라, 사제지간師弟之間도 죄악으로 서로 균열됩니다. 곧 예수의 제자인 가룟 유다는 자기의 선생을 은銀 삼십 냥에 팔아 십자가에 못 박혀 죽게 하고(눅 22:48; 요 13:18, 인용 시 41:9; 55:12-13),[132] 제자 베드로는 자기 스승을 계집 종 앞에서 부인否認합니다(눅 22:60).

그런데 이러한 가정 및 인간관계의 파괴 원인은, 오히려 역설적으로, 혈연관계에 집착해 있는 인간적 사랑에 있음을 예수님은 지적하고 있습니다. 그래서 예수님은 "사람의 원수가 자기 집안 식구"(마 10:36)가 되는 원인을 "아버지나 어머니를 나(예수님)보다 더 사랑하는 자는 내게 합당하지 아니하고, 아들이나 딸을 나보다 더 사랑하는 자도 내게 합당하지 아니하며, 또 자기 십자가를 지고 나를 따르지 않는 자도 내게 합당하지 아니하니라."(마 10:37-38)고 선포하신 것입니다. 왜냐하면 구약의 율법에 따르면 모든 일에 있어서 최우선적으로 하나님을 섬기고 경배해야 하기 때문입니다(마

---

132) 눅 22:48 : "예수께 입을 맞추려고 가까이 하는지라. 예수께서 이르시되, 유다야 네가 입맞춤으로 인자를 파느냐"; 요 13:18 : "나는 내가 택한 자들이 누구인지 앎이라. 그러나 내 떡을 먹는 자가 내게 발꿈치를 들었다 한 성경을 응하게 하려는 것이니라."(인용 시 41:9; 55:12-13)

6:33).133) 그래서 예수님께서도 서기관에게 "첫째는 이것이니, 이스라엘아 들으라! 주 곧 우리 하나님은 유일하신 주시라. 네 마음을 다하고, 목숨을 다하고 뜻을 다하고, 힘을 다하여 주 너의 하나님을 사랑하라 하신 것이요. 둘째는 이것이니, 네 이웃을 네 자신과 같이 사랑하라 하신 것이라, 이보다 더 큰 계명이 없느니라"(막 12:29-31 인용 신 6:4; 레 19:17-18)고 말씀하신 것입니다.134) 그렇다면 누가 나의 '가족'이고, 형제인가?

3. 가족 공동체의 구성원은 모두 형제, 자매이다

하나님 나라의 복음을 선포하시던 예수님을 어느 날 어머니 마리아와 동생들이 찾아왔습니다. 그러자 무리가 예수를 둘러앉아 있다가 예수님께 여쭙니다: "보소서! 당신의 어머니와 동생(형제)들과 누이들이 밖에서 찾나이다."(막 3:32) 그러자 예수님께서 대답하시기를, "누가 내 어머니이며, 동생(형제)들이냐?"(막 3:33)고 반문反問하십니다. 그리고는 이어서 주위에 둘러앉은 자들을 보시며, 말씀하시기를, "내 어머니와 내 동생(형제)들을 보라! 누구든지 하나님의 뜻대로 행하는 자가 내 형제요, 자매요, 어머니이니라."(막 3:34-35)고 말씀하십니다. 이러한 예수님의 말씀에 곧 바로 우리는 다음과 같은 질문을 제기하지 않을 수 없습니다: 예수님의 말씀대로라면, 과연 누가 나의 부모이며, 형제, 자매인가? 그러면 나를 낳아 주신 부모님과 피를 나눈 혈육의 형제는 나와 어떠한 관계인가? 이에 답변하기 위해서 아래에서는 우리는 먼저 구약 성경에서 증언하고 있는 부모와 형제자매는 과연 누구인지에 대하여 알아보고자 합니다.

구약 성경의 증언에 의하면, '가족'은 혈연 공동체와 동시에 거주(주택공용) 공동체를 통하여 결속된 모든 자들을 가리키고 있습니다. 그래서 '한 가정을 건설한다'는 것은 '한 집을 세운다'는 것을 가리키며(느 7:4), '한 집'

---

133) 마 6:33 : "그런즉 너희는 먼저 그의 나라와 그의 의를 구하라. 그리하면 이 모든 것을 너희에게 더하시리라."

134) 일상생활에서 하나님께 대한 경배와 섬김을 최우선적으로 해야 할 것에 대한 강조는 구약의 가장 지배적인 사상 가운데 하나이다.

을 일으킨다는 것은 '한 가정을 건설한다'는 것을 의미합니다. 예컨대 노아
의 가족은 우선 그의 아내, 그의 아들들과 그의 며느리들을 총칭합니다.(창
7:1,7) 그리고 야곱의 가족은 3 세대世代, 곧 야곱의 세대, 그 아들들의 세대
그리고 손자들의 세대를 총괄하여 가리킵니다(창 46:8-26). 그래서 어느 가족
이 번성하였다는 것은 3대代가 번성하는 것을 의미합니다. 그런데 고대古代
로 소급할수록, 더 자세히 말하면 유목민 시대는 가정의 구성원은 보다
포괄적이어서, 혈연의 가족뿐만 아니라, 그들에게 속하는 남녀 종들과 집
안에 함께 우거寓居하면서 그 가족의 최고 어른의 보호를 받는 자들, 그리
고 실향민들까지도 모두 가족에 포함되었습니다.135) 이와 상응하게 '집'이
란 개념도 매우 포괄적인 의미로 사용되었습니다. 그래서 때론 '집'이란,
'야곱의 집', '이스라엘의 집', '유다의 집' 그리고 '요셉의 집' 등 민족의 중
요한 한 일부를 가리키기도 하였습니다. 그래서 구약 성경은, 레갑의 후손
인 야아사냐와 그의 형제들과 그의 모든 아들들을 "레갑의 집"(렘 35:3)이라
고 불렀습니다. 그리고 '가족'이라고 부를 때, 때론 아주 광범위한 씨족 집
단을 가리키기도 하였습니다(대상 5:15,24; 7:7-40; 8:6,10,13; 9:9; 23:24; 24:6 등). 그래서 에
스라는 바벨론에서 귀환한 '가장들' 중에는 28명에서 심지어는 300명까지
가족을 거느리는 가장家長들도 있었음을 보고하고 있습니다.(스 8:1-14)

이와 같이 구약 성경에서 의미하는 '가정'이란 개념은 단지 혈연 공동체
만을 의미하지 않고, 보다 포괄적으로 '씨족'의 의미를 가지고 있었습니다.
따라서 '형제', '자매'란 명칭도 단지 혈육을 함께 나눈 자들만을 가리키는
것이 아니라, 한 분의 씨족氏族 장 아래서 공동의 거처를 가지고, 공동의
경제 단위 속에서 생활하는 모든 사람을 가리키는 언어였습니다.136) 그리
고 한 씨족장을 중심으로 결성된 '가정' 혹은 '가족'은 그들 구성원을 서로
'형제'라고 불렀습니다(삼상 20:29).137) 구약 성경에서 뜻하는 이러한 '가족'의

---

135) 이 점에 관하여: Roland de Vaux, *Das Alte Testament und seine Lebensord -nungen*, 李陽
九 역,「舊約 時代의 生活 風俗」, 대한기독교출판사, 1983., 49.

136) 단 지파의 씨족은 소라와 에스다올에서 공동 생활을 하였고(삿 18:11) 유다와 베냐민 지파는
예루살렘에 함께 살았다. 그리고 때로는 어느 한 도성에 여러 씨족 집단이 함께 거주하기도 하
였다. 느헤미야 11:4-8; 역대 상 9:4-9에서는 이들 씨족의 이름을 열거하고 있다.

의미를 고려해 볼 때, 예수님께서 "누가 내 어머니이며, 동생(형제)들이냐?"(막 3:33)고 말씀하신 것은, 단지 혈연의 관계를 넘어서서 유대 씨족 사회에서 '가족 공동체'의 구성원을 '형제'와 '어머니'로 부르는 것과 같은 의미에서 사용하셨다고 이해할 수 있습니다. 결론적으로 성경에서 말하는 '형제', '자매' 그리고 '어머니'는 혈연의 관계를 넘어서는 것입니다. 그렇다면 참된 '형제와 자매' 혹은 '부모와 자식' 관계는 어떠한 관계인가?

4. 한 분 하나님에 대한 신앙 안에서 함께 하는 형제 사랑

예수님은, "누가 내 어머니이며, 동생(형제)들이냐?"(막 3:33)고 반문하신 다음, "누구든지 하나님의 뜻대로 행하는 자가 내 형제요, 자매요, 어머니이니라"(막 3:35)라고 말씀하십니다. 그렇다면 형제에 대한 하나님의 뜻은 무엇인가? 형제 사랑에 대한 하나님의 뜻은, "즐거워하는 자들과 함께 즐거워하고 우는 자들과 함께 우는 것"(롬 12:15)입니다. 다시 말해서 고난 받는 자들과 더불어 '함께' 사는 것입니다. 왜냐하면 그것이 그리스도의 몸 되신 성도들의 삶이기 때문입니다(고전 12:26).[138] 그래서 예수님은 마지막 날에 구원받을 의인들의 삶은 고난 받는 자들과 '함께'하는 삶임을 증언하고 계십니다: "내가 주릴 때에 너희가 먹을 것을 주었고, 목마를 때에 마시게 하였고, 나그네 되었을 때에 영접하였고, 헐벗었을 때에 옷을 입혔고, 병들었을 때에 돌보았고, 옥(獄)에 갇혔을 때에 와서 보았느니라."(마 25:35-36)[139] 이렇게 고난 받는 자들과 '함께' 더불어 사는 사람이 바로 고난 받는 자의

---

137) 삼상 20:29 : "나에게 가게 하라. 우리 가족이 그 성읍에서 제사할 일이 있으므로, 나의 형이 내게 오기를 명령하였으니, 내가 네게 사랑을 받거든 내가 가서 내 형들을 보게 하라 하였으므로, 그가 왕의 식사 자리에 오지 아니하였나이다."

138) 고전 12:26 : "만일 한 지체가 고통을 받으면, 모든 지체가 함께 고통을 받고, 한 지체가 영광을 얻으면, 모든 지체가 함께 즐거워하느니라."

139) 선한 사마리아 사람의 삶도 결국은 강도 만난 사람의 고난에 함께 동참한 것으로 해석할 수 있을 것이다. 왜냐하면 예레미아스는, "내 이웃이 누구니이까?" 묻는 율법 교사에게 예수님께서 선한 사마리아 사람에 관한 비유를 말씀하신 것은 이웃에 대한 개념 규정을 하기 위해서가 아니라, "민족 공동체 안에서 사랑의 의무의 한계를 어디에 둘 것인가를 말하려는데 그 초점이 있었다"(J. Jerimias, *Die Gleichnisse Jesu*, 허 혁 역, 『예수의 比喩』, 분도출판사 1974, 160)고 말한다.

형제요 이웃인 것입니다. 왜냐하면 예수님 자신이 이 세상에 오셔서 질병으로, 혹은 가난으로, 혹은 사회적으로 고난 받는 자들과 '함께'하셨기 때문입니다. 그래서 히브리서 기자는 예수의 삶을 이 세상에서 고난 받는 자들과 '함께'하신 삶으로 증언하고 있습니다. "그(예수 그리스도)가 무식하고 미혹된 자를 능히 용납할 수 있는 것은 자기도 연약에 휩싸여 있음이라"(히 5:2) 그래서 사도 바울도 빌립보 교우들에게 자신의 괴로움에 함께 참여한 것을 감사하고 있습니다(빌 4:14). 이렇게 초대 교회 교우들은 "다 함께 있어 모든 물건을 통용하고, 또 재산과 소유를 팔아 각 사람의 필요를 따라 나눠 주며, 날마다 마음을 같이하여 성전에 모이기를 힘쓰고 집에서 떡을 떼며 기쁨과 순전한 마음으로 음식을 먹고"(행 2:44-46) 하나님을 찬미하는 삶을 살았던 것입니다. 그렇다면 어떻게 초대 교회 교우들이 고난에 서로 '함께' 동참할 수 있었을까?

진정한 의미의 참 형제가 되는 것은 한 분 하나님에 대한 동일한 신앙고백 위에 형성되는 것입니다. 왜냐하면 그리스도 안에서 한 형제가 되는 것은 혈육에 의해서 자연히 형성되는 것이 아니라, 성령에 의해서 한 분 하나님을 '아버지'라고 고백하는 것으로 영적 형제 관계가 형성되기 때문입니다:

> "너희는 … 양자의 영을 받았으므로, 우리가 아빠 아버지라 부르짖느니라. 성령이 친히 우리의 영과 더불어 우리가 하나님의 자녀인 것을 증언하시나니, 자녀이면 또한 상속자, 곧 하나님의 상속자요, 그리스도와 함께 한 상속자니, 우리가 그와 함께 영광을 받기 위하여 고난도 함께 받아야 할 것이니라."(롬 8:15-17)

이와 같이 우리가 성령의 도움으로 한 분 하나님을 '아버지'라고 부르는 자녀가 되었기 때문에 우리는 그리스도 형제들의 고난에 함께 서로 참여하는 것입니다. 다시 말해서 그리스도의 형제들이 고난을 받을 때, '함께' 울고, 그들이 기쁠 때, '함께' 기뻐하는 것입니다. 우리가 육신의 형제와 더불어 살 때는 권세와 물질과 명예와 같은 세속적인 것에 사로잡혀 오히려 집안의 식구끼리 원수가 되었지만, 그리스도 안에서 한 분 하나님의 자녀가 된 후로는 오직 그리스도에 대한 신앙 안에서만 살기 때문에, 오히려 고난과 기쁨을 '함께' 짊어지는 참 된 형제가 되는 것입니다. 그러므로 우리로 하여금 참 형제자매가 되게 하는 것은 타고난 혈연관계가 아니라, 우리로 하여금 하나님의 자녀가 되게 하신 성령님의 은총입니다. 그러므로 누구든지 그리스도 안에 있을 때만이 참 형제자매가 되는 것입니다(참고. 롬 16:7).140)

***** 참회의 기도

하나님 아버지,
내가 먼저 하나님의 참 자녀가 되게 하옵소서!
주 그리스도시여,
혈육의 형제들이 그리스도 안에 있는 형제가 되게 해 주옵소서
보혜사 성령님이시여,
이제는 우리 형제들이 혈육의 관계를 넘어
하나님의 나라의 동일한 자녀가 되게 하옵소서!
그래서 우리가 모두,
하늘에 계신 하나님 아버지의 한 형제가 되게 하옵소서!

- 아멘 -

---

140) 롬 16:7 : "내 친척이요 나와 함께 갇혔던 안드로니고와 유니아에게 문안하라. 그들은 … 나보다 먼저 그리스도 안에 있는 자라."

IV. 하늘 문: 하나님 나라에 대한 약속

***** 토의 주제 *****

1. 나의 삶의 미래와 구원은 보장되어 있는가?
2. 당신이 구원에 대한 확신이 있다면, 그 근거는 무엇인가?
3. 당신은 자신의 소망하는 미래를 위해서 지금 무엇을 준비하고 있는가?

1. 당신의 미래는 보장되어 있는가?

다른 동물은 어떤지 몰라도, 모든 인간은 미래에 대한 희망을 가지고 살아갑니다. 어쩌면 인간으로 하여금 오늘의 어려운 고난을 참고 견디며 살아가도록 하는 역동적인 힘은 '미래에 대한 희망'일지도 모릅니다. 다시 말하면 '내일은 오늘보다는 좀 더 여건이 좋아지겠지' 하는 희망을 가지고 사람들은 살고 있습니다. 뿐만 아니라 대부분의 부모들은 자기 생애 동안 못내 이루지 못한 것을 자녀들이 대신 이루어줄 것을 희망하고 있습니다. 그래서 많은 철학자들은 인간만이 유일하게 희망을 가지는 존재이며, 또한 보다 나은 내일을 희망하며 살아가는 존재라고 규정하고 있습니다.[141]

---

141) 몰트만J. Moltmann은 1960년대 세속화 신학에 맞서 '희망의 신학'으로 1-2차 대전을 경험한 현대인에게 새로운 미래를 제시하였다. 그의, *Theologie der Hoffnung*, München 1964, 전경연・박봉랑 역, 『희망의 신학』, 현대 문명과 한국 1973 - E. Bloch, Das Prinzip Hoffnung. In fünf Teilen, 2. Bände, Frankfurt 1959 - 그의, Geist der Utopie. Unveränderter Nachdruck der bearbeiteten Neuauflage der zweiten Fassung von 1923, Frankfurt 1964 - Greshake,

그리고 사실상 인간에게 내일 혹은 미래에 대한 희망이 없다면, 더 이상 살고 싶은 의욕이 없을 것입니다. 보다 나은 미래에 대한 희망이 없이 살아가는 것은 단지 생명을 유지하는 식물 인간에 불과할 뿐, 자신의 미래를 개척해 가는 살아 있는 인간은 아닐 것입니다.

오늘보다 나은 미래에 대한 끝없는 동경, 이것은 실존적 인간들의 포기할 수 없는 영원한 욕망입니다. 그래서 생텍쥐페리는 「인간의 대지」라는 책에서, '쥐비'라는 지역에서 길렀던 영양羚羊에 대한 이야기를 기술하고 있는데, 이야기 속에 나오는 영양은 격자 모양으로 된 우리를 조그만 뿔로 치받으며, 죽을 때까지 우리 밖으로 뛰쳐나가려고 애를 씁니다. 어려서 잡힌 영양들은 사람들이 건네주는 먹이를 먹고, 인간들이 쓰다듬어 주면, 신뢰의 표시로 촉촉한 콧잔등을 손바닥에 틀어박곤 하지만, 그러나 그 영양이 희망하고 바라는 곳은, 우리 안에서 인간들이 건네주는 먹이나 받아 먹으면서, 인간들의 애무에 만족하면서 살아가는 것이 아니라, 오히려 광활한 들판입니다. 즉 영양들은 비록 스스로 먹이를 찾아서 들판을 헤매어야 하고, 때론 다른 동물로부터 생명의 위험을 받는다 하더라도, 광활한 들판을 자유롭게 질주하고 도약하고 싶은 희망을 평생 버리지 않고, 우리의 울타리를 뚫고 나가고자 그 연약한 뿔로 울타리를 죽을 때까지 치받고 있다는 것입니다.[142] 이 이야기가 주는 의미는, 인간은 자기 실존의 근원, 곧 고향을 동경하면서 그 곳으로 되돌아 갈 것을 희망하면서 살아간다는 것입니다. 지금의 삶의 정황보다 나은 그 어느 곳에 대한 희망, 이것은 실존적인 모든 인간들의 소망이자, 삶의 원동력입니다. 그래서 그 희망이 성취될 수 있다는 확고한 보장만 있다면, 사람들은 어떠한 위험과 고난을 감수하고라도 그 목표를 향해서 돌진하는 것입니다. 그러나 문제는 아무도 자신의 희망이 성취될 것이라고 확신할 수 없을 뿐만 아니라, 어느 누

Auferstehung des Toten - 그의, Stärker als der Tod, 심상태 역, 『종말 신앙: 죽음보다 강한 희망』, 성바오로출판사 1980 - G. Lohfink, Der Tod ist nicht das letzte Wort, Freiburg 1982, 신교선·이석재 옮김, 『죽음이 마지막 말은 아니다』, 성바오로출판사, 1986.
142) A. 생텍쥐페리, 『인간의 대지』, 안응렬 옮김, 동서문화사 1975, 299-306(심상태, 『인간. 신학적 인간학 입문』, 서광사 1989, 295, 각주 3)을 참고)

구도 그 소망이 반드시 성취될 것이라고 보장해 줄 수도 없다는 것입니다. 즉 인간들이 미래에 대한 긍정적인 꿈을 꾸고, 그 꿈이 이루어질 것을 희망하지만, 그 꿈이 반드시 이루어질 것이라는 것을 아무도 보장할 수 없는 것이 또한, 미래에 대한 우리의 희망이라는 것입니다. 더욱이 미래에 대한 우리들의 희망이 구원救援에 관한 문제라면, 구원에 대하여는 이 세상 어느 누구도 보장해 줄 수 없는 것입니다. 이러한 점에서 미래에 대한 우리들의 희망이 과연 성취될 수 있을지, 우리는 스스로 숙고해 볼 필요가 있습니다.

2. 하나님의 섭리 안에서 개방된 미래

인간이 자신의 미래를 희망할 수 있다는 것은 인간에게 미래가 개방되어 있기 때문입니다. 다시 말해서 하나님은 인간에게 무한한 가능성을 선물로 주셨습니다. 그럼에도 불구하고 인간이 무한한 가능성을 활용하지 못하는 이유는 생텍쥐페리의 영양처럼 우리 안에, 즉 인간의 좁은 경험적 사유 안에 갇혀 있기 때문입니다. 더 자세히 말하면 인간은 자기가 지은 죄罪로 인하여, 죄 안에 갇혀 있기 때문입니다. 바꾸어 말하면 자기가 소망하는 바를 인간 자신 안에 가두어 두기 때문입니다. 그러나 하나님은 그 무엇인가에, 더 자세히 말하면 혈연, 지연, 학연, 그리고 자기 자신에 매여 있는 인간에게 희망을 갖고 "너는 너의 고향과 친척과 아버지의 집을 떠나 내가 네게 보여 줄 땅으로 가라"(창 12:1)고 명령하고 계십니다. 그럼에도 불구하고 대부분의 사람들은 고향을 떠나지 못할 뿐만 아니라, 자기 자신으로부터도 벗어나지 못합니다. 왜냐하면 그러한 사람은 미래에 대한 자기의 소망을 하나님에게 두는 것이 아니라, 자기 자신에게 두기 때문입니다. 그러나 시편 기자는 자신의 소망(희망)을 하나님께 두라고 명하고 있습니다(시 78:7). 그리고 계속해서 "야곱의 하나님을 자기의 도움으로 삼으며, 여호와 자기 하나님에게 자기의 소망을 두는 자는 복이 있도다"(시 146:5)라고 증언하고 있습니다. 그리고 시편 기자는 한 걸음 더 나아가, 자기 자신의 희망을 포기하고, 소망을 하나님께 둘 것을 권하고 있습니다:

"주여, 이제 내가 무엇을 바라리요, 나의 소망은 주께 있나이다."(시 39:7) 그래서 사도 바울도 소망을 살아 계신 하나님께 둘 것을 제자 디모데에게 권하고 있습니다(딤전 4:10)[143]

이렇듯 하나님께서는 친히 우리 인간들에게 미래에 대한 소망을 주시고, 인간들로 하여금 하나님께 소망을 두도록 권하실 뿐만 아니라, 축복된 미래를 약속해 주십니다. 그래서 여호와 하나님은 우선 이스라엘의 조상 아브라함에게 이름이 창대하게 되며, 만백성의 복福의 근원이 되는 것과 가나안 땅과 자손의 번성에 대한 소망, 곧 언약을 주셨습니다:

> "내가 너로 큰 민족을 이루고, 네게 복을 주어 네 이름을 창대하게 하리니, 너는 복이 될지라. 너를 축복하는 자에게는 내가 복을 내리고, 너를 저주하는 자에게는 내가 저주하리니, 땅의 모든 족속이 너로 말미암아 복을 얻을 것이라"(창 12:2-3); "그를 이끌고 밖으로 나가 이르시되, 하늘을 우러러 뭇별을 셀 수 있나 보라 또 그에게 이르시되 네 자손이 이와 같으리라"(창 15:5); "그 날에 여호와께서 아브람과 더불어 언약을 세워 이르시되, 내가 이 땅을 애굽 강에서부터 그 큰 강 유브라데까지 네 자손에게 주노니, 곧 겐 족속과 그니스 족속과 갓몬 족속과 헷 족속과 브리스 족속과 르바 족속과 아모리 족속과 가나안 족속과 기르가스 족속과 여부스 족속의 땅이니라 하셨더라."(창 15:18-21)

그리고 모세에게는 이스라엘 민족의 해방자가 되는 소망을 주셨습니다: "이제 내가 너를 바로에게 보내어 너에게 내 백성 이스라엘 자손을 애굽에서 인도하여 내게 하리라"(출 3:10). 여호수아에게는 항상 '함께 동행'해 줄 것에 대한 약속과 만사萬事가 형통되는 미래의 축복을 허락하십니다:

> "네 평생에 너를 능히 대적할 자가 없으리니, 내가 모세와 함께 있었던 것 같이 너와 함께 있을 것임이니라. 내가 너를 떠나지 아니하며, 버리지 아니하

---

143) 딤전 4:10 : "이를 위하여 우리가 수고하고 힘쓰는 것은 우리 소망을 살아 계신 하나님께 둠이니, 곧 모든 사람 특히 믿는 자들의 구주시라"; 딤전 5:5-6 : "참 과부로서 외로운 자는 하나님께 소망을 두고 주야로 항상 간구와 기도를 하거니와, 향락을 좋아하는 자는 살았으나 죽었느니라."

리니, 강하고 담대하라. 너는 내가 그들의 조상에게 맹세하여 그들에게 주리라 한 땅을 이 백성에게 차지하게 하리라. 오직 강하고 극히 담대하여 나의 종 모세가 네게 명령한 그 율법을 다 지켜 행하고 우로나 좌로나 치우치지 말라. 그리하면 어디로 가든지 형통하리니"(수 1:5-7).

그리고 다윗에게는 이스라엘의 영원한 주권자가 되어, 그 이름이 위대하게 되리라는 소망, 곧 언약을 주셨습니다:

> "그러므로 이제 내 종 다윗에게 이와 같이 말하라. 만군의 여호와께서 이와 같이 말씀하시기를 내가 너를 목장 곧 양을 따르는 데에서 데려다가 내 백성 이스라엘의 주권자로 삼고, 네가 가는 모든 곳에서 내가 너와 함께 있어 네 모든 원수를 네 앞에서 멸하였은즉 땅에서 위대한 자들의 이름같이 네 이름을 위대하게 만들어 주리라."(삼하 7:8-9); "네 집과 네 나라가 내 앞에서 영원히 보전되고, 네 왕위가 영원히 견고하리라."(삼하 7:16)

이 밖에 하나님은 성경에 등장하는 수많은 사람들에게 미래에 대한 소망, 곧 언약을 주십니다. 아들 못 낳은 사라에게는 일 년 후에 아기를 낳게 될 것이라는 희망을(창 18:10)[144], 형 '에서'에게 쫓겨 삼촌 라반의 집으로 종살이하러 가는 야곱에게는 '함께 동행함'의 약속과(창 28:15)[145] "하나님의 집과 하늘 문"(창 28:17)에 대한 소망을 보여 주십니다.

그러나 인간의 소망은 희망한다고 무조건 모두 성취되는 것이 결코 아닙니다. 인간의 소망은 하나님 말씀, 곧 언약에 대한 신앙 없이는 결코 성취되지 않습니다. 왜냐하면 '희망'과 '신앙'은 결코 분리될 수 없는 동반자이기 때문입니다. 칼뱅의 말을 빌리면 '희망'과 '신앙'의 관계는 다음과 같습니다:

---

144) 창 18:10 : "그(주)가 이르시되 내년 이맘때 내가 반드시 네게로 돌아오리니, 네 아내 사라에게 아들이 있으리라 하시니, 사라가 그 뒤 장막 문에서 들었더라."
145) 창 28:15 : "내(여호와)가 너와 함께 있어 네가 어디로 가든지, 너를 지키며, 너를 이끌어 이 땅으로 돌아오게 할지라. 내가 네게 허락한 것을 다 이루기까지 너를 떠나지 아니하리라."

"희망이란, 신앙의 확신에 의해서 하나님께서 참으로 약속하신 것들에 대한 기대 이외에 다른 것이 아니기 때문입니다. 즉 신앙은, 하나님이 우리의 아버지이심을 믿는 것이고, 희망은, 그분이 항상 우리에게 우리의 아버지로 스스로를 증명해 보여 주실 것을 기다리는 것입니다. … 그래서 신앙은 희망이 세워져 있는 기초이고, 희망은 신앙을 육성하고 유지시키는 것입니다. 만일 우리가 먼저 하나님의 약속을 믿지 않으면, 하나님으로부터 아무 것도 기대할 수 없습니다. 그러나 우리의 약한 신앙이 피곤해서 넘어지지 않기 위해서는 참음으로써 바라고, 기다림으로써 뒷받침과 지지를 받지 아니하면 안 되는 것입니다. 희망은 항상 신앙을 새롭게 해 주며, 활기를 주고 신앙이 마지막까지 견딜 수 있도록 계속해서 힘을 북돋아 줍니다."146)

그래서 몰트만도 "그리스도인의 삶에서 신앙은 우선prius이고, 희망은 수위primat"147)라고 말합니다. 그는 "신앙의 그리스도에 대한 인식 없이는, 희망은 허공에 떠 있는 유토피아Utopia가 된다"148)고 말합니다. 다시 말해서 신앙이 없는 희망은 허구적 자기기만이고, 희망이 없는 신앙은 종교적 자기 신념 이외에 다른 것이 아닙니다. 신앙은 희망 속에서 힘을 얻고, 희망은 신앙 안에서 성취될 수 있는 것입니다. 그러므로 인간이 보다 나은 미래를 소망할 수 있다는 것은 그 자체가 이미 하나님의 섭리 안에서 주어진 은혜입니다. 왜냐하면 희망이 없는 신앙은 죽은 신앙이고, 희망이 없는 자는 곧 죽은 자이기 때문입니다. 그렇다면 어느 누구든지 미래에 소망하는 바를 성취할 수 있는 것인가?

3. 스스로 자기 자신을 벗어날 수 없는 인간

앞 절에서 이미 '신앙'과 '희망'에 대한 칼빈의 견해를 언급한 바와 같이, 창조주 하나님에 대한 신앙이 없는 인간의 희망은 허구적 자기 기만으로 끝나고 맙니다. 왜냐하면 첫째로 하나님께서 주신 소망, 다시 말해서 하나

---

146) J. Calvin, *Institutio* III, 2, 42.
147) J. Moltmann, *Theologie der Hoffnung*, 전경연 · 박봉랑 역, 『희망의 신학』, 21.
148) 같은 곳.

님께서 주신 약속에 기초를 두지 않은 소망은 단지 인간의 의지意志나 욕심慾心에서 나온 것이기 때문입니다. 바꾸어 말하면 인간의 욕심이나 의지에서 나온 소망은 대부분은 재물이나 권세에 대한 욕구 충족에 대한 소망이라는 것입니다. 그래서 사도 바울은 사랑하는 제자 디모데에게 "네가 이 세대에서 부한 자들을 명하여 마음을 높이지 말고, 정함이 없는 재물에 소망을 두지 말고, 오직 우리에게 모든 것을 후히 주사 누리게 하시는 하나님께 두라"(딤전 6:17)고 권하고 있는 것입니다. 그래서 욥기는 "하나님을 잊어버리는 자의 길은 다 이와 같고, 저속한 자의 희망은 무너지리라"(욥 8:13)고 증언하고 있습니다. 그리고 잠언도 "악인은 죽을 때에 그 소망이 끊어지나니, 불의의 소망이 없어지느니라"(잠 11:7)고 선언합니다. 이렇듯 하나님의 약속에 기초를 두지 않은 소망이 성취되지 않는 것은, 인간은 창조주 하나님을 떠나서는 아무 것도 스스로 행할 수 없기 때문입니다.[149] 다시 말하면 창조주 하나님을 떠난 인간은 이 세상에서 죄 이외에는 스스로 행할 수 있는 것이 아무 것도 없습니다(마 6:27).[150] 그러므로 하나님을 떠난 인간의 소망은 결코 성취될 수 없습니다.

그럼에도 불구하고 하나님에 대한 신앙이 없는 인간도 – 실상은 스스로 아무 것도 스스로 행할 수 없음에도 불구하고, – 항상 '보다 나은 내일이 있을 것이라'는 막연한 희망을 가지고 살아가고 있습니다. 이것은 인간들이 가장 살기 좋은 세상을 희망하여 공산주의 국가를 건설하고자 시도하였던 것과 같습니다. 그러나 그러한 소망은 하나님의 약속에 기초한 것이 아니라, 단지 인간의 이상적인 의지에 나온 것이기 때문에 패망으로 끝나고 말았습니다. 이러한 의미에서 성령의 도움을 고대하는 신앙에 기초하지 않은 인간의 소망은 스스로 속는 자기 기만 이외에 다른 것이 아닙니다(갈 5:5).[151] 왜냐하면 인간은 처음부터 스스로 살 수 있는 존재가 아니었기 때문입니다. 그리고 더욱이 죄로 인하여 타락한 후부터 인간은 죄인

---

149) 요 15:5b: "나(예수 그리스도)를 떠나서는 너희가 아무 것도 할 수 없음이라"
150) 예수님은 스스로 자신의 미래를 걱정하는 자들에게 "너희 중에 누가 염려함으로 그 키(목숨)를 한 자라도 더할 수 있겠느냐"(마 6:27) 반문하신다.
151) 갈 5:5 : "우리가 성령으로 믿음을 따라 의義의 소망을 기다리노니"

된 자기 자신을 결코 스스로 벗어날 수 없기 때문입니다. 즉 인간의 생각하는 모든 계획이 어렸을 때부터 항상 악하기 때문입니다(창 65: 821),152)

둘째로 하나님의 약속에 기초하지 않은 인간의 소망이 성취될 수 없는 이유는 인간들의 소망하는 바가 하나님의 의義 혹은 뜻을 도외시하고 있기 때문입니다. 다시 말해서 인간의 소망은 언제든지 자기 자신에 관한 것에 제한되어 있기 때문입니다. 즉 하나님의 나라와 그의 의義에 대한 소망이 아니라, 항상 자기 자신, 자기의 친인척, 자기 가족 등에 국한되어 있다는 것입니다. 그래서 역으로 예수님께서는 산상수훈에서 "염려하려 이르기를 무엇을 먹을까, 무엇을 마실까, 무엇을 입을까 하지 말라. … 너희는 먼저 그의 나라와 그의 의를 구하라. 그리하면 이 모든 것을 너희에게 더하시리라."(마 631,33)고 선언하신 것입니다. 따라서 자기 자신에 갇혀 있는 이기적 소망은 하나님의 의를 구하지 않기 때문에 성취되지 않는 것이 당연한 것입니다. 그러나 반대로 먼저 하나님의 의를 소망하는 자에게는 바울의 축원祝願대로 "소망의 하나님이 모든 기쁨과 평강을 믿음 안에서 (우리에게) 충만하게 하사 성령의 능력으로 소망이 넘치게 하시는 것입니다."(롬 15:13) 그렇습니다. 한 개인의 사적이며 이기적 소망은 비록 순간 성취된다 하더라고, 곧 또 다시 사멸될 것입니다. 왜냐하면 하나님은 모든 인류를 위한 공의의 하나님이시기 때문입니다. 그렇다면 인간의 참된 소망은 무엇인가?

4. 임마누엘에 대한 소망

우리는 앞에서 인간의 소망은 하나님의 언약에 기초할 때 참된 소망이 된다는 것을 알았습니다. 그런데 하나님께서 고난 받는 이스라엘 백성들에게 주신 희망은 언약의 역사 차원에서 보면, 젖과 꿀이 흐르는 가나안 땅에 대한 소망이며, 구원사적 차원에서 보면, 죄로 인하여 고난 받는 온 인류에게 구원의 소망으로 주신 하나님의 나라에 대한 약속입니다. 이것

---

152) 창 65 : "사람의 죄악이 세상에 가득함과 그의 마음으로 생각하는 모든 계획이 항상 악할 뿐임을 보시고,"; 창 821 : "이는 사람의 마음이 계획하는 바가 어려서부터 악함이라."

을 우리는 우선 먼저 모세에게 출애굽을 명하신 여호와 하나님의 언약에서 발견할 수 있습니다: "내가 내려가서 그들(이스라엘 백성들)을 애굽인의 손에서 건져내고, 그들을 그 땅에서 인도하여 아름답고 광대한 땅, 젖과 꿀이 흐르는 땅, 곧 가나안 족속 ⋯ 여부스 족속의 지방에 데려가려 하노라."(출 3:8) 그리고는 여호와 하나님이 모세에게 이르시되, "내가 반드시 너와 함께 있으리라"(출 3:12)고 약속해 주십니다. 즉 여호와 하나님은 고난 속에 있는 백성에게 젖과 꿀이 흐르는 가나안 땅에 대한 소망Vision을 언약해 주시고, 모세에게 '그와 함께 하실 것'을 확언해 주셨습니다. 뿐만 아니라 여호와 하나님은 야곱이 나그네가 되어 광야를 지나 외삼촌 라반의 집을 찾아가다가 밤을 지샐 때, 야곱에게 이 '땅을 차지할 것'이라는 '소망'과 '함께 동행'해 주시겠다는 '약속'을 해 주십니다: "네가 누워 있는 땅을 내(여호와 하나님)가 너와 네 자손에게 주리니"(창 28:13b); "내(여호와)가 너와 함께 있어 네가 어디로 가든지 너를 지키며, 너를 이끌어 이 땅으로 돌아 오게 할지라. 내가 네게 허락한 것을 다 이루기까지 너를 떠나지 아니하리라"(창 28:15). 이러한 땅에 대한 소망과 '임마누엘'에 대한 약속을 하나님께 로부터 받은 야곱은 잠에서 깨어나 "여호와께서 과연 여기 계시거늘 내가 알지 못하였도다. 이에 두려워하여 이르되, 두렵도다 이곳이여, 이것은 다름 아닌 하나님의 집이요, 이는 하늘의 문이로다"(창 28:16-17)라고 고백합니다.

그런데 이러한 야곱의 고백은 자신에게 주어진 소망과 여호와 하나님의 약속이 무엇인지를 은유적으로 증언해 주는 것입니다. 그것은 인간은 참된 소망을 '하나님의 집', 다시 말하면 '하나님의 성전', 곧 '하나님의 나라'에 두어야 한다는 것이고, 이러한 소망을 이루어 주시기 위해서 '하나님께서 함께 하시겠다'는 '임마누엘'의 약속을 해 주신 것이라고 볼 수 있습니다. 왜냐하면 요한계시록에 의하면 '하나님의 나라'는 '하늘 장막'으로 표현되어 있기 때문입니다: "내가 보매 거룩한 성 예루살렘이 하나님께로부터 하늘에서 내려오니"(계 21:2) 그리고 하나님은 회막에서 모세를 만나시고, 그 회막에 임재 하시어 이스라엘 백성들과 함께 동행하셨기 때문입니다(출

33:9-11).[153) 이러한 의미에서 '하늘 문', 바꾸어 말하면, '하나님 나라에 들어가는 문'은 오직 하나님께서 주신 소망을 우리가 굳게 잡고, 여호와 하나님께서 우리와 동행하실 때만 가능하다는 의미로 해석할 수 있을 것입니다.

그러므로 예수님은 이 지상에서 처음부터 "회개하라 천국이 가까이 왔느니라"(마 4:17)고 선포하셨던 것입니다. 그리고 또한 십자가에 달린 강도가 회개하고 '예수의 나라', 곧 '하나님의 나라'에 대한 소망을 표현하였을 때, "내가 진실로 네(강도)게 이르노니, 오늘 네가 나와 함께 낙원에 있으리라"(눅 23:43)고 확언해 주신 것입니다. 그리고 예수님은 평소에도 제자들에게 "내 아버지 집에 거할 곳이 많도다. … 내가 너희를 위하여 거처를 예비하러 가노니, 가서 너희를 위하여 거처를 예비하면, 내가 다시 와서 너희를 내게로 영접하여 나 있는 곳에 너희도 있게 하리라"(요 14:2-3)고 약속해 주셨던 것입니다. 이러한 의미에서 디모데전서는 예수 그리스도를 "우리의 소망"(딤전 1:1)이라고 증언하고 있습니다. 그리고 사도 바울은 데살로니가 교회 교우들의 주 예수 그리스도에 대한 소망과 인내를 하나님 아버지 앞에서 항상 기억하고 있다고 편지하고 있는 것입니다(살전 1:3). 한 마디로 말해서 그리스도인의 참된 소망은 곧 "죽은 자의 부활"(행 23:6), 다시 말해서 '하나님 나라'에서 하나님과 함께 사는 '임마누엘'에 대한 소망인 것입니다.

---

153) 출 33:9-11 : "모세가 회막에 들어갈 때에 구름 기둥이 내려 회막 문에 서며 여호와께서 모세와 말씀하시니 모든 백성이 회막 문에 구름 기둥이 서 있는 것을 보고 다 일어나 각기 장막 문에 서서 예배하며 사람이 자기의 친구와 이야기함 같이 여호와께서는 모세와 대면하여 말씀하시며 …"

****** 참회의 기도

칠 흙같이 어두운 순간이라도
주님의 약속에 대한 확신을
갖게 하소서!
뭇 사람들이 희망이 있느냐
비아냥거리며 물어올 때
나의 소망은
오직 주님, 당신 한 분이심을
고백하게 하옵소서!
온 인류, 온 민족, 아니 나의 희망
모두가 사라진다 할지라도
나로 하여금
당신의 약속에 대한 한 가지 소망만은
결코 포기하지 않도록

주여!
종을 도와주옵소서

- 아멘 -

V. 죽는다고 모든 것이 끝나는가?

***** 토의 주제 *****

1. 사후事後의 세계, 곧 죽은 자의 세계와 '하나님의 나라'가 과연 있는가, 아니면 사후의 세계는 없는 것인가?
2. 왜 사람들은 죽은 자를 위한 제사를 드리는가?
3. 당신은 하나님의 나라를 위해서 무엇을 준비하고 계십니까?

1. 죽음 그 자체로 인간의 생명이 끝나는가?

모든 종교는 인간이 죽으면, 그가 죽은 날을 기념하여 죽은 자의 영혼을 위로하고 그 영혼과의 만남을 위한 제사를 드립니다. 그러나 기독교, 특히 개혁 교회 전통의 교회는 죽은 자를 위한 제사를 거부합니다. 왜냐하면 죽은 자를 위하여 제사를 드리는 데는 종교철학적 인간 이해가 이미 전제되어 있기 때문입니다. 종교철학자들에 의하면, 인간은 '영혼靈魂'과 '육肉'으로 구성되어 있습니다. '육σαρξ'은 비록 죽어 땅에 묻혀 썩어지지만, 인간의 영혼은 죽지 않고, 이 세상을 초월한 다른 세계에서 영존永存한다는 소위 '영혼 불멸' 사상이 제사를 드리는 사람들의 인간 이해입니다. 그런데 이러한 사상은 그리스 철학자 플라톤(Plation, BC. 427-347)에 의해서 최초로 종합되었습니다.

플라톤은 인간을 '영혼'으로 이해했습니다. 그에 의하면 "영혼은 신체와 완전히 다른 것이며, … 죽은 뒤에 죽은 사람의 신체가 부질없는 것이라고 불려지는 것이 옳은 것과 마찬가지로 신체는 우리들 한 사람, 한 사람에게 그림자처럼 붙어 다니는 것에 불과하다. 그러나 영혼이라 불리어지는 것은 죽지 않는 존재로서 참된 인간은 신들에게로 가서 거기에서 자기의 올바름을 주장하게 될 것이다."154) 이와 같이 플라톤은 인간의 영혼은 육체라는 감옥에 갇혀 있으며, 또 육체는 영혼이라는 무거운 짐을 짊어지고 있다고 생각하였습니다.155)

그런데 플라톤은 인간의 '영혼은 죽지 않는다'는 '영혼불멸'설을 주장하였습니다.156) 왜냐하면 첫째로, 영혼은 '선천적인 지식 내용'이기 때문에 죽지 않는다는 것입니다. 그리고 둘째로, 영혼은 단순하기 때문에 불멸한다는 것입니다. 그리고 셋째로, 영혼은 항상 스스로 움직이는 생명이기 때문에 불멸한다는 것입니다.157) 그런데 이러한 영혼은 '항상 스스로 움직이는 생명'이기에 한 군데 머무르지 않고, '윤회'한다고 플라톤은 주장합니다. 즉 영혼은 최초로 '데미우르고스'에 의해서 만들어진 이후 '시간의 도구'에 심기어졌다는 것입니다. 그 첫 번째 단계는 영혼이 육신을 입는 '화육 inkarnation'의 단계입니다. 그 다음 이 첫 번째 생명이 죽음에 이르면, 육체와 더불어 영혼은 이 지상의 삶에 대한 심판을 받게 된다고 합니다. 이 심판에 따라서 영혼은 복福된 자의 처소에 들어가거나, 아니면 땅 밑에서 징벌을 받게 됩니다. 이런 영혼의 방랑은 약 천 년 동안 계속되다가 두 번째 다시 태어나게 됩니다. 이제 다시 태어난 영혼은 자신이 앞으로 살아갈 생활양식을 스스로 선택해야 합니다. 이때에 영혼은 자신이 선택한 생활양식에 대한 책임을 스스로 짊어져야 한다고 합니다. 그런데 영혼이 처음으로 '화육'된 후 영원한 '이데아Idea'와 진리를 얼마만큼 많이 보았느냐에

---

154) Platon, 『법률』, 959(Johannes Hirschberger, *Geschichte der Philosophie*, 강성위 역, 『서양철학사』. 상권・고대와 중세, 대구: 以文출판사, 1996, 163에서 재인용)

155) 이러한 점에서 플라톤의 철학적 인간학은 본질적으로 심리학, 곧 영혼의 학문이라고 볼 수 있다.

156) 플라톤은 인간 영혼의 불멸 사상을 자신의 『파이돈』, 『파이드로서』, 『국가』, 『법률』 등에서 다루고 있다.

157) 참고 『서양철학사』, 175.

따라 다시 '화육'될 때에 아홉 번까지 서로 다른 생활 양태를 선택할 수 있다고 합니다. 그런 후 일만 년 후에는 다시 영혼의 고향인 '별星'로 다시 돌아간다고 합니다. 그러나 오직 철학자만은 세 번까지 자기 삶의 양태를 선택한 후, 곧 삼천 년 후에 고향으로 다시 돌아간다고 합니다. 그 다음에 또 다시 새로운 '윤회'가 시작된다고 합니다.158)

그러나 예수님은 제자들에게 "가서 너희를 위하여 거처를 예비하면, 내가 다시 와서 너희를 내게로 영접하여 나 있는 곳에 너희도 있게 하리라"(요 14:3)고 말씀하셨습니다. 뿐만 아니라 예수님은 십자가에 못 박혀 죽어가면서 구원을 요청한 강도에게 "내가 진실로 네게 이르노니, 오늘 네가 나와 함께 낙원에 있으리라"(눅 23:43)고 약속해 주셨습니다. 그리고 또한 예수님은 공생애 동안 수없이 '하나님의 나라'가 가까이 왔음을 선포하셨을 뿐만 아니라, 이 세상 마지막 날에는 살아 있는 자와 죽은 자에 대한 심판이 있을 것이라는 것을 비유를 통하여 말씀하셨습니다(마 25:31-46).159) 여기서 질문에 제기됩니다: 인간이 죽으면, 죽음 그 자체로 인간의 생명은 끝나는가, 아니면 영혼 불멸인가, 아니면 예수님께서 약속하신 '하나님의 나라'가 실제로 있는 것인가?

2. 영혼 불멸이 아니라, 죄에 대한 심판과 약속된 생명의 나라

플라톤의 사상, 곧 '인간의 영혼은 불멸한다'는 것은 명백히 증명되지 않았을 뿐만 아니라, 증명할 길도 없습니다. 그래서 그의 '영혼 불멸' 사상은 많은 반박을 받았습니다. 그럼에도 불구하고 플라톤의 인간 영혼에 대한 사상은 불후不朽의 것이 되어, 후대의 사상가들에 의해서 항상 거듭해서 논의되어 왔습니다. 뿐만 아니라 이 사상은 오늘날에 이르기까지 그 어떤 형태로든 많은 사람들에게 영향을 주고 있습니다. 다시 말해서 '인간

---

158) 『서양철학사』, 169-72f.
159) 마 25:34 : "그 때에 임금이 그 오른편에 있는 자들에게 이르되, 내 아버지께 복 받을 자들이여 나아와 창세로부터 너희를 위하여 예비 된 나라를 상속받으라."; 마 25:41 : "또 왼편에 있는 자들에게 이르시되, 저주를 받은 자들아 나를 떠나 마귀와 그 사자들을 위하여 예비 된 영원한 불에 들어가라."; 마 25:46 : "그들은 영벌에, 의인들은 영생에 들어가리라."

은 영혼과 육체가 결합된 존재이고, 인간의 본질은 영혼이며, 인간의 본래적인 고향은 이 세상이 아니라, 저 세상에 있다'는 직관直觀은 모든 인간에게 아직도 끊임없이 영향을 미치고 있습니다.160) 그러나 플라톤의 '영혼불멸' 혹은 '영혼의 윤회' 사상은 사실은 동양의 오르페우스교의 '영혼 윤회' 사상의 영향을 받은 피타고라스(BC 570-496)가 제안한 특별한 '생활양식βιος πυθαγόρειος'에 기초한 것입니다. 피타고라스적 생활양식에 의하면, '영혼은 하나의 다른 세계에서 온 것이며, 죄罪를 짓게 되어, 지금은 육체에 사로잡혀 있는데, 마침내 육체와 이 육체의 감각에서 풀려나 다시 순수한 정신이 될 수 있을 때까지는, 속죄贖罪와 편력의 생활을 하지 않으면 안 된다'는 것입니다. 이러한 점에서 '육체는 영혼의 무덤σώμα-σήμα'이라는 것입니다.161)

플라톤에 의하면, 이렇게 인간의 '영혼'은 자연에 내재되어 있는 세계의 영혼, 혹은 우주의 영혼과 마찬가지로 '데미우르고스'에 의해서 개별적으로 만들어진 것입니다.162) 즉 개별적 인간의 하나, 하나의 영혼들은 개체적인 것으로서 자기 자신의 별을 가지고 있는데, 이 별星에 인간 영혼의 고향이 있다는 것입니다. 그래서 별들의 수數 만큼 인간의 영혼이 있다고 합니다. 그리고 이 인간 '영혼'은 비-물질적인 것, 곧 정신적인 것이며, 이 세상을 넘어선 실체이기에, 인간의 영혼은 세계의 영혼과 동일하다고 합니다. 그러므로 '영혼'은 죽지 않고, 윤회하며, 신체와 결합할 때만 비로소 감각적인 지각이 생긴다고 합니다.

그러나 플라톤의 '영혼 불멸' 사상은 이 세상과 앞으로 다가올 사후의 세상이 있다는 것을 예시해 주는 데는 유익하나, 그의 '영혼 불멸' 사상에

---

160) 그러나 플라톤의 이러한 '영혼 불멸' 사상은 사실은 피타고라스학파, 혹은 오르페우스교에서 유래한 것이라는 사실을 우리는 알아야 한다. 왜냐하면 오르페우스교는 '영혼윤회설'을 주장하였기 때문이다. 그래서 피타고라스는 "모든 것은 흐른다"는 헬라클레이토스의 명제를 받아들여 인간이 영혼도 계속해서 움직이고 있는 생명으로서 윤회한다고 생각하였던 것이다. 이점에 관하여: 『서양철학사』, 59-64.
161) 사도 바울에 의하면 인간의 몸은 오히려 성령이 거할 거룩한 성전聖殿이다.(고전 6:19) 몸을 영혼의 무덤으로 생각하는 것은 나중에 영지주의자들에게 계승되었다.
162) 플라톤 『티마이오스』, 41ff.(『서양철학사』, 164에서 재인용)

는 '죽음', 곧 '심판'과 '구원'이라는 개념이 없습니다. 왜냐하면 '영혼 불멸' 사상에 의하면, 육체의 죽음은 단지 영혼의 윤회 과정 가운데 있는 하나의 단계에 불과하기 때문입니다. 그리고 '영혼 불멸' 사상에는 '악' 혹은 '죄'의 개념이 없습니다. 물론 플라톤은 「티마이오스, 69cd」에서 또 다른 영혼, 곧 죽는 영혼에 관하여 언급하고는 있으나, '힐쉬베르거'는, 플라톤에게 있어서의 영혼은 세계의 영혼이건 인간의 영혼이건, 선한 영혼이건 악한 영혼이건, 모두 동일한 하나의 영혼이라는 영혼의 '단일성單一性'을 주장합니다.163) 그 자신의 말을 빌리면, "하나의 다른 영혼, 즉 죽는 감각적인 영혼에 관해서 말하는 것은 인간 안에 정말로 한 가지 이상의 영혼이 있다는 것이 아니라, 플라톤이 「국가」에서 영혼의 세 부분이라고 한 것에 불과하다"164)는 것입니다.

그러나 예수님은 사후의 세계, 곧 '하나님의 나라'와 '영벌永罰의 세계'를 불멸의 인간 영혼이 단지 주거지를 바꾸는 것으로 증언하지 않고, 전혀 다른 세상, 곧 영생의 대적자인 '죽음'의 심판과 '구원'이 있는 전혀 다른 곳으로 증언하고 있습니다. 다시 말해서 '죽음'은 영혼의 '윤회 과정'에서 한 단계에서 다른 단계로 넘어가는 하나의 과정이 아니라, 극복되어야 할 대적자로서 죄의 결과(롬 6:23)이며, 최종적으로 극복되어져야 할 대상입니다: "사망아 너의 승리가 어디 있느냐, 사망아 네가 쏘는 것이 어디 있느냐, 사망이 쏘는 것은 죄요, 죄의 권능은 율법이라."(고전 15:55-56) 그러므로 예수님이 선포한 '하나님의 나라'는 죽음이 극복되고, 영생이 주어진 '생명의 나라'이지, 죄를 범할 소지가 아직도 남아 있는 인간 영혼들의 안식처가 결코 아닙니다. 오히려 '하나님의 나라'는 그리스도인들이 하나님의 백성이 되고, 하나님이 친히 그들과 함께 계셔서 하나님 자신이 직접 통치하는 곳이며, 사망이 극복된 나라입니다(계 21:3-4).165) 이러한 점에서 죽은 자의

---

163) 그러나 사도 바울의 증언에 의하면, 인간에게는 선한 영과 악한 영이 함께 있음이 분명합니다: "내가 한 법을 깨달았노니 곧 선을 행하기 원하는 나에게 악이 함께 있는 것이로다."(롬 7:21)
164) 『서양철학사』, 166.
165) 계 21:3-4 : "내가 들으니, 보좌에서 큰 음성이 나서 이르되, 보라 하나님의 장막이 사람들과 함께 있으매, 하나님이 그들과 함께 계시리니, 그들은 하나님의 백성이 되고 하나님은 친히 그

부활을 전제한 기독교의 하나님의 나라는 영혼 불멸 사상에 기초한 죽은 영혼의 세계와 결코 같지 않습니다. 그리고 기독교의 부활은 영혼 불멸을 전제한 것이 아니라, 죄의 결과인 죽음을 전제하고 있습니다. 따라서 '죽음'은 영혼 윤회의 한 과정이 아니라, 인간의 타락 이후로 꾸준히 극복되어야 할 사탄의 무기입니다. 바로 이러한 근거에서 역으로 기독교는 예수 그리스도를 통한 '죽음으로부터의 구원'을 선포하고 증언하는 것입니다.

끝으로 '영혼 불멸' 혹은 '영혼의 윤회' 사상에서의 '사후死後 세계'는 또 다른 '화육化肉'을 위한 하나의 전-단계적 과정이지만, 기독교의 '하나님의 나라'는 하나님의 구원 역사의 마지막에 있을 하나님과 그의 백성들의 '신앙 공동체'입니다. 다시 말하면 '하나님의 나라'는 자연 질서의 완성이 아니라, 오히려 모든 자연 질서의 종말을 고告하는 이 자연 세계와 전혀 다른 하나님에 의해서 예비 된 나라입니다. 그래서 '하나님의 나라'는 이 자연의 우주적 세계와 전혀 새로운 세상입니다: "다시 밤이 없겠고, 등불과 햇빛이 쓸 데 없으니, 이는 주主 하나님이 그들에게 비치심이라. 그들이 세세토록 왕 노릇하리로다."(계 22:5)

3. 죽은 자의 부활과 하나님의 나라

안식 후 첫날 새벽 예수님의 무덤을 찾았던 여인들이 찬란한 옷을 입은 두 천사로부터 "어찌하여 살아 있는 자를 죽은 자 가운데서 찾느냐, 여기 계시지 않고 살아나셨느니라"(눅 24:5-6)는 말을 들었다는 것은 '하나님의 나라'가 부활한 사람들의 공동체라는 것을 암시해 줍니다.166) 그리고 '예수가 부활하셨다'는 소식을 거부하던 사울이 다메섹 동산에서, "사울아 사울아 네가 어찌하여 나를 박해하느냐"(행 9:4)는 부활한 예수 그리스도의 음성

들과 함께 계셔서 모든 눈물을 그 눈에서 닦아 주시니 다시는 사망이 없고 애통하는 것이나 곡하는 것이나 아픈 것이 다시 있지 아니하리니 처음 것들이 다 지나갔음이러라."

166) 이 점에 관하여: Oscar Collumann, "The Immortality of the Soul or the Resurrection of the dead?", 1958; Karl Heim, *Die Auferstehung der Toten*, Berlin 1936; G. Greshake, *Stärker als der Tod*, Mainz 1977, 심상태 역, 『종말 신앙: 죽음보다 강한 희망』, 서울: 성바오로 출판사, 1980

을 직접 듣고 난 후, "내가 받은 것을 먼저 너희에게 전하였노니, 이는 성경대로 그리스도께서 우리 죄를 위하여 죽으시고, 장사 지낸 바 되셨다가 성경대로 사흘 만에 다시 살아 나사 게바에게 보이시고, 후에 열두 제자에게와 그 후에 오백여 형제에게 일시에 보이셨나니 … 맨 나중에 만삭되지 못하여 난 자 같은 내게도 보이셨느니라."(고전 15:3-8)고 증언하였다는 것은 '하나님의 나라'가 단지 피안에 있어 보이지 않는 '영혼의 세계'가 아니라, 역사를 포함하면서도 역사를 초월하는, 그렇지만 경험될 수 있는 나라임을 암시해 줍니다. 한 마디로 말해서 예수가 선포한 하나님의 나라는 역사적인 것과 초월적인 시-공간적 융합이 이루어지는 곳입니다. 바꾸어 말하면 예수님이 산에 오르사 제자들이 보는 가운데 모세와 엘리야를 만난 시-공간과 같은 바로 그러한 시-공간입니다: "그들(베드로, 야고보, 요한) 앞에서 변형되사 그 얼굴이 해 같이 빛나며 옷이 빛과 같이 희어졌더라. 그 때에 모세와 엘리야가 예수와 더불어 말하는 것이 그들에게 보이거늘"(마 17:2-3).

그러므로 예수님이 선포하신 '하나님의 나라'는 단지 피안의 세계에만 있는 것이 아니라, 이 세상에서 이미 시작된, 그러나 이 세상 나라를 초월해 있는 나라입니다. 그래서 예수님은 "때가 찼고 하나님의 나라가 가까이 왔다"(마 1:15) 혹은 "내가 하나님의 성령을 힘입어 귀신을 쫓아내는 것이면, 하나님의 나라가 이미 너희에게 임하였느니라"(마 12:28), 혹은 "여기 서 있는 사람 중에 죽기 전에 하나님의 나라를 볼 자들도 있느니라"(눅 9:27)고 말씀하신 것입니다. 이렇게 하나님의 나라를 제자들과 사람들이 이미 이 세상에서 경험하였다는 것은, 예수님이 선포하신 하나님의 나라는 단지 역사의 피안 속에 있는 보이지 않는 영혼의 처소가 아니라는 것입니다. 오히려 성경이 증언한 '하나님의 나라'는 차안의 시-공간 속으로 뚫고 들어오는 하나님의 구원 역사의 시-공간이라고 할 수 있습니다.

끝으로 '하나님의 나라'는 분명히 이 세상에서 악하게 살아온 사람과 주 예수 그리스도를 거부한 사람들은 들어가지 못하고, 자신의 죄를 회개하고 주 예수 그리스도를 주님으로 고백한 사람들만이 들어갈 수 있는 구원

받은 사람들의 공동체입니다. 바꾸어 말하면 하나님의 나라는 영원한 징벌의 나라인 지옥과 철저히 대치되는 나라입니다:

> "아브라함이 이르되, 얘 너(부자)는 살았을 때에 좋은 것을 받았고, 나사로는 고난을 받았으니 이것을 기억하라. 이제 그는 여기서 위로를 받고 너는 괴로움을 받느니라. 그뿐 아니라 너희와 우리 사이에 큰 구렁텅이가 놓여 있어 여기서 너희에게 건너가고자 하되 갈 수 없고, 거기서 우리에게 건너올 수도 없게 하였느니라."(눅 16:25-26)

이와 같이 기독교의 '하나님의 나라'는 악한 세력과 철저히 대립되는 구원과 의義의 나라이지, '영혼 불멸' 사상에서처럼 중립적이고 심판도 없는 '윤회 과정'의 한 단계가 아닙니다. 따라서 이러한 하나님의 나라는 '영혼 불멸' 사상에서 주장하는 '영혼의 윤회'에 따라서, 어떠한 영혼이나 다 들어가는 나라가 아닙니다. 그렇다면 누가 하나님의 나라에 들어갈 수 있는가?

4. 주여! 주여! 하는 자마다 하나님의 나라에 들어가는 것이 아니다

예수님은 거짓 선지자들을 삼갈 것을 말씀하시면서 다음과 같이 덧붙이십니다:

> "나더러 주여, 주여 하는 자마다 다 천국에 들어갈 것이 아니요, 다만 하늘에 계신 내 아버지의 뜻대로 행하는 자라야 들어가리라. 그 날에 많은 사람이 나더러 이르되, 주여, 주여 우리가 주의 이름으로 선지자 노릇하며, 주의 이름으로 귀신을 쫓아내며 주의 이름으로 많은 권능을 행하지 아니하였나이까 하리니, 그 때에 내가 그들에게 밝히 말하되, 내가 너희를 도무지 알지 못하니 불법을 행하는 자들아 내게서 떠나가라 하리라."(마 7:21-23)

이러한 예수님의 말씀은 아무나 하나님의 나라에 들어갈 수 없다는 것을 암시해 줍니다. 비록 선지자들도 '하늘에 계신 하나님 아버지의 뜻대로 행하지 않는 자'는 하나님의 나라에 들어갈 수 없음을 경고警告하는 것입니다. 이에 반反하여 그리스 철학 및 이방 종교의 '영혼 불멸' 혹은 '영혼의 윤회'에 의하면, 어느 영혼도 피안의 세계로 가는데 아무런 전제 조건이 없으며, 동시에 다시 '화육'하는데 아무런 조건이 없습니다.

그러나 기독교의 '하나님의 나라'는 물과 성령으로 거듭나야 하나님의 나라, 곧 영생을 얻을 수 있습니다: "예수께서 대답하여 이르시되, 진실로 진실로 네게 이르노니 사람이 거듭나지 아니하면 하나님의 나라를 볼 수 없느니라."(요 3:3) 그러므로 하나님의 나라를 준비하는 삶은 "지극히 작은 자 하나에게"(마 25:40) 주릴 때에 "먹을 것을 주며, 목마를 때에 마시게 하고 나그네 되었을 때에 영접하고, 헐벗었을 때에 옷을 입히고, 병들었을 때에 돌보고, 옥에 갇혔을 때에 가서 보는 것"(마 25:35-36)입니다. 반면에 '영혼 불멸' 사상에 의하면, '사후의 세계'로 가는데 아무런 전제 조건도 없습니다. 즉 어떠한 인간 영혼이든지 죽으면 아무런 조건 없이 자동적으로 그 다음의 세계로 넘어가는 것입니다.

이상 앞에서 살펴본 바와 같이 플라톤의 '영혼 불멸' 사상과 '영혼의 윤회설'에 의하면, 사후死後의 세계가 있다는 것은 기독교를 비롯한 모든 종교의 공통된 사상입니다. 특히 기독교의 '하나님 나라'는, 예수님께서 처음부터 선포하신 실재하는 하나님 통치의 나라입니다. 그래서 기독교인은 예수 그리스도가 선포하고, 그의 부활로 계시된 '하나님의 나라'의 실재實在를 믿고 신앙합니다. 그럼에도 불구하고 사도 바울이 전도 여행을 할 때, 혹자는 그리스의 '영혼 불멸'을 연고로 그의 예수의 부활에 관한 증언을 믿으려 하지 않았습니다. 그러나 최초의 순교자 집사 스데반은 "하늘이 열리고 인자(人子= 그리스도)가 하나님의 우편에 서신 것을 보면서"(행 7:56) 예수의 부활을 증언했을 뿐만 아니라, 하나님 나라의 '실재'를 죽음을 두려워하지 않고 증언하였습니다. 이러한 하나님의 나라에 모든 인간은 초대를 받았습니다. 그러므로 죽음 앞에서의 공포를 '영혼 불멸' 사상으로 극복하려고 하지 말고, 오히려 우리 주님께서 약속해 주신 '하나님 나라'의 실재를 믿고, 순종하는 마음으로 그 나라를 준비하는 삶을 살아가는 것이 참 그리스도인이 인생을 살아가는 참된 자세입니다.

참회의 기도

주님!
당신은 의인義人들을
악인의 손에 버려두지 아니하시며,
재판 때에도 정죄하지 아니하시나이다.
그러기에 의인의 구원은
주님으로부터 오는 줄을
우리가 아나이다.

주여!
우리가 의를 행하다 낙심하여
부르짖을 때에
우리의 기도를 들으시고,
악인의 흉계와 모함으로부터 구원하소서
여호와여!
은총을 베푸사
당신을 의뢰하는 자를 속히 도우소서
우리는 당신만을 바라겠나이다.

- 아멘 -

제4장
참 인간이 되신 하나님

제3장에서 우리는 하나님과 같이 되고자 했던*homo erit sicut deus* 최초의 인간 아담Adam의 죄악으로 인하여 에덴동산에서 추방되어 이 세상에서 하나님의 도움 없이 나름대로 홀로 살아보려고 애쓰고 있는 인간의 모습에 대하여 알아보았습니다. 그 결과 인간은 하나님을 떠나서는 이 세상에서 스스로 아무것도 할 수 없다는 것과(요 15:5)[167], 인간이 스스로 거룩해지고자 노력하지만, 오히려 끊임없는 범죄로 인하여 스스로 파멸의 길을 걷고 있다는 것을 알았습니다. 한 걸음 더 나아가 인간의 죄악은, 혈육血肉의 형제와 부모 자식子息간의 불화와 싸움으로 심화되어 하나님의 말씀대로 살아가지 않는 한, 사실상 혈육의 형제자매도 참 형제자매 관계가 아닐 수 있으며, 오히려 원수 관계로 변할 수도 있다는 사실도 알았습니다. 그리고 또한 인간의 현실적인 삶에서 모든 인간들은 부모로부터 물려받을 재물財物과 장자의 명분名分과 아집과 독선獨善으로 인하여, 집안 가족이 원수가 되는 경우를 자주 경험하고 있음을 우리는 부인否認할 수 없습니다(마 10:34 -35).[168]

---

167) 요 15:5 : "나는 포도나무요 너희는 가지라 그가 내 안에, 내가 그 안에 거하면 사람이 열매를 많이 맺나니 **나를 떠나서는 너희가 아무것도 할 수 없음이라.**"
168) 마 10:34-35: "내가 세상에 화평을 주러 온 줄로 생각하지 말라. 화평이 아니요 검을 주러 왔

이렇게 죄악 속에서 매일 매일 살아가고 있는 인간들에게 '과연 당신에게는 새 하늘과 새 땅이 보장되어 있습니까?' 하고 질문한다면, 아무도 자신 있게 '나의 미래는 보장되어 있소이다'라고 답변할 수 있는 사람은 하나도 없음을 우리는 알았습니다. 다시 말씀드려서, 세속에 현존하는 인간으로부터는 아무것도 기대할 수 없는 것이 인간의 삶의 현실입니다. 인간은 자기가 원하는 바를 스스로 아무것도 행할 수 없는 존재, 이것이 바로 실존적實存的 인간, 곧 에덴동산에서의 죄악으로 인하여 이 세상으로 내던짐을 받은 타락한 인간 존재의 현실입니다. 그렇다고 해서 이 세상의 삶이 끝나 죽으면, 이 세상의 모든 고통이 그치고 인간의 모든 삶이 끝나는 것도 결코 아닙니다. 다시 말해서 이 세상에서의 우리들의 삶이 끝나면 반드시, 우리들의 삶에 대한 평가, 곧 심판이 있다는 것입니다. 결국 죽을 수밖에 없는 인간의 이 세상에서의 삶, 그렇다고 해서 죽음으로 더 이상의 삶과 죽음이 없는, 그야말로 모든 것이 끝나는 것도 아닌 것, 이것이 바로 인간의 삶이라는 점을 우리는 깊이 인식해야 합니다. 그래서 사도 바울이, "오호라 나는 곤고한 사람이로다. 이 사망의 몸에서 누가 나를 건져내랴"(롬 7:24)고 탄식하였듯이, 우리는 그 누군가의 도움 없이는 이 '사망의 몸'에서 결코 벗어날 수 없는 비참한 존재입니다. 그렇다면 인간에게는 과연 아무런 희망이 없는 것인가?

결코 그렇지 않습니다. 따라서 아래의 제4장에서는 죄와 사망의 몸에 갇혀 있는 인간에게 참 생명에 이르는 길을 열어 놓으신 참 인간 예수 그리스도에 관하여 알아봄으로써, 인간이 '사망의 몸'에서 벗어날 수 있는 길을 발견하고자 합니다. 이를 위해서 제I절에서는 사망의 몸에 매어 있는 인간을 구원하기 위하여 이 땅에 육신을 입고 오신 하나님 아들 예수 그리스도에 관하여, 제II절에서는 하나님이 인간을 사랑하시는 이유와 '참된 사랑이 무엇인지'에 대하여 제III절에서는 이 땅에 육신을 입고 오신 하나님의 아들 예수 그리스도를 통하여 계시해 주신 하나님 자신은 어떠한 분

노라. 내가 온 것은 사람이 그 아버지와, 딸이 어머니와, 며느리가 시어머니와 불화하게 하려 함이니"

인가에 관하여, 그리고 제IV절에서는 모든 생명체에게 필수적인 것이 무엇인지에 관하여, 그리고 마지막으로 제V절에서는 예수 그리스도를 통하여 구원받은 인간의 참 모습이 어떠한 것인지에 관하여 숙고해 보고자 합니다.

I. 왜 하나님은 인간이 되셨는가?

Cur Deus Homo

***** 토의 주제 *****

1. 왜 하나님은 종의 형체를 입으시고 인간이 되셨는가?
2. 예수의 십자가의 죽음이 왜 죄인을 구원하는 것이 되는가?
3. 하나님께서 인간을 심판하시는 척도가 무엇이라고 생각하는가?

1. 나사렛 예수의 몸으로 참 인간이 되신 하나님의 아들

기독교 인간학의 가장 근본적인 것은 하나님의 아들이 인간人間이 되신 것입니다. 즉 하나님의 영원한 아들이 성령으로 요셉의 아내 마리아에게 잉태되어 인간의 몸을 입고, 이 세상에 살고 있는 우리와 똑같은 삶의 조건 속으로 들어오셨다는 것입니다. 더 자세히 말하면, 하나님의 아들이 나사렛 예수의 모습으로, 다시 말해서 최초 인간 아담의 후손으로, 그리고 이스라엘 조상 아브라함의 후손인 다윗의 혈통에서 세상에 태어나서(마 1:1-25),169) 우리들과 똑같은 연약한 육체를 입고, 십자가에서 모진 고난을 당하시고 십자가에 못 박혀 죽었다는 것입니다.170) 그래서 빌립보서는 나사렛 예수의 존재론적 본질을 다음과 같이 기술하고 있습니다: "그(예수

---

169) 예수의 족보가 이스라엘 조상 아브라함과 다윗의 혈통에 있는 것으로 증언되고 있다는 것은 예수가 우리와 똑같이 역사 속에 있었던 인간임을 증언해 주는 것이다.
170) José Comblin, *Anthropologia Cristã*, 김수복 옮김, 『그리스도교 人間學』, 분도출판사 1985, 94f.

그리스도)는 근본 하나님의 본체시나 하나님과 동등 됨을 취할 것으로 여기지 아니하시고, 오히려 자기를 비워 종의 형체를 가지사 사람들과 같이 되셨다."(빌 2:6-7) 그리고 요한복음은 태초에 계신 창조의 말씀이 육체를 입고 이 세상에 오셨다고 증언하고 있습니다: "말씀이 육신이 되어 우리 가운데 거하시매 우리가 그의 영광을 보니 아버지의 독생자의 영광이요 은혜와 진리가 충만하더라."(요 1:14) 한 걸음 더 나아가 예수 그리스도 자신도, '나는 하나님 아버지로부터 왔다'고 증언하고 있습니다(요 8:42; 16:28)[171] 심지어 예수 그리스도는, "내가 아버지 안에 거하고, 아버지께서 내 안에 계심을 믿으라"(요 14:11)고 선포하십니다. 이러한 증언들을 고려해 볼 때, 영원하신 하나님께서 나사렛 예수 안에서 참 인간이 되셨다는 것을 명백히 알 수 있습니다. 그러나 여기서 즉각적으로 질문이 제기됩니다: 왜 창조주 하나님께서 높고 높은 하늘의 보좌를 버리시고, 종의 형체를 입으시고, 인간이 되셨는가?

2. 죄인을 대신하여 죽은 참 인간 예수 그리스도

하나님의 아들이 나사렛 예수의 모습으로 이 세상에 오신 목적은, 우선 무엇보다도 먼저, 참 인간이 어떠한 존재인지를 계시해 주시기 위해서입니다. 다시 말해서 하나님이 원하는 참 인간(vere homo)의 모습이 어떠한 모습인지를 가르쳐 주시기 위해서 오신 것입니다. 왜냐하면 로마의 백부장은, 십자가에 달리신 예수님께서 큰 소리로 "아버지 내 영혼을 아버지 손에 부탁하나이다"(눅 23:46)라고 크게 외치며 숨을 거두시는 모습을 보고, "이 사람은 정녕 의인이었도다"(눅 23:47)라고 증언하고 있기 때문입니다. 그런데 이렇게 십자가에 못 박히신 예수님께서 하나님 아버지에게 철저히 순종하는 모습은, 겟세마네 동산에서의 기도 속에서도 다시 한 번 발견하게 됩니다. 즉 예수님은 잡히시기 전날 밤 제자들과 감람산에 올라가 기도하실 때에,

---

171) 요 8:42 : "예수께서 이르시되 하나님이 너희 아버지였으면 너희가 나를 사랑하였으리니, 이는 내가 하나님께로부터 나와서 왔음이라. **나는 스스로 온 것이 아니요 아버지께서 나를 보내신 것이니라**"; 요 16:28 : "**내가 아버지에게서 나와 세상에 왔고** 다시 세상을 떠나 아버지께로 가노라 하시니"

"아버지여 만일 아버지의 뜻이거든 이 잔을 내게서 옮기시옵소서. 그러나 내 원대로 마시옵고 아버지의 원대로 되기를 원하나이다"(눅 22:42)라고 하나님 아버지의 뜻에 철저히 순종하시고자 합니다.

그런데 예수님이 이렇게 하나님의 뜻에 죽기까지 순종하는 모습은 최초 인간 아담Adam이 하나님의 말씀에 불순종하는 모습과는 정반대의 모습입니다. 그래서 사도 바울은 최초 아담과 예수 그리스도의 인간성의 차이를 다음과 같이 기술하고 있습니다: "한 사람(최초 인간 아담)이 순종하지 아니함으로 많은 사람이 죄인 된 것 같이, 한 사람이(예수 그리스도) 순종하심으로 많은 사람이 의인이 되리라"(롬 5:19 참고. 고전 15:21-22)172) 이제 이러한 사실을 고려해 볼 때, 하나님의 영원한 아들이 인간이 되신 목적은, 참된 하나님의 아들, 곧 인간의 참 모습을 우리에게 계시해 주시기 위한 것임을 분명히 알 수 있습니다. 그래서 빌라도는 예수 그리스도를 가리켜 "Ecce homo: 보라 이 사람이로다"(요 19:5)라고 증언하였던 것입니다.

그렇습니다. 하나님의 뜻과 말씀에 철저히 순종하는 인간 나사렛 예수, 그가 바로 하나님께서 태초에 인간을 창조하실 때, '하나님의 형상Imago dei' 대로 그리고 그 모양을 본떠 창조하신 참 인간입니다(참고 골 1:15; 마 26:53-54).173) 다시 말해서 창조주 하나님 아버지에게 죽기까지 철저히 순종하는 예수 그리스도, 그분이 바로 창조주 하나님께서 영원 전부터 최초 인간 아담Adam에게 바라셨던 '참 인간vere homo'의 모습입니다. 그러기에 바로 이 참된 인간 예수 그리스도가 우리에게 참 인간이 되는 길을 열어 놓으신 것입니다. 왜냐하면 '그리스도의 영靈'을 받으면 우리도 참 인간이 될 수 있기 때문입니다. 그래서 사도 바울을 고린도후서 5장 17절에서, "그런즉 누구든지 그리스도 안에 있으면 새로운 피조물이라. 이전 것은 지나갔으

---

172) 고전 15:21-22 : "사망이 한 사람으로 말미암았으니 죽은 자의 부활도 한 사람으로 말미암는 도다. 아담 안에서 모든 사람이 죽은 것 같이 그리스도 안에서 모든 사람이 삶을 얻으리라"

173) 골 1:15 : "그는 보이지 아니하는 하나님의 형상이시오 모든 피조물보다 먼저 나신 이시니."; 마 26:53-54 : "너는 내가 내 아버지께 구하여 지금 열두 군단 더 되는 천사를 보내시게 할 수 없는 줄로 아느냐. **내가 만일 그렇게 하면 이런 일이 있으리라 한 성경이 어떻게 이루어지 겠느냐** 하시더라」

니 보라 새 것이 되었도다."라고 증언하고 있는 것입니다.

그러나 최초 인간 아담은 사탄의 유혹에 넘어가 하나님의 말씀에 불순종하는 인간이 되어 에덴동산에서 이 죽음의 세상으로 추방되었습니다. 그 후 아담의 후손은 순종하는 참 인간의 모습을 상실하고 '불순종의 영靈'인 사탄의 노예가 되어, 지금도 끊임없이 하나님의 말씀과 뜻에 불순종하며 살아가고 있습니다(참고, 엡 2:2; 5:6).174) 그러나 예수님 자신도 역시 최초 인간 아담처럼 불순종의 영인 마귀에게 시험을 당하였으나, 하나님의 말씀에 철저히 순종하고 하나님만을 섬김으로써 시험을 이기셨습니다: "예수께서 대답하여 이르시되 기록되었으되, 사람이 떡으로만 살 것이 아니요 하나님의 입으로부터 나오는 모든 말씀으로 살 것이라 하였느니라 하시니"(마 4:4 인용 신 8:3); "이에 예수께서 말씀하시되, 사탄아 물러가라 기록되었으되, 주 너의 하나님께 경배하고 다만 그를 섬기라 하였느니라."(마 4:10 인용 신 6:16) 이러한 근거에서 우리는 오직 예수 그리스도를 통해서만 영원 전부터 창조주 하나님이 계획하시고, 당신의 형상으로 창조하신 참 인간의 모습을 발견하고 되찾을 수 있는 것입니다.

그러나 하나님께서 예수 그리스도 안에서 인간이 되신 목적은 단지 '참 인간vere homo'의 모습을 계시해 주기 위한 것만은 결코 아닙니다. 하나님께서 나사렛 예수 안에서 참 인간이 되신 것은 무엇보다도 죄지은 인간을 구원하시기 위한 것입니다.175) 다시 말해서 에덴동산에서 추방당한 인간을 다시 '에덴동산'으로, 바꾸어 말하면 '하나님의 나라'로 영접하기 위해서입니다. 왜냐하면 예수 그리스도께서 이 땅에 오신 목적을 예수 그리스도 자신이 다음과 같이 증언하고 있기 때문입니다: "인자(예수 그리스도)가 온 것은 섬김을 받으려 함이 아니라 도리어 섬기려 하고 자기 목숨을 많

---

174) 엡 2:2 : "그 때에 너희는 그 가운데서 행하여 이 세상 풍조를 따르고 공중의 권세 잡은 자를 따랐으니, 곧 지금 **불순종의 아들들 가운데서 역사하는 영이라**"; 엡 5:6 : "누구든지 헛된 말로 너희를 속이지 못하게 하라 이로 말미암아 **하나님의 진노가 불순종의 아들들에게** 임하나니"

175) 캔터베리의 대 주교 안셀름Anselm은 하나님이 명예를 손상시킨 최초 인간 아담을 대신하여 예수 그리스도가 자기 생명을 희생하여 손상된 하나님의 영광을 배상하기 위해서 직접 하나님의 아들이 이 세상에 왔다고 기술하고 있다.

은 사람의 대속물로 주려 함이니라."(마 20:28 평행 막 10:45) 바꾸어 말해서 "인자(예수 그리스도)가 온 것은 잃어버린 자를 찾아 구원하려 함이니라"(눅 19:10) 이러한 증언으로 암시된 것은, 하나님의 뜻에 순종하여 십자가에 못 박혀 죽은 예수의 죽음은, 바로 잃어버린 하나님의 자녀들을, 바꾸어 말하면 에덴에서 추방당한 죄 많은 인간들을 되찾기 위한 죽음이라는 것입니다. 그래서 예수님은 "나는 이스라엘 집의 잃어버린 양 외에는 다른 데로 보내심을 받지 아니하였노라"(마 15:24)고 말씀하셨을 뿐만 아니라, 제자들에게도 "오히려 이스라엘 집의 잃어버린 양에게로 가라"(마 10:6)고 당부하셨던 것입니다. 바로 이렇게 잃어버린 자, 곧 에덴에서 추방당한 인간을 위해서 예수 그리스도께서 자기 생명을 희생 제물로 드림으로써, 죄의 노예가 되어 있는 인간을 대신하여 죄의 값을 지불해 주신 것입니다. 그래서 이미 이사야 선지자는 예수 그리스도의 죽음의 의미를 다음과 같이 증언하고 있습니다:

> "그(고난의 종)는 실로 우리의 질고를 지고 우리의 슬픔을 당하였거늘 우리는 생각하기를 그는 징벌을 받아 하나님께 맞으며 고난을 당한다 하였노라. 그가 찔림은 우리의 허물 때문이요 그가 상함은 우리의 죄악 때문이라 그가 징계를 받으므로 우리는 평화를 누리고 그가 채찍에 맞으므로 우리는 나음을 받았도다. 우리는 다 양 같아서 그릇 행하여 각기 제 길로 갔거늘 여호와께서는 우리 모두의 죄악을 그에게 담당시키셨도다."(사 53:4-6)

그래서 이와 상응하게 세례 요한도 예수님을 향하여 말하기를 "보라 세상 죄를 지고 가는 하나님의 어린양이로다"(요 1:29)라고 증언하였던 것입니다. 이렇게 인간이 지은 죄의 값을 자기의 생명으로 대신 지불해 주신 예수 그리스도의 희생의 죽음 때문에 인간은 죄에서 자유를 얻게 된 것입니다. 그러므로 모든 인간은 예수 그리스도의 인간에 대한 사랑에 감사해야 하는 것입니다. 그렇다면 왜 하나님은 당신의 영원한 아들을 이 땅에 보내시어 인간의 죄 값을 대신 지불하셨나?

3. 아직도 하나님 사랑의 대상인 인간

기독교의 하나님은 '이신론Deism'적 신神이 아닙니다. 다시 말해서 기독교의 하나님은 하늘과 땅과 인간을 창조해 놓으시고, 천지天地가 아무렇게 운행되든 상관하지 않는, 그래서 이 세상에 대하여 무관심한 하나님이 결코 아니십니다. 천지를 창조하신 하나님은 비록 최초 인간 아담이 하나님의 말씀에 불순종하여 '선악과善惡果'를 따먹었다 할지라도, 그의 죄악을 덮어 주고 감싸 주시는 사랑의 하나님이십니다: "여호와 하나님이 아담과 그의 아내를 위하여 가죽옷을 지어 입히시니라"(창 3:21) 뿐만 아니라 자기 동생 아벨을 죽인 살인자 가인의 생명을 보호해 주시기 위하여, "가인을 죽이는 자는 벌을 칠 배나 받으리라 하시고, 가인에게 표를 주사 그를 만나는 모든 사람에게서 죽음을 면하게 하십니다."(창 4:15) 예수 그리스도의 비유 말씀을 빌어 말하면, 아비 집을 떠나 허랑 방탕한 작은 아들이지만, 그럼에도 불구하고 그 아들을 기다리는 아버지처럼(눅 15:20)176) 그렇게 긍휼矜恤과 자비가 풍성하신 분이 바로 하나님이십니다. 그래서 비록 최초 인간 아담이 하나님의 말씀에 불순종하여 선악과를 따먹고 에덴동산에서 추방당하였다 하더라도, 사랑의 하나님은 당신의 독생자를 보내시어 인간을 죄로부터 구원하여 다시 하나님 나라의 백성으로 삼고자 하신 것입니다. 그래서 예수님은 자신의 이 땅에 오심을 다음과 같이 증언하고 있습니다: "너희는 가서 내가 긍휼을 원하고 제사를 원치 아니하노라 하신 뜻이 무엇인지 배우라. 나는 의인을 부르러 온 것이 아니요 죄인을 부르러 왔노라"(마 9:13) 그래서 요한복음은 예수 그리스도가 이 세상에 오신 근본적인 목적을, 죄인인 인간에 대한 하나님의 사랑과 인간의 구원으로 증언하고 있습니다: "하나님이 세상을 이처럼 사랑하사 독생자를 주셨으니, 이는 그를 믿는 자마다 멸망하지 않고 영생을 얻게 하려 하심이라"(요 3:16)

이상 앞에서 살펴보았듯이, 비록 인간이 하나님께 불순종하는 범죄를 행하였다 할지라도, 인간은 하나님의 사랑에서 결코 배제되지 않습니다.

---

176) 눅 15:20 : "이에 일어나서 아버지께로 돌아가니라. 아직도 거리가 먼데 아버지가 그를 보고 측은히 여겨 달려가 목을 안고 입을 맞추니"

그래서 칼뱅J. Calvin은 하나님의 사랑이 우리를 구원하시는 가장 으뜸 되는 원인summun causa이라고 말하였습니다.177) 다시 말해서 하나님께서 예수 그리스도를 통하여 인간의 죄를 용서해 주시는 사랑은 삼위일체 하나님의 사랑, 곧 성부 하나님과 성자 예수 그리스도의 사랑이요, 그 사랑에 기초한 인간에 대한 하나님의 사랑이라는 것입니다.178) 그래서 칼뱅은 사도 바울의 증언, 곧 "우리가 아직 죄인 되었을 때에 그리스도께서 우리를 위하여 죽으심으로 하나님께서 우리에 대한 자기의 사랑을 확증하셨느니라" (롬 5:8)를 다음과 같이 해설 합니다:

> "곧 그리스도의 죽음이 우리 인간에 대한 하나님의 사랑의 보증이라면, 이 때에야 비로소 우리들이 하나님께 받아들여질 수 있다는 것이 된다. 그런데 하나님께서는 죄를 미워하시기 때문에, 우리들이 죄인으로 남아 있는 한, 우리는 하나님의 혐오 대상이 된다. 그러나 하나님은 자신의 은밀한 의도 가운데 우리를 그리스도의 몸 안에서 선택하셨으므로 우리를 더 이상 미워하시지 않으신다."179)

이와 같이 성경은 예수 그리스도의 대속代贖의 죽음이 죄지은 인간에 대한 창조주 하나님의 사랑에 기인한 것으로 증언하고 있습니다. 그렇습니다. 하나님의 사랑이 인간의 죄악보다 더 크고 놀라운 것입니다. 만일 인간에 대한 하나님의 사랑이 인간들의 죄악보다 적다면, 인간은 벌써 하나님의 심판으로 멸망 받았을 것입니다. 이렇게 죄인을 사랑하시는 하나님의 사랑이 바로 하나님의 의義라고 사도 바울은 증언하고 있습니다: "이 예수를 하나님이 그의 피로써 믿음으로 말미암는 화목 제물로 세우셨으니, 이는 하나님께서 길이 참으시는 중에 전에 지은 죄를 간과하심으로 자기의 의義로우심을 나타내려 하심이라"(롬 3:25)

---

177) 『기독교 강요』 2. 17, 2(CR 30, 387)
178) J. Calvin, Comm 롬 8:32: "아버지께서 자기 아들을 우리의 구원을 위해 주시기를 마다하지 않으신 것은, 분명 측량할 수 없는 사랑에 대한 뚜렷하고 알찬 증거가 아닐 수 없다"
179) J. Calvin, Comm 롬 5:8(CR 77, 94)

그렇습니다. 창조주 하나님뿐만 아니라, 기독교인의 의義는 도덕적 의義가 아니라, '사랑과 용서의 의義'입니다. 참 인간이신 예수 그리스도는 자기의 생명을 빼앗은 자들을 위하여 용서하시는 '의'를 행하였습니다: "이에 예수께서 이르시되 아버지 저들을 사하여 주옵소서. 자기들이 하는 것을 알지 못함이니이다."(눅 23:34) 이러한 근거에서 참 인간vere homo은 다른 사람의 죄를 용서하는 사람이고, 참 인간의 '의義'는 다른 사람의 죄 때문에 희생을 당하는 '희생의 의義'입니다. 그리고 죄지은 인간의 '의'는 값없이 독생자 예수 그리스도를 통하여 주시는 하나님의 조건 없는 사랑을 믿고 의지하는 '믿음의 의義'입니다(롬 3:28).180) 이러한 예수 그리스도의 '대속의 의義'로 오늘도 하나님은 언제나 변함없이 죄인인 우리를 사랑하고 계십니다. 이러한 하나님의 사랑이 전제될 때만이 우리에게 참된 소망이 있는 것입니다. 우리들의 죄罪보다 더 넓고 크신 하나님의 사랑이 없다면, 우리는 아무런 희망도 없이 벌써 죽었을 것입니다. 이러한 의미에서 우리는 예수 그리스도를 통하여 베풀어주시는 하나님의 사랑을 감사하고 찬양해야 합니다: "여호와를 찬송하라. 여호와는 선하시며 그의 이름이 아름다우니 그의 이름을 찬양하라."(시 135:3) 그런데 이 땅에 '참 사람'의 모습으로 오신 예수님은 다시 오실 분이십니다.

4. 다시 오실 사람의 아들人子

요한계시록은 이 땅에 오실 예수 그리스도를 빌어 우선 다음과 같이 문안 인사를 합니다:

"요한은 아시아에 있는 일곱 교회에 편지하노니, 이제도 계시고 전에도 계셨고 장차 오실 이와 그의 보좌 앞에 있는 일곱 영과 또 충성된 증인으로 죽은 자들 가운데서 먼저 나시고, 땅의 임금들의 머리가 되신 예수 그리스도로 말미암아 은혜와 평강이 너희에게 있기를 원하노라."(계 1:4-5a)

---

180) 롬 3:28 : "그러므로 사람이 의롭다 하심을 얻는 것은 율법의 행위에 있지 않고 믿음으로 되는 줄 우리가 인정하노라"; 요 16:27 : "이는 너희가 나를 사랑하고 또 내가 하나님께로부터 온 줄 **믿었으므로 아버지께서 친히 너희를 사랑하심이라**"

이러한 증언에 의하면, '죽은 자들 가운데서 부활하여 승천하신 참 인간 예수 그리스도는 장차 다시 이 세상에 오실 분'이십니다. 여기서 질문이 제기됩니다: 그렇다면 왜 '장차 오실 분'이라고 증언하고 있는가?

예수님을 오실 분으로 표현한 것은 우선 예수님 자신의 증언에 따른 것입니다. 왜냐하면 그는 "가서 너희를 위하여 거처를 예비하면 내(예수 그리스도)가 다시 와서 너희를 내게로 영접하여 나 있는 곳에 너희도 있게 하리라"(요 14:3)고 증언하였기 때문입니다. 다시 말해서 예수님은 인간을 위해서, 더 자세히 말하면 하나님의 자녀들을 영접하기 위해서 우리보다 먼저 '하나님의 나라'에 가셨기 때문입니다. 그래서 원시 기독교 공동체에서는 "잠시 잠깐 후면 오실 이가 오시리니 지체하지 아니하시리라"(히 10:37)는 신앙이 생겼습니다. 왜냐하면 예수님 자신이 "너희(예수의 제자들)도 준비하고 있으라, 생각하지 않은 때에 인자가 오리라"(마 24:44)고 약속해 주셨기 때문입니다. 이렇게 참 인간이신 예수 그리스도가 장차 다시 오실 분으로 표현된 것은, 현재 이 지상에 살고 있는 인간은 아직 참된 인간이 아니라는 것입니다. 즉 참된 인간vere homo은 장차 미래에 되어져야 할 인간상人間像이라는 것입니다. 역逆으로 말하면 현재 이 지상에는 참된 인간이 없다는 것입니다. 즉 앞으로 이 지상의 인간들이 표상Vorbild으로 삼아야 할 인간상은 인자人子와 같은 참된 인간이라는 것입니다.

바꾸어 말해서 참된 인간의 모습이 '인자人子'이기 때문에, 그 인자는 마지막 종말의 날에 인간에 대한 심판주가 되시는 것입니다. 왜냐하면 '인자'가 인간을 위해서 자신의 생명을 내어 주는 참된 인간의 모습을 친히 보여 주었기 때문입니다. 이러한 근거에서 마지막 날의 심판주는 창조주 하나님이 아니라, 오히려 인자, 곧 '사람의 아들'이 되는 것입니다. 다시 말하면 참 인간의 모습으로 살아온 자가 모든 인간의 심판주가 되는 것입니다. 그러므로 마지막 날에 모든 인간을 심판하는 심판의 척도는 바로 이 참된 인간 예수 그리스도가 살았던 삶의 모형입니다. 즉 다른 사람을 위해서 자기의 목숨을 내어 주는 사랑의 실천이 심판의 척도가 되는 것입니다. 그래서 예수 그리스도 자신은 마지막 날에 있을 심판의 척도를 다음과 같

이 증언하고 있는 것입니다:

> "임금이 대답하여 이르시되 내가 진실로 너희에게 이르노니 너희가 여기 내 형제 중에 지극히 작은 자 하나에게 한 것이 곧 내게 한 것이니라 하시고"(마 25:40); "이에 임금이 대답하여 이르시되 내가 진실로 너희에게 이르노니 이 지극히 작은 자 하나에게 하지 아니한 것이 곧 내게 하지 아니한 것이니라 하시리니"(마 25:45)

이와 같이 이웃에 대한 사랑의 실천이 마지막 날 이루어질 심판의 척도가 되는 것입니다. 왜냐하면 참된 인간이신 예수님은 지극히 작은 우리 인간을 위해서 친히 자기의 생명을 희생하여 우리 대신 죄의 값을 지불해 주셨기 때문입니다.

그러나 한 걸음 더 나아가 이미 오신 분이 또한 장차 다시 오실 분이라는 것은 그 분은 이미 전에 계시던 분이시고, 지금도 살아 계신 영원하신 분이시라는 것입니다. 다시 말해서 참된 인간 예수 그리스도의 모습은, 창조주 하나님께서 창조 당시부터 원하셨던 인간의 영원한 모습이라는 것입니다. 즉 예수 그리스도에게서 우리는 인간이 되어야 할 참된 모습이 어떠한 존재인지 발견할 뿐만 아니라, 모든 인간은 '예수 그리스도의 모습을 닮아 가야Imitatio Christi' 한다는 것입니다. 그래서 요한복음은, "영생은 곧 유일하신 참 하나님과 그가 보내신 자 예수 그리스도를 아는 것"(요 17:3)이라고 증언하고 있는 것입니다. 즉 한 사람의 의인義人도 없는 이 세상에 참 인간의 모습을 계시啓示하신 것은 바로 예수 그리스도 한 분뿐이십니다. 그래서 그 분에게만 참 영생과 기쁨이 있습니다. 즉 참 인간의 아들인 예수 그리스도는 모든 인간들이 흠모해야 하는 참된 하나님의 아들이라는 것입니다. 왜냐하면 우리도 성령으로 말미암아 하나님의 자녀가 되었기 때문입니다. 그러므로 모든 인간이 참 인간의 아들이 다시 이 땅에 오심을 고대하고 희망하는 것입니다. 즉 "아멘, 주 예수여 오시옵소서!"(계 22:20)라고 기도해야 합니다. 왜냐하면 참 사람의 아들, 인자人子는 이 세상의 마지막 날에 참된 인간의 삶을 살고자 노력했던 하나님의 자녀들을 위하여 이 세상의 악한 무리들을 '의義'로 심판하실 분이시기 때문입니다. 그러므로 예수 그리스도만이 "(하나님) 아버지에게서 나와 세상에 왔고, 다시 세상을 떠나 아버지께로 가신"(요 16:28) 분이십니다.

***** 참회의 기도

이미 오신 주님이시여!
죄악으로 황폐해 버린 이 세상에
당신의 이름을 이미 잊어버린 이 인간들에게
상실해 버린 인간성을 되찾도록
속히 오시옵소서!

장차 오실 주님이시여
우리의 영원한 처소를 예비하신 후,
당신의 나라를 건설하신 후
속히 우리를 영접해 주시옵소서
우리가 주님을 기다리나이다.

'아멘, 주 예수여 오시옵소서!'

- 아멘 -

II. 인간을 위해서 죽은 하나님

Christus pro nobis 우리를 위한 그리스도

***** 토의 주제 *****

1. '하나님이 인간을 사랑하신다'는 것을 무엇으로 확증할 수 있는가?
2. 하나님은 왜 죄인들을 사랑하시는가?
3. 율법을 완성하는 가장 큰 사랑은 무엇인가?

1. 왜 하나님의 아들은 처참하게 십자가에 못 박혀 죽었는가?

나사렛 예수 안에서 인간이 되신 하나님, 곧 예수 그리스도의 생애生涯는 골고다 동산 위에서 십자가에 못 박혀 처참하게 죽는 것으로 끝납니다. 세상에 살아 계시는 동안 수많은 병자들과 귀신들린 사람들을 고치시고, 오병이어五餠二魚의 기적을 베풀어 많은 사람들을 배불리 먹이신 예수 그리스도의 삶이, 왜 십자가 위에서 처참한 죽음으로 끝나고 말았을까요? 예수 그리스도가 십자가에 처형당할 만큼, 그렇게 예수님이 우리가 미처 알지 못하는 커다란 죄악을 범하였을까, 아니면 유대인의 관헌과 제사장과 장로들이 '하나님의 아들' 예수 그리스도를 시기 질투하여 신성 모독神聖冒瀆 죄를 뒤집어 씌워 십자가에 못 박아 죽인 것일까? 이러한 질문들에 대한 답변을 우리는 우선 일차적으로 인간적인 차원에서 찾아볼 수 있습니다. 즉 예수 그리스도의 죽음의 배후背後에는, 예수 그리스도에 대한 '유대인 대제사장과 서기관과 장로들의 시기와 질투가 숨어 있었다'고 분명히

말할 수 있습니다. 왜냐하면 유대인 대제사장과 서기관과 장로들은 예수님께서 하나님 나라에 대한 복음을 선포하고 계실 때부터, 예수님을 잡아 죽일 음모를 했을 뿐만 아니라(마 26:4; 26:59; 27:1; 막 14:55; 눅 19:47; 요 11:53; 12:10),181) 예수님을 책잡기 위하여 여러 가지 질문으로 예수님을 곤경에 빠뜨렸기 때문입니다(막 2:1-12; 2:15-17; 7:1-13; 2:18-22; 2:23-28; 3:1-6; 10:2-12; 11:27-33; 12:13-17; 12:18-27; 12:28-34; 12:35-37).182) 결국 유대인 대제사장 가야바와 빌라도는 예수님을 십자가에 못 박아 '죽이는 이유causa mortis'를 예수님이 스스로 자기를 '유대인의 왕'(눅 23:38; 마 27:37; 요 19:19)이라고 주장했기 때문이라고 변명했습니다.183)

그러나 예수 그리스도 자신의 증언에 의하면, 예수 그리스도의 죽음은, 그가 자신을 '유대인의 왕'이라고 칭하였기 때문에, 유대인들의 시기와 질투를 사서 희생당한 죽음만은 아니었음을 알 수 있습니다. 즉 예수 그리스도의 십자가의 죽음은 보다 더 큰 의미가 담겨져 있음을 우리는 성경의 여러 증언에서 발견할 수 있습니다. 왜냐하면 우선 예수님은 자기를 잡으러 온 사람의 귀를 칼로 떨어뜨린 베드로에게 "너는 내가 내 아버지께 구하여 지금 열두 군단 더 되는 천사를 보내시게 할 수 없는 줄로 아느냐? 내가 만일 그렇게 하면 이런 일이 있으리라 한 성경이 어떻게 이루어지겠느냐?"(마 26:53-54)고 말씀하셨기 때문입니다. 다시 말해서 예수 그리스도의 죽음은 유대인 대제사장들과 서기관들의 '시기 질투'로 죽은, 그렇게 값싼 죽음이 결코 아니었습니다. 그의 죽음은 최초 인간 아담의 타락 이전부터 창조주 하나님께서 계획하신 영원한 계획, 곧 '예정Praedestinatio'이 역사 한

---

181) 마 26:4 : "예수를 흉계로 잡아 죽이려고 의논하되"; 마 26:59 : "대제사장들과 온 공회가 예수를 죽이려고 그를 칠 거짓 증거를 찾으매" : 마 27:1 : "새벽에 모든 대제사장과 백성의 장로들이 예수를 죽이려고 함께 의논하고" 막 14:55 : "대제사장들과 온 공회가 예수를 죽이려고 그를 칠 증거를 찾되 얻지 못하니" : 눅 19:47 : "예수께서 날마다 성전에서 가르치시니 대제사장들과 서기관들과 백성의 지도자들이 그를 죽이려고 꾀하되" : 요 11:53 : "이 날부터는 그들이 예수를 죽이려고 모의하니라"; 요 12:10 : "대제사장들이 나사로까지 죽이려고 모의하니"

182) 1. 죄 용서에 대한 논쟁(막 2:1-12); 2. 제의적 정결에 관한 논쟁(2:15-17; 7:1-13); 3. 금식에 대한 논쟁(2:18-22); 4. 안식일 논쟁(2:23-28; 3:1-6); 5. 이혼 문제에 대한 질문(10:2-12); 6. 예수의 권위에 대한 문제(11:27-33); 7. 세금 문제(12:13-17); 8. 부활 논쟁(12:18-27); 9. 가장 으뜸되는 계명에 대한 질문(12:28-34); 10. 다윗의 자손이 메시아에 대한 질문(12:35-37)

183) 눅 23:38 : "이는 유대인의 왕"; 마 27:37: "이는 유대인의 왕 예수"; 요 19:19 : "나사렛 예수 유대인의 왕"을 세 가지 언어로 기록하였다.

가운데서 성취되는 사건입니다. 즉 예수님의 십자가 위의 죽음은 하나님의 뜻에 합당하게 일어난 사건입니다(참고 막 14:30; 창 8:21).[184] 바꾸어 말하면 창조 때부터 당신의 '형상(*Imago dei*)을 본本 따서', '그의 모양대로' 창조하신 인간에 대한 극진하신 사랑 때문에, 인간을 죄罪에서 구원하여 영생永生을 주시기 위해서, 하나님의 계획안에서 일어난 사건입니다(요 3:16).[185] 그래서 사도 바울은 예수께서 십자가 위에서 못 박혀 죽은 사건의 의미를 다음과 같이 증언하고 있습니다: "우리가 아직 죄인 되었을 때에 그리스도께서 우리를 위하여 죽으심으로 하나님께서 우리에 대한 자기의 사랑을 확증하셨느니라."(롬 5:8) 한 마디로 말해서 예수 그리스도의 십자가 위에서의 죽음은 죄악을 행하고 있는 인간을 구원하시기 위한 하나님의 사랑에서 비롯된 것입니다. 그래서 예수님은 "인자가 온 것은 섬김을 받으려 함이 아니라 도리어 섬기려 하고 자기 목숨을 많은 사람의 대속물로 주려 함이니라"(막 10:45)고 자신이 당할 죽음의 의미를 설명하셨던 것입니다. 이러한 의미에서 '예수 그리스도는 우리 인간을 위한 분이십니다*Christus pro nobis hominis*.' 그렇다면 여기서 질문이 제기됩니다: 인간에 대한 하나님의 사랑이 '당신의 아들 예수 그리스도'를 십자가에 못 박아 죽이도록 인간에게 내어 주는 방법밖에 없었는가?

2. 하나님의 사랑은 십자가의 사랑이다

'사랑이 무엇이냐'고 묻는다면, 대부분의 그리스도인들은 곧바로 고린도전서 13장을 머리에 떠올립니다. 사도 바울은 여기서, "사랑은 오래 참고 사랑은 온유하며 시기하지 아니하며 사랑은 자랑하지 아니하며 교만하지

---

184) 막 14:36 : "이르시되 아빠 아버지여 아버지께는 모든 것이 가능하오니 이 잔을 내게서 옮기시옵소서. 그러나 **나의 원대로 마옵시고 아버지의 원대로 하옵소서** 하시고" 뿐만 아니라, 여호와 하나님은 노아 시대에 당신의 피조물을 홍수로 심판하신 다음, "내(여호와 하나님)가 다시는 사람으로 말미암아 땅을 저주하지 아니하리니 이는 사람의 마음이 계획하는 바가 어려서부터 악함이라. 내가 전에 행한 것 같이 모든 생물을 다시 멸하지 아니하리니"(창 8:21)고 약속해 주셨기 때문입니다.
185) 요 3:16 : "하나님이 세상을 이처럼 사랑하사 독생자를 주셨으니 이는 그를 믿는 자마다 멸망하지 않고 영생을 얻게 하려 하심이라"

아니하며, 무례히 행하지 아니하며 자기의 유익을 구하지 아니하며 성내지 아니하며 악한 것을 생각하지 아니하며, 불의를 기뻐하지 아니하며 진리와 함께 기뻐하고, 모든 것을 참으며 모든 것을 믿으며 모든 것을 바라며 모든 것을 견디는 것"(고전 13:4-7)이라고 정의定意했습니다. 그런데 이런 사랑을 성실히 실행하려면 한 가지 방법밖에 없습니다. 그것은 사랑하는 사람이 자기의 모든 것을 포기하고, 사랑 받을 사람을 위해 모든 것을 전적으로 희생하는 것입니다. 그러나 인간 중에 어느 누가 이러한 사랑을 실행할 수 있겠습니까? 이러한 사랑을 실행할 수 있는 분은 오직 하나님 자신뿐입니다. 이 점을 요한1서 기자는 다음과 같이 증언하고 있습니다:

> "하나님의 사랑이 우리에게 이렇게 나타난 바 되었으니 하나님이 자기의 독생자를 세상에 보내심은 그로 말미암아 우리를 살리려 하심이라. 사랑은 여기 있으니 우리가 하나님을 사랑한 것이 아니요 하나님이 우리를 사랑하사 우리 죄를 속하기 위하여 화목 제물로 그 아들을 보내셨음이라"(요일 4:9-10)

이러한 요한1서 기자의 증언에 의하면, 예수 그리스도의 모든 일은 인간을 사랑하는 하나님 자신의 사역이며, 그리고 그것은 죄인을 위한 예수 그리스도의 십자가의 죽음으로 표현되었음을 알 수 있습니다. 이러한 의미에서 "사랑은 하나님에게 속한 것이며"(요일 4:7), 바로 그렇기 때문에 또한 그러한 사랑은 하나님의 아들 자신을 통하여 증언된 것입니다. 그러므로 예수 그리스도가 십자가에 못 박혀 죽게 된 이유는, 인간에 대한 하나님의 사랑보다 더 우선하는 것이 없기 때문입니다. 다시 말해서 유대인들이 예수 그리스도를 십자가에 못 박아 죽이고자 한 살인 동기causa mortis보다도 앞서는 최우선 동기는, 바로 죄인罪人에 대한 하나님의 사랑입니다. 이러한 동기에서 하나님의 사랑을 사도 바울은 다음과 같이 확언하고 있습니다:

> "누가 우리를 그리스도의 사랑에서 끊으리요 환난이나 곤고나 박해나 기근이나 적신이나 위험이나 칼이랴"; "내가 확신하노니 사망이나 생명이나 천사들이나 권세자들이나 현재 일이나 장래 일이나 능력이나 높음이나 깊음이나

다른 어떤 피조물이라도 우리를 우리 주 그리스도 예수 안에 있는 하나님의 사랑에서 끊을 수 없으리라"(롬 8:35,38-39)

이와 상응하게 요한1서 기자도, "사랑은 여기 있으니, 우리가 하나님을 사랑한 것이 아니요, 하나님이 우리를 사랑하사 우리 죄를 속하기 위하여 화목 제물로 그 아들을 보내셨음이라"(요일 4:10)고 증언하고 있는 것입니다. 이렇듯 '죄를 용서하는 사랑', 이것이 바로 창조주 하나님께서 예수 그리스도를 통하여 우리를 사랑하시는 '하나님 사랑의 특성'인 것입니다. 하나님의 사랑이 '죄 용서의 특성'을 가지고 있음을 성경은 아주 다양하게 표현하고 있습니다. 즉 잠언은 "미움은 다툼을 일으켜도, 사랑은 모든 허물을 가리느니라"(잠 10:12; 17:9)고 표현하였고, 베드로전서는 "사랑은 허다한 죄를 덮느니라"(벧전 4:8)고 증언하고 있으며, 선지자 예레미야는 여호와 하나님께서 "옛적에 … 나(예레미야)에게 나타나사 내(여호와 하나님)가 영원한 사랑으로 너(이스라엘)를 사랑하기에 인자함으로 너를 이끌었다"(렘 31:3)고 증언하고 있습니다. 이와 같이 인간에 대한 하나님의 사랑은 '죄 용서의 사랑'이기에, 그 사랑은 언제든지 인간의 죄를 용서하기 위한 예수 그리스도의 대속의 죽음과 결합되어 있는 것입니다. 이러한 의미에서 인간에 대한 하나님의 사랑은 '생명을 내어주는 사랑', 바꾸어 말하면 '십자가의 사랑' 이외에 다른 것이 결코 아닙니다. 그렇다면 우리는 아무도 사랑할 수 없단 말인가, 그리고 우리는 하나님과 이웃을 어떻게 사랑해야 하는가?

3. 인간 사랑을 통한 하나님 사랑에 대한 감사

앞 절에서 우리는, 우리 인간이 먼저 하나님을 사랑한 것이 아니라, 하나님께서 먼저 죄인인 우리를 사랑하셨다는 것을 알았습니다(요일 4:10). 이러한 증언으로 미루어 보아 사랑의 주도권이 인간에게 있었던 것이 아니라, 하나님께 있음을 알았습니다. 그렇다면 인간이 하나님으로부터 받은 사랑을 보이지 않는 하나님께 감사하는 길은 무엇일까요? 이 점에 대하여 예수님은 이웃에 대한 사랑은 하나님께 받은 은혜에 감사하는 것임을 가르

쳐 주십니다: "임금(인자人子를 가리킴)이 대답하여 이르시되 내가 진실로 너희에게 이르노니 너희가 여기 내 형제 중에 지극히 작은 자 하나에게 한 것이 곧 내게 한 것이니라."(마 25:40, 45)[186] 이렇듯 예수님은 하나님에 대한 사랑이 이웃 가운데 지극히 작은 자에 대한 사랑으로 표현되어야 함을 강조하고 있습니다. 그래서 요한1서 기자는 아주 분명하게 다음과 같이 증언하고 있습니다: "누구든지 하나님을 사랑하노라 하고 그 형제를 미워하면 이는 거짓말하는 자니, 보는 바 그 형제를 사랑하지 아니하는 자는 보지 못하는바 하나님을 사랑할 수 없느니라. 우리가 이 계명을 주께 받았나니, 하나님을 사랑하는 자는 또한 그 형제를 사랑할지니라."(요일 4:20-21) 뿐만 아니라 한 걸음 더 나아가 요한 기자는 "하나님의 자녀들과 마귀의 자녀들이 드러나나니, 무릇 의義를 행하지 아니하는 자나 또는 그 형제를 사랑하지 아니하는 자는 하나님께 속하지 아니하니라"(요일 3:10)고 증언하고 있습니다. 그리고 계속해서 요한 기자는, "우리는 형제를 사랑함으로 사망에서 옮겨 생명으로 들어간 줄을 알거니와 사랑하지 아니하는 자는 사망에 머물러 있느니라"(요일 3:14)고 증언합니다.

한 걸음 더 나아가 예수님은 원수까지 사랑할 것을 말씀하십니다: "나는 너희에게 이르노니 너희 원수를 사랑하며 너희를 핍박하는 자를 위하여 기도하라. 이같이 한즉 하늘에 계신 너희 아버지의 아들이 되리니, 이는 하나님이 그 해를 악인과 선인에게 비추시며 비를 의로운 자와 불의한 자에게 내려 주심이라."(마 5:44-45)[187]

---

186) "이에 임금이 대답하여 이르시되 내가 진실로 너희에게 이르노니 이 지극히 작은 자 하나에게 하지 아니한 것이 곧 내게 하지 아니한 것이니라 하시리니"(마 25:45) 여기서 형제가 누구인가? 에 대한 논의가 있을 수 있다. J. Friedrich는 자신의 책 *Gott im Bruder*(CThM A/7, Stuttgart 1977)에서 마태 25:31 이하의 원문에서 인자가 아니라, 하나님 자신이 심판자였다고 보고자 한다. 그는 "형제 안의 하나님"이 예수가 묘사한 대로 심판이 지닌 의미의 절정이라고 본다. 그러나 U. Wilkens는 Gottes geringste Brüder, in: *Jesus und Paulus*(W. G. Kümmel, Göttingen 1975, 363-83)에서 프리드리히에 동조한다. 그러나 Gnilka는 이러한 해석이 주석상 의미가 없다고 주장한다. 왜냐하면 예수는 하나님의 형제로 상상하는 일을 개진한 바가 없고, 공관복음서도 그렇지 않다고 주장한다. 참조. Gnilka, Matthäusevangelium II, 366-79(Joachim Gnilka, *Jesus von Nazaret*, Freiburg im Breisgau 1993, 정한교 역, 『나자렛 예수』, 분도출판사 2002, 212, 각주 16에서 재인용)
187) 눅 6:27-28 : "그러나 너희 듣는 자에게 내가 이르노니 너희 원수를 사랑하며 너희를 미워하

그런데 이러한 증언은 잠언 25장 21-22절, 곧 "네 원수가 배고파하거든 음식을 먹이고, 목말라하거든 물을 마시게 하라. 그리하는 것은 핀 숯을 그의 머리에 놓는 것과 일반이요 여호와께서 네게 갚아 주시리라"에 상응합니다.[188] 비록 원수에 대한 친절함은 모든 고등 종교에서 나타나지만, 예수의 산상수훈은 단지 인도주의적 차원의 사랑할 것을 의미하는 것이 아니라, 죄인罪人을 사랑하는 차원에서의 원수를 사랑할 것을 권하고 계십니다. 왜냐하면 예수님도 하나님과 인간이 죄로 인하여 원수가 된 것을 자신의 몸으로 화해시켰기 때문입니다(엡 2:14).[189] 다시 말해서 원수怨讐를 사랑하는 것은, 예수님을 통해 인간을 사랑하시는 하나님의 사랑, 곧 '죄 용서의 사랑'에 상응하는 것이기 때문입니다. 이런 점에서 '원수사랑'은, 그리스도인들이 이전에 하나님께 대하여 원수였지만, 하나님의 죄 용서의 사랑으로 이미 용서받았기 때문에, 그리스도인들이 하나님께 감사하는 마음에서 의당히 해야 하는 과제입니다. 바로 이러한 전제 위에서만 "너희가 사람의 잘못을 용서하면 너희 하늘 아버지께서도 너희 잘못을 용서하시려니와 너희가 사람의 잘못을 용서하지 아니하면 너희 아버지께서도 너희 잘못을 용서하지 아니하시리라"(마 6:14-15)는 말씀이 성립되는 것입니다. 그리고 바로 우리 주 예수 그리스도를 통한 하나님의 '죄 용서의 사랑'을 감사할 때만, "우리가 우리에게 죄 지은 자를 사하여 준 것 같이 우리 죄를 사하여 주옵소서!"(마 6:12)라고 기도할 수 있습니다. 왜냐하면 다른 사람에 대한 죄 용서 이전에 죄인인 우리를 위한 하나님의 죄 용서가 선행되었기 때문입니다(요일 4:10). 그렇다면 예수님의 이러한 요청의 근거는 어디에 있는가?

는 자를 선대하며 너희를 저주하는 자를 위하여 축복하며 너희를 모욕하는 자를 위하여 기도하라" 그런데 이러한 구조는 구약의 레위기 19장 18절에 상응한다. 단지 이웃에 대한 사랑이 아니라, 원수에 대한 사랑이 다를 뿐이다.

188) 이 점에 관하여: Schürmann, *Lukasevangelium I* 342-4; J. Gnilka, *Mathäusevangelium I*, 188-189; Hoffmann, *Tradition* 51ß53; Lührmann, *Liebet* 416-8; Merklein, *Gottesherrschaft* 222-4.

189) 엡 2:14 : "그(예수 그리스도)는 우리의 화평이신지라. 둘로 하나를 만드사 원수 된 것 곧 중간에 막힌 담을 자기 육체로 허시고"

4. 하나님의 사랑은 처음부터 죄인罪人에 대한 사랑이다

하나님께서 당신의 독생자 예수 그리스도를 통하여 사랑한 '인간'은 처음부터 의인義人이 아니라, 죄인罪人입니다. 그래서 예수님은 "건강한 자에게는 의사가 쓸 데 없고 병든 자에게라야 쓸 데 있느니라 … 나는 의인을 부르러 온 것이 아니요 죄인을 부르러 왔노라"(마 9:12-13)고 말씀하셨습니다. 왜냐하면 "주의 눈앞에는 의로운 인생이 하나도 없나이다"(시 143:2), "여호와여 주께서 죄악을 지켜보실진대 주여 누가 서리이까? 그러나 사유赦有하심이 주께 있음은 주를 경외하게 하심이니이다. … 이스라엘아 여호와를 바랄지어다. 여호와께서는 인자하심과 풍성한 속량이 있음이라. 그가 이스라엘을 그의 모든 죄악에서 속량하시리로다."(시 130:3-8)라고 시편 기자는 노래하고 있습니다. 이렇듯 예수 그리스도를 통한 하나님 사랑의 대상인 인간은 처음부터 죄인罪人이기 때문에, 사도 바울은 "율법이 들어온 것은 범죄를 더하게 하려 함이라. 그러나 죄罪가 더한 곳에 은혜가 더욱 넘친다"(롬 5:20)고 증언합니다.[190]

만일 예수 그리스도를 죽기까지 내어 주신 하나님의 인간애人間愛가 단지 당신께서 모세를 통하여 이스라엘 백성에게 준 율법을 철저히 준수하는 모범模範을 보이신 것이었다면, 예수 그리스도의 십자가의 죽음은 우리 인간들에게 은총이 아니라, 오히려 갚아야 할 빚일 것입니다. 그러나 하나님의 아들 예수 그리스도의 죽음은 인간을 사랑하는 하나님 사랑의 표현이기에, 율법 준수나 율법 완성의 차원을 넘어서서 인간에게 은혜입니다. 왜냐하면 예수 그리스도를 통한 하나님의 "사랑은 율법의 완성"(롬 13:10)이기 때문입니다. 그래서 "믿음, 소망, 사랑, 이 세 가지는 항상 있을 것인데, 그 중에 제일은 사랑"(고전 13:13)인 것입니다. 이렇듯 예수 그리스도를 통한 하나님 사랑은 율법을 완성하신 사랑이기 때문에 그의 사랑에는 아무런

---

190) 마르틴 헹엘은 요한1서에서 예수를 "의로우신 분"으로 표현한 것도, 그가 자신의 죽음을 통해서 '우리의 죄뿐만 아니라, 온 세상의 죄'를 속량하였기 때문이라고 한다. 이 점에 관하여: Martin Hengel, *The Johannine Question*, 전경연·김수남 역,『요한문서 탐구』, 대한기독교서회 1998, 198. 이와 관련된 본문으로 그는 요 1:29; 3:16; 4:42; 6:33; 12:47; 16:10 그리고 8:12; 9:6; 12:4를 든다.

전제가 없습니다. 다시 말해서 인간을 사랑하시는 하나님의 사랑은 무조건적입니다.[191] 대신에 하나님의 사랑은 인간의 철저한 감사의 응답, 곧 이웃에 대한 사랑을 요구하십니다. 그래서 예수님은 "사람이 친구를 위하여 자기 목숨을 버리면 이보다 더 큰 사랑이 없나니"(요 15:13)라고 말씀하셨습니다. 다시 말해, 당신께서 인간을 위하여 목숨을 내어 주셨기 때문에, 우리도 친구를 위하여 목숨을 내어 주는 사랑을 한다면, 예수 그리스도에 대한 그 이상의 응답은 없다는 것입니다. 그러나 예수님은 곧 이어서 "너희는 내가 명하는 대로 행하면, 곧 나의 친구라"(요 15:14)고 말씀하심으로써 서로 사랑함으로써 '친구'나, '형제'가 되는 것임을 알 수 있습니다.[192]

이제 결론적으로 말해서 나사렛 예수 안에서 인간이 되신 하나님, 곧 인간에 대한 예수 그리스도의 사랑은 무엇보다도 '죄인'에 대한 사랑입니다. 죄인인 인간을 사랑하기 위해서 하나님은 인간이 되셨고, '인간의 생명을 위하여', 다시 말해서 '인간의 죄를 용서해 주시기 위하여'(눅 23:34)[193] '인간 대신' 십자가에 못 박혀 죽으신 것입니다. 이러한 예수님의 구원 사역 배후에는 당신의 형상으로 창조한 인간에 대한 하나님의 사랑이 있습니다. 그래서 사도 바울과 요한복음 기자는 예수 그리스도의 십자가의 사건을 인간에 대한 하나님의 사랑으로 증언하고 있습니다(롬 5:8; 요 3:16). 그리고 동시에 먼저 받은 이러한 사랑을 이웃에게 나누어 주도록 권하고 있습니다. 왜냐하면 사랑은 모든 율법의 완성이기 때문입니다: "대답하여 이르되 네 마음을 다하며 목숨을 다하며 힘을 다하며 뜻을 다하여 주 너의 하나님을 사랑하고 또한 네 이웃을 네 자신 같이 사랑하라 하였나이다."(눅

---

191) 샌더스E. P. Sanders는 율법을 교육받지 못한 무지한 자에게도, 예수 그리스도를 통한 하나님 구원의 혜택을 입을 수 있었음을 주장한다. E. P. Sanders, *Jesus and Judaism*, Fortress Press, 1985, 이정희 역, 『예수 운동과 하나님의 나라』, 한국신학연구소, 1997, 353 그리고 놀란Nolan은 불트만Bultmann을 인용하여, 이스라엘의 "율법과 관습이 너무나 복잡하게 뒤얽혀 있어서 무학자들은 그러한 것들이 그들에게 기대하고 있는 것이 무엇인지를 이해하는 것조차 거의 불가능한 일이었다"(Nolan, *Jesus before Christianity*, 22 = R. Bultmann, *Primitive Christianity*, ET 1956, 66)고 말한다

192) 참고. 막 3:35 : "누구든지 하나님의 뜻대로 행하는 자가 내 형제요 자매요 어머니이니라."

193) 눅 23:34 : "예수께서 이르시되 **아버지 저들을 사하여 주옵소서** 자기들이 하는 것을 알지 못함이니이다."

10:27) 그러므로 참된 신앙적 경건은 "흉악의 결박을 풀어 주며 멍에의 줄을 끌러 주며 압제 당하는 자를 자유하게 하며 모든 멍에를 꺾는 것이고 또 주린 자에게 네 양식을 나누어 주며 유리하는 빈민을 집에 들이며 헐벗은 자를 보면 입히며 또 네 골육을 피하여 스스로 숨지 아니하는 것이 아니 하는 것"(사 58:6-7)입니다. 그러한 일을 행하는 사람이 기도하면 여호와 하나 님께서는 응답하시고, 그가 부르짖을 때에 하나님이 '내가 여기 있다' 응답 하실 것이고, 그와 하나님께서 항상 동행하실 것입니다.

***** 참회의 기도

주님
나 위하여 십자가 지시고
모진 고난을 당하셨건만
이웃과 형제에게 내 행한 것 하나도 없나이다.

몸 아닌,
말로 사랑을 논하였고,
말없이 행한,
내 몸만의 사랑은
주님도 눈앞에 없었습니다.

주님!
말없이 몸으로 주신 사랑
그 몸 사랑이
지금도 내 속에 씨앗으로 남아 있기에
이 몸도 님의 몸 되어
그렇게 내어 주게 하소서!

- 아멘 -

III. 인간의 동반자가 되신 하나님

하나님 없는 인간도 없고, 인간 없는 하나님도 없다

***** 토의 주제 *****

1. 하나님께서 당신과 함께 계시다고 믿습니까? 믿으신다면 언제 당신과 함께 하셨습니까?
2. 예수 그리스도는 어떠한 사람들과 함께 계셨는가? 당신도 그러한 사람들에게 속하는가?
3. 하나님은 왜 우리와 함께 동행하시는가?

1. 하나님은 홀로 계신 분이신가?

기독교의 하나님은 인간을 창조하시고, 그를 이 세상에 방치해 둔 채로, 저 높은 하늘 보좌 위에서 홀로 고독孤獨을 즐기는 이신론理神論; Deism의 하나님神이 아닙니다. 그러므로 기독교에서는 '하나님 없이 인간에 관하여만' 이야기할 수 없을 뿐만 아니라, '인간 없이 하나님에 관해서만도' 이야기할 수 없습니다. 다시 말해서 기독교에서 하나님에 관하여 이야기할 때는, 항상 인간에 관하여 이야기해야 하고, 인간에 대하여 이야기할 때도, 역시 또한 하나님에 관하여 이야기해야 합니다. 왜냐하면 부모 없는 자녀가 세상에 홀로 있을 수 없듯이, 기독교에서는 창조주 없이 인간에 대해서만 이야기할 수 없기 때문입니다. 즉 기독교에서 인간에 관하여 언급할 때는, 언제든지 하나님과 인간과의 관계 속에서, 곧 창조주와 피조물의 관계 속에서 이야기해야 합니다. 바꾸어 말하면 기독교에서 인간에 관하여 언급할 때는, 예수 그리스도를 통하여 인간을 구원하신 하나님을 '아버지'로 그리고 그리스도인들을 '하나님의 자녀'로 보는 영적靈的 부모와 자녀의 관계에 대하여 진술해야 합니다.

이렇듯 인간은 스스로 생성된 존재가 아니라, 여호와 하나님에 의해서 창조된 존재이기 때문에, 기독교 인간학, 즉 성경적 인간관biblische Anthropologie은 인간을 논하기 이전에 항상 먼저 창조주 하나님에 관하여 언급해야 합니다. 즉 기독교의 하나님은 인간의 창조주이시기 때문에, 인간 없이 '스스로 독거獨居하는 분'이 아니라,[194] 항상 당신의 피조물인 우리 인간과 항상 함께 거居하시기를 원하십니다. 다시 말하면 기독교의 하나님은 창조로부터 시작하여 이 세상 마지막 날에 명백히 드러날 '하나님의 나라'에 이르기까지, 항상 우리 인간과 함께 고난당하시고, 함께 기뻐하고, 함께 즐거워하시는 살아 계신 사랑의 하나님이십니다. 더 자세히 말하면, 창조주 하나님은 피조물인 인간이 고난당하고 있을 때, 그 고통의 현장에서 인간을 불러내시고, 그와 언약言約을 맺으시고, 역사 속에서 항상 함께 동행하시는 분이십니다. 이러한 의미에서 기독교의 하나님은 당신의 형상으로 창조한 인간과 항상 '함께' 있기를 원하시는 '임마누엘(Immanuel=하나님이 우리와 함께 계시다)'의 하나님이십니다.

그러나 여기서 즉각 질문이 제기됩니다: '하나님이 우리와 함께 계시다'는 것을 어떻게 인식할 수 있는가? 하나님은 역사 속에서 언제 어떠한 인

---

194) 여호와 하나님께서 "모세에게 이르시되 나는 스스로 있는 자이니라. 또 이르시되 너는 이스라엘 자손에게 이같이 이르기를 스스로 있는 자가 나를 너희에게 보내셨다 하라"(출 3:14)는 말씀은, 인간과 무관하게 '홀로' 독거獨居하는 하나님을 결코 의미하지 않는다. "스스로 있는 자"라는 말은, 여호와 하나님의 이름을 풀이하고 있는 출 33:19, 곧 "여호와께서 이르시되 내가 내 모든 선한 것을 네 앞으로 지나가게 하고 여호와의 이름을 네 앞에 선포하리라 나는 은혜 베풀 자에게 은혜를 베풀고 긍휼히 여길 자에게 긍휼을 베푸느리라"를 고려해 볼 때, 하나님의 '주권적 자유성' 혹은 '자유로운 주체자'라는 의미를 가지고 있다(W. Zimmerli, *Grundriss der alttestamentlichen Theologie*, 김정준 역, 『舊約神學』, 한국신학연구소 22f). 그러므로 "나는 스스로 있는 자이다"라는 말을 "나는 실재로 있는 자이다"(C. H. Ratschow, "*Werden und Wirken*", BZAW 70, 701-701, 1941)로 혹은 "나는 현존해 있다" 혹은 "누군가가 있다" 등으로 해석할 수 있다.

간과 함께 동행하시는가?

2. 이스라엘 백성과 함께 동행 하신 여호와 하나님

이스라엘의 역사歷史는, 여호와 하나님께서 그들의 조상 아브람에게 "너의 고향과 친척과 아버지의 집을 떠나 내가 네게 보여 줄 땅으로 가라"(창 12:1)하신 명령의 말씀을 듣고, 아브람이 자기 고향 하란Haran을 떠나는 것으로 시작됩니다. 그 후 여호와 하나님은 아브람이 세겜 땅 모레 상수리나무에 이르러 여호와께 제단을 쌓을 때까지(창 12:6-7), 그리고 벧엘 동쪽 산으로 옮겨 장막을 치고, 그곳에서 제단을 쌓고 여호와 하나님의 이름을 부를 때까지(창 12:8) 항상 그와 동행하셨습니다. 이렇게 아브람과 함께 동행하시던 여호와 하나님은, 그 후 그의 자손인 이삭과 야곱과도 함께 동행해 주셨습니다.195) 다시 말해서 이삭이 '그랄'에 거주할 때에 여호와께서 이삭에게 나타나 이르시되, "내가 너와 함께 있어 네게 복을 주고, 내가 이 모든 땅을 너와 네 자손에게 주리라. 내가 네 아버지 아브라함에게 맹세한 것을 이루어 … 이 모든 땅을 네 자손에게 주리니, 네 자손으로 말미암아 천하 만민이 복을 받으리라"(창 26:3-4)고 약속해 주셨습니다. 그 후 여호와 하나님은 아브라함의 손자 야곱에게도 나타나 이르시되, "내(여호와 하나님)가 너와 함께 있어 네가 어디로 가든지 너를 지키며 너를 이끌어 이 땅으로 돌아오게 할지라. 내가 네게 허락한 것을 다 이루기까지 너를 떠나지 아니하리라."(창 28:15)고 언약해 주십니다.196) 그 후 야곱의 아들 요셉도 여호와 하나님께서 그와 함께 하심으로 형통되는 축복을 받습니다:

---

195) 프로이스Horst D. Preuss는 '나는 너와 함께 하게 될 것이다, 나는 너와 함께 있을 것이다'를 하나님의 '약속' 내지는 '확언Zusage'으로 해석한다. 일반적으로 구약 성서에 있는 이러한 형식을 '동행 형식Beisstandsformel'이라고 부른다. 왜냐하면 이 형식은 야웨 하나님께서 어느 한 사람과 '동행' 혹은 '함께 하심Mit-Sein'에 대한 언급이기 때문이다.(Horst D. Preuss, "… ich will dir sein", in: ZAW 80 (1968), 139-173, 특히 141).

196) 이러한 여호와 하나님의 약속에 대하여 "야곱이 서원하여 이르되, 하나님이 **나와 함께 계셔서** 내가 가는 이 길에서 나를 지키시고 먹을 떡과 입을 옷을 주시어 내가 평안히 아버지 집으로 돌아가게 하시오면 **여호와께서 나의 하나님이 되실 것이요**"(창 28:20-21)라고 말한 점으로 미루어 보아 하나님께서 그와 함께 하신다는 것은, 하나님께서 그의 하나님이 되어 주신다는 뜻으로 이해할 수 있을 것이다.

"여호와께서 요셉과 함께 하시므로, 그가 형통한 자가 되어 그의 주인 애
굽 사람의 집에 있으니 그의 주인이 여호와께서 그(요셉)와 함께 하심을 보며
또 여호와께서 그의 범사에 형통하게 하심을 보았더라."(창 39:2-3, 이밖에 또
한 창 39:21)[197]

뿐만 아니라 여호와 하나님은 모세를 애굽 왕, 파로Pharaoh에게 보내실
때에도 "내(여호와 하나님)가 반드시 너(모세)와 함께 있으리라"(출 3:12)고
약속해 주십니다.[198] 그 후 이스라엘 백성들이 애굽에서 탈출하여 광야를
행군하는 동안 여호와 하나님은 가시可視적으로 이스라엘 백성들과 함께
동행하셨습니다:

"여호와께서 그들 앞에서 가시며 낮에는 구름 기둥으로 그들의 길을 인도
하시고 밤에는 불 기둥을 그들에게 비추사 낮이나 밤이나 진행하게 하시니,
낮에는 구름 기둥, 밤에는 불 기둥이 백성 앞에서 떠나지 아니하니라."(출

---

197) 프로이스Preuss에 의하면 이러한 '동행 형식'은 세 가지 형태로 나타난다. 첫째: "'내가 너와
함께 있을 것이다', '내가 너와 함께 있겠다'와 같이 하나님의 약속 혹은 확언(창 31:3; 출 3:12;
신 31:23; 수 1:9; 3:7; 7:12; 삿 6:12; 6:16; 왕상 11:38; 사 41:10; 43:2,5; 겔 1:8; 30:11; 42:11; 미
6:8; 학 1:13; 사 10:5)"(그의, op. cit., 142하)으로 나타난다. 그는 아주 분명하게 강조한다: "아주
수없이 많은 하나님의 동행에 대한 진술들은 끝에 가서는 하나님의 이름 여호와 이름과 동시에
나타나든지 결합되어 나타난다(참고. 사 6,12; 사가랴 10,5) 이때에 היה(그)는 또한 여호와 하나
님 자신의 이름, 그리고 때로는 이미 함께함Mitsein의 의미를 내포하고 있으며, 또한 그 이름
자체나 함께한 그 자체로 해석되어졌다."(그의, op. cit., 145)
198) 이렇게 하나님께서 스스로 어느 특정한 한 사람을 선택하시고, 그와 함께 하시는 것은, 하나
님께서 예언자를 부르실 때 하신 약속이기에, 하나님의 '동행 양식'을 때로는 하나님의 '소명 약
속Berufungsverheissung' 혹은 '파송양식Sendungsformel'이라고 부르는 학자도 있다. 리히터
Richter는 출 3:12; 사 6:16; 삼상 10:7; 렘 1:8 에서 나타난 '동행 형식'은 소명 약속에 속함을
강조한다. 예언자의 소명과 파송에 대하여: H. W. Wolff, "Hauptprobleme alttestamentlicher
Prophet", EvTh 15(1955), 436-465 - 그의, Das Alte Testament und das Problem der
existentialen Interpretation, München 1963(ThB 22, 1964, 325-344), 특히 311 - E. Kutsch,
"Gideons Berufung und Altarbau Jdc 6,11-24", ThLZ 81(1956), 75-84 - H. Graf Reventlow,
Liturgie und prophetisches Ich bei Jeremia, Gütersloh 1963 - H. Habel, "The Form and
Significance of the Call Narratives", ZAW 77(1965), 297-323 - D. Vetter, Jahwes Mit-Sein
ein Ausdruck des Segens, Stuttgart 1971, 특히 34, 각주 59 - W. Richter,
Traditonsgeschichtliche Untersuchungen zum Richterbuch, Bonn 1963, 151-155 - 그의, Die
sogenannten vorprophetischen Berufungsberichte. Eine literaturwissen -schaftliche Studie zu
1 Sam 9,1-10,16, Ex 3f. und Ri 6,11-17, Göttingen 1970.

이와 같이 이스라엘 백성과 항상 함께 동행 하시는 여호와 하나님은 그들의 조상 아브람에게 약속하신 가나안 땅에 들어가는 순간까지 이스라엘의 지도자 여호수아와도 함께 동행해 주십니다: "너희는 강하고 담대하라 두려워하지 말라 그들 앞에서 떨지 말라. 이는 네 하나님 여호와 그가 너(여호수아)와 함께 가시며 결코 너를 떠나지 아니하시며 버리지 아니하실 것임이라"(신 31:6); "여호와 그가 네(여호수아) 앞에서 가시며 너와 함께 하사 너를 떠나지 아니하시며 버리지 아니하시리니, 너는 두려워하지 말라 놀라지 말라"(신 31:8; 수 1:5)[199] 이렇게 이스라엘 조상 아브람으로부터 시작하여 그의 후손, 그리고 이스라엘의 전全 역사를 통하여 이스라엘 백성과 항상 함께 동행 하신 여호와 하나님을 이스라엘 사람들은 다음과 같이 고백하고 있습니다:

> "내 조상은 방랑하는 아람 사람으로서 애굽에 내려가 거기에서 소수로 거류하였더니 거기에서 크고 강하고 번성한 민족이 되었는데, 애굽 사람이 우리를 학대하며 우리를 괴롭히며 우리에게 중노동을 시키므로, 우리가 우리 조상의 하나님 여호와에 부르짖었더니 여호와께서 우리 음성을 들으시고 우리의 고통과 신고와 압제를 보시고, 여호와께서 강한 손과 편 팔과 큰 위엄과 이적과 기사로 우리를 애굽에서 인도하여 내시고, 이곳으로 인도하사 이 땅 곧 젖과 꿀이 흐르는 땅을 주셨나이다."(신 26:5-9)[200]

이상 살펴본 바와 같이, 여호와 하나님은 이스라엘 조상 아브람이 그의 고향 하란을 떠난 날로부터 시작하여 그의 후손들이 가나안 땅에 이르기까지 성실히 그들과 함께 동행 하셨습니다. 이렇듯 하나님은 결코 홀로

---

199) 수 1:5 : "네 평생에 너를 능히 대적할 자가 없으리니 **내가 모세와 함께 있었던 것 같이 너와 함께 있을 것이니라.** 내가 너를 떠나지 아니하며 버리지 아니하리니."

200) 쩜머리는 '하나님이 이스라엘을 애굽에서 이끌어내셨다는 고백은 홀로 독립되어 있는 것이 아니라 하나님이 출애굽 이후 이스라엘을 가나안 땅까지 인도하셨다는 것을 고백하는 것이라'고 해석한다((W. Zimmerli, 김정준 역, 『舊約神學』, 한국신학연구소 85)

높은 보좌에 앉아 계시는 분이 아니라, 항상 사람들에게 다가오시어, 그를 부르시고, 그에게 언약言約을 주시고, 그 언약을 성실히 수행하기 위해서 인간과 항상 함께 계시는 '임마누엘'의 하나님이십니다. 이런 점에서 인간은 홀로 있는 존재가 아니라, 하나님이 언제나 함께 동행 하시고자 하는 동반자이며, 그러기에 또한 많은 피조물 가운데서 선택된 존재입니다.

3. 죄인들과 함께하시는 하나님의 아들

구약에서는, 여호와 하나님께서 선택하신 어느 특정한 사람과 '함께 동행' 하시는 것으로 나타나지만, 신약에서는 하나님께서 직접 인간과 존재론적으로 '함께 계심Mitsein'으로 표현되고 있습니다. 그 분이 바로 예수 그리스도입니다. 바꾸어 말하면 '동행 형식' 혹은 '파송 형식'은 인간의 경험을 통하여 확증된 '임마누엘 양식Immanuelsformel'으로 고백됩니다: '하나님이 그와 함께 계셨다', 혹은 '하나님이 우리와 함께 계시다.'(사 7:4; 8:8,10)201) 그러나 인간들이 구원받았다는 확언이나 고백은 자연히 형성된 것이 결코 아닙니다. '임마누엘'에 대한 예언과 인간들의 고백은 예수 그리스도의 지상 생애를 통하여 역사적으로 확증되었습니다. 왜냐하면 예수님께서 공생애 동안 제일 먼저 찾아간 사람들은 바로 비천한 신분의 사람들이었기 때문입니다. 그래서 예수님은 바리새인들과 서기관들로부터 세리 및 죄인들과 함께 한다는 비난을 받았습니다:

> "그의 집에 앉아 잡수실 때에 많은 세리와 죄인들이 예수와 그의 제자들과 함께 앉았으니 이는 그러한 사람들이 많이 있어서 예수를 따름이러라. 바리새

---

201) 이와 유사한 표현들: 창 21:20,22; 26:28; 31:5; 35:3; 39:2,23; 민 1:17; 신 2:7; 32:12; 수 6:27; 사 1:19; 2:18; 삼상 3:19; 10:7; 16:18; 18:12; 삼하 5:10; 7:3,9; 왕하 18:7; 역상 22:18; 역하 1:1; 13:12; 15:2; 15:9; 17:3; 시 23:4; 46:8,12; 91:15; 사 8:8,10; 렘 20:11; 스 8:23. 프로이스는 임마누엘 약속(사 8:8,10 비. 7:14)을 다음과 같이 설명한다. "이사야 8:8,10: '임마누-엘'은 백성들이 외침 내지는 부름으로 나타난다: '오! 임마누엘이 아닌가?' '보라 하나님이 우리와 함께 하시지 않는가?'그러나 이사야 7장 14절과의 연관 내지는 그에 대한 관련은 아마도 (시 46:7,11; 역하 13:12) 이것이 아닌가 한다. 그러나 사 8:10 에서는 신뢰동기Vertrauensmotiv가 내포되어 있다."(그의, op. cit., 151)

인의 서기관들이 예수께서 죄인 및 세리들과 함께 잡수시는 것을 보고 그의 제자들에게 이르되 어찌하여 세리 및 죄인들과 함께 먹는가?"(막 2:15-16)

그러나 예수님은 그 바리새인과 서기관들에게 이르시되, "건강한 자에게는 의사가 쓸 데 없고 병든 자에게라야 쓸 데 있느니라. 나는 의인을 부르러 온 것이 아니요 죄인을 부르러 왔노라"(막 2:17)고 답변하십니다. 그리고 실제로 예수님은 병자, 창기, 세리, 가난한 자, 귀신 들린 자들을 찾아가 그들을 어려운 고통으로부터 구원해 내십니다.202) 이렇듯 예수님이 가까이 접근한 사람들은 각종 병으로 고생하는 사람들과 귀신 들린 사람들과 사회의 그늘진 곳에서 힘없이 살아가는 가난한 사람들이었습니다. 그래서 이러한 처지에 있던 사람들이 예수의 소문을 듣고서 예수님께 많이 몰려 왔습니다(마 4:24-25).203)

이와 상응하게 예수님께서는 사회적으로 귀한 자리에 초대받지 못할 사람들, 곧 병자, 절름발이, 귀신들린 사람, 아기 못 낳는 여인들이 '하나님의 나라'에 초대받고 있음을 '하나님 나라'에 대한 비유의 말씀 속에서도 증언하고 있습니다(마 22:1-10). 한 마디로 말해서 예수님은 '세리와 죄인의 친구'(눅 7:34)가 되어 그들과 어울려 함께 음식을 잡수십니다(막 2:16). 예수님이 누구를 만나 어떠한 관계를 가지셨는지 자세히 알 수 없으나, 성경의 증언에 의하면 예수님은 항상 비천한 인간, 특히 그 당시 종교적으로 죄인 취급을 받는 사람들과 함께하셨습니다. 다시 말해서 예수님은 이사야 선지자의 다음과 같은 약속, 곧 "두려워하지 말라. 내가 너와 함께함이라. 놀라지 말라. 나는 네 하나님이 됨이라. 내가 너를 굳세게 하리라. 참으로 너를 도와주리라. 참으로 나의 의로운 오른손으로 너를 붙들리라"(사 41:10)는 예언과 '고난의 종'에 대한 예언(사 53:12)204)을 성취하시기 위하여 세상의 죄

---

202) 성경은, 예수님께서 17가지 종류의 육체의 질병을 치유하는 기사를, 7가지의 정신적 질병을 치유하는 기사를 보고하고 있다.

203) 마 4:24-25 : "그의 소문이 온 수리아에 퍼진지라. 사람들이 모든 앓는 자 곧 각종 병에 걸려서 고통당하는 자, 귀신 들린 자, 간질 하는 자, 중풍병자들을 데려오니 그들을 고치시더라. 갈릴리와 데가볼리와 예루살렘과 유대와 요단 강 건너편에서 수많은 무리가 따르니라."

204) 사 53:12 : "그러므로 내가 그에게 존귀한 자와 함께 몫을 받게 하며 강한 자와 함께 탈취한

인들과 함께 하셨습니다(눅 22:37).205) 그리고 실제로 예수님은 자신을 십자가에 못 박도록 내어 준 인간들의 죄를 대신 지고, 범죄자들과 함께 골고다에서 십자가에 못 박혀 죽으셨습니다. 이렇듯 예수님의 공생애는 처음부터 마지막 순간까지 죄인들과 함께하는 삶이었습니다.

이러한 점에서 우리는 이제 여기서 예수님의 삶이 가지고 있는 인간학적 관점을 간파看破할 수 있습니다. 즉 예수님께서 죄인과 세리와 창기와 눌린 자와 가난한 자에게 가까이 다가가시고, 그들과 함께 먹고, 마시고, 대화하고 동행 하셨다는 것은, 죄인罪人인 우리 인간과 함께하셨다는 것입니다. 왜냐하면 예수님은 처음부터 의인義人을 부르러 오시지도 않고, 죄인罪人을 부르러 오셨기 때문입니다. 그리고 아담의 후손인 인간은 모두 죄인이기 때문에 현실적으로 이 세상에는 의인義人이 하나도 없습니다(롬 3:10-18). 따라서 예수님이 이 세상에 오신 것, 그 자체는 곧 이 세상의 죄인들을 구원하시기 위해서 오신 것이나 다름없습니다. 그리고 예수님은 그의 생애 마지막 순간까지 실제로 강도強盜들과 함께 십자가에 못 박히셨습니다. 더 자세히 말하면 자신의 죄를 회개한 자들에게 하나님의 나라를 유업으로 주시기 위해서 이 땅에 오셔서 '하나님의 나라'를 선포하신 것입니다. 그리고 실제로 회개한 강도에게 예수님은 하나님의 나라에서 함께 거하실 것을 약속해 주셨습니다: "예수께서 이르시되 내가 진실로 네게 이르노니 오늘 네가 나와 함께 낙원에 있으리라."(눅 23:43) 뿐만 아니라, 한 걸음 더 나아가 부활하신 후 하늘에 승천하실 때에도 제자들에게 "내가 세상 끝 날까지 너희와 항상 함께 있으리라."(마 28:20) 이러한 의미에서 예수 그리스도는 그의 이름(임마누엘) 그대로 '우리와 함께 계시는 하나님'이십니다. 그러면 예수님이 승천하신 후 인간에게는 누가 함께 계시는가?

것을 나누게 하리니 이는 그가 자기 영혼을 버려 사망에 이르게 하며 **범죄자 중 하나로 헤아림을 받았음이니라.** 그러나 그가 많은 사람의 죄를 담당하며 범죄자를 위하여 기도하였느니라."

205) 눅 22:37 : "내가 너희에게 말하노니 기록된 바 그는 불법자의 동류로 여김을 받았다 한 말이 내게 이루어져야 하리니 내게 관한 일이 이루어져 감이니라."

4. 각 사람에게 임하신 성령님

성부, 성자, 성령 삼위일체 하나님의 세 번째 존재 양식인 성령 하나님도 역시 고난 받는 사람과 함께 동행 하시는 분이십니다. 구약 성경이 증언하는 성령은 "무엇보다도 사사 시대에 은사 받은 정치적 지도자들과의 연관성 속에서"206) 언급되고 있습니다. 우선 사사기 3장 7절 이하에 의하면, 이스라엘이 여호와를 멀리하고 우상 숭배를 한 연고로 이방인들의 지배를 받게 되었습니다. 그러자 이스라엘 사람들은 이방인들의 억압으로 고난을 받게 되자, 그들의 조상의 하나님 여호와께 울부짖었습니다. 그러자 하나님의 영靈이 '옷니엘'에게 임하여 이방 나라의 핍박으로부터 이스라엘 백성을 구원해 주십니다. 이를 사사기 3장 9-10절은 다음과 같이 보고하고 있습니다:

> "이스라엘 자손이 여호와께 부르짖으매 여호와께서 이스라엘 자손을 위하여 한 구원자를 세워 그들을 구원하게 하시니, 그는 곧 갈렙의 아우 그나스의 아들 옷니엘이라. 여호와의 영이 그에게 임하셨으므로 그가 이스라엘의 사사가 되어 나가서 싸울 때에 여호와께서 메소보다미아 왕 구산 리사다임을 그의 손에 넘겨주시매 옷니엘의 손이 구산 리사다임을 이기니라"(삿 3:9-10)

이와 같이 여호와께서 이방 나라의 왕을 사사士師 '옷니엘'의 손에 붙이시어, 전쟁에 승리하게 하심으로, 그 후 이스라엘은 40년간 '평온한 날'을 갖습니다. 사무엘상 11장도 역시 이스라엘 백성들이 외부의 침입으로 저항 능력을 상실하고 집단적 무능력에 빠지게 되었습니다. 왜냐하면 그 당시 '암몬Ammon' 사람들이 동요르단 도시 '야베스' 지역을 점령하였기 때문입니다. 그래서 '야베스' 지역 거주민들은 '암몬' 사람들에게 항복하고자 하였습니다: "우리가 조약을 맺읍시다. 우리가 당신을 섬기겠습니다." 이에 대하여 암몬 사람 '나하스'가 '야베스' 주민들의 화친 요청을 거부하고 "이르되, 내가 너희 오른 눈을 다 빼야 너희와 언약하리라"(삼상 11:2)고 이스라

---

206) C. Westerman, *"Geist im Alten Testament"*, EvTh 41(1981), 225.

엘 백성을 모독합니다. 그러자 무서워 놀란 '야베스' 주민들은 구원자를 구하러 사울에게 사신(使臣)을 보냅니다. 그들이 사울에게 가서 자신들의 어려운 형편과 절박하고 위급한 상태를 보고합니다. 이때의 정황을 사무엘상 11장 6-7절은 다음과 같이 보고합니다:

> "사울이 이 말을 들을 때에 하나님의 영에게 크게 감동되매 그의 노가 크게 일어나 한 겨리의 소를 잡아 각을 뜨고 전령들의 손으로 그것을 이스라엘 모든 지역에 두루 보내어 이르되 누구든지 나와서 사울과 사무엘을 따르지 아니하면 그의 소들도 이와 같이 하리라 하였더니 여호와의 두려움이 백성에게 임하매 그들이 한 사람 같이 나온지라."(삼상 11:6-7)

그 후 사울은 암몬 사람들을 쳐부수어 '야베스' 주민을 죽음의 위기에서 구원합니다(삼상 11:11). 이와 아주 비슷한 또 다른 두 이야기(삿 6:34, 삿 11:29)에서도 특정한 사람에게 하나님 영(靈)의 강림한 사건이 보고되고 있습니다.[207]

이상의 '하나님 영'의 강림에 대한 보고에서 공통적으로 나타나는 것은, 이스라엘 백성으로 하여금 그들의 어려운 상황 속에 자신들의 활동력을 다시금 새롭게 되찾도록 해 주고, 그들을 피할 수 없는 위기 속에서 구원한 실질적인 주체는, 성령 하나님이라는 것입니다. 왜냐하면 성경은 이 사사들에 대하여 '하나님의 영이 그 위에 임하였다', '하나님의 영이 그의 위에 내리셨다', '하나님의 영이 그를 감쌌다' 등으로 표현하고 있기 때문입니다. 이렇듯 하나님의 영의 '담지자Traeger', 즉 '성령을 받은 자'는 공동체를 두려움과 고통의 상황으로부터, 그리고 '누가 우리를 구원할까?' 하는 탄식 소리가 높은 상황으로부터 공동체를 구원하였습니다.

이렇듯 성령에 의해서 사로잡힌 사람들은 긴박한 역사적 위협으로 사로잡힌 백성들을 공식적인 단결과 활동력을 모아서 구원합니다. 그 대표적

---

207) 삿 6:34 : "여호와의 영이 기드온에게 임하시니 기드온이 나팔을 불매 아비에셀이 그의 뒤를 따라 부름을 받으니라."; 삿 11:29 : "이에 여호와의 영이 입다에게 임하시니 입다가 길르앗과 므낫세를 지나서 길르앗의 미스베에 이르고 길르앗의 미스베에서부터 암몬 자손에게로 나아갈 때에"

인 이야기가 바로 삼손-이야기(삿 13-16)입니다.208) 바꾸어 말해서 성령강림으로 인간이 자기의 인격성을 상실하는 것이 아니라, 즉 종교적 몰아적 황홀경에 빠지는 것이 아니라, 오히려 객관적으로 공동체의 결성을 조성하여 그 공동체를 위기로부터 구출해 냅니다. 이 점을 우리는 이사야 11장에서 발견할 수 있습니다. 이사야 11장 1절 이하, 제2이사야 그리고 제3이사야서에서 이러한 사실을 발견할 수 있습니다. 먼저 이사야 42장, 특히 소위 첫 번째 하나님 종의 노래의 제1절과 3절은 다음과 같이 기술하고 있습니다:

> "내가 붙드는 나의 종, 내 마음에 기뻐하는 자 곧 내가 택한 사람을 보라. 내가 나의 영을 그에게 주었은즉 그가 이방에 정의를 베풀리라. 그는 외치지 아니하며 목소리를 높이지 아니하며 그 소리를 거리에 들리게 하지 아니하며, 상한 갈대를 꺾지 아니하며 꺼져가는 등불을 끄지 아니하고 진실로 정의를 시행할 것이며"(사 42:1-3)

이 본문에 의하면 성령 받은 자는 정치적 권력을 형성하기 위하여 그 어떠한 노력도 하지 않습니다. "그는 외치지 아니하며, 목소리를 높이지 아니하며, 그 소리를 거리에 들리게 하지 아니하며, … 진실로 정의를 시행하는" 분입니다. 이러한 분을 이사야 61장 1절하에서는 가난한 자에게 기쁜 소식을 전하고, 갇힌 자에게 해방의 해를 선포하기 위해서209) 보냄을 받은 분으로 묘사하고 있습니다. 그런데 누가복음 16절 이하에 의하면, 예수 그리스도는 이사야 61장 1절 이하를 자기 자신과 관련시키심으로써, 그리고 마태복음 12장 18절 이하에서는 이사야 42장을 예수 그리스도의 사역과 연결시킴으로써 예수 그리스도는 구약의 사사들에게 임한 하나님 영의 '담지자'임을 명백히 증언하고 있습니다. 즉 예수님은 여호와의 영이

---

208) R. Smend, *Die Entstehung des Alten Testaments* 2.Aufl., Stuttgart 1981, 127.
209) 여기서 성령에 관한 "해방신학적" 언급의 일차적인 성서적 근거가 인식되어질 수 있을 것이다. 참고. J. Conblin, *Der Heilige Geist*, Düsseldorf 1988, 74ff, 123f, 159ff, 그러나 또한 출 23,10ff; 레 25.25ff; 신 15.2ff.

임하여 머물러 있는 바로 그러한 분이십니다. 그것은 무엇을 의미합니까? 이것은 성령을 받은 자, 곧 성령이 임한 자는 백성들을 구원하는 구원 사역을 담당하는 자라는 것을 뜻하는 것입니다. 이러한 의미에서 예수는 온 인류를 구원하기 위해서 성령을 받은 자라는 뜻입니다. 즉 성령으로 잉태되고(마 1:20), 성령이 그에게 임하고(마 3:16), 성령으로 부활하신 분이십니다(롬 1:4). 그러므로 예수의 사역은 곧 성령의 사역이며, 성령의 사역은 바로 인간을 구원하는 메시아적 사역이라는 것이다. 이렇듯이 하나님은 성령으로 오늘날도 우리와 함께 계시는 분이십니다.

이제 사사들에게 일어난 성령의 구원 사역, 곧 하나님의 구원 사역은, 예수 그리스도의 화해 사역으로 끝나지 않고, 오늘도 역사 속에서 계속되고 있습니다. 즉 성령은 모든 사회적, 정치적 문화적 갈등 구조를 극복하고 둘을 하나로 만드는 화해와 일치의 사역을 교회 안에서 수행하고 계십니다. 즉 성령 안에서는 이방인과 유대인, 자국인과 외국인, 남쪽 사람과 북쪽 사람, 남자와 여자, 제1세계와 제3세계의 국민이 구별 없이 모두 한 분 하나님의 동일한 권속이며, 백성인 것입니다. 다시 말해서 남자와 여자, 노인과 젊은이, 남종과 여종이 성령을 받으면, 모두 동일한 하나님의 백성이 되는 것입니다. 갈라디아서 기자가 증언하듯이 "너희는(그리스도의 이름으로 세례를 받은 자는) 유대인이나 헬라인이나, 종이나, 자유인이나, 남자나 여자나 다 그리스도 예수 안에서 하나"(갈 3:28)이듯이, 성령의 부어 주심을 받은 자는 모두 하나이며, '한 생명의 영靈'에 의해서 인도함을 받는 것입니다.210)

그래서 볼프Hans W. Wolff는, 하나님의 영이 모든 육체 위에 부어질 것에 대한 요엘 선지자의 예언은 일반적으로 약자들, 힘과 희망이 없는 자들과 하나님께서 함께 하심으로 그들에게 새로운 삶을 위한 생명을 부여하는 것으로 해석하고 있습니다. 그렇지만 성령은 남자와 여자의 통일을 주장

---

210) 이러한 증언은 신약 성서의 성령론적 진술을 각인하고 있다. 고전 12:13에 대하여는 Schüssler Fiorenza, *Zu ihrem Gedächtnis*, 84, 236ff. 이러한 관계성 안에서 눅 2:25ff., 36ff가 또한 언급될 수 있을 것이다.

하거나, 남녀의 절대-상대적 평등을 주장한 것이 아니라, 그 당시 팽배해 있던 남녀의 분리를 극복한 것입니다. 즉 사람들 간의 분리와 불의不義로 세워진 인간과 인간과의 차별을 극복한 것입니다. 그러나 하나님의 영을 부어 주심으로 인하여 아들과 딸, 노인과 젊은이, 남종과 여종 모두가 한 분 하나님의 영을 통하여 서로 함께, 서로를 위하여 하나님의 의도하신 바의 방향으로 새롭게 설정된 것입니다. 그러므로 더 이상 교회 안에서조 차 이방인과 유대인이라는 신분의 갈등과 분리가 있어서는 안 되고, 그 분리는 한 분 하나님의 영에 의해서 극복되고 있습니다. 그래서 이제 교 회 안에 있는 하나님의 영 안에서는, 더 이상 분리와 차별이 있을 수 없 는 것입니다.211) 이렇게 예수님은 성령으로 세상 끝날까지 우리와 함께 동행 하실 것입니다: "내가 너희에게 분부한 모든 것을 가르쳐 지키게 하 라. 볼지어다. 내가 세상 끝 날까지 너희와 항상 함께 있으리라 하시니라" (마 28:20) 그렇다면 하나님께서 우리와 함께 계심으로 인하여 일어난 구원 사건의 마지막은 어떻게 되는가?

5. 마지막 날 하나님의 나라에서 함께 거할 하나님과 그의 백성

일찍이 이사야 선지자는 인간이 떨어져 나온 '에덴Eden' 동산의 회복을 다음과 같은 비전으로 계시하고 있습니다:

> "이새의 줄기에서 한 싹이 나며 그 뿌리에서 한 가지가 나서 결실할 것이
> 요, 그의 위에 여호와의 영 곧 지혜와 총명의 영이요 모략과 재능의 영이요
> 지식과 여호와를 경외하는 영이 강림하시리니. 그가 여호와를 경외함으로 즐
> 거움을 삼을 것이며 그의 눈에 보이는 대로 심판하지 아니하며 그의 귀에 들

---

211) 그러나 이러한 갈등과 분리의 극복은 성부, 성자, 성령 삼위일체 되시는 하나님의 영을 받은 사람들 안에서 일어나는 합일과 결합을 의미하지, 결코 최근에 칼 라너(K. Rahner), 베른하르트 벨테(Bernhard Welte), 요한 밥티스트 로츠(Johann Baptist Lotz), 에머리히 코레트(Emerich Coreth) 같은 가톨릭의 종교신학자들이 주장하는 바, 선험 철학적 혹은 종교 다원주의적 전망 에서 초월하신 하나님 영의 보편적 사역에 의한 종교 다원주의적 합일을 의미하지는 않는다. 참고. **K. Rahner,** Bemerkunggen zum Begriff der Offenbarung, in: K. Rahner/J. Ratzinger, Offenbarung und Überlieferung, Freiburg 1965 - **Ders.,** Grundkurs des Glaubens. Freiburg/Basel/Wien 2.Aufl. 1976.

리는 대로 판단하지 아니하며, 공의로 가난한 자를 심판하며 정직으로 세상의 겸손한 자를 판단할 것이며 그의 입의 막대기로 세상을 치며 그의 입술의 기운으로 악인을 죽일 것이며, 공의로 그 허리띠를 삼으며 성실로 그의 몸의 띠를 삼으리라. 그 때에 이리가 어린 양과 함께 살며 표범이 어린 염소와 함께 누우며 송아지와 어린 사자와 살진 짐승이 함께 있어 어린 아이에게 끌리며, 암소와 곰이 함께 먹으며 그것들의 새끼가 함께 엎드리며 사자가 소처럼 풀을 먹을 것이며, 젖 먹는 아기가 독사의 구멍에서 장난하며 젖 뗀 어린 아이가 독사의 굴에 손을 넣을 것이라. 내 거룩한 산 모든 곳에서 해 됨도 없고 상함도 없을 것이니 이는 물이 바다를 덮음 같이 여호와를 아는 지식이 세상에 충만할 것임이니라"(사 11:1-9)

이와 상응하게 요한계시록은 하나님의 장막이 이 세상에 임할 때의 상황을 다음과 같이 묘사하고 있습니다:

"내가 새 하늘과 새 땅을 보니 처음 하늘과 처음 땅이 없어졌고 바다도 다시 있지 않더라. 또 내가 보매 거룩한 성 새 예루살렘이 하나님께로부터 하늘에서 내려오니 그 준비한 것이 신부가 남편을 위하여 단장한 것 같더라. 내가 들으니 보좌에서 큰 음성이 나서 이르되 보라 하나님의 장막이 사람들과 함께 있으매 하나님이 그들과 함께 계시리니 그들은 하나님의 백성이 되고 하나님은 친히 그들과 함께 계셔서, 모든 눈물을 그 눈에서 닦아 주시니 다시는 사망이 없고 애통하는 것이나 곡하는 것이나 아픈 것이 다시 있지 아니하리니 처음 것들이 다 지나갔음이러라. 보좌에 앉으신 이가 이르시되 보라 내가 만물을 새롭게 하노라 하시고 또 이르시되 이 말은 신실하고 참되니 기록하라 하시고, 또 내게 말씀하시되 이루었도다 나는 알파와 오메가요 처음과 마지막이라. 내가 생명수 샘물을 목마른 자에게 값없이 주리니, 이기는 자는 이것들을 상속으로 받으리라 나는 그의 하나님이 되고 그는 내 아들이 되리라"(계 21:1-7)

이 두 개의 계시 증언 속에서 한 가지 공통점을 발견할 수 있습니다. 그것은 하나님이 우리 인간과 함께 거하신다는 것입니다. 바꾸어 말하면, 우리가 영원히 하나님과 함께 거하게 될 것입니다. 그런데 그 곳은 바로 십자가 위에서 회개하고 구원을 요청한 강도에게 허락한 '낙원'이고, 그곳은 또한 예수님께서 처음부터 선포하신 '하나님의 나라'입니다. 그 하나님의 나라로 우리를 인도하기 위해서 하나님은 이 땅에 오셔서 하나님 나라에 이르기까지 성령으로 우리와 함께 동행 하고 계신 것입니다.

***** 참회의 기도

태초부터 우리와 함께 계시길 원하셨던
창조주 하나님,
우리를 향한 주님의 뜻을
영원히 거두지 마시고,
속히 이루소서!
지금부터 마지막 순간까지
그리고 이곳에서 그곳까지
순간도 종들을 떠나지 마옵소서

이 종이 어리석어
주님의 곁을 떠난다 할지라도,
님은, 종들을 떠나지 마시고,
주님의 약속대로
종과 영원히 함께 하옵소서

- 아멘

IV. 인간의 계약 파트너가 되신 하나님

나는 너희 하나님, 너희는 내 백성

***** 토의 주제*****

1. 하나님이 영원 전부터 계획하신 일이 무엇이라고 생각하는가?
2. 무엇에 근거하여 당신은 예수 그리스도를 통하여 구원을 받을 것이라고 확신하는가?
3. '하나님의 백성'이 된 사람에게 무엇이 요청되고 있다고 생각하는가?

1. 나 여호와는 인간이 아니다

우리는 앞 절에서, 기독교의 하나님은 홀로 계신 분이 아니라, 인간을 사랑하시고, 인간과 항상 함께 동행 해 주시는 '임마누엘Immanuel' 하나님이라는 것을 알았습니다. 즉 창조주 여호와 하나님은 인간을 창조하시고, 그를 이 세상에 내어버리신 하나님이 아니라, 오히려 역사 속에서 인간이 고통당하고 있을 때, 이 세상 속으로 들어와 인간과 항상 함께 동행 해 주시는 인간의 동반자가 되신 하나님이심을 알았습니다.212) 뿐만 아니라 기독교의 하나님은, 인간이 당신의 말씀을 불순종하고 죄를 범하였음에도 불구하고, 인간을 징벌하기보다는 오히려 구원하시기를 원하십니다. 이러한 점에서 볼 때, 기독교의 하나님은 다른 사람의 죄를 용서하지 못하는 우리 인간과는 '전혀 다른 분totaliter aliter'이십니다213) 그래서 여호와 하

---

212) M. Buber, *Der Glaube der Propheten*, 1950, 66,56f.

나님은 자신을 다음과 같이 스스로 구별하십니다: "내가 나의 맹렬한 진노를 나타내지 아니하며, 내가 다시는 에브라임(북이스라엘)을 멸하지 아니하리니 이는 내가 하나님이요, 사람이 아님이라 네 가운데 있는 거룩한 이니, 진노함으로 네게 임하지 아니하리라."(호 11:9)[214] 이와 같이 창조주 하나님은 당신에게 대항하는 죄 많은 인간에 대하여 졸렬하게 분노만하고 계시는 분이 아니라, 오히려 적극적으로 인간의 죄를 용서하시고, 인간들 가운데 함께 계셔서, 인간의 하나님이 되어 주시겠다고 약속해 주신 언약의 하나님이십니다. 왜냐하면 인간은 스스로 생겨난 존재가 아니라, 여호와 하나님에 의해서 창조된 피조물이기 때문입니다.

그러므로 창조주 하나님은 인간을 창조하시고, 저 높은 하늘 보좌 위에 홀로 고독하게 계신 분이 아니라, 타락한 인간을 찾아서 이 세상으로 구체적인 '육신肉身'이란 물질을 입고 들어오신 '화육inkarnation'하신 '인격 hypostasis'체이십니다. 그러므로 우리는 '하나님 없는 인간'에 대하여 이야기 할 수 없을 뿐만 아니라, '인간 없는 하나님'에 관하여도 이야기할 수 없습니다. 이렇게 인간의 역사 속으로 들어오시는 창조주 하나님은 구체적인 인간들과 역사 속에서 항상 인간과 '함께 동행'하시고 계십니다. 한 걸음 더 나아가 인간을 버리지 않으시고, 인간과 항상 동행하시는 하나님은 단지 '우발적偶發的'으로, 당신이 원하는 때만, 우리와 함께 동행 해 주시는 것이 아니라, 영원히 인간들의 하나님이 되어 주시겠다고 약속해 주셨습니다. 이러한 의미에서 기독교의 하나님은 '내가 너희 하나님이 되어 주마' 하고 약속하신 언약의 하나님'이십니다. 즉 창조주 하나님께서 인간들에게 구체적으로 '나는 너희의 하나님이 되어, 너희를 나의 백성이 되게 하겠노라'(렘 7:23; 겔 36:28; 호 1:9)[215]고 약속해 주셨습니다. 바꾸어 말하면 기독교에서

---

213) 이 말은, 콘이 이야기하였듯이, "하나님은 언제나 그분에 대하여 우리가 경험하는 그 이상의 존재"라는 뜻이다(James Cone, *A Black Theology of Leberation*, New York: Lippincott, 1970; 2판. Maryknoll, N.Y.: Orbis Books, 1986, 143)

214) 북 이스라엘을 '에브라임'이라고 부르기도 하였다(참고, 사 7:8,9; 11:13; 렘 31:20; 호 5:13).

215) 렘 7:23 : "오직 내가 이것을 그들에게 명령하여 이르기를 너희는 내 목소리를 들으라. 그리하면 나는 너희 하나님이 되겠고 너희는 내 백성이 되리라. 너희는 내가 명령한 모든 길로 걸어가라. 그리하면 복을 받으리라 하였으나"; 겔 36:28 : "내가 너희 조상들에게 준 땅에서 너희가

말하는 '인간'은, 창조주 하나님의 계약 백성입니다. 즉 하나님이 친히 인간들의 하나님이 되어 주시겠다고 약속하심으로, 인간은 하나님의 백성이 될 수 있는 길이 열려 있다는 것입니다. 그렇다면 성경 어디서 이러한 사실을 발견할 수 있는가?

창조주 하나님은 최초 인간 '아담'이 하나님의 말씀에 불순종하는 것을 보시고는, 그들이 생명나무 열매까지 따먹는 죄를 범할까 염려하여 그들을 에덴동산에서 내어 쫓으셨습니다.(창 3:23-24) 그러나 인간이 정작 에덴동산에서 쫓겨나 사탄의 노예가 되어 고통을 당하고 있는 것을 보시고, 하나님은 인간을 다시는 저주하지 않겠다고 스스로 작정하고(창 8:21), 인간에게 구원을 약속해 주십니다. 이것이 바로 노아와 맺은 영원한 언약입니다. (창 9:9-17) 그러나 이러한 언약은 자기 동생 아벨을 죽인 가인에게 하신 약속에 상응합니다.(창 4:14-15)216) 그리고 한 걸음 더 나아가 이러한 언약은 최초 인간 아담을 창조하시기 이전, 영원 전에 계획하신 하나님의 영원한 '예정Praedestination'에도 상응합니다.217) 왜냐하면 이 영원한 예정에 따라서 하나님은 에덴을 창설하시고 그 곳에 최초 인간 '아담'을 두셔서 만물을 경작하고 지키게 하셨기 때문입니다.(창 2:15)218) 한 마디로 말해서, 창조주 하나님은 영원 전부터 당신의 '형상Imago'을 본받아 창조하신 인간과 영원히 함께 거居하시어, 인간의 하나님이 되시기를 원하셨던 것입니다.(참고 딛 1:2)219) 바로 이러한 하나님의 '영원한 계획' 때문에, 인간이 당신의 말씀에 불순종하여 죄를 범하였음에도 불구하고, 하나님께서 직접 육신을 입고

거주하면서 내 백성이 되고 나는 너희 하나님이 되리라"; 호 1:9 : "여호와께서 이르시되 그의 이름을 로암미라 하라. 너희는 내 백성이 아니요 나는 너희 하나님이 되지 아니할 것임이니라."
216) 창 4:14-15 : "주께서 오늘 이 지면에서 나를 쫓아내시온즉 내가 주의 낯을 뵈옵지 못하리니 내가 땅에서 피하며 유리하는 자가 될지라 무릇 나를 만나는 자마다 나를 죽이겠나이다. 여호와께서 그에게 이르시되 그렇지 아니하다 가인을 죽이는 자는 벌을 칠 배나 받으리라 하시고 가인에게 **표를 주사 그를 만나는 모든 사람에게서 죽임을 면하게 하시니라.**"
217) J. Calvin, *Institute*, I, 16, 8: "그분(하나님)은 자신의 지혜를 따라 영원의 저 끝으로부터 친히 행하실 바를 작정하셨고, 이제는 그 권능으로 친히 작정하신 바를 이루신다."
218) 창 2:15 : "여호와 하나님이 그 사람(아담)을 이끌어 에덴 동산에 두어 그것을 경작하며 지키게 하시고"
219) 딛 1:2 : "영생의 소망을 위함이라 이 영생은 거짓이 없으신 하나님이 영원 전부터 약속하신 것인데"

다시 인간을 찾아오신 것입니다. 이러한 점에서 창조주 여호와 하나님은 우리 인간과 '전적으로 다른 분'이십니다.(민 23:19; 삼상 15:29)[220] 그렇다면 우리와 전적으로 다른 하나님이 영원 전부터 계획하신 일이 무엇인가?

2. 하나님의 영원한 의지: 나는 너희의 하나님이 되고, 너희는 나의 백성이 될 것이다

우리는 인간을 향한 하나님의 '영원한 뜻'이 무엇인지를, 우리의 이성理性으로는 알 수 없습니다. 그러나 하나님의 '영원한 의지'는 이스라엘 백성의 조상 아브라함을 비롯하여 그리스도의 제자들에게 '언약言約' 혹은 '계약契約' 속에 계시되어 있습니다. 이 언약은 이스라엘의 역사 초두初頭부터 이세상 마지막에 성취되어질 때까지 결코 변경될 수 없는 영원한 것입니다. 왜냐하면 여호와 하나님과 자기 백성 이스라엘 사이의 근본적인 관계를 규정하는 '계약Bund, berith, διαθηκη' 혹은 '언약'이라는 '용어Terminus' 그 자체는, 비록 구약과 신약 전체에 전반적으로 나타나지는 않지만, "나는 너희의 하나님이 되겠고, 너희는 내 백성이 되리라"(렘 7:23, 11:4; 30:22, 31, 33 32, 38; 겔 36:28; 참고. 계 21:7)는 '계약 양식Bundesformel'으로 요약될 수 있기 때문입니다. 이러한 하나님과 이스라엘과의 관계 규정은, 구약과 신약을 꿰뚫는 성경의 가장 '근본적인 내용'입니다.[221] 이러한 하나님의 '약속', 혹은 '서약'[222]은 이스

---

220) 민 23:19 "하나님은 사람이 아니시니 거짓말을 하지 않으시고 인생이 아니시니 후회가 없으시도다. 어찌 그 말씀하신 바를 행하지 않으시며 하신 말씀을 실행하지 않으시랴."; 삼상 15:29 : "이스라엘의 지존자는 거짓이나 변개함이 없으시니 그는 사람이 아니시므로 결코 변개하지 않으심이니이다 하니"

221) '계약' 혹은 '언약' 이러한 단어들의 어원은 불확실하다.(비교. W. Eichrodt, *Theol. des A.T.* 1.Bd. 1933, 7 Anm. 5; G. Quell, *ThWB zum NT* ll, 106f.) '계약(berith, διαθηκη)'이라는 단어는 제의祭儀 때에 제물을 '자르는(Scheinung)' 행위를 뜻하기도 하고, 혹은 계약을 맺는 당사자들의 의지를 결합한다는 뜻에서 '결속(Fesselung)'이란 뜻을 가지고 있기도 하며, 혹은 모든 예식(Zeremonie)을 마치고 우정을 확인하는 의미에서 행하는 "식사(Mahl)"를 뜻하기도 한다. 그리고 이 단어가 '선택(barah)'이라는 동일한 어근에서 유래하였다 하여 곧바로 '선택(Wahl)'이라는 뜻이 될 수 있다. 여하간 분명한 것은 두 계약 당사자(Partner)가 연대적으로 상호 상대적인 의무를 위임받는 법적인 예식의 한 요소를 뜻하는 것만은 확실하다.

222) 엡슨은 '계약'을 어느 한 사람이 상대방에게 규정된 사항을 성실히 지키기로 약속하는 '서약'으로 이해한다. 이 점에 관하여: A. Jepsen, "Berith", Festschrift von W. Rudolpf, 1961, 161-179 - E. Kutsch, *Verheißung und Gesetz* [BZAW 131] , 1972.

라엘 백성뿐만 아니라, 모든 피조물을 향한 '하나님의 영원한 의지ewiger Wille Gottes입니다. 그렇다면 이러한 사실을 우리는 어디서 확인할 수 있는가?

우선 앞에서 언급한 바와 같이, 기독교의 하나님은 인간의 죄에 대하여 징벌보다는, 오히려 죄로부터 인간을 구원하여, '복福' 주시기를 기뻐하시는 분이십니다. 하나님은 최초 인간 아담이 하나님의 말씀에 불순종하여 악惡의 노예가 되었음에도 불구하고, 인간을 죄로부터 구원하시기를 원하십니다. 더 자세히 말하면 하나님은 인간을 사탄의 노예로부터 해방시켜, '하나님의 백성'으로 만드시기를 원하십니다. 이러한 하나님의 의지를 표현한 것이 바로 "나(하나님)는 너희(인간들)의 하나님이 되고, 너희(인간)는 내(하나님의) 백성이 되리라"는 영원한 '언약'입니다. 그래서 여호와 하나님은 이스라엘 조상 아브라함에게, "내가 내 언약을 나와 너 및 네 대대 후손 사이에 세워서 영원한 언약을 삼고, 너와 네 후손의 하나님이 되리라. … 나는 그들의 하나님이 되리라"(창 17:7-8)고 약속해 주신 것입니다. 그런데 이러한 하나님의 영원한 언약은 이스라엘 역사를 통하여 언제든지 반복해서 다시금 이스라엘 백성들에게 주어집니다. 특히 이스라엘 백성들에게 영원히 잊어지지 않는 출애굽 사건은 그들의 조상 아브라함에게 여호와 하나님께서 친히 약속하신 바에 근거한 것임을 출애굽기는 다음과 같이 증언하고 있습니다:

> "여러 해 후에 애굽 왕은 죽었고 이스라엘 자손은 고된 노동으로 말미암아 탄식하며 부르짖으니, 그 고된 노동으로 말미암아 부르짖는 소리가 하나님께 상달된지라. 하나님이 그들의 고통 소리를 들으시고, 하나님이 아브라함과 이삭과 야곱에게 세운 그의 언약을 기억하사"(출 2:23-24)

이와 같이 "내가 내 언약을 나와 너 및 네 대대 후손 사이에 세워서 영원한 언약을 삼고, 너와 네 후손의 하나님이 되리라. … 나는 그들의 하나님이 되리라"(창 17:7-8)는 여호와 하나님의 '언약'은 단지 '하나님의 통치Gottes

Herrschaft'라는 의미를 넘어서서,[223] 인간 '구원에 대한 약속'입니다. 한 걸음 더 나아가, "나는 그들의 하나님이 되리라"는 여호와 하나님의 언약이 예레미야 선지자를 통한 '새로운 언약'에 대한 예언에서는 '율법 준수에 대한 약속'까지 포함합니다:

> "그러나 그 날 후에 내가 이스라엘 집과 맺을 언약은 이러하니, 곧 내(하나 님)가 나의 법(계약의 말씀)을 그들의 속에 두며, 그들의 마음에 기록하여, 나 는 그들의 하나님이 되고 그들은 내 백성이 될 것이라. 여호와의 말씀이니 라."(렘 31:33)

뿐만 아니라 "내가 내 언약을 나와 너 및 네 대대 후손 사이에 세워서 영원한 언약을 삼고, 너와 네 후손의 하나님이 되리라. … 나는 그들의 하나님이 되리라"(창 17:7-8)는 여호와 하나님의 '언약'은 이제 결정적으로 예수 그리스도를 통한 새 계약 체결로 이어지는데, 이는 '언약'의 본래 의도가 '인간 구원'에 있었음을 명백히 드러내 줍니다:

> "그들이 먹을 때에 예수께서 떡을 가지사 축복하시고 떼어 제자들에게 주 시며 이르시되, 받아서 먹으라 이것은 내 몸이니라 하시고, 또 잔을 가지사 감사 기도하시고 그들에게 주시며 이르시되, 너희가 다 이것을 마시라. 이것 은 죄 사함을 얻게 하려고 많은 사람을 위하여 흘리는바 나의 피 곧 언약의 피니라."(마 26:26-28)[224]

---

223) 이러한 언약에 의하면, 여호와 하나님은 가나안 땅이라는 구체적인 장소에서 이스라엘의 사람 들의 하나님(주, 곧 통치자)이 되시겠다는 뜻이다. 따라서 이 언약을 바꾸어 해석하면, 여호와 하나님께서 통치하시는 '하나님 나라'에 대한 언약이라고 볼 수 있다. 왜냐하면 이스라엘 백성 이 왕을 세우기 전에는 '하나님의 왕권Jaweh-Königtum' 사상이 지배적이었다. 그러다가 사울을 이스라엘의 왕으로 세움으로써 세속적인 왕이 등장하기 때문이다.
224) 구약 성경의 계약 전승에 의하면, 계약을 맺을 때 계약 파트너에게 피를 뿌리는 예식이 있었다: "모세가 **피를 가지고** 반(半)은 여러 양푼에 담고, 반은 제단에 뿌리고, 언약서를 가져다가 백성 에게 낭독하여 듣게 하니, 그들이 이르되 여호와의 모든 말씀을 우리가 준행하리이다. 모세가 그 피를 가지고 백성에게 뿌리며 이르되, 이는 여호와께서 이 모든 말씀에 대하여 너희와 세우 신 **언약의 피니라**"(출 24:6-8).

그렇다면 여기서 질문이 제기됩니다: 하나님께서 아브라함에게 약속하신 말씀, 곧 "내가 내 언약을 나와 너 및 네 대대 후손 사이에 세워서 영원한 언약을 삼고, 너와 네 후손의 하나님이 되리라. … 나는 그들의 하나님이 되리라"(창 17:7-8)는 '영원한 언약'이나, 예언자들에게 "나는 너희의 하나님이 되고, 너희는 내 백성이 될 것이라"(렘 7:23, 11:4: 30:22, 31, 33 32, 38: 겔 36:28: 참고, 계 21:7)고 약속하신 말씀의 '내 백성'이란 구체적으로 누구를 의미하는가?

우선 '계약 양식Bundesformel' 속에 나타난 '내 백성'이란, 일차적으로 정치적 형태를 취하고 있는 '국가'를 의미하지 않습니다. 그렇다고 해서 '내 백성'이, 이 지상地上의 외형적 '민족 공동체' 혹은 '국가들', 혹은 여러 국가들 가운데 하나로서의 '민족 공동체' 혹은 '종족들의 결집' 혹은 '부족들의 총체' 같은 그 어떤 것이 결코 아닙니다. '나의 백성'이란, 구체적으로 '이스라엘'이라는 '계약 공동체', 더 자세히 말하면, 12라는 숫자로 나누어진 '부족들의 동맹체(Amphiktyonie: 12지파 동맹체)'를 의미합니다.

그러나 '나의 백성'을 구약과 신약 안에서 통전적으로 이해하면, 단지 이스라엘 '계약 공동체'만을 의미하는 것이 아니라, 하나님의 언약을 받은 모든 사람들을 의미합니다. 왜냐하면 '이스라엘 백성'이라는 부족-공동체는 여호와 하나님을 그들의 보이지 않는 설립자요, 최고 통치자요, 보호자요 그리고 그들에게 율법을 주신 분으로 인식하고 있었기 때문입니다. 더 자세히 말하면 '이스라엘 백성'이란, 처음에는 '벧엘Bethel'에 있었고, 그 다음은 '실로Siro'에 옮겨져 보호되었고, 나중에는 다윗 왕의 통치 시대에 예루살렘으로 다시 옮겨진 - 아마도 여호와 하나님의 비어 있는 옥좌를 상징하고 있었던 - '하나님의 법궤'를 보이는 신앙적 구심점으로 삼고 있었던 '여호와 신앙 공동체'를 의미합니다.225) 그리스도인들이 '여호와 하나님의 백성'이라면, 백성들의 의무는 무엇인가?

---

225) 참고, M. Noth, *Das Gesetz im Pentateuch* 1940, 63f., 70f. - 동저자, *Geschichte Israels*, 1950, 74f.

3. 하나님 백성의 의무

여호와 하나님과 이스라엘의 조상 아브라함 그리고 이스라엘 백성과 맺은 계약은 처음부터 계약 당사자가 대등한 관계 속에서 합의合意한 것이 아니라, 여호와 하나님께서 일방적으로 이스라엘과 맺으신 계약, 곧 하나님께서 주도권을 갖고 일방적으로 주신 '언약'이지만(창 15:9ff; 17:2,10,13f; 출 34:10,27 등), 계약의 수행을 위해서 계약 당사자인 인간도 하나님께 대하여 행하여야 하는 의무가 있습니다.226) 즉 세속적인 나라의 백성도 국가에 대하여 의무가 있는 것처럼, 하나님의 계약 백성도 계약 파트너이신 하나님에 대하여 의무가 있습니다. 그것은 여호와 하나님만을 사랑하고 그를 섬기고, 그에게만 예배하는 것입니다. 왜냐하면 계약은 가르침의 의미도 가지고 있기 때문입니다(비교. 왕하 22:8,11; 23:2f; 17:15; 시 78:10 등). 여호와 하나님은 이를 위해서 십계명을 이스라엘 계약 백성에게 주셨습니다.(출 24:3-8; 34:10ff) 특히 신명기 학파는 '십계명'과 '계약'을 밀접히 연관시키고 있습니다.(신 4:13; 5:2f) 그래서 십계명의 돌판은 '계약의 돌판'으로 불리었으며(신 9:9), 십계명 돌판을 보관하는 법궤는 '언약궤'로 불리었습니다.(신 10:8; 31:25f; 수 3:3,6 등). 특히 신명기는 계약 준수를 강조하기 위해서 여호와 신앙의 배타성을 요구하는 십계명의 제1계명을 특별히 강조하였습니다. 즉 신명기 기자들은 제1계명의 위반을 계약의 위반으로 간주하였습니다.(신 4:23; 31:16,20; 수 23:16; 삿 2:19f; 왕하 17:15, 35, 37f)227)

그러나 여호와 하나님의 계약 파트너인 인간이 계약, 곧 계명을 지켜야 하는 이유는 단지 계약 수행을 위한 전제 조건이 아닙니다. 계약 파트너인 인간이 계약 조건을 지키는 것은 계약을 통하여 주어진 하나님의 은총을 자기 것으로 수용하기 위한 수단에 불과한 것입니다. 다시 말해서 계

---

226) 침멀리도 아브라함의 언약을 순전히 은총의 계약만은 아니라고 해석한다. 왜냐하면 이 언약은 "나는 엘 샤다이니라. 너는 내 앞에서 행하여 완전하라"(창 17:1; 비교 6:9; 신 18:13; 시 15:2)로 시작하기 때문이라고 한다. 이 점에 관하여: W. Zimmerli, "Sinaibund und Abrahambund", in: ders., *Gottes Offenbarung*, 205ff.

227) 참고. W. H. Schmidt, *Alttestamentlicher Glaube in seiner Geschichte* 4.Aufl., 1982, 강성렬 역, 『역사로 본 구약신앙』, 나눔사 1990, 165.

약을 통한 하나님의 '언약'과 계약 백성의 '의무'는 결코 배타적인 것이 아닙니다. 왜냐하면 예수 그리스도를 통하여 새롭게 맺어질 새 계약에 대한 예언은, 계약 파트너인 인간의 율법 준수를 내포하고 있기 때문입니다. 즉 여호와 하나님은 예수 그리스도를 통하여 새롭게 맺어질 새 계약을 통하여 인간의 계약 준수를 도와주실 것을 언약해 주십니다. 더 자세히 말하면 여호와 하나님은 우리로 하여금 계약을 성실히 준수하도록 하기 위하여 '보혜사' 성령을 보내 주실 것을 예언자를 통하여 이미 약속하셨습니다:

> "또 새 영靈을 너희 속에 두고 새 마음을 너희에게 주되 너희 육신에서 굳은 마음을 제거하고 부드러운 마음을 줄 것이며, 또 내 신神을 너희 속에 두어 너희로 내 율례를 행하게 하리니, 너희가 내 규례를 지켜 행할지라. 내가 너희 조상들에게 준 땅에서 너희가 거주하면서 내 백성이 되고 나는 너희 하나님이 되리라"(겔 36:26-28)

그리고 하나님께서는 당신의 언약을 성취하시기 위하여 '성령'을 보내시어, 계약 파트너 인간으로 하여금 계약을 성실히 준수하도록 돕고 계십니다. 이를 통하여 여호와 하나님 자신은 성실히 인간의 하나님이 되어 주십니다. 이렇게 계약 파트너 하나님의 성실한 계약 준수로 말미암아, 인간은 아무 공로 없이 하나님의 참된 자녀가 되는 축복을 받는 것입니다. 따라서 계약 파트너 인간은 하나님을 찬양하고, 그분만을 섬기며 예배해야 하는 것입니다.

그러므로 여호와 하나님의 의지가 영원하듯이, 하나님과 인간이 맺은 계약도 영원한 것이고, 인간의 '계약 의무' 또한 영원한 것입니다. 즉 계약은 과거의 산물이 아니라, 현재도 여전히 유효한 '영속성'을 가지고 있습니다. 왜냐하면 신명기 기자는, 여호와 하나님과 이스라엘 백성이 맺은 계약의 영속성을 다음과 같이 증언하고 있기 때문입니다:

> "우리 하나님 여호와께서 호렙 산에서 우리와 언약을 세우셨나니, 이 언약은 여호와께서 우리 조상들과 세우신 것이 아니요, 오늘 여기 살아 있는 우리

곧 우리와 세우신 것이라"(신 5:2-3) 바로 이러한 근거에서 하나님의 계약은 '영원한 언약'으로서 이 세상 마지막에 가서 온전히 성취되는 것입니다: "내가 들으니 보좌에서 큰 음성이 나서 이르되 보라 하나님의 장막이 사람들과 함께 있으매 하나님이 그들과 함께 계시리니, 그들은 하나님의 백성이 되고 하나님은 친히 그들과 함께 계셔서 … 나는 그의 하나님이 되고 그는 내 아들이 되리라"(계 21:3-7).

이제 이상 앞에서 분석한 내용을 고려해 볼 때, '왜 하나님은 인간이 되셨는가*Cur deus homo?*'라고 묻는다면, 창조주 하나님은 인간의 하나님이 되시기 위해서, 다시 말하면, 인간의 계약 파트너가 되시기 위해서 인간이 되셨다고 답변할 수 있을 것입니다. 왜냐하면 여호와 하나님과 인간 사이의 '계약'은, 구약 성경의 제의祭儀, 율법 수여, 예언, 역사 기술 그리고 문학 작품에서 항상 전제된 하나님의 관계 그 자체일 뿐만 아니라, 하나님 앞에 서 있는 인간의 모든 문제들에 대한 답변이기 때문입니다. 다시 말해서 '계약'은 이스라엘 종교의 '공통 분모Generalnenner'와 같은 하나의 양식이기 때문입니다. 그리고 이 계약에 따라서 지금도 창조주 하나님은 '나의 하나님', 곧 우리 죄 많은 인간의 하나님이 되시고자 하십니다.

***** 참회의 기도

여호와 하나님!
이제는 더 이상
당신의 곁을 떠나지 말고
주님의 백성이 되게 하옵소서!

주, 성령이시어!
이제는 당신의 말씀을
성실히 준수하게 하옵소서

창조주 하나님,
이제는 당신만을
나의 하나님으로 고백하게 하소서!

- 아멘 -

V. 인생의 빛이 되신 하나님

어린 양이 세상의 등불이 되리라

***** 토의 주제 *****

1. 무엇을 보고 어두움의 권세가 세상을 지배하고 있다는 것을 어떻게 알 수 있는가?
2. 이 세상 어두운 권세로부터 벗어날 수 있는 길이 무엇이라고 생각하는가?
3. 하나님이 이 세상의 '빛'으로 오셨다는 증거가 무엇인가?

1. 어두움 속에 있는 인생

우리는 지금 제4장, 곧 '하나님은 왜 인간이 되셨는가*Cur deus homo?*'라는 질문에 대하여, 성경이 증언하는 바, 하나님과 인간과의 관계에 대하여 숙고하고 있습니다. 그 결과 첫째로, 하나님은 인간을 창조하시고 그냥 이 세상에 방치해 두시지 아니하심을 알았습니다. 즉 하나님은 끊임없이 인간의 하나님이 되시기를 원하고 계시는 것을 알았습니다. 그러므로 기독교 인간학, 더 자세히 말하면 '성경적 인간관'은 하나님 없이 단지 인간에 대해서만 결코 이야기할 수 없음을 알았습니다. 즉 하나님은 인간과 항상 함께 동행 하시기를 원하고, 인간의 성실한 계약 파트너가 되시기를 원하는 분이라는 것을 알았습니다. 이렇듯 창조주 하나님은 인간을 사랑하시는 분이시기 때문에, 인간이 죄로 인하여 고통을 당하고 있는 것을 보시고, 직접 나사렛 예수의 몸을 입으시고 이 땅에 오셨다는 것을 알았습니다. 그런데 하나님은 단지 이 세상에 오셔서 인간의 죄를 대신 지고 대속代贖의 죽음을 죽으신 것뿐만 아니라, 친히 인간의 삶을 인도하고, 그들을 생명에로 인도하고 계시는 살아 계신 하나님이십니다.

이렇게 역사 속으로 오신 하나님, 곧 예수 그리스도를 요한복음은 '세상의 빛ἐγώ εἰμι τὸ φῶς τοῦ κόσμου에고 에미 토 포스 투 코스무', 곧 '생명의 빛τὸ φῶς τῆς ζωῆς토 포스 테스 조에스'(요 8:12)으로 지칭하고 있습니다. 그래서 사도 바울은 그리스도인들을 그 '빛의 아들' 곧 '낮의 아들'υἱοὶ φωτός ἐστε καὶ υἱοὶ ἡμέρας휴오이 포토스 에스테 카이 휴오이 헤메라스'(살전 5:5a; 눅 16:8;)이라는 새로운 언어로 표현하고 있습니다.228) 그리스도인을 '빛의 아들'로 표현하고 있다는 것은, 역逆으로 이해하면, 그리스도인이 아닌 사람들은 '어두움의 아들'(살전 5:5b)이라는 뜻입니다. 그리고 실제로 누가복음은 예수 그리스도를 모르는 갈릴리 사람들을 '어둠과 죽음의 그늘에 앉은 자'(눅 1:79 이 밖에 엡 5:8; 요일 2:9; 마 22:13)라고 표현하고 있습니다.229) 이러한 표현은 마태, 마가, 누가복음의 언어적 표현과는 다른, 요한복음에서만 나타나는 언어적 표현의 특성입니다.230) 그럼에도 불구하고 이러한 언어 표현들은 다른 복음서들에서 예수님께서 선포하신 내용과 결코 다르지 않습니다. 왜냐하면 이러한 표현들은, 창조주 하나님이 인간의 형태를 입으시고, 예수 그리스도의 모습으로 이 땅에 오신 것을 단지 '은유적'으로 표현한 것이기 때문입니다: "나(예수 그리스도)는 빛으로 세상에

---

228) 요 8:12 : "예수께서 또 말씀하여 이르시되 **나는 세상의 빛이니** 나를 따르는 자는 어둠에 다니지 아니하고 **생명의 빛을** 얻으리라."; 살전 5:5 "너희(그리스도인)는 다 **빛의 아들**이요 낮의 아들이라 우리가 밤이나 어둠에 속하지 아니하나니."; 눅 16:8 : "주인이 이 옳지 않은 청지기가 일을 지혜 있게 하였으므로 칭찬하였으니 이 세대의 아들들이 자기 시대에 있어서는 **빛의 아들들보다** 더 지혜로움이니라."

229) 엡 5:8 : "**너희가 전에는 어둠이더니**, 이제는 주 안에서 빛이라 빛의 자녀들처럼 행하라"; 요일 2:9 : "**빛** 가운데 있다 하면서 **그 형제를 미워하는** 자는 지금까지 어둠에 있는 자요"; 마 22:13 : "임금이 사환들에게 말하되 그 손발을 묶어 바깥 **어두운 데에 내던지라** 거기서 슬피 울며 이를 갈게 되리라 하니라."

230) 요한복음의 언어적 특성은 예컨대, '빛과 어두움'; '거짓과 진실'; '위의 것과 아래의 것'의 이분법적 분리에 의한 대조적 표현과 ὁ πατήρ와 ὁ υἱός의 비교 같은 것이다. 특히 예수 자신의 말에 사용된 수많은 ἐγώ εἰμι; '생수'; '생명의 떡'; '세상의 빛' 등의 구속적 개념이다. 그리고 예수 그리스도를 '아버지께서 보내신 사람'; '하늘로 올라가신 분' 등으로 표현하고 있는 것은 요한복음이 가지고 있는 언어적 표현의 특성이다. 이점에 관하여: Werner Georg Kümmel, *Einleitung in das Neue Testament*, 박익수 역, 『신약 정경 개론』, 대한기독교출판사 1988, 221)

왔나니, 무릇 나를 믿는 자로 어둠에 거하지 않게 하려 함이로라."(요 12:46) 이렇게 '세상의 빛'으로 예수 그리스도께서 이 땅에 오셨다면, 이 세상은 '어두움의 세계'를 뜻하는 것이고, 이 세상에 살고 있는 죄 많은 인간들의 삶은 '어두움 속에 있는 인생'임이 틀림없습니다. 그렇다면 우리는 어떻게 이 세상의 '어두움의 권세'에서 벗어날 수 있을까요?

2. 빛으로 나타나신 하나님과 예수 그리스도

창세기의 증언에 의하면, '창조된 빛'과 '창조되지 않은 빛'의 두 가지가 있습니다. '창조된 빛'은 하나님께서 창조하신 광명체, 곧 태양日과 달月과 별星에서 나오는 '자연의 빛'이고, '창조되지 않는 빛'은 '빛'으로 현현하신 하나님 자신을 가리키는 '거룩한 영적靈的 빛'입니다. 창세기 기자는 '자연의 빛' 창조를 다음과 같이 기술하고 있습니다:

"하나님이 이르시되 하늘의 궁창에 광명체들이 있어 낮과 밤을 나뉘게 하고 … 또 광명체들이 하늘의 궁창에 있어 땅을 비추라 하시니 그대로 되니라. 하나님이 두 큰 광명체를 만드사 큰 광명체로 낮을 주관하게 하시고 작은 광명체로 밤을 주관하게 하시며 또 별들을 만드시고, 하나님이 그것들을 하늘의 궁창에 두어 땅을 비추게 하시며, 낮과 밤을 주관하게 하시고 빛과 어둠을 나뉘게 하시니 하나님이 보시기에 좋았더라."(창 1:14-18)

그러나 이러한 낮과 밤을 주관하는 '광명체'에서 나오는 '자연의 빛'과는 다르게 창조주 하나님 자신의 나타나심을 가리키는 '거룩한 빛'이 또 있습니다. 이 빛은 모세가 호렙 산에서 보았던 '떨기나무 속의 불꽃'입니다:

"여호와의 사자가 떨기나무 가운데로부터 나오는 불꽃 안에서 그에게 나타나시니라. 그가 보니 떨기나무에 불이 붙었으나 그 떨기나무가 사라지지 아니하는지라. 이에 모세가 이르되 내가 돌이켜 가서 이 큰 광경을 보리라. 떨기나무가 어찌하여 타지 아니하는고 하니, 그 때에 여호와께서 그가 보려고 돌이켜 오는 것을 보신지라. 하나님이 떨기나무 가운데서 그를 불러 이르시되

모세야, 모세야 하시매 그가 이르되 내가 여기 있나이다."(출 3:2-4)

이와 상응하게 여호와께서는, 이스라엘 백성들이 광야를 지날 때에, 그들 앞에 가시며 낮에는 구름 기둥으로 그들의 길을 인도하시고, 밤에는 불 기둥을 그들에게 비추시고, 백성 앞에서 떠나지 아니하셨습니다.(출 13:21-22) 그래서 시편 기자는 여호와 하나님의 역사 속 내재內在를 "주(하나님)께서 옷을 입음 같이 빛을 입으시며"(시 104:2)라고 노래하고 있습니다. 그리고 다니엘서도 역시 "빛이 그(하나님)와 함께 있도다"(단 2:22)라고 찬양하고 있습니다. 한 걸음 더 나아가 요한일서 기자는 아주 단정적으로 "하나님은 빛이시라, 그에게는 어둠이 조금도 없으시다."(요일 1:5)고 선포하고 있습니다.

그런데 이렇게 '떨기나무 불꽃' 가운데 나타나신 하나님은 사실은, 하늘 높은 보좌 위에 계시던 하나님이 이 세상으로 자기를 비우시고 내려오신 것입니다: "내(여호와 하나님)가 내려가서 그들을 애굽인의 손에서 건져내고 그들을 그 땅에서 인도하여 아름답고 광대한 땅, 젖과 꿀이 흐르는 땅 … 에 데려가려 하노라."(출 3:8) 다시 말씀드려서 여호와 하나님은 이 세상에서 고난 받는 인간들을 구원하시기 위해서 호렙 산 떨기나무에 '불꽃'으로 내려오신 것입니다. 한 걸음 더 나아가 고난 받는 이스라엘 백성을 구원하시기 위해서 호렙 산의 떨기나무에 '불꽃'으로 임하신 여호와 하나님은, 구체적으로 '인간의 형상'을 입으시고 이 땅에 오실 것을 선지자의 비전Vision을 통하여 미리 계시해 주셨습니다. 그래서 에스겔 선지자는 이 점을 다음과 같이 예언하고 있습니다: "내가 보니 … 불이 번쩍번쩍하여 빛이 그 사방에 비치며, … 그(불) 속에서 네 생물의 형상이 나타나는데, 그들의 모양이 이러하니 그들에게 사람의 형상이 있더라."(겔 1:4-5) 이와 상응하게 마태복음서는, 예수 그리스도께서 갈릴리에서 구원 사역을 시작하신 일을, 사망과 어두운 세상에 '빛'이 비추인 것으로 묘사하고 있습니다: "흑암에 앉은 백성이 큰 빛(예수 그리스도)을 보았고 사망의 땅과 그늘에 앉은 자들에게 빛이 비치었도다."(마 4:16, 인용. 사 9:2; 42:6; 49:6)[231] 다시 말해서 이스라엘 백성의 구원자 여호와 하나님이 '떨기나무 불꽃' 가운데서 모세에게 임하셨던 것처럼, 어두움의 권세에 사로 잡혀 있는 인간을 구원하시기 위하여 '인간의 형상'을 입으시고, '세상의 빛'으로 오신 분이 바로 나사렛 예수 그리스도이신 것입니다.

이상의 증언들을 고려해 볼 때, 요한복음이, 태초의 말씀이 육신肉身을 입고 이 땅에 오신 것을(요 1:14) "참 빛 곧 세상에 와서 각 사람에게 비추는 빛"(요 1:9)으로 바꾸어 쓴 것은 결코 무리한 의미변형이 아닙니다. 왜냐하면 모세에게 '호렙' 산에서 가시 떨기나무 속에서 '타지 않는 불꽃'으로 나타나신 여호와 하나님이 나사렛 예수의 육신을 입으시고, 세상을 구원하시는 빛으로 오신 분이시기 때문입니다. 이러한 하나님의 구원의 섭리 속에서 예수 그리스도는 아주 당당하게 "나(예수 그리스도)는 빛으로 세상에 왔나니, 무릇 나를 믿는 자로 어둠에 거하지 않게 하려 함이로라"(요 12:46)고 선포하셨습니다. 이와 상응하게 요한복음 기자도 아주 단정적으로 "빛이 세상에 왔다"(요 3:19)고 증언하고 있습니다. 이러한 의미에서 '빛'으로 오신 예수 그리스도는 '창조되지 않은 영원한 빛', 곧 인간이 일찍이 볼 수 없었던 '여호와 하나님의 빛' 이외에 다른 것이 아닙니다. 그래서 디모데 전서는 "오직 그(예수 그리스도)에게만 죽지 아니함이 있고, 가까이 가지 못할 빛에 거하시고 어떤 사람도 보지 못하였고, 또 볼 수 없는 이(분)"(딤전 6:16)라고 힘주어 증언하고 있습니다.

그런데 바로 이 '가까이 하지 못할 빛'은 다시금 다메섹 도상道上에서 그리스도인들을 박해하던 청년 사울에게 비추었습니다:

---

231) 마태복음 기자는 예수가 갈릴리 지방에 이르게 된 것을 다음과 같은 이사야 선지자의 예언이 성취된 것으로 해석하고 있다: "예수께서 … 갈릴리로 물러가셨다가, 나사렛을 떠나 스불론과 납달리 지경 해변에 있는 가버나움에 가서 사시니, 이는 선지자 이사야를 통하여 하신 말씀을 이루려 하심이라 일렀으되, 스불론 땅과 납달리 땅과 요단 강 저편 해변 길과 이방의 갈릴리여 흑암에 앉은 백성이 큰 빛을 보았고 사망의 땅과 그늘에 앉은 자들에게 빛이 비치었도다" (마 4:12-16; 인용 사 9:2; 비교 사 42:6; 49:6) : "나 여호와가 의로 너를 불렀은즉 내가 네 손을 잡아 너를 보호하며 너를 세워 백성의 언약과 이방의 빛이 되게 하리니"(사 42:6) : "내가 또 너를 이방의 빛으로 삼아 나의 구원을 베풀어서 땅 끝까지 이르게 하리라."(사 49:6)

"사울이 길을 가다가 다메섹에 가까이 이르더니 홀연히 하늘로부터 빛이
그를 둘러 비추는지라. 땅에 엎드러져 들으매 소리가 있어 이르시되 사울아
사울아 네가 어찌하여 나를 박해하느냐 하시거늘, 대답하되 주여 누구시니이
까 이르시되 나는 네가 박해하는 예수라."(행 9:3-5)

이와 같이 호렙 산 가시 떨기나무 속에서 '꺼지지 않는 불꽃'으로 나타
나신 여호와 하나님은 예수 그리스도의 모습으로 이 땅에 오셨고, 사도
바울에게 비추셨으며, 지금도 많은 사람들을 인도하는 '구원의 빛'으로 역
사하고 계십니다.232) 그리고 바로 이러한 근거에서 예수의 이 땅에 오심
을 성경은 '생명의 빛'(요 8:12)이 어두움의 세상에 비추인 것으로 바꾸어 표
현하고 있는 것입니다. 그렇다면 이 빛은 우리에게 어떠한 유익을 주고
있는가?

3. 어두움 속에서 인생을 인도하시는 구원의 빛

앞 절에서도 언급하였듯이, 요한복음은 예수 그리스도를 '세상의 빛' 혹
은 '생명의 빛'(요 8:12)으로, 그리고 그리스도인들을 '빛의 아들'(살전 5:5)로 표
현하고 있는 반면에, 예수 그리스도를 모르는 이 세상 사람들을 '어두움의
자녀', 혹은 '어두움과 죽음의 그늘에 앉은 자'(눅 1:79, 비교 엡 5:8), 혹은 '어둠에
있는 자'(요일 2:9), 혹은 '어두운 데에 내던진 자'(마 8:12; 22:13) 등으로 표현하고
있습니다.233) 그리고 예수님의 시험 기사에 의하면, 실제로 이 세상은 어
두움의 권세인 사탄 마귀에 의해서 지배당하고 있습니다. 왜냐하면 마귀
는 예수 그리스도를 데리고 지극히 높은 산으로 가서 천하만국과 그 영광
을 보여 주면서, "만일 내게 엎드려 경배하면 이 모든 것을 네게 주리라"

---

232) 그 때도 여호와 하나님은 모세의 접근을 저지하셨다: "하나님이 이르시되, 이리로 가까이 오지
말라."(출 3:5a) 이와 상응하게 디모데전서도 예수 그리스도를 **가까이 가지 못할 빛에 거하시
는**(딤전 6:16) 분으로 증언하고 있다.

233) '빛(τò φῶς)'과 결합된 소유격은 여러 가지 서로 다른 의미를 가지고 있다. 예컨대 τò φῶς το
ῦ κόσμου는 '목적을 의미하는 소유격'으로 보아 '세상을 위한 빛'으로 해석될 수 있고(비교. 요
1:4 : τò φῶς τῶν ἀνθρώπον : '인간을 위한 빛', 그러나 요 11:9 에서는 주격을 의미하는 소유
격이다.) 그리고 똑 같이 '주격을 의미하는 소유격'이라도 τò φῶς τῆς ζωῆς 에서는 '생명'을
만드는 힘, 혹은 '생명을 은혜로 주는 빛'으로 해석할 수 있다.

(마 4:8-9)고 제안하였기 때문입니다. 따라서 예수 그리스도의 자녀가 아닌 사람은 '어두움의 자녀'이고, 예수 그리스도가 통치하지 않는 세상은 '어두움의 권세가 지배하는 세상'입니다.(참고 눅 22:53) 그래서 성도들의 신앙적 싸움은 "혈과 육을 상대하는 것이 아니요, 통치자들과 권세들과 이 어둠의 세상 주관자들과 하늘에 있는 악의 영들을 상대"(엡 6:12)하는 것입니다.

그래서 예수 그리스도께서 '어두움의 권세'에 사로잡혀 있는 인간들을 구원하시기 위하여 '세상의 빛'으로 오신 것입니다. 즉 예수님께서는 '어두움의 권세'에 사로잡혀 있는 인간을 구원하여 당신의 자녀로 삼으시기 위해서 이 땅에 '생명의 빛'으로 오신 것입니다. 그래서 베드로전서는 성도들을 부르신 목적을 '어두움'에서 '생명의 빛'으로 인도하기 위한 것으로 증언하고 있습니다:

> "그러나 너희(그리스도인들)는 택하신 족속이요 왕 같은 제사장들이요 거룩한 나라요 그(그리스도)의 소유가 된 백성이니, 이는 너희를 어두운 데서 불러내어 그의 기이한 빛에 들어가게 하신 이의 아름다운 덕을 선포하게 하려 하심이라"(벧전 2:9)

이와 상응하게 미가 선지자도 일찍이 "여호와께서 나의 빛이 되실 것이로다"(미 7:8)라고 예언하였던 것입니다. 뿐만 아니라, 시편 기자도 "주의 말씀은 내 발에 등이요 내 길에 빛"(시 119:105)이라고 찬양하고 있습니다.234) 이러한 이유에서 예수 그리스도는 "내가 세상에 있는 동안에는 세상의 빛 φώς είμι κόσμουϕος 에이미 투 코스무"(요 9:5; 요일 2:8)이라고 선언하셨던 것입니다.235) 따라서 그리스도인들은 이 '구원의 빛'이신 그리스도의 자녀들입니다: "너희는 다 빛의 아들이요 낮의 아들이라. 우리가 밤이나 어둠에 속하지 아니하나니"(살전 5:5)

이상 앞에서 살펴본 바에 근거하여, 사도들도 그리스도인들에게 이 '구

---

234) 잠 6:23 : "대저 명령은 등불이요 법은 빛이요 훈계의 책망은 곧 생명의 길이라"
235) 요일 2:8 : "어둠이 지나가고 참 빛이 벌써 비침이니라."

원의 빛이신 그리스도' 안에 거居하라고 권고하고 있습니다: "그(그리스도)가 빛 가운데 계신 것 같이, 우리도 빛 가운데 행하면 우리가 서로 사귐이 있고 그 아들 예수의 피가 우리를 모든 죄에서 깨끗하게 하실 것이요."(요일 1:7) 뿐만 아니라, 한 걸음 더 나아가 사도들은, 주님께서 성도들을 불러 모으신 목적은 "이방의 빛으로 삼아 너로 땅 끝까지 구원"(행 13:47)하기 위한 것이라고 증언하고 있습니다. 왜냐하면 우리 주님께서 이미 그의 제자들에게 "너희는 세상의 빛이라 … 너희 빛이 사람 앞에 비치게 하여 그들로 너희 착한 행실을 보고 하늘에 계신 너희 아버지께 영광을 돌리게 하라"(마 5:14-16, 병행 눅 8:16)고 명령하셨기 때문입니다. 그래서 에베소서 기자도, 너희가 그리스도인이 되기 전에는 어두움의 자녀였지만, "이제는 주主 안에서 빛이니, 빛의 자녀들처럼 행하라"(엡 5:8)고 권하고 있습니다. 이러한 근거에서, "빛 가운데 있다 하면서 그 형제를 미워하는 자는 (아직까지) 어둠에 있는 자"(요일 2:9)라고 요한 기자는 판단하고 있습니다. 그렇다면 여기서 이 우주적 광명체의 빛과 참 '구원의 빛'과는 어떠한 관계가 있는가 하는 질문이 생길 것입니다.

4. 소멸되어질 광명체의 빛과 영원한 등불이 되신 어린 양

요엘 선지자는 일찍이 "여호와의 크고 두려운 날이 이르기 전에 해日가 어두워지고 달月이 핏빛 같이 변하리라"(요엘 2:31)고 예언하였습니다. 이와 상응하게 예수님께서도 이 세상 마지막 때는 창조된 광명체인 '해'와 '달'이 그 빛을 잃을 것이라고 선언하고 계십니다:

> "그 날 환난 후에 즉시 해가 어두워지며, 달이 빛을 내지 아니하며, 별들이 하늘에서 떨어지며 하늘의 권능들이 흔들리리라. 그 때에 인자(예수 그리스도)의 징조가 하늘에서 보이겠고, 그 때에 땅의 모든 족속들이 통곡하며 그들이 인자가 구름을 타고 능력과 큰 영광으로 오는 것을 보리라."(마 24:29-30)

이렇게 인자人子가 이 세상을 심판하러 오실 때, 그 때는 옛 광명체 마저 빛을 잃고 전적으로 다른 세계가 될 것을 예수님은 선언하셨습니다. 그래서 전도자는 청년들에게 "해와 빛과 달과 별들이 어둡기 전에, 비 뒤에 구름이 다시 일어나기 전에"(전 12:2) 창조주를 기억하라고, 아주 긴박한 목소리로 권하고 있습니다. 왜냐하면 마지막 때는 "땅(이) 혼돈하고 공허하며, 하늘에는 빛이 없을"(렘 4:23) 것이기 때문입니다.

그러나 이사야 선지자는 한 걸음 더 나아가, 단지 해와 빛과 달과 별들이 어두워지는 것이 아니라, 앞으로는 하나님의 영원한 빛이 비추게 될 것이라고 예언하고 있습니다: "다시는 낮에 해가 네 빛이 되지 아니하며, 달도 네게 빛을 비추지 않을 것이요, 오직 여호와가 네게 영원한 빛이 되며 네 하나님이 네 영광이 되리니."(사 60:19)[236] 이 말씀은, 창조된 '자연의 빛'은 더 이상 이 세상을 비추는 빛이 되지 못하고, 하나님 자신이 친히 이 세상의 빛이 되신다는 뜻입니다. 이러한 예언에 근거해 볼 때 세상의 빛으로 오신 예수 그리스도만이 이 세상을 비추는 참 빛이십니다. 그러므로 요한계시록은 이 세상 마지막 날에 임할 새 하늘과 새 땅, 곧 새 예루살렘을 비출 '빛'은 어린 양 예수 그리스도이심을 예언하고 있습니다: "그(하나님의 어린양, 예수 그리스도를 의미함)의 오른손에 일곱 별이 있고 그의 입에서 좌우에 날선 검劍이 나오고 그 얼굴은 해가 힘 있게 비치는 것 같더라."(계 1:16) 계속해서 요한계시록은 새 하늘과 새 땅에 건설된 새 예루살렘의 형상을 다음과 같이 기술하고 있습니다:

"(예루살렘) 성 안에서 내가 성전을 보지 못하였으니, 이는 주 하나님 곧 전능하신 이와 및 어린 양이 그 성전이심이라. 그 성은 해나 달의 비침이 쓸 데 없으니 이는 하나님의 영광이 비치고 어린 양이 그 등불이 되심이라. 만국이 그 빛 가운데로 다니고 땅의 왕들이 자기 영광을 가지고 그리로 들어가리라. 낮에 성문들을 도무지 닫지 아니하리니 거기에는 밤이 없음이라."(계 21:22-25); "다시 밤이 없겠고 등불과 햇빛이 쓸 데 없으니 이는 주 하나님이

---

236) 하나님, 율법, 이스라엘의 교사를 '빛' 혹은 '등경'으로 호칭하는 랍비 문헌의 진술들에 관하여: Gustaf Dalman, *Worte Jeus I*, 2.Aufl., 1930, 144; Hugo Odeberg, *The Fouth Gospel*, 1929, 286

그들에게 비치심이라. 그들이 세세토록 왕 노릇하리로다."(계 22:5)

　그러나 이러한 마지막 날의 심판을 대적하기 위하여 오히려 더러운 귀
신들의 영靈, 곧 어두움의 권세를 잡은 영, 다시 말해서 거짓 선지자들의
영들은, 이적과 기사를 행하는 천하 왕들, 곧 세상 권세를 가진 자들에게
가서 전능하신 하나님과 있을 전쟁에 대비하여, 어두움의 권세를 잡고 있
는 악한 영들을 '아마겟돈'이라는 곳으로 모을 것입니다. 이것이 바로 마지
막 날에 있을 '아마겟돈' 전쟁입니다. 그러므로 이 세상 마지막 날의 싸움
에서 승리하기 위해서 우리 성도들도 '성령의 검'인 하나님의 말씀을 가져
야 합니다. 왜냐하면 주님의 입에서 나오는 '말씀', 곧 '성령의 검'만이 저
희들을 멸할 수 있기 때문입니다.(계 1:16; 2:12; 2:16; 19:15,21, 비교 엡 6:17)[237]

---

237) 계 1:16 : "그의 오른손에 일곱 별이 있고 그의 입에서 좌우에 날선 검이 나오고 그 얼굴은
해가 힘 있게 비치는 것 같더라."; 계 2:16 : "그러므로 회개하라. 그리하지 아니하면 내가 네게
속히 가서 **내 입의 검으로 그들과 싸우리라.**"; 계 19:15 : "**그의 입에서 예리한 검이 나오니
그것으로 만국을 치겠고** 친히 그들을 철장으로 다스리며 또 친히 하나님 곧 전능하신 이의 맹
렬한 진노의 포도주 틀을 밟겠고": 계 19:21 : "그 나머지는 말 탄 자의 입으로부터 나오는 검
에 죽으매 … ", 비교 엡 6:17 : "구원의 투구와 **성령의 검 곧 하나님의 말씀을 가지라.**"

***** 참회의 기도

생명의 빛이신 주여
어두움 속에서 고난당하고 있는
뭇 백성들을 비추어 주옵소서

차갑고 어두운 밤이 되기 전에
해와 달이 그 빛을 잃기 전에
어두움의 권세에서
우리를 구원하소서

물이 변하여 피가 되고,
대지가 황폐해진 광야에서
생명의 빛과 그늘이 되어
주님의 나라로 인도해 주옵소서

- 아멘 -

VI. 인간의 생명이 되신 하나님

죽는다는 것을 기억하라, 그리고 항상 하나님을 기억하라

– *monento mori et simmul monento domini* –

****** 토의 주제 *****

1. 왜 인간은 죽을 수밖에 없는가, 그 죽음은 언제 오는가?
2. 예수님은 어떻게 죽음을 극복하고 부활하셨는가?
3. 인간이 죽음을 극복할 수 있는 길은 무엇인가?

1. 정말 죽고 싶을까?

인간의 삶이 극도로 고통스러울 때, 사람들은 살고자 하는 욕구보다는 차라리 죽고 싶어 합니다. 그래서 많은 사람들은, 인생이 고달플 때, 자살自殺을 시도합니다. 욥도 자기 삶이 병으로 인하여 너무나 고통스럽게 되자, 세상에 태어난 자신의 생을 원망합니다: "어찌하여 내가 태胎에서 죽어 나오지 아니하였던가, 어찌하여 내 어머니가 해산할 때에 내가 숨지지 아니하였던가?"(욥 3:11) 그러나 사실상 이러한 탄식이나, 자살을 하는 사람들은 정말 죽고 싶어서가 아니라, 단지 인생의 고통에서 벗어나고자 하는 욕구에서 고통을 절규하고, 자살을 시도하는 것입니다.(욥 7:15; 욘 4:3)[238] 다시 말해서 인간은 죽기보다는 살기를, 아니 오히려 이 세상에서 장수長壽

---

238) 욥 7:15 : "이러므로 내 마음이 뼈를 깎는 고통을 겪느니, 차라리 숨이 막히는 것과 죽는 것을 택하리이다.";욘 4:3 : "여호와여 원하건대 이제 내 생명을 거두어 가소서 사는 것보다 죽는 것이 내게 나음이니이다."

하기를 바라고 있습니다. 이 세상에서 건강하게 오래 살고 싶은 것은 모든 인간이 가지고 있는 기본적인 욕구라고 볼 수 있습니다. 따라서 인간이 자살을 한다거나, '죽고 싶다'고 이야기하는 것은, 이 세상 삶의 고통에서 벗어나고자 하는 희망이지, 인간의 삶, 곧 자기의 생명 그 자체를 부인하거나 포기하고자 하는 것이 결코 아닙니다. 그래서 전도서 기자는 "모든 산 자들 중에 들어 있는 자에게는 누구나 소망이 있음은 산 개가 죽은 사자보다 낫기 때문"(전 9:4)이라고 천명하고 있습니다.239) 다시 말해서 어떠한 모양으로 살든지, 죽는 것보다 사는 것이 더 낫다는 뜻입니다. 그래서 한 걸음 더 나아가 주 여호와 하나님께서는, "죽을 자가 죽는 것도 내가 기뻐하지 아니하노라"(겔 18:32)고 말씀하실 뿐만 아니라, "악인이 죽는 것을 조금인들 기뻐하랴, 그가 돌이켜 그 길에서 떠나 사는 것을 어찌 기뻐하지 아니하겠느냐?"(겔 18:23)고 반문하고 계십니다.

그러나 인간이 아무리 죽기를 원치 않는다 하더라고, "한 번 죽는 것은 사람에게 정해진 것이요, 그 후에는 심판이 있으리"(히 9:27)라고 히브리서 기자는 확언하고 있습니다. 결국 인간은 죽을 수밖에 없는 존재라는 것을 시편 기자는 다음과 같이 읊고 있습니다: "주께서 사람을 티끌로 돌아가게 하시고 말씀하시기를 너희 인생들은 돌아가라 하셨사오니, 주의 목전에는 천 년이 지나간 어제 같으며 밤의 한 순간 같을 뿐임이니이다"(시 90:3-4); "우리의 연수가 칠십이요, 강건하면 팔십이라도 그 연수의 자랑은 수고와 슬픔뿐이요, 신속히 가니 우리가 날아가나이다."(시 90:10) 이러한 증언들은 인간의 삶이 결국 죽음으로 끝날 수밖에 없다는 것을 단적으로 표현해 줍니다. 즉 한 마디로 말해서 인간은 죽을 수밖에 없는 존재라는 것입니다. 여기서 아무 누구도 제외되지 않습니다. 단지 누구는 그 삶의 시간이 짧고, 누구는 다른 사람들보다 삶의 시간이 약간 긴 것뿐입니다.

여기서 우리는 두 가지 명백한 사실을 알 수 있습니다. 한 가지는 '어거

---

239) 그러나 "그러므로 나는 아직 살아 있는 산 자들보다 죽은 지 오랜, 죽은 자들을 더 복되다"(전 4:2)란 전도서 기자의 말씀은 죽음이 생명보다 낫다는 것이 아니라 인생의 고통이 죽음의 고통보다 덜하다는 것을 표현하기 위한 것으로 보아야 한다. 왜냐하면 전도자는 "산 개가 죽은 사자보다 낫다"(전 9:4)고 말하고 있기 때문이다.

스틴Augustin'이 일찍이 이야기하였듯이, 이 세상의 '모든 것이 불확실하지만, 죽음만은 확실하다(incerta omnia, sola mors certa)'는 것입니다.(시 49:10-12: 전 3:19)240) 그리고 다른 하나는, 하나님은 인간이 죽은 것보다 사는 것을 원하고 계시다는 것입니다. 다시 말해서 죽을 수밖에 없는 인간의 실존적 상황이지만, 이러한 인간이 살기를 바라는 것이 주 여호와 하나님의 뜻이라는 것입니다. 바로 이렇게 하나님의 뜻과 인간의 서로 상반相反된 '삶의 정황Sitz im Leben'을 극복하기 위해서 하나님께서 친히 나사렛 예수의 몸을 입으시고 이 땅에 오신 것입니다. 이런 점에서 볼 때, 성경은 어쩌면 이렇게 인간과 하나님의 서로 다른 '삶의 정황'을 증언하면서 동시에 서로 다른 상극의 정황이 예수 그리스도로 말미암아 어떻게 극복되었는지를 기술하고 있는 것 이외에 다른 것이 아닙니다.

2. 모든 인간은 죄인이기에, 모든 인간은 죽을 자이다

죽음의 원인이 무엇입니까? 생물학적으로 보면, 죽음은 체體 세포의 노화나 병病으로 인하여 비롯된 것입니다. 그러나 기독교에서 말하는 죽음은 생물학적 죽음을 언급하기보다는 오히려 영적 죽음을 언급하고 있습니다. 왜냐하면 야고보 기자는 "욕심이 잉태한즉 죄를 낳고 죄가 장성한즉 사망을 낳느니라."(약 1:15)고 증언하고 있기 때문입니다. 사도 바울도 "한 사람(최초 인간 아담)으로 말미암아 죄가 세상에 들어오고 죄로 말미암아 사망이 들어왔나니, 이와 같이 모든 사람이 죄를 지었으므로 사망이 모든 사람에게 이르렀느니라."(롬 5:12)고 증언하고 있습니다. 이와 같이 기독교는 인간의 사망, 곧 죽음의 원인을 '죄'로 규정하고 있습니다. 생물학적 자연사自然死를 포함한 모든 죽음의 원인은 - 사망자 본인의 죄 때문이건, 아니

---

240) 시 49:10-12 : "그러나 그는 지혜 있는 자도 죽고 어리석고 무지한 자도 함께 망하며 그들의 재물은 남에게 남겨 두고 떠나는 것을 보게 되리로다. 그러나 그들의 속 생각에 그들의 집은 영원히 있고, 그들의 거처는 대대에 이르리라 하여 그들의 토지를 자기 이름으로 부르도다. 사람은 존귀하나 장구하지 못함이여 멸망하는 짐승 같도다."; 전 3:19 : "인생이 당하는 일을 짐승도 당하나니, 그들이 당하는 일이 일반이라 다 동일한 호흡이 있어서, 짐승이 죽음 같이 사람도 죽으니 사람이 짐승보다 뛰어남이 없음은 모든 것이 헛됨이로다."

면 타인의 죄 때문이건 - 인간의 죄 때문이라고 기독교는 증언하고 있습니다.

그런데 사도 바울의 증언에 의하면 이 세상에는 의인義人은 하나도 없다는 것입니다. 이 점을 사도 바울은 시편 14편 1절 이하를 인용하여 다음과 같이 증언합니다:

> "기록된바 의인은 없나니 하나도 없으며 깨닫는 자도 없고 하나님을 찾는 자도 없고 다 치우쳐 함께 무익하게 되고 선을 행하는 자는 없나니 하나도 없도다. 그들의 목구멍은 열린 무덤이요 그 혀로는 속임을 일삼으며 그 입술에는 독사의 독이 있고 그 입에는 저주와 악독이 가득하고 그 발은 피 흘리는데 빠른지라. 파멸과 고생이 그 길에 있어 평강의 길을 알지 못하였고 그들의 눈앞에 하나님을 두려워함이 없느니라."(롬 3:10-18)

이러한 증언처럼 의인이 하나도 없다는 것은 모든 인간이 죄인이라는 것이며, 모든 인간이 죄인이라는 것은 모든 인간이 죽을 수밖에 없다는 뜻입니다.

그렇다면 여기서 또 다시 질문이 제기됩니다: 왜 모든 인간이 죄인인가? 이에 대한 답변은 아주 간단합니다. 그것은 최초의 인간 아담Adam이 먹으면 죽게 되는 '선악善惡을 알게 하는 나무의 실과實果'를 따먹었기 때문입니다.(창 2:17; 3:3) 그 후 하나님의 말씀에 불순종한 아담의 후예인 인간은 일상생활에서 하나님의 말씀을 불순종하고 죽음에 해당하는 각종 죄를 범하게 됩니다. 그 결과 '죽음'은 온 인류의 삶 속에 만연漫然하게 되었습니다. 그러므로 예수 그리스도를 알기 전, 곧 하나님의 자녀가 되기 전의 인간은 시간적으로 말하면 앞으로 모두 '죽을 자'요, 상태적 혹은 존재론적으로 말하면, 이미 '죽은 자'라는 것입니다. 왜냐하면 골로새서 기자는 "범죄와 육체의 무할례로 죽었던 너희를 하나님이 그와 함께 살리시고, 우리의 모든 죄를 사하셨다."(골 2:13)고 증언하고 있습니다. 예수님은 자기를 따르지 않는 자, 곧 예수 그리스도를 영접하지 않은 자를 이미 '죽은 자'로 지칭하고 있기 때문입니다: "예수께서 이르시되, 죽은 자들이 그들의 죽은 자들

을 장사하게 하고 너는 나를 따르라 하시니라."(마 8:22 비교, 계 3:1)241) 이와 상
응하게 사도 바울도 "우리가 알거니와 우리의 옛 사람이 예수와 함께 십
자가에 못 박힌 것은 죄의 몸이 죽어 다시는 우리가 죄에게 종노릇 하지
아니하려 함이니, 이는 죽은 자가 죄에서 벗어나 의롭다 하심을 얻었음이
라. 만일 우리가 그리스도와 함께 죽었으면 또한 그와 함께 살 줄을 믿노
니"(롬 6:6-8) 이와 같이 성경은 예수 그리스도의 '세례', 곧 '물과 성령'으로
거듭나지 않은 사람을 '죽을(은) 자'로 규정하고 있습니다.(요 3:5) 그래서 예
수님은 제자들을 파송하시면서, '천국이 가까이 왔다' 전하고, "병든 자를
고치며, 죽은 자를 살리며 나병환자를 깨끗하게 하며 귀신을 쫓아내되 너
희가 거저 받았으니 거저 주라."(마 10:8)고 당부하십니다.

　이제 위에서 살펴본 바에 의하면, 다음과 같은 결론이 나옵니다. 최초
인간 아담이 하나님의 말씀에 불순종하는 죄를 지은 후 모든 인간은, "네
가 먹는 날에는 반드시 죽으리라"(창 2:17)는 하나님의 말씀에 따라 반드시
죽게 되었습니다. 그러므로 지금 현실적으로 살아 있다고 하더라도, 언젠
가는 죽을 수밖에 없다는 것입니다. 따라서 이렇게 죽을 수밖에 없는 인
간에게 생명이 보장되지 않는 한, 그러한 인간은 이미 죽은 자나 다름없
는 것입니다. 단지 그러한 인간에게 죽음은 시간 문제입니다. 그러한 인간
이 좀 더 일찍 죽느냐, 아니면 조금 후에 죽느냐는 차이일 뿐, 죽음은 이
미 인간에게 확정되었다는 것입니다. 바꾸어 말하면 마치 사형 언도를 받
은 살인자가 아직 자신에게 사형 집행은 되지 않았지만, 이미 사형이 확
정된 것처럼, 하나님 없는 인간, 곧 죄인은 죽음으로 판결이 난 존재라는
것입니다. 그래서 사도 바울은 이러한 인간을 가리켜 "사망의 몸"(롬 7:24)이
라고 표징標徵하였습니다. 그렇다면 어떻게 이 사망의 몸에서 해방되어 참
생명을 얻을 수 있을까?

---

241) 계 3:1 : "사데 교회의 사자에게 편지하라 하나님의 일곱 영과 일곱 별을 가지신 이가 이르시
　　되, 내가 네 행위를 아노니 네가 살았다 하는 이름은 가졌으나 죽은 자로다."

3. 대속의 죽음으로 죽은 자를 해방시킨 참 인간 예수 그리스도

앞에서 살펴본 바와 같이 인간의 죽음이 죄로 말미암아 비롯되었다면, 인간의 죽음을 극복하는 길은 죄의 문제가 해결되면 되는 것입니다. 그렇다면 죄의 문제를 어떻게 해결할 것인가? 불행하게도 인간은 스스로 자기의 죄를 해결할 능력이 없습니다. 이렇게 이미 인간은 사망과 죄의 권세 아래 있기 때문에, 아무리 애를 써도 스스로 자기의 죄를 해결할 수 없을 뿐만 아니라, 사망과 죄의 권세로부터 해방될 수가 없습니다. 이 점이 기독교가 다른 종교와 다른 점입니다. 즉 기독교는 인간이 금욕禁慾생활이나, 수도修道생활 그리고 윤리적 혹은 도덕적 선행善行을 통하여, 스스로 자기의 죄에서 벗어날 수 없는 존재임을 주장하고 있습니다. 이러한 인간의 비참한 현실을 사도 바울은 다음과 같이 고백하고 있습니다:

> "내가 행하는 것을 내가 알지 못하노니 곧 내가 원하는 것은 행하지 아니하고 도리어 미워하는 것을 행함이라. 만일 내가 원하지 아니하는 그것을 행하면 내가 이로써 율법이 선한 것을 시인하노니. 이제는 그것을 행하는 자가 내가 아니요 내 속에 거하는 죄라. 내 속 곧 내 육신에 선한 것이 거하지 아니하는 줄을 아노니 원함은 내게 있으나 선을 행하는 것은 없노라. 내가 원하는 바 선은 행하지 아니하고 도리어 원하지 아니하는바 악을 행하는도다. 만일 내가 원하지 아니하는 그것을 하면 이를 행하는 자는 내가 아니요 내 속에 거하는 죄니라. 그러므로 내가 한 법을 깨달았노니 곧 선을 행하기 원하는 나에게 악이 함께 있는 것이로다. 내 속사람으로는 하나님의 법을 즐거워하되, 내 지체 속에서 한 다른 법이 내 마음의 법과 싸워 내 지체 속에 있는 죄의 법으로 나를 사로잡는 것을 보는도다"(롬 7:15-23)

이러한 사도 바울의 고백은 단지 사도 바울만의 고백이 아니라, 모든 인간의 고백입니다. 왜냐하면 이 세상 어느 누구도 '자기가 원하는 바대로 행할 수 있는 인간'은 한 사람도 없기 때문입니다. 그렇다면 여기서 한 가지 결론이 나옵니다. 즉 인간이 죽음에서 벗어날 수 있는 길은 그 누군가의 도움, 더 자세히 말하면 그 누군가 인간을 대신하여 죄 값을 지불해 주든지, 아니면 인간을 죄와 사망의 권세에서 해방시켜 주어야 합니다.

사도 바울의 증언에 의하면, 인간을 죄와 사망의 권세로부터 해방시켜 주신 분은 바로 우리 주 예수 그리스도, 곧 나사렛 예수이십니다: "그리스도 예수 안에 있는 생명의 성령의 법이 죄와 사망의 법에서 너(나)를 해방하였음이라"(롬 8:2) 이 말씀에 의하면, 하나님께서 이 땅에 나사렛 예수의 모습으로 오신 것은 인간을 죄와 사망에서 해방시키기 위한 것이라고 이해할 수 있습니다. 왜냐하면 예수 그리스도 자신이 "인자가 온 것은 섬김을 받으려 함이 아니라 도리어 섬기려 하고 자기 목숨을 많은 사람의 대속물로 주려 함이니라"(막 10:45)고 증언하고 있기 때문입니다. 결국 인간 대신 하나님께 죄 값을 지불함으로써 인간을 죄와 사망의 권세, 곧 사탄과 마귀의 권세에서 해방시키신 것입니다. 그래서 예수님은 세상 공중권세 잡은 자들이 보낸 자들, 곧 로마 군인과 대제사장들의 하수인들이 예수님을 잡으러 겟세마네 동산에 왔을 때, "이제는 너희 때요, 어둠의 권세로다"(눅 22:53 비교 마 4:8-9)[242] 말씀하셨던 것입니다. 다시 말씀드려서 예수님은 스스로 자신을 죄와 사망의 권세, 곧 공중 권세 잡은 자들에게 내어 줌으로써(참고. 요 10:18),[243] 그의 피 값으로 인간을 그들의 권세에서 해방시키신 것입니다.(엡 2:2; 요일 1:7; 계 1:5b; 5:9b)[244]

그런데 예수님이 죄와 사망의 권세에 스스로 자신을 내어 준 것은 모두 하나님의 말씀에 순종하기 위한 것이었습니다. 왜냐하면 예수님은 가룟 유다의 배반을 예측하시고, "인자는 자기에 대하여 기록된 대로 간다"(마 26:24a)고 말씀하시고, 그리고 제자 베드로가 말고의 귀를 칼로 쳐서 떨어뜨렸을 때에, "너는 내가 내 아버지께 구하여 지금 열두 군단 더 되는 천사

---

242) 마 4:8-9 : "마귀가 또 그를 데리고 지극히 높은 산으로 가서 **천하만국과 그 영광을 보여 이르되 만일 내게 엎드려 경배하면 이 모든 것을 네게 주리라.**"
243) 요 10:18 : "이를 내게서 **빼앗는** 자가 있는 것이 아니라 내가 스스로 버리노라. 나는 버릴 권세도 있고 다시 얻을 권세도 있으니 이 계명은 내 아버지에게서 받았노라 하시니라."
244) 요일 1:7 : "그가 빛 가운데 계신 것 같이 우리도 빛 가운데 행하면 우리가 서로 사귐이 있고 그 아들 예수의 피가 우리를 모든 죄에서 깨끗하게 하실 것이요"; 계 1:5b : "우리를 사랑하사 그의 피로 우리 죄에서 우리를 해방하시고." 계 5:9b : "일찍이 죽임을 당하사 각 족속과 방언과 백성과 나라 가운데에서 사람들을 피로 사서 하나님께 드리시고,"

를 보내시게 할 수 없는 줄로 아느냐. 내가 만일 그렇게 하면 이런 일이 있으리라 한 성경이 어떻게 이루어지겠느냐."(마 26:53-54)고 반문하셨기 때문입니다. 이렇게 예수님은 자기의 삶을 규정해 놓은 하나님의 말씀에 철저히 순종함으로써(마 26:39), 모든 인간을 대신하여 자신을 스스로 죄와 사망의 권세에 내어 주고 인간을 해방시키셨던 것입니다. 그러자 예수의 죽음으로 말미암아 "무덤들이 열리며, 자던 성도의 몸이 많이 일어나고, 예수의 부활 후에 그들이 무덤에서 나와서 거룩한 성에 들어가 많은 사람들에게 보인 것"(마 27:52-53)입니다.

그런데 십자가에서 죽어 가는 예수 그리스도의 모습을 로마 군인 백부장과 예수를 지키던 자들이 보고서, "이는 진실로 하나님이 아들이었도다"(마 27:54)라고 증언합니다. 이러한 증언은 예수 그리스도 하나님이 말씀에 죽기까지 순종함으로써, 타인들로부터 '하나님이 아들'이라는 칭호를 얻었다고 볼 수 있습니다. 이와 상응하게 사도 바울도 "성결의 영으로 죽은 자 가운데서 부활하여 능력으로 하나님의 아들로 선포되었다"(롬 1:4)고 증언하고 있습니다. 그러나 누가복음 기자는 백부장이 "이 사람은 정녕 의인義人이었도다"(눅 23:47)라고 호칭한 것으로 보고하고 있습니다. 따라서 이 두 증언을 종합해 볼 때, 참 인간은 곧 하나님의 아들이고, 그 인간은 참으로 '의인'이라는 점을 알 수 있습니다. 왜냐하면 사탄 마귀의 자녀는 사탄 마귀에게 복종하고 그의 말을 듣지만, 하나님이 자녀, 혹은 아들은 하나님의 말씀을 듣고, 그에게 죽기까지 순종하기 때문입니다.(마 4:4,10)[245] 그러므로 창조주 하나님께서 최초 인간을 창조하실 때, 원하셨던 참 인간의 모습은 바로 예수 그리스도의 모습이었음을 알 수 있습니다.

그러므로 여기서 결론을 내릴 수 있습니다. 나사렛 예수의 모습으로 이 세상에 오신 하나님은 참 인간vere homo으로 - 첫 번째 인간 '아담Adam'과는 달리 - 하나님의 말씀에 철저히 순종하심으로써 죄와 사망의 권세 아래 있는 인간을 대신하여 모든 시험을 이기고 승리자 그리스도victor christus가

---

245) 마 4:10 : "이에 예수께서 말씀하시되 사탄아 물러가라 기록되었으되 **주 너의 하나님께 경배하고 다만 그를 섬기라** 하였느니라."

되셨습니다. 그로 말미암아 예수님은 더 이상 '죽은 자'가 아닌, 혹은 '죽을 자'가 아닌, 참 '하나님의 자녀' 혹은 '참 인간'이 될 수 있는 길을 열어 놓으신 것입니다. 그래서 예수님 스스로 "내가 곧 길이요, 진리요 생명이니, 나로 말미암지 않고는 아버지께로 올 자가 없느니라"(요 14:6)고 선포하셨습니다. 이러한 점에서 첫 번째 아담의 후손은 죽을 자, 혹은 죽은 자이고, 두 번째 아담인 예수 그리스도의 자녀는 참 인간, 곧 살아 있는 자입니다. 전자는 '불순종의 아들'이고, 후자는 '순종의 아들'입니다. 전자가 죄와 사망의 노예가 되어 있는 자라면, 후자는 생명의 하나님의 자녀가 되는 권세를 얻게 된 자입니다. 그러므로 예수 그리스도를 떠난 인간의 구원은 없습니다. 뿐만 아니라 죽을(은) 인간도 하나님의 말씀을 순종함으로 참 인간이 될 수 있는 것입니다. 예수 그리스도가 성령으로 잉태되어 온전히 하나님의 말씀을 순종하고 따름으로써 하나님의 아들이 되었듯이, 우리 죽을 인간도 성령으로 거듭나서 온전히 하나님의 말씀에 순종하면, 참 인간이 될 수 있습니다. 그래서 사도 바울은 "그런즉 누구든지 그리스도 안에 있으면 새로운 피조물이라. 이전 것은 지나갔으니 보라 새 것이 되었도다"(고후 5:17)고 선포하고 있습니다. 그렇다면 죽을 자, 곧 죽은 자들은 어떻게 되는가?

4. 죽고 싶어도 죽지 못하는 자와 죽어도 사는 자

인간의 죽음은 인간의 생애 가운데 한 번 있는, 단지 삶의 과정 가운데 하나가 결코 아닙니다. 인간의 죽음은 영원한 형벌입니다. 최초 인간 아담이 범죄 하였을 때, 창조주 하나님께서 "네가 먹는 날에는 반드시 죽으리라"(창 2:17)고 말씀하셨던 것처럼, 죽음은 영원한 것입니다. 바꾸어 말하면 인간의 육신(肉身)이 죽는다고 해서 불순종한 인간에 대한 '하나님의 형벌'이 끝나는 것이 아니라, 저 세상에까지 계속됩니다. 그래서 죽은 자들의 고통은 죽음 이후의 세계에까지도 계속됩니다. 왜냐하면 요한계시록은 죽은 자들, 곧 죄와 사망의 권세 아래 있는 자들이 당할 형벌을 다음과 같이 기술하고 있기 때문입니다: "그 날에는 사람들이 죽기를 구하여도 죽지 못하고, 죽고 싶으나 죽음이 그들을 피하리로다."(계 9:6) 예수님께서도 남을 실족케 하는 자들이 지옥의 형벌을 받을 것을 예고하시면서, "거기(지옥)에서는 구더기도 죽지 않고 불도 꺼지지 아니하느니라."(막 9:48)고 증언하고 계십니다.

그러나 반면에 예수님께서는 "나는 부활이요 생명이니 나를 믿는 자는 죽어도 살겠고, 무릇 살아서 나를 믿는 자는 영원히 죽지 아니하리니"(요 11:25-26)고 증언하고 계십니다. 그래서 예수님께서는 실존·종말론적 구원과 심판을 다음과 같이 선포하셨습니다:

> "내가 진실로 진실로 너희에게 이르노니 내 말을 듣고 또 나 보내신 이를 믿는 자는 영생을 얻었고 심판에 이르지 아니하나니 사망에서 생명으로 옮겼느니라. 진실로 진실로 너희에게 이르노니 죽은 자들이 하나님의 아들의 음성을 들을 때가 오나니 곧 이 때라 듣는 자는 살아나리라. 아버지께서 자기 속에 생명이 있음 같이 아들에게도 생명을 주어 그 속에 있게 하셨고, 또 인자人子됨으로 말미암아 심판하는 권한을 주셨느니라. 이를 놀랍게 여기지 말라. 무덤 속에 있는 자가 다 그의 음성을 들을 때가 오나니, 선한 일을 행한 자는 생명의 부활로, 악한 일을 행한 자는 심판의 부활로 나오리라."(요 5:24-29)

이와 같이 요한계시록도 "또 내가 보니 죽은 자들이 큰 자나 작은 자나 그 보좌 앞에 서 있는데 책들이 펴 있고, 또 다른 책이 펴졌으니, 곧 생명책이라. 죽은 자들이 자기 행위를 따라 책들에 기록된 대로 심판을 받으니, 바다가 그 가운데에서 죽은 자들을 내 주고 또 사망과 음부도 그 가운데에서 죽은 자들을 내 주매 각 사람이 자기의 행위대로 심판을 받고 사망과 음부도 불 못에 던져지니 이것은 둘째 사망 곧 불 못이라"(계 20:12-14)고 증언하고 있습니다. 이러한 근거에서 우리를 구원하러 이 땅에 오신 예수님을 요한복음 3장 16절은 다음과 같이 증언하고 있습니다: "하나님이 세상을 이처럼 사랑하사 독생자를 주셨으니 이는 그를 믿는 자마다 멸망하지 않고 영생을 얻게 하려 하심이라."(요 3:16)

참회의 기도

주님!
우리로 하여금 죽어도 사는 자가 되게 하소서
우리로 우리의 날수 계수하는 것은 잊지 않게 하소서
우리가 세상에서 영원히 살 것이라고 착각하지 않게 하옵소서
그리고 우리로 하여금 우리가 죽는다는 것을 기억하게 하소서
그러나 동시에 우리에게 주님이 계심을 기억하게 하소서
이를 항상 우리의 삶에 적용하게 하옵소서!

- 아멘 -

제5장
생명과 죽음 사이에 있는 인간의 실존

제4장에서 우리는, '왜 하나님은 인간이 되셨는가Cur deus homo'에 대하여 알아보았습니다. 그 결과 창조주 여호와 하나님은 인간을 창조하고 이 세상에 방치한 채 하늘 높은 보좌에 앉아만 계시는 이신론적deistisch 하나님이 아니라, 나사렛 예수의 몸을 입고 이 땅에 오셔서, 당신이 창조하신 '인간'의 참 모습이 어떠한 모습인지를 계시해 주시기 위해서 이 땅에 오신 분임을 알았습니다. 뿐만 아니라 창조주 하나님께서는 나사렛 예수의 모습으로 이 땅에 오셔서, 죄로 인하여 사탄의 권세에 노예가 되어 있는 인간을 대신하여 '죄 값'을 지불하기 위해서 친히 십자가에 못 박혀 죽으신 사랑의 하나님이라는 것도 알았습니다. 그런데 이러한 사랑의 하나님께 대하여 아직도 반항하고 불순종하고 있는 인간이, 역사 속에 있는 현실적인 인간입니다. 그럼에도 불구하고 하나님은 이렇게 불순종하는 인간과 어떠한 상황에서도 항상 동행하기를 원하시는 '보혜사' 성령 하나님이심을 알았습니다. 이렇게 죄 된 인간의 하나님이 되기를 원하시는 창조주 하나님은 인간에 대한 하나님의 사랑을 아예 '언약Verheißung'으로 인간들에게 확증해 주셨습니다. 즉 하나님은 '우리의 하나님이 되어 주시겠다'고 언약하시고, 우리 '인간들은 당신의 백성이 되기를 바라고' 계십니다. 이러한 '하나

님의 인간에 대한 사랑'에 근거하여 하나님은, 인간들이 사탄의 어둔 권세 아래서 갈 바를 알지 못하고 방황할 때, 친히 인간들의 '빛'이 되어 인간을 영생에 이르기까지 인도해 주시기를 바란다는 것도 알았습니다. 한 걸음 더 나아가 나사렛 예수 안에서 인간이 되신 하나님은, 이 세상의 '창조된 빛'이 그 빛을 잃게 된다 하더라도, '영생의 빛'이 되어 어둠과 죽음의 권세 아래 있는 인간들을 생명으로 성실히 인도해 주실 것을 약속해 주셨습니다. 이를 위해서 나사렛 예수 안에서 인간이 되신 하나님은, 예수 그리스도를 죽은 자 가운데서 성령으로 일으키시어, 인간들이 그리스도로 말미암아 영생에 이를 수 있는 길을 열어 놓으셨음을 인식하게 되었습니다.

그럼에도 불구하고 죽음의 권세는 아직도 현실의 세계를 지배하고 있기 때문에, 승천하신 예수님께서 다시 현현하시기까지 인간은 여전히 '하나님과 죽음의 권세인 악마 사이'에서 살아갈 수밖에 없는 '실존적 존재'로 살아가고 있습니다.[246] 그래서 '죄' 혹은 '악마'와 선한 의지 사이에 갈등을 느끼며 살아가는 그리스도인의 실존적 모습을 사도 바울은 로마서 7장에서 다음과 같이 기술하고 있습니다: "이제는 그것(미워하는 일)을 행하는 자가 내가 아니요 내 속에 거하는 죄니라. 내 속 곧 내 육신에 선한 것이 거하지 아니하는 줄을 아노니 원함은 내게 있으나 선을 행하는 것은 없노라. 내가 원하는 바 선은 행하지 아니하고 도리어 원하지 아니하는바 악을 행하는도다. 만일 내가 원하지 아니하는 그것을 하면 이를 행하는 자는 내가 아니요 내 속에 거하는 죄니라. 그러므로 내가 한 법을 깨달았노니 곧 선을 행하기 원하는 나에게 악이 함께 있는 것이로다."(롬 7:17-21) 이러한 사도 바울의 고백은, 인간이 이 세상에서 두 개의 '영적 힘geistliche Macht'에 의해서 통치 받고 있음을 증언해 주고 있습니다.

---

246) Heiko A. Obermann(오버만)은 루터뿐만 아니라, 인간 자신이 그리고 심지어는 그리스도인까지도 '하나님과 악마 사이에 있는 인간'으로 특징지어 말한다. 이점에 관하여: Heiko A. Obermann, *Luther. Mensch zwischen Gott unf Teufel*, Berlin: Sevrin und Siedler, 1982. 뿐만 아니라 파울 알트하우스도 루터의 인간학을 '하나님과 악마 사이에 있는 인간'으로 특징짓고 있다(P. Althaus, *Die Theologie Martin Luthers*, Gerd Mohn: Gütersloher Verlag, 구경철 역, 『마르틴 루터의 신학』, 성광출판사 1994, 231-241)

그러므로 아래에서는 우선 제I절에서는 악인들이 세상에서 번성하는 이유에 대하여 알아보고, 그 다음 제II절에서는 '의인들이 이 세상에서 고난을 받는 이유에 대하여 알아보고자 합니다. 그리고 제III절에서는 최초 인간 아담의 후예인 모든 인간이 죄인임에도 불구하고, 어떻게 예수 그리스도를 믿는 사람들은 '의롭다고 칭함을 받게 되는 지'에 대하여 살펴보고자 합니다. 제IV절에서는 땀을 흘려야 사는 인간의 '실존적' 고통과 그 고통에서 해방시켜 주시는 하나님의 은총에 관하여 살펴보고자 합니다. 그리고 마지막으로 제V절에서는 인간의 생사화복이 무엇에 의해서 좌우되는지, '하나님의 섭리'와 인간의 운명과의 관계에 대하여 알아보겠습니다. 이러한 분석을 통하여 우리는, 이 세상에 실존하는 인간은 언제든지 생명과 죽음 사이에 있는 실존적 인간임을 인식하게 될 것입니다.

I. 악인惡人의 번성

****** 토의 주제 *****

1. 하나님은 악인들의 번성을 왜 제어하시지 않는가?
2. 악인이 받을 형벌이 무엇인가?
3. 악인은 언제 심판을 받는가?

1. 사탄의 밥이 된 죄인

자연법에 의하면 악을 행한 자는 그에 상당한 징벌과 심판을 받아야 하고, 선을 행한 사람은 그에 상당하는 상급을 받아야 합니다. 그럼에도 불구하고 우리들이 살고 있는 이 세상에서는 모든 일들이 사실상 자연법에 따라서 행하여지지 않는 경우가 많습니다. 바꾸어 말하면 악惡을 행하는 자들이 세상에서 번성하고, 때로는 의롭게 사는 사람들이 고난을 받는 경우가 너무나 많습니다. 그래서 혹자는 악인이 잘되고 번성하는 것을 부러워하는 어리석은 사람들도 있습니다.(시 73:1-15)[247] 그러나 잠언 기자는, "너

---

247) 시 73:1-15 : "하나님이 참으로 이스라엘 중 마음이 정결한 자에게 선을 행하시나, 나는 거의 넘어질 뻔하였고 나의 걸음이 미끄러질 뻔하였으니, 이는 내가 악인의 형통함을 보고 오만한 자를 질투하였음이로다. 그들(악인)은 죽을 때에도 고통이 없고 그 힘이 강건하며, 사람들이 당하는 고난이 그들에게는 없고 사람들이 당하는 재앙도 그들에게는 없나니, 그러므로 교만이 그들의 목걸이요 강포가 그들의 옷이며, 살찜으로 그들의 눈이 솟아나며 그들의 소득은 마음의 소원보다 많으며, 그들은 능욕하며 악하게 말하며 높은 데서 거만하게 말하며, 그들의 입은 하늘에 두고 그들의 혀는 땅에 두루 다니도다. 그러므로 그(악인)의 백성이 이리로 돌아와서 잔에

(잠언을 듣는 자녀)는 행악자들로 말미암아 분을 품지 말며 악인의 형통함을 부러워하지 말라!"(잠 24:19)고 단호하게 권하고 있습니다. 그러므로 여기서 즉각 질문이 제기됩니다: 왜 악인이 이 세상에서 번성하는가? 시편기자의 고백처럼 '마음을 정결하게 하고 죄에서 손을 씻은 것이 과연 헛된 것인가? 아닙니다. 마음을 정결하게 하고, 죄에서 떠나는 것이 결코 헛된 것이 아닙니다. 본래 악인이 세상에서 번성하는 데는, 그 이유理由가 있습니다. 그 이유는, 악인들이 사탄이 권세에 굴복하였기 때문입니다. 그 근거를 우리는 인간의 타락 기사와 예수님의 시험 기사에서 발견할 수 있습니다.

최초 인간 아담Adam이 여호와 하나님의 말씀에 불순종하였을 때, 하나님은 최초 인간 아담을 타락하도록 유혹한 '뱀' 혹은 '사탄'에게 징벌을 내리십니다. 그 징벌의 내용은, 그 후부터 '뱀'은, "모든 가축들과 들의 모든 짐승보다 더욱 저주를 받아 배로 다니고, 살아 있는 동안 흙을 먹어야"(창 3:14) 합니다.248) 그런데 여기서 말하는 '흙 = עָפָר'은 은유적으로 해석하면 바로 '인간'을 뜻합니다. 왜냐하면 '인간'이 바로 '흙'으로 지음을 받았기 때문입니다: "רמדאה-תא מדאה-תא 'רפעה' ום רמדאה" 여호와 하나님

가득한 물을 다 마시며 말하기를 '하나님이 어찌 알랴, 지존자에게 지식이 있으랴' 하는도다. 볼지어다 이들은 악인들이라도 항상 평안하고 재물은 더욱 불어나도다. 내가 내 마음을 깨끗하게 하며 내 손을 씻어 무죄하다 한 것이 실로 헛되도다. 나는 종일 재난을 당하며 아침마다 징벌을 받았도다. 내가 만일 스스로 이르기를 내가 그들처럼 말하리라 하였더라면 나는 주의 아들들의 세대에 대하여 악행을 행하였으리이다."

248) 사 65:25 : "이리와 어린 양이 함께 먹을 것이며 사자가 소처럼 짚을 먹을 것이며 뱀은 흙을 양식으로 삼을 것이니 나의 성산에서는 해함도 없겠고 상함도 없으리라 여호와께서 말씀하시니라."; 미 7:17 : "그들이 뱀처럼 티끌을 핥으며 땅에 기는 벌레처럼 떨며 그 좁은 구멍에서 나와서 두려워하며 우리 하나님 여호와께로 돌아와서 주로 말미암아 두려워하리이다." 전자는 쿠취Kutsch에 의하면, 겸양 양식(Selbsterniedrigung -sformel)에 속한다, 따라서 모든 적대 관계가 해소되는 종말의 세상에는 모든 피조물 사이 화해Versöhnung가 이루어져 뱀이 스스로 자신의 본연의 양식인 '흙', 곧 '티끌'을 먹게 될 것이라고 해석할 수 있다. 그리고 미가 7:17의 말씀은 나라의 멸망을 은유적으로 표현하고 있다. 이러한 점에 관하여: S. Abir, Das "Erdreich als Schöpfungselement in den Mythen der Urgeschichte", Jud 35, 1979, 23-27; 125-130 - E. Kutsch, "Trauerbäuche" und "Selbstminderungsriten" im AT, ThSt 78(1965) - A. F. Rainey, "Dust and Ashes", Tel Aviv I, 1974, 77-83 - N. H. Ridderbos, "רפע als Staub der Totenortes", OTS 5(1948), 174-178.

이 땅의 흙으로 사람을 지으시고"(창 2:7a)[249] 이때부터 인간은 '뱀'으로 상징된 '사탄 마귀'의 '밥'이 되어 인간과 사탄은 서로 대적자가 되었습니다. 바꾸어 말하면 "내가 너(뱀)로 여자와 원수가 되게 하고, 네 후손도 여자의 후손과 원수가 되게 하리니, 여자의 후손은 네 머리를 상하게 할 것이요, 너는 그의 발꿈치를 상하게"(창 3:15) 되었습니다.

바로 이러한 이유로 '사탄'과 '인간'은 적대적 상극 관계가 되었을 뿐만 아니라, 사탄은 인간을 지배하기 위하여 — 직설적으로 표현하면 잡아먹기 위하여 — 인간을 유혹하고 시험하는 것입니다. 그래서 사탄은 두 번째 인간Adam, 곧 '참 인간vere homo'이신 예수 그리스도마저 자기의 권세 아래 두기 위하여 시험을 합니다. 이때에 사탄은 이 세상에서의 부귀富貴 영화榮華를 자기의 권세 아래 굴복하는 조건을 예수님께 제시합니다: "마귀가 또 그를 데리고 지극히 높은 산으로 가서 천하만국과 그 영광을 보여 이르되 만일 내게 엎드려 경배하면 이 모든 것을 네게 주리라."(마 4:8-9) 이때에 예수님은 "사탄아 물러가라 기록되었으되 '주 너의 하나님께 경배하고 다만 그를 섬기라' 하였느니라."(마 4:10) 말씀하심으로써 사탄의 유혹과 시험을 물리치십니다. 그러나 사탄의 유혹은 예수님 이후에도 계속 그리스도인들을 시험하고 유혹하고 있습니다. 그래서 예수님께서는 친히 가르쳐주신 기도에서 "우리를 시험에 들게 하지 마옵시고, 다만 악에서 구하옵소서!"(마 6:13) 라고 기도하라고 권하고 계십니다. 이와 상응하게 베드로전서 기자도 성도들에게 "근신하라, 깨어라, 너희 대적 마귀가 우는 사자같이 두루 다니며 삼킬 자를 찾는다"(벧전 5:8)고 증언하고 있습니다.

이상 살펴본 바와 같이 '사탄'은 여호와 하나님께서 '허락하신 한限'에서 인간을 '밥'으로 삼아 잡아먹고 살려고 끊임없이 인간을 유혹하고, 시험하고 있습니다. 그러므로 인간, 특히 그리스도인들은 하나님의 말씀에 순종할 것인가, 아니면 사탄의 유혹에 넘어가 세상 부귀를 누리면서 살 것인

---

249) 인간이 땅의 흙으로 지음을 받았다는 것은, "네가 흙으로 돌아갈 때까지 얼굴에 땀을 흘려야 먹을 것을 먹으리니 네가 그것에서 취함을 입었음이라. 너는 흙이니 흙으로 돌아갈 것이니라"(창 3:19)는 말씀을 통해서도 분명히 알 수 있다.

가? 하는 갈등 속에서 살아가고 있습니다. 이러한 갈등, 곧 하나님의 말씀과 사탄의 유혹 속에서 살아갈 수밖에 없는 것이, 바로 모든 인간의 실존적 영적 상황입니다. 바꾸어 말해서 인간은 사탄에게 굴종하고, 그가 주는 세상의 부귀영화를 누리고 살고 싶은 유혹을 끊임없이 받고 있습니다. 그러나 예수님은 "한 사람이 두 주인을 섬기지 못할 것이니, … 너희가 하나님과 재물을 겸하여 섬기지 못하느니라."(마 6:24)고 말씀하시면서, "너희는 먼저 그의 나라와 그의 의를 구하라. 그리하면 이 모든 것(의식주衣食住에 필요한 것)을 너희에게 더하시리라"(마 6:33)고 약속해 주십니다. 이러한 의미에서 악인이 세상에서 번성하는 것은, 그가 '사탄'의 노예가 되었기 때문이라고 볼 수 있습니다. 반면에 선인이 세상에서 번성하고 잘 되는 것은, 먼저 하나님의 나라와 의義를 구求하였기 때문에 하나님으로부터 받은 축복이라고 볼 수 있습니다.

2. 악인이라고 해서 하나님의 사랑에서 제외되는 것이 아니다

앞 절에서도 언급하였듯이, 일반적으로 윤리적인 사람들은 자연법에 따라서, 악을 행한 자는 그에 상당한 징벌과 심판을 받고, 선을 행한 사람은 그에 상당하는 상급을 받기를 기대합니다. 그러나 사실상 이 세상의 모든 일들이 자연법에 따라서 행하여지지 않는 것처럼, 기독교 신앙도 자연법에 귀속되지 않는 경우가 있습니다.(전 7:15)[250] 그것은 악인에 대한 하나님의 사랑입니다. 바꾸어 말하면 여호와 하나님은 악인이 죄에서 떠나 회개하고 하나님에게로 돌아오기를 원하고 계십니다. 이러한 하나님의 사랑을 '에스겔' 선지자는 다음과 같이 증언하고 있습니다:

> "악인이 만일 그가 행한 모든 죄에서 돌이켜 떠나 내 모든 율례를 지키고 정의와 공의를 행하면 반드시 살고 죽지 아니할 것이라. 그 범죄한 것이 하나도 기억함이 되지 아니하리니 그가 행한 공의로 살리라 주 여호와의 말씀이

---

250) 전 7:15 : "내 허무한 날을 사는 동안 내가 그 모든 일을 살펴보았더니 자기의 의로움에도 불구하고 멸망하는 의인이 있고 자기의 악행에도 불구하고 장수하는 악인이 있으니."

니라. 내가 어찌 악인이 죽는 것을 조금인들 기뻐하랴. 그가 돌이켜 그 길에서 떠나 사는 것을 어찌 기뻐하지 아니하겠느냐"(겔 18:21-23); "만일 악인이 그 행한 악을 떠나 정의와 공의를 행하면 그 영혼을 보전하리라."(겔 18:27)

이러한 증언에 의하면, 하나님의 궁극적인 뜻은 '죄인에 대한 심판'이 아니라, '구원'임을 알 수 있습니다. 그러므로 악인이 비록 악행으로 이 세상에서 부귀영화를 누린다하더라도, 악인이 영원한 심판 전에 회개하고 하나님의 품으로 돌아오기를 기다리고 계신다는 것입니다. 악인을 포함한 모든 인간에 대한 이러한 하나님의 보편적이고 폭 넓은 사랑 때문에, 하나님은 악인이 이 세상에서 번성하는 것을 기뻐하고 좋아서가 아니라, 그가 회개하고 돌아와 참 생명을 얻기를 바라는 마음에서 그들의 번성을 간과하고 계시는 것입니다. 왜냐하면 "사람의 생명이 그 소유의 넉넉한 것에 있지 아니하기"(눅 12:15b) 때문입니다. 이러한 사실을 우리는 부자에 대한 역설적인 비유에서 읽어낼 수 있습니다.

어느 날 부자가 밭의 소출이 풍성하매 곡식을 곳간에 쌓고자 합니다. 그런데 곳간이 작아서 곡식을 쌓을 곳이 없었습니다. 그래서 그 부자는 심중에 생각하기를 곳간을 헐고 보다 큰 곳간을 지어 그 곳에 재물을 쌓아 놓고자 합니다. 그리고 그는 스스로 심중에 이르되, '내 영혼아 여러 해 쓸 물건을 많이 쌓아 두었으니, 평안히 쉬고, 마시고 즐거워하자'고 다짐합니다.(눅 12:14-19) 이때에 하나님께서 그에게 이르시되, "어리석은 자여, 오늘 밤에 네 영혼을 도로 찾으리니, 그러면 네 준비한 것이 누구의 것이 되겠느냐"(눅 12:20)고 반문하십니다. 이 말씀이 증언하고자 하는 궁극적인 내용은, 인간이 살아가는데 있어서 가장 중요한 것은 생명이지, 재물이 아니라는 것입니다. 왜냐하면 인간의 생명은 하나님께서 인간에게 빌려 주신 것이기 때문입니다.251)

---

251) 여기서 오늘밤에 "네 영혼을 도로 찾으리니τὴν ψυχήν σου ἀπαιτοῦσιν"란 말씀은, 인간의 생명의 주체가 인간 자신이 아니라 하나님 자신이라는 것을 증언하고 있는 것이다. 왜냐하면 하나님께서 그 날 밤을 기한으로 부자의 생명을 도로 찾으시겠다고 말씀하고 계시기 때문이다. 다시 말해서 생명의 근원은 하나님 자신에게 있다는 것이다.

한 걸음 더 나아가 하나님께서 '악인의 번성'을 간과하고 계시는 것은, 궁극적으로는 '의인義人'을 위한 것입니다. 이것을 우리는 예수님의 천국에 관한 '가라지' 비유에서 밝히 알 수 있습니다. 이 비유에 의하면 농부가 자기 밭에 좋은 씨를 뿌렸는데, 사람들이 자는 틈을 타서 그 원수가 와서 곡식 가운데 '가라지'를 덧뿌리고 갔다는 것입니다. 그 후 좋은 씨가 자라고 결실할 때가 되자, 곡식 가운데 '가라지'도 보였습니다. 그래서 집 주인의 종들이 주인에게 와서 "밭에 좋은 씨를 부렸는데, '가라지'가 어떻게 자라게 되었느냐"고 문의합니다. 그러자 "주인이 이르되 원수가 이렇게 하였구나. 종들이 말하되 그러면 우리가 가서 이것을 뽑기를 원하시나이까? 주인이 이르되, 가만 두라 가라지를 뽑다가 곡식까지 뽑을까 염려하노라. 둘 다 추수 때까지 함께 자라게 두라. 추수 때에 내가 추수꾼들에게 말하기를 가라지는 먼저 거두어 불사르게 단으로 묶고 곡식은 모아 내 곳간에 넣으라 하리라."(마 13:28-30)

이제 이러한 비유 말씀의 내용을 예수님 자신이 그의 제자들에게 다음과 같이 설명해 주십니다:

> "이에 예수께서 무리를 떠나사 집에 들어가시니, 제자들이 나아와 이르되 밭의 가라지의 비유를 우리에게 설명하여 주소서. 대답하여 이르되 좋은 씨를 뿌리는 이는 인자人子요, 밭은 세상이요, 좋은 씨는 천국의 아들들이요, 가라지는 악한 자의 아들들이요, 가라지를 뿌린 원수는 마귀요, 추수 때는 세상 끝이요, 추수꾼은 천사들이니, 그런즉 가라지를 거두어 불에 사르는 것같이 세상 끝에도 그러하리라."(마 13:36-40)

이러한 '가라지' 비유 말씀에 대한 예수님의 해설에 의하면, 오늘 우리가 살고 있는 이 세상은 '가라지'와 좋은 씨가 함께 자라고 있는 세상임을 알 수 있습니다. 뿐만 아니라 오히려 '가라지'가 좋은 씨보다 더 잘 자라고 있음도 알 수 있습니다. 그러나 간과해서는 안 될 것은, 집 주인이 추수 때까지 - 의미적으로는 심판 때까지 - 가라지가 좋은 씨와 함께 자라는 것을 묵인해 준다는 것입니다.252) 그러나 추수 때가 되면, 가라지는 뽑혀

풀무 불에 던져진다는 것입니다. 신앙적으로 설명하면, "인자(人子= 예수 그리스도)가 그 천사들을 보내리니 그들이 그 나라에서 모든 넘어지게 하는 것과 또 불법을 행하는 자들을 거두어 내어 풀무 불에 던져 넣으리니 거기서 울며 이를 갈게 되리라. 그 때에 의인義人들은 자기 아버지 나라에서 해와 같이 빛나리라."(마 13:41-43)는 것입니다.253)

이상 '가라지' 비유 말씀을 종합해 보면, 이 세상 심판 때까지는 악인에게나 선인에게나 하나님께서는 동일하게 사랑을 베풀어 주십니다. 이것이 하나님의 보편적 사랑입니다. 즉 하나님은 악인惡人에게나 선인善人에게 해와 달을 동일하게 비추어 주십니다.(비교. 레 24:22; 행 15:11)254) 그러므로 악인이 세상에서 악한 세상 법에 따라서 살기 때문에, 그들이 이 세상에서 부귀영화를 누리는 것은 당연한 것입니다. 왜냐하면 이 세상의 악한 법에 따라 살면, 이 세상에서 누구든지 부귀영화를 누리는 것이 당연하기 때문입니다.

그러나 이 세상의 법은 하나님 나라의 법과 다르다는 것을 우리 그리스도인은 항상 기억해야 하는 것입니다. 그래서 예수님은 이 세상 법은 이 세상 법대로, 그리고 하나님 나라의 법은 하나님 나라의 법대로 집행될 것을 비유로 말씀하시기를, "가이사의 것은 가이사에게, 하나님의 것은 하나님께 바치라."(막 12:17)고 말씀하셨습니다. 그러므로 이 세상의 법과는 정반대의 법이 하나님 나라의 법입니다. 그 한 예가 바로 원수에 대한 사랑입니다: "오직 너희는 원수를 사랑하고 선대하며 아무것도 바라지 말고 꾸

---

252) 슈바이쳐Schweizer는 이 비유의 말씀에서 중요한 것은 가라지를 뽑아 버리고자 하는 종들의 열의에 대하여 주인이 거부한 점이라고 본다. 즉 주인은 가라지와 좋은 씨가 잠시 동안 공존하는 것을 허락하였다는 것이다. 이 점에 관하여: Eduard Schweizer, *Das Evangelium nach Mätthaus*, Göttingen: Vandenhoech & Ruprecht 1976, 한국신학연구소 편, 『국제성서주석』 29, 1982, 320.

253) 본래 묵시론의 특징은, 하나님의 권세와 이 세상 권세를 강하게 대립시키는 이원론dualismus과 세계의 역사를 여러 기간으로 나누는 세대론dispanzationstheorie, 역사 결정론determnismus, 하나님 통치의 초월성이다.

254) 레 24:22 : "거류민에게든지 본토인에게든지 그 법을 동일하게 할 것은 나는 너희의 하나님 여호와임이니라."; 행 15:11 : "그러나 우리는 그들이 우리와 동일하게 주 예수의 은혜로 구원받는 줄을 믿노라 하니라."

어 주라. 그리하면 너희 상이 클 것이요, 또 지극히 높으신 이의 아들이 되리니 그는 은혜를 모르는 자와 악한 자에게도 인자하시니라."(눅 6:35) 그렇다면 하나님은 악인이 이 세상에서 번성하는 것을 그냥 좌시坐視하고 계신다는 것입니까? 결코 그렇지 않습니다.

3. 악인의 번성은 한계가 있다

하나님께서 악인에게나 선인에게 동일한 은혜를 베푸신다고 해서, 악한 힘과 선한 힘이 서로 대등한 것은 아닙니다. 악한 영의 활동은 언제든지 하나님의 허락 아래서만 활동할 수 있습니다. 이러한 사실을 우리는 욥의 시련 기사에서 발견할 수 있습니다. 여호와 하나님은 사탄에게 제한적으로 욥의 시험을 허락하십니다: "여호와께서 사탄에게 이르시되 내가 그의 소유물을 다 네 손에 맡기노라. 다만 그의 몸에는 네 손을 대지 말지니라. 사탄이 곧 여호와 앞에서 물러가니라."(욥 1:12) 이 기사에 의하면, 하나님께서는 욥에 대한 시험은 허락하시되 '욥의 몸에 손을 대는 일'은 허락하지 않으십니다. 두 번째 사탄이 여호와 하나님께 욥에 대한 시련을 요구하였을 때에도, 여호와 하나님께서는 "내가 그를 네 손에 맡기노라. 다만 그의 생명은 해하지 말지니라"(욥 2:6)고 역시 제한적으로 허락하십니다. 이러한 근거에서 사도 바울은 "사람이 감당할 시험밖에는 너희가 당한 것이 없나니, 오직 하나님은 미쁘사 너희가 감당하지 못할 시험 당함을 허락하지 아니하시고 시험 당할 즈음에 또한 피할 길을 내사 너희로 능히 감당하게 하시느니라."(고전 10:13)고 증언하고 있습니다. 한 걸음 더 나아가 베드로전서는 "너희를 연단하려고 오는 불 시험을 이상한 일 당하는 것 같이 이상히 여기지 말고, 오히려 너희가 그리스도의 고난에 참여하는 것으로 즐거워하라. 이는 그의 영광을 나타내실 때에 너희로 즐거워하고 기뻐하게 하려 함이라"(벧전 4:12-13)고 증언하고 있습니다.

이와 같이 이 세상의 악한 권세의 노예가 되어 부귀영화를 누리는 악인의 번성은 한계가 있습니다. 바꾸어 말해서 하나님께서 '허락한 한도 내에서만' 사탄이 욥을 시험할 수 있었듯이, 악인은 악의 권세 아래 있을 때만,

바꾸어 말하면 하나님의 허락하신 기간 안에만, 이 세상에서 부귀영화를 누릴 수 있습니다. 그러므로 잠언 기자는 "너는 행악자들로 말미암아 분을 품지 말며, 악인의 형통함을 부러워하지 말라. 대저 행악자는 장래가 없겠고 악인의 등불은 꺼지리라."(잠 24:19-20)고 권고勸告하고 있습니다. 그리고 시편 기자는 "진실로 악을 행하는 자들은 끊어질 것이나, 여호와를 소망하는 자들은 땅을 차지하리로다. 잠시 후에는 악인이 없어지리니 네가 그 곳을 자세히 살필지라도 없으리로다."(시 37:9-10)라고 노래하고 있습니다.

그렇습니다. 이 세상에서 현실적으로 우리는, 악인들이 항상 평안하고, 그들의 재물이 더욱 불어나는 것을 보게 됩니다. 그래서 자신은 스스로 마음을 깨끗하게 하고, 죄에서 손을 씻어 더 이상 불법을 행하지 않은 일이 헛되다고 생각이 들 때가 있을 것입니다. 오히려 의롭게 살려고 할 때, 종일 재난을 당하고 아침마다 징벌을 받는 경우도 있을 것입니다. 그래서 때로는 '나도 저 악한 사람들처럼 말하고, 행동하고 싶을 때'도 있습니다. 그리고 한 순간 저들 악한 자들처럼 '나도 악행을 계획할 때'도 있습니다. (시 73:12-16) 그래서 여러 가지로 악한 일을 계획하지만 오히려 그 계획들이 자신에게 고통이 될 때가 있습니다. 이렇게 이 세상에서 악인이 번성하는 것을 보고 의롭게 살려고 노력하는 사람들은, 많은 신앙적 갈등을 느끼면 살아가고 있습니다. 그러나 이와 같은 신앙적 혹은 심적 갈등을 느꼈던 시편 기자는 "하나님의 성소에 들어갈 때에야 그들(악인)의 종말을 내가 깨달았나이다. 주께서 참으로 그들을 미끄러운 곳에 두시며, 파멸에 던지시니, 그들이 어찌하여 그리 갑자기 황폐되었는가 놀랄 정도로 그들은 전멸하였나이다."(시 73:17-19)라고 고백하고 있습니다. 결론적으로 악인의 번성은 이 세상 안에 있을 때만, 그리고 사탄의 도움이 있을 때까지입니다. 그러나 그 날이 언제 끝이 날지는 아무도 모릅니다. 그러므로 악인의 번성은 성경의 증언에 의하면 분명 한계가 있는 것입니다. 그렇다면 악인의 종말은 어떻게 되는가?

4. 악인은 언젠가는 심판을 받는다

우선 악한 마음은 사탄에 속한 마음입니다.(요일 3:12) 그러므로 악한 마음을 가진 사람은 죄의 종노릇을 하게 됩니다.(롬 1:29) 악인은 남을 시기하고(삼상 18:8-19), 편견을 갖고(에 3:5-15), 남의 재앙을 원하며(잠 21:10), 공의를 싫어하고(잠 21:7), 잔인하고(잠 12:10), 음란하며(벧전 2:12-22), 악에서 돌이키지도 않고(렘 44:5), 오히려 제 악으로 스스로 든든하게 하고(시 52:7), 악을 가득히 품고 있어(눅 11:39) 그 마음에 악독惡毒이 가득하고(롬 1:29-32), 어두움을 좋아해서(잠 4:19) 스스로 악에 팔려있는 자(왕상 21:25)입니다. 뿐만 아니라, 악인들은 하나님을 멀리하면서 하나님의 존재를 부인하고(잠 15:29; 시 14:1), 하나님을 기뻐하지도 않으며(롬 8:8), 진리를 좇지 않고(요 3:19-21), 하나님 말씀에 불순종하며(딛 1:16), 죄의 종(벧후 2:14,19)이 되어 있기 때문에, 이미 영적으로 죽은 자들(엡 2:1)입니다. 그러므로 이러한 사자에게는 심판이 불가피합니다. 하나님께서 징벌하시기도 전에 스스로 파멸하고 맙니다.

따라서 악인은 하나님의 나라를 유업으로 받지 못하며(고전 6:9,10), 심판 날에(시 91:8) 행한 대로 보응을 받을 것입니다.(삼하 3:39; 계 18:6) 따라서 그들의 날 수는 '그림자 같이 사라질 것이고'(전 8:13), 그와 그의 자녀들은 '기한 전에 죽는 자가 많을 것이고'(잠 10:27; 전 7:17), 그들의 이름은 생명책에서 도말塗抹될 것이고(시 9:5; 잠 10:7), 하늘나라에 장막이 없어(욥 8:22) 결국 영원히 멸망할 것입니다.(시 92:7) 악인은 반드시 멸망할 것입니다. 그리고 그들의 날 수가 그렇게 길지 않을 것입니다.

그럼에도 불구하고 여기서 한 가지 질문이 제기됩니다: 왜 하나님은 한시적이나마 악인의 번성을 허락하셨는가? 이에 대한 답변은 간단합니다. 그것은 죄인도 회개하고 하나님의 자녀가 되기를 원하시기 때문입니다. 즉 하나님은 악인이라도 그가 죽는 것을 원하지 않기 때문입니다.(겔 18:21-23; 33:11-12) 동시에 한시적인 악인의 번성을 통하여 하나님은 당신의 백성들의 믿음을 확인하시는 것입니다. 즉 하나님이 백성들이 참으로 여호와 하나님을 경외하는지 아니 하는지를 확인하시고 싶으신 것입니다. 이것이 바로 아브라함의 시험과 같은 것입니다. 그러므로 '악인의 번성'은 멸망 받을 자들에게는 한 순간 하나님께서 은혜를 베풀어 주시는 것이고, 구원받은 자들에게는 믿음의 연단을 위한 시험인 것입니다. 그러므로 우리는 '악인이 잘 되는 것을 보고 부러워하고, 시험에 들어 하나님을 원망하거나', 사탄의 노예가 되어 실제로 죄의 노예가 되지 않도록 근신하여야 할 것입니다. 왜냐하면 시험은 항상 '보암직도 하고, 먹음직도 한' '유혹의 옷'을 입고 있기 때문입니다.

***** 참회의 기도

주여!
우리로 하여금
진정한 축복이 무엇인지를 깨닫게 하옵소서

주여, 우리로 하여금
"몸은 죽여도 영혼은 능히 죽이지 못하는 자들을 두려워하지 말고,
오직 몸과 영혼을 능히 지옥에 멸하실 수 있는"(마 10:28)
당신을 두려워하게 하소서!

주님,
우리들의 생사화복의 주관자가
우리가 아니라, 창조주 하나님이심을
깨닫게 하시옵소서!

- 아멘 -

II. 의인義人의 고난

***** 토의 주제 *****

1. 어떠한 사람이 '의인義人'인가?
2. 누가 '의인'을 시험하며, 왜 '의인'이 시험과 고난을 당하는가?
3. 어떻게 시험과 고난을 이길 수 있는가?

1. 의인義人이 있는가?

앞 절 '5-I 악인의 번성'에서도 이미 언급하였지만, 악惡을 행한 자는 그에 상당한 징벌과 심판을 받아야 하고, 선善을 행한 사람은 그에 상당하는 상급을 받는 것이 자연법입니다. 그러나 우리들이 살고 있는 이 세상에서의 징벌과 상급은 자연법에 따라서 이루어지지 않는 경우가 많이 있습니다. 다시 말하면 악惡을 행하였음에도 세상에서 번성하고, 의롭게 살고자 노력하였음에도 불구하고 고난을 받는 경우가 많이 있습니다. 오히려 세상에서는 악을 행하는 사람이 선을 행하는 사람들보다 더 번성繁盛하고, 의義를 행하는 사람들이 고난을 받는 경우가 많습니다. 그러므로 아래에서는 의인들이 이 세상에서 왜 고난을 받는지에 대하여 알아보고자 합니다.

그런데 '의인의 고난'에 대하여 이야기하기에 앞서 우선 먼저, '의인義人'이 과연 이 세상에 있는가? 라는 질문에 대하여 먼저 답변해야 할 것 같습니다. 왜냐하면 사도 바울은 로마서에서 "의인δίκαιος은 없나니 하나도 없으며, 깨닫는 자도 없고 하나님을 찾는 자도 없고, 다 치우쳐 함께 무익하게 되고, 선을 행하는 자는 없나니 하나도 없도다"(롬 3:10-12)고 증언하고 있기 때문입니다. 그리고 갈라디아서 기자도 분명히 "육체의 일은 분명하니 곧 음행과 더러운 것과 호색과 우상 숭배와 주술과 원수 맺는 것과 분쟁과 시기와 분냄과 당 짓는 것과 분열함과 이단과 투기와 술 취함과 방탕함과 또 그와 같은 것들이라"(갈 5:19-21a)고 증언하고 있습니다. 이러한 증언들에 의하면, 이 세상에 '의인은 없나니, 하나도 없다'는 사도 바울의 증언이 정당하다고 볼 수 있습니다. 그렇다면 우리가 '의인의 고난'이라고 말할 때, 그 '의인'은 구체적으로 누구를 의미하며, 그리고 과연 실제로 '의인'이 세상에서 고난을 받는 것인가? 하는 질문이 제기됩니다. 그러므로 우리는 일반적으로 '의인의 고난'이라고 말할 때, 그 '의인'이 누구를 가리키는지를 먼저 알아야 합니다.

2. 의인義人의 고난이 아니라, 믿는 자의 고난이다

일반적으로 우리가 '의인의 고난'을 이야기할 때, 제일 먼저 머리에 떠오르는 것이 '욥의 고난'입니다. 왜냐하면 '욥'은 하나님 앞에 범죄 한 일이 없음에도 불구하고 특별한 까닭 없이 고난을 당하였기 때문입니다. 즉 아무런 이유 없이 이 세상에서 '고난'과 시련을 당하는 사람들을 두고, 일반적으로 사람들은 '의인의 고난'이라고 말합니다. 뿐만 아니라 이 세상에서 정의正義와 공의公義를 실현하려다가, 악한 사람들에게 '고난'을 받는 것도 '의인의 고난'이라고 말합니다. 전자前者의 전형적인 예를 우리는 '욥의 고난'에서 찾을 수 있고, 후자後者의 예를 우리는 '예언자들의 고난'에서 찾을 수 있을 것입니다. 왜냐하면 성경을 '욥'을 가리켜 "ר ויךא אלהמי וסר מרע האוה תמ ושך 그 사람은 온전하고 정직하여 하나님을 경외하며 악에서 떠난 자"(욥 1:1)라고 평하고 있기 때문입니다.255) 그리고 여호와 하나님께서도

---

255) 욥기에 대한 최근 연구는 독일 Münster 신학대학교의 Hans Peter Müller, *Das Hiobproblem*, Darmstadt 1978 (EF 84) - Jürgen Kegler, "Hauptlinien der Hiobforschung seit 1956", in: Claus Westermann, *Der Aufbau des Buches Hiob*, 9-25 - James L. Crenshaw, Old Testament Wisdom an Introduction, 강성열 역, 『구약 지혜 문학의 이해』, 한국장로교출판사,

직접 "사탄에게 이르시되, 네가 내 종 욥을 주의하여 보았느냐, 그와 같이 온전하고 정직하여 하나님을 경외하며 악에서 떠난 자는 세상에 없느니라."(욥 1:8)고 인정하고 계시기 때문입니다.

그런데 여기서 우선 '온전하고תם tam 정직하다רשׂי'라는 말은 욥의 율법적 행위를 판단하는 말이 결코 아닙니다. 여기서 말하는 '온전하고, 정직하다'라는 말은, 오히려 신앙적인 의미를 가지고 있습니다. 왜냐하면 우선 '온전하다תם'는 형용사는 'תממתtamam'에서 유래된 말로서, 문자적 의미로는 '흠이 없다'; '결점이 없다', 즉 '완성되다', '끝마치다', '완전하다'(시 37:37; 아 6:9); '온전하다(잠 29:10)'라는 뜻을 가지고 있기 때문입니다.256) 그러나 '온전하다', '정직하다'라는 말은 그 다음에 이어지는 '하나님의 경외하며'라는 말과 결코 분리해서 해석할 수 없습니다. 그러므로 욥이 '온전하고 정직하다', 곧 '의인'이라는 것은, 이 단어 뒤에 이어지는 '하나님 경외하며רא'라는 말과 연결됩니다.(참고. 창 18:15; 출 1:21; 3:6; 레 19:14)257) 따라서 욥이 '온전하고 정직하다'는 평가는, 욥이 '하나님을 경외하는데 있어서 온전하고 정직하다'는 뜻 이외에 다른 뜻이 아닙니다. 더 자세히 말하면 '욥'이 여호와 하나님을 온전히 경외하고, 하나님을 잘 섬겼기 때문에 '의인'이라는 칭함을 받았다는 것입니다.

욥을 '의인'이라고 칭하는 '의義' 개념이, 율법적이고 '윤리적인 개념'이 아니라, 하나님을 경외하는 데 있어서 '온전하고, 정직하다'라는 '예배적 의미'라는 것을 우리는 다음과 같은 증언에서 발견할 수 있습니다. 왜냐하면 욥기 기자는, '욥'이 자기 아들들이 잔치를 끝내면, "그들(욥의 아들들)을

1993, 135-17 - 박요한 영식,『생명의 샘과 인생길』, 성바오로 출판사 1999, 57ff - 박요한 영식,『간추린 성문서 입문』, 성바오로 출판사 1998, 51ff.

256) 시 37:37 : "온전한 사람을 살피고 정직한 자를 볼지어다. 모든 화평한 자의 미래는 평안이로다."; 잠 29:10 : "피 흘리기를 좋아하는 자는 온전한 자를 미워하고 정직한 자의 생명을 찾느니라."

257) '온전하다תם'는 형용사의 뿌리인 'תממתtamam'란 말이 제의적으로 사용될 때, 제물을 가리킬 때는 '흠 없는 짐승'을 가리키고(번제: 레 1:3,10; 화목제: 레 3:1,6; 속죄제: 레 4:3,23,28,32; 속건제: 레 5:15,18,25; 축제의 제: 레 23:12,18; 민 28:3,9,11,19,31), 또한 제물을 드리는 사람의 마음 상태를 가리킨다.(레 19:5; 22:29; 23:11) 이 점에 관하여: Kedar-Kopfstein, Art. "תמם", ThWAT VIII, Sp, 695.

불러다가 성결하게 하되, 아침에 일어나서 그들의 명수대로 번제를 드렸으니, 이는 욥이 말하기를 혹시 내 아들들이 죄를 범하여 마음으로 하나님을 욕되게 하였을까 함이라"(욥 1:5)고 제시하고 있기 때문입니다. 이 말은 '욥' 자신뿐만 아니라, 자기 아들들이 하나님께 실제로 범죄 하지는 않았지만, 부지不知 중에라도 혹시 하나님께 죄를 범하지 않았을까 염려해서 하나님께 매번 번제를 드렸다는 뜻입니다. 다른 말로 바꾸어 말하면, 욥은 자기 자녀들이 잔치를 할 때마다, 잔치가 끝난 후 매번 "마음을 다하고, 뜻을 다하고, 힘을 다하여 하나님 여호와를 사랑"(신 6:5)하여 흠 없는 제물로 하나님께 번제를 드렸던 것입니다.(레 19:5; 22:29; 23:11)[258] 이러한 의미에서 그가 율법을 잘 준수하였기 때문이 아니라, 몸과 마음과 뜻과 정성을 다하여 하나님을 경외하고, 온전한 제물로 하나님께 예배하였다는 점에서 '의인'으로 지칭되었다고 볼 수 있습니다.

이상 살펴본 바에 의하면, '욥'의 고난은, 여호와 하나님을 경외하고자 하는 '욥의 신앙'에 대한 시련 이외에 다른 것이 아닙니다. 이러한 점에서 욥을 '의인'으로 평한다면, 성경에서 이야기하는 '의인'은 다름 아닌 '하나님을 경외하는 자'를 뜻하고, 따라서 '의인의 고난'이란, 곧 '믿는 자의 고난'이라고 볼 수 있습니다. 왜냐하면 욥의 아내는 여호와 하나님께 대한 신앙을 포기하고, 차라리 하나님을 저주하고 죽으라고 욥을 유혹하였기 때문입니다.(욥 2:9)[259] 뿐만 아니라, 사탄의 욥에 대한 시험도 궁극적으로는, 욥이 하나님을 경외하고 예배하는 것을 저지하기 위한 것이었기 때문입니다. 그래서 "사탄이 여호와께 대답하여 이르되 욥이 어찌 까닭 없이 하나님을 경외하리이까"(욥 1:9)라고 반문할 뿐만 아니라, "이제 주의 손을 펴서 그의 모든 소유물을 치소서. 그리하시면 틀림없이 주主를 향하여 욕하지

---

258) 레 19:5 : "너희는 화목제물을 여호와께 드릴 때에 기쁘게 받으시도록 드리고 …"; 레 22:29 : "너희가 여호와께 감사 제물을 드리려거든 너희가 기쁘게 받으심이 되도록 드릴지며 …"; 레 23:11 : "여호와께서 모세에게 말씀하여 이르시되…(레 23:9) 제사장은 너희를 위하여 그 단을 여호와 앞에 기쁘게 받으심이 되도록 흔들되 안식일 이튿날에 흔들 것이며 …"
259) 욥 2:9 : "그(욥)의 아내가 그에게 이르되 당신이 그래도 자기의 **온전함을 굳게 지키느냐** 하나님을 욕하고 죽으라."

않겠나이까"(욥 1:11)라고 반론을 제기하고 있는 것입니다.260)

이제 우리는 정의와 공의를 실현할 것을 요구하는 예언자들이 당하는 고난 역시 여호와 하나님께 대한 신앙의 시련이라는 것을, 8세기 문서 예언자들의 선포에서 발견할 수 있습니다. 특히 '아모스Amos' 선지자는 이스라엘 생활 방식이 하나님의 선택, 예배, 공의, 언약 그리고 약속에 대하여 근본적인 오해를 하고 있다고 선포하고 있습니다.261) 그래서 '아모스'는 이스라엘 백성들에게 "너희는 벧엘에 가서 범죄하며 길갈에 가서 죄를 더 하며 아침마다 너희 희생을, 삼일마다 너희 십일조를 드리며 누룩 넣은 것을 불살라 수은제로 드리며 낙헌제를 소리내어 선포한다"(암 4:4-5a)고 책망합니다. 그럼에도 불구하고 '아모스' 선지자는, "여호와께서 이스라엘 족속에게 이와 같이 말씀하시기를 너희는 나를 찾으라. 그리하면 살리라. 벧엘을 찾지 말며 길갈로 들어가지 말며 브엘세바로도 나아가지 말라, 길갈은 반드시 사로잡히겠고 벧엘은 비참하게 될 것이라 하셨나니 너희는 여호와를 찾으라. 그리하면 살리라"(암 5:4-6a)고 촉구합니다. 이렇듯 아모스 선지자는, 이스라엘 백성들이 여호와 하나님을 섬기는데 있어서 '온전하고 정직하지 못함'을 책망한 이유로, '아먀샤'라는 벧엘의 제사장으로부터 "유다 땅으로 도망하여 가서 거기에서나 떡을 먹으며, 거기에서나 예언하고, 다시는 벧엘에서 예언하지 말라"(암 7:12-13)고 배척을 당합니다.

이렇듯 하나님의 종들은 잘못된 하나님 숭배, 곧 여호와 하나님을 몸과 마음과 뜻을 다하여 경외하지 않고, 오히려 우상을 숭배하는 것을 책망한 이유로, 결국 당대의 대제사장들에 의해서 숱한 고난을 받았습니다. 그래서 집사 스데반은 설교에서 "너희(이스라엘) 조상들이 선지자들 중에 누구를 박해하지 아니하였느냐, 의인이 오시리라 예고한 자들을 그들이 죽였고, 이제 너희는 그 의인을 잡아 준 자요, 살인자가 되었다"(행 7:52)고 선포하였던 것입니다. 이러한 점을 고려해 볼 때, 성경에서 증언되고 있는 '의

---

260) 데만 사람 엘리바스는 욥에게 "네(너의) (하나님) 경외함이 네 자랑이 아니냐, 네 소망이 네 (네가) (하나님 경외 함에 있어서) 온전한 길(방법)이 아니냐"(욥 4:6)고 반문하고 있다.

261) Brevard S. Childs, *Introduction to the Old Testament as Scripture*, 김갑종 역, 『구약정경개론』, 대한기독교출판사, 1987, 388.

인'은 여호와 하나님을 성심誠心을 다하여 경외하는 자임이 틀림없습니다. 따라서 '의인'이 당하는 고난은 다름 아닌 여호와 하나님에 대한 신앙을 위협하는 시련과 고난이라는 것임을 명백히 알 수 있습니다. 그렇다면 누가 '의인'을 시험하며, 왜 '의인'이 시험과 고난을 당하는가?

3. 사탄은 의인을 시험하고, 하나님은 의인을 연단하신다

사탄이 예수 그리스도를 시험하는 기사는 마태복음과 누가복음에 잘 기술되어 있습니다. 마태복음에 의하면, 예수님은 '성령에게 이끌리어 마귀에게 시험을 받으러 광야로 가셨습니다.'(마 4:1) 사십 일을 밤낮으로 금식하신 후 예수님은 마귀에게 세 가지 시험을 당하십니다.(마 4:3-11; 눅 4:1-13) 예수님은 마귀에게 당한 시험을 역사 속에서 결정적으로 이기기 위하여 역사 속에서 구체적으로 고난당하실 것을 제자들에게 세 번씩 고지告知하셨습니다:

> "예루살렘으로 올라가는 길에 예수께서 그들 앞에 서서 가시는데, 그들이 놀라고 따르는 자들은 두려워하더라. 이에 다시 열두 제자를 데리시고 자기가 당할 일을 말씀하여 이르시되, 보라 우리가 예루살렘에 올라가노니 인자가 대제사장들과 서기관들에게 넘겨지매 그들이 죽이기로 결의하고 이방인들에게 넘겨주겠고 그들은 능욕하며 침 뱉으며 채찍질하고 죽일 것이나…"(막 10:32-34, 병행 마 20:17-19; 눅 18:31-34)

이러한 예고에 상응하게, 예수님께서는 역사 속에서 '십자가의 죽음'이라는 구체적인 고난을 받으셨습니다. 그리고 예수님은 십자가의 고난이 너무나 고통스러워서 끝내는 "나의 하나님, 나의 하나님 어찌하여 나를 버리셨나이까?"(막 15:34) 하고 절규하시고 돌아가셨습니다.

아무런 죄도 없는 '의인'이신 예수 그리스도가 십자가에서 사탄 마귀의 노예가 된 대제사장들과 서기관들에 의해서 고난당하시고 죽으신 사건을 숙고해 볼 때, 우리는 우선 '의인'이 고난을 당하는 것은 – 욥의 고난에서와 마찬가지로 – 사탄 마귀의 시험이라는 것을 확인할 수 있습니다. 즉

'의인'에게 시련을 주고, 그를 학대하고, 그에게 고난을 주는 것은 바로 세상의 악한 권세의 주관자인 사탄 마귀라는 것입니다. 그래서 예수님은 제자들에게 "시험에 들지 않게 깨어 있어 기도하라"(막 14:38)고 말씀하셨을 뿐만 아니라, 주기도문 속에서도 "우리를 시험에 들게 하지 마옵시고"(눅 11:4)라고 기도하라고 당부하고 계신 것입니다. 그런데 여기서 또 다시 질문이 제기됩니다: 그렇다면 아브람이 당한 시험은 무엇인가?

여호와 하나님께서 아브람을 시험하신 것은 사탄처럼 아브람을 쓰러뜨리기 위해서가 아니라, 오히려 아브람의 믿음을 연단하기 위한 것입니다. 왜냐하면 아브람이 하나님의 시험을 극복하자, 여호와 하나님께서 "네가 네 아들 네 독자까지도 내게 아끼지 아니하였으니, 내가 이제야 네가 하나님을 경외하는רֵאְ 줄을 아노라"(창 22:12)고 말씀하고 계시기 때문입니다.262) 이렇게 여호와 하나님은 아브람의 믿음 - 여호와 하나님을 경외하는 마음에서 번제(아들 이삭)를 드리는 것 - 을 재확인하신 후, 처음 아브람을 '우르Ur'에서 불러낼 때 약속하신 언약을 다시금 확언해 주십니다: "내(여호와 하나님)가 나를 가리켜 맹세하노니, 네가 이같이 행하여 네 아들 네 독자도 아끼지 아니하였은즉, 내가 네게 큰 복을 주고 네 씨가 크게 번성하여 하늘의 별과 같고 바닷가의 모래와 같게 하리니 네 씨가 그 대적의 성문을 차지하리라. 또 네 씨로 말미암아 천하 만민이 복을 받으리니 이는 네가 나의 말을 준행하였음이니라."(창 22:16-18, 비교 창 12:2; 15:5)263) 이러한 점에서 사탄의 시험과 여호와 하나님의 연단은 그 목적에 있어서 전혀 다르다고 할 수 있습니다.

그래서 시편 기자는, "하나님이여 주께서 우리를 시험하시되 우리를 단련하시기를 은을 단련함 같이 하셨다."(시 66:10)고 고백하고 있는 것입니다.

---

262) 이 기사를 통하여 우리는 '의인'은 하나님을 참으로 경외하는 자, 곧 여호와 하나님을 진정으로 예배하는 자라는 사실을 다시 한 번 더 확인할 수 있을 것이다. 왜냐하면 아브람은 하나님께 자신의 독자라도 아끼지 아니하고, 온전히תָּם 드렸기 때문이다.

263) 창 12:2 : "내가 너로 큰 민족을 이루고 네게 복을 주어 네 이름을 창대하게 하리니 너는 복이 될지라"; 창 15:5 : "그를 이끌고 밖으로 나가 이르시되 하늘을 우러러 뭇별을 셀 수 있나 보라 또 그에게 이르시되 네 자손이 이와 같으리라."

그리고 심지어는 "여호와여 나를 살피시고 시험하사 내 뜻과 내 양심을 단련하소서"(시 26:2)라고 기도하는 것입니다. 이러한 점에서 우리들의 신앙의 연단을 위하여 하나님은 우리가 "감당하지 못할 시험 당함을 허락하지 아니하시고, 시험 당할 즈음에 또한 피할 길을 내사 너희로(우리로) 능히 감당하게"(고전 10:13) 하시는 것입니다. 그래서 야고보서는 한 걸음 더 나아가, "내 형제들아 너희가 여러 가지 시험을 당하거든 온전히 기쁘게 여기라"(약 1:2)고 권하고 있습니다. 그리고 계속해서 "시험을 참는 자는 복이 있나니, 이는 시련을 견디어 낸 자가 주께서 자기를 사랑하는 자들에게 약속하신 생명의 면류관을 얻을 것이기 때문이라"(약 1:12)고 시험을 이기는 자가 받을 보상을 증언하고 있습니다. 이러한 근거에서 "사람이 시험을 받을 때에 내가 하나님께 시험을 받는다"(약 1:13)라고 말할 것이 아니라, 오히려 '하나님께 대한 신앙을 연단 받는다'고 생각해야 할 것입니다. 왜냐하면 하나님은 남을 넘어뜨릴 목적으로 "친히 아무도 시험하지 아니하시기"(약 1:13) 때문입니다. 그렇다면 이제 우리는 사탄의 시험이건, 신앙의 연단을 위한 시험이건, 시험을 어떻게 극복할 수 있는가?

4. 온전한 믿음에서 나온 절대적 순종이 시험을 이긴다

우리가 사탄의 시험을 이기는 방법은, 예수님께서 사탄의 시험을 이기신 방법을 그대로 순종하여 쫓으면 됩니다. 왜냐하면 사탄의 시험이건, 하나님 자녀들의 신앙 연단을 위한 시험Test이건, 시험의 궁극적인 목적은 하나님을 참으로 경외하는지의 여부를 확인하는데 있기 때문입니다. 다시 말해서 사탄의 시험은, 하나님의 자녀들이 신령과 진정으로 하나님을 예배하고 경외하지 못하도록 훼방하고 방해하는 것에 그 목적이 있고, 하나님 자녀들에 대한 하나님의 시험Test은, 하나님을 온 마음과 뜻과 정성을 다하여 온전히 섬기는 지를 확인하고자 하는데 그 목적이 있습니다. 그러므로 어느 시험이건 일차적으로, 하나님을 진정으로 온전하고 정직하게 끊임없이 경외하고 예배하고자 하는 마음만 있으면, 언제든지 시험을 이길 수 있습니다. 이러한 사실을 우리는 우선 예수님의 시험 기사에서 발견할 수 있습니다.

예수님은 사탄에게 시험을 받으셨을 때, 항상 '하나님 말씀'에 순종하심으로써 시험을 극복하십니다. "돌들로 떡덩이가 되게 하라"(마 43)고 사탄이 유혹하였을 때, 예수님은 "사람이 떡으로만 사는 것이 아니요, 여호와의 입에서 나오는 모든 말씀으로 살 것이라"(신 83 인용, 마 44)고 답변하심으로써, 하나님의 말씀이 인간 생명의 '최우선Priority'임을 강조하십니다. 그리고 사탄이 '성전 꼭대기에서 뛰어내리라'고 시험하였을 때도, "주 너의 하나님을 시험하지 말라"(신 616 인용, 마 47)고 답변하십니다. 왜냐하면 예수님은 하나님은 '친히 아무도 시험하지 않으신다'(약 1:13) 것을 믿고 있었기 때문입니다. 그리고 사탄이 천하만국과 그 영광을 보여 주면서, "내게 엎드려 경배하라"(마 49)고 유혹하였을 때에도, "주 너의 하나님께 경배하고 다만 그를 섬기라"(신 613 인용, 마 4:10)고 답변하심으로써, 철저히 하나님 말씀에 순종하고 하나님만을 경배(혹은 예배)할 것을 주장하십니다.

이와 상응하게 아브라함도 여호와 하나님이 그의 아들, 이삭을 하나님께 제물로 바칠 것을 요구하셨을 때, "번제할 어린 양은 하나님이 자기를 위하여 친히 준비하시리라"(창 228)고 굳게 믿었습니다. 뿐만 아니라 아브라함은 실제로 "아들, 이삭을 결박하여 제단 나무 위에 놓고, 손을 내밀어 칼을 잡고 그 아들을 잡으려"(창 229-10) 함으로써, 여호와 하나님께 대한 자신의 믿음과 경외(예배, 곧 번제 드리는 일)를 '온전하고 정직하게' 표현하였습니다. 이렇게 아브라함은 여호와 하나님을 전적으로 의지하고, 그의 말씀에 무조건 순종함으로써 그의 신앙 연단을 위한 하나님의 시험을 극복할 수 있었습니다. 한 마디로 말해서 하나님 말씀에 대한 '전적인 순종'만이 시험을 이길 수 있는 유일한 길입니다. 예수님의 말씀으로 바꾸어 말하면, "나의 원대로 마시옵고, 아버지의 원대로 하옵소서!"(마 26:39)라고 온전히 '내어 맡기는 것'만이 시험을 이길 수 있는 것입니다.264)

그러나 불행하게도 우리는 시험을 당하면, 오히려 하나님에 대한 신앙

---

264) 시 34:19 : "의인은 고난이 많으나 여호와께서 그의 모든 고난에서 건지시는도다."

을 저버리는 경우가 많습니다. 그러나 우리의 신앙이 나약해지는 것은 사탄이 사실상 처음부터 시험을 통하여 궁극적으로 우리들에게서 성취하고자 했던 목적입니다. 왜냐하면 사탄은 욥을 시험하기 전에 "이제 주의 손을 펴서 그(욥)의 모든 소유물을 치소서. 그리하시면 틀림없이 주를 향하여 욕하지 않겠나이까"(욥 1:11)라고 반문反問하기 때문입니다. 그러나 불행하게도 욥은 무지한 말로 하나님의 섭리를 비판하였고, 하나님의 창조 능력을 부인하였습니다. 그래서 욥은 마지막으로 하나님께 회개하고, 전능하신 창조주 하나님을 시인합니다: "주께서는 못 하실 일이 없사오며, 무슨 계획이든지 못 이루실 것이 없는 줄 아오니, 무지한 말로 … 나는 깨닫지도 못한 일을 말하였고, 스스로 알 수도 없고, 헤아리기도 어려운 일을 말하였나이다,"(욥 42:2-3)

결론적으로 말해서 우리는, 우리가 믿고 있는 하나님이 '전능하사 천지를 만드신 분'이라는 사실 하나만 믿고 의지하여도, 우리에게 숱한 감언이설로 다가오는 이 세상의 허황된 이야기나 천박한 사변적 지식에 귀를 기울이지 않고, 하나님의 말씀을 전적으로 믿고 순종할 수 있습니다. 그런 의미에서 우리는 매 예배 시간마다, "전능하사 천지를 만드신 하나님 아버지를 내가 믿사오며 …"라고 우리들의 신앙을 고백하고 있는 것입니다. 이렇게 창조주 하나님에 대한 신앙 속에서만, 우리는 시험을 능히 극복할 수 있으며, 그때만이 온전히 우리는 하나님의 참된 자녀가 되어 하나님 말씀에 순종할 수 있고, 그 때만이 또한 하나님 나라의 영광을 누릴 수 있습니다.

***** 참회의 기도

주여!
선줄 알았는데, 또 다시 넘어졌습니다.
나 홀로 걸어갈 수 있는 줄 알았는데,
다시금 쓰러지고 말았습니다.

눈앞에 닥친 시련들이
견딜 수 없는 것이 아닌 줄 번연히 알면서도
저도 모르는 사이에 어느 듯
종의 눈에 원망과 실망의 빛이
깃들여 있음을 발견하게 됩니다.

주님,
아직도 온전히 내어 맡기지 못하는 불안한 이 내 가슴을
보혜사 성령으로 평안케 하옵소서

- 아멘 -

III. 의인義人이 아니라, 의인義認 된 인간이다

***** 토의 주제*****

1. 사람들은 어떠한 사람들을 '그리스도인'이라고 칭합니까? 당신이 '그리스도인'이라고 주장한다면, 당신은 어떠한 점에서 다른 사람들과 다릅니까?
2. 어떻게 사람이 '의롭다 인정' 받을 수 있는가?
3. '의롭다 인정받은 사람'은 어떠한 삶은 살아야 하는가?

1. 그리스도인은 어떠한 인간인가?

본 장의 제I절에서 우리는 하나님의 말씀을 불순종하고, '하나님과 같이 되고자homo erit sicut deus' 한 최초 인간 아담Adam의 후예들은 모두 죄인罪人이라는 것을 알았습니다. 아담의 범죄로 인간은 '흙'에서 났으므로, '흙'으로 돌아갈 수밖에 없는 비천한 존재가 되었음을 알았습니다.(창 3:19) 그런데 이렇듯 악惡을 행한 자는 그에 상당한 징벌을 받아야 하고, 선善을 행한 사람은 그에 상당하는 보상을 받아야 함에도 불구하고, 이 세상에서는 오히려 악惡을 행함에도 불구하고, 재물財物이 축적되고 자손이 번성하고, 잘되는 사람을 우리는 종종 목격하고 있습니다. 그러나 다행하게도 우리는 악인의 번성이 결코 영원한 것이 아님을 성경의 증언을 통하여 확인할 수 있었습니다. 그러나 이와는 상반되게 제II절에서는 이 세상에서 의롭게 살고자 노력함에도 불구하고 고난을 받는 사람들이 많이 있다는 것도 알았습니다. 그러나 의義를 행하는 사람들의 고난은 한편으로는 악한 사탄 마귀가 하나님 말씀에 따라 살고자 하는 신앙인들을 쓰러뜨리려는 시험 Temptation이라는 것과, 다른 한편으로는 하나님에 대한 참 신앙을 시험Test하고자 하는 하나님 자신의 섭리라는 것을 알았습니다. 그렇다면 이제 여기서 새롭게 질문이 제기됩니다: 그리스도인들은 누구인가? 그리스도인들도 이 세상에서 여전히 죄악을 행하고 있다면, 그는 사탄 마귀의 노예인가, 아니면 하나님의 자녀인가? 하나님의 자녀라면, 왜 여전히 죄를 범하고 있는가? 따라서 아래에서는 '그리스도인Christian'이 어떠한 존재인지에 대하여 살펴보고자 합니다.265)

2. 그리스도인은 의인義人이 아니라, 믿음으로 의롭다 인정義認된 인간이다

우선 먼저 예수님께서 이 세상에 "의인義人을 부르러 온 것이 아니요, 죄인을 불러 회개시키러 오셨다"(눅 5:32)면, 예수님께 속한 '그리스도인'이라도 '의인'이 아님이 아주 명백합니다. 그래서 사도 바울도 로마서에서 "의인δίκαιος은 없나니 하나도 없으며, 깨닫는 자도 없고 하나님을 찾는 자도 없고, 다 치우쳐 함께 무익하게 되고 선을 행하는 자는 없나니 하나도 없도다."(롬 3:10-12)고 단호하게 증언하고 있습니다.266) 이러한 근거에서 우리는 앞 제II절에서 '의인의 고난'이 아니라, '믿는 자의 고난'이라고 바꾸어 썼던 것입니다. 다시 말하면 율법 준수에 따른 '의인', 곧 윤리적으로 혹은

---

265) 기독교Christentum란 말은 그리스Greek 말로 크리스티아니스모스χριστιανισμός란 말을 한자로 표기한 것이다. 이 단어는 안디옥의 이그나티우스Ignatius von Antiochen에 의하여 처음 사용되었고, '그리스도인χριστιανος'이란 명칭은 예수 그리스도를 믿고 그의 가르침을 추종하는 사람들, 곧 '그리스도에 속한 사람들'(행 11:26)을 가리킨다. 그런데 사도행전은 이 말을 바울이 "아그립바 왕이여 선지자를 믿으시나이까, 믿으시는 줄 아나이다."(행 26:27)라고 하였을 때, "아그립바가 바울에게 이르되 네가 적은 말로 나를 권하여 그리스도인이 되게 하려 하는도다."(행 26:28)라고 답변한 것으로 보고하고 있다.

266) 그리고 그리스도인들도 육신을 입고 있는 한 인간이라면, 그리스도인들의 행위도 현실적으로 "음행과 더러운 것과 호색과 우상 숭배와 주술과 원수 맺는 것과 분쟁과 시기와 분냄과 당 짓는 것과 분열함과 이단과 투기와 술 취함과 방탕함과 또 그와 같은 것들"(갈 5:19-21)에서 크게 벗어나지 못함이 분명하고, 그렇다면 비록 그리스도인이라도 '의인義人'이 아님이 분명하다.

도덕적으로 볼 때, 이 세상에는 온전한 사람이 하나도 없다는 것입니다. 오히려 그리스도인도 성령으로 거듭나지 않으면, 단순히 교회에 출석하거나, 그리스도의 말씀을 따르려고 노력한다고 해서 참 인간이 되는 것이 결코 아닙니다.(마 7:21)267) 그렇다면 그리스도인들은 어떠한 존재인가?

그리스도인들은 문자 그대로 예수 그리스도에 속한 사람, 곧 그의 말씀을 경청하고, 그의 삶을 본받아 살고자 하는 사람들을 뜻합니다. 그리스도인들이 다른 사람들과 다른 것이 있다면, 그것은 우선 최초 인간 아담Adam과는 달리 하나님의 말씀에 순종하고자 노력하는 자들입니다. 왜냐하면 예수 그리스도 자신이 철저히 하나님의 말씀에 순종하였기 때문입니다. 예수님은 십자가에 못 박히시기 전 겟세마네 동산에서 하나님께 마지막 기도를 드리실 때에, "나의 원대로 마시옵고 아버지의 원대로 하옵소서"(마 26:39b)라고 철저히 하나님 아버지의 뜻에 순종하셨습니다. 그리고 십자가 위에서 고통을 받으신 후 마지막 숨을 거두시는 순간까지 철저히 하나님에게 자신을 내어 맡기십니다: "예수께서 큰 소리로 불러 이르시되 아버지 내 영혼을 아버지 손에 부탁하나이다 하고 이 말씀을 하신 후 숨지시니라."(눅 23:46) 그런데 이렇게 하나님에게 자신을 온전히 내어 맡기는 예수님의 순종하는 모습을 보고서, 로마 백부장은 "이 사람은 정녕 의인이었도다 ὄντως ὁ ἄνθρωπος οὗτος δίκαιος ἦν"(눅 23:47)라고 증언합니다. 이러한 점을 고려해 볼 때, 그리스도인이 '그리스도에게 속한 사람들'이라면, 그리스도인들은 무엇보다도 그리스도처럼 하나님의 말씀에 철저히 순종하는 사람이어야 합니다. 바꾸어 말해서 '의인'은 철저히 하나님의 말씀에 순종하는 사람들을 가리킵니다. 그리고 하나님 역시 이렇게 하나님의 말씀에 철저히 순종하는 사람을 '의롭다고 인정'해 주십니다. 이러한 사실을 우리는 아브라함, 노아의 기사에서 발견하게 됩니다.

사도 바울은 아브라함이 '의롭다 인정받게 된 이유'를 구약을 근거로 다음과 같이 설명하고 있습니다: "아브라함이 하나님을 믿으매, 그것이 의義

267) 마 7:21 : "나더러 주여 주여 하는 자마다 다 천국에 들어갈 것이 아니요, 다만 하늘에 계신 내 아버지의 뜻대로 행하는 자라야 들어가리라."

로 여겨진바 되었느니라"(롬 4:3, 인용 창 15:6)[268] 그렇다면 구체적으로 하나님의 무엇을 믿었다는 것인가? 이 점에 대하여 사도 바울은, 아브라함이 이미 나이가 백세가 되어 자기 몸이 죽은 것 같고, 그의 아내 사래의 태胎도 이미 죽은 것 같아서 자기 처지에서는 결코 바랄 수 없는 것이지만, 자기에게 '네 후손이 하늘의 별과 땅의 모래알 같이 많아져 많은 민족의 조상이 되리라' 약속해 주신 여호와 하나님의 말씀을 "의심하지 않고, 믿음으로 견고하여져서 하나님께 영광을 돌리며, 약속하신 그것을 또한 능히 이루실 줄을 확신하였다"(롬 4:20-21)고 증언하고 있습니다. 그리고 곧 이어서 사도 바울은, 이렇게 아브라함이 하나님의 약속을 굳게 믿은 것을 하나님께서 '의義'로 여겼다고 증언하고 있습니다. 따라서 우리도 아브라함처럼 하나님의 약속의 말씀을 의심하지 않고 굳게 믿으면, 의로 여김을 받는다고 역설합니다(롬 4:24)[269] 이러한 점에서 그리스도인들도 하나님의 율법을 어김없이 실행하였기 때문에 율법적 혹은 윤리적인 '의인義人'이 된 것이 아니라, 단지 하나님의 말씀을 마음으로 믿고 순종함으로써 '의롭다고 인정받은' 사람들이라는 것입니다.[270] 이러한 의미에서 사도 바울은, 사람이

---

268) 갈 3:6 : "아브라함이 하나님을 믿으매 그것을 그에게 의로 정하셨다εἰς δικαιοσούνην 함과 같으니라."

269) 사도 바울의 '칭의론'의 아브라함 인용에 대한 신학적 의미에 대한 논쟁에 대하여: U. Wilkens, Die Rechtfertigung Abrahams nach Römer 4, *Studien zur Theologie der alttestamentlichen Überlieferung.* FS. für Gerhard von Rad, 1961, 111-127(그의, *Rechtfertigung als Freiheit: Paulusstudien,* Neukirchener Verlag, 1974, 33-49에 재수록) - 그의, Zu Römer 3,21-4,25 Antwort an G. Klein, *ibid.,* 50-76) - G. Klein, Römer 4 und die Idee der Heilsgeschichte, EvTh 1963(그의, Rekonstruktion und Interpretaion, Ges. Aufsätze zum Neuen Testament, 145-169에 재수록) - 그의, Exegetische Probleme in Römer 3,21-4,25 - Antwort an U. Wilkens, ibid, 170-179(전경연, 『로마서 연구』, 기독교서회, 1999, 92, 각주 1에서 재인용) 그리고 이 논쟁에 대한 자세한 소개는 전경연, 같은 책, 91-112를 참고하라. 이종윤은 "신약에서 구원의 기원이 항상 아브라함에게 연결된다"고 강조한다. 그 근거로서 이종윤 목사님은 로마서와 갈라디아서 4-5장을 그 근거로 제시한다.(이종윤, 『로마서 I』, 필그림 출판사 1995, 260-275.)

270) 물론 누가복음은 사가랴와 그의 아내 엘리사벳은 주의 모든 계명과 규례대로 흠이 없이 행함으로 인하여 "하나님 앞에 의인"(눅 1:6)이라고 평하고 있지만, 누가복음이 이 두 사람을 '의인' 칭하는 것은, 문맥을 고려해 볼 때, 그들이 율법을 잘 지켜서가 아니라, 주의 천사가 전해 준 말씀을 믿은 것으로 해석할 수 있다. 왜냐하면 누가복음 기자는 요한의 출생 예고(1:5-25), 예수 탄생의 예고(1:26-38)을 천사가 전해 준 사신Botschaft을 믿음으로 수용하는 것으로 일관성 있게 기술하고 있기 때문이다.

'의롭다 인정받는 것'을 하나님 말씀의 순종과 연관시키고 있습니다: "한 사람이 순종하지 아니함으로 많은 사람이 죄인 된 것 같이 한 사람이 순종하심으로 많은 사람이 의인이 되리라."(롬 5:19) 그러면 '의롭다 인정' 받기 위한 또 다른 전제는 없습니까? 있습니다. 그것은 자기 죄에 대한 회개입니다.

3. '자신이 죄인이라는 것을 인정한 사람'이 의롭다 인정을 받는다

우선 누가복음은 바리새인과 세리의 기도에 대한 보고를 다음과 같이 하고 있습니다:

> "또 자기를 의롭다δίκαιοι고 믿고 다른 사람을 멸시하는 자들에게 이 비유로 말씀하시되, 두 사람이 기도하러 성전에 올라가니 하나는 바리새인이요 하나는 세리라, 바리새인은 서서 따로 기도하여 이르되 하나님이여 나는 다른 사람들 곧 토색, 불의, 간음을 하는 자들과 같지 아니하고 이 세리와도 같지 아니함을 감사하나이다. 나는 이레에 두 번씩 금식하고 또 소득의 십일조를 드리나이다 하고, 세리는 멀리 서서 감히 눈을 들어 하늘을 쳐다보지도 못하고 다만 가슴을 치며 이르되 하나님이여 불쌍히 여기소서 나는 죄인이로소이다 하였느니라. 내가 너희에게 이르노니 이에 저 바리새인이 아니고 이 사람(세리)이 의롭다 하심을 받고δεδικαιωμένος 그의 집으로 내려갔느니라. 무릇 자기를 높이는 자는 낮아지고 자기를 낮추는 자는 높아지리라 하시니라."(눅 18:9-14)

이 비유 말씀에 의하면, 분명히 '자신이 죄인'이라고 인정하는 자가 '의롭다 인정을 받는다'는 것을 알 수 있습니다. 왜냐하면 최초 인간 아담Adam의 후예인 모든 인간은 죄인이기 때문입니다. 그래서 요한일서 기자는 "만일 우리가 죄가 없다고 말하면, 스스로 속이고, 또 진리가 우리 속에 있지 아니할 것이요, (그러나) 만일 우리가 우리 죄를 자백하면 그는 미쁘시고 의로우사 우리 죄를 사하시며 우리를 모든 불의에서 깨끗하게 하실 것이요, 만일 우리가 범죄 하지 아니하였다 하면 하나님을 거짓말하는 이로 만드는 것이니 또한 그의 말씀이 우리 속에 있지 아니하니라.(요일 1:8-10)

고 증언하고 있습니다. 그렇습니다. 최초 아담 이후 모든 인간은 죄인임에도 불구하고, 자신은 죄가 없다고 하는 것은 거짓이고, 자신의 죄를 인정하는 것이 오히려 정직한 것입니다.271)

그러므로 사람들이 '의롭다 인정을 받는 것'은 인간의 윤리적 혹은 율법적 행위에 의해서가 아니라, 우선 먼저 자기 자신의 죄를 인정하는 데서부터 시작되는 것입니다. 왜냐하면 '이 세상에 의인義人은 없나니, 하나도 없기'(롬 3:10) 때문입니다. 그리고 예수님도, "나는 의인을 부르러 온 것이 아니요 죄인을 부르러 왔노라 하시니라."(마 9:13)고 말씀하셨던 것입니다. 그런데 그러한 죄인들이 그리스도인이 되었다는 것은 그들의 행위로 말미암은 것이 아니라, 그들의 죄 고백으로 비롯된 것이라고 볼 수 있습니다. 왜냐하면 예수님은, 의인과 죄인은 '회개한 자'와 '회개하지 않은 자'로 구분하시기 때문입니다: "내가 너희에게 이르노니 이와 같이 죄인罪人 한 사람이 회개하면 하늘에서는 회개할 것 없는 의인義人 아흔 아홉으로 말미암아 기뻐하는 것보다 더하리라."(눅 15:7) 따라서 '의인'과 '악인'은 율법의 행위로 구분되는 것이 아니라, 말라기 선지자의 예언처럼 여호와 하나님에 대한 신앙으로 구분되는 것입니다: "그 때에 너희가 돌아와서 의인義人과 악인惡人을 분별하고, 하나님을 섬기는 자와 섬기지 아니하는 자를 분별하리라."(말 3:18)272)

한 걸음 더 나아가 '의롭다 인정함을 받은 사람들'은 철저히 '회개'한 사람들이다. 그 예를 우리는 '삭개오'에게서 발견할 수 있습니다. '삭개오'는 예수님을 진심으로 만나 보고자 하였습니다(눅 19:3) 그래서 그는 돌무화과 나무에 올라가서 예수님께서 자기 앞으로 지나가시기를 기다리고 있었습니다. 이러한 '삭개오'의 모습은 온전히 주님을 경배하고자 했던 노아나 욥의 모습과 유사합니다. 예수님은 이러한 '삭개오'의 마음을 간파하시고, '삭개오'에게 "내가 오늘 네 집에 유하여야 하겠다"(눅 19:5)고 말씀하십니다. 이

---

271) 하나님도 '욥'을 가리켜 "그와 같이 온전하고 정직하여 하나님을 경외하며 악에서 떠난 자"(욥 1:9)는 "세상에 없느니라"라고 평하셨다.

272) 시 1:5 : "그러므로 악인들은 심판을 견디지 못하며 **죄인들이 의인들의 모임에 들지 못하리로다.**"

에 '삭개오'가 너무나 감사하여 "주여 보시옵소서. 내 소유의 절반을 가난한 자들에게 주겠사오며, 만일 누구의 것을 속여 빼앗은 일이 있으면, 네 갑절이나 갚겠나이다."(눅 19:8)라고 답변합니다. 이에 "예수께서 이르시되, 오늘 구원이 이 집에 이르렀으니, 이 사람도 아브라함의 자손임이로다"(눅 19:9)라고 말씀하십니다. 여기서 우리는 아브라함이 '믿음으로 의롭다 인정된 점'을 상기한다면, "이 사람도 아브라함의 자손임이로다"라고 예수님께서 말씀하신 것은, 삭개오도 '자기의 죄를 인정하고 회개함을 통하여' 아브라함처럼 예수 그리스도에 대한 '믿음으로 의롭다 인정받았다'는 것으로 해석할 수 있을 것입니다.

이상 살펴본 바와 같이 하나님과 예수 그리스도 앞에서 자신을 죄인으로 시인是認하고, 자기의 죄를 고백하고, 철저히 회개하는 자가 '의롭다 인정받을 수 있음'을 알 수 있습니다. 그리고 그렇게 한 사람들이 바로 '그리스도인' 혹은 '아브라함의 자손'인 것입니다. 그러므로 우리가 하나님 앞에서 '의롭다 인정받기 위해서'는 우선 먼저 우리의 죄를 하나님 앞에서 고백해야 합니다. 그러면 세리처럼 '의롭다 인정함'을 받을 것입니다. 그리고 '삭개오'처럼 철저히 자신이 지은 죄를 '회개'할 때, 구원을 얻는 것입니다. 단순히 입으로만 자기의 죄를 시인하는 것은 참된 구원에 이르지 못합니다. 왜냐하면 예수님은 세리에게 "의롭다 하심을 받고δεδικαιωμένος 그의 집으로 내려갔느니라"(눅 18:14)고 말씀은 하셨지만, 그에게 구원을 약속하시지는 않으셨습니다. 그러나 철저히 죄 값을 지불하겠다고 약속한 '삭개오'에게는 "오늘 구원이 이 집에 이르렀으니, 이 사람도 아브라함의 자손임이로다"(눅 19:9)라고 말씀하셨기 때문입니다.273) 그렇다면 이제 '의롭다 인정받은 사람'은 어떠한 삶은 살아야 하는가?

4. 되어감 속에 있는 그리스도인Christen im Werden

앞에서 이미 언급하였듯이, 우리가 하나님 앞에서 '의롭다 인정받기 위

---

273) 그래서 예수님께서는 죄인은 "한 푼이라도 남김이 없이 다 갚기 전에는 결단코 거기서(죄의 감옥에서) 나오지 못하리라."(마 5:26)고 증언하셨다.

해서'는 우선 먼저 세리처럼 우리의 죄를 하나님 앞에서 고백해야 합니다. 그리고 구원에 이르기 위해서는 '삭개오'처럼 철저히 자신이 지은 죄의 값을 지불해야 합니다. 그럼에도 불구하고 대부분의 그리스도인들은 입으로는 자기의 죄를 시인하면서도, '삭개오'처럼 스스로 자기의 죄 값은 '호리'도 남김없이 지불하지 못하고 살아가고 있습니다. 이것이 그리스도인들의 현실적인 삶입니다. 그러나 다행하게도 우리 주 예수 그리스도께서 우리 대신 그 죄 값을 모두 지불해 주셨습니다. 그러기에 우리 그리스도인들은 모두 예수 그리스도에게 '빚진 자'들입니다. 이렇듯 그리스도인들은 한편으로는 예수 그리스도를 믿고 자신의 죄를 고백함으로써 '의롭다 인정함'을 받기는 했어도, 다른 한편으로는 아직도 우리의 죄 값을 대신 지불해 주신 예수님께 '빚진 자'의 신분으로 살아갑니다. 이러한 의미에서 그리스도인들은 예수 그리스도에 대한 믿음으로 이미 '의롭다 함을 받은 자'이지만, 동시에 아직도 죄의 값을 갚아야 하는 '죄인'으로 살아가고 있습니다. 이러한 의미에서 사도 바울은 "나는 이제 너희를 위하여 받는 괴로움을 기뻐하고, 그리스도의 남은 고난을 그의 몸 된 교회를 위하여 내 육체에 채우노라"(골 1:24)고 증언하고 있습니다.

더욱이 사탄 마귀는 할 수 있으면 언제든지 그리스도인들로 하여금 창조주 하나님에 대한 신앙과 그 말씀에 대한 순종을 포기하도록 유혹으로 시험하고 있습니다. 특히 사탄은 욥을 시험한 것처럼 하나님을 경외하고 예배하는 일을 못하도록 시험합니다.[274] 앞 절 제Ⅱ절에서도 자세히 언급하였듯이, 욥을 '의인義人'이라고 칭하는 '의義' 개념이 하나님을 경외하는 데 있어서 '온전하고, 정직하다'라는 '예배적 의미'라는 것을 고려해 볼 때, 그리스도인들은 사탄으로부터 끊임없이 여호와 하나님과 그리스도에 대한 경배의 시험을 받고 있습니다. 그런데 그 시험은, "사탄이 여호와께 대답하여 이르되 욥이 어찌 까닭 없이 하나님을 경외하리이까"(욥 1:9)라고 반문한 것처럼 세상의 재물財物과 육신肉身의 질병으로 그리스도인들을 시험합

---

274) 역사를 통해 볼 때, 그리스도인에 대한 박해는 언제든지 하나님을 예배하는 것을 포기하도록 하는 것이었다. 곧 하나님을 버리고 우상을 숭배하도록 강요받는 것이다.

니다.

 이렇게 여호와 하나님에 대한 '믿음으로 값없이 의롭다' 함을 인정받은 그리스도인들은 하나님의 나라에 이르기까지 사탄 마귀의 시험을 받으면서 살아가고 있습니다. 그러므로 그리스도인이 되었다고 해서, 곧 '믿음으로 의롭다'함을 받았다고 해서, 우리들에게 구원이 완성된 것은 결코 아닙니다. 그러므로 우리 그리스도인은 하나님 나라에 갈 때까지 신앙의 고삐를 결코 늦추어서는 안 됩니다. 왜냐하면 "대적 마귀가 우는 사자 같이 두루 다니며 삼킬 자를 찾고 있기"(벧전 5:8) 때문입니다. 그럼에도 불구하고 사탄 마귀의 시험을 이길 수 있는 길이 있습니다. 그것은 하나님의 말씀을 믿음으로 의롭다 인정함을 받은 것처럼, 하나님의 말씀에 철저히 의지하고, 그 말씀만 믿는 것입니다. 왜냐하면 "사람이 떡으로만 살 것이 아니라, 하나님의 입으로부터 나오는 모든 말씀으로 살 것"(신 8:3 인용 마 4:4)이기 때문입니다. 그리고 오직 주 하나님만을 섬길 때(마 4:10 병행 신 6:13) 모든 유혹에서 벗어날 수 있습니다. 왜냐하면 시편 기자는 "의인이 부르짖으매 여호와께서 들으시고 그들의 모든 환난에서 건지셨도다."(시 34:17)고 증언하고 있기 때문입니다. 이러한 의미에서 믿음으로 값없이 의롭다 인정받은 그리스도인들은 아직도 '하나님의 나라로 가는 도상unter dem Weg zum Gottesreich'에 있는 존재이며, 동시에 하나님 나라의 자녀가 '되어 가고 있는 존재Christen im Werden'인 것입니다.

***** 참회의 기도

주여!
우린 오늘도 넘어지고 말았습니다
다시는 유혹에 빠지지 않겠다고, 몇 번씩 다짐했건만,
세상으로 잠시 눈을 돌리는 순간
또 다시 넘어졌습니다.

그리스도시여!
믿음 없는 저희들을 용서하옵소서
우리의 결심은 너무나 약하고,
우리의 믿음은 바람에 나는 겨와 같나이다.

그러나 주님께서는
이렇게 나약한 저희들을 결코 외면하지 않으시리라,
이것 한 가지만은 굳게 믿고 있습니다.

주여!
마지막 남은 이 적은 믿음을
외면하지 마옵소서!

- 아멘 -

IV. 땀을 흘려야 사는 인간

"너는 네 평생에 수고하여야 그 소산을 먹으리라"(창 3:17)

****** 토의 주제 ******

1. 인간의 삶은 현실적으로 무엇을 위한 것인가?
2. 일하지 않고 먹고사는 것이 과연 축복인가?
3. 왜 해산解産의 고통과 부모 부양을 거부하고 있는가?
4. 하나님께서 주시는 참된 안식安息은 어떠한 것인가?

1. 의식주衣食住를 위한 노동으로서의 삶

최초 인간 아담Adam과 그의 아내가 하나님께 불순종하는 범죄 행위와 범죄 이후 취한 그들의 행동을 창세기는 다음과 같이 기술하고 있습니다:

"여자가 그 나무를 본즉 먹음직도 하고 보암직도 하고 지혜롭게 할 만큼 탐스럽기도 한 나무인지라. 여자가 그 열매를 따먹고 자기와 함께 있는 남편에게도 주매 그도 먹은지라. 그들(아담과 그의 아내)의 눈이 밝아져 자기들이 벗은 줄을 알고, 무화과나무 잎을 엮어 치마로 삼았더라."(창 3:6-7)

이러한 증언에서 우리는 한 가지 명백한 사실을 발견할 수 있습니다. 즉 최초 인간 아담Adam은 하나님의 말씀을 불복종하여 '선악善惡을 알게 하는 나무의 실과實果'를 따먹은 후(창 3:6), 하나님이 그의 죄과를 묻기 위하여 찾으시기도 전에, 인간은 '자신들이 벗은 줄을 알고 무화과나무 잎을 엮어 치마로 삼았으며, 스스로 먼저 여호와 하나님의 낯을 피하여 동산 나무 사이에 숨었다는 것입니다. 여기서 즉각적으로 질문이 제기됩니다: 왜 아담은 하나님의 낯을 피하여 동산 나무 사이에 숨어, 무화과나무 잎을 엮어 치마로 삼았는가?

이러한 질문에 대하여, 우선 최초 인간, '아담'과 '이브'는 죄책감에서 자신들의 죄를 숨기기 위하여 자기들의 부끄러운 부분을 무화과나무 잎을 엮어 치마로 삼아 가렸습니다. 이러한 해석은 범죄학적 측면에서 보면 타당한 해석이라고 할 수 있습니다. 예컨대 우선 쉬미트H. S. Schmidt 같은 학자는 선악과를 따먹음으로써 아담과 그의 아내가 '성性'에 대하여 인식하게 되었기 때문이라고 해석합니다.275) 그러나 아담과 그의 아내가 성적性的으로 범죄 하였다는 성경의 기록이 없기 때문에, 쉬미트H. H. Smith의 해석은 정당하지 않습니다. 단지 인간이 자신의 육체 가운데 가장 부끄러워하는 곳이 성기性器이므로, 자신들이 지은 죄를 부끄러워하여, 바꾸어 말해서 자신들의 죄를 은폐隱蔽하기 위하여, 자신들이 가장 부끄러워하는 신체의 부위를 가린 것뿐입니다.276) 이러한 해석의 근거를 우리는 우선 먼저 아담 자신의 증언 속에서 발견할 수 있습니다: "내(아담)가 동산에서 하나님의 소리를 듣고 내가 벗었으므로 두려워하여 숨었나이다."(창 3:10) 따라서 아담과 그의 아내가 '무화과나무 잎으로 엮어 치마로 삼았다'(창 3:7)는 것은, 선악을 알게 하는 나무의 열매를 따 먹어 죽게 되었으므로, 육체적 생명이 근원이 되는 신체의 부위를 가렸다는 것으로 이해해야 할 것입니다. 왜냐 하면 역逆으로 이스라엘 백성들은 다른 사람들을 부끄럽게 만들려면, 그 사람의 옷을 벗겼기 때문입니다: "그렇지 아니하면 내가 그를 벌거벗겨서 그 나던 날과 같게 할 것이요, 그로 광야 같이 되게 하며 마른 땅 같이 되게 하여 목말라 죽게 할 것이다."(호 2:3, 참고. 사 32:11; 미 2:8)277) 그래서 로마

---

275) H. H. Smith, *Changing Conceptions of Original Sin. A Study in American Theology Since* 1975, 1955.
276) Seebaß, Art. שוב, ThWAT Bd.I., Sp. 568-580, 특히 579.
277) 사 32:11 : "너희 안일한 여자들아 떨지어다. 너희 염려 없는 자들아 당황할지어다 옷을 벗어

군인들도 예수님을 희롱하기 위하여 예수님의 옷을 벗겼다 다시 입히고, 그리고 그 옷을 십자가 위에서 다시 벗겼던 것입니다: "그의 옷을 벗기고 홍포를 입히며 … 희롱을 다한 후 홍포를 벗기고 도로 그의 옷을 입혀 십자가에 못 박으려고 끌고 나가니라. … 그들이 예수를 십자가에 못 박은 후에 그 옷을 제비 뽑아 나누고 … "(마 27:28,31,35; 막 15:20)[278]

이와 같이 아담과 그의 아내가 '자기들이 벗은 줄을 알고, 무화과나무 잎을 엮어 치마로 삼았다'는 것은 자기의 범죄를 은익隱匿하고자 하였다는 것이고, 그들이 동산 나무 사이에 숨었다는 것은, 범죄의 대상, 곧 하나님의 낯을 피하여 스스로 숨었다는 것입니다. 우리나라 속담에 "도둑이 제발 저려하다"라는 말이 있듯이, 범죄 한 자는 제일 먼저 자신의 범죄를 인식하고, 범죄의 대상 앞에서 스스로 그 범죄를 숨기려 하고, 그의 낯을 피한다는 것입니다. 왜냐하면 범죄자는 그 누구보다도 자기 자신이 범죄의 사실과 그 깊이를 가장 잘 알고 있기 때문입니다. 그래서 가인도 하나님께 범죄 한 후 스스로 '안색'이 변하고 하나님 앞에서 낯을 들지 못하였던 것입니다. 그래서 하나님은 "네가 선을 행하(였다)면, 어찌 낯을 들지 못하겠느냐?"(창 4:7a)고 반문하셨던 것입니다.

그러나 인간의 실존적 차원에서 아담과 그의 아내가 자기들이 벗은 줄을 알고, 무화과나무 잎을 엮어 치마로 삼았다는 것은, 타락한 인간에게 제일 먼저 필요로 했던 것은 몸을 보호하기 위하여 당장 '의복'이 필요하였다는 것입니다. 왜냐하면 여호와 하나님께서 아담과 그의 아내가 범죄한 후 제일 먼저 '가죽 옷을 지어 입히셨기 때문입니다.'(창 3:21) 이것은 인간이 세상을 살아가는 데 가장 기본적으로 필요한 것이 바로 '의복'이라는 것입니다. 그래서 인간의 삶 속에서 항상 걱정하는 것 가운데 하나가 바로, '몸을 위하여 무엇을 입을까 염려하는 것'(마 6:25)입니다.

'의복'이 인간이 세상을 살아가는 데 있어서 가장 없어서는 근본적인 필

몸을 드러내고 베로 허리를 동일지어다." ; 미 2:8 : "근래에 내 백성이 원수 같이 일어나서 전쟁을 피하여 평안히 지나가는 자들의 의복에서 겉옷을 벗기며 "
278) 막 15:20 : "희롱을 다한 후 **자색 옷을 벗기고**, 도로 그의 옷을 입히고, 십자가에 못 박으려고 끌고 나가니라."

수품 가운데 하나이기 때문에, 구약의 증언에 의하면, 만일 가난한 사람이 '옷'을 전당잡혔다면, "해 질 때에 그 전당 물을 반드시 그에게 돌려 주어, 그리하면 그가 그 옷을 입고 밤에 잠을 잘 수 있도록 최소한의 편의를 제공해 줄 것을 율법으로 정하였습니다. 그렇게 하면 자기의 기본적인 생명 수단을 해결해 준 것에 감사하여 그 사람이 너를 위하여 축복하리니 그 일이 네 하나님 여호와 앞에서 네 공의로움이 되리라고 선포하고 있습니다.(신 24:13 이밖에 신 24:17; 출 22:26)279) 그래서 이스라엘 백성에 대한 여호와 하나님의 은총과 보호하심을 증언할 때에도 신명기서는 "이 사십 년 동안에 네(이스라엘 백성) 의복이 해어지지 아니하였고, 네 발이 부르트지 아니하였느니라"(신 8:4)고 선포합니다.

한 걸음 더 나아가 이스라엘의 고대 사회에서 '의복', 특히 그 의복의 색깔은 그 사람의 '신분'을 표징 하는 도구가 되었습니다. 예컨대 제사장은 '세마포' 긴 '옷'을 입었고(겔 6:10), 세상의 모든 영화를 누리는 자들은 그들의 옷을 '금'으로 수를 놓았으며(시 45:13), 기생이나 창녀 혹은 어린아이 그리고 무녀들은 알록달록한 '채색' 옷을 입었으며,(삼하 13:18; 창 37:3,23,32,33; 렘 10:9) 상喪을 당한 사람은 '베옷'을 입었습니다.(시 69:11) 그리고 죄인들에게는 자색 옷을 입혔습니다.(마 27:28) 그래서 특별히 좋은 옷을 지어 입히는 것은 그 사람에 대한 특별히 사랑의 표현이기도 하였습니다. 그래서 아버지는 탕자가 돌아왔을 때에, "종들에게 이르되 제일 좋은 옷을 내어다가 입히고 손에 가락지를 끼우고 발에 신을 신기라"(눅 15:22) 명하였습니다. 이렇게 사회적 신분에 따라서 '의복'의 색깔이 달랐습니다.280) 신분이 높은 사람은 '세마포' 옷을 입고 금 사슬을 목에 걸었습니다.(참고, 창 41:42)

이제 한 걸음 더 나아가, 아담과 그의 아내가 '무화과나무 잎을 엮어 치마로 삼았다'는 것은, 하나님께 불순종한 이후 아담과 그의 아내는 더 이

---

279) 신 24:17 : "너는 객이나 고아의 송사를 억울하게 하지 말며 과부의 옷을 전당 잡지 말라"; 출 22:26 : "네가 만일 이웃의 옷을 전당 잡거든 해가 지기 전에 그에게 돌려보내라."

280) 조선 시대에 '백의白衣'를 입었다는 것은 가장 평범한 서민을 뜻합니다. 이순신 장군이 '백의종군白衣從軍' 하였다는 것은 장군의 신분에서 가장 평범한 서민의 신분으로 다시 전쟁터에 나갔다는 것을 뜻합니다.

상 한 몸이 아니라, 죄로 인하여 서로 분리되었다는 것을 의미합니다. 왜냐하면 하나님의 창조 섭리에 의하면 "남자와 여자는 결혼하여 한 몸이 되는 것이기 때문입니다: "남자가 부모를 떠나 그의 아내와 합하여 둘이 한 몸을 이룰지로다."(창 2:24) 그리고 존재론적으로도 남자와 여자는 하나입니다: "아담이 이르되, 이(여자)는 내 뼈 중의 뼈요, 살 중의 살이라"(창 2:23)281) 그래서 "아담과 그의 아내 두 사람이 벌거벗었으나 부끄러워하지 아니"(창 2:25) 하였습니다. 이와 상응하게 예수님께서도 "그런즉 (남편과 아내가, 필자 주) 이제 둘이 아니요 한 몸이니, 하나님께서 짝지어 주신 것을 사람이 나누지 못할지니라"(마 19:6)고 말씀하셨습니다.(비교, 마 19:9)282) 그러나 타락 후의 남편과 아내의 관계는 오로지 '계약 파트너' 관계일 뿐입니다.283) 왜냐하면 선악을 알게 하는 열매를 따먹은 이후는 서로 상대방에게 책임을 전가시킵니다: "아담이 이르되 하나님이 주셔서 나와 함께 있게 하신 여자 그가 그 나무 열매를 내게 주므로 내가 먹었나이다."(창 3:12) 그리고 이브는 뱀에게 하나님 말씀에 불순종하게 된 책임을 전가합니다: "여호와 하나님이 여자에게 이르시되 네가 어찌하여 이렇게 하였느냐 여자가 이르되 뱀이 나를 꾀므로 내가 먹었나이다."(창 3:13)

이상 살펴본 바와 같이 '선악을 알게 하는 나무의 열매를 먹지 말라'는 하나님의 말씀을 불순종한 최초 인간 아담과 그의 아내는, 그 후로 서로 분리되어 자기의 생명 보전과 삶을 위하여 '옷'에 대한 염려를 하지 않으면 안 되게 되었습니다. 이러한 점에서 인간은 '옷'의 노예가 되어 있는 존재입니다. 한 걸음 더 나아가 '의복'이 사회적 신분을 표징 하였듯이, 인간은 세상의 권세와 명예와 신분에 노예가 되어 있는 존재입니다. 이것을 '옷', 다른 의미로 말하면, 보다 높은 세상의 명예와 권세와 신분을 위해서

---

281) '나의 뼈, 나의 살'이란 피를 나누고, 살을 함께 나눈 일가친척一家親戚를 뜻한다. 다시 말해서 존재론적으로 동일한 뿌리를 가지고 있다는 뜻이다.
282) 마 19:9 : "내가 너희에게 말하노니 누구든지 음행한 이유 외에 아내를 버리고 다른 데 장가 드는 자는 간음함이니라."
283) 칼 바르트는 성경이 '하나님과 이스라엘'의 계약 파트너 관계를 '남자와 여자'의 관계로 유비적으로 기술하고 있음을 강조한다. 이에 관하여: K. Barth, *Kirchliche Dogmatik* III/1, 331.

땀을 흘리면서 살아가는 존재입니다.

둘째로 최초 인간 아담Adam과 그의 아내가 하나님께 불순종하는 범죄 행위와 범죄 이후 여호와 하나님께서는 그들에게 땀을 흘려서 '음식飮食'을 취할 수 있도록 징벌하셨습니다:

> "아담에게 이르시되 네가 네 아내의 말을 듣고 내가 네게 먹지 말라 한 나무의 열매를 먹었은즉 땅은 너로 말미암아 저주를 받고 너는 네 평생에 수고하여야 그 소산을 먹으리라. 땅이 네게 가시덤불과 엉겅퀴를 낼 것이라. 네가 먹을 것은 밭의 채소인즉 네가 흙으로 돌아갈 때까지 얼굴에 땀을 흘려야 먹을 것을 먹으리니"(창 3:17-19a)

이러한 징벌에 상응하게 인간의 삶은 '먹기 위한 삶'이라고 해도 과언이 아닙니다. 왜냐하면 우선 모든 인간은 하루 세 끼를 먹어야 살 수 있기 때문입니다. 이것은 인간의 가장 기본적인 욕구입니다. 그래서 모든 인간은 매 끼니 때마다, '무엇을 먹을까 염려하면서' 살아가고 있습니다. 일자리를 구하고, 보다 대우가 좋은 직장을 구하는 것은 모두가 일차적으로는 보다 맛있고, 몸에 좋은 음식을 먹고 살기 위한 것입니다. 이 세상 어느 누구도 이 욕구에서 벗어날 수 없습니다. 왜냐하면 여자가 처음 선악을 알게 하는 나무의 열매를 보았을 때에도 "그 나무를 본즉 먹음직도 하고" (창 3:6) 보암직도 하고 지혜롭게 할 만큼 탐스러웠기 때문입니다. 그리고 만일 선악을 알게 하는 나무의 열매가 정작 먹을 수 없는 것이었다면, 그들은 그 열매를 따 먹지 않았을 것입니다.

그러나 최초 인간 아담과 그의 아내는 선악을 알게 하는 나무의 열매를 따 먹은 후로 정말로 평생 수고를 하여야 그 땀 흘린 소산을 먹을 수밖에 없고, 흙으로 돌아갈 때까지 얼굴에 땀을 흘려야 먹을 것을 먹는 인생이 되었습니다. 이것이 모든 인간의 실존적 삶입니다. 따라서 땀을 흘려야 '음식'을 얻을 수 있다는 것은, 인간이 당하는 가장 가혹한 징벌 가운데 하나입니다. 왜냐하면 우리는 한 끼만 굶어도 곧 생명의 고통을 경험하기 때문입니다. 그래서 우리나라 속담에도 '삼일 굶어 도둑질 안 할 사람이 없다'고 말할 정도로 '음식'의 문제를 해결하는 것은, 모든 인간들의 삶에 있어서 가장 근본적이고 실존적인 과제입니다.

그러나 예수님은, 그럼에도 불구하고 여호와 하나님은 인간의 '먹거리'를 해결해 주시겠다고 명백히 말씀하십니다: "내가 너희에게 이르노니, 목숨을 위하여 무엇을 먹을까 … 염려하지 말라. 목숨이 음식보다 중하지 아니하며, 몸이 의복보다 중하지 아니하냐. 공중의 새를 보라 심지도 않고 거두지도 않고 창고에 모아들이지도 아니하되 너희 하늘 아버지께서 기르시나니 너희는 이것들보다 귀하지 아니 하냐. 너희 중에 누가 염려함으로 그 키를 한 자라도 더할 수 있겠느냐"(마 6:25-27) 그리고 실제로 여호와 하나님은 이스라엘 백성들을 광야를 통과해서 가나안 땅에 이르기까지 매일 먹을 '만나'와 마실 '물'을 주셨습니다.(출 16:33-35; 17:7) 뿐만 아니라, 선지자 이사야를 통하여 "오호라 너희 모든 목마른 자들아 물로 나아오라. 돈 없는 자도 오라. 너희는 와서 사 먹되 돈 없이, 값없이 와서 포도주와 젖을 사라!"(사 55:1)고 권하고 계시며, 종말에 임할 새 하늘과 새 땅에서는 "성령과 신부가 말씀하시기를, 오라! 하시는도다 듣는 자도 오라 할 것이요, 목마른 자도 올 것이요, 또 원하는 자는 값없이 생명수를 받으라"(계 22:17)고 선포합니다.

셋째로 최초 인간 아담Adam과 그의 아내가 하나님의 말씀에 불순종하는 죄를 범한 이후, 여호와 하나님께서는 그들을 '에덴동산' 밖으로 내어 쫓으십니다:

"여호와 하나님이 에덴동산에서 그(아담)를 내보내어 그의 근원이 된 땅을 갈게 하시니라. 이같이 하나님이 그 사람을 쫓아내시고 에덴동산 동쪽에 그룹들과 두루 도는 불 칼을 두어 생명나무의 길을 지키게 하시니라."(창 3:23-24)

이렇게 '에덴동산'에서 추방당한 인간은, 그 후 유리방황하는 삶을 살게 됩니다. 그래서 일정한 정착지 없이 유리방황하는 인간의 삶을 '나그네 길'에 비유하고 있습니다. 나그네 같은 인생이 가장 소망하는 것은 '거할 처소'입니다. 그래서 인간의 삶은 바로 이 거처를 마련하기 위하여 일평생 땀을 흘리면서 살아야 합니다. 이러한 점에서 여호와 하나님께서 이스라엘의 조상 아브라함에게 거처할 '땅에 대한 약속'을 해 주셨다는 것은 커다란 축복입니다: "내가 너와 네 후손에게 네가 거류하는 이 땅 곧 가나안 온 땅을 주어 영원한 기업이 되게 하고 나는 그들의 하나님이 되리라."(창 17:8)

반면에 거처할 땅이 없다는 것, 혹은 기거할 '안식처', 곧 '집'이 없다는 것은 인간 삶의 가장 기본적인 실존적 고통 가운데 하나입니다. 그래서 이스라엘 율법 전승에 의하면, 세상에서 가장 불쌍한 사람 가운데 하나가 바로, 거처할 곳이 없는 '나그네'입니다. '나그네'는 '과부'와 '고아'와 더불어 백성들 가운데 가장 불쌍한 사람으로 취급을 받았습니다.(신 10:18)[284] 그래서 그들은 때론 노예나 소나 나귀와 같은 동물 취급을 받았습니다.(참고 출 23:12)[285] 바로 이러한 '나그네' 인생길을 이스라엘 백성 자신들이 살아왔습니다. 그래서 이스라엘에서는 거처할 곳이 없는 '나그네'를 돌볼 것을 율법으로 규정하고 있습니다: "너는 이방 나그네를 압제하지 말며 그들을 학대하지 말라. 너희도 애굽 땅에서 나그네였음이라"(출 22:21, 이밖에 23:9; 신 10:19) 한 걸음 더 나아가 '나그네'의 가장 기초적인 생계 유지를 율법으로 규정하고 있습니다.(신 24:19)[286]

이렇듯 이스라엘 율법이 '나그네'를 돌볼 것은 규정하고 있다는 것 그 자체는, '나그네', 곧 '거처할 것이 없는 사람'의 삶이 얼마나 어렵고 힘든 것이라는 것을 반증해 주는 것입니다. 이러한 점에서 '부동산 투기'는 결코

---

284) 신 10:18 : "고아와 과부를 위하여 정의를 행하시며 나그네를 사랑하여 그에게 떡과 옷을 주시나니"

285) 출 23:12 : "너는 엿새 동안에 네 일을 하고 일곱째 날에는 쉬라. 네 소와 나귀가 쉴 것이며 네 여종의 자식과 나그네가 숨을 돌리리라."

286) 신 24:19 : "네가 밭에서 곡식을 벨 때에 그 한 뭇을 밭에 잊어버렸거든 다시 가서 가져오지 말고 나그네와 고아와 과부를 위하여 남겨 두라. 그리하면 네 하나님 여호와께서 네 손으로 하는 모든 일에 복을 내리시리라."

하나님께서 기뻐하는 것이 아닙니다. 비록 최초 인간 아담과 그의 아내가 하나님께 불순종함으로써 그들의 '삶의 터전'이었던 '에덴동산'에서 추방당하였지만, 인간들이 '나그네'를 학대하는 것은 결코 용서하시지 않으십니다. 그래서 하나님은 비록 '가인Kain'이 자기 동생 아벨Abel를 죽이고, 유리방황하는 '나그네'가 되었을 때,(창 4:12)287) 만일 '가인'을 죽이는 자가 있다면, 그에게는 벌을 칠 배나 받으리라(창 4:15)고 엄하게 경고하십니다.

어쨌든 '거처할 곳이 없는 나그네' 인생, 그래서 인간은 역으로 '거처할 곳', 곧 '거주할 땅'을 위해서 이 세상에서 끊임없이 전쟁을 하는 것입니다. 이것이 바로 인간의 '나그네' 길의 삶입니다. 그러나 우리 주 예수님께서는 '나그네' 같은 인생들을 위하여 "내 아버지 집에 거할 곳이 많도다. … 내가 너희를 위하여 거처를 예비하러 가노니, 가서 너희를 위하여 거처를 예비하면 내가 다시 와서 너희를 내게로 영접하여 나 있는 곳에 너희도 있게 하리라"(요 14:2-3)고 약속해 주셨습니다. 여호와 하나님께서 이스라엘 조상 아브라함과 이삭과 야곱에게 그들이 거처할 '가나안 땅'을 기업으로 주신 것처럼, 우리 주 예수님께서는 '하나님의 나라'를 나그네 인생을 위하여 거처할 기업으로 주셨습니다. 그러나 이 세상에 사는 동안, 인간은 누구를 막론하고 '거처할 곳'을 마련하기 위하여 땀 흘려 수고하지 않으면 안 되는 삶을 살아가고 있습니다. 이것이 인간의 실존적 현실입니다. 한마디로 이상 살펴본 바에 근거해 볼 때, 우리 인생은 의식주衣食住 문제 해결을 위한 땀 흘림이라고 특징지어 말할 수 있을 것입니다.

2. 땀을 흘리지 않으려는 죄: 불노소득의 죄

최초 인간 아담과 그의 아내가 하나님의 말씀에 불순종한 이후, 그의 후예인 인간들이 이 세상에서 땀을 흘리며 먹고 살아가야 한다고 해서 '무노동'이 축복은 아닙니다. 왜냐하면 인간이 '에덴Eden 동산'에서 추방당하기 이전부터, 아니 범죄 하기 이전부터 최초 인간에게는 주어진 '일', 곧

---

287) 창 4:12 : "네가 밭을 갈아도 땅이 다시는 그 효력을 네게 주지 아니할 것이요, 너는 땅에서 피하며 유리하는 자가 되리라."

'노동'이 있었습니다.[288] 그것은 에덴의 청지기 직을 감당하는 일이었습니다: "하나님이 이르시되 우리의 형상을 따라 우리의 모양대로 우리가 사람을 만들고 그들로 바다의 물고기와 하늘의 새와 가축과 온 땅과 땅에 기는 모든 것을 다스리게 하자"(창 1:26) 이러한 점에서 '무노동' 그 자체가 '축복'이 아니며, 동시에 '노동' 그 자체가 '징벌'은 아닙니다. 문제는 인간이 범죄 한 이후 받은 징벌은 인간이 땀을 흘려야 먹고 살 수 있다는 것입니다. 왜냐하면 에덴동산에서는 하나님께서 인간에게 모든 양식을 이미 주셨기 때문입니다.(참고, 창 1:29-30)[289] 그래서 그들은 '동산 각종 나무의 열매를 임으로 먹을 수 있었기' 때문입니다.(참고, 창 2:16) 그러나 에덴동산에서 추방 당한 이후, 인간은 애쓰고 수고하여 땀을 흘려야 겨우 먹을 것을 얻을 수 있게 되었습니다. 이것이 차이입니다. 뿐만 아니라, 때론 인간이 아무리 노력해도 각종 재난으로 기대하는 만큼의 결실을 얻지 못할 수도 있기 때문입니다. 이러한 점에서 땀 흘리지 않고 먹고 살려고 하는 것은 오히려 하나님의 심판을 거부하고 회피하고자 하는 또 다른 양태의 범죄입니다.

반대로 세상에서의 '노동'은, 태초에 최초 인간 아담에게 주어진 '청지기' 직처럼, 하나님께서 주시는 축복의 하나입니다. 따라서 노동이란 우리 인간 본성의 일부입니다. 왜냐하면 하나님께서 인간 각자에게 '은사'를 주신 것을 그 은사를 통하여 서로 섬기게 하기 위한 것이었습니다. 따라서 자신의 '은사'가 마무리 보잘것없는 것 같이 보여도, 주신 '은사'를 활용하지 않는 것은 마치 한 달란트 많은 자가 불평하여 1달란트를 땅속에 묻어 두는 것과 같습니다.(참고 마 25:24-25)[290] 이런 점에서 '노동'은 노동자의 자기 욕구 충족을 위해서만 있는 것이 아니라, 공동체의 편의를 위하여 있는 상

---

288) 노동은 단지 최초 인간 아담의 범죄에 대한 징벌로만 보는 견해에 대하여: James a. C. Brown, *The Social Psychology of Industry*, Penguin, 1954, 186.

289) 창 1:29-30 : "하나님이 이르시되 내가 온 지면의 씨 맺는 모든 채소와 씨 가진 열매 맺는 모든 나무를 너희에게 주노니 너희의 먹을거리가 되리라. 또 땅의 모든 짐승과 하늘의 모든 새와 생명이 있어 땅에 기는 모든 것에게는 내가 모든 푸른 풀을 먹을거리로 주노라"

290) 마 25:24-25 : "한 달란트 받았던 자는 와서 이르되 주인이여 당신은 굳은 사람이라. 심지 않은 데서 거두고 헤치지 않은 데서 모으는 줄 내가 알았으므로, 두려워하여 나가서 당신의 달란트를 땅에 감추어 두었었나이다. 보소서 당신의 것을 가지셨나이다."

호보완적인 것입니다. 그래서 에베소서는 남의 것을 "도둑질하는 자는 다시 도둑질하지 말고 돌이켜 가난한 자에게 구제할 수 있도록 자기 손으로 수고하여 선한 일을 하라"(엡 4:28)고 권면하고 있습니다.

한 걸음 더 나아가, '노동'은 창조주 하나님께 대한 봉사입니다. 그래서 종교개혁자 마르틴 루터는 "하나님은 소의 젖을 짤 때조차도 우리를 통해 일하신다. 만약 우리가 거기에 있어서 우유를 짜지 않는다면 하나님이 우유가 가득 찬 젖통을 준비해 주셔도 우리에게 무슨 소용이 있겠는가?"라고 반문하였습니다. 이렇듯 인간의 '노동'은 단지 최초 인간 아담의 죄에 대한 징벌이 아니라, '노동'을 통하여 하나님께 봉사하는 것입니다. 왜냐하면 처음부터 하나님은 그 누군가를 통하여 이 세상을 갈고 닦고 보전하고 다스리도록 계획하셨기 때문입니다. 그러므로 십계명에서도 "엿새 동안은 힘써 네 모든 일을 행할 것"(출 20:9 병행 신 5:13)이라고 규정하고 있습니다. 그러므로 전도서는, "나는 사람이 자기 일에 즐거워하는 것보다 더 나은 것이 없음을 보았나니 이는 그것이 그의 몫이기 때문이라"(전 3:22a) 고백하고 있습니다. 이러한 점에서 '불로소득不勞所得'은 두말할 것도 없이 하나님 앞에서 '죄'입니다. 그래서 사도 바울은, "누구에게서든지 음식을 값없이 먹지 않고 오직 수고하고 애써 주야로 일함"(살후 3:8a)으로 음식을 먹으라고 권하면서, 또한 "명하기를 누구든지 일하기 싫어하거든 먹지도 말게 하라"(살후 3:10b)고 단호하게 선포하고 있는 것입니다.

3. 해산解産과 부양扶養의 짐을 거부하는 죄

최초 인간 아담Adam과 그의 아내가 하나님의 말씀에 불순종하는 죄를 범한 이후, 여호와 하나님께서는 "여자에게 이르시되 내가 네게 임신하는 고통을 크게 더하리니 네가 수고하고 자식을 낳을 것"(창 3:16)이라고 말씀하십니다. 그 이후 모든 여자들은 해산의 고통을 겪으며, 자식을 낳는 고통과 축복을 함께 주셨습니다. 왜냐하면 앞에서도 살펴본 바와 같이, 하나님께서 인간에게 내리신 죄에 대한 형벌은 항상 '양면 가치Ambivalent'를 가지고 있기 때문입니다. 더 자세히 말하면, 여자가 아이를 잉태하여 낳는 것은, 한편으로는 하나님께서 천지를 창조하시고 모든 생명체에 주신 "생육하고 번성하라"는 축복이지만, 다른 한편으로는 '해산의 고통'을 겪어야 하는 징벌의 의미도 있다는 것입니다. 그러므로 하나님께서 사랑하는 자녀를 주신 것은 축복이며, 그 축복을 얻기 위하여 고통을 겪어야 하는 것입니다. 이와 상응하게 사도 바울도 하나님의 자녀들에 대하여 말하기를, "자녀이면 또한 상속자 곧 하나님의 상속자요 그리스도와 함께 한 상속자니 우리가 그와 함께 영광을 받기 위하여 고난도 함께 받아야 할 것이니라"(롬 8:17)고 말씀하셨습니다. 이렇게 '양면가치론'에서 어느 한편을 거부하게 되면, 상대적으로 그것은 죄가 되는 것입니다. 예컨대 '해산의 고통'을 피하기 위하여 '아기 낳는 일'을 거부하면, '자녀의 축복'을 받지 못할 뿐만 아니라, 하나님의 징벌을 거부한 것이 되어 심판에 이르게 된다는 것입니다.

'양면가치론'은 부모님을 '부양扶養'해야 하는 일에서도 동일하게 적용됩니다. 예컨대 하나님은 십계명에서 "네 부모를 공경하라, 그리하면 네 하나님 여호와가 네게 준 땅에서 네 생명이 길리라"(출 20:12)고 말씀하셨습니다. 이 말씀을 더 자세히 풀어서 에베소서는 "자녀들아 주 안에서 너희 부모에게 순종하라. 이것이 옳으니라. 네 아버지와 어머니를 공경하라. 이것은 약속이 있는 첫 계명이니, 이로써 네가 잘되고 땅에서 장수하리라"(엡 6:1-3)고 말합니다. 그러나 다른 한편에서 예수님께서는 "내가 세상에 화평을 주러 온 줄로 생각하지 말라. 화평이 아니요 검을 주러 왔노라. 내가 온 것은 사람이 그 아버지와, 딸이 어머니와, 며느리가 시어머니와 불화하게 하려 함이니, 사람의 원수가 자기 집안 식구리라. 아버지나 어머니를 나보다 더 사랑하는 자는 내게 합당하지 아니하고 아들이나 딸을 나보다 더 사랑하는 자도 내게 합당하지 아니하다"(마 10:34-37)고 말씀하십니다. 언뜻 보기에 두 말씀은 서로 모순矛盾처럼 보입니다. 그러나 후자는 전자의 '양면 가치'를 암시해 주는 말씀입니다. 즉 부모나 자식을 사랑하는 것이 인간의 존재론적 도리로서 마땅한 일이지만, 부모나 자식 사랑이 생명의 근원이신 창조주 하나님까지 도외시할 정도라면, 그것은 오히려 자식이나 부모 사랑이 하나님과 원수를 맺는 것이 된다는 것입니다. 그러나 생명의 근원이신 하나님을 사랑하면, 자기 부모도 사랑하게 되고, 생명의 열매인 자기 자식도 사랑하게 된다는 것입니다. 그러면 이 세상에서 잘 되고 장수하는 축복을 받는다는 것입니다. 왜냐하면 역설적逆說的으로 말하면, 자기 생명의 창조주이신 부모를 공경하지 않는 것은 곧 모든 생명의 창조주 하나님을 경외하지 않는 것과 같기 때문입니다.

이상 살펴본 바와 같이, '해산의 고통'을 당하지 않으려 하는 것은 최초 인간 아담의 아내에게 내리신 하나님의 엄위하신 심판을 거역하는 것이며, 동시에 그로 인하여 하나님께서 약속하신 축복을 받지 못한다는 것입니다. 그러나 '해산의 고통'을 감내하는 것은 하나님의 심판을 겸허하게 받아들이는 것이며, 동시에 생육하고 번성하는 축복을 받는 길이라는 것입니다. 이와 마찬가지로 늙으신 부모님 부양하는 일을 거부하는 것은, 생명의 뿌리인 부모님을 부인하는 동시에 생명의 근원이신 창조주 하나님을 부인하는 것이 된다는 것입니다. 그러한 사람은 겉으로는 부모를 공경하는 것 같으나, 실상은 부모와 원수가 되는 것이 되는 것입니다. 왜냐하면 모든 생명의 근원되는 창조주 하나님을 부인하고 자기 육신의 부모님을 사랑한다는 것은 생명의 근원에 대한 참 사랑이 아니기 때문입니다. 그러나 부모를 공경하는 것은 자기 생명의 뿌리를 인정하는 것이며, 동시에 모든 만물의 창조주이신 하나님의 존재를 인정하는 것이 되므로, 하나님께서 이 세상에서 잘 되고 장수하는 축복을 주십니다. 왜냐하면 모든 생사화복 生死禍福의 근원은 하나님에게 있기 때문입니다.

4. 땀을 흘릴 수 없는 인간에 대한 주님의 은총

인간의 '노동'이 결코 단지 하나님의 '징벌'의 의미만 있는 것이 아니라는 것을 성경은 '약자', 더 자세히 말하면, '땀 흘릴 수 없는 사람'들에 대한 보호를 율법으로 규정함으로써 반증反證하고 있습니다: "셋째 해 곧 십일조를 드리는 해에 네 모든 소산의 십일조 내기를 마친 후에 그것을 레위인과 객과 고아와 과부에게 주어 네 성읍 안에서 먹고 배부르게 하라,"

(신 26:12) 왜냐하면 우선 이들은 기업이 없기 때문입니다.(참고, 신 14:29)291) '기업'이 없기 때문에 레위인과 과부와 고아와 나그네들은 땀 흘려 일하고 싶어도 일할 곳이 없습니다. 그래서 여호와 하나님은 이들의 어려운 형편을 고려하라고 명령하고 계십니다. 예컨대 "네가 네 감람나무를 떤 후에 그 가지를 다시 살피지 말고 그 남은 것은 객과 고아와 과부를 위하여 남겨 두며, 네가 네 포도원의 포도를 딴 후에 그 남은 것을 다시 따지 말고 객과 고아와 과부를 위하여 남겨 두라"(신 24:20-21; 이밖에 신 24:19)고 명하십니다.292)

한 걸음 더 나아가 구약의 율법을 '과부나 고아'와 같은 이러한 약자들, '땀 흘릴 수 없는 사람들'을 억압하거나 해롭게 하지 말고(출 22:22; 신 24:17), 그들과 더불어 하나님 앞에서 즐거움을 나누라고 명령하십니다.(신 16:11,14)293) 그래서 만일 "객이나 고아나 과부의 송사를 억울하게 하는 자는 저주를 받을 것이라"(신 27:19)고 말씀하고 계십니다. 이렇듯 구약 성경은 여호와 하나님을 "고아와 과부를 위하여 정의를 행하시며 나그네를 사랑하여 그에게 떡과 옷을 주시는 분"(신 10:18)으로 증언하고 있습니다.

이와 상응하게 신약에서도 예수님은 '포도원 품꾼들'에 대한 비유를 통하여 '땀 흘려 일할 수 없는 자'들에 대한 하나님의 은총을 설명하고 계십니다.(마 20:1-16)294) 왜냐하면 제11시(오후 5시)에 포도원에서 일하도록 허락

---

291) 신 14:29 : "너희 중에 분깃이나 기업이 없는 레위인과 네 성중에 거류하는 객과 및 고아와 과부들이 와서 먹고 배부르게 하라. 그리하면 네 하나님 여호와께서 네 손으로 하는 범사에 네게 복을 주시리라."

292) 신 24:19 : "네가 밭에서 곡식을 벨 때에 그 한 뭇을 밭에 잊어버렸거든 다시 가서 가져오지 말고 나그네와 고아와 과부를 위하여 남겨두라. 그리하면 네 하나님 여호와께서 네 손으로 하는 모든 일에 복을 내리시리라."

293) 신 16:14 : "절기를 지킬 때에는 너와 네 자녀와 노비와 네 성중에 거주하는 레위인과 객과 고아와 과부가 함께 즐거워하되"

294) 이 비유의 말씀을 "이와 같이 나중 된 자로서 먼저 되고 먼저 된 자로서 나중 되리라"(마 20:16)의 말씀을 근거로 "그러나 먼저 된 자로서 나중 되고, 나중 된 자로서 먼저 될 자가 많으니라"(마 19:30)를 설명하기 위한 비유의 말씀으로 해석하고자 하는 것이 학계의 대부분의 경향이다. 이 점에 관하여: Joachim Jeremias, *Die Gleichnisse Jesu*, 허 혁 역,『예수의 比喩』, 분도출판사, 1994, 32-33. 그러나 예레미야의 해석에 동의하면서도 사회적 정황 속에서 가난하고 굶주린 자들에 대한 하나님의 은총(자비)에 대한 비유 말씀이라는 것을 덧붙이는 학자도 있다. 이 점에 관하여: G. R. Beasley - Murray, *Jesus and the kingdom of God*, 박문재 역,『예수와

받은 사람들은 자신들을 가리켜 "우리를 품꾼으로 쓰는 이가 없음이니이다."(마 20:7)라고 고백하고 있기 때문입니다. 왜 이들을 '품꾼으로 쓰는 사람'이 없었을까요? 그것은 이들이 신체적으로 '땀 흘려 일할 수 없을 정도'로 나약하였다는 것입니다. 왜냐하면 구약 시대뿐만 아니라 신약 시대에도, 노동 시장에서는 건장하고 힘이 좋은 사람들을 우선적으로 고용하였기 때문입니다. 따라서 '아무도 써 주는 사람이 없는 품꾼들'은 '신체적으로 땀 흘려 일할 수 있는 여건'을 갖추지 못하였다는 것을 암시합니다. 그럼에도 불구하고 하루 품삯을 지불할 때, 포도원 주인은 11(오후 5시)시에 선택되어 1시간만 일한 사람에게도 정상인과 같은 대우를 해 주었습니다. 이것은 구약의 "너와 네 자녀와 노비와 네 성중에 있는 레위인과 및 너희 중에 있는 객과 고아와 과부가 함께 네 하나님 여호와께서 자기의 이름을 두시려고 택하신 곳에서 네 하나님 여호와 앞에서 즐거워할지니라"(신 16:11)는 말씀에 상응하는 것이라고 볼 수 있습니다. 왜냐하면 하나님께서 기업이 없어 '땀 흘리면서 일 할 수 없는' 레위, 과부, 고아들과 '함께 즐거워하라'고 말씀하신 것은, 단지 그들을 '한 순간 위로하고, 동정하라'는 것이 아니라, 그들도 정상인과 같이 대우를 하라는 뜻이기 때문입니다.295) 이러한 해석의 전거를 우리는 세상에서 보잘것없는 사람들, 곧 약자들과 가축에게까지 안식일을 허락하신 여호와 하나님의 자비에서 발견할 수 있습니다.

5. 안식(휴식)을 주시는 하나님

십계명에 의하면, '안식'은 인간에게만 주어진 은혜가 아닙니다. 왜냐하면 십계명은 안식일 준수에 대하여 다음과 같이 설명하기 때문입니다:

"일곱째 날은 네 하나님 여호와의 안식일인즉 너나 네 아들이나 네 딸이나 네 남종이나 네 여종이나 네 가축이나 네 문안에 머무는 객이라도 아무 일도 하지 말라. 이는 엿새 동안에 나 여호와가 하늘과 땅과 바다와 그 가운데 모

하나님의 나라』, 크리스챤다이제스트 1993, 208-212.
295) 이 점에 관하여: W. Pesch, *Der Lohngedanke in der Lehre Jesu*, München 1955[Münchener Theologische Studien I, 7], 11f.

든 것을 만들고 일곱째 날에 쉬었음이라. 그러므로 나 여호와가 안식일을 복 되게 하여 그 날을 거룩하게 하였느니라."(출 20:10-11)

이러한 계명에 의하면, 하나님께서는 그 당시 인간 취급도 받지 못하는 '남종'과 '여종', '가축' 그리고 '문안에 머무는 객'도 정상인과 같은 동일한 '안식'을 누릴 수 있도록 율법으로 규정하셨다는 것입니다. 따라서 이러한 계명은 앞에서 '포도원 주인과 품꾼'의 비유에서 '제11시(오후 5시)'에 온 사람들에게도 '아침부터 일할 수 있는 정상인'과 동일한 대접을 받은 것과 일치합니다. 이러한 하나님의 보편적인 사랑을 마태복음은 "하나님이 그 해를 악인과 선인에게 비추시며 비를 의로운 자와 불의한 자에게 내려주심이라."(마 5:45)고 증언하고 있습니다. 그래서 이와 상응하게 사도 베드로도 "우리는 그들(이방인)이 우리와 동일하게 주 예수의 은혜로 구원 받는 줄을 믿노라"(행 15:11)고 고백합니다.296)

이상 살펴본 바와 같이 여호와 하나님은 최초 인간 아담Adam이 하나님의 말씀에 불순종하여 그에게, '네가 흙으로 돌아갈 때까지 얼굴에 땀을 흘려야 먹을 것을 먹으리라'(창 3:19)고 말씀하셨지만, 그럼에도 불구하고 인간에게 '땀 흘리기 전'에 이미 '들의 백합화와 공중의 새들을 먹이시듯이' 인간의 일용할 양식을 친히 마련해 주시는 분이십니다. 다만 우리는 '땀을 흘리면'서 그 마련해 놓으신 것을 거둘 뿐입니다. 그렇다고 해서 항시 일하는 것이 아니라, 때가 되면 '안식'도 주시고, 정작 '땀을 흘릴 수 없는 사람들'에 대해서는 율법을 통하여 정상인과 같은 대우를 받도록 해 주셨습니다. 그러나 문제는 인간들이 하나님의 율법을 어겨 '땀 흘릴 수 없는 사람들'을 돌보지 아니하고, '일하지 않고 먹으려는 죄'를 계속해 범하고 있다는 것입니다.

---

296) 그러나 여기서 오해하지 말아야 할 것은 예수 그리스도를 믿지 않아도 이방인이 구원을 얻는 것이 아님을 알아야 한다. 왜냐하면 사도 "베드로가 일어나 말하되 형제들아 너희도 알거니와 하나님이 이방인들로 내 입에서 복음의 말씀을 들어 믿게 하시려고 오래 전부터 너희 가운데서 나를 택하시고, 또 마음을 아시는 하나님이 우리에게와 같이 그들에게도 성령을 주어 증언하시고, 믿음으로 그들의 마음을 깨끗이 하사 그들이나 우리나 차별하지 아니하셨느니라."(행 15:7-9)고 설명하고 있기 때문이다.

✱✱✱✱✱ 참회의 기도

아! 창조주 하나님,
우리를 불쌍히 여기소서,
오! 그리스도님,
우리에게 자비를 베풀어 주옵소서
성령님이시여! 우리에게 임하소서

인간의 영혼을 지배하고 있는 사악한 불순종의 영
인간의 가슴 깊은 곳까지 뿌리내리고 있는 교만,

발바닥에 진득이처럼 붙어 떨어질 줄 모르는 죄,
이것들로부터 우리 인간을 자유케 하옵소서

이 모든 죄악에서 벗어나는 길은 진리를 아는 것이건만
진리를 거부하고, 생명이신 그리스도를 십자가에 못 박은
우리를 용서 하옵소서

지금도 '빨리 내게로 돌아오라!' 부르시는 주님의 음성을
이제라도 들을 수 있는 귀를 주옵소서
성령이 교회들에게 하시는 말씀을 듣게 하옵소서

- 아멘 -

V. 운명運命인가, 하나님의 섭리인가?

"하나님이 생명을 구원하시려고 나를 당신들보다 먼저 보내셨나이다."(창 45:5)

***** 토의 주제 *****

1. '운명運命'이라는 것이 있다고 생각하는가?
   '운명'이 없다면, '불가항력적' 사건이 나에게 닥치는 것은 무슨 연고인가?
2. '운명'과 '하나님의 섭리'가 무엇이 다른가?
3. 인생의 생사화복生死禍福의 주관자가 누구라고 생각하는가?

1. 왜 나의 인생은?

보통 사람들은 일상생활에서 예기치 않았던 불행한 사고를 당하든지, 아니면 열심히 노력했지만 자기의 목적하는 바를 성취하지 못했을 때, 과연 '인간의 운명運命 혹은 사주팔자四柱八字라는 것이 있지 않는가?' 하고 한번쯤 생각하게 됩니다. 심지어 그리스도인들도 '운명' 혹은 '사주팔자'라는 것을 믿지는 않지만, 자신의 삶에 계속해서 불행한 일이 생기고, 혹은 사랑하는 사람에게 아무리 전도를 해도 그가 복음을 영접하지 않을 때, 소위 '결정론적deterministisch 구원론', 곧 '하나님께서 선택하여 예정한 자는 아무리 죄를 지어도, 언젠가는 강권적으로라도 하나님의 자녀가 되어 구원을 받고, 하나님께서 예정하지 않은 자는 복음을 받아들이고, 아무리 신앙생활을 열심히 하려고 해도 언젠가는 멸망을 받는다'는 교리에 빠질 때가 가끔 있습니다.297) 어쨌든 그리스도인이건, 비-기독교인이건 삶의 고통이 계속되거나, 예기치 않은 불행이 닥쳤을 때, 한번쯤은 자기의 인생여로人生 旅路에 대하여 생각하게 됩니다. 그리고는 다음과 같은 질문을 제기해 봅니다: '각 개인個人의 삶은 세상에 태어나기 전부터 이미 확정되어 있는 것 인가, 아니면 각 개인의 자기 의지와 결단에 의해서 변화될 수 있는 것인 가?[298]' 모든 인간들의 일생이 이미 태어날 때부터 확정되어 있다면, 우리 의 삶은 단지 '자동 조립 과정conveyer belt' 가운데 있는 물건처럼 이미 계획 된 과정을 통과하는 것에 불과한 것이 아닌가?

이러한 질문에 답변하기 위해서 우리는 '운명Destiny'이 무엇인지, 그리고 과연 '운명'이라는 것이 있는지 먼저 알아볼 필요가 있습니다. 그리고 이와 더불어 기독교에서 이야기하는 '섭리'라는 것은 어떠한 것인지 알아볼 필 요가 있습니다. 그러면 우리의 인생에 '운명'이라는 것이 있는지, 아니면 우리가 인간을 구원하시고자 하는 '하나님의 섭리Providence' 안에 있는 것인 지, 분명히 인식하게 될 것입니다. 우리가 '하나님의 섭리'가 무엇인지 정 확히 이해한다면, 그때에 우리는 '나의 인생은 앞으로 어떻게 될까?'하는 불안에서 벗어나, 오히려 신앙 안에서 고난과 역경을 극복할 의지와 힘이 생길 것입니다.

2. 운명運命 혹은 역운歷運

그리스도인을 제외한 모든 사람들은 대부분, 인간에게 '운명運命'이라는 것이 있다고 생각하고 있습니다.[299] 왜냐하면 사람들은 이 세상에 살아가 면서 전혀 예기치 못한 불행한 일을 갑자기 당하는 일을 경험하고 있기

---

297) 칼뱅J. Calvin의 철저적 '이중예정론Praedestinatio gemina'는 다분히 이러한 입장을 취하고 있다. 칼뱅의 칭의와 예정 교리에 관하여: 프랑수아 웬델François Wendel, 'Calvin: The Origins and Development of His Religious Thought', Donald K. Mckim(ed.), Readings in Calvin's Theology, 이종태 역, {칼빈 신학의 이해}, 생명의 말씀사 1991, 199-232..

298) 아르미니안주의Arminianism의 전통에 서 있는 감리교 신학은 이러한 특성을 가지고 있다고 볼 수 있다.

299) '운명'이란 말은 그리스어로 'εἱμαρμένη' 혹은 'πεπρωμένη'로 표기되었다. 이것이 영어로는 'destiny', 라틴어로는 'fatum, fortuna'으로 표현된다. 그런데 그리스어 'εἱμαρμένη'는 신약 성경 에는 나오지 않는다. 이러한 사실은 기독교에서는 '운명' 사상이 없다는 것을 암시해 준다.

때문입니다. 그래서 유사有史 이래로 인류의 문화 및 종교에서 '운명'이라는 개념이 인간의 삶을 논의하는데서 누락된 적이 없었습니다.300) 일찍이 헬라주의Hellenism 시대의 많은 사람들은, 예기치 못한 질병, 사고, 죽음을 경험하면서 인간의 삶은 인간이 대항할 수 없는 압도적이고 강한 힘에 예속되어 있다고 생각하였습니다. 이렇게 그 어떤 외부의 강한 '힘'에 예속되어 있는 인간의 '삶의 정황Sitz im Leben'을 가리켜 사람들은 '운명'이라고 불렀습니다. 한 마디로 말해서 '운명fatum'이란, 피할 수 없는 불가항력적인 그 어떤 힘에 의해서 우발적으로 생긴 생애의 사건을 의미합니다.301)

그런데 인간이 저항할 수 없는 외부의 어떤 강한 '힘'을 일월성신日月星辰의 사이에 존재하는 만유인력적萬有引力的 '자연의 힘'에 의해서 아무런 의도意圖 없이 이루어진다고 생각하는 것이 바로 '역운歷運'입니다. 이러한 우주적 혹은 천문학적 힘을 고대 근동 특히 이란, 페르시아, 이집트 사람들은 인격화하여 '신Gott' 혹은 '신들Götter'이라고 생각하게 되었고, 그 신들을 불가항력적 사건을 유발시키는 자로 이해하였고, 이 '신들의 뜻'에 의해서 의도적으로 혹은 계획적으로 우리들에게 예기치 않은 '불행한 일Tragödie'이 일어난다고 생각하게 되었습니다. 이러한 점에서 '운명運命'과 '역운歷運', 바꾸어 말하면 '사주팔자四柱八字'는 일맥상통하게 되었습니다.302) 왜냐하면 그들은 이 우주 속에는 '우주', 곧 '자연'을 움직이는 그 어떤 '원리Logos' 혹은 '이성Nous'이 있다고 생각하였기 때문입니다.303) 따라서 이러한 우주의 원리에 순응하고, 그 원리와 조화를 이루며 살아갈 때, 개인의 삶이 평탄하다고 그들은 생각하였습니다. 즉 개개인의 삶의 과정은 우주의 생성 원

---

300) 서로 다른 다양한 문화권에서 '운명'이라는 것이 어떻게 다양하게 표현되고 있으며, 어떠한 의미를 가지고 있는지에 대한 연구는 "Fate", in: S. Hastings(Hg): *Encyclopaedia of Religion and ethics* 5, Edinburgh/New York, 1912, 771-796을 참고하라.

301) K. Kranz, "Schicksal", in: HPhWPh 8, Sp.1275. 이와 유사한 종교적 혹은 신학적 용어는 '예정Praedestination' 혹은 '섭리Vorherbestimmung' 혹은 '결의 혹은 운명Determination' 등이 있다.

302) H. Ringgren, "Schicksal", *RGG.* 3.Aufl., V.Bd., Sp.1404f.

303) 대표적인 철학자로서는 헤라클레투스(Heraklit), 아낙사고라스(Anaxagoras), "아폴로니아의 디오게네스(Diogenes von Apollonia), 플라톤(Platon)을 들 수 있다. 특히 플라톤은 자신의 「티마이오스(Timaios)」에서 운명론에 대하여 자세히 기술하고 있다.

리生成原理에 따라서 결정된다고 생각하였습니다.[304] 그래서 고대 근동, 특히 바벨론과 페르시아 사람들은 별星의 운행에서 인류 역사의 법칙을 통찰할 수 있다고 생각하여 별을 관찰하였습니다. 왜냐하면 그들은 인간 개개인의 삶, 곧 '운명'이 별들의 운행에 상응한다고 믿었기 때문입니다.

그 후 페르시아 사람들에 의해서 발견된 천체天體의 운행은 그리스 사람들에 의해서 그 운행이 '숫자'로 표현되기 시작하였습니다.[305] 그리스 사람들은 학문을 통하여 얻어낸 결과를 '민속 신앙'과 마술과 결합시켰습니다. 그래서 생겨난 것이 바로 아주 복잡한 '점성술'입니다. 그런데 복잡한 점성술의 숫자를 계산해 내는 것은 지식인들만이 할 수 있었습니다. 그래서 순박한 민중들에게 돈을 받고 별에서 미래를 점쳐 줄 수 있다고 속이는 많은 점쟁이들이 나타났습니다. 그들은 인간의 '운명'을 미리 알기 위하여, 점을 쳐서 액운厄運이 있는 날은 미리 피하려고 하였으며, '행운'이 있는 좋은 기회를 잡으려고 노력하였습니다. 그들은 '재해'와 불의의 사고로부터 보호받기 위해서 하늘 권세가 지배하고 있는 행운의 시일을 놓치지 않고, 이용하기 위하여 우주의 불가항력적인 힘에 대하여 경의를 표하게 되었고, 그 법칙에 순응하고자 하였습니다. 이러한 식으로 '운명' 사상은 고대 근동에서뿐만 아니라, 지중해 연안 지방의 민간인들에게 급속하게 전파되었습니다.

그런데 '운명' 사상의 '인지 구조Erkenntnispadigma'는 '인과因果의 연속'입니다. 왜냐하면 '운명'이란 그리스어 'εἱμαρμένη헤이마르메네'는, 'εἱρμὸς αἰτιῶν헤이르모스 아이티온: ', 곧 'series causarum'이기 때문입니다. 다시 말해서 이 세상에서 일어나는 모든 일은 그 '원인'과 '결과'로 조직적으로 연속되어 있다는 것입니다. 크리십Chrysipp의 이론에 의하면, "운명이란 우주의 원리Logos

---

304) **Reinhold Bernhardt**, Art. *Vorsehung*, EKL Bd 4., Sp.1208.

305) 피타고라스학파는 '수數'가 만물의 '우주의 원리Arche'라고 가르쳤다: "위대하고 완숙하고 모든 작용을 다하며, 인간의 삶의 근원이고 지도자이며, 모든 것에 참여하는 것이 수의 힘이다 … 이 수의 힘이 없으면, 모든 것이 한계 지워지지 않고, 불명확하며, 볼 수 없다."(44 B 11)(Johannes Hirschberger, *Geschichte der Philosophie*, 강성위 역, 『서양철학사』 상권·고대와 중세, 이문출판사 1996, 62에서 재인용)

이다. 과거의 사건을 일어나게 했던 우주의 법칙은 지금 오늘도 일어나고 있으며, 또한 미래에도 일어날 것이다."306) 그래서 헬라 사람들은 '운명'을 '세상의 원리Weltlogos', 혹은 모든 것을 통제하는 '영pneuma'이며 본질이라고 생각하였습니다. 그리고 세상에 일어나는 모든 사건들과 사물들은 모두 연결되어 있다고 생각하였습니다(σύνταξις τών ὄλων).307) 그래서 그리스 스토아 Stoa 철학자들은 이 세상의 모든 일은 '운명에 따라서' 일어난다고 생각하였습니다.

그런데 이러한 '인과因果의 연속' 사상은 우주 만물이 조화롭게 순환한다는 사상에 기초해 있습니다. 즉 그들은 천체가 주기적으로 순환한다는 것을 발견하였기 때문입니다. 그래서 대우주력大宇宙歷이라는 피타고라스의 학설에 의하면, "모든 만물은 서로 조화를 이루고 있으며, 세계(우주)의 과정은 직선적인 것이 아니라, 커다란 '원圓'을 그리고 있다. 별들과 세계의 체계는 항상 거듭해서 다시 같은 장소에 되돌아온다. 그리고 세계 시계는 새로이 진행하는데, 영원히 그렇게 한다. 만물은 가장 작은 사물들에 있어서까지 이렇게 영원히 계속해서 본래의 자리로 되돌아온다."308) 이렇게 만물이 영원히 순환한다는 사상 속에는 모든 만물은 서로 조화를 이루며 운행되고 있다는 것을 암시한다고 그들은 생각하였습니다. 그러므로 인간은 자신을 자연 혹은 우주의 일원一圓으로서 이해하고, 우주의 원리와의 일치 속에서 살도록 노력해야 한다고 그들은 주장하였습니다. 그래서 그들은 자신들이 당하는 모든 것은 이미 정해진 우주의 질서, 혹은 '신神'의 뜻에 의해서 일어나는 것이기 때문에 그대로 감수해야 하고, 순종해야 한다고 가르쳤습니다.309)

---

306) Chrysipp, *Frg.* 913, SVF 2, 264f(Stob, *Eclog,* I, 79,1)(Kranz, "Schicksal", in: HPhWPh 8, 1276에서 재인용)

307) Chrysipp, *Frg.* 1000, SVF 2, 293(Gellius, *Noct.* Att. 7,2)(Kranz, "Schicksal", in: HPhWPh 8, 1276에서 재인용)

308) 강성위 역, 『서양철학사』, 63.

309) 그러나 여기서 말하는 신은 기독교의 여호와 하나님이 아니라, 우주 속에 내재되어 있는 우주의 운행 원리로서의 로고스Logos를 의미한다. 왜냐하면 그들은 온 우주 속에는 하나의 커다란 통일성이 있다고 보고, 이 통일성을 만물을 지배하는 능력, 곧 신의 로고스 혹은 신의 능력이라

이상 살펴본 바와 같이 '운명' 혹은 '역운' 사상에는 인간의 자유 의지나, 실존적 결단이 자리할 곳이 전혀 없습니다. 모든 사건은 이미 결정되어 있습니다. 그래서 어느 날 갑자기 자기에게 불행이 닥쳐와도 피할 수 없을 뿐만 아니라, 항거하거나 불평해서도 안 됩니다. 자기에게 일어난 모든 일을 소위 '신'의 뜻으로 생각하고 감수해야 합니다. 왜냐하면 모든 것은 자신의 의지와 뜻에 상관없이 이미 결정되어 있기 때문입니다. 그래서 '퀴니크-스토아적 통속철학kynisch-stoische Popularphilosophie'자 에픽테트는 청중들에게 '자연을 인간을 지배하는 신의 피조물로서 이해하고, 거기에 순응하는 생활을 해야 한다'고 가르치면서, '인간에게 있어서는 자기 능력 안에 있는 것과 능력 밖에 있는 것이 어떠한 것인지를 안다는 것보다 더 중요한 것은 없다'고 결론짓고 있습니다.310) 그리고 계속해서 말하기를, "외적인 모든 것, 곧 육체, 재산, 명망, 사회적 지위 등은 인간이 마음대로 처리하도록 주어진 것이 아니기 때문에, 인간은 자기에게 주어진 운명을 감수해야 한다. 그러나 사고, 욕망, 행위 등을 결정하는 것은 인간의 능력 안에 놓여 있다"고 가르쳤습니다.311) 그렇다면 하나님의 섭리는 무엇인가?

3. 하나님의 세상 통치 원리로서의 섭리

'섭리πρόνοια, providentia'란 말은 처음부터 신약 성경의 용어는 아니었습니다. 비록 '섭리'란 개념이 '운명εἱμαρμένη, 헤이마르메네' 개념과 유사한 '삶의 정황Sitz im Leben'을 가지고 있기는 하나, 고대 근동 및 그리스-헬라 철학 전통의 '운명' 개념과는 결코 비슷하지 않습니다. 즉 인간의 삶에는, 사람들이 예기치 못한 불가항력적인 불행 혹은 행복한 사건이 일어날 수 있다는 '삶의 정황'에 있어서는 '운명' 사상이나, '섭리' 사상이 그 출발점이 동일합니다. 그러나 고대 근동 사상의 영향을 받은 '스토아Stoa' 철학자들은, 예기치 못한

고 보았다. 그리고 그 힘을 '제우스'라는 이름으로 불리어지는 '신'이라고 생각하였다.
310) 이 점에 관하여: Eduard Lohse, *Umwelt des Neuen Testaments*, 박창건 역, 『新約聖書背景史』, 대한기독교서회 1983, 214.
311) 같은 곳

불가항력적인 불행한 사건이 우주 질서, 곧 일월성신日月星辰의 조화에 의해서 일어난다고 생각하였다면, 고대 유대교와 초대 기독교 교부들은 그러한 일이 세상을 창조하고, 보전하고 통치하시는 하나님이 만물을 창조의 목적으로 인도해 가시기 위해서 각 개인의 역사와 삶에 개입하는 데서 일어난다고 생각하였습니다. 이러한 점에서 일반적인 인간사人間事에서 일어나는 소위 '운명론적fatalistisch' 사건과 하나님의 '섭리'에 의해서 일어나는 사건은 그 의미에 있어서 전혀 다른 것입니다. 왜냐하면 우선 사건의 '주체Subjekt'가, '운명' 사상에서는 우주론적 자연 철학에 근거한 '세계 이성Weltvernunft', 곧 우주의 운행 원리인 '로고스Logos'이지만, - 때로는 이 '로고스'를 헬라 철학자들은 '신神'이라고 보았음 - '섭리' 사상에서는 인격적인 창조주 하나님, 곧 육신이 되신 '로고스Logos'이기 때문입니다. 다시 말해서 '섭리πρόνοια, providentia'란 용어는 헬라 철학자들과 함께 동일하게 사용한다 하더라도, 그 의미에서 있어서는 헬라-유대교 및 그리스 교부들에 의해서 새롭게 인격적 개념으로 변형되었습니다.312) 즉 초대 그리스 교부들은, 이 세상을 창조하신 '창조의 말씀'이신 하나님이 세상을 보전하고 유지하며, 창조의 목적으로 이끌어 가시기 위해서 지속적으로 역사 속에서 활동하고 계신 분으로 이해하였던 것입니다. 그래서 초대 교회 헬라 교부들은 그리스-헬라적 '운명' 사상을 이스라엘 유대교적 하나님 신앙의 의미로 수용하여, 역사 속에서 일어나는 모든 사건을 '하나님의 섭리에 의한 것'으로 이해하였던 것입니다. 이러한 점에서 기독교에서 말하는 '하나님의 섭리Providence' 사상은, 처음부터 여호와 하나님의 '역사내적 사역geschichtliches Werk, 곧 일하심'에 기초를 두고 있었던 것이지, 결코 그리스 철학에 뿌리를 두고 있다고 볼 수 없습니다.

왜냐하면 '섭리πρόνοια프로노이아'란 단어는, 신약 성경에서 단지 사도행전 24장 2절과 로마서 13장 14절에서만 나타나기 때문입니다.313) 그리고 '섭리'

---

312) *Philo,* Theon pronoia. 초기 그리스 교부들로서는 로마의 클레멘스Clemens von Rom, 저스틴 Justin, 이레나이우스Irenäus, 알렉산드리아의 클레멘스Clemens von Alexandrien, 오리겐 Origenes이 그리스-헬라의 '운명' 사상을 기독교 신앙적으로 받아들였다.(유딧 11:13; 지혜서 14:3; 17:2)

란 의미도 불가항력적인 '원리'라는 뜻보다는 'προνοέω', 곧 '사전에 예비하다. 고려하다, 배려하다'는 뜻을 가지고 있기 때문입니다.(딤전 5:8; 고후 8:21; 롬 12:17)314) 따라서 기독교에서 말하는 '섭리' 사상은, 고대 근동이나 헬라-철학의 '운명' 사상과는 달리, 하나님께서 창조하신 인간을 포함하여 이 세상 만물을 하나님께서 계획(작정)하신 바대로 굳건히 '보전하시기conservatio' 위해 '동행하시고concursus' '다스려서gubernatio' 창조의 목적에 이르게 하고자 하는 하나님의 통치 원리로 이해될 수 있습니다.315) 왜냐하면 하나님의 '섭리攝理'는 하나님의 창조와 인간 창조에 근거하며, '하나님의 창조'는 하나님의 영원한 '계획(작정)과 예정'에 근거해 있기 때문입니다. 바꾸어 말하면, 하나님께서는 창조 이전에 이미 모든 것을 계획하시고 난 다음, 그 계획에 따라서 인간을 포함한 이 세상 만물을 창조하시고, 그 창조물을 어디로 이끌어 갈 것인가를 미리 확정하셨다는 것입니다. 왜냐하면 비록 신약 성경에서 '섭리'라는 단어가 하나님과 관련하여 직접적으로 기술되고 있지는 않지만, 내용상 '섭리'의 주체는 인간뿐만 아니라, 온 세상의 통치자 되시는 하나님을 전제하고 있기 때문입니다.

그래서 예컨대 하나님의 '섭리πρόνοια프로노이아'의 전형적인 성구인 마태복음 6장 25-34절과 10장 29-31절의 말씀은 만물을 다스리시고, '보호하시고 돌보시는 하나님의 섭리적 통치'를 아주 잘 묘사하고 있습니다:

> "참새 두 마리가 한 앗사리온에 팔리지 않느냐. 그러나 너희 아버지께서 허락하지 아니하시면 그 하나도 땅에 떨어지지 아니하리라. 너희에게는 머리털까지 다 세신 바 되었나니 두려워하지 말라. 너희는 많은 참새보다 귀하니라."(마 10:29-31 이밖에 마 6:25-34)

---

313) 그런데 이 두 성구에 나타나는 'πρόνοιαν'(Voraussicht, 예견하다, 예지하다)와 'ποιούμαι'는 의미상으로 볼 때, 동사 'προνοέω' 곧 '예비하다, 조달하다, 마련하다, 사전에 숙고하다vorsorgen, vorher bedenken'에서 나온 것이다.

314) 딤전 5:8; "누구든지 자기 친족 특히 자기 가족을 돌보지 아니하면 믿음을 배반한 자요 불신자보다 더 악한 자니라."; 고후 8:21; 롬 12:17: "아무에게도 악을 악으로 갚지 말고 모든 사람 앞에서 선한 일을 도모하라." 그리고 이 점에 관하여: W. Radl, "προνοέω", ExWNT III, 382f.

315) J. Konrad, Art. "Versehung", RGG 3.Aufl., VI Bd., 1496.

여기에서 한 걸음 더 나아가 누가복음 전승은 하나님의 '섭리'를 하나님의 '구원 역사'(눅 9:22; 17:25; 21:9; 24:7.44; 행 3:21; 17:3)316) 및 '영원한 결의Ratschluß'와 연결시키고(행 2:23; 4:28; 20:27),317) 사도 바울은 하나님의 섭리를 '종말론적 증언'과 연결시키고 있습니다(롬 16:26; 롬 9-11).318) 이와 같이 기독교에서 말하는 '하나님의 섭리'는 예기치 않았던 불행한 사건, 소위 '운명론적 사건'과 관련 있는 것이 아니라, 하나님께서 창조하신 피조물에 대한 창조주 하나님의 돌보심과 보전하시고, 유지하시는 사역과 관계되어 있습니다. 그래서 개별적 그리고 우주론적인 하나님의 '섭리' 사상은, 한편으로는 하나님의 역사 내적 개입을 개별화한 포로 후기의 전승(렘 1:5; 겔 5:19ff; 잠 16:9; 시 16:5f)으로, 그리고 다른 한편으로는 하나님의 역사 개입을 구원사적 전망으로 이해하고자 하는 신명기 전승으로 소급되고 있는 것입니다.319) 그렇다면 하나님의 '섭리'는 구체적으로 어떻게 실현되고 있는가?

4. 생명 구원을 위한 하나님의 섭리

앞에서 우리는 하나님의 '섭리'란, 이 세상에서 일어나는 모든 사건이 하나님의 뜻과 방법과 목적에 의해서 일어나는 것임을 알았습니다.320) 이러한 개념의 특성을 우리는 먼저 아브라함의 이야기에서 발견할 수 있습니다. 그는 "네 아들 네 사랑하는 독자 이삭을 데리고 모리아 땅으로 가서

---

316) 눅 9:22 : "이르시되 인자가 많은 고난을 받고 장로들과 대제사장들과 서기관들에게 버린바 되어 죽임을 당하고 제삼 일에 살아나야 하리라"; 눅 17:25; 21:9; 24:7.44; 행 3:21: "하나님이 영원 전부터 거룩한 선지자들의 입을 통하여 말씀하신 바, 만물을 회복하실 때까지는 하늘이 마땅히 그를 받아 두리라."; 행 17:3.
317) 행 2:23 : "그(예수 그리스도)가 하나님께서 정하신 뜻과 미리 아신 대로 내준 바 되었거늘, 너희가 법 없는 자들의 손을 빌려 못 박아 죽였으나"; 행 4:28; 20:27
318) 롬 16:26-27 : "이제는 나타내신 바 되었으며 영원하신 하나님의 명을 따라 선지자들의 글로 말미암아 모든 민족이 믿어 순종하게 하시려고 알게 하신 바 그 신비의 계시를 따라 된 것이니 이 복음으로 너희를 능히 견고하게 하실 지혜로우신 하나님께 예수 그리스도로 말미암아 영광이 세세무궁하도록 있을지어다 아멘."; 롬 9-11.
319) 렘 1:5: "내가 너를 모태에 짓기 전에 너를 알았고, 네가 배에서 나오기 전에 너를 성별하였고, 너를 여러 나라의 선지자로 세웠노라."
320) 칼빈은 "사람들은 하나님의 은밀한 명령에 의하지 않고는 아무것도 이룰 수 없다 … 사람들은 아무리 깊이 생각하더라도 하나님이 이미 작정하시고, 자신의 은밀한 의지로 결정하신 것 이외에는 아무것도 이룰 수 없다."(Institut, I, 18, 1)고 말하고 있다.(이 밖에 Inst. I, 18,2.3)

내가 네게 일러 준 한 산 거기서 그를 번제로 드리라"(창 22:2)는 하나님의 말씀을 들었을 때, 아들 이삭을 데리고 번제 드릴 산으로 가고 있었습니다. 그때 아들 이삭이 그 아버지 아브라함에게 "불과 나무는 있거니와 번제할 어린 양은 어디 있나이까"(창 22:7)하고 물었을 때, "아브라함이 … 번제할 어린 양은 하나님이 '자기를 위하여 친히 준비하시리라יִרְאֶה-'"(창 22:8)는 답변에서 발견할 수 있습니다. 여기서 '준비하시리라'로 번역된 'הראָהraah'란 단어는, '인지하다', '바라보다', '진찰하다', '살피다', '감찰하다'라는 뜻으로서, 그리스어 'πρόνοια프로노이아'는 '예견하다, 예지하다, 배려하다, 조달하다'의 의미에 상응한다고 볼 수 있습니다. 이러한 아브라함의 믿음에 상응하게 여호와 하나님께서 이삭을 '대신하여', 혹은 '배려하여' 숫양을 준비해 주셨고, 이러한 사실을 확인하고 아브라함은 그 땅의 이름을 'הראָה יהוה여호와 이레: 여호와께서 준비하셨다'라고 칭하게 되었습니다. 한마디로 말해서 '하나님의 섭리'란 하나님께서 친히 인간의 생명 구원을 위해서 모든 것을 미리 준비하신다는 뜻입니다.

이와 유사한 사건을 우리는 요셉의 증언에서도 발견할 수 있습니다. 요셉은 자신을 애굽으로 판 형제들의 잘못된 행위를, 형제들의 생명을 보존하기 위한 하나님의 뜻과 계획에 의해서 이루어진 사건으로 고백합니다:

> "당신들이 나를 이곳에 팔았다고 해서 근심하지 마소서, 한탄하지 마소서, 하나님이 생명을 구원하시려고, 나를 당신들보다 먼저 보내셨나이다. …· 하나님이 큰 구원으로 당신들의 생명을 보존하고 당신들의 후손을 세상에 두시려고, 나를 당신들보다 먼저 보내셨나니, 그런즉 나를 이리로 보낸 이는 당신들이 아니요, 하나님이시라."(창 45:5,7-8a)

이러한 고백은 하나님의 섭리가 궁극적으로 인간의 생명 구원을 목적하고 있음을 증언해 주는 것입니다. 그리고 이러한 고백은 또한 하나님의 '인간 창조' 목적(창 2:7), 예수 그리스도와 '화육化肉 목적'(요 3:16), 성경을 '기록한 목적'(요 20:31; 5:39), '율법 준수 목적'(눅 10:28), '전도자의 상급'(눅 10:20) 그리고 '신앙 고백의 내용' 뿐만 아니라, 이밖에 성경에 기록된 모든 말씀에 상응합니다. 그래서 비록 신약 성경에는 '섭리'라는 말을 하나님과 직접 연관시키지는 않지만, 하나님께서 한 개인을 지키시며, 동행하시고, 보호 혹은 통치하신다는 증언이 수없이 많이 나옵니다. 그래서 예수 그리스도는 하나님의 섭리를 다음과 같이 증언하고 있습니다:

> "그러므로 내가 너희에게 이르노니 목숨을 위하여 무엇을 먹을까 무엇을 마실까 몸을 위하여 무엇을 입을까 염려하지 말라. 목숨이 음식보다 중하지 아니하며 몸이 의복보다 중하지 아니 하냐. 공중의 새를 보라. 심지도 않고 거두지도 않고 창고에 모아들이지도 아니하되 너희 하늘 아버지께서 기르시나니 너희는 이것들보다 귀하지 아니 하냐. 너희 중에 누가 염려함으로 그 키를 한 자라도 더할 수 있겠느냐. 또 너희가 어찌 의복을 위하여 염려하느냐. 들의 백합화가 어떻게 자라는가 생각하여 보라. 수고도 아니 하고 길쌈도 아니 하느니라. 그러나 내가 너희에게 말하노니 솔로몬의 모든 영광으로도 입은 것이 이 꽃 하나만 같지 못하였느니라. 오늘 있다가 내일 아궁이에 던져지는 들풀도 하나님이 이렇게 입히시거든 하물며 너희일까 보냐 믿음이 작은 자들아. 그러므로 염려하여 이르기를 무엇을 먹을까, 무엇을 마실까, 무엇을 입을까 하지 말라. 이는 다 이방인들이 구하는 것이라. 너희 하늘 아버지께서 이 모든 것이 너희에게 있어야 할 줄을 아시느니라. 너희는 먼저 그의 나라와 그의 의를 구하라. 그리하면 이 모든 것을 너희에게 더하시리라. 그러므로 내일 일을 위하여 염려하지 말라. 내일 일은 내일이 염려할 것이요, 한 날의 괴로움은 그 날로 족하니라."(마 6:25-34)

이러한 예수님의 증언에 의하면, 하나님께서는 당신의 모든 피조물을 보존하고, 생명을 유지하도록 해 주시며, 하나님께서 창조하신 목적으로 동행하며 이끌어 가신다는 것입니다. 그래서 잠언 기자는 아주 담대하게 "너희 행사를 여호와께 맡기라, 그리하면 네가 경영하는 것이 이루어지리라."(잠 16:3)고 선포하고 있는 것입니다. 그리고 계속해서 "사람이 마음으로 자기의 길을 계획할지라도 그의 걸음을 인도하시는 이는 여호와시니라"(잠 16:9)고 잠언 기자는 증언하고 있습니다.(이밖에 잠 20:24; 렘 10:23)[321]

---

321) 잠 20:24: "사람의 걸음은 여호와로 말미암나니 사람이 어찌 자기의 길을 알 수 있으랴."; 렘

이렇듯 하나님의 섭리는 우리들의 생명 구원을 위한 계획이요, 우리를 지키시고 복 주시기 위한 원칙이지, 우리를 어떠한 기계적인 법칙이나, 하나님의 일방적인 통치 안에 가두어 두려는 것이 결코 아닙니다. 비록 인간은 하나님의 창조 의지에서 벗어나 불순종하고 죄를 지었지만, 하나님은 그것까지도 선하게 사용하시어, 하나님의 창조하신 목적에로 모든 피조물을 이끌어 가고자 하시는 것입니다. 이것이 '하나님 섭리' 속에 담겨진 은혜입니다. 왜냐하면 하나님의 창조의 목적은 궁극적으로 인간을 억압하고 강제적으로 통치하는데 있는 것이 아니라, 오히려 모든 피조물에게 복 주시고자 하는 데 있기 때문입니다: "하나님이 그들(남자와 여자)에게 복을 주시며, 하나님이 그들에게 이르시되, 생육하고 번성하여 땅에 충만하라."(창 1:28a; 비교 1:22)

이상 앞에서 '운명'과 '섭리'의 개념을 살펴본 결과, '운명'과 하나님의 '섭리'는 내용상 철저하게 다른 개념임을 알았습니다. '운명'은 인간이 예기치 못한 일이 불가항력적으로 임하였을 때, 그 원인을 자연에 내재되어 있는 그 어떤 '힘', 혹은 일월성신日月星辰의 역학易學 관계에 의한 것으로 본 반면에, 하나님의 '섭리'는 모든 창조물을 창조의 목적에 이르게 하기 위하여 보전, 유지, 새롭게 하시려는 하나님 자신의 피조물 관리 방법 및 원리로 이해했습니다. 그래서 '운명'이란 개념에는 불가항력적인 사건이라는 부정적인 의미가 있지만, 하나님의 '섭리'에는 하나님의 통치 및 예지적 관리에 순응하면 오히려 축복이 되는 긍정적인 의미가 담겨져 있습니다.322) 다시 말해서 하나님은 인간을 비롯하여 다른 모든 피조물을 창조의 궁극적인 목적인 '영원한 생명'으로 인도하시기 위하여 친히 세상 만물을 보존하시고, 인도하시며, 통치하신다는 것입니다. 잠언 기자는 "사람이 마음으로 자기의 길을 계획할지라도 그의 걸음을 인도하시는 이는 여호와시니

10:23 : "여호와여 내가 아거니와 사람의 길이 자신에게 있지 아니하니 걸음을 지도함이 걷는 자에게 있지 아니하니이다."

322) 아브라함은 하나님의 말씀에 순종함으로써 "내가 네게 큰 복을 주고, 네 씨가 크게 번성하여 하늘의 별과 같고, 바닷가의 모래와 같게 하리라"(창 22:17) 언약을 재확인 받았고, 욥은 시험을 이기고 난 후, 더욱 큰 축복을 받았다.

라."(잠 16:9)고 증언하고 있으며, 이와 상응하게 예수님도 "나를 떠나서는 너희가 아무 것도 할 수 없음이라"(요 15:5)고 말씀하고 계십니다. 그렇습니다. 하나님께서는 창조하신creatio 우주 만물을 보전 유지하시고conservatio, 통치하시며gubernatio 창조의 목적으로 이끌어 가시면서concursus, 만물을 새롭게 하시는renovatio 분이십니다. 이러한 점에서 기독교에서 말하는 하나님의 '섭리론'은 타종교의 '운명론' 혹은 개인의 '사주팔자四柱八字'와는 전적으로 다른 것입니다. 왜냐하면 소위 '운명'이라는 것을 바꾸어 놓는 것이 '하나님의 섭리'이기 때문입니다.

참회의 기도

주님!
나 혼자서는 아무것도 할 수 없음을 번연히 알면서도
기도 없이
나 홀로 길을 가다가 수 없이 쓰러졌습니다.

그리고는
'왜 나에게 이러한 고통을 주십니까?'
항거하였던,
우리의 불순종을 용서하옵소서

예수님
이제는 차라리 하나님의 손에
나의 모든 것을 맡기니,
무거운 짐 받아 주옵소서.

- 아멘 -

Gloria Patri et Filio et Spiritui Sancto
sicut erat in principio et est nunc
et erit semper et in saecula saeculorum,
Amen

제2부
사람들 앞에 있는 인간人間

죽음을 생각하라, 그리고 하나님을 생각하라!
= *Monento Mori et Monento Domini* =

제6장
극복되어야 할 인간의 욕망懲慾

제5장에서 우리는, 최초 인간 아담의 불순종으로 인하여 모든 인간이 죄의 노예가 되어 죽었다가, 예수 그리스도의 부활로 말미암아 생명에 이르는 새로운 길이 놓이게 된 것에 대하여 알아보았습니다.(엡 2:1) 그래서 모든 인간은 '하나님 앞에coram deo' 죄 지은 인간의 모습으로 서 있으면서, 동시에 예수의 구속으로 말미암아 '영생'에 이르는 길 입구에 서 있는 실존적 존재라는 것을 알았습니다. 이렇게 인간은 '생명과 죽음'이라는 실존적 상황 속에 살고 있는 존재임에도 불구하고, 인간의 욕구는 끊이지 않고 점점 더 강하게 커져 왔던 것이 인간의 죄 된 역사의 정황입니다. 그래서 이제 아래 제6장에서는 죽을 수밖에 없는 인간들의 끊임없는 욕구가 무엇이며, 그 욕구로 인하여 인간이 어떠한 고통을 당하고 있는지 알아보고자 합니다.

다시 말하면, 죄의 노예가 된 인간들이 이 세상에서 살아가는 동안 무엇을 추구하고, 무엇을 바라고 있는지, 그 본능적本能的 욕구에 대하여 알아보고자 합니다. 이를 위해서 모든 인간들이 보편적으로 추구하는 삶의 목적이 무엇인지 먼저 분석해 보고, 인간의 본능적 욕망에 대하여 상대적으로 하나님은 어떠한 뜻 혹은 길을 제시하고 계신지 살펴보고자 합니다.

더 자세히 말해서, 예수 그리스도를 믿지 않는 보통 인간들은 일평생 살아가는 동안 자신들의 인생 목표를 어디에 두고 살아가고 있는지, 그리고 그 목표를 성취하기 위하여 어떠한 방법을 취하고 있는지에 대하여 알아보고자 합니다.

그래서 제I절에서는 모든 인간뿐만 아니라, 모든 생명체의 가장 근본적인 욕구인 '의식주衣食住' 문제 해결에 대한 욕구와 그 죄악성에 대하여, 그리고 제II절에서는 '의식주' 문제가 어느 정도 해결된 인간이 추구하는 '성적性的 욕구'에 대하여, 그리고 제III절에서는 인간의 욕구를 극대화할 수 있는 '세상 권세'와 '돈'에 대한 욕구의 죄악성에 대하여 살펴보고자 합니다. 그리고 제IV절에서는 보통 인간들이 사회 속에서 타인과 더불어, 함께 살아가는 도상에서 생기는 사회적 위계 질서, 혹은 권위 질서에 대한 욕구에 대하여 알아보고자 합니다. 제V절에서는 앞에서 언급된 인간의 본능적, 혹은 관능적 그리고 사회적 욕구 충족에 대한 욕망에 대하여 하나님께서 그어 놓으신 한계선이 무엇인지에 대하여 살펴볼 것입니다. 그리고 끝으로 제VI절에서는 이상 앞에서 언급한 인간의 본능적 욕구를 넘어서는 인간의 만용이 초래한 결과와 그 문제점이 무엇인지 살펴볼 것입니다.

이러한 탐구를 통하여 우리는 그리스도인들뿐만 아니라, 모든 인간이 자신의 욕망과 하나님의 뜻 사이에서 어떻게 살아가야 하는지, 그 방법과 길을 찾을 수 있을 것입니다. 곧 창조주 하나님께서 죄인인 인간들에 대하여 바라는 바가 무엇이며, 하나님께서 예수 그리스도를 통하여 인간의 죄를 용서해 주신 궁극적인 목적이 무엇인지에 대하여도 깊이 인식하게 될 것입니다. 왜냐하면 자기 자신에 대한 한계점을 인식하는 데서 인간은 참된 자신을 발견할 수 있기 때문입니다.[323]

---

[323] 제6장의 내용이 정립되지 않은 상태에서 목차가 정해져서 6장의 서론을 수정하고, 각 절의 번호도 변경되었다.

I. 의식주衣食住에 대한 욕구

"무엇을 먹을까 무엇을 마실까 무엇을 입을까 하지 말라"(마 6:31)

***** 토의 주제 *****

1. 잘 입고, 잘 먹고, 잘 산다는 것이 무엇이며, 그것을 누릴 수 있는 기간은 과연 얼마나 되는가?
2. 못 입고, 못 먹고, 못 사는 이유는 무엇인가? 그리고 영원히 잘 입고, 잘 먹고, 잘 살 수 있는 방법은 없을까?
3. 당신은 잘 입고, 잘 먹고, 잘 살아 보려고 노력해 보았는가? 왜 그리고 어떻게?

1. 땀을 흘리면서 살아야 하는 인간

'인생人生', 곧 '인간의 삶이 무엇인가?'라고 묻는다면, 그것은 바로 입고, 먹고, 잠자는 문제를 해결하기 위한 투쟁이라고 정의할 수 있을 것입니다.324) 왜냐하면 '인간人間'을 생물학, 철학적 그리고 신학적으로 정의定義하건 안 하건, 인간을 포함하여 모든 생명체는 어쨌든 입고, 먹고, 잠자지 않

---

324) 독일어로 산다는 동사는 'leben'이고, 이것이 명사화되면, 삶, 곧 '인생das Leben'이다. 이 '인생 das Leben'을 추상적으로 번역하면 '생명das Leben'이 된다. 그래서 '삶, 곧 인생'은 'Βιος'와 'ζωη' 두 가지 그리스어로 표현되었다. 이 두 단어의 의미는 자주 바꾸어 쓰이기는 했지만, 좁은 의미로 말하면 'Βιος'란 성적 혹은 감정적인 욕구를 가지고 있는 생물학적인 삶, 곧 육체적인 생명을 의미하고, 반면에 'ζωη'는 아주 좁은 의미로 '살아 있다는 사실'을 의미하는 종교적으로 만 사용되었다. 이 점에 관하여: Plotin, *Enn.* III, 7, 11, 44; III, 7, 12,2; Platon, *Leg*, 733 d .- Aristoteles, *De animal. gen.* II, 1, 732 a 12; III, 11, 762 a 32(P. Hadot, Leben, in: HWPh Bd.5, 53에서 재인용)

으면 생명을 유지할 수 없는 존재이기 때문입니다. 그러므로 '의식주衣食住' 문제 해결에 대한 욕구만큼 강한 욕구가 인간에게 없다고 할 수 있습니다. 다시 말해서 '의식주'에 대한 욕구는 인간뿐만 아니라, 모든 생명체가 가지고 있는 기본적인 욕구입니다. 이러한 근거에서 인간의 일평생의 삶은 '의식주' 문제를 해결하고자 하는 노력, 바꾸어 말하면 '살고자 하는 근본적 의지의 실현'이라고 할 수 있습니다. 그럼에도 불구하고 살고자 하는 인간의 '의지'가 그렇게 쉽게 충족되어지는 것은 결코 아닙니다. 왜냐하면 인간은 스스로 입을 것을 만들고, 먹을 것을 구하고, 잠잘 곳을 만들어야 하기 때문입니다. 즉 자기 생명을 유지하기 위한 '의식주'의 문제를 해결하기 위해서 인간은 땀을 흘리고 노력해야 합니다. 이렇듯 '의식주' 문제 해결이 그리 쉽지 않기 때문에, 사람들은 '인생', 곧 '인간의 삶'을 가리켜 '고난苦難'이라고 특징짓고 있습니다.

그런데 인간이 '땀을 흘려야 겨우' '의식주'를 해결할 수 있게 된 것은, 인간이 하나님에게 죄罪를 범한 이후부터입니다. 왜냐하면 최초 인간, '아담Adam'은 하나님께서 창조해 놓으신 이 자연 속에서, 곧 '에덴Eden' 동산에서 모든 식물을 아무런 수고 없이 마음껏 먹을 수 있었기 때문입니다. 그리고 그 에덴동산에서는 입을 것, 잠 잘 곳을 걱정하지 않아도 되었기 때문입니다.(창 1:29-30)[325] 그러나 인간이 하나님의 말씀을 거역하고 먹지 말라는 선악을 알게 하는 나무의 실과實果를 따먹은 이후로 하나님의 징벌을 받아 '땀을 흘려야' '입을 것', '먹을 것', '거처할 곳'을 해결할 수 있게 되었습니다:

> "그들(아담과 이브)의 눈이 밝아져 자기들이 벗은 줄을 알고 무화과나무
> 잎을 엮어 치마로 삼았더라."(창 3:7, 비교 3:21); "아담에게 이르시되 네가 네
> 아내의 말을 듣고 내가 네게 먹지 말라 한 나무의 열매를 먹었은즉 땅은 너

---

325) 창 1:29-30 : "하나님이 이르시되 내가 온 지면의 씨 맺는 모든 채소와 씨 가진 열매 맺는 모든 나무를 너희에게 주노니 **너희의 먹을거리가 되리라.** 또 땅의 모든 짐승과 하늘의 모든 새와 생명이 있어 땅에 기는 모든 것에게는 **내가 모든 푸른 풀을 먹을거리로 주노라** 하시니 그대로 되니라."

로 말미암아 저주를 받고 너는 네 평생에 수고하여야 그 소산을 먹으리라. 땅이 네게 가시덤불과 엉겅퀴를 낼 것이라. 네가 먹을 것은 밭의 채소인즉, 네가 흙으로 돌아갈 때까지 얼굴에 땀을 흘려야 먹을 것을 먹으리니,"(창 3:17-19a); "여호와 하나님이 에덴동산에서 그(아담)를 내보내어 …"(창 3:23)

이와 같이 모든 인간은 최초 인간, '아담'의 타락으로 인하여 일평생 '땀을 흘려야' '의식주'의 문제를 해결할 수 있기 때문에, '의식주'에 대한 욕구는 모든 인간이 가지고 있는 가장 근본적이면서도 가장 강한 '욕구'가 되었습니다. 이 '욕구'로부터 벗어날 수 있는 인간은 이 세상에는 한 사람도 없습니다. 왜냐하면 '의식주'의 문제가 해결되지 않으면, 인간은 자신의 생명 그 자체를 유지할 수 없기 때문입니다. 따라서 인생, 곧 인간의 삶은 '의식주衣食住' 충족을 위한 투쟁이라고 해도 과언이 아닐 것입니다.

그러나 인간은 단순히 생명을 유지하기 위한 '의식주' 충족에 만족하지 않고, '보다 더 잘 먹고, 보다 더 잘 입고, 보다 더 넓고 좋은 집'에서 살고자 하는 '욕망慾望'을 가지고 있습니다. 이러한 욕망 때문에 인간의 역사 속에서 전쟁이 끊인 적이 없었습니다. 왜냐하면 주어진 한정된 자원 속에서 '보다 더 먹으려면' 다른 사람의 것을 빼앗아야 했기 때문입니다. 그러므로 '의식주' 문제를 해결하고자 하는 인간의 욕구는 '보다 더'라는 인간의 욕망으로 더욱 심각해졌습니다. 그래서 인간의 생명을 보전 유지하기 위한 '의식주'에 대한 욕구는, '보다 더' 그리고 심지어는 '남의 것을 빼앗고자 하는 욕망'으로 변이變異되었습니다. 이러한 욕망에 사로잡혀 살아가고 있는 것이 바로 우리 인간입니다. 이렇게 왜곡된 '우리의 삶', 곧 '구부러진 인생'의 문제를 해결하기 위해서 우리는 먼저 우리 자신의 욕망에 대하여 살펴보아야 합니다.

2. 잘 입고 싶은 욕망

'의복衣服'을 필요로 하는 일차적인 목적은, 우선 우리 육체의 부끄러운 부분을 가리고, 몸을 보호하기 위해서입니다. 그래서 하나님께서는 이러한 기본적인 필요성 때문에, 비록 범죄한 인간(아담과 이브)이라 할지라도, 그들의 육체를 보호해 주시기 위해서 '의복'을 만들어 입혀 주셨습니다: "여호와 하나님이 아담과 그의 아내를 위하여 가죽옷을 지어 입히시니라."(창 3:21) 따라서 '의복'은 인간이 세상을 살아가는데 없어서는 안 되는 필수적인 것이 되었습니다. 특히 면직綿織이 발달하지 않은 고대 사회에서 '의복', 특히 화려한 '의복', 혹은 좋은 '옷감'은 단순히 개인의 생활용품을 넘어서서 귀중품으로서의 가치를 가지게 되었습니다. 바꾸어 말해서 '의복'은, 금金이나 은銀과 같이 귀중한 자산의 일종으로 간주되었습니다. 그래서 다른 나라에 사신使臣을 보낸다든지, 혹은 타국他國의 왕에게 선물을 할 때, 좋은 의복은 선물 품목에서 누락되지 않았습니다: "아람 왕이 이르되, 갈지어다. 이제 내가 이스라엘 왕에게 글을 보내리라 하더라. 나아만이 곧 떠날 새 은 십 달란트와 금 육천 개와 의복 열 벌을 가지고 가서"(왕하 5:5; 슥 14:14)326)

그러나 사회가 형성되고, 문화가 발전하면서 '옷'은 인간의 신분을 구별하는 표징이 되었습니다.327) 예컨대 화려하고 좋은 천으로 만든 옷은 신분이 높은 사람들이 입었습니다.(슥 3:3-5, 반면에 욥 7:5; 9:31; 눅 7:25)328) 그래서 리브가는 특별히 사랑하는 야곱에게 '좋은 의복'을 가져다가 입혔습니다.(창 27:15) 그리고 제사장도 다른 사람들과 다른 특별한 옷을 지어 입었습니다. (출 29:5-9)329) 이와 상응하게 이사야 선지자도 구원자로서 오실 여호와는 화려한 자색 옷을 입으신 분으로 묘사하고 있습니다: "에돔에서 오는 이 누구며 붉은 옷을 입고 보스라에서 오는 이 누구냐, 그의 화려한 의복, 큰

---

326) 슥 14:14 : "유다도 예루살렘에서 싸우리니 이때에 사방에 있는 이방 나라들의 보화 곧 금은과 의복이 심히 많이 모여질 것이요"

327) 고대근동사회로 소급할수록 사회적 '신분'(춤추는 무녀, 적군, 죄수, 노동자, 어린 아이 등등) 및 지역에 따라서 '옷'의 색깔이 구분되었다. 이 점에 관하여: Gamberoni, שבל, ThWAT Bd.IV, 471-483, 특히 472.

328) 눅 7:25 : "그러면 너희가 무엇을 보려고 나갔더냐 부드러운 옷 입은 사람이냐 보라 화려한 옷을 입고 사치하게 지내는 자는 왕궁에 있느니라."

329) 출 29:5 : "의복을 가져다가 아론에게 속옷과 에봇 받침 겉옷과 에봇을 입히고 흉패를 달고 에봇에 정교하게 짠 띠를 띠게 하고"

능력으로 걷는 이가 누구냐, 그는 나(여호와를 의미함)이니 공의公義를 말하는 이요, 구원하는 능력을 가진 이니라."(사 63:1)330)

따라서 사회가 발달한 이후 '보다 좋은 옷'을 입고 싶은 인간의 욕망은 더욱 강해졌습니다.(슥 3:3-5) 이러한 의미에서 보다 좋은 옷을 입고 싶어 하는 것은, 사회적으로 보다 높은 신분으로 대우받고, 그러한 신분이 되고 싶은 자기의 욕망을 표현하는 것이라고 볼 수 있습니다. 즉 '보다 좋은 옷을 입고 싶은 것'은 '옷'을 통하여 다른 사람과 구별된 자신을 과시하고 싶어 하는 욕구라고 볼 수 있습니다.331) 그러므로 '옷'을 입고 싶은 인간의 기본 욕구는, 단지 몸을 보다 잘 보호하고 따뜻하게 하고자 하는 기본 욕구를 넘어서서, 보다 높은 신분을 갖고 싶은 욕망의 표현으로 변이變異 되었습니다. 그래서 사도 바울은 "아무의 은이나 금이나 의복을 탐하지 아니하였다"(행 20:33)고 하였던 것입니다.

그러나 예수님께서는 "목숨을 위하여 무엇을 먹을까 무엇을 마실까 몸을 위하여 무엇을 입을까 염려하지 말라. 목숨이 음식보다 중하지 아니하며 몸이 의복보다 중하지 아니 하냐"(마 6:25); "너희가 어찌 의복을 위하여 염려하느냐 들의 백합화가 어떻게 자라는가 생각하여 보라. 수고도 아니 하고 길쌈도 아니 하느니라."(마 6:28)고 말씀하심으로써, '보다 좋은 옷'을 입고 싶어 하는 인간의 욕망에 제동을 거십니다. 그렇습니다. 인간의 아무리 아름답고 화려한 옷을 입는다고 해서 그 옷을 입을 수 있는 시간은 그렇게 길지 못 합니다: "인생은 그 날이 풀과 같으며 그 영화가 들의 꽃과 같도다."(시 103:15; 37:2; 벧전 1:24)332)

---

330) 일반적으로 왕과 같이 권위가 있는 분은 자색, 곧 붉은 옷을 입었다: "그들은 다 자색 옷을 입은 고관과 감독이요 준수한 청년이요 말 타는 자들이라."(겔 23:6) 그래서 '유대인의 왕' 나사렛 예수님을 조롱할 때도, 로마 군인들이 예수님께 자색 옷을 입혔다: "예수에게 자색 옷을 입히고 가시관을 엮어 씌우고,"(막 15:17 병행 눅 16:19); 이 밖에 단 5:7,29; 렘 4:30.
331) 신약 시대의 '의식주' 습관에 관하여: 정기덕, 나사렛에서 무슨 좋은 사람이 나올 수 있겠소? - 예수의 고향 나사렛을 찾아서 II,「神學과 文化」13집(2004), 대전신학대학교 편, 115-156.
332) 시 37:2 : "그들(인생)은 풀과 같이 속히 베임을 당할 것이며 푸른 채소같이 쇠잔할 것임이로다."; 벧전 1:24 : "그러므로 모든 육체는 풀과 같고, 그 모든 영광은 풀의 꽃과 같으니 풀은 마르고 꽃은 떨어지되… ."

그렇지만 여호와 하나님께서는, 생활에 필요한 기본적인 의복에 대하여
는 하나님 자신이 입히고 먹이시는 분이시며(창 28:20; 신 8:4; 10:18; 21:13; 겔 18:7,16;
욥 31:19-20)[333], 동시에 '벗은 자'를 입히라고 명하고 계십니다.(사 58:6-7)[334] 한
걸음 더 나아가 사도 바울은 참된 '의복', 곧 그리스도의 신령한 영적 '옷'
을 입도록 권하고 있습니다: "누구든지 그리스도와 합하기 위하여 세례를
받은 자는 그리스도로 옷 입었느니라."(갈 3:27; 엡 4:24; 골 3:10)[335]

3. 잘 먹고 싶은 욕구

'사흘 굶으면 도둑질 아니 할 사람 없다'; '서러움 중에서 가장 서러운
것은, 배고픈 서러움'이라고 말할 정도로 '배고픔', 곧 '먹고 싶은 욕구'는
모든 생명체가 가지고 있는 가장 크고 강한 본능적인 욕구입니다. 그래서
이를 미리 아시고 하나님께서도 인간을 창조하시기 전에 생명체가 일용할
양식을 먼저 창조하셨습니다.(시 104:14)[336] 그럼에도 불구하고 '먹고 싶은 인
간의 기본 욕구'는, 첫째는 먹지 말아야 할 것까지 먹고자 하는 욕망으
로,[337] 둘째는 '보다 잘 먹고 싶은 욕망'으로, 그리고 셋째는 '땀 흘리지
않고 먹고자 하는 욕망'으로 '변이變異' 되었습니다. 첫 번째 욕구의 '변이'
에 대하여 성경은 가증한 것들은 무엇이든지 먹지 말 것을 율법으로 강하
게 금하고 있습니다.(신 14:3,7; 레 3:17)[338] 두 번째 욕구의 '변이'에 대하여 여호

---

333) 신 8:4 : "이 사십 년 동안에 네 의복이 해어지지 아니하였고 네 발이 부르트지 아니하였느니
라."; 겔 18:7 : "사람을 학대하지 아니하며 빚진 자의 저당물을 돌려주며 강탈하지 아니하며 주
린 자에게 음식물을 주며 벗은 자에게 옷을 입히며"
334) 사 58:6-7 : "내가 기뻐하는 금식은 … 헐벗은 자를 보면 입히며 또 네 골육을 피하여 스스
로 숨지 아니하는 것이 아니겠느냐"
335) 엡 4:24 : "하나님을 따라 의와 진리의 거룩함으로 지으심을 받은 새 사람을 입으라."; 골 3:10
: "새 사람을 입었으니 이는 자기를 창조하신 이의 형상을 따라 지식에까지 새롭게 하심을 입
은 자니라."
336) 시 104:14 : "그가 가축을 위한 풀과 사람을 위한 채소를 자라게 하시며 땅에서 먹을 것이 나
게 하셔서 … ." 생태학적 창조 역사에 관하여: 김재진, 생명의 생태학적 환경과 생명 창조사, 「
한국기독교신학논총」 30권(2003), 291-313.
337) 애 2:20 : "여호와여 보시옵소서. 주께서 누구에게 이같이 행하셨는지요. 여인들이 어찌 자기
열매 곧 그들이 낳은 아이들을 먹으오며 제사장들과 선지자들이 어찌 주의 성소에서 죽임을
당하오리까."; 왕하 6:28-29.
338) 신 14:7 : "다만 새김질을 하거나 굽이 갈라진 짐승 중에도 너희가 먹지 못할 것은 이것이니,

와 하나님은 이스라엘 백성들에게 그 날, 그 날에 먹을 양식(만나)만 주셨습니다.(출 16:8, 20-21)[339] 이와 상응하게 예수님도 주기도문에서 "오늘 우리에게 일용할 양식을 주옵시고"(마 6:11 병행 눅 11:3)라고 기도할 것을 가르쳐 주셨습니다.[340] 그리고 세 번째 '땀을 흘리지 않고 먹으려는' 욕망으로의 '변이'에 대하여 사도 바울은 게을리 얻은 양식을 먹지 않으려는 모범을 보였습니다. "누구에게서든지 음식을 값없이 먹지 않고, 오직 수고하고 애써 주야로 일함은 너희 아무에게도 폐를 끼치지 아니하려 함이니"(살후 3:8; 잠 31:27)

그러나 창조주 하나님은 이스라엘 백성을 '만나'로 먹이시고(출 16:18), 고기로 배를 채우게 하시고(민 11:31-32), 로뎀 나무 아래 있던 선지자 엘리야를 먹이셨습니다.(왕상 19:5-8) 예수님도 물고기 두 마리와 보리떡 다섯 개로 오천 명을 먹이셨습니다.(마 14:13-21, 병행 막 6:30-44; 눅 9:10-17; 요 6:1-14) 이러한 사건은 생명을 유지하기 위하여 기본적으로 먹고자 하는 인간의 욕구를 하나님께서 충족시켜 주신 것입니다. 그래서 예수님께서도 "그러므로 염려하여 이르기를 무엇을 먹을까 무엇을 마실까 무엇을 입을까 하지 말라. 이는 다 이방인들이 구하는 것이라 너희 하늘 아버지께서 이 모든 것이 너희에게 있어야 할 줄을 아시느니라."(마 6:31-32)고 말씀하셨던 것입니다. 뿐만 아니라 예수님께서는 단지 생명을 유지하고자 하는 사람들의 가장 기본적인 욕구만이라도 충족시켜 준 인간의 행위를 기억하시겠다고 약속해 주셨습니다:

"내(40절을 근거로 지극히 작은 자 하나로 바꾸어 해석할 수 있음)가 주릴

곧 낙타와 토끼와 사반, 그것들은 새김질은 하나 굽이 갈라지지 아니하였으니 너희에게 부정하고"; 레 3:17 : "너희는 기름과 피를 먹지 말라. 이는 너희의 모든 처소에서 너희 대대로 지킬 영원한 규례니라." 그러나 레 3장 17절을 수혈을 받지 말라는 뜻으로 해석할 수 없다. 단지 현실적으로 수혈로 인하여 병이 전염될 우려가 있으니, 수혈할 때는 가족의 피를 받는 것이 질병을 예방할 수 있는 한 방편일 것이다.

339) 출 16:18 : "오멜로 되어 본즉 많이 거둔 자도 남음이 없고 적게 거둔 자도 부족함이 없이 각 사람은 먹을 만큼만 거두었더라."; 16:20-21 : "그들이 모세에게 순종하지 아니하고, 더러는 아침까지 두었더니, 벌레가 생기고 냄새가 난지라 모세가 그들에게 노하니라. 무리가 아침마다 각 사람은 먹을 만큼만 거두었고, 햇볕이 뜨겁게 쬐면 그것이 스러졌더라."

340) 눅 11:3에서는 "우리에게 날마다 일용할 양식을 주시옵고"로 되어 있다. 이 말은 '매일 매일 우리가 일용할 양식을 주옵시고'라는 의미로 해석될 수 있다.

때에 너희가 먹을 것을 주었고, 목마를 때에 마시게 하였고, 나그네 되었을 때에 영접하였고, 헐벗었을 때에 옷을 입혔고, 병들었을 때에 돌보았고, 옥에 갇혔을 때에 와서 보았느니라."(마 25:35-36)

따라서 이러한 증언에 상응하게 잠언 기자도 "나를 가난하게도 마옵시고 부하게도 마옵시고 오직 필요한 양식으로 나를 먹이시옵소서"(잠 30:8b)라고 기도하고 있습니다. 그래서 사도 바울도 "우리가 세상에 아무 것도 가지고 온 것이 없으매, 또한 아무 것도 가지고 가지 못하니, 우리가 먹을 것과 입을 것이 있은즉 족한 줄로 알 것이니라"(딤전 6:7-8)고 증언하고 있습니다.

그러나 한 걸음 더 나아가 여호와 하나님은 우리로 하여금 육신을 위한 썩어질 양식을 위해서 구하지 말고, 오히려 '영생永生'을 위한 참된 양식을 구하라고 말씀하고 계십니다: "너희가 어찌하여 양식 아닌 것을 위하여 은을 달아 주며 배부르게 하지 못할 것을 위하여 수고하느냐 내게 듣고 들을지어다. 그리하면 너희가 좋은 것을 먹을 것이며 너희 자신들이 기름진 것으로 즐거움을 얻으리라."(사 55:2) 그래서 예수님께서도 "사람이 떡으로만 살 것이 아니요, 하나님의 입으로부터 나오는 모든 말씀으로 살 것이라"(마 4:4 = 신 8:3)고 말씀하셨던 것입니다. 따라서 여호와 하나님과 예수님 그리고 제자들은 성경의 여러 곳에서 양떼를 먹이는 목자牧者로 묘사되고 있습니다.(사 40:11; 호 4:16; 겔 34:23; 요 21:15) 이와 상응하게 선지자들도 하나님의 말씀을 먹는 것으로 묘사되고 있습니다: "만군의 하나님 여호와시여 나는 주의 이름으로 일컬음을 받는 자라. 내가 주의 말씀을 얻어먹었사오니 주의 말씀은 내게 기쁨과 내 마음의 즐거움이오나 … ."(렘 15:16; 겔 3:3; 계 10:9-10)341) 이러한 의미에서 영원한 하나님의 말씀이 육신이 되신 예수 그리스

---

341) 겔 3:3 : "내게 이르시되 인자야 내가 네게 주는 이 두루마리를 네 배에 넣으며 네 창자에 채우라 하시기에 내가 먹으니 그것이 내 입에서 달기가 꿀 같더라."; 계 10:9-10 : "내가 천사에게 나아가 **작은 두루마리**를 달라 한즉 천사가 이르되 갖다 **먹어 버리라**. 네 배에는 쓰나 네 입에는 꿀 같이 달리라 하거늘, 내가 천사의 손에서 작은 두루마리를 갖다 **먹어 버리니 내 입에는 꿀 같이 다나** 먹은 후에 내 배에서는 쓰게 되더라."

도 자신이 곧 우리들이 먹어야 하는 '참된 양식이고, 참된 음료'인 것입니다.(요 1:1,14; 6:31-35, 51,53)342)

4. 좋은 집에 살고 싶은 소망

이제 '의식주' 문제를 해결하고자 하는 인간의 욕구 가운데 세 번째 욕구는, 바로 '잠잘 집'을 갖고자 하는 욕구입니다. 왜냐하면 최초 인간 아담의 범죄로 말미암아 인간은 아름답고 풍요롭던 '거처居處', 곧 '에덴Eden'에서 추방당하여, 거처를 상실하고 이리저리 유리방황하며 살 수밖에 없는 땅의 나그네가 되었기 때문입니다.(창 3:23) 바로 그렇기 때문에 우선 '거류할 땅'과 '거주할 장막'에 대한 욕구는 인간의 가장 기본적인 욕구 가운데 하나입니다. 그래서 잠잘 '곳', 곧 '장막'이 없는 '나그네'는, 인간의 가장 기본적인 욕구조차 해결하지 못한 사람으로서, 이스라엘 백성 가운데 '과부', '고아'와 더불어 가장 불쌍한 사람 가운데 하나였습니다.343)

그러나 앞에서도 이미 언급하였듯이, '주거住居'에 대한 욕구도 '보다 더 크고 화려한 장막'을 갖고 싶어 하는 '탐욕'으로 '변이'됩니다. 이러한 현상을 우리는 나봇의 포도원을 빼앗은 아합 왕에게서 발견할 수 있습니다. 나봇의 포도원을 갖고 싶어 하는 아합 왕의 욕심은 단지 채소밭 하나를 '더' 갖고자 하는 것이었습니다.(왕상 21:2) 이렇듯 '탐욕'은, 부족함이 없음에도 불구하고, 단지 '자기 만족을 위하여', 자신이 가지고 있는 것보다 '조금 더' 가지려고 하는 욕망입니다. 따라서 아합 왕이 나봇의 포도원을 갖고 싶어 한 것은 순전히 '탐욕'입니다. 이렇듯 탐욕은 자신이 갖고 싶으면 언제든지 갖겠다고 하는 무의미한 충동적 욕구입니다. 그래서 인간의 '탐욕'은 끝이 없습니다. 바꾸어 말하면 '조금 더', 혹은 '보다 더'는 항상 '조금

---

342) 요 6:51,53 : "나는 하늘에서 내려온 살아 있는 떡이니 사람이 이 떡을 먹으면 영생하리라. 내가 줄 떡은 곧 세상의 생명을 위한 내 살이니라 하시니라."; "예수께서 이르시되 내가 진실로 진실로 너희에게 이르노니 인자의 살을 먹지 아니하고 인자의 피를 마시지 아니하면 너희 속에 생명이 없느니라."
343) 지금도 한국 사회에 잠 잘 곳이 없어서 길에서 노숙하는 나그네들이 많다는 것은, 우리나라가 인간의 가장 기본적인 요구조차 충족시켜 주지 못하는 절대 빈곤의 나라라는 것을 암시해 주는 것이다.

더', 혹은 '보다 더'를 낳는다는 것입니다. 그렇기 때문에 사도 바울이 "탐심은 우상숭배"(골 3:5)라고 하였던 것입니다. 즉 '탐욕'은, 마치 허상의 것을 섬기듯이, 결코 충족되지 않는 것을 채우기 위해서 끊임없이 반복하는 것이고, 나중에는 그 '탐심'에 자기 자신이 사로잡혀 결국에는 사망으로 끝나는 것입니다.

그렇지만 '거주'에 대한 인간의 기본 욕구는 하나님께서 해결해 주십니다. 이 점을 우리는 아브람에 대한 여호와 하나님의 약속에 발견할 수 있습니다. 여호와 하나님은 유리遊離 방황하는 이스라엘의 조상 아브람에게 가나안 땅을 기업으로 주셨습니다: "나는 이 땅을 네게 주어 소유로 삼게 하려고, 너를 갈대아인의 우르에서 이끌어 낸 여호와니라"(창 15:7)344) 뿐만 아니라 한 걸음 더 나아가, 예수님은 단지 '보다 더 크고 아름다운 장막'이 아니라, 우리에게 영원한 '장막', 즉 영원한 거처 '하늘나라', 곧 '하나님의 나라'(막 1:15)를 선포하고 약속해 주셨습니다:

> "너희는 마음에 근심하지 말라. 하나님을 믿으니 또 나를 믿으라. 내 아버지 집에 거할 곳이 많도다. 그렇지 않으면 너희에게 일렀으리라. 내가 너희를 위하여 거처를 예비하러 가노니 가서 너희를 위하여 거처를 예비하면 내가 다시 와서 너희를 내게로 영접하여 나 있는 곳에 너희도 있게 하리라."(요 14:1-3)

이와 같이 마지막 날에 그리스도인은 하나님께서 약속하고 예비하신 '장막', 곧 '하나님의 나라'에서 주님과 함께 거居할 것입니다:

> "내가 들으니 보좌에서 큰 음성이 나서 이르되, 보라 하나님의 장막이 사

---

344) 창 15:18-21 : "그 날에 여호와께서 아브람과 더불어 언약을 세워 이르시되 내가 이 땅을 애굽 강에서부터 그 큰 강 유브라데까지 네 자손에게 주노니, 곧 겐 족속과 그니스 족속과 갓몬 족속과 헷 족속과 브리스 족속과 르바 족속과 아모리 족속과 가나안 족속과 기르가스 족속과 여부스 족속의 땅이니라 하셨더라."; 신 26:5 : "**내 조상은 방랑하는 아람 사람으로서 …**" 땅에 관한 신학에 관하여: Walter Brueggemann, *The Land*, 강성열 역, 『성서로 본 땅』, 나눔사 1992 - Norman C. Habel, *The Land is Mine: Six Biblical Land Ideology*, 정진원 역, 『땅의 신학』, 한국신학연구소, 2001.

람들과 함께 있으매 하나님이 그들과 함께 계시리니 그들은 하나님의 백성이
되고 하나님은 친히 그들과 함께 계셔서 모든 눈물을 그 눈에서 닦아 주시니
다시는 사망이 없고 애통하는 것이나 곡하는 것이나 아픈 것이 다시 있지 아
니하리니 처음 것들이 다 지나갔음이러라."(계 21:3-4)

반면에 주님을 떠나는 자들은 그의 이름이 '흙'에 기록되고(렘 17:13)345),
그들의 거처는 이 세상의 땅, 곧 흑암의 깊은 곳(스올)이 될 것입니다:
"너의 영광과 위대함이 에덴의 나무들 중에서 어떤 것과 같은고 그러나
네가 에덴의 나무들과 함께 지하에 내려갈 것이요 거기에서 할례를 받지
못하고 칼에 죽임을 당한 자 가운데에 누우리라."(겔 31:18) 그래서 시편 기
자는 "사람이 치부하여 그의 집의 영광이 더할 때에 너는 두려워하지 말
지어다. 그가 죽으매 가져가는 것이 없고 그의 영광이 그를 따라 내려가
지 못함이로다. 그가 비록 생시에 자기를 축하하며 스스로 좋게 함으로
사람들에게 칭찬을 받을지라도 그들은 그들의 역대 조상들에게로 돌아가
리니 영원히 빛을 보지 못하리로다"(시 49:16-19)라고 '보다 크고 화려한 장막'
의 한계를 명백히 증언하고 있는 것입니다.

---

345) 렘 17:13 : "이스라엘의 소망이신 여호와여 무릇 주를 버리는 자는 다 수치를 당할 것이라 무
릇 **여호와를 떠나는 자는 흙에 기록이 되오리니** 이는 생수의 근원이신 여호와를 버림이니이
다."

***** 참회의 기도

주님,
이제는 이 땅에서
보다 크고,
보다 화려한 것이 아니라,
참되고 영원한 것을 사모하게 하옵소서!

눈물이 없고,
다시는 사망이 없고,
애통하는 것이나 곡哭하는 것이나
아픈 것이 없는 곳,
그곳을 사모하게 하소서!

주님의 약속과 우리의 희망이
함께 이루어지는 곳
하나님이 우리의 주님이 되시고,
우리가 하나님의 백성이 되는
그 곳에서 영원히 살게 하옵소서!

- 아멘 -

Ⅱ. 성적性的 욕구

"음욕을 품고 여자를 보는 자마다 마음에 이미 간음하였느니라."(마 5:28)

***** 토의 주제 *****

1. 인간이 성적 욕구를 억제함으로써 성인聖人이 될 수 있다고 생각하는가? 즉 '성적 욕구'가 죄악인가, 아니면 생명체의 선천적 욕구로서 본능적인 것인가?
2. '성적 욕구'와 '사랑'은 무엇이 다른가? 당신은 '성적 욕구'를 느껴본 적이 없는가?
3. '음욕'의 마지막이 무엇이라고 생각하는가, 그리고 '음욕'에서 벗어날 수 있는 길이 있다면, 그 길은 어떠한 것이라고 생각하는가?

1. 왜 매춘이 가장 오래된 직업 가운데 하나인가?

인류 사회의 가장 오래된 직업 가운데 하나가 바로 '매춘賣春'입니다. 왜 '매춘'이 인류 문화가 발전하기 시작한 이래 가장 오래된 직업이 되었을까요? 그것은, 인간이 가지고 있는 기본적인 욕구인 '의식주衣食住' 문제 해결의 욕구만큼이나 강한 것이 바로 '성적性的' 욕구이기 때문입니다. 즉 인간의 '성적' 욕구는 '의식주' 문제 해결에 대한 욕구와 더불어 인간의 가장 원초적인 욕구 가운데 하나입니다. 그래서 전도서 기자는 인간의 기본적인 '의식주'의 욕구가 끝나면, 그와 더불어 '정욕情慾'도 그친다고 증언하고 있습니다.(전 12:5b)[346] 이렇듯 '생식生殖의 욕구', 곧 '성적' 욕구는 인류 문화

---

346) 전 12:5 : "또한 이런 자들(연로하여 모든 기력이 쇠한 자)은 높은 곳을 두려워할 것이며 길에

의 발전 여부에 상관없이, 신분의 높고 낮음에 상관없이, 그리고 학식의 많고 적음에 상관없이 모든 인간뿐만 아니라, 모든 생명체가 가지고 있는 가장 원초적이고 본능적인 욕구입니다. 왜냐하면 창조주 하나님은 인간을 비롯하여 모든 생명체를 창조하시고, "생육하고 번성하여 땅에 충만하라"(창 1:22,28)고 축복하셨기 때문입니다.

그러나 인간의 '의식주'에 대한 기본적인 욕구와 마찬가지로, 인간의 '성性'적 욕구도 하나님으로부터 주어진 축복의 한계를 훨씬 벗어나고 있습니다. 즉 인간은 '성'을 '생육하고 번성하는' 방편으로 사용하지 않고, 생리적 '유희' 혹은 육체적 '쾌락'의 도구로 사용하고 있습니다. 이러한 성적 욕구의 '놀이화' 혹은 '상품화'는, 다른 동물에 비하여 인간만이 행하고 있는 죄악 가운데 하나입니다. 그래서 하나님은 인간의 '성적 욕구'를 사랑하는 한 사람에게서만 충족하도록 제한하셨습니다. 그것이 바로 십계명의 일곱째 계명인 "간음하지 말지니라"(출 20:14; 신 5:18)는 계명입니다. 그럼에도 불구하고 인류의 문화 속에서 '성적 타락'은 극極에 달하여 하나님의 진노와 심판의 원인이 되었고, 결국 인류 문화의 몰락을 가져왔습니다. 그 전형적인 예例가 바로 성경이 증언하고 있는 '노아의 홍수'(창 6:1-8)와 '소돔과 고모라 성城'(창 19:1-29, 렘 23:14)347) 그리고 번성한 로마 제국의 '폼페이Pompii 시市'의 멸망입니다.348)

서는 놀랄 것이며 살구나무가 꽃이 필 것이며 메뚜기도 짐이 될 것이며 **정욕이 그치리니 이는 사람이 자기의 영원한 집으로 돌아가고** 조문객들이 거리로 왕래하게 됨이니라."

347) 참고. 렘 23:14 : "내가 예루살렘 선지자들 가운데도 가증한 일을 보았나니 그들은 **간음을 행하며 거짓을 말하며 악을 행하는 자**의 손을 강하게 하여 사람으로 그 악에서 돌이킴이 없게 하였은 즉 그들은 다 내 앞에서 **소돔과 다름이 없고 그 주민은 고모라와 다름이 없느니라.**"

348) 로마의 도시 '폼페이Pompeii'는 기원 79년 Vesuvius 화산 분화 때문에 매몰된 이탈리아의 나폴리 가까이에 있던 도시이다. 비록 구약 성경은 '폼페이'는 물론이고, 노아의 홍수 사건, '소돔과 고모라' 성의 멸망 원인을 인간의 '성적 타락'으로 분명하게 제시하고 있지는 않지만, '성적 타락'을 멸망의 원인으로 볼 수 있는 결정적인 증거는, 첫째로 예수 그리스도 자신이 '소돔과 고모라'를 심판 받을 죄악이 만연한 도시의 전형으로 제시하고 있으며(마 10:15; 11:23-24; 눅 10:12), 둘째로 유다서 7절과 벤전 2:6-10가 '소돔과 고모라'를 음란과 성적 타락의 도시로 규정하고 있기 때문이다: "**소돔과 고모라와 그 이웃 도시들도 그들과 같은 행동으로 음란하며 다른 육체를 따라 가다가 영원한 불의 형벌을 받음으로** 거울이 되었느니라."(유 1:7); "**소돔과 고모라 성을 멸망하기로 정하여 재가 되게 하사 후세에 경건하지 아니할 자들에게 본을 삼으셨으며**"(벧후 2:6). 그리고 셋째는 "우리가 그들(천사들)을 상관하리라וְנֵדְעָה"(창 19:5b)는 말은, '우

이렇듯 인간의 '성적 욕구'는, 하나님께서 모든 생명체의 생육과 번성을 위하여 허락하신 인간의 삶에 가장 필수적이고 필연적인 원초적 본능이지만, 그럼에도 불구하고 인간의 '성적 욕구'는 그 대상의 한계를 벗어날 났을 때, 언제든지 하나님의 심판 대상이 되었습니다. 즉 '성적 욕구'는 모든 인간을 파멸로 몰아갈 수도 있는 가장 위험하고 죄악 된 욕구가 되었습니다. 왜냐하면 인류 역사에서 인간의 '성적 타락'은 사회의 몰락과 하나님의 심판의 원인이 되었기 때문입니다. 그러나 최근에 와서 신학의 영역에 있어서 조차 – 특히 기독교 상담학, 교육학, 윤리학 분야에서 – '동성애' 혹은 '매춘'을 인간의 자연스러운 본능적 욕구로 간주하고, '성적 욕구'의 한계를 벗어나는 것을 죄로 규정하지 않고 있습니다. 이러한 해석의 선구자적 역할을 한 사람이 바로 '무신론자無神論者'이자, 현대 '정신분석학' 혹은 '정신 병리학적 심리학'의 아버지라고 할 수 있는 유대인 프로이드(Sigmund Freud, 1856~1939)입니다.349)

2. 성적性的 욕구는 사랑이 아니다

우리는 성경에서 '성적 욕구'에 사로잡혀 '간음'을 행한 사람들의 이야기를 발견할 수 있습니다. 그 한 가지 예가 바로 보디발의 아내가 "용모가 빼어나고 아름다운"(창 39:6) 젊은 청년 요셉에 대하여 가진 '성적 욕구'에 대한 기사입니다:

> "그 후에 그의 주인의 아내가 요셉에게 눈짓하다가 동침하기를 청하니 …
> 여인이 날마다 요셉에게 청하였으나 요셉이 듣지 아니하여 동침하지 아니할
> 뿐더러 함께 있지도 아니하니라. 그러할 때에 요셉이 그의 일을 하러 그 집에
> 들어갔더니 그 집사람들은 하나도 거기에 없었더라. 그 여인이 그의 옷을 잡

리가 그들과 성적 관계를 맺으리라so we can habe sex'로 해석될 수 있기 때문이다.(참고 삿 19:22; 롬 1:24.29).

349) 프로이드의 대표적인 저서는 『히스테리 연구, 1895』, 『꿈의 해석, 1900』, 『일상생활의 정신병리, 1901』, 『성性 이론에 관한 세 가지 평론, 1905』, 『토템과 타부, 1913』, 『정신 분석 입문, 1917』, 『쾌감 원칙을 넘어서, 1920』, 『자아와 이드, 1923』가 있고, 종교, 특히 기독교 비판에 대한 책들로는 『토템과 타부Totem and Taboo, 1913』, 『문명과 불만Civilization and Its Discontents』, 『모세와 유일신교』 등이 있다.

고 이르되 나와 동침하자. 그러나 요셉이 자기의 옷을 그 여인의 손에 버려두
고 밖으로 나가매"(창 39:7.10-12)

이 기사에 나타난 바와 같이 보디발의 아내는 '용모가 빼어나고 아름다
운' 요셉을 보고 욕정(欲情)이 발하여 요셉에게 동침할 것을 간청합니다. 이
것은 요셉에 대한 사랑이 아니라, 단지 요셉의 육체적인 용모에 대하여
갖는 '성적 욕구', 곧 '음욕(淫慾)의 발동'입니다. 만일 그가 진심으로 요셉을
사랑하였다면, 동침을 거절당한 후 거짓으로 요셉을 모함하여, 요셉이 감
옥에 갇히도록 하지 않았을 것입니다.350) 이렇듯 음욕이 발동하여 '성적
욕구'를 느끼는 것과 사랑하기 때문에 그와 동침하고 싶은 '성적 욕구'를
느끼는 것은 큰 차이가 있습니다.

후자의 경우를 우리는 '디나'와 '하몰'의 경우에서 발견할 수 있습니다.
'하몰'은 그야말로 '디나'의 외모에 사로잡혀 그녀에 대한 사랑이 생기게
됩니다. 이러한 사실을 다음과 같은 기사에서 발견할 수 있습니다:

> "레아가 야곱에게 낳은 딸 디나가 그 땅의 딸들을 보러 나갔더니 히위 족
> 속 중 하몰의 아들 그 땅의 추장 세겜이 그를 보고 끌어들여 강간하여 욕되
> 게 하고, 그 마음이 깊이 야곱의 딸 디나에게 연연하며 그 소녀를 사랑하여
> 그의 마음을 말로 위로하고 그의 아버지 하몰에게 청하여 이르되 이 소녀를
> 내 아내로 얻게 하여 주소서 하였더라."(창 34:1-4)

이와 같이 '하몰'이 보디발의 아내와 다른 점이 있다면, 비록 '하몰'은
'디나'를 강간하였지만, 그 후 '디나'를 연연하고, 그를 마음과 말로 위로하
고, '디나'와 결혼하기를 청한 점입니다.(창 34:8) 이렇듯 '성적 욕구'가 '음욕'
에서 비롯된 것인지, 아니면 '사랑'에서 비롯된 것인지는 '욕구 행위' 이후
에 이어지는 후속적인 행동에 따라서 판단됩니다. 왜냐하면 보디발의 아

---

350) 암논도 단지 '성적 욕구'에 사로잡혀 이복누이를 사모하였기에, 다말에 대한 성적 욕구를 충족
한 후에는 그녀를 심히 미워하였다: "암논이 그(다말)를 심히 미워하니, 이제 미워하는 미움이
전에 사랑하던 사랑보다 더한지라. 암논이 그에게 이르되 일어나 가라 하니."(삼하 13:15)

내는 '성적 욕구'가 충족되지 않자 요셉을 모함하였고, '하몰'은 비록 강간은 하였지만 '디나'와 결혼하기를 청하였기 때문입니다. 그리고 보디발의 아내의 성적 욕구가 충족되었다면, 그것은 남편 있는 여인이 다른 남자와 성적 관계를 맺은 '간음'이 되는 것이고, '하몰'은 비록 강간을 하였지만, 사랑하는 '디나'와 결혼을 성사시킨 것이 됩니다. 단지 '하몰'은 강간을 통한 결혼이기에 '모하르mohar'를 정상적인 결혼보다 많이 지불해야만 합니다.351)

이제 우리는 '성적 욕구'와 '사랑'의 차이점을 다음과 같이 규정할 수 있을 것입니다. '성적 욕구'는 모든 생명체가 선천적으로 타고난 본능적인 욕구이지만, 그것이 '음욕'에 뿌리를 둘 때는 '간음'과 같은 죄악으로 표출되고, '사랑'에 뿌리를 두고 있을 때는 가장 은밀하고 성스러운 '결혼의 신비'로 승화되는 것입니다. 왜냐하면 사랑하는 사이라 할지라도, '성적 욕구'가 없으면 하나가 되지 않기 때문입니다. 그리고 사랑한다고 하면서, 사랑의 파트너에게 '성적 욕구'가 생기지 않는 것도 사랑이라고 할 수 없습니다. 왜냐하면 하나님께서 "남자가 부모를 떠나 그 아내와 합하여 둘이 한 몸을 이루리라"(창 2:24; 마 19:5; 엡 5:31)고 축복하셨기 때문입니다.

그러나 부부夫婦 사이라 할지라도, 남편이나 아내에 대한 '성적 욕구'가 '음욕' 혹은 '정욕ἐπιθυμετις'에 뿌리를 둔 것이라면, 그것은 하나 됨의 신비를 이루는 것이 아니라, 오히려 부부 관계를 깨는 '간음姦淫'이 됩니다. 왜냐하면 그러한 성性 관계는 아내나 남편의 '성性' 그 자체를 자기 '음욕'을 발산하기 위한 도구로 사용하는 것이기 때문입니다. 즉 '음욕'은 사랑하는 남편이나, 아내를 위한 것이 아니라, 자기 자신을 위한 것이기 때문입니다. 모든 욕심이 이기적利己的이듯이, '음욕' 혹은 '정욕'도 처음부터 하나님으로부터 유래한 영원한 것이 아니라, 최초 여자 이브가 마음속에 품었던 것이기 때문입니다:352) "여자가 그 나무를 본즉 먹음직도 하고 보암직도 하고

---

351) '모하르mohar'란 약혼자(남자)가 처녀의 아버지에게 지불해야 하는 돈을 말한다. '모하르'의 액수는 처녀의 아버지가 요구하는 데에 달려 있었다. 보통 처녀를 강간한 다음에 강제적으로 결혼할 경우는 은銀 50세겔을 지불해야 하며, 평생 동안 함께 살도록 율법이 정하였다(신 22:29)
352) '정욕'에 대하여: F. Büchsel, Θύμος, κτλ.: ThWNT III, 167-173. - H. Hüber, *Das Gesetz*

지혜롭게 할 만큼 탐스럽기도 한 나무인지라."(창 3:6a)353) 그러므로 '정욕'은 최초 여자 이브처럼 '보다 더 갖고, 먹고, 차지하고자 하는' 욕심, 곧 나의 남편뿐만 아니라 다른 남자를 하나 더, 혹은 아내뿐만 아니라 다른 여자를 하나 더, 여자뿐만 아니라 남자와도 성 관계를 갖고 싶은 욕심에서 비롯된 세속적인 것입니다.(요 2:15-17)354) 따라서 부부간에도 몸과 마음이 하나 되는 성 관계가 아니면, 그것은 마음 속에 '파트너를 하나 더 가지고 있는' 간음인 것입니다. 이러한 의미에서 '간음'은 몸(육체)으로 짓는 것이 아니라, 마음으로도 범하는 죄입니다. 그래서 예수님께서 "음욕 품고 여자를 보는 자마다 이미 간음 하였느니라"(마 5:28; 출 20:13; 신 5:17)고 말씀하신 것입니다. 따라서 참된 사랑하는 부부 관계는 '몸'과 '마음'이 하나이지만, '성적 욕구'를 충족하기 위한 부부 관계는 '몸'은 하나이지만, '마음'은 서로 다른 둘입니다. 그렇다면 '음욕'에서 벗어날 수 있는 길은 무엇인가?

3. 보는 것과 호기심

우리나라 속담에 '견물생심見物生心'이라는 말이 있습니다. 이 말은 물건을 보면, 욕심이 생긴다는 뜻입니다. 이렇듯 인간의 '성적 욕구'도 보는 데서 생기는 것임을 성경의 기사를 통하여 알 수 있습니다. 우선 다윗 왕은 목욕하는 여인 '밧세바'를 봄으로써 성적 욕구를 느껴 우리아의 아내 '밧세바'와 간음하게 됩니다:

> "저녁 때에 다윗이 그의 침상에서 일어나 왕궁 옥상에서 거닐다가 그 곳에서 보니 한 여인이 목욕을 하는데 심히 아름다워 보이는지라. 다윗이 사람을 보내 그 여인을 알아보게 하였더니 그가 아뢰되 그는 엘리암의 딸이요 헷 사

---

bei Palus, FRLANT 119, Göttingen 1978, 62-71. - H. Schönweiß, ἐπιθυμία: ThBNT I, 164-66. - G. Wallis, hamad: ThWAT II, 1020-1032. - P. Wilpert, Begierde, RAC II, 62-78.
353) 그래서 사도 바울은 '정욕'을 '악을 즐겨하는 것'(고전 10:6)이라고 규정하였다.
354) 요일 2:15-17 : "이 세상이나 세상에 있는 것들을 사랑하지 말라. 누구든지 세상을 사랑하면 아버지의 사랑이 그 안에 있지 아니하니, 이는 세상에 있는 모든 것이 육신의 정욕과 안목의 정욕과 이생의 자랑이니 다 아버지께로부터 온 것이 아니요 세상으로부터 온 것이라. 이 세상도, 그 정욕도 지나가되 오직 하나님의 뜻을 행하는 자는 영원히 거하느니라."

람 우리아의 아내 밧세바가 아니니이까 하니 다윗이 전령을 보내 그 여자를 자기에게로 데려오게 하고 그 여자가 그 부정함을 깨끗하게 하였으므로 더불어 동침하매 그 여자가 자기 집으로 돌아가니라."(삼하 11:2-4)

만일 다윗이 목욕하고 있는 '밧세바'를 보지 않았더라면, 그는 '성적 욕구'를 느끼지 않았을 것입니다. 그리고 상대적으로 '밧세바'도 자신의 목욕하는 모습을 보이지 않았더라면, 다윗에게 강간을 당하지 않았을 것입니다. 이와 같이 보통 사람들의 마음은 눈目을 따라가게 되어 있습니다.(참고. 욥 31:1,7,9)355)

그런데 안목의 정욕은, 앞에서도 인용하였듯이, 최초 이브가 범죄 하는 원인도 되었습니다.: "여자가 그 나무(선악을 알게 하는 나무)를 본즉 먹음직도 하고 보암직도 하고 지혜롭게 할 만큼 탐스럽기도 한 나무인지라. 여자가 그 열매를 따먹고 자기와 함께 있는 남편에게도 주매 그도 먹은지라."(창 3:6) 여기서 분명히 드러난 것은, '본즉' '먹고 싶고' 그리고 '보암직' 하기에 '탐스럽게', 곧 '갖고 싶은 욕심'이 생긴 것입니다. 그러므로 누구든지 '음욕'에서 벗어나려면, 우선 '성적 욕구'를 충동하는 모습을 보아서도 안 되고, '성적 욕구'를 충동하는 모습을 보여 주어서도 안 됩니다. 못 먹는 독버섯이 먹는 버섯보다 아름답게 보이는 것과 같이, 사망으로 인도하는 것은 겉모습만 보암직할 뿐입니다.

그러므로 이스라엘의 율법에 의하면, 여인들은 타인의 '안목의 정욕'을 충동하는 몸가짐을 갖지 않도록 경고합니다: "여자는 남자의 의복을 입지 말 것이요, 남자는 여자의 의복을 입지 말 것이라. 이같이 하는 자는 네 하나님 여호와께 가증한 자이니라."(신 22:5) 뿐만 아니라 율법은 다른 사람의 '성적 욕구'에 강하게 거부할 것을 요청하고 있습니다. 이 점을 우리는 신명기서의 간음죄 성립 조건에 대한 율법에서 알 수 있습니다. 왜냐하면

---

355) 욥 31:1 : "내가 내 눈과 약속하였나니, 어찌 처녀에게 주목하랴?"; 7절: "내 마음이 내 눈을 따랐거나"; 9절: "만일 내 마음이 여인에게 유혹되어 이웃의 문을 엿보아 문에서 숨어 기다렸다면,"

우선 "처녀인 여자가 남자와 약혼한 후에 어떤 남자가 그를 성읍城邑 중에서 만나 동침하면, 너희는 그들을 둘 다 성읍 문으로 끌어내고 그들을 돌로 쳐 죽일 것이니, 그 처녀는 성안에 있으면서도 소리 지르지 아니하였음이요"(신 22:23-24a)라고 규정하고 있기 때문입니다. 이 말씀은 여자가 자기의 정조를 지키기 위하여 노력한다면, 얼마든지 정조를 지킬 수 있다는 말씀입니다.356) 이러한 점에서 볼 때, 성적 욕구 충족은 언제든지 상대적인 것이라고 볼 수 있습니다. 그러므로 누구든지 성적 욕구를 충동할 수 있는 장소를 스스로 피해야 할 것입니다. 뿐만 아니라, "남편은 그 아내에 대한 의무를 다하고, 아내도 그 남편에게 그렇게 해야 할 것입니다."(고전 7:3) 그래서 사도 바울은 기도할 틈을 얻기 위한 경우를 제외하고는, "서로 분방하지 말라"(고전 7:5)고 강조합니다. 왜냐하면 '성적 불만족'은 오히려 '성적 욕구'의 원인이 될 수도 있기 때문입니다.

4. 죄악罪惡의 마지막 양태로서의 성적 타락

사회학적으로 '부부夫婦'는 최소의 사회 단위입니다. 그러므로 '성적 타락'으로 인하여 부부 관계가 깨어지면, 가족 관계가 깨어지고, 가족 관계가 깨어지면, 모든 사회 공동체가 붕괴됩니다. 그래서 사도 바울은 '분쟁(ἔρις)' (고전 1:11; 3:3), '시기(ζῆλος)'(고전 3:3 비교. 13:14), '교만(φυσιώσεις)'(고전 4:6, 18-19; 5:2; 8:1 비교 13:4) 그리고 이와 유사한 의미를 가지고 있는 '어지러움(ἀκαταστασίαι)'(고전 14:33), '분노(θυμοί)', '거만함(ἐριθεῖαι)', '중상함(καταλαλία)', '수군수군하는 것(ψιθυρισμοί)' 뿐만 아니라, '탐욕', '악의', '시기', '살인', '분쟁', '사기'(롬 1:29), '분쟁', '시기', '분냄', '방탕'(갈 5:19-21) 등을 '사회적 악행'으로 규정하면서, 그 중에서도 '더러움(ἀκαθαρσία)', '음란(πορνεία)'이나 '호색함(ἀσέλγεια)'은 하나님의 뜻에 반反하는 가장 은밀한 악행으로 규정하고 있습니다.(고전 12:21)357) 왜냐하면 그

---

356) 그러나 반면에 율법은 불가항력적인 상황에서는 여자의 약한 몸으로 남자의 '강간'을 저지할 수 없음을 인정하고도 있습니다: "만일 남자가 어떤 약혼한 처녀를 들에서 만나서 강간하였으면, 그 강간한 남자만 죽일 것이요, 처녀에게는 아무것도 행하지 말 것은 처녀에게는 죽일 죄가 없음이라. 이 일은 사람이 일어나 그 이웃을 쳐 죽인 것과 같은 것이라. 남자가 처녀를 들에서 만난 까닭에 그 약혼한 처녀가 소리질러도 구원할 자가 없었음이니라."(신 22:25-27)

는 음행으로 인하여 공동체가 파괴된다고 보았기 때문입니다.

그래서 구약(레위기)도 성적 문란, 곧 근친상간(레 18:6-18), '수음獸淫', 곧 동물과의 교미하는 것(레 18:23), '동성애'(레 18:22), '불결한 성관계'(레 18:19) 그리고 '간음'(레 18:20) 등은 모두 돌에 맞아 죽어 마땅한 죄로 규정하고 있습니다. 왜냐하면 사도 바울이 증언하고 있는 바와 같이, "사람이 범하는 죄마다 몸 밖에 있거니와 음행淫行하는 자는 자기 몸에 죄를 범하는"(고전 6:18) 것이기 때문입니다. 그러므로 간음죄는 몸 밖에 있는 것이 아니라, 몸 안에 있는 것이고, 다른 사람을 더럽히는 것뿐만 아니라, 자기 자신도 더럽히는 것입니다. 한 걸음 더 나아가, 간음은 한 몸이 되어 있는 부부 관계를 스스로 파괴하는 것뿐만 아니라, 남편과 아내가 하나가 되는 창조의 섭리까지도 어기는 것입니다. 그래서 사도 바울은 자기 자신과 다른 사람의 순결을 보존하기 위해서 "음란($\pi o \rho v \epsilon \iota a$)을 버리고, 각각 거룩함과 존귀함으로 자기 아내 대할 줄 알고, 하나님을 모르는 이방인과 같이 색욕色慾을 따르지 말라"(살전 4:3-5)고 권면하면서, 이것이 바로 "하나님의 뜻"(살전 4:3a)라고 강조하고 있습니다. 그런데 마음을 순결하게 지킨다는 것은, 마음과 영혼에 일어나는 불결한 생각과 호기심을 물리치는 것을 뜻합니다. 왜냐하면 우리의 마음은 갈대와 같아서 분위기에 순간적으로 자주 사로잡히기 때문입니다. 다시 말해서 처음에는 호기심에서 시작하였다가, 그 다음에는 마음이 호기심의 대상에로 이끌리고, 그리고 마침내는 우리의 마음이 사로잡히게 됩니다. 그래서 잠언은 "모든 지킬 만한 것 중에 더욱 네 마음을 지키라. 생명의 근원이 이에서 남이니라"(잠 4:23)고 선포하고 있는 것입니다.

이와 상응하게 예수님께서도 간음하다 현장에서 잡힌 여인을 서기관과 바리새인들이 데리고 왔을 때, '돌로 쳐 죽이라'고 말씀하셨습니다.(요 8:1-11)358) 다시 말씀드려서 공동체의 거룩함을 지키기 위해서 간음한 여인을

---

357) V. P. 퍼니쉬, 金龍玉 역,『바울의 神學과 倫理』, 대한기독교출판사, 2000. 퍼니쉬에 의하면, "바울의 악행 목록들은 개인적인 악행들을 강조하는 헬레니즘 세계 일반의 목록들과는 달리 특별히 공동체 생활을 위해서 구성되어 있다."(85)

358) 예수님이 간음한 여인을 용서하신 것은, 한편으로는 바리새인과 서기관들까지도 그녀를 용서하였기에 예수님께서도 용서하신 것으로 볼 수있고, 다른 한편으로는 아무도 이 세상에서 다른

돌로 쳐 죽일 것을 허락하신 것입니다. 왜냐하면 일찍부터 이스라엘 사람들은 공동체를 파괴하는 악행을 행한 사람을 공동체의 이름으로 처벌하였기 때문입니다. 즉 이스라엘 공동체에서는 '간음'을 사적私的인 범죄로 간주하지 않고, 공동체를 파괴하는 공적公的인 범죄로 간주하였습니다.359) 왜냐하면 '성적 욕구'는 단지 한 개인의 '욕망'에서 끝나지 않고, 모든 인류를 멸망시키는 가장 사악한 죄악으로 발전할 수 있기 때문입니다. 따라서 "간음하지 말지니라."는 제7계명도 단지 한 개인의 성적 문란함을 금하고 있는 것이 아니라, 사회 공동체의 붕괴를 막는 계명인 것입니다. 왜냐하면 '성적 욕구'의 충족을 위한 범죄는 제일 먼저 가정의 파탄을 유도하고, 연쇄적인 부부 관계의 파탄을 가져올 뿐만 아니라, 그 부부들 사이에서 태어난 아이들에게까지 그 죄악이 파급되고, 더 나아가 공동체의 질서가 파괴되기 때문입니다.

이러한 의미에서 성적 욕구 충족은 단순히 인간의 본능적인 욕구 차원을 넘어서서 인류를 파괴할 수 있는 가장 사악하고, 가장 은밀한 죄악이라고 할 수 있습니다. 예컨대 우리가 방치한다면, AIDS(후천성 면역 결핍증 Acquired Immune Deficiency Syndrome)같은 병은 인류 사회를 파멸시킬 수도 있는 병입니다. 그래서 사도 바울은 간음한 자를 '음행의 영에 사로잡힌 자'로 규정하고,(참고 엡 2:2)360) "음행과 온갖 더러운 것과 탐욕은 너희 중에서 그 이름조차 부르지 말라. 이는 성도에게 마땅한 바니라. 누추함과 어리석은 말이나, 희롱의 말이 마땅치 아니하니, 오히려 감사하는 말을 하라"(엡 5:3-4)고 권하고 있는 것입니다. 그러므로 인간의 '성적 욕구'를 프로이드(S. Freud,

---

사람을 정죄할 수 없다는 것을 가르쳐 주신 것으로 해석할 수 있다.

359) 이 점에 관하여: *E. Schweizer*, Die Weltlichkeit des Neuen Testaments: Haustafeln. Beiträge zur Alttesta- mentlichen Theologie, W. Zimmerli의 70회 생신 기념 논문집, 1977, 412-413; K. Thraede, Zum historischen Hintergrund der "Haustafeln" im Neuen Testament, B. Kötting을 위한 기념 논문집, JAC, 보충된 Bd.8, 1980, 359-368.

360) 예를 들면 레위의 계약서 9:9; 유다의 계약서 13:3; 르우벤의 계약서 3:3(V. P. 퍼니쉬, 金龍玉 역 바울의 神學과 倫理, 85에서 재인용); 엡 2:2 : "그때에 너희는 그(허물과 죄) 가운데서 행하여 이 세상 풍조를 따르고, 공중의 권세 잡은 자를 따랐으니, 곧 지금 불순종의 아들들 가운데서 역사하는 영(靈)이라."

1856-1939)처럼 결코 '정신' 혹은 '심리 현상'의 하나로만 가볍게 볼 수 없는 것입니다.361)

***** 참회의 기도

하나님
먹과 같이 검은 나의 죄
백옥같이 희게 하시기 위하여
주님을 그토록 오랜 시간
십자가에 달려 있게 하셨습니다.

오늘도 불같이 타오르는
정욕을 억제치 못하고
동일한 죄악을 반복하는
저희 자신을 보옵니다.

그러나 주여,
간음하다 붙잡힌 여인처럼
십자가에 달린 강도처럼
저희의 죄를 회개하오니, 저의 죄를 용서해 주옵소서!

- 아멘 -

---

361) 20세기의 심리학자인 지그문트 프로이드는, 인간이 살아가면서 겪게 되는 모든 고통, 고뇌, 억압, 좌절, 갈등은 인간의 생물학적 본성과 그 생물학적 존재가 사회학적 존재로 변화하려는 노력 속에서 일어나는 피할 수 없는 것들이라고 특징짓고 있다. 즉 인간의 생리적 욕구와 사회적 욕구 사이에 끊임없는 투쟁이 개별적인 인간 자신에게 뿐만 아니라, 사회적으로 일어나고 있다는 것이다. 이 점에 관하여는: Ray P. Cuzzort/Edith W. King, *20th Century Social Thought*, 한승홍 역, 『20세기 사회 사상』, 도서출판 나눔사, 1988, 40f.

III. 세상 권세와 돈에 대한 욕구

"너희는 하나님과 재물을 겸하여 섬길 수 없느니라."(눅 16:13)

***** 토의 주제*****

1. '돈'과 '세상 권세'를 싫어하는 사람이 있는가? 그러나 인생의 목표를 꼭 '돈'과 '세상 권세'에 두어야 하는가?
2. 우리 인생에 대하여 하나님께서 원하시는 것은 무엇인가?
3. '돈'과 '세상 권세'가 이 세상에서 필요 불가결한 것이라면, 이를 얻기 위한 참된 방식은 무엇인가?

1. 죄악의 앞잡이로서의 세상 '권세와 돈'

본장 제1절에서 우리는, 모든 인간의 가장 기본적인 욕구는 '의식주衣食住' 충족에 있음을 알았습니다. 왜냐하면 '의식주'의 문제가 해결되지 않으면, 인간은 자신의 생명 그 자체를 유지할 수 없기 때문입니다. 그러나 인간은 단순히 생명을 유지하기 위한 '의식주' 충족에 만족하지 않고, 사실상 '보다 더 잘 먹고, 보다 더 잘 입고, 보다 더 넓고 좋은 집'에서 살고자 하는 욕구慾求가 '의식주' 문제 해결이라는 기본 욕구보다 더 강합니다.362) 단지 '의식주' 문제 해결에만 만족하지 못하는 인간의 욕구는 창조 이래로

---

362) '탐욕'이란, 그리스어로 'pleonexia'란 말로서, '더 많이 갖고자 하는 열망'을 뜻한다. 예수님의 언어로 표현하면, 재산을 하나님처럼 섬기는 것을 뜻한다. 그래서 디모데전서 6장 10절은 "돈을 사랑함이 일만 악의 뿌리가 되나니, 이것을 탐내는 자들은 미혹을 받아 믿음에서 떠나 많은 근심으로써 자기를 찔렀도다."고 증언하고 있다.

역사 속에서 끊임없이 지속되었을 뿐만 아니라, 역사를 통하여 점점 더 커져 왔습니다. '욕심에는 만족이 없다'고 보통 사람들이 말하듯이, 이제는 단지 '의식주' 문제 해결에 대한 욕구가 문제되는 것이 아니라, '의식주' 문제 해결에 만족하지 못하는 인간의 끊임없는 '욕망'이 더 심각한 문제가 되었습니다. 그런데 이러한 '보다 더'의 끝없는 욕망 충족의 매체가 되는 것이 바로 '세상의 권세'와 '돈'입니다.

원시 수렵 및 농경 사회에서는 자기가 직접 수렵이나, 농사를 지어 얻은 결실을 가지고 자기 식구들의 '의식주' 문제를 해결해야 했기 때문에 '탐욕'을 부리는데 어느 정도 한계가 있었습니다. 그러나 사회가 형성되어 시장市場이 생긴 이후 물물物物 교환이 시작되고, '화폐'가 생긴 이후 '재화財貨'의 축적과 교환이 가능해지면서부터 인간의 '의식주'에 대한 욕구는 물론이고, '돈', 곧 '재물'에 대한 욕구는 그 한계가 무너졌습니다. 그리고 인간은 '재물'을 모으면 모을수록 '재물'에 대한 탐욕은 더욱 극대화하였습니다. 왜냐하면 '돈'만 있으면, 본인이 수렵 혹은 목축을 하거나 땀 흘려 농사를 짓지 않아도 '화폐'로 '의식주'에 필요한 모든 것을 구입할 수 있게 되었기 때문입니다. 그래서 인간은 가장 본능적이고 기본적인 '의식주' 문제 해결에 대한 욕구보다는, 인간의 욕구가 '돈', 곧 '재물'을 모으고자 하는 욕구로 변형되어 심화되고 극대화되었습니다.

그러나 '돈', 곧 '재물'에 대한 욕구 이전에 인간의 내부에 이미 자리 잡고 있는 욕망이 있었습니다. 그것은 바로 '권세'에 대한 욕망입니다. 이것은 모든 인류의 조상인 최초 인간 아담의 마음에 그 뿌리를 두고 있습니다.(막 7:22-23)[363] 왜냐하면 우리가 이미 앞에서 수차례 살펴본 바와 같이, 최초 인간 아담은 '바다의 물고기와 하늘의 새와 가축과 온 땅과 땅에 기는 모든 것을 다스릴 권세'(창 1:26)를 하나님으로부터 받았음에도 불구하고, 보다 더 큰 권세, 곧 '하나님과 같이 되고자 하는 인간의 욕망'에서 죄를 범하였기 때문입니다. 성경의 증언에 의하면, 최초 인간 아담은, "여호와

---

363) 막 7:22-23 : "간음과 탐욕과 악독과 속임과 음란과 질투와 비방과 교만과 우매함이니, 이 모든 악한 것이 다 속에서 나와서 사람을 더럽게 하느니라."

하나님이 그 사람에게 명하여 이르시되 동산 각종 나무의 열매는 네가 임의로 먹되 선악을 알게 하는 나무의 열매는 먹지 말라. 네가 먹는 날에는 반드시 죽으리라.”(창 2:16-17)고 말씀하셨음에도 불구하고, “너희(아담과 이브)가 그것(선악을 알게 하는 나무의 열매)을 먹는 날에는 … 하나님과 같이 된다”(창 3:5)는 뱀의 거짓말에 미혹되어, 하나님의 말씀에 불순종하였기 때문입니다. 이렇듯 ‘하나님과 같이siaut deus 되어’ 보다 더 큰 권세를 갖고자 하는 것이 바로 인간의 원죄입니다.

2. 돈과 세상 권세를 싫어하는 인간이 있는가?

앞에서 이미 언급했듯이, 창조주 하나님께서 인간을 ‘하나님의 형상Imago dei’대로 지으시고, 인간에게 ‘바다의 물고기와 하늘의 새와 가축과 온 땅과 땅에 기는 모든 것을 다스릴 권세’(창 1:26)364)를 주셨음에도 불구하고, 최초 인간 아담은, ‘선악을 알게 하는 나무의 실과를 따먹으면 하나님과 같이 될 수 있다’는 뱀의 유혹에 더 큰 권세를 갖고 싶어, “반드시 죽으리라”(창 2:17)는 하나님의 말씀을 거역하고 ‘선악을 알게 하는 실과’를 따먹습니다. 이러한 인간을 가리켜 일찍이 프리드리히 니체Fr. Nietzsche, 1844-1900는 “권력에로의 의지der Wille zur Macht”를 가진 존재라고 특징지었습니다.365) 다시 말해서, 인간은 ‘권력에로의 의지’를 가지고 있기 때문에 끊임없이 보다 더 큰 권력을 가지려고 한다는 것입니다. 즉 자신이 미약微弱한 존재로 태어난 것에 만족하지 않고, 보다 더 큰 권력을 욕구하면서 살아가는 존재가 인

---

364) 창 1:26 : “하나님이 이르시되 우리의 형상을 따라 우리의 모양대로 우리가 사람을 만들고 그들로 **바다의 물고기와 하늘의 새와 가축과 온 땅과 땅에 기는 모든 것을 다스리게 하자**”

365) 니체의 “권력에로의 의지”는 니체 사상 전개 과정의 마지막 시기인 제3시기에 속한 것이다. 이 시기에 속한 작품으로는 “짜라투스트라Zarathustara, 1883-85”; “선과 악의 저편Jeseits von Gut und Böse, 1886”; “도덕의 계보학Genealogie der Moral, 1887”과 그의 유고遺稿들이 있다. “권력에로의 의지”는 “생성의 순결Unschuld des Werdens, 보일러 편”과 더불어 니체의 유고 가운데 하나이다. “권력에로의 의지”에 나오는 암호와 같은 ‘초인Übermensch’은 가치의 창조자를 가리키고, ‘짜라투스트라’는 가치를 알려 주는 자이고, 이 가치의 상징은 디오니소스이다. 그리고 이 모든 가치에 대립되는 존재가 바로 십자가에 달려 죽으신 예수 그리스도이시다. 이 점에 관하여: Johannes Hirschberger, *Geschichte der Philosophie*, 강성위 역, 『서양철학사』 하, 대구: 이문출판사, 1997, 713f. - Margot Fleischer, “Nietzsche, Friedrich(1844-1900)”, *TRE* 24, 506-524.

간이라는 것입니다. 그래서 니체는 세계 역사의 과정 전체가, 바로 인간이 '권력에로의 의지'를 실현하고자 하는 과정 이외에 다른 것이 아니라고 말합니다. 바꾸어 말하면 인간은 자기 자신뿐만 아니라, 스스로 다른 사람과 이 세상을 지배하는 '주인Herrentum'이 되고자 합니다. 그러므로 인간들 사이의 권력에 대한 투쟁은 인류 역사 속에서 끊이지 않았습니다.

허무주의 철학자 니체가 인간을 '권력에로의 의지'로 특징지어 묘사한 것은, 앞에서 언급한 최초 인간의 타락 과정과 다분히 일치합니다. 왜냐하면 최초 인간 아담Adam은 하나님보다 조금 못한 신분으로 '하나님의 형상에 따라서', '하나님에 의해서' 창조되었음에도 불구하고(시 8:4-8)366), '보다 더 큰 권세'를 갖고자 하는 욕망에서 '하나님과 같이 되고자' 하는 만용을 부렸기 때문입니다. 이러한 권력에 대한 욕구는 예수님의 제자 야고보와 요한에게서도 발견됩니다. 그들은, 예수님께서 예루살렘으로 입성하실 때, 자신들의 가슴에 숨기고 있던 세상 권세에 대한 욕망을 토로吐露합니다:

> "여짜오되 주의 영광 중에서 우리(야고보와 요한)를 하나는 주의 우편에, 하나는 좌편에 앉게 하여 주옵소서. 예수께서 이르시되 너희는 너희가 구하는 것을 알지 못하는도다. 내가 마시는 잔을 너희가 마실 수 있으며 내가 받는 세례를 너희가 받을 수 있느냐. 그들이 말하되 할 수 있나이다. 예수께서 이르시되 너희는 내가 마시는 잔을 마시며 내가 받는 세례를 받으려니와 내 좌우편에 앉는 것은 내가 줄 것이 아니라 누구를 위하여 준비되었든지 그들이 얻을 것이니라."(막 10:37-40)

이렇듯 세상 권세에 대한 인간의 욕망은 인류 역사 이래로 끊인 날이 없었습니다. 그러나 예수님은 권세에 대한 야고보와 요한의 야망을 들으신 후, 곧바로 "너희 중에 누구든지 크고자 하는 자는 너희를 섬기는 자가 되고, 너희 중에 누구든지 으뜸이 되고자 하는 자는 모든 사람의 종이 되

---

366) 시 8:4-8 : "사람이 무엇이기에 주께서 그를 생각하시며, 인자가 무엇이기에 주께서 그를 돌보시나이까, **그를 하나님보다 조금 못하게 하시고** 영화와 존귀로 관을 씌우셨나이다. **주의 손으로 만드신 것을 다스리게 하시고, 만물을 그의 발 아래 두셨으니**, 곧 모든 소와 양과 들짐승이며 공중의 새와 바다의 물고기와 바닷길에 다니는 것이니이다."

어야 하리라. 인자人子가 온 것은 섬김을 받으려 함이 아니라 도리어 섬기려 하고 자기 목숨을 많은 사람의 대속물로 주려 함이니라."(막 10:43-45)고 말씀하십니다. 이 말씀을 인간학적으로 이해하면, 모든 인간들은 남보다 더 '크고자 하고', 무리 중에 '으뜸이 되고자' 하고, 다른 사람들로부터 '섬김을 받고자' 한다는 것입니다. 그러나 참 인간vere homo은 오히려 '섬기는 종'이 되어야 한다는 뜻입니다. 그런데 참 인간의 모습이 어떠한 모습인지 보여 주기 위해서 예수님께서 친히 이 땅에 오셨다는 것입니다.

그러므로 우리는 창조 당시 하나님께서 원하시던 '참 인간vere homo'의 모습을 최초 인간 아담Adam, 곧 자기에게 주어진 신분 이상의 신분을 갖고자 한 야심을 갖고 '하나님과 같이' 되고자 한 인간에게서가 아니라, 예수 그리스도, 곧 자기 신분에 철저히 순복順服하고 '다른 사람을 위해 섬긴' 분에서 발견할 수 있습니다.367) 그 모습은 '세상의 왕', 곧 '세상 공중 권세 잡은 자'의 모습이 아니라, 다른 사람을 성심껏 섬기는 '종'의 모습입니다. 다시 말해서 예수님이 취하신 '종'의 신분은 '사탄'과 '세상' 그리고 '인간'의 죄악 된 권세의 노예가 된 '종'이 아니라, '하나님 종의 신분'입니다.(사 42:1-4; 비교 사 53)368)

세상 권력에 대한 인간의 욕망은, 이스라엘 백성들이 '왕'되신 여호와 하나님을 거부하고 세상의 '왕王'을 세워달라고 구하는데서 또 다시 드러납니다:

"그(사무엘)에게 이르되 보소서 당신은 늙고 당신의 아들들은 당신의 행위를 따르지 아니하니 모든 나라와 같이 우리에게 왕을 세워 우리를 다스리게 하소서 한지라 … 여호와께서 사무엘에게 이르시되 백성이 네게 한 말을 다 들으라 이는 그들이 너를 버림이 아니요 나를 버려 자기들의 왕이 되지

---

367) 본 책의 제4장 I: 왜 하나님은 인간이 되셨는가?
368) 사 42:1-4 : **"내(여호와 하나님)가 붙드는 나의 종**, 내 마음에 기뻐하는 자 곧 내가 택한 사람을 보라. 내가 나의 영을 그에게 주었은즉 그가 이방에 정의를 베풀리라. 그는 외치지 아니하며 목소리를 높이지 아니하며 그 소리를 거리에 들리게 하지 아니하며, 상한 갈대를 꺾지 아니하며 꺼져가는 등불을 끄지 아니하고 진실로 정의를 시행할 것이며, 그는 쇠하지 아니하며 낙담하지 아니하고 세상에 정의를 세우기에 이르리니 섬들이 그 교훈을 앙망하리라."

못하게 함이니라. 내가 그들을 애굽에서 인도하여 낸 날부터 오늘까지 그들이 모든 행사로 나를 버리고 다른 신들을 섬김 같이 네게도 그리하는도다."(삼상 8:5.7-8)

이렇듯 이스라엘 백성들이 하나님께 '세상의 왕' 세워줄 것을 요구한 것은, '왕이신 하나님을 버리고' 인간이 스스로 '왕王'이 되고자 하는 인간의 욕망을 표현한 것 이외에 다른 것이 아닙니다.369) 왜냐하면 그 후 이스라엘의 '왕들의 역사(열왕기상,하)'는 '왕위 찬탈과 유지'를 위한 '피의 역사'로 점철되었기 때문입니다. 그래서 권세에 대한 욕망은 '부자父子' 사이에서도 결코 서로 양보하지 못하는 가장 큰 죄악의 뿌리라고 할 수 있습니다. 이러한 전형적인 예를 우리는 다윗의 아들 압살롬이 모반하여 아버지 다윗의 왕위를 찬탈하려 한 사건에서 발견할 수 있습니다.(삼하 15) 뿐만 아니라 인류의 역사는 바로 각종 모양의 권력에 대한 투쟁사였고, 그 '권력에 대한 투쟁'은 '세상 권세'를 잡기 위한 '전쟁의 역사'였습니다. 그리고 오늘날 우리나라에서도 '세상 정치 권세'를 잡기 위한 각종 '시기 질투와 음모의 전쟁'이 계속되고 있습니다. 그럼에도 불구하고 우리나라 대부분의 남자들 중에 어린 시절 '대통령', 곧 '왕'이 되고 싶은 마음을 한 번쯤 가져보지 않은 사람을 거의 없을 것입니다. 그리고 많은 부모님들이 자녀들에게 '대통령이 되고자 하는' 꿈을 갖도록 강요하고 있습니다. 이상 앞에서 살펴본 바를 고려해 볼 때, '권력에 대한 욕망'은 인간의 마음 가장 깊은 곳에 뿌리박혀 있는 죄의 본성 가운데 하나임이 틀림없습니다.370)

둘째로 '돈'에 대한 욕구는 인류 역사 가운데서 누구나 가지고 있는 가장 강렬한 인간의 욕구 가운데 하나입니다. 왜냐하면 '공짜라면 양잿물도

---

369) 이 점에 관하여: A. Alt, "Gedanken über das Königtum Jahwes", Kl. Schriften I, 345-357.
370) 로마노 과르디니Romano Guardini는 세상의 힘, 곧 권력에 대한 욕구를 어느 현자의 입을 통하여 다음과 같이 묘사하고 있다: "힘은 점점 더 강하게 사용되고자 하는 욕구가 있다네. 이것은 힘이 그 자신 위에 존재하는 법칙들을 경시하는 것을 뜻하네. 그리고 힘을 사용한 자 자신이 다른 사람 위에서 지배하고 있다고 믿게 되네, 그런데 사실은 지배되고 있는 자는 바로 그 자신이네. 그것도 바로 자신의 힘에 의해서 받고 있는 것이네"(Romano Guardini, *Das Ende der Neuzeit. Die Macht*, Mainz 1986, 전호헌 역, 『불완전한 인간과 힘』, 성바오로 출판사 1999, 186)

마신다'라는 속담이 있듯이, '돈'에 대한 인간의 애착은 간혹 자기 생명까지도 포기하게 만드는 경우가 있기 때문입니다.[371] 특히 우리나라에서는, '돈이면 안 되는 일이 없다'고 말할 정도로, '돈'은 '자본주의 시대'에서 가장 막강한 '힘'을 가지고 있습니다. 심지어 '돈'은, '자본'의 가치를 인정하지 않는 공산국가 북한에서도 막대한 힘을 가지고 있습니다.[372] 이렇듯 보통 사람들에게 '돈의 권세'는 하나님의 '능력'보다 더 강하고 크게 느껴지고, 실제로 인간을 현실적으로 지배하고 있습니다.[373] 그래서 이스라엘 백성들도 출애굽의 영광을 여호와 하나님께 돌리지 않고, 재물의 번성과 남성의 성적性的 능력을 상징하는 '금송아지'에게 돌렸던 것입니다: "아론이 그들의 손에서 금 고리를 받아 부어서 조각칼로 새겨 송아지 형상을 만드니, 그들이 말하되 이스라엘아 이는 너희를 애굽 땅에서 인도하여 낸 너희의 신이로다 하는지라."(출 32:4, 참고 느 9:18; 시 106: 19-23) 이렇게 동서고금東西古수을 막론하고 '돈'은 '허구적인 것'이지만, 동시에 이 세상의 모든 인간을 지배하는 '사탄의 권세'와 같은 것입니다. 다시 말하면 사탄이 권세를 가지고 이 세상을 지배하듯이, '돈'이라는 '재화'도 허구의 권세를 가지고 이 세상을 지배하고 있습니다. 그리고 이 세상의 거의 모든 사람들은 이 '돈'의 권세에 노예가 되어 있습니다. 그러나 인간이 정작 이 세상의 권세와 재물을 얻었다 해도 참된 행복이 그 가운데 있지 않음을 일찍이 전도서 기자는 다음과 같이 증언하고 있습니다:

---

371) 톨스토이는 『사람은 무엇으로 사는가?』라는 책에서, 누구든지 자신이 갖고 싶은 땅의 지역을 표시하라고 하였을 때, 어느 사람이 보다 많은 땅을 얻기 위하여 아침 일찍이 출발하여 쉬지도 않고 오후 늦게까지 지경(地境)을 표시하다가, 몸은 지치고 저녁이 되어 해가 져서 결국 집으로 돌아오지 못하고 죽었다는 이야기를 기술하고 있다.

372) 이 점에 관하여: Franz J. Hinkelammert, *Las Armas Ideologicas de la Muerte,* 김항섭 역, 『物神: 죽음의 이데올로기적 무기』, 다산글방 1999. 여기서 Hinkelammert는 "돈이라는 피보다 더 잔인한 피는 없다"(같은책, 213)고 말한다.

373) 돈과 재물을 지칭하는 그리스어 'μαμωνάς 마모나스'란 말은, '누군가를 의지하는 상태'를 강조하는 'מֹמֹינָא마모나'를 번역한 것이다. 그리고 히브리어 'מֹמֹינָא마모나'는 아마도 '어느 사람이 의지하는 것'을 지칭하는 아람어 'מֹנָא아몬'에서 유래한 것으로 생각하고 있다. 이 점에 관하여: Hauck, Art. μαμωνάς, ThWNT IV, hrsg. G. Kittel, Stuttgart-Berlin, 1979, 390-392, 특히 392.

"나의 사업을 크게 하였노라 내가 나를 위하여 집들을 짓고 … 나보다 먼저 예루살렘에 있던 모든 자들보다도 내가 소와 양 떼의 소유를 더 많이 가졌으며 은금과 왕들이 소유한 보배와 여러 지방의 보배를 나를 위하여 쌓고 또 노래하는 남녀들과 인생들이 기뻐하는 처첩들을 많이 두었노라. 내가 이같이 창성하여 나보다 먼저 예루살렘에 있던 모든 자들보다 더 창성하니 내 지혜도 내게 여전하도다. 무엇이든지 내 눈이 원하는 것을 내가 금하지 아니하며 무엇이든지 내 마음이 즐거워하는 것을 내가 막지 아니하였으니 이는 나의 모든 수고를 내 마음이 기뻐하였음이라. 이것이 나의 모든 수고로 말미암아 얻은 몫이로다. 그 후에 내가 생각해 본즉 내 손으로 한 모든 일과 내가 수고한 모든 것이 다 헛되어 바람을 잡는 것이며 해 아래에서 무익한 것이로다."(전 2:4-11)

이러한 전도자의 고백처럼 '세상 권세'와 '돈'은 가장 허구적이고 사변적이며 이데올로기적인 '힘'임에 불과합니다. 왜냐하면 '돈', 곧 '화폐'는 당장 이웃 나라만 가도 '무용지물無用之物'이 되기 때문입니다. 단지 국가와 국가 사이의 합의에 따라서 서로 그 가치를 인정한 것뿐입니다. 왜냐하면 패망해 가는 나라의 '돈'은 아무리 많이 가지고 있어도 소용이 없기 때문입니다. 이렇듯 언젠가는 멸망할 이 세상 나라의 '재화'는 이 세상에서만 유용한 것입니다. 따라서 그 '돈'으로 구입한 각종 '재화財貨'도 이 세상에 속한 것이지, 하나님 나라에 속한 것이 결코 아닙니다. 왜냐하면 하나님의 나라에서는 '의식주衣食住' 문제가 이미 해결되어 있기 때문입니다.

그러므로 우리는 재물을 이 세상에 쌓아 놓고자 한 부자 농부에게 하신 예수님의 말씀을 기억해야 합니다: "하나님은 이르시되 어리석은 자여 오늘밤에 네 영혼을 도로 찾으리니, 그러면 네 준비한 것이 누구의 것이 되겠느냐?"(눅 12:20)[374] 이렇듯 '돈'은 보편적 가치가 아니며, 어느 곳에서나 영원히 유용한 초월적인 것이 결코 아닙니다. 왜냐하면 아무리 '돈'이 많아

---

374) 인간의 '돈' 사랑, 곧 탐욕에 관한 누가복음의 비유 말씀에 대한 연구: 오덕호『하나님이냐, 돈이냐?』, 한국신학연구소, 2001. 크리소스톰에 의하면, "돈과 명예에 대한 탐욕은 헬라 세계에서 거짓 교사에게 주어진 전형적인 고발이었다"(Dio Chrysostom, *Discourses*, 32,10; 54,1 그리고 Moxnes, *Economy*, 6-8)(같은책, 241에서 재인용)

도 '하나님 나라'에서 사용할 수 없을 뿐만 아니라, 하나님 나라로 가지고 갈 수도 없기 때문입니다. 그리고 아무리 많은 '유산'을 자녀에게 남겨 줄지라도, 그것이 자녀들에게 정말 유용한 것이 될지는 아무도 장담할 수 없습니다.375) 자신이 세상을 떠난 후 살아갈 자녀들의 삶을 염려하여 '유산'을 물려주고자 하는 사람들에게 다음과 같은 질문이 역설적으로 제기됩니다: 본인의 죽음 이후에 자신이 어떻게 될 것인지에 대하여는 왜 염려하지 않는가? 그러므로 우리는 인생의 참된 목표를 궁극적으로 어디에 두고 살아가야 할 지 세심하게 살펴보고, 과감하게 결단해야 할 것입니다.

3. 인생의 궁극적인 목표로서의 영원한 생명

우리는 앞에서 살펴본 바와 같이, '세상 권세'와 '돈'에 대한 인간의 욕구는, 인간이 이 세상에서 살아가는 동안 짓게 되는 모든 죄악의 근원적인 뿌리라는 것이 명확히 드러났습니다. 그럼에도 불구하고 '세상 권세'와 '돈'에 대한 욕망을 인간이 버리지 못하는 것 또한 죄 된 인간의 현실입니다. 그러므로 실존적 상황 속에 살고 있는 인간들은 현실적으로 스스로 '세상 권세'와 '돈'의 노예가 되어 살아가고 있습니다. 그래서 그러한 사람들의 생애의 목표는 오로지 '세상 권세'를 잡고, '재물'을 많이 모으는 데 있습니다. 그들에게서 '영원한 생명'은 이미 관심 뒷전으로 물러가 있습니다. 그러한 인간들은 심지어 하나님에 대한 신앙마저도 '세상 권세를 잡고', '재물을 모으기 위한' 도구로 사용하고 있습니다. 이것이 재물에 대한 욕구가 그 출발점이 된 종교적 '기복祈福 신앙'입니다.

그러나 예수님은 아주 분명히 말씀하십니다: "집 하인이 두 주인을 섬길 수 없나니 혹 이를 미워하고 저를 사랑하거나 혹 이를 중히 여기고 저를 경히 여길 것임이니라. 너희는 하나님과 재물을 겸하여 섬길 수 없느

---

375) 구약 성경의 외경에 속하는 『열두 선조들의 유언』 가운데 하나인 『유다의 유언』에는 다음과 같은 구절이 나온다: "얘들아, 돈을 사랑하는 것은 우상 숭배에 이르는 확실한 길이다. 돈에 의해서 잘못된 길로 빠져 들었을 때는, 신이 아닌 것들을 신이라고 일컫게 되기 때문이다.(19,1)(Gustavo Gutiérrez, *The God of Lief*, 황종렬 역, 『생명이신 하나님』, 분도출판사 1994, 134, 각주 10에서 재인용)

니라."(눅 16:13; 병행 마 6:24 비교, 마 19:16-30 딤전 6:17-19) 이 말씀은 재물을 경시하고 무시하라는 뜻이 아니라, '돈'을 사랑하다 보면, 하나님을 자연히 멀리하게 된다는 뜻입니다.[376] 다시 말하면 첫째는 너희 마음을 진정으로 하나님에게만 두라는 말씀이고, 둘째로는 결정적인 순간에는 "하나님이냐 아니면 '돈'이냐?"를 선택하라는 뜻입니다. 왜냐하면 인간에게 결정적이고 궁극적으로 남는 문제는 '의식주'의 문제가 아니라, 오히려 '생명의 문제', 곧 '영원한 생명'에 대한 문제이기 때문입니다. 다시 말해서 우리에게 영원한 생명이 약속되어 있지 않다면, '세상 권세'와 '돈'은 우리의 죽음과 함께 사라질 아주 짧은 순간에 필요한 부수적인 것에 불과하다는 것입니다. 즉 '돈'은 단지 우리의 생명 유지를 위한 도구에 불과한 것이지, 인생의 목적이 아니라는 것입니다.

사실상 우리들의 삶은 '영원한 생명'을 위한 것이지, 이 세상에서 '권세'를 얼마 동안 누렸느냐, '재물'을 얼마나 축적했느냐에 있지 않습니다. 물론 '하나님의 나라'가 없다고 생각하는 사람에게는 '영원한 생명'이 인생의 목표가 되지 않겠지만, 그들도 자신이 언젠가는 죽는다는 것을 알고 있습니다. 그래서 예수님께서 "사람이 만일 온 천하를 얻고도 제 목숨을 잃으면 무엇이 유익하리요, 사람이 무엇을 주고 제 목숨과 바꾸겠느냐?"(마 16:26)고 반문하고 계신 것입니다. 한 마디로 말해서, 우리들의 삶에 있어서 가장 중요한 것은 '영원한 생명'입니다. 그래서 예수님께서 이르시기를, "내가 너희에게 이르노니 목숨을 위하여 무엇을 먹을까 무엇을 마실까 몸을 위하여 무엇을 입을까 염려하지 말라. 목숨이 음식보다 중하지 아니하며 몸이 의복보다 중하지 아니하냐."(마 6:25)고 질문하고 계신 것입니다. 이러한 이유에서 예수님의 삶은 그의 생애 처음부터 우리 인간들과는 전혀 다른 차원에 있었습니다. 즉 예수님의 전 생애의 목표는 인간의 생명구원에 있

---

376) 성경에는 '돈'에 대한 양면성적인 평가를 하고 있다. 한편으로는 '돈에 대한 욕구'는 죄로 규정하였다. 그래서 '돈에 대한 욕구'를 일만 악의 뿌리로 디모데는 규정하고 있다(딤전 6:6-10, 비교 딤후 3:1f) 그러나 다른 한편 유대인들, 특히 바리새인들과는 달리 예수님은 '돈'을 하나님의 은총의 표징으로 말씀하고 계시지 않고 있다는 것이다. 이 점에 관하여: Martin Honecker, Geld II, *TRE* 12, 278-298, 특히 279.

었습니다.(요 17:2-3)377) 왜냐하면 하나님께서 당신의 독생자를 이 세상에 보내신 목적이 바로 인간의 생명 구원에 있었기 때문입니다: "하나님이 세상을 이처럼 사랑하사 독생자를 주셨으니, 이는 그를 믿는 자마다 멸망하지 않고 영생을 얻게 하려 하심이라."(요 3:16)

그렇다면 여기서 우리 인간들이 어디에 인생의 목표를 두고 살아가야 할지, 그 목표가 명백히 계시되었습니다. 그것은 바로 '하나님 나라'에서의 '영원한 생명'에 두는 것입니다. 그래서 예수님도 선교 활동 처음부터 "때가 찼고 하나님의 나라가 가까이 왔으니, 회개하고 복음을 믿으라"(막 1:15)고 선포하셨던 것입니다. 우리가 인생의 목표를 '하나님의 나라에서의 영원한 삶'에 둔다는 것은, 생명의 근원이신 하나님께 마음을 두고, 그분만을 섬기는 것을 의미합니다. 바꾸어 말하면 예수 그리스도의 대속적 죽음으로 주어진 생명을 감사함으로 믿고 받아들이는 것, 곧 예수 그리스도를 온전히 믿는 것입니다. 왜냐하면 "아들(예수 그리스도)을 믿는 자에게는 영생이 있고, 아들을 순종하지 아니하는 자는 영생을 보지 못하고, 도리어 하나님의 진노가 그 위에 머물러 있기"(요 3:36) 때문입니다.

이렇게 예수 그리스도에 대한 믿음 위에서 살아갈 때, 그 때에 비로소 우리 인간들의 소망, 곧 '의식주'의 문제가 해결되고, 사탄과 마귀의 권세로부터의 해방되는 참 자유를 얻을 수 있을 것입니다. 왜냐하면 믿는 자가 창조주 하나님께 예수 그리스도의 이름으로 구하면, 하나님은 모든 것을 예수 그리스도의 이름으로 주실 것이기 때문입니다.(요 16:23-24) 그렇습니다. 우리 인생의 목표를 하나님 나라에서 '주 우리 하나님'을 믿었던 모든 사람들과 함께 더불어 사는 삶, 곧 인생의 목표를 '영원한 생명'에 둘 때, 그 때는 하나님께서 우리를 '하나님의 나라'에 이르기까지 친히 먹이시고, 입히시고, 잠자게 해 주실 것입니다. 왜냐하면 그는 우리를 창조하신 아버지 하나님이시기 때문입니다.

---

377) 요 17:2-3 : "아버지께서 아들에게 주신 모든 사람에게 영생을 주게 하시려고 만민을 다스리는 권세를 아들에게 주셨음이로소이다. 영생은 곧 유일하신 참 하나님과 그가 보내신 자 예수 그리스도를 아는 것이니이다."

***** 참회의 기도

주님,
이제는 믿음의 장부가 되게 하소서
시간과 함께 사라질 것에
목숨을 거는 어리석은 자가 아니라,
영원한 생명을 위하여
우리 삶의 방향을 고정하게 하옵소서

창조주 여호와 하나님
아버지의 사랑으로
우리 마음에 신앙을 주시고,
주님의 창조 능력으로
우리의 헛된 욕망을 소멸하옵소서

그리고 주님,
이제는 주님만
이제는 주님만 바라보게 하소서

- 아멘 -

IV. 머리(첫째)가 되고자 하는 욕구

"누구든지 첫째가 되고자 하면 … 뭇 사람을 섬기는 자가 되어야 하리라"(막 9:35)

***** 토의 주제 *****

1. 일상생활에서 내가 무슨 일을 하기 전, 혹은 무슨 일을 당하였을 때, 나는 누구를 제일 먼저 생각하는가? 나의 삶에는 무엇이 최우선이 되고 있는가?
2. 신앙에도 최우선 순위가 있다고 생각하는가? 있다면?
3. 왜 하나님은 순서를 그토록 강조하셨는가? 능력 우선순위가 주는 병폐는 과연 없는가?

1. 야곱은 왜?

야곱은 죽은 줄로 알고 있었던 열한 번째 아들 '요셉이 살아 있다'는 소식을 듣고 애굽으로 내려갑니다. 애굽에 가서 야곱은 아들 요셉의 소개로 '바로Pharaoh' 앞에 서게 됩니다. 이 때 야곱은 '바로'에게 자신을 소개하여 이르기를, "내 나그네 길의 세월이 백삼십 년이니이다. 내 나이가 얼마 못 되니, 우리 조상의 나그네 길의 연조에 미치지 못하나, 험악한 세월을 보내었나이다"(창 47:9)라고 고백합니다. 여기서 우리는 왜 야곱이 자신의 고백처럼 '험악한 세월'을 보낼 수밖에 없었을까? 하는 의문이 생깁니다. 단순히 아비 집을 떠나서 혼자서 살아야 했기에 나그네의 험악한 인생이었는가, 아니면 야곱이 남 모를 죄를 하나님께 지었는가? 야곱이 나그네의 험악한 세월을 보낼 수밖에 없었던 근본적인 원인이 어디에 있었는가? 이러한 질문들에 대한 답변은, 우리 자신들이 세상에 살아가면서 취하는 행동들에 대하여 스스로 숙고해 봄으로써 그 답변을 얻을 수 있을 것입니다.

대부분의 젊은 처녀들이 맏아들과 결혼하기는 꺼려하면서도, 실상 결혼하여 아이를 낳으면 왜 첫 아들에 대하여 그토록 집착하는가? '성결聖潔한 결혼'이란 어떠한 결혼을 의미하는가? 대부분의 보통 사람들이 왜 상위 계층의 사람으로 인정받기를 바라며, 스스로 첫째(머리)가 되고자 하는가? 이러한 일련의 질문들에 대한 답변 역시, 야곱이 험악한 나그네 인생길을 걸어야만 했던 그 원인을 분석함으로써 얻을 수 있을 것입니다. 왜냐하면 야곱은 아버지 '이삭'을 속이고, 형, '에서'의 장자권을 빼앗아 장자長子, 곧 첫째(가족의 머리)가 되고자 했던 전형적인 인간이었기 때문입니다. 따라서 우리는 여기서, '야곱'이 나그네 인생의 '험악한 세월'을 보낼 수밖에 없었던 그 원인을 어렴풋이 예측할 수 있습니다.

그러나 우리는 아래에서, 인간들이 세상에서 살아가면서 아주 자주, 그러나 실질적으로 범하고 있는 죄악들의 원인 가운데 '첫째', 곧 '머리'가 되고자하는 욕구가 어떠한 심각한 결과를 초래하는지 자세히 살펴보고자 합니다. 바꾸어 말하면 신앙에도 마치 '형님 먼저, 아우 먼저'처럼, 하나님보다 인간이 신분적 '우위Primat'를 차지할 수 있는 것인가, 보다 포괄적으로 말해서, '인본주의人本主義'가 '신본주의神本主義'에 앞설 수 있는가에 대하여 살펴보고자 합니다.

2. 창조 질서를 뒤바꾼 야곱

야곱이 험악한 나그네 인생의 길을 살 수밖에 없었던 일차적인 원인은, 우선 그가 아버지, '이삭Isaac'을 속이고 자기 형, '에서Esau'의 장자 직분을 빼앗은 데서 비롯됩니다.(창 27:35-36)[378] 왜냐하면 야곱은 장자의 직분을 빼

---

378) 창 27:35: "이삭이 이르되, 네 아우(야곱)가 와서 속여 네 복을 빼앗았도다." 그러나 '에서' 자신도 자기의 장자권을 동생 야곱에서 판 것으로 증언하고 있다: "야곱이 이르되, 형의 장자의 명분을 오늘 내게 팔라. 에서가 이르되 내가 죽게 되었으니, 이 장자의 명분이 내게 무엇이 유익하리요. 야곱이 이르되 오늘 내게 맹세하라. 에서가 맹세하고 장자의 명분을 야곱에게 판지라"(창 25:31-33)

앗은 후 형, '에서'의 보복이 무서워 아비 집을 떠날 수밖에 없었기 때문입니다.(창 27:1-46) 그러나 아비 집을 떠난 직후부터 그의 인생은, 자신이 아버지를 속이고 장자의 직분을 빼앗은 것처럼, 자기도 삼촌 '라반Raban'에게 속임을 당하여 사랑하는 '라헬'이 아닌 '레아'를 첫 번째 아내로 받아들여야 했습니다. 그 후 야곱은 두 아내와 그 동안 삼촌에게서 받은 삯을 가지고 삼촌의 집을 떠나 다시 "조상의 땅"(창 31:3)으로 되돌아옵니다. 그러나 야곱은 '조상의 땅'으로 다시 돌아와 사는 동안, 형들보다 더 큰 자가 되는 '꿈Vision'을 꾼 열한 번째 아들 '요셉'이 형들에 의해서 노예로 팔려 가는 고난, 곧 아들과의 '생이별生離別'을 하게 됩니다. 그 후 야곱은 자기 인생의 황혼에 젖었을 때, 죽은 줄 알았던 아들 요셉을 만난 후 애굽 왕 '바로'에게 자신의 일평생의 삶을 일컬어, '실로 험악한 나그네 인생의 백 삼십 년'을 살았다고 고백한 것입니다. 여기서 질문이 제기됩니다: 장자의 직분을 빼앗은 것이 하나님 앞에 무슨 죄를 범한 것이기에, 야곱이 그토록 험악한 인생을 살아야만 했던가?

본래 이스라엘 '가계家系' 전통에 의하면, '장자長子'는 아버지의 뒤를 이어 가족 혹은 씨족氏族의 '장長'이 되도록 되어 있습니다.(창 43:33; 신 21:17) 장자는 가족을 돌보아야 하는 책임이 있기 때문에, 다른 아들들보다 더 큰 권위가 주어졌을 뿐만 아니라(창 27:19.37; 37:22), 부모의 유산도 더 많이 주어졌습니다.(신 21:17) 뿐만 아니라 '맏딸בְּכִירָהbekirah'도, 가족의 서열에 있어서는 다른 남자 형제들보다 앞서지 못하지만, 아들이 없을 경우에는 부모의 기업을 이어 받을 수도 있었습니다.(참조. 민 26:33; 27:1-11) 그러나 때로는 무조건 장자에게 족장, 혹은 씨족장의 권한이 계승되는 것이 아니라, 아버지의 권한에 의해서, 즉 아버지가 축복함으로써, 장자권이 다른 아들에게 계승될 수도 있었습니다. 바로 이러한 장자의 권한 때문에 야곱은 아버지를 속이면서까지 자기 형 '에서'에게서 장자권을 빼앗은 것입니다. 따라서 야곱이 형, '에서'의 장자권을 빼앗았다는 것은, 장자가 누릴 축복을 중간에서 갈취한 것이나 다름없습니다.

그러나 이스라엘 신앙 전통에 의하면, 장자권은 빼앗을 수 있는 것이 아니라, 부모님으로부터 주어지는 선천적先天的 권한입니다. 다시 말해서 '장자권'은 가계를 이어가는 존재론적 우선권이기 때문에, 비록 사랑하지 않는 아내가 '맏아들'을 낳았다 하더라도, 그 아들을 장자로 삼아야 했습니다. 왜냐하면 먼저 태어난 자는 "자기의 기력의 시작"(신 21:17)이기 때문입니다.379) 이러한 율법 전승에 의하면, 장자는 곧 아버지의 기업을 이을 자요, 아버지 '태胎'의 계승자입니다. 우리나라에서도 맏아들에 대하여 남 다른 권위를 부여하는 것은, 맏아들과 맏딸이 다른 형제들보다 뛰어나서가 아니라, 사랑하는 부부 사이에서 태어난 첫 사랑의 열매이기 때문입니다. 그래서 '장자'에게는 다른 형제들보다 경제적 우선권과 서열과 신분의 상의 '우위優位'가 주어졌던 것입니다. 그러므로 '장자의 직분'은 주거나, 빼앗을 수 있는 것이 아니라, 선천적으로 순응해야 하는 존재론적 창조 질서에 속한 것입니다. 왜냐하면 이스라엘 신앙 전통에 의하면, '장자' 혹은 동물의 '첫 태생'은 단순히 부모나 주인에게 속한 것이 아니라, 하나님에게 속한 것이기 때문입니다. 그래서 모세는 '장자' 및 '첫 태생'을 반드시 하나님께 드릴 것을 강조하고 있는 것입니다:

"너는 네가 추수한 것과 네가 짜낸 즙을 바치기를 더디하지 말지며, 네 처음 난 아들들을 내(하나님)게 줄지며 네 소와 양도 그와 같이 하되 이레 동안 어미와 함께 있게 하다가 여드레만에 내게 줄지니라"(출 22:29-30)380)

그러므로 야곱이 아버지 이삭을 속이고 자기 형 '에서'의 장자권을 빼앗

---

379) 신 21:15-17 : "어떤 사람이 두 아내를 두었는데 하나는 사랑을 받고 하나는 미움을 받다가 … 둘 다 아들을 낳았다 하자, 그 미움을 받는 자의 아들이 장자이면, … 반드시 그 미움을 받는 자의 아들을 장자로 인정하여 자기의 소유에서 그에게는 두 몫을 줄 것이니 그는 **자기의 기력의 시작**이라, 장자의 권리가 그에게 있음이니라."

380) 아벨의 제사를 여호와 하나님께서 받으신 것은 아벨이 '양의 첫 새끼'로 제사를 드린 것으로 해석하는 사람들도 있다: "아벨은 자기도 양의 첫 새끼와 그 기름으로 드렸더니, 여호와께서 아벨과 그의 제물은 받으셨으나"(창 4:4) 바로 이러한 전승에서 '아브람Abram'도, 여호와 하나님께서 이삭을 바치라고 명령하였을 때, 아무런 항거 없이 아들을 바칠 수밖에 없었다.(창 22:2) 이 점에 관하여: R. Rendtorff, *Studien zur Geschichte des Opfers im Alten Israel*, 1967, 169-198.

은 것은, 단순히 형, '에서'의 장자권을 빼앗은 것으로 이해될 수 없고, 오히려 부모의 '기력의 시작'을 빼앗은 것, 곧 하나님의 것을 빼앗은 것, 그리고 한 걸음 더 나아가 존재론적 창조의 질서를 순응하지 않은 것으로 이해되어야 합니다.

따라서 결론적으로 말해서, 야곱이 나그네 인생길을 걸을 수밖에 없었던 근본적인 원인은, 그가 선천적으로 주어진 존재론적 장자 직분의 서열을 어기고, 형 '에서'의 장자 직분을 중간에서 가로챈 데서 비롯된 것이라고 볼 수 있습니다. 왜냐하면 그가 형 '에서'로부터 장자 직분을 빼앗고, 삼촌 '라반'의 집으로 도망하지 않았더라면, 그의 자손들 '간家'의 분쟁도 생기지 않았을 것이고, 또한 자기 아들 '요셉'이 형들의 미움을 받아 애굽으로 팔려가지도 않았을 것이기 때문입니다. 그러므로 야곱이 험악한 나그네 인생길을 걸어가며 살 수밖에 없었던 것은, 선천적 창조 질서를 뒤바꾸어 '부모의 태'를 빼앗은 죄의 결과라고 볼 수 있습니다. 그렇다면 장자에게 의무는 없는가?

3. 하나님에게 속한 장자와 첫 태생

야곱이 형, '에서'의 장자권을 빼앗은 것은, 단지 존재론적 창조 질서에 불순종한 것뿐만 아니라, 한 걸음 더 나아가 하나님 것을 탈취한 것을 의미합니다. 왜냐하면 앞에서도 언급하였듯이, 처음 태어난 아들과 처음 태어난 소와 양은 모두 하나님에게 속한 것이기 때문입니다. 그럼에도 불구하고 야곱은 장자권을 빼앗은 이후, '장자의 규례'를 제대로 행하지 않았습니다.381) 그래서 하나님은 이제 '장자'가 된 야곱에게 창조주 하나님의 권

---

381) 비록 성경에게는 이스라엘 장자들이 하나님께 자기를 희생제로 드렸다는 기록이 없으나, 아브라함이 독자, 곧 장자 이삭을 하나님께 모리아 산에서 드렸다는 것은(창 22:2) '장자의 제의'로 해석할 수도 있다. 이러한 점을 고려해 볼 때, 야곱은 장자로서 자기 '희생제'를 하나님께 드리지 않았다. 그러나 성경은 아들을 희생 제물로 바치는 이방 종교의 '인신제의人身祭儀'에 대하여는 엄하게 비판하고 있다: "네 하나님 여호와께는 네가 그와 같이 행하지 못할 것이라. 그들은 여호와께서 꺼리시며 가증히 여기시는 일을 그들의 신들에게 행하여 심지어 자기들의 자녀를 불살라 그들의 신들에게 드렸느니라."(신 12:31) 이밖에 렘 7:31; 19:5; 왕하 17:31을 참고하라.

리를 주장하십니다. 이 점을 우리는, 야곱이 삼촌 '라반Laban'의 집을 떠나 형兄 '에서'에게 돌아올 때, '얍복' 강나루에서 갑자기 나타난 '어떤 사람'과 싸우는 기사에서 발견할 수 있습니다:

> "야곱은 홀로 남았더니 어떤 사람이 날이 새도록 야곱과 씨름하다가, 자기
> 가 야곱을 이기지 못함을 보고 그가 야곱의 허벅지 관절을 치매 야곱의 허벅
> 지 관절이 그 사람과 씨름할 때에 어긋났더라. 그가 이르되 날이 새려하니 나
> 로 가게 하라. 야곱이 이르되 당신이 내게 축복하지 아니하면 가게 하지 아니
> 하겠나이다. 그 사람이 그에게 이르되 네 이름이 무엇이냐. 그가 이르되 야곱
> 이니이다. 그가 이르되 네 이름을 다시는 야곱이라 부를 것이 아니요, 이스라
> 엘이라 부를 것이니 이는 네가 하나님과 및 사람들과 겨루어 이겼음이니라.
> 야곱이 청하여 이르되 당신의 이름을 알려주소서. 그 사람이 이르되 어찌하여
> 내 이름을 묻느냐 하고 거기서 야곱에게 축복한지라. 그러므로 야곱이 그 곳
> 이름을 브니엘이라 하였으니 그가 이르기를 내가 하나님과 대면하여 보았으
> 나 내 생명이 보전되었다 함이더라."(창 32:24-30)[382]

여기서 다음과 같은 질문이 제기됩니다: 왜 갑자기 '어떤 사람'이 나타나 야곱과 '씨름' 혹은 '싸움אבק'을 하였을까?[383] 그 이유는 간단합니다. 야곱은 형 '에서'로부터 장자권을 빼앗은 후, 삼촌 '라반Laban'의 집으로 종살이하러 떠날 때, 일찍이 '벧엘Bethel'에서 여호와 하나님으로부터 다음과 같은 축복을 받았습니다: "내가 너와 함께 있어, 네가 어디를 가든지 너를 지키며 너를 이끌어 이 땅으로 돌아오게 할지라. 내가 네게 허락한 것을 다 이루기까지 너를 떠나지 아니하리라"(창 28:15) 그러자 야곱은 하나님의 축복에 감사하여, "내가 평안히 아버지 집으로 돌아가게 하시오면 여호와 께서 나의 하나님이 되실 것이요, 내가 기둥으로 세운 이 돌이 하나님의

---

382) 여기서 '어떤 사람'은 언어의 바꾸어 쓰임을 고려해 볼 때, '의인화된 하나님'이라고 볼 수 있다.

383) אבקabaq는 성경 이외에서 유래한 말로써, 단순히 누구 더 힘이 강한가 겨루기 위한 것이 아니라, 상대방을 쓰러뜨리려고 온 힘으로 몰아치는 격렬한 싸움을 의미한다. 왜냐하면 "자기가 야곱을 이기지 못함을 보고, 그가 야곱의 허벅지 관절을 칠" 정도로 그 씨름이 격렬했기 때문이다.

집이 될 것이요, 하나님께서 내게 주신 모든 것에서 십분의 일을 내가 반드시 하나님께 드리겠나이다"(창 28:21-22)라고 약속하였습니다. 그럼에도 불구하고 정작 '조상의 땅'으로 되돌아가는 도상에서 야곱은 장자의 직분을 빼앗은 형, '에서'의 분노만 두려워할 뿐, 자신이 하나님께 약속한 것은 까마득 잊고 있었습니다.384) 그래서 여호와 하나님은 장자인 야곱에게 대한 자기 권리를 주장하기 위해서 야곱을 치신 것이라고 볼 수 있습니다. 왜냐하면 그 당시 야곱은 하나님께서 자기에게 축복하신 것의 결실들을 가지고 형, '에서'를 만나러 가는 도중이었기 때문입니다. 다시 말해서 하나님은 장자가 된 야곱을 비롯하여, 그 장자권으로 인하여 얻은 축복의 내용물에 대한 하나님의 권한을 주장하신 것입니다. 왜냐하면 앞에서 인용한 것처럼 '처음 난 아들들과 소와 양은 모두 하나님에게 속한 것이기 때문입니다.'(출 22:29-30)385) 그러나 당연히 바쳐야 할 첫 열매를 야곱이 하나님께 바치지 않자, 하나님께서 장자가 된 야곱을 취하기 위해서 '어떤 사람'의 모습으로 야곱에게 나타나셨다고 해석할 수도 있습니다. 왜냐하면 모세도 이와 유사한 일을 경험하였기 때문입니다.

이스라엘 백성을 구원하기 위해 모세를 애굽으로 보내신 하나님은, 모세가 애굽으로 가는 도상道上에서 모세의 생명을 빼앗으려고 하십니다:

"모세가 길을 가다가 숙소에 있을 때에 여호와께서 그를 만나사 그를 죽이려 하신지라. 십보라가 돌칼을 가져다가 그의 아들의 포피를 베어 그의 발에 갖다 대며 이르되, 당신은 참으로 내게 피 남편이로다 하니, 여호와께서 그를 놓아주시니라. 그 때에 십보라가 피 남편이라 함은 할례 때문이었더라."(출 4:24-26)

---

384) 그러나 '벧엘'에서 하나님이 야곱에게 언약을 주셨을 때는 야곱은 단을 쌓고 여호와 하나님을 경배하였다.(참고 창 28:18)
385) 아벨의 제사를 여호와 하나님께서 받으신 것은 아벨이 '양의 첫 새끼'로 제사를 드린 것으로 해석하는 사람들도 있다: "아벨은 자기도 양의 첫 새끼와 그 기름으로 드렸더니, 여호와께서 아벨과 그의 제물은 받으셨으나"(창 4:4) 이 점에 관하여: R. Rendtorff, *Studien zur Geschichte des Opfers im Alten Israel*, 1967, 169-198.

이 기사에서도 우리는, 야곱이 얍복 나루에서 경험한 사건에 대하여 제기한 유사한 질문을 던질 수 있을 것입니다. 왜 하나님은 모세를 죽이려 하였는가? 이에 대한 답변도 역시 장자권에 대한 의미로 답변될 수 있을 것입니다. 왜냐하면 하나님은 모세에게 "너는 바로에게 이르기를 여호와의 말씀에 이스라엘은 내 아들 내 장자ישׂראל‎ בנב יכרי‎"(출 4:22)라고 선언할 것을 명령하셨기 때문입니다.386)

따라서 이제 이스라엘의 지도자가 되어야 할 모세, 그는 '여호와 하나님의 아들이자 장자'이며, 동시에 '하나님의 첫 열매'인 이스라엘 백성을 대신하여 하나님께 제물로 드려져야 하는 신분이 된 것입니다.(참고 렘 2:3)387) 왜냐하면 '장자'나 '첫 열매'는 하나님에게 속한 것이기 때문입니다. 그래서 하나님은 '장자', '이스라엘'에게 요구하실 희생을 모세에게 요구하신 것입니다. 이 점이 모세를 죽이려 하신 하나님의 의도라고 볼 수도 있습니다. 이 점을 알아차린 모세의 아내 십보라는 '모세의 기력의 시작'인 아들의 표피를 베어(할례) 모세의 발 앞에 던짐으로써, 모세의 희생을 대신하였던 것입니다. 그래서 모세의 아내 '십보라'가 모세를 '피 남편'으로 칭한 것은, 자기 남편 모세는 '할례 받은 남편' 혹은 '하나님께 장자로 드려진 남편'이라는 뜻으로 해석될 수 있습니다.

이상 앞에서 살펴본 바와 같이, 얍복 나루에서 야곱이 경험한 사건이나, 모세가 애굽으로 가는 도상道上에서 경험한 사건이 계시하는 중요한 요점 중 하나는, 장자 및 동물의 첫 태생은 하나님께 속한 것이라는 것입니다. 그래서 하나님은 언제든지 장자 및 동물의 첫 태생에 대한 권리를 주장하고 계신다는 것입니다. 그러므로 장자가 된 자는 누구든지 자신을 먼저 하나님께 드리는 희생 제의를 행하여야 하는 것입니다.388) 그리고 한 걸

---

386) 'בכור‎bekor'는 'בכר‎bakar'에서 유래한 단어로서, 처음 난 것, 초태생, 장자(창 10:15; 출 4:22), 맏아들(창 22:21; 대상 1:13), 처음 난 것(출 11:5; 민 3:12), 첫 열매(느 10:36) 초태생(민 8:16; 출 13:2)을 뜻한다. 그 후 야곱의 장자권은 루우벤에게서 요셉으로 그리고 그 다음 요셉의 둘째 아들 '에브라임'에게 계승된다(창 41:50.52)

387) 렘 2:3 : "이스라엘은 여호와를 위한 성물 곧 그의 소산 중 첫 열매이니, 그를 삼키는 자면 모두 벌을 받아 재앙이 그들에게 닥치리라 여호와의 말씀이니라."

388) 남자 아이들을 여드레 만에 할례를 행하는 것은 '하나님의 백성'이 되었다는 '계약의 징표'이기

음 더 나아가 장자 및 첫 태생이 하나님께 속하였다는 것은, 우리들의 삶에 있어서 가장 좋은 것을 가장 먼저 하나님께 드려야 한다는 것을 의미합니다. 바꾸어 말하면 우리들의 일상생활에서 최우선적으로 생각하고, 최우선적으로 행해야 하는 것은 하나님께 대한 감사의 예배라는 것입니다. 그래서 하나님께서는 이스라엘 백성들에게 가나안 땅을 정복한 후 토지의 소산 만물을 하나님께 바칠 것을 명령하십니다: "여호와여 이제 내가 주께서 내게 주신 토지 소산의 만물을 가져왔나이다 하고, 너는 그것을 네 하나님 여호와 앞에 두고, 네 하나님 여호와 앞에 경배할 것이며"(신 26:10, 참고 대하 31:5; 느 10:35; 겔20:40)[389] 그렇다면 우리는 일상생활에서 무엇을 최고 우선 순위로 삼아 살아가야 하는가?

4. 남대문 지게꾼도 순서가 있다

만사萬事는 때가 있으며, 모든 일에는 순서가 있는 법입니다. 특히 어떤 문제를 해결하는데 있어서는 순서가 아주 중요합니다. 그래서 예수님도 인간에게 '의식주' 문제가 필연적으로 해결되어야 할 것임을 인정하시면서도, 그 순서에 있어서는 아주 단호하게 "너희는 먼저 그(하나님)의 나라와 그의 의義를 구하라. 그리하면 이 모든 것을 너희에게 더하시리라"(마 6:33)고 말씀하신 것입니다. 이 말씀은 우리들의 삶에 있어서 먼저 해야 할 것과 나중해도 되는 것을 분명히 구별해서 행하라는 뜻입니다. 아니 신앙생활에 있어서뿐만 아니라, 모든 일에 있어서 분명히 먼저 생각하고 해야 할

도 하지만, 그 아들을 '하나님께 바친다'는 의미도 있습니다.(출 22:29-30) 이러한 해석에 관하여: H. Gunkel, Über die Beschneidung im Alten Testament, APF 2(1903), 13-21; G. Richter, Zwei alttestamentliche Studien. I. Der Blutbräutigam, ZAW 39(1921), 123-128; J. Morgenstern, The 'Bloody Husband'(?), Exod 4,24(HUCA 35-70); E. Kutsch, חתן, ThWAT III (1977/82), 288-296.(Werner H. Schmidt, Exodos I Teill, Exodus 1-6, BK II,1, 216에서 재인용).

389) 대하 31:5 : "왕의 명령이 내리자 곧 이스라엘 자손이 곡식과 포도주와 기름과 꿀과 밭의 모든 소산의 첫 열매들을 풍성히 드렸고 또 모든 것의 십일조를 많이 가져왔으며"; 느 10:35 : "해마다 우리 토지 소산의 만물과 각종 과목의 첫 열매를 여호와의 전에 드리기로 하였고"; 겔 20:40 : "주 여호와의 말씀이니라 이스라엘 온 족속이 그 땅에 있어서 내 거룩한 산 곧 이스라엘의 높은 산에서 다 나를 섬기리니 거기에서 내가 그들을 기쁘게 받을지라. 거기에서 너희 예물과 너희가 드리는 첫 열매와 너희 모든 성물을 요구하리라."

것이 있다는 것입니다. 그렇다면 또 다시 질문이 제기되는데, "예물을 제단에 드리려다가 거기서 네 형제에게 원망들을 만한 일이 있는 것이 생각나거든, 예물을 제단 앞에 두고 먼저 가서 형제와 화목하고 그 후에 와서 예물을 드리라"(마 5:23-24)는 말씀은 무슨 뜻인가?

이 말씀은 인간과의 관계가 하나님과의 관계보다 우선되어야 한다는 것을 결코 뜻하지 않습니다. 이 말씀의 참된 의미는, 하나님 앞에서 나아가기 위해서는 회개가 우선되어야 한다는 것을 뜻합니다. 즉 구원의 은총을 받으려면 하나님 앞에서 회개가 앞서야 한다는 것입니다. 그래서 사도 베드로도 '어떻게 하면 구원을 얻으리까?' 질문한 사람들에게 "너희가 회개하고 각각 예수 그리스도의 이름으로 세례를 받고 죄 사함을 받으라"(행 2:38a)고 증언하고 있는 것입니다. 그런데 '회개'란, '자기의 죄' 혹은 '자기의 실수' 혹은 '자기의 잘못'을 인정한다는 것을 의미합니다. 따라서 '형제와 화목하라'는 것은 형제에게 행한 '자기의 죄 혹은 실수를 상대방에게 공개적으로 인정하라는 것'을 의미합니다. 그러므로 "먼저 형제와 화목하고 그 후에 와서 예물을 드리라"(마 5:24)는 말씀은 오직 정결한 마음에서 드리는 예물이 참된 예물이 된다는 뜻입니다. 이러한 점에서 상기의 본문(마 5:23-24)을 인간관계가 하나님과의 관계에 선행되어야 한다는 뜻으로 결코 해석할 수 없습니다.

그러므로 "너희는 먼저 그(하나님)의 나라와 그의 의義를 구하라, 그리하면 이 모든 것을 너희에게 더하시리라."(마 6:33)는 예수님의 말씀은, 한 마디로 말해서, 하나님보다 먼저 될 수 있는 것은 이 세상에 아무 것도 없다는 것입니다. 다시 말해서 인간 중심적 사고, 야곱처럼 스스로 '장자'가 되고자 하는 욕심, 자신이 먼저 일을 결정해 놓고 하나님을 종으로 삼아 일을 성취하려는 생각을 포기하라는 것입니다. 이러한 인간의 욕망은 사실상은 이 세상과 인간에 대한 창조주 '하나님의 주권Herrschaft'을 부인하는 것과 다름없는 것입니다. 이러한 욕망은 하나님의 창조의 질서를 파괴하는 것입니다. 왜냐하면 인간은 언제까지나 하나님의 피조물이지, 스스로 창조주가 될 수 없기 때문입니다. 다시 말하면 인간은 하나님은 떠나서는

아무 것도 할 수 없기 때문입니다(요 15:5).390)

그러나 반면에 우리가 예수 안에 있으면 무엇이든지 할 수 있습니다(요 15:7).391) 이것이 바로 창조주 하나님 아버지의 선천적 창조 질서가 주는 축복입니다. 그래서 사울이 다급하여 사무엘 대신 제사를 드렸을 때, "여호와께서 번제와 다른 제사를 그의 목소리를 청종하는 것을 좋아하심 같이 좋아하시겠나이까, 순종이 제사보다 낫고, 듣는 것이 숫양의 기름보다 나으니"(삼상 15:22)라고 증언하고 있는 것입니다. 바꾸어 말하면, 제사, 곧 하나님께 드리는 것이 먼저가 아니라, 하나님의 말씀을 듣는 것이 먼저 되어야 한다는 것입니다. 그래서 이스라엘 백성들은 전쟁에 임할 때, 먼저 하나님의 뜻을 물었던 것입니다.

그렇습니다. 선천적으로 주어진 창조의 질서를 순종하고, 먼저 하나님의 뜻을 구하는 것이 축복되고 평안한 삶을 살아갈 수 있는 방법입니다. 그럼에도 불구하고 인간은 지금도 여전히 하나님보다는, '나'를, '내 생각'을, '내 의지'를, '나의 삶'을, '내 아들'을, '돈과 세상 권세'를, '인간'을 먼저 생각하고 먼저 앞세웁니다. 그래서 인간은 하나님의 뜻에 순종하기보다는, 나의 뜻을 하나님의 힘을 빌어서 관철시키고자 합니다. 그러나 이러한 '인간 우선주의'는 결코 기독교 신앙이 아닙니다. 왜냐하면 심지어 예수님은 아주 단호하게 "아버지나 어머니를 나보다 더 사랑하는 자는 내게 합당하지 아니하고 아들이나 딸을 나보다 더 사랑하는 자도 내게 합당하지 아니하며, 또 자기 십자가를 지고 나를 따르지 않는 자도 내게 합당하지 아니하니라."(마 10:37-38)392)고 증언하고 계시기 때문입니다. 이 말씀은 예수 그리스도의 주도권Souveränität를 철저하게 주장하는 것입니다. 그러므로 이상 살펴본 바와 같이, 선천적 창조 질서를 뒤바꾼 삶은 야곱처럼 '험악한 나그

---

390) 요 15:5 : "나는 포도나무요 너희는 가지라. 그가 내 안에, 내가 그 안에 거하면 사람이 열매를 많이 맺나니 **나(예수 그리스도)를 떠나서는 너희가 아무 것도 할 수 없음이라.**"

391) 요 15:7 : "너희가 내 안에 거하고 내 말이 너희 안에 거하면 무엇이든지 원하는 대로 구하라. 그리하면 이루리라."

392) 여기서 '더'란, 시간적으로나 우선순위로 보면 '먼저'를 의미한다. 왜냐하면 평행구절인 눅 14:26의 οὐ μισεῖ는 축자적인 그리스어역이고, 마 10:37의 ὁ φιλῶν ὑπὲρ ἐμὲ는 의미상의 그리스어역이기 때문이다.

네 인생의 여정'을 살 수밖에 없습니다. 이것이 바로 하나님의 섭리입니다.

***** 참회의 기도

역사의 수레바퀴를
멈추게 하신 창조주 하나님,

님은,
한 점의 오차도 없이 되돌아오는
자연의 순환을 멈추실 수도 있으십니다.

한 순간 호흡으로 끝날 인생이
지금껏 주님의 섭리를 힐난했던
부정한 입술들을 용서하옵소서.

그러나 오늘 떠 오른 해가
내일 아침 다시 떠오르듯
그렇게 변함없는 사랑으로 우리를 긍휼히 여기시고,
주님이 항상 먼저 말씀하옵소서.
우리가 님이 음성을 듣겠나이다.

- 아멘 -

V. 인간의 욕구 상승과 그 한계점

"욕심이 잉태한즉 죄를 낳고 죄가 장성한즉 사망을 낳느니라."(약 1:15)

***** 토의 주제*****

1. 왜 인간은 주어진 것에 만족하지 못할까?
2. 어느 때에 주어진 것에 만족하고 감사할 수 있을까?
3. 우리의 생명을 위하여 주어진 몫은 얼마인가?

1. 주어진 것에 만족할 줄 모르는 인간

이스라엘 왕, '다윗'이 성적 욕구가 발동하여 자기 부하 '우리아'의 아내 '밧세바'를 범한 이후, 하나님은 선지자 '나단Nathan'을 다윗 왕에게 보내어 다음과 같은 비유로 다윗의 죄를 책망하십니다:

"여호와께서 나단을 다윗에게 보내시니 그가 다윗에게 가서 그에게 이르되 한 성읍에 두 사람이 있는데 한 사람은 부하고 한 사람은 가난하니 그 부한 사람은 양과 소가 심히 많으나 가난한 사람은 아무것도 없고 자기가 사서 기르는 작은 암양 새끼 한 마리뿐이라. 그 암양 새끼는 그와 그의 자식과 함께 자라며 그가 먹는 것을 먹으며 그의 잔으로 마시며 그의 품에 누우므로 그에게는 딸처럼 되었거늘 어떤 행인이 그 부자에게 오매 부자가 자기에게 온 행인을 위하여 자기의 양과 소를 아껴 잡지 아니하고 가난한 사람의 양 새끼를 빼앗아다가 자기에게 온 사람을 위하여 잡았나이다."(삼하 12:1-4)

그러나 이와는 상이相異하게 예수님께서는 천국에 대한 비유의 말씀에서 한 '달란트Talent'받은 자의 행위를 보시고, 그의 것을 빼앗아 열 달란트 받은 자에게 주라고 명령하십니다:393)

"한 달란트 받았던 자는 와서 이르되 주인이여 당신은 굳은 사람이라. 심지 않은 데서 거두고 헤치지 않은 데서 모으는 줄을 내가 알았으므로 두려워하여 나가서 당신의 달란트를 땅에 감추어 두었었나이다. 보소서 당신의 것을 가지셨나이다. 그 주인이 대답하여 이르되 악하고 게으른 종아. 나는 심지 않은 데서 거두고 헤치지 않은 데서 모으는 줄로 네가 알았느냐. 그러면 네가 마땅히 내 돈을 취리하는 자들에게나 맡겼다가 내가 돌아와서 내 원금과 이자를 받게 하였을 것이니라 하고 그에게서 그 한 달란트를 빼앗아 열 달란트 가진 자에게 주라. 무릇 있는 자는 받아 풍족하게 되고, 없는 자는 그 있는 것까지 빼앗기리라."(마 25:24-29)

언뜻 보기에 이 두 이야기는 서로 모순되고 서로 상응하지도 않는 이야기처럼 보입니다. 그러나 비록 이야기의 정황은 서로 다르지만, 이 두 이야기 속에는 인간의 동일한 죄의 성품이 드러나 있습니다. 그것은 바로 '자기에게 주어진 것에 대하여 만족하지 못하는 인간의 욕심'입니다. 왜냐하면 다윗 왕은 자기에게 이미 주어진 수많은 처첩에 만족하지 못하고, '보다 더 많은 여자', 혹은 '다른 여자에 대한 성적 호기심'에서 가난한 사람이 애지중지愛之重之하며 기르는 작은 암양 새끼 한 마리 같은 우리아의 아내 '밧세바'를 자기 아내로 취하였기 때문입니다. 다시 말하면 '다윗' 왕은 많은 처첩妻妾을 가지고 있음에도 불구하고, 그것에 만족하지 못하고 '한 여자를 더' 자기의 아내로 삼았습니다. 이러한 범죄 행위는 분명 다윗의 '성적 호기심'에서 새로운 '한 여자'를 자기의 첩으로 삼고자 하는 욕망에서 비롯된 것이었습니다. 왜냐하면 하나님은 '나단' 선지자를 통하여 다윗을 다음과 같이 책망하셨기 때문입니다:

---

393) 본래 다섯 달란트 받은 자이나, 열심히 노력하여 다섯 달란트를 남겼기 때문에 예수님이 남긴 다섯 달란트를 그에게 맡겨서 열 달란트가 된 것임(마 25:21)

"네 주인의 집을 네게 주고 네 주인의 아내들을 네 품에 두고 이스라엘과 유다 족속을 네게 맡겼느니라. 만일 그것이 부족하였을 것 같으면 내가 네게 이것저것을 더 주었으리라. 그러한데 어찌하여 네가 여호와의 말씀을 업신여기고 나 보기에 악을 행하였느냐 네가 칼로 헷 사람 우리아를 치되 암몬 자손의 칼로 죽이고 그의 아내를 빼앗아 네 아내로 삼았도다."(삼하 12:8-9)

이와 상응하게 한 달란트 받은 사람도 자기에게 주어진 '한 달란트'에 만족하지 못하였습니다. 즉 한 달란트 받은 사람은 '더 갖고 싶은 욕심'에서 다른 사람과 비교하여 자기에게 '한 달란트'밖에 주지 않은 주인主人, 곧 하나님을 원망하고, 불평하여 열심히 일하지 않았습니다. 이렇듯 적게 가진 자는, 더 많이 갖고 싶은 욕심에서 다른 사람들의 것과 비교하여, 자기에게 주어진 것에 만족하지 못하여 하나님께 불평 불만합니다. 그리고 다윗처럼 많이 가진 자도 주어진 것에 만족하지 못하여 '보다 더 좋은 것', '보다 더 많이' 갖고 싶은 욕심에서 자기 부하의 아내를 빼앗습니다. 이것이 바로 인간의 끝없는 욕망입니다. 그러나 이러한 끝없는 욕망은 곧바로 죄악으로 연결되는 것이고, 종국에 가서는 사망으로 종결되는 것입니다. 그래서 야고보서 기자는 "욕심이 잉태한즉 죄를 낳고, 죄가 장성한즉 사망을 낳느니라."(약 1:15)고 선포하였던 것입니다. 그렇다면 왜 인간은 만족하지 못하고 끊임없이 욕심을 부릴까요?

2. 우상偶像의 노예가 되어 있는 인간

'우상εἰδωλον에이돌론'은 처음부터 인간에 의해서 만들어진 것입니다. 우상은 인간들이 만들어 놓고, 자신이 만든 우상에 생명이 있다고 주장하였습니다. 따라서 '우상 숭배'란, 인간이 만들어 놓고, 자기가 만들어 놓은 것에 스스로 노예가 되는 것을 의미합니다.[394] 예컨대 인간들이 '왕'이라는 세상 '권세 잡은 자'를 세우고, 그의 권세에 노예가 되어, 그가 시키는 대로

---

394) 로이킵프Leukipp, 데모크리트Dekokrit, 에피쿠르스Epikur 같은 고대 희랍 철학자들은 '우상'을 생명체와 같은 사물로 만들어진 것으로써, 그 속에는 이원론적 원자Atom가 담겨져 있다고 생각하였다. 이 점에 관하여: D. Roloff, Eidolon, Eikon, Bild, HWPh Bd.2., 330-332.

행하는 것이 바로 '우상 숭배'입니다. 이 사실을 우리는 왕을 세워 달라고 한 이스라엘 사람들의 요청에 대한 여호와 하나님의 답변에서 발견할 수 있습니다. 여호와 하나님은 선지자 사무엘에게, "너희(이스라엘 백성)가 그 (왕)의 종이 될 것이라."(삼상 8:10-17)고 말씀하셨습니다.395) 그래서 구약舊約에서 '우상 숭배εἰδωλολατρία에리돌로라트리아'는 여호와 하나님 이외에 다른 '이방 신神'들, 곧 동물의 형상을 '금송아지'(출 32:4) 혹은 '여신 상'과 같은 것을 만들어 놓고, 그 우상의 '종從'이 되어 섬기는 것을 뜻합니다. 그러나 신약新約에서는 이 개념이 확장되어, 하나님 이외에 다른 피조물, 혹은 인간의 이데올로기Ideologie, 곧 인간의 '이념理念'이나 '사상思想'같은 그 어떤 것을 절대적인 존재와 진리로 신봉하고 의지하는 것까지도 우상 숭배에 포함시키고 있습니다.396) 특히 신약 성경은 '탐심'을 우상 숭배에 포함시키고 있습니다: "땅에 있는 지체를 죽이라. 곧 음란과 부정과 사욕과 악한 정욕과 탐심이니 탐심은 우상 숭배니라."(골 3:5) 그렇다면 왜 탐심이 우상 숭배인가?

'탐심' 혹 '인간의 욕망'이 우상 숭배가 되는 이유는, 사람들이 '우상'을 섬기는 목적 때문입니다. 즉 인간들이 '우상'을 숭배하는 것은, 그 우상의 도움으로 '의식주衣食住'에 대한 욕구뿐만 아니라, '재물', 곧 '돈', '권세' 그리고 '성적 욕구'를 충족시킬 수 있다고 생각하기 때문입니다. 그래서 우상으로 만든 '이방 신들'은 대부분 '속지신屬地神,' 곧 '땅에 속한 신'이며, 동시

---

395) 삼상 8:10-17 : "사무엘이 왕을 요구하는 백성에게 여호와의 모든 말씀을 말하여 이르되 너희를 다스릴 왕의 제도는 이러하니라. 그가 너희 아들들을 데려다가 그의 병거와 말을 어거하게 하리니 그들이 그 병거 앞에서 달릴 것이며, 그가 또 너희의 아들들을 천부장과 오십부장을 삼을 것이며, 자기 밭을 갈게 하고 자기 추수를 하게 할 것이며, 자기 무기와 병거의 장비도 만들게 할 것이며, 그가 또 너희의 딸들을 데려다가 향료 만드는 자와 요리하는 자와 떡 굽는 자로 삼을 것이며, 그가 또 너희의 밭과 포도원과 감람원에서 제일 좋은 것을 가져다가 자기의 신하들에게 줄 것이며, 그가 또 너희의 곡식과 포도원 소산의 십일조를 거두어 자기의 관리와 신하에게 줄 것이며, 그가 또 너희의 노비와 가장 아름다운 소년과 나귀들을 끌어다가 자기 일을 시킬 것이며, 너희의 양 떼의 십분의 일을 거두어 가리니 너희가 그의 종이 될 것이라."

396) 그러나 기독교에서 말하는 진리는 자연 및 사회의 법칙에 대한 지식이 아니라 예수 그리스도를 아는 것을 뜻한다: "율법은 모세로 말미암아 주어진 것이요 은혜와 진리는 예수 그리스도로 말미암아 온 것이라."(요 1:17): "예수께서 이르시되 내가 곧 길이요 진리요 생명이니 나로 말미암지 않고는 아버지께로 올 자가 없느니라."(요 14:6). 그러므로 예수 그리스도를 앎으로 참 자유 함을 얻는 것이다: "진리를 알지니 진리가 너희를 자유롭게 하리라."(요 8:32)

에 '남녀'의 성적 결합을 강조하는 이원론적 '양성兩性의 신', 곧 '남신男神과 여신女神'으로 존재하며, '풍요豊饒와 다산多産의 신神'이었습니다.397) 고대 근동 수메르 사람들이 섬기던 만신전의 우상들은 바벨론으로, 그리고 계속해서 앗수르에 수용되었습니다. 특히 '사랑과 풍요의 여신女神' '이수타르'는 앗수르 지방의 최고 신, '아슈르Ashur'가 되었습니다. 이러한 고대 근동의 잡신들의 우상들을 본받아 이스라엘도 한 순간 앗수르인들이 섬기던 '이스다롯' 혹은 우가릿 종교의 '풍요와 다산'의 여신 '아세라 목상木像'을 여호와 하나님의 배우자로 규정하고 예루살렘 성전에 모셨던 때도 있었습니다.(출 34:13; 신 7:5; 신 12:3; 삿 6:25-26.28.30; 왕상 14:15.23; 15:13; 16:33; 18:19; 왕하 13:6; 왕하 17:10.16; 18:4; 21:3.7; 23:4.6-7.14-15 등등)398) 특히 이스라엘 백성들에게 약속된 '가나안' 사람들의 '신'은 창조자 '엘El'과 그의 아들 '바알Ba'al'이 있었습니다. '엘'과 '바알'은 자주 남자의 생식력을 상징하는 '황소를 올라 탄' 우상으로 만들어졌습니다. 그리고 '엘'의 아내 '아스다롯Ashtaroth'은, 자주 '아세라Asherah'와 동일시 되었는데, 야만적이고 피에 굶주린 전쟁의 여신으로 묘사되었습니다. 이 여신을 섬기는 종교행위로써 '술 취함과 음행'이 공공연히 자행되었습니다.399) 그리고 이러한 우상, 곧 온갖 잡신들은 애굽에서도 성행하여, '태양

---

397) 고대 근동의 만신전萬神殿에 수메르인들에 의해서 섬김을 받은 신은, 하늘의 신 '안An'과 '안의 배우자' '니후르사Ninhursag'였습니다. 그리고 땅의 신 '키Ki', 공기의 신 '엔릴Enlil', 물 또는 심연(혹은 지옥)의 주관자 '엔키Enki', 그녀의 딸 '이난나Inanna'('두무지Dumzuzi'의 아내), 달의 여신 '난나Nanna'가 있었습니다. 이러한 수메르 사람들의 잡신들을 바벨론 사람들은 받아들여 '이난나'와 그의 남편 '두무지'를 '사랑과 풍요의 여신' '이수타르Ishtar'와 '탐무즈Tammuz'로 만들었습니다. 수메르의 하늘의 신 '아누Anu'의 부인, 곧 '모신母神' '이난나Inanna'가 아카디아 말 '이스타르Ishtar'로 표현되었다. 이 점에 관하여: 문희석 편역, 『舊約 聖書 背景史』, 대한기독교출판사, 1990, 17-19.

398) 삼상 12:10 : "백성이 여호와께 부르짖어 이르되 우리가 여호와를 버리고 바알들과 **아스다롯**을 섬김으로 범죄하였나이다. 그러하오나 이제 우리를 원수들의 손에서 건져 내소서. 그리하시면 우리가 주를 섬기겠나이다."; 왕상 11:33 : "이는 그들이 나(여호와)를 버리고 시돈 사람의 **여신 아스다롯**과 모압의 신 그모스와 암몬 자손의 신 밀곰을 경배하며 그의 아버지 다윗이 행함 같지 아니하여 내 길로 행하지 아니하며 나 보기에 정직한 일과 내 법도와 내 율례를 행하지 아니함이니라."; 삿 3:7 : "이스라엘 자손이 여호와의 목전에 악을 행하여 자기들의 하나님 여호와를 잊어버리고 **바알들과 아세라들**을 섬긴지라." 우가릿 종교의 최고신은 '엘El'이고, '엘'의 아내는 모신인 '아다랏Athirat' 혹은 '엘랏Elat'이다. 이 신이 구약에서는 '아세라Asherah'로 표현된다: "네 하나님 여호와를 위하여 쌓은 제단 곁에 **어떤 나무로든지 아세라 상을 세우지 말며** 자기를 위하여 주상을 세우지 말라. 네 하나님 여호와께서 미워하시느니라."(신 16:21)

의 신' '레Re'가 다른 신들과 이 세상과 인류를 창조한 최고의 신으로 숭배되었으며, 애굽의 왕 '바로Pharaoh'는 종종 태양 신, '레Re'의 아들로 불려졌습니다.

그러나 기독교의 하나님, 곧 여호와 하나님은 '정의正義와 공의公義'의 하나님이시며, '사랑과 은총'의 하나님이시며, 억압받고 고난 받는 자들의 구원자이십니다.(사 42:1-4; 53:4-6) 그래서 여호와 하나님이 좋아하시는 제의祭儀 행위는 바로 공의로운 삶입니다: "내가 기뻐하는 금식은 흉악의 결박을 풀어 주며, 멍에의 줄을 끌러 주며, 압제 당하는 자를 자유하게 하며 모든 멍에를 꺾는 것이 아니겠느냐."(사 58:6) 그래서 예수님께서도, "한 사람이 두 주인을 섬기지 못할 것이니, 혹 이를 미워하고 저를 사랑하거나, 혹 이를 중히 여기고 저를 경히 여김이라 너희가 하나님과 재물을 겸하여 섬기지 못하느니라."(마 6:24)고 말씀하셨던 것입니다. 그래서 에베소서 기자는 '음행'과 '탐욕'과 '우상 숭배'를 동일한 차원의 죄악으로 규정하고 있습니다: "너희도 정녕 이것을 알거니와 음행하는 자나 더러운 자나 탐하는 자, 곧 우상 숭배자는 다 그리스도와 하나님의 나라에서 기업을 얻지 못하리니."(엡 5:5)

이상 살펴본 바와 같이, 인간은 단순히 '의식주衣食住'의 문제를 해결하고자 하는 욕구를 넘어서 '재물의 축적'과 '세상 권세'에 대한 욕망 그리고 '성적 욕구' 충족에 대한 욕망을 끊임없이 가진다는 것입니다. 이러한 욕망이 인간의 마음 깊은 곳에서 항상 자리 잡고 있습니다. 그래서 인간은 끊임없이 이러한 욕망을 '보다 더 격렬하게, 그리고 보다 더 많이, 보다 더 오랫동안' 충족시키기 위하여 온갖 방법을 다 모색해 왔습니다. 이러한 욕구 충족에 스스로 노예가 되어 있을 때, 인간은 육체의 일들, "곧 음행과 더러운 것과 호색과 우상 숭배와 주술과 원수 맺는 것과 분쟁과 시기와 분냄과 당 짓는 것과 분열함과 이단과 투기와 술 취함과 방탕함과 또 그와 같은 일"(갈 5:19-21a)을 행하게 되는 것입니다. 따라서 인간이 이러한 욕망을 버리지 않는 한, 인간의 종말은 멸망으로 끝날 것이고, 겨우 얻은 것

---

399) 이 점에 관하여: 아가페 출판사 편, 우상숭배, 『아가페 성경사전』, 1993, 1452-1356.

은 단지 한 순간의 배부름과 권세와 쾌락뿐입니다.(빌 3:19) 그래서 전도서 기자는 인간의 이러한 모든 욕구 충족이 다 헛된 것임을 증언하면서, 인간의 본분인 "하나님을 경외하고 그의 명령들을 지킬 것"(전 12:13)을 권하고 있습니다. 그렇다면 어떻게 사는 것이 인간의 본분을 지키면서 사는 것인가?

3. 생명을 위한 노동勞動

우리는 가끔 인간의 '노동'과 관련된 하나님의 말씀을 왜곡할 때가 있습니다. 예컨대 최초 인간 '아담Adam'이 범죄 한 이후 아담에게 하신 말씀, 곧 "땅이 네(아담)게 가시덤불과 엉겅퀴를 낼 것이라. 네가 먹을 것은 밭의 채소인즉 네가 흙으로 돌아갈 때까지 얼굴에 땀을 흘려야 먹을 것을 먹으리니 …"(창 3:18-19a)라는 것을 왜곡하는 경우가 있습니다. 이 말씀은, '노동' 그 자체가 하나님의 저주요 심판이라는 것을 결코 의미하지 않습니다. 이 말씀이 뜻하는 바는, 하나님께 불순종하는 인간은 이 세상에서의 땀 흘려 먹고 살아가야 하는 고난의 삶을 살 수밖에 없다는, 죄의 결과를 계시해 주는 것입니다. 따라서 땀 흘려 일하지 않고 소득을 얻으려 하는 것은 최초 아담에게 주어진 하나님의 명령을 또 다시 거역하는 것이 됩니다. 따라서 '불로소득不勞所得'은 결코 하나님의 축복이 아니며, 오히려 하나님의 심판의 대상이 되는 것입니다. 이러한 의미에서 땀 흘리지 않아도 소득을 얻을 수 있는 직업은 결코 좋은 직업이 아닙니다. 왜냐하면 사도 바울은 분명히 "누구든지 일하기 싫어하거든 먹지도 말게 하라."(살후 3:10)고 경고하고 있기 때문입니다. 오히려 사람이 일할 수 있는 것이 축복이며 행복한 것입니다. 왜냐하면, 앞에서도 인용하였지만, 다섯 달란트를 받아 열심히 땀을 흘려 장사하여 다섯 달란트를 남긴 사람을 예수님은 칭찬하셨기 때문입니다.(마 25:20)

'노동'이 신성한 것은 아니지만, 하나님의 심판도 아닙니다. '노동'은 오로지 타인의 생명 보존을 위한 서로를 위한 봉사입니다. 더 자세히 말하면 모든 생명체는 서로의 생명 유지를 위하여 노동을 해야 합니다. 최초 인간 '아담Adam'은 땅을 정복하고, 바다의 물고기와 하늘의 새와 땅의 움직이는 모든 생물을 다스려야 했습니다.(창 1:28) 이것이 인간에게 주어진 과제입니다. 그러나 아담은 이렇게 자기에게 주어진 일을 땀 흘려 수행하려 하지 않고, 오히려 '하나님과 같이 되고자 하였습니다.'(창 3:5) 즉 모든 생명체가 자기에게 주어진 과제를 행하는 것, 그것이 바로 성경적 의미의 '노동'인데, 아담은 그 과제를 수행하려고 하지 않았기 때문에, 이제는 '땀을 흘리면서 먹을 것을 구하라'고 명령하신 것입니다. 이와 상응하게 예수님께서도 자신의 과제 - 그것이 크고 작은 것에 상관없이, 곧 받은 달란트에 상관없이 - 를 열심히 행하지 않은 한 달란트 받은 자에게 "악하고 게으른 종"(마 25:26)이라고 책망하셨던 것입니다.

그래서 예수님은 '노동'이건, '자본'이건 잉여물剩餘物을 통하여, 곧 '소유를 많게 함으로써' 일하지 않으려는 인간의 욕구를 책망하십니다. 이것이 바로 부자 농사꾼에 대한 책망입니다.(눅 12:15-21) 이 비유의 말씀에서 예수님은 열심히 일한 농사꾼의 노동을 책망하신 것이 아니라, "내(농사꾼)가 이렇게 하리라. 내 곳간을 헐고 더 크게 짓고 내 모든 곡식과 물건을 거기 쌓아 두리라. 또 내가 내 영혼에게 이르되 영혼아 여러 해 쓸 물건을 많이 쌓아 두었으니 평안히 쉬고 먹고 마시고 즐거워하자 하리라."(눅 12:18-19)고 심중에 생각한 것을 책망하신 것입니다. 바꾸어 말하면, 남았으면 다른 사람들에게 나누어 주고, 또 열심히 일해서 살아가라는 것입니다. 왜냐하면 남은 것을 남에게 나누어 줄 때, 많이 받은 자의 과제, 곧 땀 흘려 열심히 일한 참된 의미를 찾을 수 있기 때문입니다.400) 다른 말로 말해서 예수님께서 책망하신 말씀, 곧 "사람의 생명이 그 소유의 넉넉한 데 있지 아니(한)" 것처럼, 노동은 소유를 넉넉하게 하는데 그 목적이 있는 것이 아니라, 모든 생명체의 생명 보존과 유지를 위하여 서로 돕는데 있습니다.401)

---

400) 이 점에서 예수님은 자기 형이 유업을 자기와 나누도록 말해 달라는 사람을 책망하여 "이르시되 이 사람아 누가 나를 너희의 재판장이나 물건 나누는 자로 세웠느냐 하시고, 그들에게 이르시되 삼가 모든 탐심을 물리치라. **사람의 생명이 그 소유의 넉넉한 데 있지 아니하니라.**"(눅 12:14-15)라고 말씀하신다.

분명한 것은, '잉여剩餘 물건'과 그 '잉여 물건'을 재 축적하여, 땀 흘려 일하지 않고 먹고 사는 것을 하나님께서는 원치 않으십니다. 바로 그렇기 때문에 여호와 하나님은 이스라엘 백성들에게 광야에서 '만나Manna'를 주실 때에도, 그 날 먹을 것만을 거두도록 명하셨던 것입니다.(출 16:16-20) 그리고 주기도문에서도 "오늘날 일용할 양식을 주옵시고"(마 6:11)라고 기도하라고 명하셨던 것입니다. 남는 것은 다른 사람들을 위해서 나누어 주라는 것입니다. 이러한 맥락에서 이스라엘 사람들은 추수를 할 때, 뒤에 떨어지는 나락을 줍지 말도록 하였던 것입니다. 이러한 의미에서 볼 때, 오늘날 '잉여 물건'으로 일하지 않고 소득을 얻는 것은 하나님께서 기뻐하지 않으시는 것입니다. 즉 젊어서 열심히 일해서 많이 벌어서, 늙어서 일하지 않고 편히 먹고 즐기자는 식의 사고는 성경적 사고가 아닙니다. 뿐만 아니라, 땀 흘려 일해서 얻는 것이 아닌 부모의 유산으로 일하지 않고 먹고사는 것도 바람직한 일이 아닙니다. 우리는 오히려 하나님의 나라에 가서도 천사처럼 열심히 주를 위해 봉사해야 할 것입니다.(히 1:14)402) 이러한 의미에서 보면, 인간이 세상에서 힘써 일하여 얻은 재물에도 주어진 과제가 있습니다. 그렇다면 인간의 욕구에 대하여 하나님은 어떠한 한계선을 그어 놓으셨는가?

4. 모든 욕망에는 한계가 있다

우선 하나님께서는 창조 이래로 자연의 한계로부터 시작하여 인간의 '의식주'에 대한 기본적 욕구를 넘어가는 인간의 과다한 욕망의 한계를 분

---

401) 이러한 의미에서 공산주의자들이 주장하는 '노동 가치'나, 자본주의자들이 주장하는 '자본 가치'는 동일한 맥락에 있다고 볼 수 있다. 기독교 입장에서 볼 때, 노동에 대하여 지나친 가치를 부여하는 것은 '프로메테우스Prometheus'적 입장에서 보면 부르주아적 자유주의나, 마르크시즘은 동일한 것이다. 반면에 마르크스는 사유 재산이란, 인간을 소외시키는 노동의 형태라고 하여 거부하였다.(이 점에 관하여: K. Marx, Nationalö -konomie und Philosophie, 1844/45, in: Früschriften <Kröner>, 291, 247) 마르크스Marx는 노동만이 인간의 '자기 발생 행위 Selbsterzeugungsakt'라고 주장하였다. 그러나 이러한 주장은 헤겔Hegel에게서도 발견된다.(이 점에 관하여: M. Honecker, Arbeit VII, TRE 3, 1978, 644-645.)
402) 히 1:14 : "모든 천사들은 섬기는 영으로서 구원받을 상속자들을 위하여 섬기라고 보내심이 아니냐."

명히 지어 놓으셨습니다. 그 첫 번째 한계가 바로 선악을 알게 하는 나무의 열매를 먹지 말도록 한계를 지어 놓으신 것입니다: "여호와 하나님이 그 사람에게 명하여 이르시되 동산 각종 나무의 열매는 네가 임의로 먹되, 선악을 알게 하는 나무의 열매는 먹지 말라. 네가 먹는 날에는 반드시 죽으리라 하시니라."(창 2:16-17) 그럼에도 불구하고 인간이 그 한계선을 넘어 선악을 알게 하는 나무의 열매를 따먹자, 이제는 생명나무의 열매까지 따먹을까 염려하여 "그 사람을 쫓아내시고, 에덴동산 동쪽에 그룹들과 두루 도는 불 칼을 두어 생명나무의 길을 지키게" 하셨습니다.(창 3:23-24) 뿐만 아니라 창조주 하나님은 인간의 연수를 120세로 제한하시면서도, 노아의 홍수가 있는 후, "다시는 물이 모든 육체를 멸하는 홍수가 되지 못하도록" 하셨습니다.(창 9:15) 뿐만 아니라, 만사萬事에 때가 있으며, 모든 일에는 순서가 있음을 전도서 기자는 분명히 증언하고 있습니다: "범사에 기한이 있고 천하만사가 다 때가 있나니, 날 때가 있고 죽을 때가 있으며 심을 때가 있고 심은 것을 뽑을 때가 있으며 … ."(전 3:1-2) 그러므로 일하는 자가 수고한다고 해서 꼭 그 결실을 얻는 것도 아니며 … .(전 3:9) 그러나 하나님이 인생들에게 노고를 주사 애쓰게 하신 것은 오로지 "하나님을 경외하게 하기 위한 것"입니다.(전 3:14b) 그래서 잠언 기자도 "겸손과 여호와를 경외함의 보상은 재물과 영광과 생명"(잠 22:4)이라고 증언하고 있습니다. 이와 상응하게 전도서 기자도 "일의 결국을 다 들었으니 하나님을 경외하고 그의 명령들을 지킬지어다. 이것이 모든 사람의 본분本分이니라."(전 12:13)라고 증언하고 있는 것입니다.

그렇습니다. "마음의 경영은 사람에게 있어도 말의 응답은 여호와께로부터 나오는 것", "우리의 행사를 여호와께 맡기지 않고는 아무 것도 우리의 손으로 이룰 수 없는 것"(잠 16:1), "사람이 마음으로 자기의 길을 계획할지라도, 그의 걸음을 인도하시는 이는 여호와시니라."는 것(잠 16:9), 이러한 증언들 자체가 바로 인간 욕망의 한계점을 암시해 주는 것입니다. 뿐만 아니라, 아무리 많이 먹고 싶어도 하루 세끼밖에 먹을 수 없으며, 또한 자기 '위胃'의 크기 그 이상을 먹을 수 없고, 아무리 좋은 옷을 많이 입고 싶어도 한 벌밖에 입지 못하며, 아무리 오랫동안 성적 쾌락을 누리고 싶어도 '원욕願慾'이 그치면 모든 것이 끝난다는 것, 이러한 사실 그 자체가 바로 인간이 아무리 자기 욕구를 무한정 확대하고 영원히 누리고 싶어도 그렇게 할 수 없는 욕망의 한계를 지시해 주는 말씀입니다.

이렇게 인간의 욕망에는 한계가 있다는 것을 깨닫는 것, 이것이 바로 신앙의 축복입니다. 왜냐하면 바로 그 때만이, 사도 바울이 증언한 바와 같이, 우리는 이미 주어진 것을 '범사에 감사'하며, 이를 '항상 기뻐'하고, 필요한 것이 있으면 '쉬지 않고 기도하며'(살전 5:16-17), 받은 은혜에 감사하여 은총을 베푸신 하나님을 찬양할 수 있기 때문입니다. 이것이 바로 그리스도 예수 안에서 우리를 향하신 하나님의 뜻(살전 5:18)입니다. 예수님께서 열두 제자들을 파송하실 때에 "여행을 위하여 배낭이나 두 벌 옷이나 신이나 지팡이를 가지지 말라. 이는 일꾼이 자기의 먹을 것 받는 것이 마땅함이라."(마 10:10, 병행 막 6:8; 눅 9:30)고 말씀하신 것처럼, 그 날에 먹을 것과 입을 것과 잠잘 곳이 있으면 족한 것입니다. 왜냐하면 더 필요한 것이 있어 기도하면, 가장 필요한 때에 가장 좋은 것으로 하나님께서 또 주실 것이기 때문입니다.

참회의 기도

주님,
주님은 우리의 아버지
창조주 하나님이시거늘,
이제껏 우리는
아버지 없는 고아처럼
스스로 먹고, 입고, 잘 곳을 찾았습니다.
창조주 아버지 안에 있기만 하면 되는 것을,
당신의 의義와 나라를 구하기만 하면 되는 것을,
주님의 이름으로 기도만 하면 되는 것을,

믿음이 없어 구하지 못한
저희를 용서하시고,
이제는 주님의 이름으로 구하옵나니,
당신의 영광을 위하여 창조의 은혜를
지금 곧 나에게
베풀어 주옵소서!

- 아멘 -

VI. 그리스도인의 인생은 희극喜劇이다

"아브라함이 이르되, 얘 너는 살았을 때에 좋은 것을 받았고 나사로는 고난을 받았
으니 이것을 기억하라. 이제 그는 여기서 위로를 받고
너는 괴로움을 받느니라."(눅 16:25)

***** 토의 주제 *****

1. 당신은 인생의 의미를 어느 때, 어디에 두고 있는가?
2. 인생의 실패 원인이 궁극적으로 어디에 있다고 생각하는가?
3. 당신의 인생은 지금 어느 도상에 있는가?: 절정, 회복, 내림, 침체, 무의식 등
   그리고 지금 자신의 모습을 극복할 수 있는 길이 무엇이라고 스스로 생각하는가?

1. 어떠한 삶이 승리한 인생인가?

'인생人生은 관棺 뚜껑을 덮고 나서야 평가된다.'는 말이 있습니다. 이 말
이 뜻하는 바는, '그 사람이 어떠한 인생을 살았느냐' 하는 것은, 그 사람
이 죽은 다음에 평가된다는 것입니다. 바꾸어 말하면, 현재 살아 있는 사
람의 삶이 과연 성공한 것인지, 아니면 실패한 것인지는 평가가 불가능하
다는 뜻입니다. 왜냐하면 앞으로 그 사람의 인생이 어떻게 변할지 아무도
모르기 때문입니다. 그래서 인생의 '성패成敗'는 삶의 마지막 순간에 가서
평가되어야 합니다. 다시 말해서 현재 우리가 누리고 있는 삶의 '양태樣態'
나 '질質'은 언제든지 변할 수 있기 때문에, 현재 겉으로 드러난 삶의 모습
만으로는 인생의 성패를 평가할 수 없다는 것입니다. 예컨대 지금은 소위
所謂 좋은 직장에서 존경받는 사회적 지위를 가지고 행복하게 살고 있어서,
많은 사람들에게 하나님으로부터 '복福' 받은 사람처럼 보일지라도, 그의

삶이 잠시 후에 어떻게 변할지는 아무도 모른다는 것입니다. 그러므로 한 인간이 참된 인생을 살았는지, 아니면 죄악의 인생을 살았는지는, 그가 세상을 떠난 후, 곧 죽음 이후에야 비로소 정확히 평가될 수 있습니다.403)

그런데 성경이 증언하고 있는 여러 인생들 가운데는 대략 두 종류의 인생이 있습니다. 하나는, 이 세상에 살아 있을 때는 사회적, 경제적 혹은 정치적으로 풍요함을 누렸지만, 그가 삶의 자리, 곧 인생을 마친 후에는 후대後代에 '악인惡人'으로 평가되는 인물이 있습니다. 그리고 다른 하나는, 비록 세상에 살아 있을 동안에는 경제적, 사회적 혹은 정치적으로 풍요함을 누리지는 못하였지만, 후대에 '선인善人' 혹은 '의인義人'으로 평가되는 사람이 있습니다. '전자前者'의 경우에 속하는 사람은 일반적으로 현실 세계에서 이웃의 고난을 전혀 고려하지 않고 오로지 자기의 유익만을 추구하면서 살아온 사람들의 인생이었고, '후자後者'의 경우에 속하는 사람은 현실 세계에서 정의와 공의를 중요시 여기며 이웃과 더불어 살아온 사람들의 인생이었습니다. 전자에 속한 삶을 산 사람들은 주로 '현세現世 구복적求福的 실리주의實利主義' 혹은 '실용주의實用主義' 인생관을 가진 사람들이었고, 후자에 속한 삶을 산 사람들은 주로 '미래지향적 이상주의理想主義' 혹은 '내세주의來世主義 신앙'을 가진 사람들이었습니다. 전자의 경우에는 '현실적인 것'에 그 가치를 두고 인간 중심적으로 살아가는 사람들이 속하고, 후자의 경우에는 '초현실적인 것', 혹은 '형이상학적 이념'에 가치를 두고 하나님 중심으로 살아가는 사람들이 속합니다. 이렇듯 한 사람의 인생은 그 사람이 가지고 있는 인생관 혹은 신앙에 따라서 서로 각기 다르게 전개되었습니다. 그러므로 우리는 이상 두 가지 유형의 인생을 분석해 봄으로써 '인생人生이 무엇에 의해서 변이變異되는지' 살펴보고자 합니다.

---

403) 간혹 이미 세상을 떠난 사람에 대한 평가조차도 왜곡되고 과장될 수 있으나, 일반적으로 어느 사람의 인생에 대한 평가는 그가 살아 있을 때보다는, 그 사람이 세상을 떠난 후, 혹은 그가 맡고 있던 자리를 떠난 후에 보다 더 정확히 평가되게 마련이다.

2. 비극悲劇으로 끝난 인생

이스라엘의 역대 왕들 가운데 비극적으로 인생을 마친 그 전형적인 예를 우리는 이스라엘의 왕, 사울שׁאוּל 왕에게서 발견할 수 있습니다.404) 그는 한 농부의 아들로 태어났습니다. 그 당시 이스라엘은 아직 정치적 통일을 이루지 못한 상태로 각 지파는 자치적自治的으로 유지되었습니다. 단지 공통의 사안이 있으면, '실로' 산당을 중심으로 각 지파의 장로들의 모여서 공동의 사안을 처리하였습니다.(삼상 11:1-3) 그러던 중 암몬 사람들이 기르앗 야베스를 쳐들어 왔습니다. 그래서 연약한 야베스 사람들은 암몬 사람들과 화친 조약을 맺고 그들을 섬기고자 합니다.(삼상 11:1) 그럼에도 불구하고 암몬 사람 나하스는 "내가 너희 오른 눈을 다 빼야 너희와 언약하리라. 내가 온 이스라엘을 이같이 모욕하리라."(삼상 11:2)고 위협합니다. 마침 밭에서 소를 몰고 오던 사울이 이러한 소식을 들었을 때, "사울이 이 말을 들을 때에 하나님의 영에게 크게 감동되매 그의 노가 크게 일어나 한 겨리의 소를 잡아 각을 뜨고 전령들의 손으로 그것을 이스라엘 모든 지역에 두루 보내어 이르되 누구든지 나와서 사울과 사무엘을 따르지 아니하면 그의 소들도 이와 같이 하리라."고 선언합니다. 그러자 "여호와의 두려움이 백성에게 임하매 그들이 한 사람같이 나온지라."(삼상 11:6-7) 사울이 이들을 데리고 전쟁에 나아가 크게 승리합니다.(삼상 11:11)

이 사건이 계기가 되어 이전에는 외부의 침입이 있을 때에만 한 사람의 지도자를 중심으로 지파들이 서로 연합하던 것을405) 이제는 아예 한 지도자를 세워서 외부 침입에 능동적으로 대처하고자 하는 의지가 이스라엘 지파의 장로들 사이에 생기게 되었습니다. 왜냐하면 그 당시 팔레스틴 남서쪽의 성읍을 중심으로 급성장한 블레셋의 팽창으로 말미암아 이스라엘 지파들은 정치적 위협을 받고 있었기 때문입니다.406) 그래서 이스라엘 사

---

404) 이스라엘의 초대 왕으로서 그의 통치 연한은 대략 B.C. 11세기 중반부터 후반에까지 이른다. 그러나 삼상 13:1에 그의 통치 연한이 생략되어 있어서 그의 정확한 통치 연한을 결정할 수 없다. 단지 행 13:21에 의하면 대략 40년 정도 통치한 것으로 측정된다.

405) 참고. 삿 5:16-17; 삼상 3:12-14; 7

406) '블레셋'은 일찍이 철기 문화를 형성한 족속이다. 그래서 '블레셋'이란, '철鐵'을 의미하기도

람들은 한 사람의 정치적, 특히 군사적 지도자가 필요하게 되었습니다.(삼상 8:4-5) 한 마디로 말해서, 그 당시 정치적 상황이 계기가 되어 사울이 이스라엘의 초대 왕이 되었습니다.(삼상 12:12-13)[407] 어떠한 경로를 거쳐서, 그리고 어떠한 상황에서 사울이 이스라엘의 왕이 되었건 간에, 무엇보다도 중요한 것은, 이스라엘의 시대적 상황이 강력한 지도자를 필요로 할 때에, 그가 농부의 아들인 비천한 존재로서 성령에 의해서 감동되는 체험을 통하여 하나님의 은혜로 이스라엘의 초대 왕이 되었다는 것입니다.

그러나 왕이 된 이후로 사울은 자기 본분 이상의 것을 원하고, 실제로 그렇게 행하게 됩니다. 그것이 바로 하나님의 종 '사무엘'을 무시하고, 스스로 제사장이 되어 하나님께 제물을 드린 것입니다. 물론 정치적 혹은 군사적으로 긴급한 상황 속에서 블레셋과의 최초의 결전決戰을 해야 할 때에 마음이 급한 사울은 제사장 사무엘이 나타나지 않자, 그를 기다리지 못하고 자기가 제사장의 직무를 대행하였던 것입니다. 그러자 늦게 나타난 제사장 사무엘은 이 일로 인하여 사울 왕을 심하게 책망합니다.(삼상 13:13) 뿐만 아니라 한 걸음 더 나아가 사무엘은 사울 왕이 여호와 하나님의 명령을 어겼기 때문에 왕의 '위位'가 끊어질 것이라고 선언합니다: "지금은 왕의 나라가 길지 못할 것이라. 여호와께서 왕에게 명령하신 바를 왕이 지키지 아니하였으므로 여호와께서 그의 마음에 맞는 사람을 구하여 여호와께서 그를 그의 백성의 지도자로 삼으셨느니라."(삼상 13:14) 이러한 일이 생긴 이후로 '사울' 왕가는 패망의 일로一路를 겪게 됩니다.

그 후 사울의 아들 '요나단'은 블레셋과의 전투에서 큰 전공戰功을 세웠지만, 사울이 내린 '금식'의 금지령을 어기게 됩니다.(삼상 14:27-28) 그러자 사울은 비록 자기 아들이지만, 전투의 기강과 왕의 권위를 세우기 위하여

한다.

407) '사울'이 이스라엘의 왕이 된 사유를 같은 사무엘상 내부에서도 다르게 기술하고 있다. 예컨대 삼상 10:1에서는, 사울이 사무엘에 의해서 사적으로 기름 부음을 받은 것으로 보고하고 있으며, 삼상 10:17-24에서는 사울이 이스라엘 장로들 가운데서 제비뽑기에 의해서 선발된 것으로 보고하고 있다. 그러나 분명한 것은, 그 당시 팔레스틴의 정치적 상황이 '사울'을 이스라엘 왕으로 세우게 된 이유 가운데 하나이었던 것만큼은 분명하다.

자기 아들 요나단을 죽이려 합니다. 그러나 사울은 백성들의 만류로 어쩔 수 없이 요나단의 목숨을 살려 줍니다.(삼상 14:45)[408] 그러나 바로 이 일로 인하여 이스라엘 백성들은 노획물에 손을 대는 잘못을 범하게 됩니다: "사울과 백성이 아각과 그의 양과 소의 가장 좋은 것 또는 기름진 것과 어린 양과 모든 좋은 것을 남기고 진멸하기를 즐겨 아니하고 가치 없고 하찮은 것은 진멸하니라."(삼상 15:9) 그러나 이미 사무엘은 사울 왕에게 "지금 가서 아말렉을 쳐서 그들의 모든 소유를 남기지 말고 진멸하되 남녀와 소아와 젖 먹는 아이와 우양과 낙타와 나귀를 죽이라 하셨나이다."(삼상 15:3)라고 하나님의 명령을 전하였습니다. 그러나 백성들의 명령 불복종으로 인하여 사울 왕은 사무엘로부터 왕위 찬탈簒奪에 관한 결정적인 예언을 듣습니다: "거역하는 것은 점치는 죄와 같고 완고한 것은 사신 우상에게 절하는 죄와 같음이라. 왕이 여호와의 말씀을 버렸으므로 여호와께서도 왕을 버려 왕이 되지 못하게 하셨나이다."(삼상 15:23) 이와 동시에 사무엘은 사울 왕에게 "순종이 제사보다 낫고, 듣는 것이 숫양의 기름보다 낫다."(삼상 15:22)라고 증언합니다.

이 말씀은 전략도 좋고, 왕의 권위를 세우는 것도 좋고, 백성의 기강을 잡는 것도 좋지만, 가장 중요한 것은 하나님의 말씀에 순종하는 것이라는 뜻입니다. 왜냐하면 '사울' 왕은, 처음 하나님의 말씀을 불순종하여 제사장도 아닌 사람이 스스로 하나님께 제물 드린 것은 자신의 전략적 판단에 의한 것이었고, 아들 '요나단'을 죽이려 한 것은, 왕의 권위를 세우려 한 것이었고, 또 백성의 말을 듣고 '요나단'을 죽이지 않은 것은, 민심을 사기 위한 것이었기 때문입니다. 이렇게 사울 왕은 자기 생각에서 인간적으로 이스라엘 백성을 통치하다가, 결국 하나님의 말씀에 불순종하는 일을 범하게 되었기 때문입니다.

이후부터 사울 왕의 인생은 숙명적인 몰락의 길을 걷게 됩니다. 그는

---

408) 삼상 14:45 : "백성이 사울에게 말하되 이스라엘에 이 큰 구원을 이룬 요나단이 죽겠나이까. 결단코 그렇지 아니하니이다. 여호와의 살아 계심을 두고 맹세하옵나니 그의 머리털 하나도 땅에 떨어지지 아니할 것은 그가 오늘 하나님과 동역하였음이니이다 하여 **백성이 요나단을 구원하여 죽지 않게 하니라.**"

병적 우울증에 빠졌고, 다윗과의 불행한 경쟁과 싸움을 해야 했습니다. 불행한 인생의 탈출구를 끝내 찾지 못한 사울은 자기에게 조언을 해 줄 자를 찾기 위해서 하나님께서 그토록 싫어하시는 점쟁이 여자를 찾아가 사무엘의 영靈을 불러달라고 청합니다.(삼상 28:7-17; 렘 37:16-21)409) 그러나 사울은 사무엘로부터 자기 인생의 종말에 대한 예언을 듣습니다.(삼상 28:18-19) 사무엘의 증언대로 사울은 블레셋 군대와의 전투에서 그의 40년 동안의 왕의 인생을 그의 가족들과 함께 비참하게 자살로 마치고 맙니다.(삼상 31)

> "그(사울)가 무기를 든 자에게 이르되, 네 칼을 빼어 그것으로 나를 찌르라. 할례 받지 않은 자들이 와서 나를 찌르고 모욕할까 두려워하노라. 하나 무기를 든 자가 심히 두려워하여 감히 행하지 아니하는지라. 이에 사울이 자기의 칼을 뽑아서 그 위에 엎드러지매"(삼상 31:4), "그 이튿날 블레셋 사람들이 죽은 자를 벗기러 왔다가 사울과 그의 세 아들이 길보아 산에서 죽은 것을 보고, 사울의 머리를 베고 그의 갑옷을 벗기고 자기들의 신당과 백성에게 알리기 위하여 그것을 블레셋 사람들의 땅 사방에 보내고, 그의 갑옷은 아스다롯의 집에 두고 그의 시체는 벧산 성벽에 못 박으매,"(삼상 31:8-10)

이상 앞에서 살펴본 바와 같이, 사울이 자기 인생을 비극으로 마칠 수밖에 없었던 근본 원인을 사무엘은 그가 하나님 말씀을 불순종한 것으로 증언하고 있습니다: "네가 여호와의 목소리를 순종하지 아니하고 그의 진노를 아말렉에게 쏟지 아니하였으므로 여호와께서 오늘 이 일을 네게 행하셨고, 여호와께서 이스라엘을 너와 함께 블레셋 사람들의 손에 넘기시리니 내일 너와 네 아들들이 나와 함께 있으리라. 여호와께서 또 이스라엘 군대를 블레셋 사람들의 손에 넘기시리라."(삼상 28:18-19)

이와 같이 누구를 막론하고 처음에는 겸손하여 하나님의 은혜를 받았다 하더라도, 스스로 '교만驕慢'해져서 하나님의 말씀을 불순종하여 자기 신분

---

409) 이스라엘의 마지막 왕 시드기야(B.C. 597-586)도 예루살렘이 포위되고, 구원의 희망이 없어지자 자기에게 예루살렘의 몰락을 선포했던 자기의 적, 자기가 감옥에 잡아넣었던 예레미야를 찾아간다. 그는 사울이 엔돌에 있는 무당에게 가지고 갔던 것과 똑같은 물음을 가지고 갔고, 또 유사한 대답을 듣는다.(참고. 렘 37:16-21)

에 주어진 것, 그 이상의 것을 행하고자 하면, 결국에는 자기 인생을 비극적으로 마칠 수밖에 없는 것입니다. 그래서 잠언 기자는 "사람의 마음의 교만은 멸망의 선봉이요, 겸손은 존귀의 길잡이니라."(잠 18:12)고 증언하고 있습니다. 그러나 반면에 성경은 처음에는 교만하여 비참한 인생을 살다가, 끝에는 겸손해져서 하나님의 축복을 받은 인생을 증언하고 있습니다.

3. 희극喜劇으로 끝난 인생

욥은 처자식과 함께 넉넉하게 살 때는 아침 일찍 일어나 그들 자식들 하나, 하나를 위하여 하나님께 번제물을 바쳤으며(욥 1:5), 죄를 짓지도 않고 하나님께 부당한 행동을 하지 않았습니다.(욥 1:22) 뿐만 아니라, 모든 재난을 당하고도 욥은 자기 아내의 어리석은 태도를 나무랄 뿐, 말과 행동으로 죄를 짓지 않았습니다.(욥 2:10)[410] 그러나 욥은 하루 아침에 가진 재산을 다 잃고, 사랑하는 자식들마저 모두 잃게 됩니다. 이제 욥에게 남은 것은 아무 것도 없습니다.(욥 1:13-19; 2:7-8) 그러자 욥은 '하나님이 계시다면, 자기에게 과연 이러한 일이 일어날 수 있는가?' 하고 자문自問해 보지만, 하나님은 자신이 만날 수 없는 초월하신 분임을 아쉬워합니다.(욥 9:32)[411] 그러자 욥은, '진정 하나님이 인간을 사랑하시는가', '만일 자신과 같이 처참한 상황에 봉착해 있는 인간을 외면하시는 하나님이라면, 그러한 하나님은 더 이상 섬길 이유가 없지 않는가?'라고 회의합니다. 왜냐하면 욥은 전통적인 '권선징악勸善懲惡'의 하나님 개념, 곧 선한 자를 상주시고, 악한 자를 벌하시는 하나님 개념을 거부하지 않지만, 적어도 '하나님은 인간과는 달라서, 인간이 잘못하였더라도 용서를 해 주셔야 하지 않겠는가?'라고 생각하였기 때문입니다.

적어도 '하나님의 성품은 인간의 성품과는 달라야 한다.'는 욥의 하나님

---

410) 이 점에 관하여: R. Gordis, *The Book of Job. Commentary. New Translation and Special Studies*, New York, 1978, 21-22.(박요한 영식, 욥의 기도의 내부 구조 분석, 「가톨릭 신학과 사상」 42(2002), 147에서 재인용)
411) 욥 9:32 : "하나님은 나처럼 사람이 아니신즉 내가 그에게 대답할 수 없으며 함께 들어가 재판을 할 수도 없고."

성품 개념은 욥 자신만의 고유한 하나님 이해는 아니었습니다. 예언 전승에 의하면, 여호와 하나님은 당신의 포도밭인 이스라엘 백성을 사랑하고 보살피는 분이십니다.412) 그리고 또한 시편 기자도, 하나님은 의인義人을 곤경에서 건져 주시는 분(시 32:7)이시며, 악한 자들의 음모에서(시 64:2: 140:2-5) 보호해 주시는 분으로 증언하고 있습니다. 단지 욥의 하나님 개념이 다른 구약 성경 전승의 하나님 개념보다 한 걸음 더 나아간 것이 있다면, 그것은 적어도 하나님은 인간의 잘못과 허물을 곧바로 징계하고 징벌하시기보다는, 설사 인간이 잘못을 범하였다 하더라도 용서해 주실 수 있는 분이어야 한다는 것입니다. 왜냐하면 욥에 의하면, '악惡'에 대하여 지은 죄 값 그대로 징벌하고, '선善'에 대하여 그대로 보상하시는 분이라면, 인간과 다를 바가 없다는 것입니다. 그래서 욥은 아주 담대하게 다음과 같이 하나님께 항변합니다:413)

"내가 하나님께 아뢰오리니, 나를 정죄하지 마시옵고, 무슨 까닭으로 나와 더불어 변론하시는지 내게 알게 하옵소서. 주께서 주의 손으로 지으신 것을 학대하시며 멸시하시고 악인의 꾀에 빛을 비추시기를 선히 여기시나이까. 주께도 육신의 눈이 있나이까. 주께서 사람처럼 보시나이까. 주의 날이 어찌 사람의 날과 같으며 주의 해가 어찌 인생의 해와 같기로 나의 허물을 찾으시며 나의 죄를 들추어내시나이까."(욥 10:2-6)

이렇듯 욥은, 비천한 인간인 자기 자신도 고아와 맹인과 같은 비천한 인간을 도와주었는데(욥 29:12,15-16), 하물며 인간의 창조주이신 하나님이 어찌 자기와 같은 비천한 인간의 허물을 그다지도 꼼꼼히 살피시냐고 반문합니다. 즉 욥에 의하면, 하나님은 피조물을 멸시하고, 결백한 사람을 단죄하며, 그들의 허물을 찾아내려고 하신다는 것입니다.

---

412) 이 점에 관하여: W. Zimmerli, Gott in der Verkündigung der Propheten, *La Notion biblique de Dien. Le Dieu de la Bible et le Dieu des philosophes*, BEThL 41, herg. von. J. Coppens, Leuven, 1976, 127-143.
413) 욥의 항변에 관하여: C. Westermann, "The Complaint Against God", in: *God in the Fray. A Tribute to Walter Brueggemann*, herg. von. T.Linafelt - R.K.Beal, Minneapolis, 1998, 237ff.

이와 같이 욥은, 현재 그가 경험하고 있는 하나님은 사랑과 관용이 없는 매정한 분이라고 생각하였습니다.414) 그러나 반면에 욥이 기대하고 희망하고 있는 하나님은 인간의 허물을 감찰하시는 분이 아니라, 오히려 인간의 죄를 용서해 주시는 사랑의 하나님이시며, 자기와 같이 죄 없는 사람은 징벌하지 않으시는 의로운 분이시어야 한다는 것입니다. 그럼에도 불구하고 "내(욥)가 주께 부르짖으나, 주께서 대답하지 아니하시오며, 내가 섰사오나, 주께서 나를 돌아보지 아니하시나이다."(욥 30:20)라고 욥은 한탄합니다. 즉 하나님은 놀라운 능력으로 욥 자신을 창조하셨지만(욥 10:8-12), 자신을 보호하고 자기에게 은혜를 베푸시는 것은 고사하고, 오히려 무죄한 자신을 죄인으로 확정하기 위해서 '놀라운 일'을 행하고 계시다는 것입니다. 그래서 욥은 "주께서 어찌하여 얼굴을 가리시고, 나를 주의 원수로 여기시나이까."(욥 13:24)라고 반문하면서, 하나님의 자비와 은혜를 간절히 구합니다.415) 그렇습니다. 욥은 하나님이 창조주이시라면, 모든 면에서 인간의 마음보다 넓어야 하고, 그래서 인간의 허물을 책망하기보다는 용서하는 분이셔야 한다고 생각하였기 때문에, 하나님께 담대하게 자기 죄를 용서해 주실 것을 구하고 있는 것입니다. 이렇듯 욥은 자신이 믿고 있는 하나님 개념에 근거하여 하나님께서 자기에게 은혜를 베풀어 주실 것을 간청하였습니다. 그럼에도 불구하고 하나님이 은혜와 자비를 구하는 자기의 간절한 기도에 침묵하시자, 욥은 다시 하나님을 원망합니다.416)

이상 앞에서 살펴본 바와 같이 남부럽지 않게 살던 욥이 어느 날 갑자기 예기치 않던 불행을 당하여 모든 가족과 재산을 잃어버리고 끝내는 몸

---

414) 참고. D. Cox, *Man's Anger and God's Silence, The Book of Job*, Middlegreen, 1990, 54-55.

415) 이와 상응하게 칼 바르트(K. Barth, 1886-1968)도 인간의 '죄'를 태만으로 규정하고 있다. 즉 하나님께서 베풀어 주신 은혜를 받으려고 노력하지 않는 것이 '죄'라고 규정하였다. 이 점에 관하여: K. Barth, *Kirchliche Dogmatik* IV/1, 1953, 83: "In dieser dreifachen Erkenntnis Jesu ist beschlossen die Erkenntnis von des Menschen Sünde: (1) seines Hochmuts, (2) seiner Trägheit, (3) seiner Lüge"

416) 박요한, 영식에 의하면, "욥의 참된 고통은 욥의 외침과 하나님의 침묵, 하나님의 실존적 차원을 강조하는 욥과 초월적 존재로 머무시는 하나님 사이의 갈등 그 자체이다"라고 해석하고 있다.(박요한, 영식, "욥의 기도의 내부 구조 분석", 「가톨릭 신학과 사상」, 42호(2002), 156)

에 병까지 얻어 하루하루 처참한 삶을 살아가고 있는 삶의 정황 속에서 욥이 초지일관初志一貫 주장한 바는, 적어도 하나님은 인간과는 달라야 한다는 것이었습니다.[417] 그러나 이러한 욥의 주장은, 그 출발점에서부터 자신의 죄를 용서받기 위한 얄팍한 술책이 아니라, 오히려 죄인인 인간과 창조주 하나님을 철저히 구별 짓는 초월하신 하나님을 경외하는 마음의 발로였습니다. 그래서 여호와 하나님은 이러한 욥의 심중을 보시고, 그의 허물에도 불구하고 그를 이전보다도 더욱 축복하셨습니다:

> "여호와께서 욥의 말년에 욥에게 처음보다 더 복을 주시니 그가 양 만 사천과 낙타 육천과 소 천 겨리와 암나귀 천을 두었고 또 아들 일곱과 딸 셋을 두었으며 … 모든 땅에서 욥의 딸들처럼 아리따운 여자가 없었더라. 그들의 아버지가 그들에게 그들의 오라비들처럼 기업을 주었더라. 그 후에 욥이 백사십 년을 살며 아들과 손자 사 대를 보았고, 욥이 늙어 나이가 차서 죽었더라."(욥 42:12-17)[418]

결국 욥은 평생 모은 재산과 자식들 모두 잃고 병까지 얻어 고난의 삶을 살았지만, 끝까지 하나님에 대한 신앙을 버리지 않고, 기도함으로써 이전의 모든 고난을 극복하고 행복한 여생을 마치게 됩니다. 이러한 인생은, 삶의 마지막을 '해피앤드(Happy End)'로 마치는 희극의 인생입니다. 그렇다면 여기서 질문이 생깁니다: 사울의 인생과 욥의 인생의 역전을 가져 왔던 그 원인이 각각 무엇인가? 즉 사울이나 욥 모두 행복한 삶으로 시작하였는데, 어떻게 사울은 비극적으로 인생을 마치고, 욥은 고난을 극복하고 희극적으로 인생을 마치게 되었는가? 이 두 사람이 가지고 있던 신앙의 차이점이 무엇인가?

---

417) 사실상 사랑의 하나님과 죄인인 인간의 철저한 구별은 하나님 자신이 증언한 바이다: "내가 나의 맹렬한 진노를 나타내지 아니하며, 내가 다시는 에브라임을 멸하지 아니하리니 이는 **내가 하나님이요 사람이 아님이라 네 가운데 있는 거룩한 이니 진노함으로 네게 임하지 아니하리라**."(호 11:9)
418) 욥은 이때에 이미 벌써 아들과 딸을 구별하지 않고 동일하게 상속하였다.

4. 고난을 극복하는 길은 의지意志가 아니라, 신앙이다

인생을 살아가는 동안 고난을 겪지 않는 사람은 한 사람도 없습니다. 그러나 문제는 이 고난을 어떻게 대처하고 극복하느냐 하는 것입니다. 그런데 고난을 극복하는 방법에 따라서 사울같이 자기에게 주어진 축복을 잃어버리는 사람이 있는가 하면, 욥같이 이전에 주어진 축복보다 더 풍성한 은혜를 받는 사람도 있습니다. 이러한 점에서 볼 때, 고난은 단순히 고통이 아니라, 보다 더 큰 은혜를 받을 수 있는 기회일 수도 있습니다. 사울이, 하나님께서 주신 은총으로 말미암아 행복한 삶으로 시작하였다가, 전쟁터에서 자녀들의 죽음과 자살이라는 비극으로 마치게 된 근본 원인은, 사울이 하나님의 말씀을 순종하지 않고, 자기의 뜻대로, 자기의 의지대로 행동하였기 때문입니다. 그리고 그가 하나님의 말씀을 불순종하였던 것은, 그가 교만驕慢, 곧 하나님의 뜻을 최우선적으로 생각하지 않았기 때문입니다. 사울은 하나님의 종을 통하여 전해 주신 하나님 말씀은 안중眼中에 두지도 않고, 자기 뜻대로, 자기 멋대로 판단하고 행동하는 것으로 말미암아 결국 하나님으로부터 버림을 받아 비극적인 인생을 마칠 수밖에 없었습니다.

그렇습니다. 인간의 생각과 의지가 아무리 옳고 정당하다고 하더라도, 그것이 하나님의 뜻에 위배될 때에, 우리는 우리 자신의 의지와 생각을 뒤로 접어야 하는 것입니다. 왜냐하면 여호와 하나님에 대한 신앙은 우리가 처리해야 하는 일의 정당성이나 합리성에 있는 것이 아니라, 하나님의 말씀에 대한 순종과 불순종의 문제이기 때문입니다. 그러나 사울은 하나님의 법도法度보다는 상황을 – 제사장 사무엘이 오지 않고, 자기 중심으로 모여든 병사들은 흩어지고, 블레셋 사람들은 믹마스에 모였고(삼상 13:11) – 최우선으로 생각하여 자기 신분 이상의 일을 행하게 된 것입니다. 이것은 하나님과 같이 될 수 없는 인간이 '하나님과 같이 되고자 했던' 최초의 인간인 아담Adam의 교만과 유사한 것입니다. 이 점이, 사울이 인생을 비극으로 마치게 한 근본 원인입니다. 그러므로 하박국 선지자는 "보라 그(죄인)의 마음은 교만하며 그 속에서 정직하지 못하나, 의인은 그의 믿음으로 말미암아 살리라."(합 2:4)고 증언하고 있는 것입니다.

그러나 동일한 어려움, 아니 반대로 사울 왕보다 더 하나님 앞에 신실했던 욥은 고난을 당하자, 처음부터 끝까지 철저히 모든 것을 하나님에게 맡기고 순종합니다: "이르되 내(욥)가 모태에서 알몸으로 나왔사온즉 또한 알몸이 그리로 돌아가올지라. 주신 이도 여호와시요 거두신 이도 여호와시오니 여호와의 이름이 찬송을 받으실지니이다."(욥 1:21) 뿐만 아니라 욥은 한 걸음 더 나아가, 인간은 태어날 때부터 죄인이기에 스스로 의로울 수 없는 존재이지만, 하나님은 자기와 같은 보잘 것 없는 죄인이라도, 은혜를 풍성하게 베풀어 주시는 초월적이고 자비로운 하나님이 되셔야 한다고 항변합니다. 비록 욥이 하나님께 온전하게 항변하지는 못하였지만, 그는 초지일관 하나님과 인간 사이의 무한한 질적 차이를 강조합니다.419) 그런데 하나님과 인간의 이러한 철저한 구별은 최초 인간 아담Adam이 하나님과 같이 되고자 했던(homo erit sicut deus) 교만과는 정반대입니다. 왜냐하면 하나님과 인간의 철저한 구별은, 하나님을 모든 피조물의 창조주로, 모든 백성의 왕으로, 모든 피조물의 구세주로 고백하는 것이기 때문입니다. 그래서 오히려 욥은 자신의 고통에 얼굴을 감추고 계신 하나님을 원망합니다. 그리고 심지어는 '나의 고통이 하나님께 무슨 유익이 되겠느냐'고 반문까지 합니다. 그리고는 비록 인간이 하나님께 범죄 하였다 할지라도 하나님은 노怒를 오래 품고 계셔서도 안 된다고 말합니다: "주께서 내게서 눈을 돌이키지 아니하시며, 내가 침을 삼킬 동안도 나를 놓지 아니하시기를 어느 때까지 하시리이까."(욥 7:19)

이렇듯 죽으나 사나, 잘 되도 못 되어도 철저히 하나님 앞에서 살고자 하는 욥의 신앙은, 여호와 하나님께 대한 절대 의존의 신앙입니다. 이러한

---

419) 칼 바르트K. Barth는 키에르케고르S. Kierkegaard를 인용하여 하나님과 인간의 무한한 질적 차이를 강조하였다. 즉 하나님은 하늘에 계시는 초월적인 분이고, 인간은 땅에 있는 죄인임을 강조하였다. "기독교는 아주 가볍고 표면적인 그 어떤 것이 되어버렸다. 즉 기독교는 깊은 상처도 주지 못하고, 병을 고치지도 못하고 있다. 기독교는 단지 인간적 동정(Mitleid)에 대한 거짓된 발견이 되었고, **하나님과 인간 사이의 무한한 질적 차이**를 잊어버리고 있다.(Kierkegaard)"(K. Barth, *Der Römerbrief*, 2.Aufl., München, 1922, 73)

여호와 하나님에 대한 절대 의존의 신앙이 바로 아브라함의 신앙이었습니다. 왜냐하면 아브라함은, 아들 '이삭'을 모리아 땅으로 가서 하나님께 바치라는 말씀을 듣고, 아들 '이삭'을 제물로 바치러 갑니다. 가는 도중 아브라함은 아들로부터 번제물에 대한 질문을 받습니다. 이때에 아브라함은 "하나님이 자기를 위하여 친히 준비하시리라."(창 22:8)고 답변합니다. 이처럼 욥이나 아브라함의 신앙은 하나님의 섭리에 온전히 순종하는 신앙입니다. 욥과 아브람은 이러한 순종으로 이전보다 더 큰 축복을 받을 수 있게 되었습니다: "여호와께서 이르시기를 내가 나를 가리켜 맹세하노니, 네가 이같이 행하여 네 아들 네 독자도 아끼지 아니하였은즉, 내가 네게 큰 복을 주고 네 씨가 크게 번성하여 하늘의 별과 같고 바닷가의 모래와 같게 하리니 네 씨가 그 대적의 성문을 차지하리라."(창 22:16-17, 앞에서 인용한 욥 42:12-17을 비교해 보라.)

결론적으로 말해서 교만하여 하나님 말씀에 불순종하면, 자기에게 주어진 축복마저 잃어버리고, 사울과 같이 비극으로 자신의 인생을 마치게 되는 인생이 있습니다. 그러나 고난과 역경이 닥쳐도 욥처럼 하나님의 말씀을 굳게 믿고 순종하면, 비록 순간적으로는 고난을 겪는다 하더라도 끝내는 하나님의 구원의 은총을 경험하고 행복하게 인생을 마치게 되는 사람이 있습니다. 모든 인간은 바로 이 두 가지 길의 도상에 있습니다. 어느 길을 가느냐에 따라서 나중 된 자가 먼저 되고, 먼저 된 자가 나중 되는 인생의 역전逆轉이 일어나는 것입니다. 이러한 인생의 역전을 우리는 예수 그리스도의 삶에서 발견할 수 있습니다. 예수님은 일평생 가난한 자와 병든 자와 죄인을 위하여 사시다가, 사람들에게 버린바 되어 십자가에서 모진 고난을 받으시고 죽습니다. 그러나 끝까지 하나님의 뜻에 철저히 순종하고 하나님께 자기의 생명을 내어 맡기심으로, 하나님은 인간 예수님을 죽음 가운데서 일으키심으로써 그의 삶을 부활로 승리하게 하십니다.

참회의 기도

창조주 하나님!
이전에 주님을 몰라
좁은 소견으로 주님을 원망하였던
믿음 없던 부정한 입술들을 용서하옵소서!

한 뼘도 되지 못하는 짧은 인생이
하늘과 땅을 지으신 하나님의 큰 뜻을
뜻 없는 말로 부질없이 판단하였나이다.

그럼에도 불구하고
오늘도 살며시 내 곁에 다가와
손잡아 일으켜 세우시는
주님의 그 음성 또 다시 들려 주옵소서!

- 아멘 -

Gloria Patri et Filio et Spiritui Sancto
sicut erat in principio et est nunc
et erit semper et in saecula saeculorum,
Amen

제7장
인간의 자기 관계성

앞의 제6장에서 우리는 최초 인간, 아담Adam의 죄로 인하여 타락한 인간의 욕구에 대하여 살펴보았습니다. 그 결과, 인간이 생명을 유지하기 위하여 가지는 '의식주衣食住'에 대한 욕구, 생식을 위한 '성적 욕구' 그리고 이 세상을 지배하고자 하는 '세상 권세와 돈에 대한 욕구'는 한계가 있다는 것을 알았습니다. 그리고 그리스도인과 일반 사람들의 삶의 차이점은, 그들의 삶의 종말이 어떻게 맺어지느냐에 따라서 분별됨을 알았습니다. 즉 '악인惡人'들의 삶의 종말에는 하나님의 심판이 있는 반면에, 비록 일반 사람과 동일한 죄인이지만, 회개하고 '그리스도인'이 된 사람들의 삶의 마지막에는 주 예수 그리스도로 말미암은 죄 용서와 그에 대한 믿음으로 구원이 있음을 알았습니다.

그런데 앞장에서 언급한 인간의 '의식주'와 '생리적' 그리고 '재물과 세상 권세'에 대한 욕망을 촉발시키는 것은 다름 아닌 인간의 '감정感情'과 '이성理性'과 '의지意志'입니다.420) 다시 말해서 인간이 감각 기관을 통하여

---

420) 우리말 성경에서 '마음'으로 번역된 히브리어 בֵל(leb) 혹은 לֵבָב(lebab)는 본래 인간의 '심장'을 가리키는 단어로써, 구약 성경의 인간론에 나오는 모든 단어 중에서 가장 많이 오직 인간만을 가리키는 단어이다. 이 단어는 인간의 '감정', '이성' 그리고 '의지'를 표현할 때 사용되고 있다. 즉 성경적 인간론에 가장 많이 사용되는 이 단어는 '육체'와 '감정'과 '이성'과 '의지'를 포괄적으

자기 자신에게 형성된 '감정'을 어떻게 '이성적'으로 혹은 '의지적'으로 통제하느냐에 따라서, 하나님께 대한 '신앙信仰'이 형성되느냐, 아니면 '욕구'의 노예가 되어 죄를 범하느냐가 결정됩니다. 그러므로 이제 아래의 제7장에서는 인간의 감정이 어떻게 형성되며, 그 감정을 어떻게 이성적으로 다스리는 것이 참 그리스도인의 자세인지에 대하여 알아보고자 합니다. 그리고 인간의 '의지'가 한 인간의 삶을 어떻게 추진시키는지에 대하여도 알아보고자 합니다. 그리고 인간이 '언어言語'라는 의사 소통의 수단을 통하여 문화를 어떻게 창출해 가며, 동시에 언어가 가지고 있는 창조성을 이용하여 인간이 어떻게 하나님에 대하여 대항하고 있는지도 함께 살펴보고자 합니다. 동시에 하나님의 말씀이 인간의 삶에 어떠한 생명력을 주는지도 함께 알아보고자 합니다. 그리고 끝으로 감정에 대한 인간의 자기 통제 및 표현, 곧 '인간의 자기 관계성'이 하나님과의 관계성인 '신앙'과 어떠한 연관성이 있는지 함께 분석하고자 합니다.

더 자세히 말하면, 제I절에서는 인간의 감정이 형성되는 과정과 그 표현에 대하여, 제II절에서는 인간 '이성理性'의 작용과 그 한계점에 대하여, 그리고 제III절에서는 인간의 의지Wille에 관하여, 제IV절에서는 인간의 감정과 이성 그리고 의지로 창출된 인류 문화의 특성에 대하여, 그리고 마지막 제V절에서는 인간의 감정과 이성에 의해서 창출된 문화의 죄악성과 그 죄악성으로 인하여 파괴된 인간의 자기 관계성과 하나님과의 관계성을 바로 정립할 수 있는 방법에 대하여 분석하고자 합니다.

이를 통하여 우리는 예수님께서 "마음이 청결한 자는 복이 있나니 그들이 하나님을 볼 것임이요."(마 5:8)라고 선포하신 말씀의 의미를 보다 더 자세히 이해할 수 있을 것입니다. 왜냐하면 인간의 하나님과 관계성, 곧 참된 신앙은 자기 자신과의 관계가 올바르게 정립될 때만이 가능하기 때문입니다. '자기 자신과의 관계성', 다시 말해서, 자기 자신에 대하여 정직한 사람만이 자신의 죄를 회개할 수 있고, 자신의 죄에 대하여 회개하는 자

로 의미하는 단어이다. 이 점에 관하여: Fabry, כב / כבב, ThWAT Bd.IV, 413-451.

만이 하나님 앞에 설 수 있기 때문입니다. 왜냐하면 어느 누구도 자기 자신과 하나님은 속일 수 없기 때문입니다. 바꾸어 말해서 하나님 앞에 정직할 때만, 자기 자신에게 정직할 수 있기 때문입니다.

I. 감정을 가진 존재

– 지렁이도 밟으면 꿈틀한다 –

***** 토의 주제 *****

1. 왜 슬픈 영화를 보면 '눈물淚'이 나오며, 'Comedy'를 보면 웃는가?
2. 자기 감정을 통제하지 못하는 이유가 어디에 있다고 생각하는가?
3. 당신은 감정을 무엇으로 통제하는가?

1. 왜 눈물淚이 나오는가?

어린 시절 자기 형들에 의해서 애굽 땅에 노예로 팔려간 '요셉'이 자기를 노예로 판 형들을 애굽 왕, '바로Pharaoh'의 궁전에서 보았을 때, 그는 억제할 수 없는 감정에 사로잡히게 되었습니다. 그럼에도 불구하고 '요셉'은 자신의 감정을 억제하고, 자신의 신분을 밝히지 않습니다. 그러나 그는 사랑하는 동생, '베냐민'을 만난 기쁨과 형들의 초라한 모습을 보고서 끝내 감정을 억제하지 못하고, 격동되어 크게 울며 눈물을 흘립니다.(창 45장) 그러면서도 요셉은 지난 날 자신에게 행한 형들의 소행을 용서하면서, 그 동안 겪은 모든 고난과 설움을 하나님의 섭리로 돌립니다:

> "요셉이 시종하는 자들 앞에서 그 정을 억제하지 못하여 소리 질러 모든
> 사람을 자기에게서 물러가라 하고 그 형제들에게 자기를 알리니 … 요셉이
> 큰 소리로 우니 애굽 사람에게 들리며 바로의 궁중에 들리더라. 요셉이 그 형

들에게 이르되 나는 요셉이라 내 아버지께서 아직 살아 계시니이까. 형들이 그 앞에서 놀라서 대답하지 못하더라. 요셉이 형들에게 이르되 내게로 가까이 오소서. … 나는 당신들의 아우 요셉이니 당신들이 애굽에 판 자라. 당신들이 나를 이곳에 팔았다고 해서 근심하지 마소서. 한탄하지 마소서. 하나님이 생명을 구원하시려고 나를 당신들보다 먼저 보내셨나이다."(창 45:1-5)

이 얼마나 위대한 결단과 사랑인가? 요셉이 얼마나 기뻤을까? 아니 얼마나 서러웠을까? 이 순간 요셉의 지난날의 모든 고난과 설움, 그리고 형제를 만난 기쁨이 하나가 되어 밖으로 표현된 것이 바로 그의 '큰 소리의 울음'입니다. 이 순간 요셉의 '눈目'에서 나오는 '눈물'은, '눈目'의 작용을 원활하게 하는 '안액眼液'이 아니라, 지난날 자신이 노예로 팔려 왔던 때의 설움과 형제들과 동생, '베냐민'을 만난 기쁨의 환희가 뒤엉켜서 나오는 '눈물'입니다. 그리고 이러한 성경 본문을 읽고 있는 우리 자신 역시 마음 한 구석에 뭉클한 그 어떤 것을 느끼게 되는 것이 무엇일까요? 그것은 바로 모든 인간에게는 눈, 코, 입, 귀, 피부를 통하여 느끼는 외부의 자극에 대하여 스스로 반응하는 성품, 곧 '감정感情'을 가지고 있다는 것입니다.[421]

요셉뿐만 아니라, 모든 인간은 '희로애락喜怒愛樂'의 감정을 가지고 있습니다. 이러한 '감정'은 인간의 '학식學識'과 '이성理性'에 상관없이 모든 인간이 가지고 있는 보편적인 '성정性情'입니다. 그래서 초대 교회 성도들도 바울이 성령이 인도하심에 따라 예루살렘으로 올라가려고 할 때, 바울을 만류하면서 눈물로 이별을 아쉬워하였습니다.(행 21:12-13) 예수님께서도 여러 도시와 마을에 두루 다니시면서 '하나님 나라'에 대한 복음을 전파하고 여러 병든 자들과 마귀 들린 사람들을 고치실 때, 병든 자와 귀신들린 자들을 보시고는 그들을 불쌍히 여기셨습니다.(마 9:35-36) 왜냐하면 그들이 "목자 없는 양과 같이 고생하고 기진(해)"(마 9:36b) 있었기 때문입니다. 뿐만 아니라, 예수님은 "베드로와 세베대의 두 아들을 데리고 가실 새 고민하고 슬

---

421) 히브리 사람들은 이러한 '감정'을 인간의 심장(ㄱ5/ㄱㄱ5)이 느낀다고 해서 감정이 상한 것을 '심장이 압박을 받는 것'으로 표현하였다: "내 마음(심장)의 근심(압박)이 많사오니 나를 고난에서 끌어내소서."(시 25:17)

퍼하사, 이에 말씀하시되 내 마음이 매우 고민하여 죽게 되었으니 … 조금 나아가사 얼굴을 땅에 대시고 엎드려 기도하여 이르시되 내 아버지여 만일 할 만하시거든 이 잔을 내게서 지나가게 하옵소서. 그러나 나의 원대로 마시옵고 아버지의 원대로 하옵소서."(마 26:37-39)라고 자기의 감정을 숨기지 않고 솔직하게 표현하셨습니다. 이와 유사하게 집을 나간 탕자가 돌아오는 모습을 먼 거리에서 본 아버지도 "그(돌아오는 탕자)를 보고 측은히 여겨 달려가 목을 안고 입을 맞추었다"(눅 15:20b)라고 보고하고 있습니다.

이렇듯 인간이 불쌍한 사람을 보면 '측은惻隱'한 마음이 생기고, 불의不義를 보면 '의협심義俠心'이 생기고, 다른 사람으로부터 지나친 대우를 받으면 거절하고픈 '겸양謙讓'이 생기고, 다른 사람으로부터 부당한 대접을 받으면 불쾌하게 되고, 칭찬하는 말이나 즐거운 음악을 들으면 기뻐지는 것은, 인간에게 감정이라는 것이 있다는 것을 증명해 줍니다. 그래서 참 인간인 예수님께서도 병든 자와 약한 자들을 보시자, 그들을 측은히 여기는 마음이 생기게 되었던 것입니다. 이와 같이 인간의 감정은 인간의 '오감五感'의 '감각感覺'을 통하여 촉발됨을 알 수 있습니다. 더 자세히 말해서 인간의 감정은 일차적으로는 '눈을 통한 시각視覺', '귀를 통한 청각聽覺', '코를 통한 후각嗅覺', '입을 통한 미각味覺', '피부를 통한 촉감觸感'을 통하여 형성되는 것입니다. 이러한 점에서 '감정'이란, 감각 기관을 통하여 들어온 느낌에 대한 자신의 '정서적 반응'이라고 할 수 있습니다.422)

그러므로 성경은 인간 '감정'을 죄에 대한 자각(행 2:37)으로 시작하여 멸시감(삼상 17:42-44), 절망(왕상 19:4-10), 낙담(눅 18:23), 반감(느 4:1-3), ·질투(삼상 17:28), 증오(행 7:54.57), 무서움(왕상 19:1-3), 아부(삼상 25:23-31), 즐거움(눅 15:22-24), 사랑(출 32:26-29), 성실(삼하 18:32-33), 회심(눅 16:27-31), 복수심(창27:41-45), 평강(대상 22:9) 등, 아주 다양하게 표현하고 있습니다. 이러한 점에서 '감정 표현'은 '자아自我'의 '표상'이며, 동시에 그 사람의 '인격人格의 표출表出'이라고 볼 수 있습니다.

---

422) 판넨베르그는 '감정'이 과연 무엇인지 정확히 정의할 수 없기 때문에 각자의 생각에 의존할 수밖에 없다고 말한다.(W. Pannenberg, 박일영 역, 『같은 책』, 319)

왜냐하면 '감정의 표현'은, 인간의 '의지意志'가 첨부되지 않고, 수용된 느낌이 순수하게 드러나는 것이기 때문입니다. 다시 말해서 '감정'은 모든 인간의 가장 솔직한 자기 '자아의 표상'이라고 볼 수 있습니다.[423] 따라서 '감정'을 위장되게 표현하는 것은 인격적이라고 볼 수 없습니다. 왜냐하면 예수님께서도 십자가 위에서 고난을 받으셨을 때, 자신의 '감정'을 '은익隱匿'하거나, '위장僞裝'하지 않으시고, "엘리 엘리 라마 사박다니 하시니, 이는 곧 나의 하나님, 나의 하나님, 어찌하여 나를 버리셨나이까."(마 27:46)라고 솔직하게 표현하셨기 때문입니다. 그렇다면 감정이 솔직한 것이라고 해서, 사람들이 자기감정을 자의적恣意的으로 표현해도 되는가?

2. 감정의 표현 방식에 의해서 그의 사람됨이 평가된다

인간의 '감정'을 어떻게 스스로 통제하고 표현하느냐에 따라서, 한편으로는 그 감정의 표현이 아름다운 예술이 될 수 있고, 다른 한편으로는 죄가 될 수도 있습니다. 왜냐하면 모든 인간의 '성품性品', 곧 '사람됨'은 자기 자신의 '희로애락'의 '성정性情'을 어떻게 표현하느냐에 따라서 평가되기 때문입니다. 즉 감정 표현이 아름답게 되어서 다른 사람들과 '공감대'를 형성할 때는 예술이 되고, 감정 표현이 잘못되어 다른 사람들에게 혐오감을 주거나 '피해'를 주면 죄가 되기 때문입니다. 후자의 예例를 우리는 우선 자기 감정을 억제하지 못하여 쌍스러운 말과 패역한 행동으로 자기 아들, '요나단'을 죽이려 한 '사울'의 행동에서 발견할 수 있습니다:

> "사울이 요나단에게 화를 내며 그에게 이르되 '패역무도한 계집의 소생아 네가 이새의 아들(다윗)을 택한 것이 네 수치와 네 어미의 벌거벗은 수치 됨을 내가 어찌 알지 못하랴' … 요나단이 그의 아버지 사울에게 대답하여 이르되 그가 죽을 일이 무엇이니이까 무엇을 행하였나이까. 사울이 요나단에게 단창을 던져 죽이려 한지라 … "(삼상 20:30-33)

---

423) 이러한 점에서 인간의 감정을 직업적으로 표현하는 영화배우나 연극인의 감정 표현을 근거로 그 사람의 인격을 평가해서는 안 된다.

이렇게 '사울'과 같이 자기의 악한 감정을 제어하지 못하는 사람들을 향하여 예수님은 감정을 불손하게 표현하지 말 것을 권고하고 계십니다: "나는 너희에게 이르노니 형제에게 노(怒)하는 자마다 심판을 받게 되고 형제를 대하여 '라가라' 하는 자는 공회에 잡혀가게 되고 '미련한 놈'이라 하는 자는 지옥 불에 들어가게 되리라."(마 5:22) 이 말씀은 비록 기분 나쁜 일이 생겼다 하더라도, 상스러운 말이나 행동으로 자기의 감정을 함부로 표현하지 말라는 뜻입니다. 왜냐하면 하나님께서는 인간의 불손한 감정 표현을 죄 없다 하지 않으시기 때문입니다. 그 실례를 우리는 또한 '아론'과 '모세'에게서도 발견할 수 있습니다.

애굽을 탈출한 이스라엘 백성들이 '르비딤'에 이르렀을 때에, 그들에게는 마실 물이 없었습니다. 그러자 그들은 모세에게 다가와서 "당신이 어찌하여 우리를 애굽에서 인도해 내어서 우리와 우리 자녀와 우리 가축이 목말라 죽게 하느냐."(출 17:3)424)라고 원망합니다. 그러자 모세는 이 사실을 여호와 하나님께 아룁니다. 그러자 여호와 하나님께서 모세에게 "네 형 아론과 함께 회중을 모으고, 그들의 목전에서 너희는 반석에게 명령하여 물을 내라 하라."(민 20:8a)고 말씀하십니다. 그러나 아론과 모세는 회중을 그 반석 앞에 모으고, 모세가 '반석에 말로 명령하여 물을 내지 않고,' 자기의 지팡이를 높이 들어 반석을 두 번 칩니다. 그러자 반석에서 물이 많이 솟아 나왔습니다.(민 20:11a 비교, 출 17:6)425) 민수기는 이러한 '아론'과 '모세'의 행동을 여호와 하나님의 말씀을 거역하여 불손한 감정을 표현한 것으로 기술하고 있습니다: "여호와께서 모세와 아론에게 이르시되 너희가 나를 믿지 아니하고 이스라엘 자손의 목전에서 내 거룩함을 나타내지 아니한 고로 … "

---

424) 민수기 20장 4절에는 "당신"이 "너희"로 되어 있다. 즉 민수기는 아론과 모세 두 사람을 가리키고, 출애굽기는 '모세' 한 사람만을 지칭하고 있다. 그러나 아론이 가나안 땅에 들어가지 못하고 죽은 이유가, 모세가 가나안 땅에 들어가지 못하는 이유와 동일하다는 점으로 볼 때, 아론과 모세가 므리바 반석 사건으로 여호와 하나님께 분노한 것으로 볼 수 있다.

425) 출 17:6에 의하면 하나님께서 친히 모세에게 므리바 반석을 치도록 명령하신 것으로 되어 있다: "내(여호와)가 호렙 산에 있는 그 반석 위 거기서 네 앞에 서리니, 너는 그 반석을 치라. 그것에서 물이 나오리니 백성이 마시리라. 모세가 이스라엘 장로들의 목전에서 그대로 행하니라."(출 17:6)

(민 20:12, 비교, 민 20:24; 27:14; 신 32:15; 시 81:7; 95:8; 106:32)[426] 이와 같이 아론과 모세는 이스라엘 백성들의 불평과 원망을 들었을 때, 빈번히 계속되는 그들의 원망에 그만 짜증이 나서, "반석에게 명령하여 물을 내게 하라."(민 20:8a)는 하나님의 말씀을 무시하고, 자기의 지팡이로 므리바 반석을 내리침으로써 자신의 감정을 부정적으로 표현하였던 것입니다. 그러나 바로 이러한 행동은 하나님의 거룩함을 모독하는 행위가 되었습니다. 결국 그 사건으로 인하여 모세는 오랜 세월 이스라엘 백성을 애굽에서 인도하여 광야를 지나게 하는 수고를 하였지만, 가나안 땅을 '느보' 산에서 바라만 볼 뿐, 약속의 땅에는 들어가지 못하게 됩니다.(신 32:48-51)[427]

그러나 예수님은 자기의 고통스러운 감정을 솔직하게 표현하였을 뿐, 하나님을 원망하거나, 하나님의 거룩함을 모독하지도 않았기 때문에, 죽은 후에도 부활할 수 있었습니다. 왜냐하면 예수님은, 이사야 선지자의 예언 (사 53:7-9)대로, 로마 군인과 이스라엘의 제사장들로부터 심한 곤욕을 당하여 괴로울 때에도 그의 입을 열지 아니하고, 마치 도살장으로 끌려가는 어린 양과 털 깎는 자 앞에 잠잠한 양 같이 대항하지 않고 순종하였기 때문입니다. 그리고 예수님은 로마 군인의 곤욕과 심문을 당하여 십자가에 못박히셨을 때에도 오히려 하나님께 저희들의 죄를 용서해 주실 것을 기도하셨습니다.(눅 23:34) 예수님은 이스라엘 백성과 대 제사장들의 죄악 된 행동에 대하여도 강포를 행하거나, 거짓된 입술로 변명하지 아니하셨습니다. 뿐만 아니라 자기를 배반한 '시몬 베드로'를 그 어떠한 말로도 원망하거나 책망하지 않으시고, 단지 아직도 자기를 사랑하는지를 확인하셨습니다:

---

426) 신 32:50-51: "네 형 아론이 호르 산에서 죽어 그의 조상에게로 돌아간 것 같이 너도 올라가는 이 산에서 죽어 네 조상에게로 돌아가리니. 이는 **너희(아론과 모세)가 신 광야 가데스의 므리바 물 가에서 이스라엘 자손 중 내게 범죄하여 내 거룩함을 이스라엘 자손 중에서 나타내지 아니한 까닭이라.**"

427) 신 32:48-51 : "바로 그 날에 여호와께서 모세에게 말씀하여 이르시되, 너는 여리고 맞은편 모압 땅에 있는 아바림 산에 올라가 느보 산에 이르러 내가 이스라엘 자손에게 기업으로 주는 가나안 땅을 바라보라. 네 형 아론이 호르 산에서 죽어 그의 조상에게로 돌아간 것 같이 너도 올라가는 이 산에서 죽어 네 조상에게로 돌아가리니 **이는 너희가 신 광야 가데스의 므리바 물 가에서 이스라엘 자손 중 내게 범죄하여 내 거룩함을 이스라엘 자손 중에서 나타내지 아니한 까닭이라.**"

"시몬아 네가 이 사람들보다 나를 더 사랑하느냐?"(요 21:15a) 한 걸음 더 나아가 예수님은 '가롯 유다'가 자기를 배반할 것을 알고 계시면서도, 그를 책망하거나 질책하지 않으시고, 단지 "그에게 화가 있을 것이라."(눅 22:22)고 예고만 하셨습니다. 그러나 이스라엘의 백성들이 하나님의 성전을 모독하였을 때는, 예수님은 무작정 참지만 않으시고 그들의 '불의不義'에 대하여 홀연히 분노하셨습니다: "예수께서 성전에 들어가사 성전 안에서 매매하는 모든 사람들을 내쫓으시며 돈 바꾸는 사람들의 상과 비둘기 파는 사람들의 의자를 둘러엎으시고, 그들에게 이르시되, 기록된 바 내 집은 기도하는 집이라 일컬음을 받으리라 하였거늘, 너희는 강도의 소굴을 만드는도다."
(마 21:12-13)

이상 살펴본 바와 같이, 자신의 감정을 어떻게 표현하느냐에 따라서 그 사람의 '성품性品', 곧 '인격人格' 혹은 '사람됨'이 평가되는 것입니다.428) 그러기에 대부분의 사람들은 한 인간의 자기 감정 표현을 보고서, 그 사람의 '대인 관계對人關係'까지도 평가합니다.429) 이러한 의미에서 '감정'은 '인간의 자기 관계성Das Selbstverhältnis des Menschen', 곧 한 인간이 '자기의 감각이나 경험'에 대하여 갖는 '자의식Selbstbewußtsein'이며,430) 동시에 감정 표현은

---

428) 영국의 경험주의 철학자 흄David Hume은 인간의 모든 도덕적 결단의 근거를 감정이라고 보았다. 왜냐하면 그는 어떤 결정을 내리는 것은 이성이 아니라, 오히려 감정이라고 보았기 때문이다: "명예롭고, 예의바르고, 공정하고, 고귀하고, 관대한 것 등은 우리들의 마음을 사로잡아, 우리들로 하여금 그런 것을 소유하고 확보하도록 충동한다. 이해할 수 있고, 명증적이고, 개연적이고, 참된 것 등은 오성(Verstand)의 차디찬 동의를 일깨워 사변적 지식 충동을 만족시킴으로써 우리들의 연구를 끝나게 해준다. 그러나 우리들이 모든 따뜻한 감정을 억누르면, … 도덕은 실제적인 관심사이기를 그치고, 우리들의 삶과 행위를 규정하는 경향은 갖지 못하게 된다."(D. Hume, 『논고』 II,171f. = 『원리론』, 6f.)(Johannes Hirschberger, *Geschichte der Philosophie* 11. Verbesserte Auflage, Freiburg-Basel-Wien, 1981, 강성위 역, 『서양철학사』, 以文出版社 1997, 356f.에서 재인용)

429) 판넨베르그W. Pannenberg는 인간의 자기 정체성으로서의 인격은 감정의 지평에서 영위되는 삶이라고 본다. 이 점에 관하여: W. Pannenberg, *Anthropologie*, Göttingen 1983, 박일영 역, 『인간학』, 분도출판사 1996, 319ff.

430) 칸트에 의하면, 감정은 인간의 자의식에 속하지 않는다. 왜냐하면 인간은 감정이라는 것을 동물과 공유하지만, 자아에 대한 생각은 인간만이 가지고 있는 독특한 것이라고 생각하기 때문이다. 이 점에 관하여: I. Kant, *Anthropologie in pragmatischer Hinsicht* §60 (Akad. Ausg. 7, 231 그리고 230,1) 그러나 동물이 과연 자기 자신에 대한 의식을 가지고 있지 않는지는 아무도 증명할 수 없다. 그래서 슐라이에르마허Schleiermacher는 자신의 『신앙론』에서 감정을 "직접적인 자의식"이라고 규정하였다.(D. F. Schleiermacher, *Der christliche Glaube*, 1821, § 3,2)

'자기 정체성Selbstidentität'의 표현이라고 볼 수 있습니다. 그렇다면 여기서 질문이 제기 됩니다: 왜 대부분의 인간은 자기의 감정을 스스로 통제하지 못하는가?

3. 감정에 사로잡혀 있는 인간과 참된 기쁨

사도 '바울'은 육신의 욕심을 "음행과 더러운 것과 호색과 우상 숭배와 주술과 원수 맺는 것과 분쟁과 시기와 분냄과 당 짓는 것과 분열함과 이단과 투기와 술 취함과 방탕함과 또한 그와 같은 것들이라."(갈 5:19-21a)고 증언하고 있습니다. 그런데 이러한 육체의 욕심들이 어떠한 계기로 '오감五感'의 감각 기관을 통하여 외부의 자극을 받게 되면, 곧바로 슬픔, 분노, 불쾌함, 복수와 증오, 격분, 조급함과 불안 등과 같은 감정이 형성됩니다.[431] 다시 말해서 인간이 "헛된 영광을 구할 때"(갈 5:26) 인간의 육신의 소욕은 다른 사람을 노엽게 만들고, 투기하는 감정을 형성하게 된다는 것입니다. 그리고 이렇게 형성된 감정은 곧이어 그 사람 자신을 사로잡게 됩니다. 이러한 방식으로 인간은 자기 감정의 노예가 됩니다. 그러나 인간이 성령聖靈의 인도함을 받게 되면, 동일한 외부의 자극에 대하여도 다른 감정을 가지게 됩니다. 즉 성령은 육신의 욕심을 제어하여, 외부로부터 받은 자극을 오히려 자기 성찰의 계기로 만듭니다.(벧전 2:11)[432] 그래서 분노, 불쾌함 등의 부정적인 감정은 자기 죄에 대한 성찰과 부끄럼과 회개로 변화됩니다. 그래서 성령의 인도함을 받는 사람들은 외부의 자극에 대하여 인내하고 겸손하고 온유하게 됩니다. 이것을 사도 '바울'은 성령의 열매라고 증언하고 있습니다: "오직 성령의 열매는 사랑과 희락과 화평과 오래 참음과 자비와 양선과 충성과 온유와 절제니 이 같은 것을 금지할 법이 없느니라."(갈 5:22-23) 따라서 이러한 성령의 열매를 맺으려면 우선 먼저 "육체와

---

431) 사탄의 시험과 인간의 욕심의 관계성에 관한 것을 참조하라. 이 점에 관하여: 김재진, 『웨스트민스터 소 요리 문답 해설』 대한기독교서회, 2004, 517ff: "제47과 시험과 악에서 구하옵소서!"
432) 벧전 2:11: "사랑하는 자들아 거류민과 나그네 같은 너희를 권하노니 영혼을 거슬러 싸우는 육체의 정욕을 제어하라."

함께 그 정욕과 탐심을 십자가에 못 박아야"(갈 5:24) 합니다. 따라서 여기서 한 가지 분명한 사실이 명백히 드러납니다. 즉 인간이 '육신의 욕심'에 사로잡혀 있는 한, 어느 누구도 죄악 된 감정에서 스스로 벗어날 수 없다는 것입니다. 그렇다면 인간은 어떠한 외부의 자극에도 감정을 표현해서는 안 되는가?

결코 그렇지 않습니다. 오히려 다른 사람의 감정에 동참함으로써 우리는 그 사람과 하나가 될 수 있습니다. 왜냐하면 바울은 '사랑'은 '감정을 함께 나누는 것.' 곧 "즐거워하는 자들과 함께 즐거워하고, 우는 자들과 함께 울라. 서로 마음을 같이 하여…"(롬 12:15-16a) 고난당하는 자와 '함께 울고', 기뻐하는 자와 함께 '기뻐하고', 슬퍼하는 자와 함께 '슬퍼하라.'고 권하고 있기 때문입니다.433) 그래서 쉘러M. Scheler도, '일체감Einfühlung'은 호감을 가지는 모든 감정의 뿌리라고 특징짓고 있습니다.434) 그러나 이 말씀이 악한 감정에도 동조하라는 뜻은 결코 아닙니다. 이 말씀은 어떤 모양으로든지 어느 한 사람이 가지고 있는 감정을 - 그것이 고통스럽고, 외롭고, 억울한 것이건, 아니면 즐겁고 기쁜 일이건 - 상하게 하지 말고, 그 감정을 이해하라는 것입니다. 그래서 어느 한 사람에게 형성된 감정에 '역逆 감정'을 가지는 것은 죄악입니다. 예컨대 다른 사람은 슬퍼하고 있는 데, 자기의 기쁜 감정을 표현하지 말라는 것입니다. 이렇게 어느 한 사람이 가지고 있는 감정에 역逆 감정을 표현하는 것을 우리나라에서는 '놀부 심보'라고 특징지어 말하고 있습니다. 예컨대 다른 사람의 장례 날에 장 담그는 일을 하는 것 등입니다.

그러나 사도 '바울'은 단지 인간의 감정을 함께 나누는 것을 넘어서서 "항상 기뻐하라."(살전 5:16)고 권고하고 있습니다. 그리고 한 걸음 더 나아가 항상 '기뻐하는 것'은 하나님께 대한 '감사'와 '기도'와 더불어 "그리스도 예수 안에 있는 하나님의 뜻"이라고 증언하고 있습니다. 왜냐하면 '기쁨'은

---

433) 간혹 이것을 심리학자들은 '동정Sympathy'이라고 규정하고 있다. 그러나 동정은 감정의 차원에서 머무르지만 사랑은 행동으로 그 감정이 표현되는 것을 뜻한다.

434) M. Scheler, *Wesen und Formen der Sympathie*(Ges. Werke 7), 1913, 1974, 특히 105(W. Pannenberg, 『같은 책』, 340에서 재인용)

인간의 모든 감정이 목적하는 최고의 정점이기 때문입니다. 다시 말해서 '기쁨'은 인간에게 최고의 만족을 가져다주는 감정이기 때문입니다. 이러한 점에서 '기쁨'은 그리스도인들의 종말론적 감정입니다.(살전 2:19)435) 이러한 감정을 우리는 '스데반'의 죽음에서 발견할 수 있습니다.(행 7:55-56, 59-60)436) 반면에 예수를 '은銀' 삼십 량에 판 '가룟 유다'와 같은 악인의 종말론적 감정은, 소외감과 죽음과 심판에 대한 공포와 두려움뿐입니다.(마 27:3-5)437) 그래서 히브리서 기자는, 참된 기쁨은 십자가를 통과한 기쁨, 곧 죄의 용서함을 받은 기쁨이라고 증언하고 있습니다: "믿음의 주요 또 온전하게 하시는 이인 예수를 바라보자. 그는 그 앞에 있는 기쁨을 위하여 십자가를 참으사 부끄러움을 개의치 아니하시더니 하나님 보좌 우편에 앉으셨느니라."(히 12:2) 이러한 종말론적 기쁨을 표현하는 것이 바로 구원받음을 기뻐하여 하나님께 드리는 찬양입니다. 그래서 시편 기자는 "호흡이 있는 자마다 여호와를 찬양할지어다. 할렐루야"(시 150:6)로 끝맺고 있습니다.

---

435) 살전 2:19 : "우리의 소망이나 기쁨이나 자랑의 면류관이 무엇이냐 그가 강림하실 때 우리 주 예수 앞에 너희가 아니냐."
436) 행 7:55-56, 59-60: "스데반이 성령 충만하여 하늘을 우러러 주목하여 하나님의 영광과 및 예수께서 하나님 우편에 서신 것을 보고 말하되 보라 하늘이 열리고 인자가 하나님 우편에 서신 것을 보노라 한대 … 그들이 돌로 스데반을 치니 스데반이 부르짖어 이르되 주 예수여 내 영혼을 받으시옵소서 하고 무릎을 꿇고 크게 불러 이르되 주여 이 죄를 그들에게 돌리지 마옵소서 이 말을 하고 자니라."
437) 마 27:3-5 : "그 때에 예수를 판 유다가 그의 정죄됨을 보고 스스로 뉘우쳐 그 은 삼십을 대제사장들과 장로들에게 도로 갖다 주며 이르되 내가 무죄한 피를 팔고 죄를 범하였도다 하니 그들이 이르되 그것이 우리에게 무슨 상관이냐 네가 당하라 하거늘 유다가 은을 성소에 던져 넣고 물러가서 스스로 목매어 죽은지라."

***** 참회의 기도

주님이시여!
우리가 주님의 구원만 앙망仰望하도록
우리의 마음을 주관하여 주소서!
기쁠 때에든지, 슬플 때에든지 그리고 즐거울 때에든지
오직 여호와 하나님에게만
우리의 마음을 향하게 하소서!
이 순간 우리의 마지막이 닥쳐와도
미련 없이 주님을 영접할 수 있도록
우리의 마음을 비워,
주님 맞는 기쁨으로 채워 주소서!

- 아멘 -

II. 이성理性을 가진 존재

- 기독교 신앙은 맹신盲信이 아니다 -

***** 토의 주제 *****

1. 기독교 신앙과 우상 숭배의 차이점이 무엇이라고 생각하는가?
2. 기독교 신앙 내용 중에서 이해되지 않는 것이 무엇이며, 이해하지 못하는 이유가 무엇이라고 생각하는가?
3. 우상 숭배자들은 자신들의 신앙 내용은 이해하고 있다고 생각하는가?
4. 올바른 신앙을 위해서 무엇이 전제되어야 하는가?

1. 이해하고 믿기 위해서는 먼저 들어라!

성경에는 인간의 '이성理性'을 의미하는 고유한 단어가 따로 없이 '심장'으로 인간의 사고하고 판단할 수 있는 능력을 표현하였습니다. 그래서 '이성'이란, 대부분 '심장לב/לבב'의 지성적이고, 이성적인 기능을 의미하고 있습니다. 다시 말하면 구약 성경에서는 인간의 '심장'을 합리적 사유思惟와 인식의 중심으로 간주하고 있습니다.438) 다시 말하면, 인간의 '두뇌' 활동을 묘사하고자 할 때, 그 활동의 중심을 '심장'으로 표현하고 있다는 것입니다. 예컨대 "아침에 나발이 포도주에서 깬 후에 그의 아내가 그에게 이 일을 말하매 그가 낙담하여 몸이 돌과 같이 되었더니 …"(삼상 25:37)라는 표현에서 '낙담하여'란 번역이 히브리어 원전에서는 '심장이 죽어'로 되어 있

---

438) 이 점에 관하여: Fabry, לב/לבב, ThWAT Bd.IV, 413-435.

는데, '심장이 죽어'란 표현은, '심장이 실제로 멎었다.'라는 뜻이 아니라 '정신Geist, 곧 이성理性을 잃었다.'라는 뜻입니다.439) 이는 마치 '영רוח루하'를 '성령' 혹은 '영혼'으로만 번역하지 않고, '생명력' 혹은 '바람'으로 번역하는 것과 같습니다. 그래서 인간의 '심장'을 뜻하는 구약 성경의 히브리 단어 'לבב레바브/לב레브'는 '마음' 뿐만 아니라, '정신' 혹은 '이성'을 가리킬 때도 사용되고 있습니다. 그래서 'לבב레바브/לב레브'는 구약 성경 중에서도 지혜 문학에 속한 '잠언', '전도서'에 가장 많이 나옵니다.440) 이와 상응하게 신명기 기자는 '눈'의 사명은 보는 데 있고, '귀'의 사명은 듣는 데 있고, '심장'의 사명은 '이해하는 데' 있다고 증언하고 있습니다: "그 큰 시험과 이적과 큰 기사를 네 눈으로 보았느니라. 그러나 깨닫는 마음(심장)과 보는 눈과 듣는 귀는 오늘 여호와께서 너희에게 주지 아니하셨느니라."(신 29:3-4) 그리고 잠언 기자도 '심장'을 이성적인 '깨달음'의 중심으로 증언하고 있습니다: "현인의 심장은 깨달음을 찾는다."(잠 15:14, 참고 잠 8:5; 16:23; 시 90:12; 욥 8:10)

그런데 인간 '이성'이 풍부한 지식을 깨닫기 위해서는, 우선 하나님의 '말씀'을 들어야 합니다. 왜냐하면 솔로몬은, '지혜는 들음에서' 형성된다고 생각하였기 때문입니다. 그는 하나님께 오래 사는 장수나, 부귀富貴나, 자기 원수의 생명을 달라고 구하지 않고, 오직 민중들의 재판을 바로 행할 수 있도록 "들을 수 있는 마음(심장)"(왕상 3:9)을 구했습니다.441) 이렇듯 구약 성경은 모든 내용을 정확히 판단하고 합리적으로 결정할 수 있는 '이성'의 기관을 '심장', 곧 '마음'으로 보았습니다. 이집트인들의 지혜 문학도 지식을 받아들일 수 있는 육체의 기관은 머리가 아니라, 인간의 '심장', 곧

---

439) 이 점에 관하여: Hans Walter Wolff, *Anthropologie des Alten Testaments*, 문희석 역, 『舊約 聖書의 人間學』, 분도출판사 1976, 94. G. Pidoux는 이러한 본문이 구약성경에 400개 이상이 된다고 주장하고 있다(참고. G. Pidoux, *L'homme*, 24-28, 특히 25). 이러한 점에서 한글 개역 개정판 번역은 לב/לבב 의 '감정적인 의미'로 표현하였다고 볼 수 있다.

440) 잠언에는 99회, 전도서에는 42회씩이나 나오고, 엄격한 교육을 강조하는 신명기에는 51회씩 나타납니다. 이 점에 관하여: F. Stolz, leb, KBL, 861.

441) 왕상 3:9 : "누가 주의 이 많은 백성을 재판할 수 있사오리까. 듣는 **마음을 종에게 주사 주의 백성을 재판**하여 선악을 분별하게 하옵소서."

'마음'이라고 생각하였습니다.442) 그러나 폰 라드von Rad에 의하면, 구약 성경의 '이성'은 자연의 법칙이나 수학과 물리학 등 자연 과학 혹은 사회 과학적 지식을 습득할 수 있는 '학문적 이성'이 아니라, 오직 하나님의 말씀을 '깨닫는 이성', 곧 '진리를 아는 지각'을 의미합니다.

어쨌든 '깨닫는 기관'으로서의 '심장', 곧 '마음'은 이 세상의 진리뿐만 아니라, 하나님의 말씀을 이해하고, 그 진리를 통찰할 수 있는 '이성'의 원천입니다. 그래서 진리에 대한 통찰력은 '심장', 곧 '마음'에 있음을 이사야 선지자는 증언하고 있습니다: "그러므로 여호와께서 맹렬한 진노와 전쟁의 위력을 이스라엘에게 쏟아 부으시매, 그 사방에서 불타오르나 깨닫지 못하며 몸이 타나 마음(심장)에 두지 아니하는도다."(사 42:25) 따라서 구약 성경에서 '심장(마음)이 부족하다'는 말은, '사고 능력이 없다' 혹은 '이해력이 없다'로 해석할 수 있습니다: "명철한 자의 입술에는 지혜가 있어도, 지혜 없는 자의 등을 위하여는 채찍이 있느니라."(잠 10:13)443) 이러한 의미에서 '심장이 없다'는 것은 '무지한 자' 혹은 '지각이 없는 자'라는 뜻입니다: "여인과 간음하는 자는 무지한 자라, 이것을 행하는 자는 자기의 영혼(정신)을 망하게 하며 …"(잠 6:32)

이상 살펴본 바와 같이, 구약 성경의 증언에 의하면, 어떠한 사실을 이해하고 깨달아 믿어지게 되는 것은, 두뇌의 분석 활동, 곧 이성理性을 통해서가 아니라, 오로지 말씀을 듣고 '마음', 곧 '심장'으로 깨달음으로써 가능한 것입니다. 그래서 예수님은 다른 제자들의 말을 믿지 않은 도마에게 '말씀에 대한 믿음이 이해 혹은 인식의 전제'임을 강조하고 계십니다:

"다른 제자들이 그에게 이르되 우리가 주를 보았노라 하니 도마가 이르되 내가 그의 손의 못 자국을 보며 내 손가락을 그 못 자국에 넣으며 내 손을 그 옆구리에 넣어 보지 않고는 믿지 아니하겠노라 하니라. 여드레를 지나서 제자들이 다시 집 안에 있을 때에 도마도 함께 있고 문들이 닫혔는데 예수께

---

442) H. Brunner, Herz, ders., *Erziehung*, 110ff, 131ff.
443) 그러나 이 말씀이 '공부 못하는 학생은 몽둥이로 때려 주라.' 뜻은 아니다.

서 오사 가운데 서서 이르시되 너희에게 평강이 있을지어다 하시고 도마에게 이르시되 네 손가락을 이리 내밀어 내 손을 보고 네 손을 내밀어 내 옆구리에 넣어 보라. 그리하여 믿음 없는 자가 되지 말고 믿는 자가 되라."(요 20:25-27)

그래서 사도 바울은 "믿음은 들음에서 나며, 들음은 그리스도의 말씀으로 말미암았느니라"(롬 10:17)고 증언하고 있습니다. 즉 '신앙'은 '하나님의 말씀'을 들음으로써 생긴다는 것입니다.

그러나 하나님의 말씀을 들었음에도 믿음이 안 생기는 것은, 의지적으로 믿음을 거부하고자 하는 불순종 때문입니다. 왜냐하면 예수의 제자들은 "예수께서 살아나셨다는 것과 마리아에게 보이셨다는 것을 듣고도 믿지 아니하였기"(막 16:11) 때문입니다. 다시 말해서 무조건 회의하고 의지적으로 거부하는 사람들은, 아무리 객관적이고 명백한 사실을 이야기해도 수용하려고 하지 않습니다. 그러한 사람들이 바로 '불순종하는 악한 영'에 사로잡혀 있는 사람들, 곧 '사탄의 자녀들'입니다.(엡 2:2)444)

그러므로 성경의 증언을 믿는 것은, 그 내용이 '이성적으로 이해되기 때문에' 믿어지는 것이 아니라, '하나님의 말씀을 들음으로써' 우리의 마음(심장)에 믿음이 생기게 됩니다. 다시 말해서 '신앙'은, 인간이 이성적으로 정립하거나, 창출해 내는 것이 아니라, '하나님의 말씀'에 의해서 수동적으로 형성되어지는 것입니다. 이러한 근거에서 교부敎父 '터툴리안'(Tertullian, † 약 220)의 주장, 곧 '불합리함에도 불구하고 나는 믿는다.credo quia absurdu'는 것은, 참된 기독교 신앙이 아닙니다. '불합리함에도 불구하고 나는 믿는다.'는 것은 오히려 종교적 맹신에 가까운 것입니다. 왜냐하면 불합리한 것은 결코 진리가 아니며, 진리가 아니면 또한 믿어지지 않기 때문입니다. 그러나 불순종하는 자들에게 하나님의 말씀이 불합리한 것처럼 보이는 것은, 하나님 말씀 그 자체가 불합리하기 때문이 아니라, 오히려 인간의 이성이 유한하고, 불합리하기 때문입니다. 따라서 하나님의 말씀을 들어도 믿어지

---

444) 엡 2:2 : "그 때에 너희는 그 가운데서 행하여 이 세상 풍조를 따르고 공중의 권세 잡은 자를 따랐으니, 곧 지금 불순종의 아들들 가운데서 역사하는 영이라."

지 않는 것은, 하나님의 말씀이 불합리해서가 아니라, 인간들이 하나님의 말씀을 단지 자신의 제한되고 유한한 이성으로만 이해하려고 하기 때문입니다. 바꾸어 말해서 하나님의 말씀을 들어도 믿어지지 않는 것은, 하나님의 말씀을 이해할 수 있는 인간의 기관들이 제대로 작동하지 못하고 있기 때문입니다. 왜냐하면 이사야 선지자는, "이 백성(이스라엘)의 마음(심장)을 둔하게 하며, 그들의 귀가 막히고 그들의 눈이 감기게 하라. 염려하건대 그들이 눈으로 보고 귀로 듣고 마음으로 깨닫고 다시 돌아와 고침을 받을까 하노라 … "(사 6:10, 인용, 요 12:40)고 역설적으로 증언하고 있기 때문입니다.445)

그러나 하나님께서 이스라엘 백성들의 '마음을 둔하게 하고', '귀를 막고', '눈이 감기게' 하신 것은, 역설적으로 하나님을 믿어 구원에 이르는 길은 오로지 '하나님의 말씀'을 귀로 듣고 마음(심장)으로 깨달음으로써 이루어진다는 것을 반증하고 있습니다. 바꾸어 말해서 하나님에 대한 신앙은, 인간 자신의 이성에 의해서 조작되고 정립되는 것이 아니라, 오로지 하나님의 '역사役事' 혹은 '기적'을 눈으로 보고, 그 말씀을 '귀'로 듣고, '심장'으로 깨달음으로써 생성되는 것입니다. 바로 이러한 근거에서 믿음을 의지적으로 거부한 이스라엘 백성들은 예수 그리스도의 '기적'을 보고도 믿지 않았으며(요 12:37)446), 스데반의 설교를 듣기 싫어 "큰 소리를 지르며, 귀를 막고 일제히 그에게 달려들어"(행 7:57) 성 밖으로 내치고 돌로 쳐 죽였

---

445) 그러나 이 말씀(사 6:10)의 의미를 대부분의 사람들이 명백히 이해하지 못하는 이유는, '**다시 돌아와 고침을 받을까 하노라**'는 말씀에만 사로잡혀 있기 때문이다. 우선 이사야 6장의 '삶의 정황'은, 이사야 선지자가 이스라엘 백성에게 심판을 선언해야 하는 예언자의 소명을 받는 장면이라는 것을 알아야 한다. 즉 이사야 선지자는 이스라엘을 심판하시기로 결정하신 하나님의 뜻을 증언해야 한다. 그리고 하나님의 심판 방법은, 하나님께서 작정하신 때까지 "백성(이스라엘)의 마음(심장)을 둔하게 하며, 그들의 귀가 막히고 그들의 눈이 감기게" 하는 것이다. 그러나 그러한 상황은 한시적이다. 왜냐하면 이사야 선지자가 "어느 때까지"(사 6:11a) "백성의 마음을 둔하게 하며 그들의 귀가 막히고 그들의 눈이 감기게"(사 6:10) 되느냐고 물었을 때, 스람은 "성읍들은 황폐하여 주민이 없으며 가옥들에는 사람이 없고 이 토지는 황폐하게 되며 여호와께서 사람들을 멀리 옮기셔서 이 땅 가운데에 황폐한 곳이 많을 때까지니라."(사 6:11b-12)고 답변하고 있기 때문이다. 그러므로 필자는 이 말씀을 하나님께 대한 참된 인식 방법에 대한 계시의 말씀으로 이해하고자 한다.

446) 요 12:37 : "이렇게 많은 표적을 그들 앞에서 (예수님께서) 행하셨으나 그를 믿지 아니하니"

던 것입니다. 그렇다면 여기서 질문이 제기 됩니다: 왜 인간의 순수 이성으로는 하나님에 대한 신앙을 가질 수 없는가?

2. 유한有限한 것은 무한無限한 것을 파악할 수 없다

기독교의 하나님은 인간과 전혀 다른 분이십니다. 다시 말하면 하나님은 하늘 보좌에 계시고, 인간은 이 세상 땅위에 있습니다. 여호와 하나님은 한 분이시지만, 인간은 하늘의 별과 같고, 바다의 모래알 같이 많습니다. 하나님은 영원하시지만, 인간은 그 아무리 위대한 자라도 죽을 수밖에 없는 유한한 존재입니다.(겔 28:2)447) 그래서 이사야 선지자는, "이스라엘의 왕인 여호와, 이스라엘의 구원자인 만군의 여호와가 이같이 말하노라. 나(여호와)는 처음이요, 나는 마지막이라. 나 외에 다른 신神이 없느니라."(사 44:6)고 증언하고 있습니다. 한 마디로 말해서, 여호와 하나님은 '신神'이지, '인간人間'이 아닙니다: "이스라엘의 지존자는 거짓이나 변개함이 없으시니, 그는 사람이 아니시므로 결코 변개하지 않으심이니이다."(삼상 15:29) 이에 상응하게 창조주 하나님과 피조물인 인간 사이에도 오직 주 예수 그리스도 한 분 이외 그 어떠한 다른 '존재적ontisch' 혹은 '존재론적ontologisch' 접촉점이 없습니다: "하나님은 한 분이시오 또 하나님과 사람 사이에 중보자도 한 분이시니 곧 사람이신 그리스도 예수라."(딤전 2:5) 이러한 점에서 주 예수 그리스도를 떠나서 그 어떤 최고의 '이성理性'을 가진 현자賢者라도 스스로 하나님을 인식하거나, 그분에 대한 신앙을 가질 수 없는 것입니다.

그러므로 '유한有限한' 인간은 그 어떠한 자기의 이성의 성찰 혹은 수양을 통해서도 '무한無限하신' 하나님을 이해하고 믿을 수 없기 때문에, 무한하신 하나님은 유한한 '나사렛 예수Jesus von Nazareth'라는 인간의 모습으로 직접 오셔서 우리에게 나타나셨던 것입니다.(빌 2:6-8)448) 왜냐하면, 칼뱅J. Calvin

---

447) 겔 28:2 : "인자야 너는 두로 왕에게 이르기를 주 여호와께서 이같이 말씀하시되 네 마음이 교만하여 말하기를 나는 신이라. 내가 하나님의 자리 곧 바다 가운데에 앉아 있다 하도다. 네 마음이 하나님의 마음 같은 체할지라도 너는 **사람이요 신이 아니거늘**"
448) 빌 2:6-8 : "그(예수 그리스도)는 근본 하나님의 본체시나 하나님과 동등됨을 취할 것으로 여기지 아니하시고, 오히려 자기를 비워 종의 형체를 가지사 사람들과 같이 되셨고, 사람의 모양

주의 신학 전통이 주장하고 있는 것처럼, '유한한 것은 무한한 것을 파악할 수 없지만*finitum capax non infiniti*', '무한은 유한 속에 들어올 수 있기' 때문입니다. 따라서 인간은 바로 이 예수 그리스도를 바라보고, 그의 말씀을 듣고, 그 사실을 '마음', 곧 '심장'으로 받아들임으로써 무한하신 여호와 하나님을 인식하고 믿을 수 있는 것입니다. 이러한 점에서, 인간의 이성이 다른 피조물에 비하면 더 없이 탁월하지만, 그러나 하나님의 인식과 그분에 대한 믿음에 있어서는 더 없이 무능한 것입니다. 왜냐하면 타락한 인간의 '이성理性'은 처음부터 하나님을 영접하지도 않고(요 1:9-11), 찾지도 않기(롬 3:11,18) 때문입니다.449) 그래서 사도 바울은 "하나님의 지혜에 있어서는 이 세상이 자기 지혜로 하나님을 알지 못하므로, 하나님께서 전도의 미련한 것으로 믿는 자들을 구원하시기를 기뻐하셨도다"(고전 1:21)라고 증언하고 있습니다. 다시 말해서 유일하게 단 한 번 나사렛 예수의 모습으로 이 세상에 나타나신 하나님을 보고, 만나고, 그분의 말씀을 들었던 사람들의 증언을 또 다시 보고, 듣고, 마음으로 수용함으로써 하나님에 대한 참된 인식과 신앙이 생기는 것입니다. 그러므로 하나님에 대한 인식과 신앙은 인간 이성을 통해서가 아니라, 말씀을 듣고 받아들이는 데서 생깁니다. 이러한 점에서 사도 바울은 "복음에는 하나님의 의義가 나타나서 믿음에서 믿음에 이른다.(롬 1:17a)고 증언하고 있습니다. 그렇다면 우리는 어떻게 하나님을 인식하고 하나님에 대한 신앙을 가질 수 있는가?

3. 인간 이성을 계몽하시는 성령

앞에서도 언급하였지만, 인간이 하나님에 대한 신앙과 그분이 살아 계시다는 것을 인식할 수 있는 길은, 인간 이성의 깨달음을 통해서가 아니라, 오로지 성령에 의한 것입니다. 왜냐하면 우선 성령은 우리로 하여금

으로 나타나사 자기를 낮추시고 죽기까지 복종하셨으니 곧 십자가에 죽으심이라."
449) 요 1:9-11 : "참 빛 곧 세상에 와서 각 사람에게 비추는 빛이 있었나니 그가 세상에 계셨으며 세상은 그로 말미암아 지은 바 되었으되 세상이 그를 알지 못하였고 자기 땅에 오매 자기 백성이 영접하지 아니하였으나"; 롬 3:11 : "깨닫는 자도 없고 하나님을 찾는 자도 없고"; 롬 3:18 : "그들의 눈앞에 하나님을 두려워함이 없느니라."

"하나님의 말씀이 육신이 되신"(요 1:14), 예수 그리스도를 인식할 수 있도록 도와주시기 때문입니다. 예컨대 시몬 베드로가 예수님께 대하여 "주는 그리스도시요 살아 계신 하나님의 아들이시니이다."(마 16:16; 요 11:27)라고 답변하였을 때,450) "예수께서 대답하여 이르시되 바요나 시몬아 네가 복이 있도다. 이를 네게 알게 한 이는 혈육이 아니요 하늘에 계신 내 아버지시니라.(마 16:17)고 말씀하셨던 것과 같습니다. 이와 같이 성령은 우리로 하여금 예수 그리스도께서 하신 말씀을 깨닫고 이해할 수 있도록 도와주십니다. 이 점을 예수님께서 직접 설명해 주셨습니다:

> "나를 사랑하지 아니하는 자는 내 말을 지키지 아니하나니 너희가 듣는 말은 내 말이 아니요 나를 보내신 아버지의 말씀이니라. 내가 아직 너희와 함께 있어서 이 말을 너희에게 하였거니와 보혜사 곧 아버지께서 내 이름으로 보내실 성령 그가 너희에게 모든 것을 가르치고 내가 너희에게 말한 모든 것을 생각나게 하리라."(요 14:24-26)

이와 상응하게 구약 성경에서도 간혹 '하나님의 영', 곧 'רוח루하'를 인간의 '정신', 곧 '이성理性'으로 표현하기도 합니다: "모세가 눈의 아들 여호수아에게 안수하였으므로 그에게 지혜의 영이 충만하니 이스라엘 자손이 여호와께서 모세에게 명령하신 대로 여호수아의 말을 순종하였더라."(신 34:9; 사 19:3; 29:24)451) 이렇듯 '하나님의 성령'은 인간의 '정신'이 '계획을 세우도록' 하고, 사물을 '통찰하게' 하고, '교훈'을 줌으로써 하나님의 말씀을 바로 깨닫게 해 주고, 하나님을 바로 인식하도록 도와줍니다. 그러므로 '하나님의 말씀'과 그 말씀을 깨닫게 하는 '성령'의 도움이 없이, 인간의 이성만으로는 어느 누구도 하나님을 바로 인식하고 믿을 수 없습니다. 더 자세히 말하면 창조주 하나님과 인간 사이의 유일한 중보자이신 주 예수 그리

---

450) 요 11:27 : "이르되 주여 그러하외다, 주는 그리스도시요 세상에 오시는 하나님의 아들이신 줄 내가 믿나이다."

451) 사 19:3 : "애굽인의 정신(רוח)이 그 속에서 쇠약할 것이요, 그의 계획을 내가 깨뜨리리니 그들이 우상과 마술사와 신접한 자와 요술객에게 물으리로다."; 사 29:24 : "마음이 혼미하던 자들도 총명하게 되며 원망하던 자들도 교훈을 받으리라 하셨느니라."

스도를 성령의 도움으로 바로 보고, 그의 말씀을 바로 듣고, 마음(심장)으로 순종하고 받아들이지 않으면, 어느 누구도 유일하신 여호와 하나님을 인식하고 믿을 수 없습니다. 그렇다면 인간의 이성은 왜 하나님 인식과 이해에 아무런 역할을 하지 못하는가?

4. 창조된 이성, 타락한 이성 그리고 새 창조된 이성

최초 인간 아담Adam이 타락하기 전, 그는 하나님의 말씀을 이해하고 깨달을 수도 있었을 뿐만 아니라, 본인이 원하면 그 말씀에 순종할 수도 있었습니다. 즉 '사고思考'와 생각의 근원지인 아담의 '심장', 곧 '마음'은 병들거나, 작아지거나, 압박을 받지 않았습니다. 그래서 그는 아무런 어려움 없이 하나님의 말씀을 정확히 듣고 이해할 수 있었습니다: "그들이 그 날 바람이 불 때, 동산에 거니시는 여호와 하나님의 소리를 듣고, …"(창 3:8,11)[452]

그러나 최초 인간, 아담Adam 이후 타락한 인간의 이성은 어렸을 때부터 생각하는 것이 항상 악惡할 뿐이라고 성경은 증언하고 있습니다: "여호와께서 사람의 죄악이 세상에 가득함과 그의 마음으로 생각하는 모든 계획이 항상 악할 뿐임을 보시고…"(창 6:5; 8:21b)[453] 이 말씀은 인간들 중 누구는 선한 생각을 하고, 누구는 악한 생각을 한다는 뜻이 아니라, 인간은 누구를 막론하고 예외 없이 "그 마음(심장)으로 생각하는 모든 계획이 항상 악惡하다"는 뜻입니다. 바꾸어 말하면, 이 세상에는 "의인은 없나니 하나도 없으며 깨닫는 자도 없고 하나님을 찾는 자도 없고, 다 치우쳐 함께 무익하게 되고 선을 행하는 자는 없나니 하나도 없다"(롬 3:10-12)는 것입니다. 그러므로 타락한 인간의 이성은 하나님 인식과 신앙에 아무런 역할을 하지 못합니다.

---

452) 창 3:11 : "내가 동산에서 하나님의 소리를 듣고 …." 그런데 여기서 "그들이 그 날 **바람이 불 때** 동산에 거니시는 여호와 하나님의 소리를 들었다."는 것은 하나님은 '영', 곧 '바람'이라는 것을 암시한다. 즉 아담과 이브는 성령 하나님의 소리를 들었던 것이다. 이와 같이 **성경은 하나님의 영, 곧 '성령'을 '바람'으로** 그리고 그 **'바람'과 더불어 들려오는 '하나님의 음성', 곧 '말씀'으로** 순환적으로 바꾸어 가면서 묘사하고 있다. 참고. 왕상 19:11-14; 행 2:1-4.

453) 창 8:21: "사람의 마음이 계획하는 바가 어려서부터 악함이라."

그러나 이제 성령으로 거듭난 '심장'은 하나님의 말씀을 듣고 순종할 수 있게 되었습니다: "내가 그들에게 한 마음을 주고 그 속에 새 영을 주며 그 몸에서 돌 같은 마음을 제거하고 살처럼 부드러운 마음을 주어 내 율례를 따르며 내 규례를 지켜 행하게 하리니 그들은 내 백성이 되고 나는 그들의 하나님이 되리라."(겔 11:19-20) 그래서 예수님께서도, "사람이 물과 성령으로 거듭나지 아니하면, 하나님의 나라에 들어갈 수 없느니라."(요 3:5,8)고 말씀하셨습니다.454) 그러나 유대인의 관원, '니고데모'가 "사람이 늙으면 어떻게 날 수 있사옵니까, 두 번째 모태에 들어갔다가 날 수 있사옵니까?"(요 3:4)라고 예수님의 말씀을 이해하지 못합니다. 그러자 예수님은 "너는 이스라엘의 선생으로서 이러한 것들을 알지(이해하지) 못하느냐."(요 3:10)고 말씀하시면서, "우리는 아는 것을 말하고, 본 것을 증언하노라. 그러나 너희가 우리의 증언을 받지(이해하지) 아니하는도다."(요 3:11)라고 하셨습니다.

　　그러므로 하나님의 성령으로 '심장'이 새롭게 된 사람, 다시 말해서 굳은 마음이 부드럽게 된 사람은 하나님의 말씀을 듣고 이해할 수 있고, 그리고 성령의 도움으로 하나님을 인식하고 믿을 수 있게 됩니다. 그래서 '에스겔' 선지자는 "새 영을 너희 속에 두고 새 마음을 너희에게 주되 너희 육신에서 굳은 마음을 제거하고 부드러운 마음을 줄 것이며 또 내 영을 너희 속에 두어 너희로 내 율례를 행하게 하리니 너희가 내 규례(말씀)를 지켜 행할지라. … 내 백성이 되고 나는 너희 하나님이 되리라."(겔 36:26-28)고 예언하였던 것입니다. 이러한 '에스겔' 선지자의 예언대로 오순절날 "홀연히 하늘로부터 급하고 강한 바람 같은 소리가 있어 그들이 앉은 온 집에 가득하며 마치 불의 혀처럼 갈라지는 것들이 그들에게 보여 각 사람 위에 하나씩 임하여 있더니 그들이 다 성령의 충만함을 받고 성령이 말하게 하심을 따라 다른 언어들로 말하기를 시작하게 되었던"(행 2:2-4) 것

---

454) "사람이 물과 성령으로 나지 아니하면 하나님의 나라에 들어갈 수 없느니라."(요 3:5)는 말씀을 보다 더 자세히 설명하고 있다. 요 3:8의 "바람이 임의로 불매 네가 그 소리는 들어도 어디서 와서 어디로 가는지 알지 못하나니 성령으로 난 사람도 다 그러하니라." 말씀에서도 '바람', '그 소리(말씀)'와 '성령'이 동시에 나타나고 있다.

입니다. 이상 앞에서 살펴본 사실들을 고려해 볼 때, 성령으로 참된 '심장'
이 회복되면, 우리는 하나님에 대한 참 인식과 신앙에 이를 수 있는 것입
니다. 이것이 기독교 신앙의 신비입니다.

***** 참회의 기도

성령 하나님!
매순간 불어오는 바람 속에서
세미한 주님의 음성을 듣게 하소서.
매주일 선포되는 말씀 속에서
성령님을 만나게 하옵소서.

순간 우리의 곁을 스쳐 지나가는 바람처럼
순간 건네는 말씀처럼
그렇게 흔적도 없이 다가오시는 성령님
이 순간 우리의 심장에 오소서.

- 아멘 -

III. 의지意志를 가진 존재

- 신앙은 의지나 신념이 아니다 -

***** 토의 주제 *****

1. 기독교 신앙에서는 왜 역설의 논리가 성립되는가?
2. 나 자신의 참된 주인은 나 자신인가?, 아니면 소위 운명이라는 것, 아니면 하나님인가?
3. 의지가 없는 인간은 과연 무능력한 자인가?
4. '할 수 있음'과 '할 수 없음'의 차이가 무엇인가?

1. 인간의 의지가 전도顚倒되었기에 역설이 필요하다

예수님은 간혹 어떠한 진리를 설명하실 때, '역설적paradoxical 표현'들을 많이 사용하셨습니다. 예컨대 "남에게 대접을 받고자 하는 대로 너희도 남을 대접하라."(눅 6:31; 마 7:12a); 혹은 "무릇 자기를 높이는 자는 낮아지고, 자기를 낮추는 자는 높아지리라."(눅 14:11; 18:14; 마 23:12); 그러므로 "누구든지 자기 목숨을 구원하고자 하면 잃을 것이요, 누구든지 나와 복음을 위하여 자기 목숨을 잃으면 구원하리라."(막 8:35; 눅 17:33; 요 12:25); "제자가 그 선생보다, 또는 종이 그 상전보다 높지 못하나니 제자가 그 선생 같고 종이 그 상전 같으면 족하도다."(마 10:24-25a; 눅 6:40). 이밖에도 예수의 어록語錄 가운데는 역설적 표현이 많이 있습니다. 이러한 역설적 증언들은 어떠한 진리를 '반대로' 증언한 것입니다. 그런데 여기서 질문이 제기 됩니다: 왜 예수님은 진리를 역설적으로 표현하셨을까?

이에 대한 답변은 일차적으로 역설의 논리를 분석함으로써 답변될 수 있을 것입니다. 왜냐하면 '역설'을 기호로 표시하면 다음과 같기 때문입니다: '+A = -A' 언어적으로는, '유한한 것은 무한한 것이다.'; '죽는 것은 사는 것이다'; '동東으로 가는 것은 서西로 가는 것이다' 등으로 표현됩니다. 이와 같이 '역설의 논리'는 이원론적 양면성 내지 이원론적 상대주의에 기초해 있습니다. 즉 모든 사물을 '+A'와 '-A'로 구분하는 것은 이원론적 양면성에 근거한 것이고, '+A = -A'의 등식은 이원론에 입각한 절대적 상대주의에 근거한 것입니다.455) 이렇듯 역설의 논리는 '이분법적 구분' 혹은 '분리'를 아주 보편적인 것으로 전제하고 있습니다. 그러나 양자 사이에는 '모순율Antinomie'이 내재되어 있습니다.

따라서 '역설적 표현'을 구체적으로 분석하면 다음과 같습니다. 예를 들어 "누구든지 무엇이든지 남에게 대접을 받고자 하는 대로 너희도 남을 대접하라"(눅 6:31; 마 7:12a)는 황금률을 분석하면 다음과 같습니다:

'대접받는 것은'(+A) = '대접받지 않는 것'(-A), 곧 '대접하는 것'

그리고 "무릇 자기를 높이는 자는 낮아지고 자기를 낮추는 자는 높아지리라."(눅 14:11; 18:14; 마 23:12); "누구든지 자기 목숨을 구원하고자 하면 잃을 것이요, 누구든지 나와 복음을 위하여 자기 목숨을 잃으면 구원을 하리라"(막 8:35; 눅 17:33; 요 12:25)를 차례로 분석하면 역시 다음과 같습니다:

'자기를 높이는 것(+A)' = '자기를 높이지 않는 것'(-A), 곧 '스스로 낮아지는 것'
'자기 목숨을 구원코자 함'(+A) = '자기 목숨을 구원코자 아니함'(-A), 곧 '잃는 것'

---

455) 이러한 논리는 아리스토텔레스의 형이상학이나 헤겔의 변증법이 '나'와 '~나', 즉 '나'를 '자아自我'와 '비자아'로 구분하는 것, 곧 '즉자an sich'와 '대자für sich'로 구분하는 것에 상응한다.

여기서 질문이 제기 됩니다: 어떻게 이러한 '역설'이 성립되는가? 그리고 왜 예수님은 '역설적'으로 표현하셨는가? 이에 대한 답변은 아주 간단합니다. 그것은 이 세상의 모든 상황이, 다시 말하면 최초 인간 아담Adam으로 말미암아 타락한 이후로, 인간의 의지는 하나님의 의지와 정반대 방향으로 향하고 있기 때문입니다. 바꾸어 말하면 '불순종'하는 인간의 의지는 순종을 요구하는 '하나님의 의지에 정반대'이기 때문입니다. 그래서 이 세상의 뜻에 순종하는 것은 하나님의 뜻에 불순종하는 것이 되고, 하나님의 뜻에 순종하는 것은 인간의 의지와 세상의 법칙에 반대됩니다. 바꾸어 말해서, 인간이 생각하고 계획하고 바라는 바가 항상 악하고, 하나님의 뜻에 반대되기에 하나님의 말씀이 '역설적'으로 선포된 것입니다.(창 6:5; 시 64:6; 94:11; 잠 15:26; 23:7; 24:9; 사 66:18; 렘 4:14; 마 9:4; 15:19)456) 마치 아기 청개구리가 평소 어머니 말씀을 정반대로 행하자, 어미 청개구리가 유언遺言 할 때는 반대로 표현한 것과 같습니다.

그래서 예수님은 이미 항상 '불순종'하는 인간의 의지를 아시고, 진리를 바로 깨닫게 하기 위하여 '이 세상 법칙에 반대되는 역설'로 진리를 증언하셨던 것입니다. 왜냐하면 그래야 '전도顚倒'된 인간 이성이 바로 깨달을 수 있기 때문입니다. 예를 들면 모든 인간은 대접을 받고자 하기 때문에, '대접을 받고자 하는 부정적否定的인 요소'를 다시금 '대접받지 말라'고 '대접받고자 하는 부정적 요소를 부정否定함으로써, '긍정肯定'으로 인도하시고자 하였던 것입니다. 즉 '부정'의 '부정'을 통하여 '긍정'에 이르게 하시고자 하였던 것입니다. 이러한 점에서 예수님은 바리새인들을 책망하여 말씀하시기를 "내가 심판하러 이 세상에 왔으니 보지 못하는 자들은 보게 하고, 보는 자들은 맹인이 되게 하려 함이라 하시니, 바리새인 중에 예수와 함께 있던 자들이 이 말씀을 듣고 이르되 우리도 맹인인가 예수께서 이르시

456) 창 6:5 : "여호와께서 사람의 죄악이 세상에 가득함과 그의 마음으로 생각하는 모든 계획이 항상 악할 뿐임을 보시고"; 시 64:6 : "그들은 죄악을 꾸미며 이르기를 우리가 묘책을 찾았다 하나니 각 사람의 속뜻과 마음이 깊도다."; 94:11; 잠 15:26; 23:7; 24:9; 사 66:18; 렘 4:14; 마 9:4 : "예수께서 그 생각을 아시고 이르시되 너희가 어찌하여 마음에 악한 생각을 하느냐"; 마 15:19.

되 너희가 맹인이 되었더라면 죄가 없으려니와 본다고 하니 너희 죄가 그대로 있느니라."(요 9:39-41)고 말씀하셨던 것입니다.

이상 앞에서 살펴본 바와 같이 예수님의 말씀 중에는 '+A = -A' 혹은 '-A = +A'라는 역설적인 증언이 많이 있습니다. 그런데 예수님이 역설적인 증언을 사용한 이유는, '부정'과 '긍정'이 상대적으로 '양면 가치Ambivalenz'이기 때문이 아니라, 인간의 의지가 하나님의 의지에 항상 불순종하기 때문입니다. 그래서 예수님은 '역설'의 반명제인 '양자 택일Alternative'을 요구하셨습니다. 즉 "한 사람이 두 주인을 섬기지 못할 것이니, 혹 이를 미워하고, 저를 사랑하거나, 혹 이를 중히 여기고 저를 경히 여김이라. 너희가 하나님과 재물을 겸하여 섬기지 못하느니라."(마 6:24) 다시 말하면 누구든지 이 사람(+A) 혹은 저 사람(이 사람이 아닌 사람, -A)을 선택하고, 섬겨야한다는 것이다. 이러한 역설의 논리 때문에, 기독교의 신학은 '이것이냐, 아니면 저것이냐?'를 결단해야 하는 이원론적 배타성을 가지고 있습니다. 그래서 기독교는 '오직 예수 그리스도를 통해서만 구원을 얻을 수 있다'고 주장합니다. 즉 '교회 밖에는', '그리스도를 떠나서'는 구원이 없습니다. 그러나 동시에 바로 이러한 역설의 논리 때문에 예수님은 '가난한 자가 복이 있다.'라고도 선포하십니다. 그리고 이러한 역설의 논리 때문에, 우리는 죽음 속에서 부활을 희망하는 것이고, 실제로 예수의 십자가에서 부활을 희망하는 것이다.

2. 인간의 의지는 단지 희망할 뿐이다

잠언 기자는 "마음의 경영은 사람에게 있어도 말의 응답은 여호와께로부터 나오느니."(잠 16:1)고 증언하고 있습니다. 그리고 계속해서 "사람이 마음으로 자기의 길을 계획할지라도 그의 걸음을 인도하시는 이는 여호와시니라."(잠 16:9)고 증언하고 있습니다. 그래서 잠언 기자는 "사람의 마음에는 많은 계획이 있어도 오직 여호와의 뜻만이 완전히 서리라."(잠 19:21)고 아주 단호히 선언하고 있습니다. 이러한 말씀들은 인간이 무엇인가를 희망하고, 그것에 대한 강한 '의지'를 가지고 있다고 하더라도, 꼭 자기가 뜻한 바대로 이룰 수는 없다는 것을 증언하고 있습니다. 한 마디로 말해서, 인간의 의지는 단지 '희망' 혹은 '소망' 그 자체일 뿐이고, 그 '희망'을 성취시켜 주시는 분은 하나님 오직 한 분이십니다. 결국 인간은 자기 삶의 절대적 주권자가 되지 못합니다.

그렇습니다. 인간이 자기가 생각하고 계획한 것을 모두 성취할 수 있다면, 인간은 그 어느 누구의 도움도 필요로 하지 않을 것입니다. 그러나 그와는 정 반대로, 인간은 아무리 자기의 미래를 계획하고 결단을 해도, 그 계획한 바를 스스로 성취할 수 없는 존재입니다. 그래서 '파울 쉬츠Paul Schütz'는 『신앙이 어떻게 가능한가? *Wie ist Glaube möglich?*』라는 책에서 "우리가 그 근원과 강도를 알지 못하는 힘들이 있다. 그 힘들의 작용 방식은 삶의 운동 조직 속에서는 예견할 수 없다. 그러나 이 마음대로 할 수 없는 것은 우리의 삶을 있는 그대로 있게 한다. … 마음대로 할 수 없는 것이 있다. 우리는 그것들에 둘러 싸여 있다."457)고 말합니다. 이것이 바로 우리 인간이 이 세상에서 살아가는 동안 우리 자신의 삶에 대하여 가지는 주권의 한계입니다. 이러한 인간 의지의 한계를 예수님은 다음과 같은 말씀으로 단적으로 증언해 주셨습니다: "너희 중에 누가 염려함으로 그 키(목숨)를 한 자라도 더할 수 있겠느냐?"(마 6:27)

그러나 인간은 자기 '마음대로 할 수 없는 것'들로 둘러싸여 있기 때문에, 다시 말해서 인간의 의지로 이룰 수 있는 일이 없기 때문에, 바로 우리 인간은 하나님께 기도할 수 있는 자격이 있고, 또한 하나님의 도움을 구할 수 있는 권리가 있습니다. 기독교인들이 하나님께 기도하는 것을 간혹 비-기독교인들은, 그것은 '신神에 대한 의타심'이며 '게으름'이라고 비난할 수도 있으나, 바로 이 의타심을 하나님은 하나님께 대한 '신앙'으로 간주하십니다. 이러한 점에서 어려움이 있어도 하나님께 기도하지 않는 것은 오히려 교만한 '태만怠慢'이라고 할 수 있습니다. 그러나 바로 이 점을 예지豫知하시고 예수님께서 "수고하고 무거운 짐 진 자들아. 다 내게로 오

---

457) Heinrich Ott, *Das Reden von Unsagbaren*, 김광식 역, 『하나님에 대한 우리 시대의 질문』, 대한기독교출판사 1994, 116에서 재인용.

라. 내가 너희를 쉬게 하리라. 나는 마음이 온유하고 겸손하니, 나의 멍에를 메고 내게 배우라. 그리하면 너희 마음이 쉼을 얻으리니 이는 내 멍에는 쉽고 내 짐은 가벼움이라."(마 11:28-30)고 말씀하셨습니다.

그럼에도 불구하고 인간은 자신이 희망하는 것을 하나님께서 무조건 성취시켜 줄 것을 강요할 수는 없습니다. 왜냐하면 신앙적으로 볼 때, 우리 삶의 주관자는, 나 자신이 아니라 창조주 하나님 자신이시기 때문입니다. 이러한 점에서 '신앙'은 하나님의 뜻에 순종하는 행위이지, 인간 '의지의 결단과 실행'이 아닙니다. 다시 말하면 인간의 의지will하는 바가 먼저이고, 그 다음 하나님의 응답이 주어지는 것이 아니라, 하나님의 말씀과 명령이 먼저이고, 그 다음에 이에 대한 순종과 불순종이 있을 뿐입니다. 즉 인간이 원하는 바에 따라서 하나님이 움직이는 것이 아니라, 하나님께서 원하는 바에 따라서 인간이 응답해야 하는 것입니다.458) 이러한 점에서 모든 일은 항상 하나님의 말씀이 먼저 인간에게 주어지고, 그 다음 인간의 순종과 불순종이 있을 뿐입니다.

3. 신앙은 의지가 아니라, 전적인 순종이다

프리드리히 니체Fr. Nietzsche, (1844-1900)는 『즐거운 학문Die Fröhliche Wissenschaft, 1882』에서 '미친 사람toller Mensch'의 말을 빌어서 "… 신들은 사멸한다. 하나님은 죽었다. 우리가 그를 죽였다!"라고 선포합니다. 이 말은 새로운 '붐Boom'을 일으켜 1960년대 기독교 신학계에 '신의 죽음의 신학'이라는 하나의 신학적 아류를 형성하게 되었습니다.459) 그러나 지금까지 니체가 '하나님은

---

458) 이러한 점에서 마르틴 루터(M. Luther)는 "죄인인 인간의 의義는 능동적인 의가 아니라, 하나님이 역사 하실 때, 단지 받아들일 수 있는 수동적 의이다."라고 주장하고 있다: "Justitia quae ex nobis fit, non est Christiana justitia. Christiana justitia est mere contraria, passiva, quam tantum recipimus, ubi nihil operamur, sed patimur alium operari in nobis scilicet deum(우리에게서 나오는 의는 기독교적 의가 아니다. 기독교적 의는 (인간의 의와, 역자 주) 반대되는 의로서, 우리가 일하지 않는 곳에서, 오로지 그가(= 하나님께서, 역자 주) 우리 안에서 일하도록 허락하고 받아 들이는 수동적인 의이다.)"(WA 40 I, 41,2)(Paul Althaus, Die Theologie Martin Luthers, 구영철 역, 『마르틴 루터의 신학』, 성광문화사 1994, 322, 각주 19에서 재인용, 필자가 재번역.)

459) 루드비히 포이에르바하(L. Feuerbach, 1804-72), 지그문드 프로이드(S. Freud, 1856-1939), 프

죽었다.'라고 말한 의미가 무엇인지에 대하여 여러 학자들 사이에 의견이 분분합니다. 우선 혹자는, 니체가 '신은 죽었다.'라고 말한 의미는, 기독교 역사에 근거하여 '참 신이며 참 인간vere deus, vere homo'이신 예수 그리스도를 유대인의 대제사장들과 관원들이 십자가에 못 박아 죽였기 때문에, '참 신神이신 예수 그리스도를 인간이 죽였다.'는 뜻이라고 생각하는 사람들이 있습니다. 그리고 또한 혹자는, 그 당시 신학계와 철학계에 극도로 팽창된 '인간 이성의 절대화' 혹은 '자유주의 신학의 극대화'를 니체가 빙자하여 '신은 죽었다. 우리가 그를 죽였다.'라고 이야기한 것이라고 이해하는 사람들도 있습니다.

그러나 전자前者의 해석을 따르건, 아니면 후자後者의 해석을 따르건, 니체가 살아 있었던 19세기의 신학적, 철학적 사조는 어쨌든 인간의 '의지'와 '이성'이 지고至高의 가치로 평가받던 시대였던 것만은 분명합니다. 왜냐하면 그 당시 헤겔Georg W. Fr. Hegel, 1770-1821 철학의 영향을 받은 데이비드 프리드리히 슈트라우스D. Fr. Strauss, 1808-74의 『비판적으로 검토한 예수의 생애, 1835』라는 책 속에서 '역사의 예수(역사상의 한 개인 예수)'와 '신앙(교회가 가르치고 있는)의 예수', 곧 '참 신이며, 동시에 참 인간'이신 예수 사이에는 근본적인 차이가 있음을 제기하였기 때문입니다. 그에 의하면, 성경이 증언하고 있는 예수는 사실은 신화적인 존재이며, 초대 기독교 공동체에 의해서 각색되고 옷 입혀진 전설적 '사화史話'라고 주장하였습니다. 그래서 '슈트라우스'부터는 '보편적인 신적 인간성'이라는 헤겔의 이념에 자극을 받아 기독교 신학의 '참 신vere deus'이며 '참 인간vere homo'이신 예수 그리스도에 관한 '그리스도론Christologie'은 예수의 '신적 성품'을 강조하는 '인간론Anthropologie'으로 바꾸어집니다. 그래서 결국 하나님의 자리에 인간의 이성이 대신하게 된 것입니다. 그래서 이후부터 인간 이성과 의지를 최고의 가치로 보는 하나의 신학적, 철학적 경향이 생기게 됩니다. 이 사상적 호

리드리히 니체(Fr. Nietzsch, 1844-1900)의 영향을 받은 1960년 '신의 죽음의 신학'을 주창한 대표적인 학자들은 로빈슨(Robinson), 바아니안(G. Vahanian, *Death of God*, 1961), 알타이저(Thomas J. J. Altizer, *The Gospel of Christian Atheism*, The Westminter Press, 1968), 윌리암 하밀톤(W. Hamilton, *The New Essence of Christianity*)을 들 수 있다.

름은 포이에르바하L. Feuerbach, 1804-1872에게서 결실을 맺고, 마르크스K. Marx, 1818-1883에게서 더욱 두드러지게 되었습니다. 아마도 니체는, 바로 이러한 인간 이성과 의지를 극도로 강조한 사상적 아류가 정통적인 하나님 개념을 말살하였다고 생각하여, "신은 죽었다. 우리가 신을 죽였다."라고 주장한 것이 아닌가 하고 해석하는 사람도 있습니다.

니체가 "신은 죽었다. 우리가 신을 죽였다."라고 제창한 바의 의미가 무엇이었든, 분명한 것은 일반적인 인간의 의지는 하나님의 말씀에 순종하기보다는, 하나님의 주권에 도전하고, 오히려 그 자리에 자신이 앉으려고 한다는 것만은 명백합니다. 이것이 바로 최초 인간 아담Adam이 가졌던 의지, 곧 '하나님과 같이 되고자erit sicut deus 한 의지이자 욕망'입니다.(창 3:5) 이렇듯 인간의 의지가 강조되면 될수록, 오히려 하나님을 거역하는 방향으로 나가고, 하나님의 말씀에 순종하기보다는 불순종하는 방향으로 치닫게 되는 것입니다.

반면에 참된 신앙은 인간의 '의지'를 앞세우는 것보다는, 오히려 철저히 포기하는 것입니다. 바꾸어 말하면 '내 뜻대로'가 아니라, '하나님의 뜻에' 나의 모든 것을 내어 맡기고 순종하는 것입니다. 왜냐하면 예수님은 겟세마네 동산에서 기도하실 때에, "내 아버지여 만일 할 만하시거든 이 잔을 내게서 지나가게 하옵소서."(마 26:39a)라고 간청하지만, "그러나 나의 원대로 마시옵고 아버지의 원대로 하옵소서."(마 26:39b)라고 자신의 의지를 철저히 포기하고, 하나님께 자신을 내어 맡김으로써 하나님의 뜻에 순종하셨기 때문입니다. 뿐만 아니라, 예수님은 십자가 위에서 마지막 죽는 순간에도 "아버지 내 영혼을 아버지 손에 부탁하나이다."(눅 23:46)라고 말씀하시고 숨을 거두셨습니다. 그러므로 참된 그리스도인은 예수님처럼 먼저 자신의 모든 뜻과 의지를 포기하고, 창조주 하나님께 자신의 모든 것을 내어 맡기는 것입니다. 이것이 바로 '하나님의 뜻에 자신을 내어 맡기는 순종의 죽음', 곧 '순교殉敎'입니다. 이러한 의미에서 그리스도인의 삶은 자기 의지대로 살아가는 것이 아니라, 자기의 의지를 제물로 바치는(자기의 뜻을 포기하고 하나님의 뜻에 순종하는) 살아 있는 제사의 삶입니다.(참고 롬 12:1)460)

따라서 이와 상응하게 예수님께서는 "나더러 주여, 주여 하는 자마다 다 천국에 들어갈 것이 아니요 다만 하늘에 계신 내 아버지의 뜻대로 행하는 자라야 들어가리라."(마 7:21)고 선포하셨던 것입니다. 그러므로 "누구든지 하늘에 계신 내 아버지의 뜻대로 하는 자가 내(예수 그리스도의) 형제요 자매요 어머니"(마 12:50)가 될 수 있습니다. 왜냐하면 한 형제요 자매는, 한 분 하나님 아버지의 뜻에 함께 순종하는 자들이기 때문입니다. 따라서 우리가 예수 그리스도에 대한 믿음으로 구원을 얻는다는 것은, 자기의 의지를 철저히 포기하고 오로지 하나님의 뜻에 순종하며 살아갈 때만 구원을 얻는다고 바꾸어 해석할 수 있습니다. 왜냐하면 구원의 주체는 우리 인간이 아니라, 하나님 자신이기 때문입니다. 바꾸어 말하면 구원은 하나님으로부터 값없이 주어지는 은총이지, 인간의 의지적인 노력으로 성취하는 것이 아니기 때문입니다.

4. 그리스도 안에서만 할 수 있다

인간이 마음속에 생각하는 바를 인간 스스로 성취할 수 없다면, 인간의 '의지'는 무슨 의미가 있는가? 하고 우리는 질문할 수 있습니다. 이러한 질문에 대하여 예수님은 아주 분명하게 "내가 진실로, 진실로 너희에게 이르노니 나를 믿는 자는 내가 하는 일을 그도 할 것이요, 또한 그보다 큰일도 하리라"(요 14:12)고 선포하십니다. 뿐만 아니라 "지금까지는 너희가 내 이름(예수 그리스도)으로 아무것도 구하지 아니하였으나, 구하라 그리하면 받으리니 너희 기쁨이 충만하리라."(요 16:24)고 선언하십니다. 이렇듯 인간이

---

460) 롬 12:1 : "그러므로 형제들아 내가 하나님의 모든 자비하심으로 너희를 권하노니 너희 몸을 하나님이 기뻐하시는 거룩한 산 제물로 드리라. 이는 너희가 드릴 영적 예배니라." 이 말씀에서 "너희 몸을 … 거룩한 산 제물로 드리라."는 말씀은 '몸을 죽여서 바쳐라'는 뜻이 아니라, '너희 모든 의지를 포기하고 하나님의 뜻에 따라 살아라.'는 것으로 해석할 수 있다. 왜냐하면 다음에 이어지는 2절에서 '산 제사', 곧 그리스도인이 드릴 '영적 예배'가 무엇인지를 다음과 같이 설명하고 있기 때문이다: "너희는 이 세대를 본받지 말고 **오직 마음을 새롭게 함으로** 변화를 받아 **하나님의 선하시고 기뻐하시고 온전하신 뜻이 무엇인지 분별하도록 하라.**"(롬 12:2) 구약 성경 전승에 의하면 사람의 '마음' 혹은 '심장'은 '의지' 발원지를 의미한다. 따라서 '마음을 새롭게 한다'는 것은 '의지를 새롭게 한다.' 혹은 '뜻을 바꾸어' 하나님의 뜻에 순종하는 삶을 살라는 것으로 이해할 수 있다.

예수 그리스도에 대한 믿음을 가지면, 인간의 의지意志 이상의 것도 행할 수 있습니다. 그러나 그것은 인간의 '의지'에 의해서 이루어지는 것이 아니라, 예수 그리스도의 이름으로 올린 기도의 응답입니다. 이러한 실례를 우리는 바다 위를 걸은 베드로에게서 발견할 수 있습니다.

예수님께서 어느 날 밤 사경에 바다 위로 걸어서 제자들에게 오고 계셨습니다. 그때에 제자들이 예수님이 바다 위로 걸어오심을 보고 놀라 유령幽靈이라 하며 무서워 소리를 질렀습니다. 그 때 예수님께서 "안심하라 나니 두려워하지 말라."(마 14:27)고 말씀하셨습니다. 그러자 베드로가 "주여 만일 주님이시거든 나를 명하사 물 위로 오라 하소서."(마 14:28)라고 자기의 의사를 표명합니다. 그러자 예수님께서 "오라!"(마 14:29)고 명령하십니다. 그러자 베드로가 배에서 내려 물 위로 걸어서 예수께로 갔습니다.(마 14:29) 이 사건 속에서 우리는 베드로가 예수님의 말씀을 믿고 배에서 뛰어내렸을 때, 그는 인간이 할 수 없는 일, 곧 '물 위'를 걸을 수 있었습니다. 그러나 베드로가 바람으로 인因하여 믿음이 없어져 무서워하자, 이내 물에 빠졌습니다. 이 사건이 암시하는 바는, 인간의 의지와 능력으로는 바다 위를 걸을 수 없지만, 예수 그리스도의 말씀에 대한 믿음 안에서는 '바다 위도 걸을 수 있음'을 알 수 있습니다. 이러한 점에서 인간의 의지는 독자적으로는 아무것도 할 수 없으나, 예수 그리스도의 말씀을 믿는 믿음 안에서는 무엇이든지 할 수 있음을 알 수 있습니다. 바로 여기에 앞에서 분석한 역설, 곧 '인간의 의지는 아무것도 할 수 없다. 그러나 그리스도에 대한 믿음 안에서는 무엇이든지 할 수 있다.'는 것이 성립되는 것입니다.

***** 참회의 기도

주 하나님
내가 무엇이든지 할 수 있다고
생각했을 때,
사실 나는 아무것도 할 수 없었습니다.
그래서 모든 것을 포기하고
주님의 말씀에 온전히 의지하였을 때,
나는 '할 수 있다'는 자신이 생겼습니다.
그러므로 이제는
내 안에, 나의 의지가 아닌,
주님 말씀만이 나의 주인이 되옵소서!

- 아멘 -

IV. 양심良心도 없는 인간

***** 토의 주제 *****

1. 소위 '양심良心'이란 어떠한 것인가?
2. 한 가지 사실에 대하여 모든 사람이 동일하게 느끼는 '보편적 양심'이 있는가?
3. 소위 '양심'은 타고날 때부터 형성되는 것인가, 아니면 '각성覺醒'되는 것인가?
4. 소위 '양심'이 구원의 기준이 될 수 있는가?

1. 진리를 부인否認할 수 없는 마음으로서의 양심良心

최초 인간 '아담Adam'은 하나님께서 먹지 말라는 '선악과善惡果'를 따먹은 후, 여호와 하나님이 부르시는 소리를 듣고, 그의 아내와 함께 "하나님의 낯을 피하여 동산 나무 사이에 숨었습니다."(창 3:8) 그러자 여호와 하나님께서 '네가 어디 있느냐'라고 물으시자, "내가 벗었으므로 두려워하여 숨었나이다."(창 3:10)라고, 자신들이 동산 나무 사이에 숨은 이유를 설명합니다. 그리고 요한복음은, 어느 날 유대인들이 '간음하다가 현장에서 잡힌'(요 8:4) 여인을 데리고 와서 예수님을 시험하려고 고발한 일을 보고하고 있습니다. 예수님께서 '간음하다가 현장에서 잡힌' 여인을 고발하는 유대인들에게 '너희 중에 죄 없는 자가 먼저 돌로 치라'(요 8:7)고 명하시자, 유대인들이 '말씀을 듣고 양심에 가책을 느껴 어른으로부터 시작하여 젊은이까지 하나씩 하나씩'(요 8:9) 되돌아갔다고 기술하고 있습니다. 여기에서 질문이 제기됩니

다: 왜 아담과 그의 아내는 동산 나무 사이에 숨었는가? 그리고 왜 간음하다 현장에서 잡힌 여인을 고발하던 사람들이 '양심'에 가책을 느껴 돌아갔을까?

우선 '양심'이란, 글자 그대로 '선한 마음'입니다. 그렇다면 인간에게 과연 '선한 마음'이 있는가?(참고 롬 3:10-18) 만일 인간에게 '선한 마음'이 없다면, 과연 '양심'이란 어떠한 것인가? '양심'이란, 헬라어 'συνείδησις쉬네이데시스' 혹은 'σύνοιδα쉬노이다'란 말을 번역한 것으로써, '~에 관하여 알다, ~을 의식하다'라는 뜻입니다.461) 그러나 본래 '양심'이란, 철학적으로 '함께 관여하여 앎Mitwisserschaft'이란 뜻입니다. 더 자세히 말하면, 어떠한 사건에 대하여 어떤 사람이 그 사건과 독립되어 사건의 내용을 객관적으로 알고 있는 것이 아니라, 사건에 관여하여 있기 때문에 부인할 수 없는 것을 뜻합니다. 즉 자신도 그 사건이나 사실에 대하여 함께 관여되어 있기 때문에 알고 있는 것을 '양심'이라고 말합니다.462) 예컨대 '아나니아'가 자신의 소유를 팔아 그 중 얼마를 감추고 나머지를 베드로에게 가져왔을 때, 이 사실을 그의 아내 '삽비라'도 알고 있었습니다: "그 값에서 얼마를 감추매, 그 아내도 알더라 …"(행 5:2) 이러한 증언에 의하면, '삽비라'도 그녀의 남편 '아나니아'가 행한 일을 함께 알고 있었습니다. 이때 그가 남편과 더불어, 함께 알고 있는 내용을 '양심συνειδυίης(쉬노이다σύνοιδα의 Part. gen. abs)'이라고 말합니다. 이러한 의미에서 '양심'이란, 두세 사람이 '함께 알고 있는 사실'에 대하여, 다른 사람들이 거짓되게 이야기하는 것과는 달리, 그 중 어느 한 사람이 되어진 사실 그대로 이야기하는 것을 의미하며, 그렇게 증언하는 것을 '양심 선언良心宣言'이라고 합니다.

그런데 '양심'에 대한 이러한 문자文字적 의미는, 결과적으로 '객관적客觀的 진리眞理를 부인하지 못하는 마음', 곧 '자기 자신을 속이지 못하는 마음'이라고 할 수 있습니다. 왜냐하면 다른 사람들이 아무리 거짓으로 남을

---

461) 이 점에 관하여: Christian Maurer, Art. σύνοιδα, συνείδησις, ThWNT 7(1964), 897--918.
462) 참고. Euripides, Or. 396; nichtreflexiv: Euripides, El. 43; Khukydides IV, 68,4; Demosthenes, or. 18,100(Michael Wolther, Art. Gewissen II, Neues Testament, TRE 13, 214에서 재인용)

속이고, 거짓 증언을 한다고 해도 참된 내용, 곧 '진리'가 있게 마련이기 때문입니다. 이렇듯 헬라 철학자들은, '인간은 자기 안에 자기 태도에 대하여 아주 잘 알고 있는 또 다른 것이 있다'고 생각하였습니다. 즉 자신의 잘못과 불의에 대하여 잘 알고 있는, 즉 '자기와 관계된 것을 잘 알고 있는' 객관적 존재가 있다고 생각하였습니다.463) 그래서 일반적으로 사람들은 '되어진 사실 그대로'를 이야기하는 것, 곧 '진리'를 이야기하고 증언하는 마음을 '양심'이라고 말하고 있습니다. 즉 '양심'이란, 어떠한 일에 함께 관여한 사람들이 알고 있는 바와 같이 자기도 동일하게 알고 있는 것을 증언하는 것을 뜻합니다. 따라서 양심'이란, 한편으로는 '되어진 사실 그대로의 객관적 사실을 인정하는 마음'이고, 다른 한편으로는 '자기 자신에게 정직하고자 하는 마음'이라고 정의할 수 있습니다. 되어진 그대로의 객관적 사실을 부인하는 것은 자기 자신에게 정직하지 못한 것이고, 그러한 사람은 '양심'이 없는 사람입니다. 왜냐하면 그러한 사람은 동일한 한 가지 사실에 대하여 다른 사람들과 함께 관여해 있으면서도, 사실과 다른 이야기를 함으로써, 자기도 함께 관여해 있는 사실을, 곧 객관적 사실을 속이는 것이기 때문입니다.

그러므로 아담과 그의 아내가 동산 나무 사이에 숨었다는 것은, 자신들도 '선악과'를 따먹음으로써, '하나님과 같이 되고자' 한 불순종에 사탄과 함께 관여되어 있음에도 불구하고, 자신들은 마치 그 일에 관여하지 않은 양 스스로 나무 사이에 숨었다고 볼 수 있습니다. 즉 아담과 그의 아내에게는 '양심이 없다'고 볼 수 있습니다.464) 그리고 간음하다 현장에서 잡힌 여인을 고발하던 사람들이 '양심에 가책을 느껴 돌아갔다.'고 하는 것은, "너희 중 죄 없는 자가 먼저 돌로 치라."(요 8:7)는 예수님의 말씀과 동일한

---

463) 이 점에 관하여: B. Snell, *Die Entdeckung des Geistes*, 3.Aufl., 1955, 229 - O. Seel, *Zur Vorgeschichte des Gewissens-Begriffes im altgriechischen Denken*, in: Festschrift Dornseiff, 1953, 291-319.

464) 예컨대 중 · 고등학교 시절, 여러 학생이 함께 다른 학생들의 도시락을 훔쳐 먹고서 선생님께서 '누구 도시락 훔쳐 먹었느냐'고 물었을 때, 함께 도시락을 훔쳐 먹었던 학생 중 하나가 '자기는 다른 학생들이 훔쳐 먹는 것을 단지 얻어먹었을 뿐'이라고 답변한다면, 함께 다른 학생의 도시락을 훔쳐 먹은 학생들이 그에게 대하여 '저는 양심도 없다'라고 말하는 것과 같다.

생각을 하였다고 볼 수 있습니다. 즉 다른 사람을 심판할 수 있는 사람은 죄 없는 사람이어야 한다는 예수님의 생각과 '동일한 생각을 함께 가지게 되었고', 곧 '양심'을 갖게 되었다고 볼 수 있습니다. 그들은 비록 간음한 여인이라 할지라도, '죄 없는 자만이 돌로 칠 수 있다'는 예수님의 말씀이 '진리'라고 동의하게 되었습니다. 바꾸어 말하면, 그들 자신들도 다른 사람을 결코 심판할 수 없는 죄인이라는 사실을 인식하고 되돌아갔다고 볼 수 있습니다. 이렇듯 '양심'이란, '사실'을 '사실 그대로' 인정할 수 있는 정직正直한 마음, 곧 자기의 근본적인 모습에 대한 '자의식Selbstbewußtsein'이라고 볼 수 있습니다. 바로 이러한 근거에서, 예수님께서는 "오직 너희 말은 옳다, 옳다, 아니라, 아니라 하라. 이에서 지나는 것은 악惡으로부터 나느니라."(마 5:37)고 말씀하셨던 것입니다. 즉 '옳은 것'은 '옳다'고 이야기하고, '그릇된 것'은 '그릇되다'고 이야기하는 것이, 곧 '양심良心'이라고 할 수 있습니다.465) 그렇다면 모든 사람이 동일하게 생각하는 '보편적 양심'이라는 것이 있는가?

2. 하나님의 말씀을 깨달은 분량에 따른 서로 다른 양심

사도 바울은 각 사람이 서로 다른 '양심'을 가지고 있음을, 우상 앞에 놓은 제물을 먹는 문제로 자세히 설명하고 있습니다. 그에 의하면, 혹자는 우상의 제물을 마치 신령한 음식을 먹는 것으로 알고 있고, 그리고 혹자는 우상의 제물을 먹는 것은 우상을 숭배하는 죄로 알고 있다고 말합니다. 그래서 비록 하늘에나 땅에나 '신神'은 여호와 하나님 한 분밖에 안 계시기 때문에, 우상 앞에 놓은 음식이라 할지라도 음식 그 자체가 사람을 더럽히는 것이 아니라고 합니다. 그러나 우상에게 바친 제물에 대한 지식이 사람마다 서로 각기 다르기 때문에, 자신(사도 바울)이 우상의 제물을 먹으면, 이제껏 우상의 제물을 먹는 것을 죄로 알고 있던 사람까지도 우상의 제물을 먹게 될 것이라고 말합니다. 그렇게 되면, 자기에게는 아무런

---

465) 이 점에 관하여: 필자의 졸저, 『현실적 경험 신학』, 대한기독교서회 2003, 23이하: "제1장 성서의 사유 체계와 성서 해석"

죄가 되지 않는 것이지만, 다른 사람을 그들이 지금껏 알고 있는 것에 위배되는 죄를 짓게 만드는 결과를 낳게 된다는 것입니다. 따라서 사도 바울은 음식으로 인하여 사람들을 실족시키지 않기 위하여 '그들과 같은 생각, 곧 양심'에 따라서 제물의 고기를 영원히 먹지 않겠다고 말하였던 것입니다.(고전 8:1-13)466) 이 점을 사도 바울은 다음과 같이 더 자세히 설명하고 있습니다:

> "불신자 중 누가 너희를 청할 때에⋯너희 앞에 차려 놓은 것은 무엇이든지 양심을 위하여 묻지 말고 먹으라. (그러나) 누가 너희에게 이것이 제물이라 말하거든 알게 한 자와 그 양심을 위하여 먹지 말라. 내가 말한 양심은 너희의 것이 아니요 남의 것이니, 어찌하여 내 자유가 남의 양심으로 말미암아 판단을 받으리요, 만일 내가 감사함으로 참여하면 어찌하여 내가 감사하는 것에 대하여 비방을 받으리요. 그런즉 너희가 먹든지 마시든지 무엇을 하든지 다 하나님의 영광을 위하여 하라."(고전 10:27-31)

그래서 사도 바울은 다른 사람들과 '공유하는 지식, 곧 양심'에 따라 행동하라고 권면勸勉합니다: "모든 것이 가可하나 모든 것이 유익한 것은 아니요, 모든 것이 가可하나 모든 것이 덕을 세우는 것은 아니니, 누구든지 자기의 유익을 구하지 말고 남의 유익을 구하라."(고전 10:23-24) 한 마디로 말해서, 보다 넓고 깊은 지식이나 신앙을 가지고 있는 사람은, 그렇지 못한 사람을 이해하고 그들의 '양심'을 공유하라는 뜻입니다. 즉 마음이 큰 사람이 마음이 좁은 사람을 이해하고 수용하라는 뜻입니다.(참고 요일 3:20-22)467)

---

466) 여기서 '약한 양심' 혹은 '약한 자들의 양심'을 불트만(R. Bultmann)은 '자기 태도에 행당한 율법의 요구에 직면해서 가지는 그 율법에 대한 지식'으로 이해하고(R. Bultmann, *Theologie des Neuen Testaments*, Tübingen 1948, 217), 볼프(Chr. Wolff)는 '하나님의 의지와 부딪쳤을 때, 인간의 양심이 약해진다'고 해석한다(Chr. Wolff, *Der erste Brief des Paulus an die Korinther*, Belrin 1982, 2.Aufl, 12) 그러나 말리(K. Maly)에 의하면, '양심'이란, '윤리적으로 판단하는 자기의식으로서, 사람이 신앙에서 배워 생의 자세와 실천함에 있어서 언제나 새롭게 의식한 것으로서 하나님 앞으로 향하게 하는 것'이라고 정의한다(K. Maly, *Mündige Gemeinde*, Stuttgart 1967, 114)

467) 요일 3:20-22 : "이는 우리 마음이 혹 우리를 책망할 일이 있어도 **하나님은 우리 마음보다 크시고 모든 것을 아시기 때문이라**⋯무엇이든지 구하는 바를 그에게서 받나니 이는 우리가

그렇다면 마음이 넓고 깊은 것과 좁고 얕은 것의 차이가 무엇인가?

　각 사람의 '양심'이 서로 다른 것은, 하나님의 말씀에 대한 깨달음의 분량과 깊이가 각 사람마다 서로 다르기 때문입니다. 그 한 가지 예로 우리는 역시 사도 바울을 들 수 있을 것입니다. 사도 바울이 부활하신 예수 그리스도를 만나기 전에는, 그도 '예수가 부활하셨다'는 사실을 인정하려 하지 않았습니다. 그래서 그는 '예수가 부활하셨다'는 소식을 전하는 사람들을 잡아 죽이려 하였습니다. 그러나 그가 '다메섹'으로 가던 도중 부활하신 예수 그리스도를 직접 만난 이후, 그는 구약의 말씀을 단지 율법적으로만 해석하지 않고, 구약 성경이 예수 그리스도에 관한 말씀임을 이해하게 됩니다: "바울이 자기의 관례대로 그들에게로 들어가서 세 안식일에 성경(구약 성경)을 가지고 강론하며 뜻을 풀어 그리스도가 해를 받고 죽은 자 가운데서 다시 살아나야 할 것을 증언하고 이르되, 내가 너희에게 전하는 이 예수가 곧 그리스도라."(행 17:2-3, 비교 요 5:39; 행 8:33-35)[468] 그 후 율법에 매어 있던 사도 바울은 "율법 조문은 죽이는 것이요, 영은 살리는 것이니라."(고후 3:6)고 증언합니다. 그래서 그는 육신의 할례만을 주장하던 유대인으로서, 육신의 할례에 매여 있지 않고 오히려 과감하게 '마음의 할례'를 주장하게 됩니다: "무릇 표면적 유대인이, 유대인이 아니요, 표면적 육신의 할례가, 할례가 아니니라."(롬 2:28)

　그러나 사도 바울은 아직 신앙이 성숙되지 않은 사람들에 대하여는 어린 아이와 같이 대하겠노라고 말합니다: "형제들아 내가 신령한 자들을 대함과 같이 너희에게 말할 수 없어서 육신에 속한 자 곧 그리스도 안에서 어린 아이들을 대함과 같이 하노라. 내가 너희를 젖으로 먹이고 밥으로 아니하였노니, 이는 너희가 감당하지 못하였음이거니와 지금도 못하리라." (고전 3:1-2) 이 말씀에 의하면, 모든 사람들이 모두 똑같은 신앙을 가지고 있지 않음을 알 수 있습니다. 즉 각 사람은 각기 서로 다른 신앙을 가지고

그의 계명을 지키고 그 앞에서 기뻐하시는 것을 행함이라."

468) 요 5:39 : "너희가 성경(구약 성경)에서 영생을 얻는 줄 생각하고 성경을 연구하거니와 이 성경이 곧 내게 대하여 증언하는 것이니라."

있습니다. 이와 상응하게 하나님에 대한 지식, 혹은 인간의 '양심'도 사람에 따라서 서로 각기 다릅니다. 왜냐하면 사도 바울은 양심에 대한 논구(고전 8:7-13)에서 "그러나 이 지식은 모든 사람에게 있는 것은 아니므로 …"(고전 8:7)로 시작하고 있기 때문입니다. 다시 말하면 하나님 말씀을 깨달은 정도에 따라서 인간의 '양심'이 각기 서로 다르다는 것입니다. 예수 그리스도 자신의 말을 빌리면, 인간의 참된 진리, 곧 예수 그리스도에 대한 참된 인식에 도달하고, 그의 말씀을 참으로 깊이 깨달으면, 인간은 모든 것으로부터 해방된 참 자유를 누릴 수 있다는 것입니다: "진리를 알지니, 진리가 너희를 자유롭게 하리라."(요 8:32) 왜냐하면 예수 그리스도 자신이 하나님 아버지, 혹은 '하나님의 나라'에 이르는 "길이요, 진리요, 생명"(요 14:6)이시기 때문입니다. 이러한 점들을 고려해 볼 때, 예수 그리스도를 알 때, 폭넓고 깊은 '양심'을 가질 수 있고, 그때에만 인간은 아무것에도 매이지 않는 참 자유를 누릴 수 있다고 볼 수 있습니다. 따라서 참 진리인 예수 그리스도를 모르는 인간들의 '양심'은, 자기 자신들이 처해 있는 문화적, 정치적 혹은 신앙적 '삶의 정황Sitz im Leben'에 지배를 받을 수밖에 없습니다. 그러면 인간은 어떻게 보다 많은 '사람과 함께 공유하는 지식', 곧 보다 넓고 큰 '양심'을 가질 수 있을까?

3. 양심은 하나님을 만남으로써 각성覺醒된다

인간이 보다 많은 '사람과 함께 공유하는 지식', 곧 보다 넓고 큰 '양심'을 가질 수 있는 방법은, 앞 절에서도 언급하였듯이 사도 바울의 경우처럼, 예수 그리스도를 만나야 합니다. 그런데 현대인들이 예수 그리스도를 만나는 길은 기록된 성경 말씀과 그 말씀을 깨닫게 해 주시는 성령의 각성을 통해서 뿐입니다. 왜냐하면 인간이 '그의 마음으로 생각하는 모든 계획이 항상 악'(창 6:5; 8:21)할 뿐만 아니라, 사람들 중에는 '깨닫는 자도 없고, 하나님을 찾는 자도 없고, 다 치우쳐 함께 무익하게 되어 선을 행하는 자가 하나도 없기 때문입니다.'(롬 3:11-12) 한 마디로 모든 인간은 그 "양심이 화인을 맞아서 외식함으로 거짓말하는 자"(딤전 4:2)들이 되어, 어느 누구하고

도 마음을 같이 하거나, 함께 같은 지식을 가지려 하지 않습니다.469)

그러나 비록 인간의 '양심'이 없어졌다 하더라도, 하나님의 말씀을 듣고 믿어 순종하면, 그 '화인 맞은 양심'이 다시 살아나게 됩니다. 이것이 바로 죄를 회개하고 성령으로 거듭나는 것이고, 이것이 바로 죄의 속박으로부터 벗어나는 해방입니다. 즉 인간은 하나님의 말씀을 통한 성령의 각성케 하심을 통하여 '양심', 곧 '하나님과 함께 하는 지식'을 가질 수 있습니다. 왜냐하면 "하나님은 모든 사람이 구원을 받으며, 진리를 아는 데에 이르기를 원"(딤전 2:4)하고 계시기 때문입니다. 즉 참된 그리스도인이 되게 하는 것은 인간의 윤리적 선행에 의한 것이 아니라, 성령의 계몽에 의해서 되는 것이기 때문입니다: "만일 너희 속에 하나님의 영이 거하시면 너희가 육신에 있지 아니하고 영에 있나니, 누구든지 그리스도의 영이 없으면 그리스도의 사람이 아니라."(롬 8:9) 이렇게 그리스도의 영이 우리 안에 있을 때, 우리는 하나님과 함께 공유하는 폭 넓고 깊은 선한 '양심'을 갖게 됩니다. 그리고 그 때에 바로 인간은 '자유인'이 됩니다. 왜냐하면 성령은 인간을 모든 단편적이고 폐쇄적인 지식으로부터 자유하게 하는 '진리의 영'이시기 때문입니다: "진리의 성령이 오시면 그가 너희를 모든 진리 가운데로 인도하시리니, 그가 스스로 말하지 않고 오직 들은 것을 말하며 장래 일을 너희에게 알리시리라."(요 16:13)

이상 살펴본 바와 같이, 간음하다 현장에서 잡힌 여자를 고발하던 유대인들이나, 사도 바울이나, 십자가에 달린 강도나, '삭개오'나, 이들 모두는 예수 그리스도를 만나 그의 말씀을 들음으로써 그들의 화인 맞았던 양심이 되살아났습니다. 그래서 그들은 모두 예수 그리스도와 같은 생각 혹은 지식, 곧 '양심'을 갖게 되었습니다. 그러나 "이런 이(이방인)들은 그 양심이 증거가 되어 그 생각들이 서로 혹은 고발하며 혹은 변명하여 그 마음에 새긴 율법의 행위를 나타내느니라."(롬 2:15)는 사도 바울의 말씀은, 예수님 혹은 예수에 관하여 기록된 말씀을 접하지 않은 사람은, 동시대의 사

---

469) 최초 인간 아담이 거짓말한 죄로 인하여 자기 양심을 잃어버렸듯이 거짓말하는 것은 '양심이 화인 맞은 것'이라고 볼 수 있다. 그리고 실제로 '양심이 화인 맞은 자'는 항상 거짓말을 한다.

람들이 서로 함께 인정하는 '도덕법을 갖고 옳고 그른 것을 구분하고 …
도덕적 책임을 갖고 산다는 것입니다.'470) 그렇다면 이방인들이 선한 양심
으로 산다면 구원을 받을 수 있는가?

4. 소위 양심良心이란, 자기 판단 기준일 뿐이다

비그리스도인들이 이야기하는 소위 '양심'이란, 구원의 전제가 되지 못
합니다. 왜냐하면 앞에서 이미 언급하였듯이, '양심'이란, '함께 알고 있는
지식Mitwisserschaft', 곧 '서로가 동의하는 지식Conscientia'에 불과하기 때문입니
다.471) 그러나 이러한 인간의 '양심'은 역사 속에서 수 없이 많은 죄를 자
행해 왔습니다. 예컨대 예수 그리스도를 십자가에 못 박도록 내준 군중들
도 서로 같은 생각을 함께 가지고 있었습니다. 즉 그들에게는 사회적 '양
심', 바꾸어 말하면 '민주적인 의견'이 있었습니다. 그러나 그 사회적 '양심'
은 죄 없으신 하나님의 아들 예수 그리스도를 십자가에 못 박아 죽이는
죄를 범하고 말았습니다. "그들(유대인)이 큰 소리로 재촉하여 십자가에
못 박기를 구하니…"(눅 23:23). 이러한 점에서 볼 때, 인간의 '양심'은 다분히
사회적, 문화적, 정치적 그리고 종교적 소산이며 동시에 아주 주관적인 것
이라고 볼 수 있습니다. 왜냐하면 그 사람의 지역적, 문화적, 정치적 차이
에 따라서 서로 다른 공동의 지식이 형성되기 때문입니다.

반면에 구약 성경에는 '양심'이라는 개념이 전혀 나타나지 않습니다.472)
그 이유는 구약에서는 이스라엘 백성들이 공유하는 진리에 대한 지식이
없었기 때문입니다. 구약에서는 오직 여호와의 말씀만이 인간의 신앙과

---

470) 이종윤, 『성경 난해 구절 해설』, 필그림출판사 2004, 416.

471) 하나님의 율법과 인간의 양심을 연결시킨 헬레니즘의 영향을 받은 유다이즘 전통의 그리스도
교의 교부들은, 고대 후기 헬라 철학을 도덕 철학으로 만들었다. 그래서 그들은 '쉬네이데시스
syneidesis'와 '콘쉬엔치아conscientia'를 인간의 도덕적 자의식으로 해석하였다. 특히 키케로
Cicero는 인간이라면 누구에게나 공통적으로 적용되는 양심의 '기본 개념κοιναὶ ἔννοιαι'이 있
다는 스토아학파의 이론을 수용하여, '양심'을 '선천적 지식nata lex'이라고 생각하였다.(참고.W.
Pannenberg, *Anthropologie*, 박일영 역, 『인간학』, 분도출판사 1996, 387)

472) Chr. Maurer, Art. σύνοιδα, συνείδησις, *ThWNT* 7(1964), 906 – ders., *Glaubensbindung und
Gewissensfreiheit im NT*: NhZ 17(1961), 107-117 – M. Kähler, *Das Gewissen*, Halle 1878 =
Darmstadt 1967, 19.

삶의 규범으로 주어졌기 때문입니다.(참고 계 21:18) 따라서 '하나님의 말씀'은 절대적이며, 동시에 과거나 현재나 동일하고 영원한 보편적 진리인 것입니다. 반면에 소위 인간의 '양심'은 시대와 지리적 차이에 따라서 변할 수 있는 상대적인 것입니다. 그래서 예컨대 한 남자가 두 여자를 데리고 사는 것이 시대와 각 문화에 따라서 다르게 판단되는 것과 같습니다. 즉 '일부일처─夫─妻' 제도에 살고 있는 사람이, 자기 부인 이외에 다른 여자를 데리고 산다면, '양심'의 가책을 받을 수 있으나, '일부다처─夫多妻' 제도 속에 사는 사람은 전혀 '양심의 가책'이라는 것을 느끼지 않기 때문입니다.

그럼에도 불구하고 '살인하지 말라', '도둑질하지 말라', 혹은 '네 부모를 공경하라'는 등과 같은 십계명의 율법은 모든 인류가 공유하는 보편적 규범입니다. 그러나 이러한 율법조차도 '히틀러Hitler'와 같은 살인마殺人魔, 혹은 '김일성'과 같은 독재자들에게는 아무런 양심의 가책을 주지 못합니다. 이러한 점에서, 온 인류가 공유하고 있는 보편적 '양심'이란 이 세상에 없다고 볼 수도 있습니다. 따라서 소위 인간의 '양심'이란, 다분히 주관적이고 상황적이고 문화적입니다. 왜냐하면 전쟁에서는 '살인'도 허락되기 때문입니다. 이러한 사실들을 고려해 볼 때, 오직 하나님의 말씀만이 변함없는 보편적 진리, 더 자세히 말하면 예수 그리스도를 인식하는 것만이 참된 '양심'이라고 할 수 있습니다. 오직 하나님의 말씀 안에서만 인류는 보편적 '양심'을 가질 수 있습니다.

***** 참회의 기도

주님이시여,
님을 만나기 전,
'진리와 정의'를 주장한다며
무익한 말로 많은 죄를 지었나이다.

부질없이 던진 말이
되돌아와 나 자신을 단죄할 때,
그때야 비로소 나는 '내 눈의 들보'를 보았습니다.

하나님의 말씀보다는
사람들의 세 치 혀끝으로 하는 말에
맞장구치며 함께 나눈 '양심'이,
혀끝의 소리가 허공을 치듯,
이제는 가슴을 치는 심판의 방망이가 되었습니다.

주여!
이제는 당신의 말씀에서
한치도 벗어나지 말게 하소서
이제는 한 순간도
당신의 낯을 피하지 말게 하소서
그리고 주님의 말씀이 나의 양심이 되게 하옵소서!

- 아멘 -

V. 언어言語를 가진 인간

- '말'만 하는 인간 -

***** 토의 주제 *****

1. '말이 씨가 된다'는 속담의 의미가 무엇인가?
2. 한 사람의 '인격'을 무엇으로 평가할 수 있는가?
3. 당신의 기도를 하나님이 듣고 계시다고 생각하며, 당신은 하나님의 말씀을 듣고 있는가?
4. 말씀이신 하나님께서 예수 안에서 육신이 되었다는 것을 어떻게 인식할 수 있는가?

1. 말言語의 창조성

'말', 곧 '언어言語'는 단순히 자연의 소리를 표현하는 기표記標가 아닙니다. 특정한 '개념' 혹은 '의미'를 가지고 있는 '말', 곧 '언어' 속에는 말하는 사람의 '의도'와 '감정'이 '이입移入'될 수 있습니다. 이 점을 사람들은 '비유比喩로 말하기를 '언중유골言中有骨'이라고 합니다. 이렇게 '말', 곧 '언어' 속에는 말하는 사람의 '의도'와 '감정'이 내재immanent되어 있기 때문에 듣는 사람은 말하는 사람의 '말'속에 담겨진 '감정'과 '의도'를 인식하고 즉각적으로 감정적 반응을 하게 됩니다. 예컨대 칭찬하는 소리를 들으면, 기분이 좋고, 비난하는 소리를 들으면 기분이 상하게 됩니다. 혹은 겉으로는 칭찬하는 말 같으면서도 그 속에 다른 의도가 있다는 것을 인식하면, 그때는 더욱 기분이 상하는 경우도 있습니다. 이렇듯 인간의 '말', 곧 '언어'는 단순히 의사소통을 위한 도구의 차원을 넘어서서, 듣는 사람의 감정을 상하게도 하고, 혹은 낙심한 사람에게 용기를 주는 창조력을 가지고 있습니다.

그런데 인간의 말이 가지는 '창조성'은 하나님 말씀의 창조성에 근거한 것입니다.473) 다시 말하면 하나님께서 최초 인간 아담Adam을 대화의 상대자로 삼으시고(창 1:28; 3:9-12), 그에게 '각종 생물의 이름'을 짓는 '말의 권위'를 부여해 주셨기 때문입니다: "여호와 하나님이 흙으로 각종 들짐승과 공중의 각종 새를 지으시고 아담이 무엇이라고 부르나 보시려고 그것들을 그에게로 이끌어 가시니 아담이 각 생물을 부르는 것이 곧 그 이름이 되었더라. 아담이 모든 가축과 공중의 새와 들의 모든 짐승에게 이름을 주니라…."(창 2:19-20) 또한 이스라엘 예언자들은 '여호와 하나님'의 말씀이 '역동적力動的'인 힘을 가지고 있는 것으로 묘사하고 있습니다: "여호와의 말씀이니라. 내 말이 불火같지 아니 하냐, 바위를 쳐서 부스러뜨리는 방망이 같지 아니 하냐."(렘 23:29)474) 특히 여호와 하나님의 '음성音聲'은 자연에 작용을 일으키는 힘으로 묘사되었습니다: "그가 이르되 여호와께서 시온에서부터 부르짖으시며 예루살렘에서부터 소리를 내시리니, 목자의 초장이 마르고 '갈멜' 산꼭대기가 마르리로다."(암 1:2) 그래서 구약 성경은 하나님의 말씀으로 천지가 창조되었음을 보고하고 있습니다:

> "태초에 하나님이 천지를 창조하시니라…하나님이 이르시되 빛이 있으라 하시니 빛이 있었고,…하나님이 빛을 낮이라 부르시고 어둠을 밤이라 부르시니라. 저녁이 되고 아침이 되니 이는 첫째 날이니라. 하나님이 이르시되 물 가운데에 궁창이 있어 물과 물로 나뉘라 하시고, 하나님이 궁창을 만드사 궁

---

473) 볼프는 하나님께서 아담에게 그의 아내를 만들어 주신 것(창 2:18-23)을 인간에게 말할 기회를 주신 것으로 해석한다(Hans Walter Wolff, *Anthropologie des Alten Testament*, München 1973, 문희석 역, 『舊約 聖書의 人間學』, 분도출판사 1976, 146)

474) 하나님 말씀의 창조성을 증언하는 '표준 성구*locus classicus*'로서 죄더블롬(Tiele-Söderblom)은 이사야 55장 10-11절을 제시한다: "이는 비와 눈이 하늘로부터 내려서 그리로 돌아가지 아니하고 땅을 적셔서 소출이 나게 하며 싹이 나게 하여 파종하는 자에게 종자를 주며 먹는 자에게 양식을 줌과 같이, 내 입에서 나가는 말도 이와 같이 헛되이 내게로 돌아오지 아니하고 나의 기뻐하는 뜻을 이루며 내가 보낸 일에 형통하리라" 이에 관하여 Tiele-Söderblom, *Komendium der Religionsgeschichte*, Berlin 1920, 83.

창 아래의 물과 궁창 위의 물로 나뉘게 하시니 그대로 되니라."(창 1:1,3,5-7)475)

이렇듯 하나님 말씀은 '운동력Aktivität', 곧 '창조력Kreativität'을 가지고 있습니다.476) 이러한 '말'의 '운동력'과 '창조력'을 하나님께서 인간에게 주셨기 때문에, 인간의 말(언어)도 역시 '창조력'을 가지고 있습니다. 그러면 '말'이 구체적으로 어떠한 창조력을 가지고 있는가?

우선 의로운 자의 '말'은 오히려 악인惡人을 깨우쳐 구원할 수 있는 능력이 있습니다.(겔 3:18) 그리고 의로운 자의 '말'은 연약한 자를 붙들어 주어 쓰러지지 않게도 합니다(욥 4:4; 사 50:4) 그래서 의인義人은 하나님의 말씀과 '경건에 관한 말'(딤전 6:3), '참된 말'(갈 4:16), '감사하는 말'(엡 5:4), '덕을 세우는 말'(엡 4:29), '화평하고 진실한 말'(에 9:30), '지혜로운 말'(잠 23:9; 마 12:42), '명철하고 슬기로운 말'(단 2:14), '충성된 말'(에 7:9), '정직한 진리의 말'(전 12:10), '깊이 생각하는 신중한 말'(잠 15:28), '생명의 샘'(잠 10:11)과 같은 말만을 합니다.

그러나 악인의 '말'은 마음 속 깊이 상처를 줍니다.(잠 18:8; 26:22) 그래서 악인의 말은 '거짓과 아첨하는 말'(시 12:2), '저주하는 말'(왕상 2:8), '유혹하는 말'(잠 7:21), '하나님을 훼방하는 말'(사 37:4,6,17), '자랑하는 말'(벧후 2:18), '죄악과 궤휼을 일삼는 말'(시 36:3), '남을 해하는 음모'(잠 12:6), '패역한 말'(잠 2:12)을 하게 됩니다.

그러나 말의 '악함'과 '선함'은, 그 말을 실행한 결과에 따라서 밝혀집니다. 곧 그 말이 '진리'를 이야기하느냐, 아니면 '거짓'을 이야기하느냐에 따라서 판단됩니다. 즉 아첨하는 소리가 당장은 귀에 좋게 들리지만, 듣기에 좋다고 해서 그 말이 꼭 '선한 말'은 아니라는 것입니다. 때론 '듣기에 기

---

475) 하나님의 '말씀'은 그 자체로서 힘을 가지는 것은 아니다. "하나님이 이르시되 빛이 있으라 하시니 빛이 있었고"라고 기술하고 있는 것처럼 모든 '말', 곧 '언어'는 구체적인 인격체에 의해서 현실적으로 '구술'될 때 비로소 창조의 힘을 갖는다. 이러한 근거에서 '말'은 단순히 사유 형식이 아니라, '발설됨으로써' 인격성을 갖는다. 이 점에 관하여: 김재진, 『현실적 경험 신학』, 대한기독교서회 2003, 78ff; "제3장 구원 사건의 재-경험을 위한 영-그리스도적 성서 해석"

476) 히브리서 기자는 하나님 말씀의 창조성 혹은 심판의 능력을 다음과 같이 기술하고 있다: "하나님의 말씀은 살아 있고 활력이 있어 좌우에 날선 어떤 검보다도 예리하여 혼과 영과 및 관절과 골수를 찔러 쪼개기까지 하며 또 마음의 생각과 뜻을 판단하나니"(히 4:12).

분이 상하는 말'이라 할지라도, 그 말이 진리라면, 그 말에 순종하면 좋은 결과를 얻을 수 있다는 것입니다. 반면에 당장 듣기에 좋은 말이라 할지라도 그 말이 '진리'가 아니면, 그 말에 순종할 때, 결국에는 악한 결과를 가져옵니다. 따라서 듣기에 좋은 말이라 할지라도, 그 내용이 진리가 아니면, '악한 말'이 됩니다. 오히려 현실적으로 '거짓말'이 귀에 듣기에 좋은 경우가 더 많습니다. 예컨대 피조물인 인간, 곧 '흙'에 불과한 '인간'에게 '하나님과 같이 될 수 있다'(창 3:5)는 사탄의 거짓말은 지금까지 인간이 들을 수 있는 말 가운데 최고의 말이었습니다. 그러나 이 '말'을 들은 '아담'과 그의 아내 '하와'는 사탄이 한 말의 '진실성'은 판단하지 않고, 당장 귀에 듣기 좋은 소리를 청종聽從하고, 행동함으로써 죄인으로 타락하는 결과를 가져왔습니다. 그리고 사탄은 지금도 계속해서 우리에게 '너도 하나님과 같이 되라'고 유혹하고 있습니다.

이상 앞에서 살펴보았듯이, '말', 곧 '언어'는 그것이, '청취자'에게 부정적인 반응을 일으키든, 아니면 긍정적인 반응을 일으키든, 어쨌거나 '창조의 능력'을 가지고 있습니다. 그러므로 '거짓된 말'은 인간을 타락시키고, '참된 말'은 인간에게 생명과 영생을 가져옵니다. 그러므로 '복음福音'은 사탄의 유혹과 같은 단지 귀에 듣기 좋은 소리가 아니라, 나의 생명, 곧 '나의 영생永生'을 위한 말입니다. 그래서 사도 바울은 "내가 복음을 부끄러워하지 아니하노니 이 복음은 모든 믿는 자에게 구원을 주시는 하나님의 능력이 됨이라."(롬 1:16)고 증언하고 있는 것입니다. 바꾸어 말하면 '복음'은 그 말씀의 진실성과 능력으로 평가되는 것이지, 듣는 자의 귀耳, 곧 이성理性에 의해서 판단되는 것이 결코 아닙니다. 반면에 '아첨하는 소리'는 많이 들으면 들을수록, 오히려 나의 영혼을 병들게 합니다. 그래서 잠언 기자는 "내 아들아 악한 자가 너를 꾈지라도 따르지 말라."(잠 1:10)고 경계하고 있습니다. 오히려 "나의 책망을 듣고 돌이키라. 보라 내가 나의 영을 너희에게 부어주리라"(잠 1:23)고 말합니다.

2. 말言語의 인격성

우선 '말'의 인격성을 구약 성경은 인간의 '말', 심지어는 하나님의 '말씀'을 '귀', '입', '혀', '목구멍'과 같은 인간의 구체적인 신체 기관과 결합하여 언급함으로써 증언하고 있습니다: "그들이 듣기를 싫어하여 등을 돌리며 듣지 아니하려고 귀를 막으며"(슥 7:11 비교 딤후 4:4; 겔 12:2; 렘 6:10); "나의 혀도 종일토록 주의 공의를 작은 소리로 읊조리오리니 나를 모해하려 하던 자들이 수치와 무안을 당함이니이다."(시 71:24) 그런데 '귀'와 '눈'이라는 단어는 언제나 한 단어씩만 나오지만, '말'을 하는 기관에 대하여는 여러 가지 단어가 집합하여 나옵니다. 그 모든 단어 중에서 종합적인 기능을 하는 것으로 '페pāh, 곧 입口'을 지칭합니다. 즉 '입'은 '혀', '입술', '목구멍'의 총칭으로서, '입'의 가장 두드러진 역할은 '말하는 것'으로 증거하고 있습니다.(창 45:12; 마 12:34; 약 3:1-12; 시 39:1; 141:3; 엡 4:29)477) 그래서 '비어비쉬M. Bierwisch'는, 귀와 눈이 지각한 것을 말로 표현하는 입은, 인간을 다른 모든 피조물보다 위대하게 만든 기관이라고 주장합니다.478) 여기서 질문이 제기될 수 있습니다: 단지 '말'이 인간의 신체적 기관에 의해서 발설된다고 해서, '말'이 '인격성'을 가지고 있다고 말할 수 있는가? 그렇습니다. 단지 인간의 '말'이 구강口腔 기관을 통하여 '언어'로 '발설'된다고 해서 '말'이 '인격성'을 가지고 있다고 말하기는 너무나 빈약합니다. 따라서 '말'의 '인격성'은 오로지 '말'의 '창조성'에 기초해 있습니다.

우선 인간의 '말', 곧 '언어'가 창조 능력을 가지고 있다는 것은, '말' 그 자체가 어떠한 초자연적 능력을 가지고 있기 때문이 아니라, '말'의 배후에 그 '말'을 '발설'한 구체적인 인격적 실체가 있기 때문입니다. 다시 말하면 어떠한 '말'이고, 그 '말' 뒤에는 항상 '말한 사람'이 있어, 그 화자話者가 자기의 '말'의 주체가 되기 때문에, '말'이 창조 능력을 갖는 것입니다. 즉

---

477) 창 45:12 : "당신들의 눈과 내 아우 베냐민의 눈이 보는 바 당신들에게 이 **말을 하는 것은 내 입이라.**"; 마 12:34 : "독사의 자식들아 너희는 악하니 어떻게 선한 말을 할 수 있느냐 이는 **마음에 가득한 것을 입으로 말함이라.**"

478) M. Bierwisch, Strukturalismus: JIhwe (Hg.), *Literaturwissenschaft und Linguistik*, Bd.1(1971), 71.

'말', 곧 '언어'의 배후에는 항상 그 말을 발설發說한 '화자Sprecher'가 '말'의 주체로 실재합니다. 다시 말해서 인간의 '말', 곧 '언어'가 듣는 사람에게 어떠한 모양으로든지 반응을 일으키는 것은, '말'을 '발설한' 인격적 실체가 그 배후에 있기 때문입니다. 이것이 자연의 '소리'와 인간의 '말', 곧 '언어'가 다른 점입니다.479) 왜냐하면 만일 구체적인 '화자'가 없다면, 곧 누가 발설한 것인지 불확실한 '말'이나 '문장'에 대하여 인간은 반응하지 않는다는 것입니다. 이것이 바로 '말'이 가지는 의사소통의 신비입니다.480)

예컨대 길거리 벽에 '너는 바보야'라는 말이 써 있다고 합시다. 누군가가 길을 가다가 이 글을 읽었다고 해서 기분이 상하지는 않을 것입니다. 그러나 '너는 바보야'라고 써 놓은 사람이 구체적으로 친구 혹은 선생님, 혹은 남편이라는 사실을 알았다면, 그때는 기분이 몹시 상할 것입니다. 이러한 현상은 '너는 바보야'하는 말을 발설한 구체적인 주체를 인식하고 있기 때문입니다. 한 걸음 더 나아가 '홍길동, 너는 바보야'라고, 구체적인 대상자의 이름을 써 놓았다면, 그 이름을 가진 사람은 더욱 기분이 상하여, 말한 사람에게 분노를 토할 것입니다. 이렇듯, '말', 곧 '언어'는 말하는 '주체'와 '객체'의 상호작용을 통하여 서로에게 반응을 일으키는 인격적 요소를 가지고 있습니다. 즉 '말'은, 듣는 '대상'에게는 '말'이 담고 있는 '개념'을 통하여 긍정적이든 부정적이든 반응을 야기惹起시키고, '발설하는 사람'은 '말'을 통하여 자기의 인격을 드러내는 것입니다. 한 마디로 말해서 '말', 곧 '언어'의 배후에는 언제든지 그 '말'을 발설한 구체적인 인격적 주체가 실재하고, '말', 곧 '언어'는 '말'하는 사람의 인격을 계시해 줍니다. 이것이 '말', 곧 '언어'의 인격성입니다.

그러므로 '말'의 인격성은, 곧 '화자'의 인격성을 의미합니다. 바꾸어 말

---

479) 물론 천둥치는 소리, 사자의 울음소리, 혹은 야간에 이상한 신음소리 등을 듣고 사람들은 일방적으로 자기의 상상 속에서 공포를 느낄 수도 있다. 그러나 그것은 단지 한 인간이 자기 자신의 상상에서 일방적으로 일으키는 반응일 뿐, 소리의 주체와 인격적으로 서로 희비애락喜悲哀樂의 감정을 주고받는 '인격적 의사 소통'을 가능하게 하지 못한다.

480) 1967년 어빙 고프만은 대화라는 현상을 대화에 참여하는 사람들 사이에서 발생하는 상호 작용Interaktion이라는 관점에서 분석한 책을 출판하였다(Erving Goffman, *Intera -ktionsrituale. Über Verhalten in direkter Kommunikation*, 1967, 독일어판 1971)

하면, '그 사람의 말'을 통하여 '화자'의 '인격'을 이해하고 판단할 수 있다는 것입니다. 따라서 '말의 인격성'이란, '화자의 책임성', 곧 화자의 '언행일치言行一致'를 의미합니다. 즉 자신이 한 말에 대하여 철저히 책임을 지고 실행하는 것입니다. 그렇게 함으로써 화자는 자신이 발설한 '말'을 다른 사람들이 철저히 신뢰하도록 하는 것입니다. 이러한 점에서 화자의 '말'에 대한 신뢰는, 곧 화자 그 자신에 대한 신뢰와 같은 것입니다.

예컨대 사도 베드로가 예수님께, "모두 주를 버릴지라도 나는 결코 버리지 않겠나이다."(마 26:33); "내가 주와 함께 죽을지언정 주를 부인하지 않겠나이다."(마 26:35)라고 말한 후에 "베드로가…한 여종이 나아와 이르되 너도 갈릴리 사람 예수와 함께 있었도다 하거늘 베드로가 모든 사람 앞에서 부인하여 이르되 나는 네가 무슨 말을 하는지 알지 못하겠노라 하며… 베드로가 맹세하고 또 부인하여 이르되 나는 그 사람을 알지 못하노라."(마 26:69-70,72)고 행동한 것은 '언행일치'의 삶이 아닙니다. 따라서 베드로는 인격적인 사람이라고 평가할 수 없습니다. 따라서 그의 '말'은 거짓말이지, '책임성 있는 말'이 아닙니다. 그가 자신의 '인격'을 되찾는 길은, 오직 자신이 한 '말'을 책임지고 실행하는 일입니다. 즉 베드로가 자신의 말에 책임을 졌다면, 그는 예수님께서 십자가에 못 박히신 것처럼, 자신도 죽었어야 합니다. 그래서 그 후 베드로는 자신의 인격을 되찾기 위해서 십자가에 매달려 순교를 당합니다.

그러므로 그 사람의 인격은, 그 사람이 발설한 '말의 책임성' 이외에 다른 것이 아닙니다. 따라서 비인격자는 거짓말하는 사탄의 영에 사로잡힌 자 이외에 다른 사람이 아닙니다. 그래서 예수님도 베드로가 당신을 부인할 것을 아시고, "시몬아, 시몬아, 보라 사탄이 너희를 밀 까부르듯 하려고 요구하였으나, 그러나 내가 너를 위하여 네 믿음이 떨어지지 않기를 기도하였노니, 너는 돌이킨 후에 네 형제를 굳게 하라."(눅 22:31-32) 말씀하셨던 것입니다. 결국 '거짓말하는 영'에 사로잡힌 자의 '말'과 '행동'은 일치하지 않으며, 그러한 사람은 또한 비인격자라고 평을 받습니다. 왜냐하면 그의 '말'은 '행함'이 없는 공중에 외치는 헛소리이기 때문입니다. 그렇다면 어떻게 하면 자기가 한 '말'에 대하여 책임을 질 수 있는가?

3. 말씀하시는 하나님과 들어야 하는 인간

하나님은 처음부터 우리 인간에게 말씀을 걸어오시는 분이십니다. 즉 인간은 하나님을 찾지 않아도, 하나님은 인간을 먼저 찾아오십니다. 최초 인간 아담이 범죄하여 동산 나무 사이에 숨었을 때, 하나님은 아담을 찾으시며, 그에게 먼저 말씀을 건네십니다: "여호와 하나님이 아담을 부르시며 그에게 이르시되, 네가 어디 있느냐?"(창 3:9) 뿐만 아니라, 인간이 하나님께 말을 하기 전에 먼저 인간에게 하나님은 말씀하십니다: "여호와 하나님이 그 사람을 이끌어 '에덴' 동산에 두어 그것을 경작하며 지키게 하시고, 여호와 하나님이 그 사람(아담)에게 명하여 이르시되, 동산 각종 나무의 열매는 네가 임의로 먹되 선악을 알게 하는 나무의 열매는 먹지 말라. 네가 먹는 날에는 반드시 죽으리라."(창 2:15-17) 그러나 인간은 처음부터 '하나님의 말씀'을 듣지 않는, 곧 '순종하지 않는' 자입니다: "내(여호와 하나님)가 네(아담)게 먹지 말라 명한 그 나무 열매를 네가 먹었느냐"(창 3:11) 그후 아담의 후예인 인간은 하나님의 낯을 피하지만, 하나님은 그 때마다 인간에게 찾아와서 말을 건네십니다: "여호와께서 가인에게 이르시되, 네가 분하여 함은 어찌 됨이며, 안색이 변함은 어찌 됨이냐?"(창 4:6) 이렇듯 구약 성경의 증언에 의하면, 여호와 하나님은 끊임없이 먼저 인간에게 찾아와 '말'을 건네시고, 그 말씀을 순종할 것을 요구하시지만, '노아', '에녹', '아브라함'과 같은 의인과 '예언자'들을 제외하고, 대부분의 사람들은 하나님의 말씀을 불순종 합니다: "이에 아브람이 여호와의 말씀을 따라갔고 롯도 그와 함께 갔으며…"(창 12:4; 롬 4:5,9)481) 이러한 의미에서 성경이 증언하고 있는 신앙이란, 곧 '하나님 말씀'을 순종하고 신뢰하는 것 이외에 다른 것을 뜻하지 않습니다. 즉 하나님의 말씀에 순종하는 것이 하나님께 순종

---

481) 롬 4:5: "일을 아니할지라도 경건하지 아니한 자를 의롭다 하시는 이를 믿는 자에게는 그의 믿음을 의로 여기시나니"; 롬 4:9 : "그런즉 이 복이 할례자에게냐 혹은 무할례자에게도냐 무릇 우리가 말하기를 아브라함에게는 그 믿음이 의로 여겨졌다 하노라."

하는 것입니다. 이러한 점에서 신앙은, 인간의 의지가 아니라, 말씀에 대한 신뢰, 곧 하나님의 말씀을 듣고 순종하는 것입니다. 왜냐하면 '말'하는 자에 대한 신뢰는 그가 한 '말'에 대한 신뢰로 표현되기 때문입니다. 바로 이러한 이유에서 잠언 기자는, 인간은 말하는 자가 아니라, 오히려 듣는 자가 되어야 한다고 말합니다. 즉 주제 넘게 먼저 말하려고 해서는 안 됩니다: "듣기도 전에 대답하는 자는 미련하여 욕을 당한다."(잠 18:13) 그래서 폰 라드Gerhard v. Rad는 '인간의 참된 인간성은 하나님의 말씀을 듣는 것에서 이루어진다'[482]고 말하였습니다. 바꾸어 말하면, 인간은 자기 자신을 깨달을 수 있는 곳이 거울이 아니라, 자기를 부르시는 하나님의 음성에서, 그리고 그가 받아들이는 하나님의 작은 속삭임에서 깨달을 수 있는 것입니다.

이에 반하여 하나님은 우리의 기도를 하나도 남김없이 듣고 계십니다. 세미한 음성도 듣고 계시고, 고통 속에서 신음하는 소리도 듣고 계십니다: "여호와의 사자가 또 그에게 이르되 네가 임신하였은즉 아들을 낳으리니, 그 이름을 이스마엘이라 하라. 이는 여호와께서 네 고통을 들으셨음이니라."(창 16:11); "이제 가라 이스라엘 자손의 부르짖음이 내게 달하고 애굽 사람이 그들을 괴롭히는 학대도 내가 보았으니…."(출 3:9) 이렇듯 기도는 하나님께서 나의 기도를 듣고 계시다는 의식에서만 가능하고, 또 현실적으로 하나님은 모든 사람들의 기도를 듣고 계십니다. 한 마디로 말하면, 하나님은 우리들에게 말씀하시고, 우리의 기도를 듣고 계시고 대화하시는 분이시지만, 인간은 말만하고 하나님의 말씀은 듣지 않는 존재입니다. 그렇다면 말씀이 육신이 되었다는 증언을 어떻게 이해해야 하는가?

4. 육신肉身이 되신 하나님 말씀

앞에서 살펴본 바와 같이 창조주 하나님이란, 하나님께서 하신 말씀이 창조의 능력을 가지고 있다는 것을 의미합니다. 즉 그가 하신 말씀은 실현되어진다는 것을 뜻합니다. 뿐만 아니라, 이러한 창조의 능력을 가진 말

---

482) G. v. Rad, *Weisheit* 399, 비교. G. v. Rad, *Predigten*, hrsg. v. U. v Rad, 1972, 81

쏨이 '말하는 자'라는 구체적인 인격적 실체를 가지고 있다면, 그 말하는 자의 인격도 언젠가는 명백히 드러나야 합니다. 왜냐하면 실체가 없는 말은 허구이기 때문입니다. 따라서 태초에 계시던 창조의 말씀이 가진 '인격성'이 구체적인 한 인간으로 명백히 드러난 것이 바로 예수 그리스도이십니다. 다시 말해서 태초에 계시던 창조의 말씀이 가지고 있는 '인격적 실체Realität', 곧 말씀의 배후에 있은 '말씀하시는 분'의 '실체'가 계시된 것이 바로 예수 그리스도, 즉 '창조의 말씀이 육신이 된 것'입니다(요 1:14). 그렇다면 이 사실을 어떻게 증명할 수 있는가?

우선 태초에 계신 창조의 말씀이 예수 그리스도 안에서 육신이 되었다는 것은, 예수의 말씀도 창조성을 가지고 있는 점으로 증명됩니다: "예수께서 이르시되 어찌하여 무서워하느냐 믿음이 적은 자들아 하시고 곧 일어나사 바람과 바다를 꾸짖으시니 아주 잔잔하게 되거늘 그 사람들이 놀랍게 여겨 이르되 이이가 어떠한 사람이기에 바람과 바다도 순종하는가 하더라."(마 8:26-27, 자연의 기적에 관한 여러 곳) 이와 같이 예수님은 지상에 살아 계실 때, 오로지 말씀으로 병을 고치시고, 마귀를 쫓아내시고, 바다와 바람을 잔잔케 하시고, 죽은 나사로를 일으키셨습니다.(요 11:17-44) 그리고 '말씀이 육신이 되신' 예수님은 친히 십자가에 못 박힌 후 삼일 만에 부활하실 것을 예언하시고, 삼일 만에 무덤에서 살아나셨습니다. 이러한 사실을 근거로 볼 때, 예수 그리스도는 살아 있는 창조의 말씀, 그 자체이심이 분명합니다.

그런데 태초에 계시던 창조 말씀의 '인격적 주체 혹은 실체'가 예수 그리스도라는 사실을 우리는 창조의 기사와 구약 성경의 많은 부분의 증언을 통해서도 삼위일체론적으로 명백히 인식할 수 있습니다. 창세기는 태초에 세상을 창조하신 창조주 하나님을 '말씀하시는 분Aussprecher'으로 표현하고 있습니다: "하나님이 이르시되 빛이 있으라 하시니 빛이 있었고 …." (창 1:3) 그래서 요한복음은 하나님의 말씀 그 자체를 하나의 '인격人格'으로 표현하고 있습니다: "태초에 말씀이 계시니라. 이 말씀이 하나님과 함께 계셨으니 이 말씀은 곧 하나님이시니라"(요 1:1). 계속해서 요한복음은 이 말씀이 구체적인 한 역사적 인격(인간), 즉 보고, 만질 수 있는 한 인간 나사렛 예수 속에서 '화육化肉'된 것으로 기술하고 있습니다: "말씀이 육신이 되어 우리 가운데 거하시매 우리가 그의 영광을 보니 아버지의 독생자의 영광이요…"(요 1:14). 그리고 오순절 사건의 보고에 의하면, 그리스도의 영, 곧 하나님의 영이신 성령도 '말씀하시는 분'임을 알 수 있습니다: "…성령이 말하게 하심을 따라 다른 언어로 말하기를 시작하니라."(행 2:4; 비교. 욜 2:28-32) 그리고 사도 바울에게 있어서도 성령은 '말씀하시는 인격'이다: "…성령이 말할 수 없는 탄식으로 우리를 위하여 친히 간구하시느니라."(롬 8:26)[483]

이상 앞에서 살펴본 바와 같이, 기독교가 신앙하는 삼위일체 하나님은 말씀의 인격체 이외에 다른 분이 아닙니다. 성부 하나님은 태초부터 '창조의 말씀'으로 실재하는 분이고, 성자 예수 그리스도는 태초부터 계신 '그 말씀'이 육신을 입은 '화육된 말씀'이시고, 성령 하나님은 사도들과 설교자들의 입, 그리고 복음 전도자들의 입을 통하여 하나님과 예수 그리스도를 증언하고 있는, '선포된 말씀'입니다.(참고. 마 10:19 병. 막 10:11).[484] 그래서 사도 베드로는 성령의 충만함을 입어서 대제사장 '안나스'와 '가야바'와 '요한'과 '알렉산더'와 및 대제사장 문중 앞에서 그리고 백성과 관원들 앞에서, 예수 그리스도의 죽음과 부활을 증언하고 예수의 이름을 선포하였던 것입니다. (참고. 행 4:6 이하)[485]

그러므로 기독교에서 뜻하는 '하나님의 말씀'으로서의 성경은, 언어학에

---

483) 마르틴 루터(M. Luther)는 일찍이 "성서는 한 신성 안에 한 분 이상이 있음을 가르친다"(지원용 편, 『루터 選集 6』, 서울:컨콜디아사 1984, 449)고 말하였다. 이 말이 암시하는 바는 기독교에서 말하는 하나님의 말씀은 인격적 '실체Hypostase'이며, 그 인격은 결코 하나가 아님을 뜻한다.

484) "너희를(제자들) 넘겨줄 때에 어떻게 또는 무엇을 말할까 염려하지 말라. 그 때에 너희에게 할 말을 주시리니 말하는 이는 너희가 아니라 너희 속에서 말씀하시는 이 곧 너희 아버지의 성령이시니라."(마 10:19-20); "사람들이 너희를 끌어다가 넘겨 줄 때에 무슨 말을 할까 미리 염려하지 말고 무엇이든지 그 때에 너희에게 주시는 그 말을 하라 말하는 이는 너희가 아니요 성령이시니라."(막 13:11).

485) 그래서 칼 바르트K. Barth는 하나님의 말씀은 세 가지 형태를 갖는다고 말한다. 즉 '선포된 말씀'-이는 사도와 설교자의 복음 선포를 뜻한다, '기록된 말씀'-이는 성서를 가리킨다. 그리고 '화육된 말씀'-이는 예수 그리스도를 가리킨다.(참고. K. Barth, KD, I/2, 124f.)

서 말하는 단순한 '기표記標' - 개념을 나타내거나, '소리Stimme'를 표시하는 기호 - 그 이상의 뜻을 갖고 있습니다. 기독교에서 말하는 '하나님의 말씀'은 단순히 '기호記票, Zeichen'나 자연의 '소리'가 아니라, 살아 있는 하나의 '인격적 실체實體, Hypostase'입니다. 따라서 하나님에 대한 신앙도, 성부 하나님의 말씀, 성자 예수 그리스도의 말씀, 그리고 성령 하나님의 말씀에 대한 인식과 뗄 수 없는 밀접한 관계를 갖고 있습니다. 바꾸어 말하면 말씀에 대한 이해와 인식은, 성부, 성자, 성령 삼위일체 하나님에 대한 인식의 전제라고 해도 과언過言이 아닙니다. 이러한 이유에서 하나님의 말씀은, 그 말씀에 대한 기록인 성경을 떠나서는 결코 올바로 이해될 수 없습니다. 다시 말해서 인격으로서의 말씀은 '기록된 말씀'과 예배 때 선포되고 있는 '설교자의 말씀'을 통하지 않고는 바로 인식될 수 없습니다.486) 그리고 그의 말씀의 '진리Wahrheit'는 그의 말씀이 역사 속에서 실현되는 것으로 판명되는 것입니다. 기록된 말씀의 진리 역시 '문자文字'의 기록 그 자체가 신적인 권위를 갖기 때문이 아니라, 그 말씀을 하신 분이 실제로 어제도, 계시고, 오늘도 계시며, 앞으로도 살아 계실 영원한 분이시기에 진실성과 사실성을 갖는 것입니다.

---

486) 예컨대 엠마오로 가는 두 제자에게 예수가 구약 성서에 있는 '말씀(Wort)'을 풀어주었을 때에, 그들은 그들의 마음이 뜨거워졌다고 증언하고 있다: "그들이 서로 말하되 길에서 우리에게 말씀하시고 우리에게 성경을 풀어 주실 때에 우리 속에서 마음이 뜨겁지 아니하더냐 하고"(눅 24:32). 이러한 근거에서 볼 때 성경이 '기술하고 있는 말'은 그 말씀이 선포되어질 때, 창조적인 능력을 가지고 있다고 확언할 수 있다.

***** 참회의 기도

주여,
하나님의 말씀이
매 순간 홍수처럼 밀려와도
귀가 있어도 듣지 않았습니다.
입으로는 말씀에 순종한다 하면서도
마음은 항상 우리의 생각으로
가득 차 있었습니다.

기도는 하면서
기도를 듣고 계신 주님께서
살아 계시다는 것은 믿지 못하였습니다.

'예수'란 이름은 부르면서도
그 이름을 가지신 분이 실로
살아 계심을 믿지 않았습니다.

주여,
우리의 허울 좋은 신앙을,
우리의 내용 없는 신앙을
그리고 우리의 믿음 없는 삶을
용서해 주옵소서!

- 아멘 -

Gloria Patri et Filio et Spiritui Sancto
sicut erat in principio et est nunc
et erit semper et in saecula saeculorum,
Amen

제8장
치유 받아야 할 인간의 실존

예수 그리스도께서 이 지상에 계실 때 행하신 일을 크게 분류하면, 모두 다섯 가지입니다. 첫째는 '하나님 나라의 도래'를 선포하신 일이고(막 1:15), 둘째는 각종 병든 자들을 고치신 일이고, 셋째는 귀신들린 자들에게서 귀신을 내쫓아 주신 일이고, 넷째는 죽은 자를 다시 살리신 일(마 9:18-19; 요 11:17-44), 다섯째는 자연의 기적을 베푸신 일입니다(마 8:18, 23-27). 그 중에서 '하나님 나라의 도래'에 대한 선포와 자연의 기적을 제외하면, 나머지는 모두 귀신과 병마病魔의 속박으로 인하여 육체적으로 죽어 가는 사람들을 각종 질병으로부터 치유하신 일과 자연의 기적을 베푸신 일입니다. 그런데 신약 성경, 특히 4개의 복음서에는 모두 26번의 치유 기사가 기록되어 있습니다. 그리고 이러한 치유 기사는, 복음서 전체의 기술의 대략 60-70%를 차지하고 있습니다.[487] 이러한 성경의 증언에 의하면, 인간은 '치유 받아야 할 존재'라는 것을 단적으로 암시해 줍니다. 이러한 이유에서 예수 그리스도의 사역 중에 '치유 사역'은 결코 간과할 수 없는 중요한 사역 가운데 하나였습니다. 그리고 어쩌면 그 당시 많은 사람들은 예수님의 복음

---

487) 예수님의 사역에서 사실상 '치유'와 '하나님 나라의 선포'는 결코 분리되지 않는다.(막 2:10f. 병행 눅 9:2)

선포를 듣고 그 진리의 말씀을 이해해서라기보다는 그들을 '오병이어五餠二魚의 기적'으로 먹이시고, 각종 질병에서 낫게 해 주었기 때문에 예수님께 몰려 왔는지도 모릅니다(요 6:26)[488]. 어쨌든, 예수 그리스도의 지상 사역에 대한 복음서의 증언에서 결코 간과할 수 없는 것은 예수님의 치유 사역입니다.[489]

그러므로 아래의 제I절에서는 우선 예수 그리스도께서 공생애 기간 동안 행하신 '치유 사역'이 과연 어떠한 것인지에 대하여 알아보고자 합니다. 이를 통하여 우리는 '치유'의 개념이 단지 '병'에서 나음을 얻는 것이 아니라, 그 이상의 의미를 가지고 있다는 것을 정확히 이해하게 될 것입니다.[490] 그리고 제II절에서는, 예수님께서 어떠한 사람들에게 치유의 은혜를 베풀어 주셨는지, 바꾸어 말하면 병자들이 어떠한 방식으로 치유함을 받았는지에 대하여 살펴보고자 합니다. 제III절에서는 어떠한 육신의 병들이 예수 그리스도로부터 고침을 받았는지, 그리고 제IV절에서는 어떠한 마음의 병들이 고침을 받았는지, 그리고 제V절 마지막 절에서는 예수님께서 신체의 결함으로 야기된 어떠한 '사회적 병폐' 혹은 '실존적 고통'으로부터 인간을 해방하셨는지에 대하여 알아보고자 합니다.

---

488) 요 6:26 : "예수께서 대답하여 이르시되 내가 진실로 진실로 너희에게 이르노니, **너희가 나를 찾는 것은 표적을 본 까닭이 아니요 떡을 먹고 배부른 까닭이로다.**"
489) 구약 성경에 의하면 병으로 고난당하고 있는 사람들의 '치료자'는 본래 하나님 자신이지만,(출 15:26) 신약 성경에 의하면, 예수 그리스도는 구약의 치료자로부터 보냄을 받은 '기름부음을 받은 자'이다.(눅 4:18f. 참고. 사 61:1f).
490) '치유Heilung'란 명사로 번역된 'θεραπεία: 눅 9:11; 행 22:2' 혹은 'ἴασις: 눅 13:32; 행 4:22,30' 혹은 'ἴαμα: 고전 12:9,28,30'란 단어는, 신약 성경에서 아주 드물게 사용되고 있다. 그러나 반면에 'θεραπεύειν, ἰάσθαι, ὑγιαίνειν' 같은 동사는 특히 누가복음에서 아주 자주 사용되고 있다. 이러한 단어들은 구약 성경에서 사용하고 있는 언어의 의미에 상응한다. 특히 예수님은 치유의 능력을 가지고 있는 것으로 증거 되고 있지만,(눅 5:17; 6:19) 의사라는 증언은 없다.(Otto Betz, 'Heilung', TRE 14,763-768, 특히 764.)

I. 치유 : 각종 억압과 속박으로부터의 해방

구원은 자유함이다

***** 토의 주제 *****

1. 환자와 병자의 차이점이 무엇이며, 완쾌되었다는 것이 무슨 뜻인가?
2. 왜 사람들은 귀신을 두려워하는가?
3. 병이 발생하면 당신은 어떠한 방식으로 병을 치료하시려고 하십니까?
4. 병을 두려워하는 이유가 무엇이며, 참된 치유가 무엇이라고 생각하십니까?

1. 귀신鬼神의 속박으로부터 해방되어야 할 인간

예수님께서 치유의 사역을 베푸신 일 가운데 가장 많은 부분을 차지하고 있는 것은 귀신 들린 사람에게서 '귀신'을 쫓아내신 일입니다. 예수님은 '회당에서 귀신을 쫓아내시고'(막 1:23-28, 병행 눅 4:31-36); '눈멀고 벙어리 된 귀신 들린 자를 고치시고'(마 12:22, 병행 눅 11:14); '거라사인 지방의 귀신 들린 자를 고치시고'(마 8:28-34, 병행 막 5:1-20; 눅 8:26-39); '벙어리 귀신을 쫓아내시고'(마 9:32-33); '귀신 들린 아이를 고치시고'(마 17:14-18, 병행 막 9:14-29; 눅 9:38-42); '안식일에 귀신 들린 여인을 고치십니다.(눅 13:10-17) 이러한 사실을 우리는 보다 더 자세히 다음의 증언에서 발견할 수 있습니다:

"마침 그들의 회당에 더러운 귀신 들린 사람이 있어 소리 질러 이르되, 나사렛 예수여 우리(귀신들)가 당신과 무슨 상관이 있나이까? 우리를 멸하러 왔

나이까? 나(귀신들)는 당신이 누구인줄 아노니 하나님의 거룩한 자니이다. 예
수께서 꾸짖어 이르시되 잠잠하고 그 사람에게서 나오라 하시니, 더러운 귀신
이 그 사람에게 경련을 일으키고 큰 소리를 지르며 나오는지라. 다 놀라 서로
물어 이르되 이는 어찜이냐 권위 있는 새 교훈이로다. 더러운 귀신들에게 명
한즉 순종하는도다 하더라. 예수의 소문이 곧 온 갈릴리 사방에 퍼지더라."(막
1:23-28)

　　이러한 증언에 따르면, '귀신 들린 사람'(막 1:23; 5:2; 마 9:32; 눅 13:10)
이 있다는 것은, 인간은 누구를 막론하고 귀신에 의해서 구속拘束될 수 있
는 존재임을 알 수 있습니다. 그리고 인간이 귀신에 사로잡히면, 인간은
귀신의 노예가 되어 귀신이 시키는 대로 행동하게 됨을 알 수 있습니다.
그렇다면 '귀신'은 무엇인가?

　　'귀신 들린 사람'으로 번역된 말은 그리스어로 'ἄνΘρωπος ἐν πνεύματι
ἀκαθάρτῳ '안트로포스 엔 프노이마티 아카타르토'로 표현되어 있습니다.
이를 직역하면, '더러운 영 가운데 있는 사람' 혹은, '더러운 영에 사로잡혀
있는 사람'으로 번역할 수 있습니다.(참고 막 5:13-14)[491] 의역하면 '악한 영에
사로잡혀 있는 사람'이라고 번역할 수도 있습니다.[492] 그렇다면 '악한 영'
이란 어떠한 영인가? '악한 영'은 '거짓말하는 영'입니다. 따라서 '귀신 들
린 사람'은 '거짓말하는 영'에 사로잡혀 있는 사람을 뜻합니다.(왕상 22:22-23; 대
하 18:21-22) 그런데 '거짓말하는 영'은 최초 인간 아담을 유혹하여 범죄하게
한 바로 그 '사탄'입니다.(창 3:4-5) 그러므로 아담의 후예, 곧 불순종하는 영
에 사로잡혀 있는 인간은 곧 '귀신 들린 인간'이라 할 수 있습니다. 왜냐하
면 사도 바울은 성령으로 거듭나지 않은 자들을 가리켜 '불순종 하는 영'
에 사로잡혀 있는 자라고 규정했기 때문입니다: "그 때에 너희는 그 가운

---

491) 막 5: 12-13 : "이에 간구하여 이르되 우리(귀신들)를 돼지에게로 보내어 들어가게 하소서 하
　　니, 허락하신대 **더러운 귀신들이 나와서 돼지에게로 들어가매** 거의 이천 마리 되는 떼가 바
　　다를 향하여 비탈로 내리달아 바다에서 몰사하거늘"
492) 구약에서는 '문둥병'과 '혈우병'과 같은 병에 걸린 자를 '불결한 자', 곧 '더러운 자'로 칭하고
　　있다. 이 점에 관하여: H. Thyen, 'καθαρός', Exegetische Wörterbuch zum Neuen Testament
　　Bd II, 1981, 535-542,

데서 행하여 이 세상 풍조를 따르고 공중의 권세 잡은 자를 따랐으니 곧 지금 불순종의 아들들 가운데서 역사하는 영이라."(엡 2:2) 이런 의미에서 인간이 성령으로 거듭나지 않는 한, 우리는 '거짓말하는 영'에 사로잡혀 있는 자, 곧 '귀신 들린 자'이며, '사망의 영'에 사로잡혀 있는 '죽은 자'입니다. 그러므로 "사람이 물과 성령으로 나지 아니하면, 하나님의 나라에 들어갈 수 없는"(요 3:5) 것입니다. 바꾸어 말하면 '거짓말하는 영', 곧 '더러운 영'에 사로잡혀 있는 자들은 최후의 심판 때에 멸망 받을 존재입니다.(계 21:8)[493] 이런 점에서 볼 때, '귀신 들린 사람'을 '귀신의 속박'에서 벗어나게 하는 귀신 축출의 치유는 '구원'의 한 양태라고 할 수도 있습니다. 따라서 귀신을 쫓아 낼 수 있는 사람은 '사탄 마귀를 이길 수 있는' '하나님의 영', 곧 '성령의 능력'을 가진 자입니다. 그래서 복음서는 예수님의 치유 사역을 '권능δυναμις뒤나메이스'으로 표현하고 있으며, 그 '권능'은 '하나님의 영'에 의해서 베풀어지는 것으로 증언하고 있습니다.(막 6:2,5 병행 6:14 병행 마 11:20-23) 여기서 질문이 제기됩니다: 왜 귀신들이 인간보다 힘이 셀까?

이에 대한 답변은 아주 간단합니다. 귀신은 '다수多數'이기 때문입니다: "이에 물으시되 네 이름이 무엇이냐 이르되 내(귀신) 이름은 군대니 우리가 많음이니이다. ὅτι πολλοί ἐσμεν, 오티 폴로이 에스멘."(막 5:9) 직역하면, "'많이 있다'는 것이 나의 이름이다"가 됩니다. 즉 하나가 아니라, '무리'이기 때문에 악한 생각을 가진 다수의 힘으로 연약한 한 사람을 억압하고 속박하는 것이고, 그러므로 '귀신 들린 사람'은 '힘'이 센 것입니다.[494] 그래서 예수님께서 귀신을 쫓아내셨을 때, 사람들은 예수님이 '귀신'의 왕 '바알세불 Beelzeboul'의 힘을 빌어서 귀신을 쫓아내었다고 이야기한 것입니다.(마 12:24,27; 막 3:22; 눅 11:15, 18,19)[495]

---

493) 계 21:8 : "그러나 두려워하는 자들과 믿지 아니하는 자들과 흉악한 자들과 살인자들과 음행하는 자들과 점술가들과 우상 숭배자들과 **거짓말하는 모든 자들은 불과 유황으로 타는 못에 던져지리니 이것이 둘째 사망이라.**"

494) 여기서 우리는 다수多數의 힘에 의해서, 혹은 다수의 지지에 의해서 한 국가의 대표자가 된 사람들이 무소불위無所不爲의 권력을 휘두르고, 많은 사람을 죽이는 독재자가 되었을 때, 그러한 사람들을 왜 '공중 권세 잡은 자' 혹은 '악마의 권세'로 표현하는지 그 은유적 의미를 이해할 수 있을 것이다.

그러나 아무리 '더러운 귀신들', 곧 '악한 영'이 많이 있다 하여도, 참 하나님의 영, 곧 성령에 사로잡혀 있는 예수 그리스도를 능히 이길 수는 없습니다. 그래서 "그(귀신)가 멀리서 예수를 보고 달려와 절하며 큰 소리로 부르짖어 이르되 지극히 높으신 하나님의 아들 예수여 나와 당신이 무슨 상관이 있나이까? 원하건대 하나님 앞에 맹세하고 나를 괴롭히지 마옵소서."(막 5:6-7)라고 간청하였던 것입니다.

이상 살펴본 바와 같이, 물과 성령으로 거듭나지 않은 모든 인간은 하나 이상의 귀신, 바꾸어 말하면 죄에 사로잡혀 있는 인간들입니다.(롬 7:14-23) 그래서 사도 바울은 자신을 가리켜 '사망의 몸'이라고 고백했습니다: "나는 곤고한 사람이로다. 이 사망의 몸에서 누가 나를 건져내랴."(롬 7:24) 따라서 예수님께서 '귀신 들린 사람'에게서 '귀신'을 쫓아내어 주셨다는 것은, '사망의 몸'에서 구원해 주었다는 것입니다. 이러한 의미에서 귀신 축출의 '치유'는 구속적救贖的인 의미를 가지고 있습니다: "주께서 대답하여 이르시되 외식하는 자들아 너희가 각각 안식일에 자기의 소나 나귀를 외양간에서 풀어내어 이끌고 가서 물을 먹이지 아니하느냐. 그러면 열여덟 해 동안 사탄에게 매인 바 된 이 아브라함의 딸을 안식일에 이 매임에서 푸는 것이 합당하지 아니하냐."(눅 13:15-16)

2. 병病의 고통으로부터 해방되어야 할 인간

복음서의 보고에 의하면, 예수님은 '베드로 장모를 열병에서 고치시고'(마 8:14-15, 병행 막 1:29-31; 눅 4:31-36); '문둥병자를 깨끗케 하셨으며'(마 8:2-4, 병행 막 1:40-45; 눅 5:12-16); '중풍 병자를'(마 9:2-8, 병행 막 2:3-12; 눅 5:18-26); '손 마른 자를'(마 12:9-13, 병행 막 3:1-5; 눅 6:6-10); '백부장의 종을'(마 8:5-13, 병행 눅 7:1-10); '나인 성 과부의 아들을'(눅 7:11-15); '혈루증 걸린 여인을'(마 9:20-22, 병행 막 5:25-34; 눅 8:43-48), '두 소경을'(마 9:27-31); '수로보니게 여인의 딸을'(마 15:32-39, 병행 막 7:24-30); '귀 먹고

---

495) 마 12:24-27a : "바리새인들은 듣고 이르되 이가 귀신의 왕 바알세불을 힘입지 않고는 귀신을 쫓아내지 못하느니라 하거늘, 예수께서 그들의 생각을 아시고 이르시되 … 만일 사탄이 사탄을 쫓아내면 스스로 분쟁하는 것이니 그리하고야 어떻게 그의 나라가 서겠느냐. 또 내가 바알세불을 힘입어 귀신을 쫓아내면 너희의 아들들은 누구를 힘입어 쫓아내느냐…"

어눌한 자를'(막 7:31-37); '벳새다의 맹인을'(막 8:22-26); '나면서 맹인된 자를'(요 9:1-7); '수종에 걸린 자를'(눅 14:1-6); '열 문둥이를'(요 11:17-44); '맹인 바디매오를'(마 20:29-34, 병행 막 10:46-52: 눅 18:35-43) 고치십니다.

이상 열거한 많은 보고들을 통하여 명백히 알 수 있는 것은, 여기에 언급된 병病뿐만 아니라, 여기에 언급되지 않은 각양각종各樣各種의 병으로 인간들은 고통당하고 있다는 것입니다. 특히 앞에 열거된 병명病名 중에는 그 당시 치유가 불가능한 병들이 많이 있습니다. 예컨대 '문둥병', '손 마른 병', '맹인', '귀 먹은 병', '혈루증' 같은 병病들입니다. 그럼에도 불구하고 예수님은 이들의 병을 아무것도 요구하지 않으시고, 값없이 은혜로 고쳐 주셨습니다. 이러한 사실은, 인간이 '치유 받아야 할 병자'라는 것을 예수님께서 인정하신 것이라고 이해할 수 있습니다. 다시 말해서 인간은 누구든지 어떠한 병이든 걸려 있다는 것이고, 그러므로 '치유 받아야 할 존재'라는 것입니다. 은유적으로 말하면, 인간은 소경임에도 불구하고, 자신은 눈을 뜨고 있다고 생각한다는 것입니다: "예수께서 이르시되 내가 심판하러 이 세상에 왔으니 보지 못하는 자들은 보게 하고 보는 자들은 맹인이 되게 하려 함이라 하시니, 바리새인 중에 예수와 함께 있던 자들이 이 말씀을 듣고 이르되 우리도 맹인인가 예수께서 이르시되 너희가 맹인이 되었더라면 죄가 없으려니와 본다고 하니 너희 죄가 그대로 있느니라."(요 9:39-42) 이러한 역설적 표현이 암시하는 바는, 모든 인간은 맹인이라는 것입니다. 한 걸음 더 나아가, 모든 인간은 어떠한 병이든 한 가지 이상은 다 가지고 있다는 것입니다. 그런데 인간들 중 어떤 사람은 불치의 병에 걸려 있는 사람들도 있습니다.

그런데 '병'으로 인한 고통은, 인간이 인생을 살아가는 데 가장 직접적으로, 그리고 가장 현실적으로 겪는 고통 가운데 하나입니다. 그럼에도 불구하고, 인간은 이러한 실질적이고 현실적인 고통에서 스스로 벗어나지 못하고 있습니다. 바꾸어 말하면, 인간은 누군가에 의해서 치유 받아야 할 존재라는 것입니다. 그래서 예수님께서 이 땅에 오신 목적을 가르치기 위하여 자신의 모습을 '의원'으로 비유하여 말씀하신 것입니다: "예수께서 들으시고 이르시되 건강한 자에게는 의사가 쓸 데 없고 병든 자에게라야 쓸 데 있느니라."(마 9:12) 그런데 예수님께서 지상에 계실 당시는, 인간의 병뿐만 아니라, 불행한 모든 일은 '죄'로 인한 것이라고 생각하였습니다: "제자들이 물어 이르되, 랍비여 이 사람이 맹인으로 난 것이 누구의 죄로 인함이니이까, 자기니이까, 그의 부모니이까"(요 9:2) 그러자 "예수께서 대답하시되, 이 사람이나 그 부모의 죄로 인한 것이 아니라, 그에게서 하나님이 하시는 일을 나타내고자 하심이라."(요 9:3)고 답변하셨습니다. 그래서 예수님은 제자들에게 "나는 의인을 부르러 온 것이 아니요 죄인을 부르러 왔노라."(마 9:13)고 말씀하셨던 것입니다.

3. 배고픔의 고통으로부터 해방되어야 할 인간

예수님은 자신을 따르는 이스라엘 사람들을 향하여, "너희가 나를 찾는 것은 표적을 본 까닭이 아니요 떡을 먹고 배부른 까닭이로다."(요 6:26)라고 말씀하십니다. 그리고 실제로 그들은 예수님께 먹을 것을 구求합니다: "그들이 묻되 그러면 우리가 보고 당신을 믿도록 행하시는 표적이 무엇이니이까, 하시는 일이 무엇이니이까, 기록된바 하늘에서 그들에게 떡을 주어 먹게 하였다 함과 같이 우리 조상들은 광야에서 만나를 먹었나이다."(요 6:30-31); "이 떡을 항상 우리에게 주소서."(요 6:34) 이렇듯 이스라엘 사람들뿐만 아니라, 모든 인간은 항상 먹을 것을 구하는 존재입니다. 어쩌면 인생은 먹을 것을 해결하기 위해 '동분서주東奔西走'하는 삶이라고 해도 과언이 아닙니다. 그래서 모든 인간은 항상 '무엇을 먹을까' 염려하고 있습니다.(참고 마 6:25) 그러므로 인간의 '배고픔'은 인간이 겪는 가장 실존적인 고통 중에 하나입니다. 그래서 인간은 이 '먹는 문제'를 해결하기 위하여 일상생활에서 수 없이 죄를 짓고, 때론 비굴해지고, 때론 자기의 참된 생명까지도 포기하게 됩니다. 그래서 예수님은 "썩을 양식을 위하여 일하지 말고 영생하도록 있는 양식을 위하여 하라. 이 양식은 인자가 너희에게 주리니 인자는 아버지 하나님께서 인印치신 자니라."(요 6:27)고 말씀하셨던 것입니다.

이와 같이 인간에게는 육신을 위한 양식뿐만 아니라, 영적 양식이 필요합니다. 이렇게 '먹는 문제'에 매어 있는 인간의 실존적 고통으로부터 해방시켜 주기 위하여, 하나님은 '육신의 양식'뿐만 아니라, '영적 양식'을 인간에게 주시겠다고 약속하셨습니다: "너희는 먼저 그의 나라와 그의 의를 구하라. 그리하면 이 모든 것(먹고, 마시고, 입는 것)을 너희에게 더하시리라."(마 6:33) 그리고 실제로 예수님도 당시 이스라엘 사람들의 '배고픔'을 해결해 주셨습니다. 이것이 바로 '오병이어五餅二魚'(마 14:14-21, 병행 막 6:34-44; 눅 9:12-17; 요 6:5-13) 혹은 '칠병이어七餅二魚'(마 15:32-39, 병행 막 8:1-9)의 기적과 성만찬입니다: "예수께서 이르시되, 나는 생명의 떡이니 내게 오는 자는 결코 주리지 아니할 터이요, 나를 믿는 자는 영원히 목마르지 아니하리라."(요 6:35)

결론적으로 말해서, '배고픔의 문제'는 인간의 삶에서 영원히 없어지지 않는, 가장 실존적이고 궁극적인 문제입니다. 다시 말하면, 인간은 이 세상에서 살아가는 동안 '배고픔'의 문제에 갇혀 있는 존재입니다. 즉 인간은 '배고픔'의 문제를 해결하기 위한 굴레에서 벗어나지 못하고 있습니다. 아침 일찍 일어나서 저녁 늦게 잠자리에 들기까지 항상 이 문제에서 벗어나지 못하고, 실제로 4-5시간 간격으로 아침, 점심 그리고 저녁을 먹어야 합니다. 그러나 바로 그렇기 때문에 하나님께서는 이 문제를 하나님 자신이 직접 해결해 주시겠다고 약속해 주신 것입니다(참고. 마 6:33). 왜냐하면 '배고픔'은 곧 '생명의 문제'이기 때문입니다. 그러므로 '배고픔'의 문제가 해결된다는 것은, 죽을 수밖에 없는 인간에게 생명을 준다는 것입니다: "하나님의 떡은 하늘에서 내려 세상에 생명을 주는 것이니라."(요 6:33)

4. 죽음에서 해방되어야 할 인간

앞에서 언급한 세 가지 요소, 곧 사탄 마귀의 권세에 노예가 되어 있고, 병으로 고통당하면서, 먹는 문제를 해결하기 위하여 아침부터 저녁까지 뛰어야 하는 인간의 삶은, 바로 죽음의 노예가 되어 있는 삶이라고 해도 과언이 아닙니다. 왜냐하면 이 세 가지 문제가 현실적으로 해결되지 않으면, 인간은 죽기 때문입니다. 즉 귀신 들린 사람은, 귀신이 시키는 대로 행동하면 결국 돼지처럼 물에 빠져 죽든지, 아니면 '하나님의 영'이 없는 인간으로 살다가 영원한 형벌로 심판을 받을 것입니다. 그리고 '병'으로 인하여 육신의 고통을 당하고 있는 사람도, 오랜 기간 투병을 하다가 결국 죽을 것입니다. 그리고 '먹을 것'이 없어 굶으면 얼마 살지 못하고 죽을 것입니다. 이와 같이 앞에서 언급한 3가지 굴레에서 벗어나지 않는 한, 인간의 '육과 영'은 현실적으로 죽을 것입니다. 더 자세히 말하면, 귀신 들린 사람은 육신은 아직 살아 있으나 이미 영적으로 죽은 자이고, 병들어 있는 사람은 잠시 동안은 살아 있으나 육신(肉身)이 죽을 것이고, '먹을 것'이 없는 자는 육신의 생존 한계를 넘으면 죽을 것입니다.

그러므로 예수님께서 죽은 '나사로'를 다시 살리신 것이나(요 11:17-24, 43-44), '나인성 과부의 아들'을 다시 살리신 것(눅 7:11-15)은, 단순히 죽은 자의 부활을 '예시(豫示)'하신 것뿐만 아니라, '죽어가는 인간' 혹은 '죽은 인간'을 죽음의 굴레에서 해방시키시는 하나님을 계시하시면서 친히 부활의 주체가 되실 것임을 예시하신 것이라고 볼 수 있습니다:

> "예수께서 와서 보시니 나사로가 무덤에 있은 지 이미 나흘이라…많은 유대인이 마르다와 마리아에게 그 오라비의 일로 위문하러 왔더니…마르다가 예수께 여짜오되 주께서 여기 계셨더라면 내 오라버니가 죽지 아니하였겠나이다. 그러나 나는 이제라도 주께서 무엇이든지 하나님께 구하시는 것을 하나님이 주실 줄을 아나이다. 예수께서 이르시되 네 오라비가 다시 살아나리라." (요 11:17-24); "이 말씀을 하시고 큰 소리로 나사로야 나오라 부르시니, 죽은 자가 수족을 베로 동인 채로 나오는데 그 얼굴은 수건에 싸였더라. 예수께서 이르시되 풀어 놓아 다니게 하라 하시니라."(요 11:43-44)[496]

이와 같이 예수님의 부르심으로 죽은 나사로가 다시 살아난 것처럼, 성령이 우리를 불러내심으로 인하여 우리가 '죽을 몸에'서 '성령으로 거듭난'

---

[496] 눅 7:11-15: "그 후에 예수께서 나인이란 성으로 가실 새 제자와 많은 무리가 동행하더니 성문에 가까이 이르실 때에 사람들이 한 죽은 자를 메고 나오니…주께서 과부를 보시고 불쌍히 여기사 울지 말라 하시고 가까이 가서 그 관에 손을 대시니 멘 자들이 서는지라 예수께서 이르시되 청년아 내가 네게 말하노니 일어나라 하시매 죽었던 자가 일어나 앉고 말도 하거늘 예수께서 그를 어머니에게 주시니"

것입니다. 이러한 의미에서 모든 인간은 '물과 성령으로 거듭나지 않으면' 모두 죽음에 속박되어 있는 존재입니다. '죽을 수밖에 없는 존재', 이것이 인간의 실존적 정황입니다. 그러므로 우리는 이러한 실존적 상황에서 벗어나야 합니다. 바꾸어 말하면, 모든 인간은 육체적, 정신적 그리고 영적 질병으로부터 치유함을 받아야 합니다. 그래서 예수님은 세상에 계실 때 이러한 질병으로부터 많은 사람들을 해방시키셨을 뿐만 아니라, 당신의 제자들에게도 치유의 은사를 주어 많은 사람들을 동일한 고통에서 해방시켜 줄 것을 당부하셨던 것입니다: "예수께서 열두 제자를 불러 모으사 모든 귀신을 제어하며 병을 고치는 능력과 권위를 주시고 하나님의 나라를 전파하며 앓는 자를 고치게 하려고 내보내시며"(눅 9:1-2)

***** 참회의 기도

주여!
병든 이 몸,
영적, 정신적, 육신의 고통에서
고난당하고 있는 우리를
지금 고쳐 주옵소서!

치유 받은 앉은뱅이가
걸으며, 뛰며 주님을 찬양하였듯이
지금 곧 우리도
주님의 이름을 찬양케 하소서.
죽을 몸 다시 살아
주님 얼굴 뵈올 그 날
마음에 그리며
오늘을 살게 하소서.

– 아멘 –

II. 믿는 자만이 산다

네 믿음이 너를 구원하였느니라

***** 토의 주제 *****

1. 왜 예수님은 병자病者들에게 '낫고자 하느냐?'고 물으셨을까?
2. 환자의 가족이나 간호사가 환자의 투병을 위하여 어떠한 자세를 가져야 하는가?
3. 성경이 증언하는 치유 받은 사람들은 예수님에 대하여 어떠한 신앙을 가졌는가?
4. 환자를 비롯해 치료에 관계된 모든 사람들이 가져야 할 근본 자세가 무엇인가?

1. 병病 낫고자 하지 않는 자는 치유 받지 못한다

예수님은 사람이 병에 걸려 있다고 해서, 병자 자신이 원하지도 않는데 무작정 치유해 주시지 않으셨습니다. 이를 바꾸어 말하면, 병자 자신이 낫고자 하는 소망이 없으면, 아무도 그를 치료해 주지 않는다는 것입니다. 병자가 병원을 찾아가는 것은 낫고자 하는 소망이 있어서 찾아가는 것입니다. 만일 병자가 '낫고자 하는 소망'이 없으면, 병원을 찾지 않고 앓다가 죽어갈 것입니다. 이렇듯 예수님께서도 병자를 치유하실 때에 '병 낫고자 하는 사람'들을 고쳐 주셨습니다. 이러한 사실을 우리는 우선 맹인들의 치유 기사에서 발견할 수 있습니다:

> "그들(예수와 그의 제자들)이 여리고에서 떠나 갈 때에 큰 무리가 예수를 따르더라. 맹인 두 사람이 길 가에 앉았다가 예수께서 지나가신다 함을 듣고

소리 질러 이르되 주여 우리를 불쌍히 여기소서 다윗의 자손이여 하니, 무리
가 꾸짖어 잠잠하라 하되 더욱 소리 질러 이르되 주여 우리를 불쌍히 여기소
서 다윗의 자손이여 하는지라. 예수께서 머물러 서서 그들을 불러 이르시되
너희에게 무엇을 하여 주기를 원하느냐 이르되 주여 우리 눈 뜨기를 원하나
이다. 예수께서 불쌍히 여기사 그들의 눈을 만지시니 곧 보게 되어 그들이 예
수를 따르니라."(마 20:29-34)

여기서 '소리 질러'라는 그리스어, '에크파잔ἔκπαξαν'은 'κράξω크라조
krazō'의 단순과거(aor)형으로서 '부르짖다schreien, rufen', '쉰 목소리로 말하다
krächzen'라는 뜻입니다.(병행 막 10:47)[497] 그런데 사도 바울은 'κράξω' 단어를 성
령으로 잉태된 그리스도인의 기도 양태를 표현하는데 사용하고 있습니다:
"너희는 다시 무서워하는 종의 영을 받지 아니하고 양자의 영을 받았으므
로 우리가 아빠 아버지라고 부르짖느니라."(롬 8:15, 이밖에 롬 9:27; 갈 4:6)[498] 이렇
듯 맹인들은 '치유 받고자' 하는 소망에서 예수님께 아주 간절하게 자신의
고통을 호소하며 치유 받기를 간청하였습니다: "예수께서 지나가신다 함을
듣고 소리 질러 이르되, 주여 우리를 불쌍히 여기소서!"(마 20:30b) 이와 같이
'병자病者'는 우선 예수님께 '치유 받고자 하는 간절한 소망'을 아주 절실하
게 '호소', 즉 '기도'해야 하는 것입니다. 그래서 무리들이 맹인들을 꾸짖음
에도 불구하고, 맹인들은 "더욱 소리 질러 이르되 주여 우리를 불쌍히 여
기소서! 다윗의 자손이여!"(마 20:31)라고 부르짖었던 것입니다. 그러자 예수
님께서도 '더욱 큰 소리로 부르짖는' 맹인들의 '간청'을 들으시고, 가시던
걸음을 멈추시고 그들의 '소망'을 물으신 다음 그들의 눈을 뜨게 해 주셨
습니다. 이는 일찍이 여호와 하나님께서 예레미야 선지자의 입을 통하여
"너는 내게 부르짖으라 내가 네게 응답하겠고 네가 알지 못하는 크고 은
밀한 일을 네게 보이리라."(렘 33:3)고 말씀하신 것이 성취된 것이라고 볼 수

---

497) H. Fendrich, 'κράξω', *EWNT* Bd II, Hrsg. v. Horst Balz/Gerhard Schneider,
Stuttgart-Berlin-Köln-Main, 1981, 774-776.
498) 롬 9:27 : "또 이사야가 이스라엘에 관하여 **외치되** 이스라엘 자손들의 수가 비록 바다의 모래
같을지라도 남은 자만 구원을 받으리니"; 갈 4:6 : "너희가 아들이므로 하나님이 그 아들의 영
을 우리 마음 가운데 보내사 아빠 아버지라 **부르게** 하셨느니라."

있습니다.[499] 이렇듯 하나님의 은총은 求하는 자만이 받을 수 있는 것입니다. 그래서 우리나라 속담에서 '울지 않는 아이 젖 안 준다'라는 말이 있듯이, 병이 자연히 치유되기를 무작정 기다리지만 말고, 병 고쳐 주실 것을 우리 주 하나님 아버지께 간절히 기도해야 하는 것입니다.

그렇습니다. '병病 낫고자' 하지 않는 자는 치유 받지 못합니다. 왜냐하면 예수님은 '병 낫고자' 간절히 '예수의 이름으로' 간청하는 것을 예수님 자신에 대한 믿음으로 간주하시기 때문입니다. 이를 우리는 역시 맹인의 치유 기사에서 발견할 수 있습니다:

> "예수께서 거기에서 떠나가실 새 두 맹인이 따라오며 소리 질러 이르되 다윗의 자손이여 우리를 불쌍히 여기소서 하더니, 예수께서 집에 들어가시매 맹인들이 그에게 나아오거늘 예수께서 이르시되 내가 능히 이 일 할 줄을 믿느냐 대답하되 주여 그러하오이다 하니, 이에 예수께서 그들의 눈을 만지시며 이르시되 너희 믿음대로 되라 하시니, 그 눈들이 밝아진지라…"(마 9:27-30a)

여기서 예수님은 맹인들에게 '내가 능히 이 일 할 줄을 믿느냐'고 묻습니다. 그러자 맹인들은 '주여 그러하오이다'라고 대답합니다. 이렇게 예수님은, '맹인들의 부르짖음'이 과연 자신에 대한 믿음에서 우러나온 것인가를 확인하고 계십니다. 그러자 맹인들의 '부르짖음'이 예수님 자신에 대한 믿음에서 비롯된 것임을 확인하시고, 예수님은 그 맹인들을 즉시 고쳐주십니다. 이렇듯 '부르짖음', 곧 '병 낫기를 원하는 기도'가 예수 그리스도에 대한 믿음에 기초해 있을 때, 그 믿음으로 치유함을 받는 것입니다.

그런데 한 나병환자는 예수님에 대한 믿음에 기초하여 '병 낫기를' 기도할 뿐만 아니라, 한 걸음 더 나아가 전적으로 예수 그리스도의 뜻에 '자기 병의 치유'를 내어 맡깁니다: "한 나병환자가 예수께 와서 꿇어 엎드려 간

---

499) '부르짖는다'란 의미를 가진 히브리어 'צָעַק/זָעַק'는 '하늘에' 혹은 '여호와 하나님께' 긴급하게 큰 소리로 구원을 요청하는 것을 뜻한다. 이 점에 관하여: Hasel, 'זָעַק', ThWAT Bd II, Hrsg. v. G. Johannes Botterweck/ Helmer Ringgren, Stuttgart/Berlin/Köln/Mainz, 628-639 - R. Albrecht, 'Das Geschlecht hebräischer Hauptwörter', ZAW 16(1896, 116) - H. J. Boecker, Redeformen des Rechtsleben im AT, WMANT 14, 2.Aufl., 1970, 61-66.

구하여 이르되 원하시면 저를 깨끗하게 하실 수 있나이다."(막 1:40) 그러자 예수님께서 그를 불쌍히 여기시고 나병환자를 고쳐 주셨습니다: "예수께서 불쌍히 여기사 손을 내밀어 그에게 대시며 이르시되 내가 원하노니 깨끗함을 받으라 하시니, 곧 나병이 그 사람에게서 떠나가고 깨끗하여진지라.(막 1:41-42) 그래서 예수님은, '자기의 병은 예수 그리스도를 통하여 나을 수 있을 것'이라고 확신하고, 적극적으로 예수님에게 다가간 혈루병 걸린 여인을 책망하지 않고, 오히려 그녀를 칭찬하고 그 여인의 병을 고쳐 주셨습니다:

> "열두 해 동안이나 혈루증으로 앓는 여자가 예수의 뒤로 와서 그 겉옷 가를 만지니, 이는 제 마음에 그 겉옷만 만져도 구원을 받겠다 함이라. 예수께서 돌이켜 그를 보시며 이르시되 딸아 안심하라 네 믿음이 너를 구원하였다 하시니 여자가 그 즉시 구원을 받으니라.(마 9:20-22)

여기서 마태복음은 혈루병 걸린 여인의 '병 낫고자 하는 소망'과 '예수 그리스도에 대한 신앙'을 다음과 같이 표현하고 있습니다: "이는 제 마음에 그 겉옷만 만져도 구원을 받겠다 함이라"(마 9:21) 예수님은 이러한 여인의 신앙과 그 표현을 보시고, "네 믿음이 너를 구원하였다"고 말씀하십니다. 이와 비슷한 방법으로 치유함을 받은 사건을 우리는 가나안 여인에게서도 발견할 수 있습니다(마 15:21-28)[500)]

심지어 예수님은 타인, 곧 자기 아들에게서 '귀신을 쫓아내어 주기'를 원하는 아버지의 간절한 기도도 외면하지 않으십니다:

---

500) 마 15:21-28 : "예수께서 거기서 나가사 두로와 시돈 지방으로 들어가시니, 가나안 여자 하나가 그 지경에서 나와서 소리 질러 이르되 주 다윗의 자손이여 나를 불쌍히 여기소서 내 딸이 흉악하게 귀신 들렸나이다 하되 예수는 한 말씀도 대답하지 아니하시니 제자들이 와서 청하여 말하되 그 여자가 우리 뒤에서 소리를 지르오니 그를 보내소서 예수께서 대답하여 이르시되 나는 이스라엘 집의 잃어버린 양 외에는 다른 데로 보내심을 받지 아니하였노라 하시니, 여자가 와서 예수께 절하며 이르되 주여 저를 도우소서 대답하여 이르시되 자녀의 떡을 취하여 개들에게 던짐이 마땅하지 아니하니라. 여자가 이르되 **주여 옳소이다마는 개들도 제 주인의 상에서 떨어지는 부스러기를 먹나이다 하니 이에 예수께서 대답하여 이르시되 여자여 네 믿음이 크도다 네 소원대로 되리라 하시니 그 때로부터 그의 딸이 나으니라.**"

"한 사람이 예수께 와서 꿇어 엎드려 이르되, 주여 내 아들을 불쌍히 여기소서. 그가 간질로 심히 고생하여 자주 불에도 넘어지며 물에도 넘어지는지라. … 예수께서 대답하여 이르시되 … 그를 이리로 데려오라 하시니라. 이에 예수께서 꾸짖으시니 귀신이 나가고 아이가 그 때부터 나으니라."(마 17:14-18)

이상 살펴본 바와 같이 '치유'는 최우선적으로 본인의 '낫고자 하는 의지'가 선행되어야 합니다. 왜냐하면 '병 낫고자 하는 의지'가 없으면, 예수 그리스도에 대한 믿음도 안 생기고, 예수 그리스도에게 기도조차 하지 않기 때문입니다. 그래서 예수님은 치유의 은혜를 베푸시기 전에 우선 '병자'의 '낫고자 하는' 의지를 보시고, 그 다음 그 병을 '자신을 통하여' 낫고자 하는지에 대한 '예수 그리스도에 대한 믿음'을 보신 다음에 병을 고쳐 주셨습니다. 즉 한 마디로 말해서 예수님은 '자신을 메시아로 믿는 믿음'과 '병 낫고자 하는 병자의 의지'를 보시고 치유의 은혜를 베풀어 주셨습니다. 따라서 '병 고침을 받는 것'도 예수 그리스도에 대한 믿음에서 이루어지는 것입니다. 그러면 여기서 질문이 제기될 수 있습니다: 그렇다면 예수님께서 일방적으로 치유해 주신 사건은 어떻게 이해할 것인가?

2. 특정한 정황 속에서 베푸신 예수님의 치유 은혜

앞 단락에서 살펴본 바와 같이, 예수님께서는 '자기 자신에 대한 믿음'과 병자의 '낫고자 하는 의지'가 없음에도 불구하고, 누구의 '병'이나 무작정 고쳐 주시지는 않으셨습니다. 그러나 특정한 상황 속에서는 복음 선포의 목적으로 예수님께서 일방적으로 치유의 은혜를 베풀어 주신 적도 있습니다. 첫째로, 안식일의 참된 의미를 가르쳐 주시기 위하여 예수님은 안식일에 병자를 고쳐 주셨습니다. 그 한 가지 예를 우리는 우선 다음의 기사에서 발견할 수 있습니다:

"예수께서 다시 회당에 들어가시니 한쪽 손 마른 사람이 거기 있는지라. 사람들이 예수를 고발하려 하여 안식일에 그 사람을 고치시는가 주시하고 있거늘, 예수께서 손 마른 사람에게 이르시되 한 가운데에 일어서라 하시고, 그들에게 이르시되 안식일에 선을 행하는 것과 악을 행하는 것, 생명을 구하는 것과 죽이는 것, 어느 것이 옳으냐 하시니 그들이 잠잠하거늘 그들의 마음이 완악함을 탄식하사 노하심으로 그들을 둘러보시고 그 사람에게 이르시되 네 손을 내밀라 하시니 그가 내밀매 그 손이 회복되었더라.(막 3:1-5, 병행 마 12:9-8; 눅 6:6-10)

이 증언에 의하면, 예수님은 '회당 안에 있는 많은 사람들이 안식일에 그 사람을 고치시는가' 하고 예수님을 주시하고 있음을 미리 간파看破하셨습니다. 그러자 예수님은 "안식일에 선을 행하는 것과 악을 행하는 것, 생명을 구하는 것과 죽이는 것, 어느 것이 옳으냐?"(막 3:4)고 물으신 다음, 안식일에 생명을 구원하는 일이 중요함을 가르쳐 주시기 위하여 손 마른 사람의 손을 고쳐 주셨던 것입니다.

이와 유사한 기사를 우리는 누가복음 13장 10-17절에서도 발견할 수 있는데, 누가복음도 '안식일에 회당 안'에서 예수님께서 치유의 은혜를 베푸신 사건을 보고하고 있습니다.501) 특히 예수님께서는 바리새인들과 율법 교사 및 회당장의 잘못된 '안식일 준수'를 바로 가르쳐 주시기 위하여, 안식일에 바리새인과 율법 교사들 앞에서 일방적으로 '병자'들에게 치유의 은혜를 베풀어 주셨습니다:

"안식일에 예수께서 한 바리새인 지도자의 집에 떡 잡수시러 들어가시니 그들이 엿보고 있더라. 주의 앞에 수종병 든 한 사람이 있는지라. 예수께서 대답하여 율법 교사들과 바리새인들에게 이르시되 안식일에 병 고쳐 주는 것

---

501) 눅 13:10-17 : "**예수께서 안식일에 한 회당에서 가르치실 때**에 열여덟 해 동안이나 귀신 들려 앓으며 꼬부라져 조금도 펴지 못하는 한 여자가 있더라. 예수께서 보시고 불러 이르시되 여자여 네가 네 병에서 놓였다 하시고 안수하시니 여자가 곧 펴고 하나님께 영광을 돌리는지라. 회당장이 예수께서 안식일에 병 고치시는 것을 분 내어 무리에게 이르되 일할 날이 엿새가 있으니 그 동안에 와서 고침을 받을 것이요 안식일에는 하지 말 것이니라 하거늘, **주께서 대답하여 이르시되 외식하는 자들아 너희가 각각 안식일에 자기의 소나 나귀를 외양간에서 풀어 내어 이끌고 가서 물을 먹이지 아니하느냐**, 그러면 열여덟 해 동안 사탄에게 매인 바 된 이 아브라함의 딸을 안식일에 이 매임에서 푸는 것이 합당하지 아니하냐, 예수께서 이 말씀을 하시매 모든 반대하는 자들은 부끄러워하고 온 무리는 그가 하시는 모든 영광스러운 일을 기뻐하니라."

이 합당하냐 아니하냐. 그들이 잠잠하거늘 예수께서 그 사람을 데려다가 고쳐 보내시고 또 그들에게 이르시되 너희 중에 누가 그 아들이나 소가 우물에 빠졌으면 안식일에라도 곧 끌어내지 않겠느냐 하시니 그들이 이에 대하여 대답하지 못하니라."(눅 14:1-6)

이와 같이 예수님은 '안식일'에 '병'을 고침으로써 '안식일'이 인간의 생명을 위한 날임을 가르쳐 주셨습니다. 왜냐하면 예수님께서는 '안식일'에 회당에서 병자를 고치셨을 때에도 "열여덟 해 동안 사탄에게 매인 바 된 이 아브라함의 딸을 안식일에 이 매임에서 푸는 것이 합당하지 아니하냐"(눅 13:16)고 회당장에게 반문하셨기 때문입니다. 이와 같이 그리스도인들은 '안식일' 혹은 '주일'에 하나님의 말씀을 통하여 온갖 죄악의 병으로부터 해방되어 구원을 얻는 은혜를 받는 것입니다.

둘째로 예수님은 '죽은 자의 부활', 한 걸음 더 나아가 '자신의 부활'을 '예고豫告' 및 '예시豫示'하시기 위하여, 그리고 본인이 죽은 자를 다시 살리실 수 있는 능력을 가지신 분임을 계시하기 위하여 '나인 성城' 과부의 아들을 죽음에서 일으키셨습니다:

> "그 후에 예수께서 나인이란 성으로 가실 새 제자와 많은 무리가 동행하더니, 성문에 가까이 이르실 때에 사람들이 한 죽은 자를 메고 나오니, 이는 한 어머니의 독자요 그의 어머니는 과부라. 그 성의 많은 사람도 그와 함께 나오거늘, 주께서 과부를 보시고 불쌍히 여기사 울지 말라 하시고 가까이 가서 그 관에 손을 대시니 멘 자들이 서는지라. 예수께서 이르시되 청년아 내가 네게 말하노니 일어나라 하시매 죽었던 자가 일어나 앉고 말도 하거늘 예수께서 그를 어머니에게 주시니"(눅 7:11-15)

이 기사에 의하면, 아무도 예수님께 '죽은 자를 살려 달라'고 간청하지 않습니다. 그럼에도 불구하고 예수님은 단지 과부의 하나밖에 없는 아들의 죽음을 보고, 그 과부를 불쌍히 여기사 '죽은 자'를 다시 살려 주십니다. 따라서 우리는 이 기사에서, 예수님께서 '과부의 아들을 살리신 목적'

은 '죽은 자의 부활'에 대한 복음을 선포하기 위한 것으로 이해할 수밖에 없습니다. 왜냐하면 예수님은 요한이 옥에서 제자들을 보내어 예수님께 "오실 그이가 당신이오니이까?"(마 11:3)라고 물었을 때, "대답하여 이르시되, 너희가 가서 듣고 보는 것을 요한에게 알리되, 맹인이 보며 못 걷는 사람이 걸으며 나병환자가 깨끗함을 받으며 못 듣는 자가 들으며, 죽은 자가 살아나며 가난한 자에게 복음이 전파된다 하라"(마 11:4b-5)고 답변하셨기 때문입니다. 다시 말해서 예수님은 자신의 메시아적 사역을 '치유의 사역'과 '죽은 자를 살리시는 것'으로 계시하셨던 것입니다. 왜냐하면 육신으로 병든 자를 치유하는 것은 영적靈的으로 병든 자, 곧 죽은 자를 살리는 것과 유비적類比的으로 일치하기 때문입니다.

셋째로 예수님은 당신 자신이 귀신을 제어할 능력이 있음을 계시하기 위하여 '귀신 들린 자'를 고쳐 주십니다:

> "예수께서 건너편 가다라 지방에 가시매 귀신 들린 자 둘이 무덤 사이에서 나와 예수를 만나니 그들은 몹시 사나워 아무도 그 길로 지나갈 수 없을 지경이더라. 이에 그들이 소리 질러 이르되 하나님의 아들이여 우리가 당신과 무슨 상관이 있나이까 때가 이르기 전에 우리를 괴롭게 하려고 여기 오셨나이까 하더니 마침 멀리서 많은 돼지 떼가 먹고 있는지라. 귀신들이 예수께 간구하여 이르되 만일 우리를 쫓아내시려면 돼지 떼에 들여보내소서 하니, 그들에게 가라 하시니 귀신들이 나와서 돼지에게로 들어가는지라. 온 떼가 비탈로 내리달아 바다에 들어가서 물에서 몰사하거늘 …"(마 8:28-32; 비교 눅 11:14)502)

이와 같이 예수님께서 '귀신 들린 자'를 고치신 것은, '귀신 들린 자'를 단지 불쌍히 여기시기 때문이 아니라, 당신이 귀신을 쫓아낼 권세가 있을 뿐만 아니라, 이 세상에서 귀신을 쫓아내고 하나님의 나라를 선포하고 건설하시기 위하여 귀신 들린 자를 고쳐 주신 것입니다. 왜냐하면 예수님은 "내가 하나님의 성령을 힘입어 귀신을 쫓아내는 것이면 하나님의 나라가

---

502) 눅 11:14 : "예수께서 한 말 못하는 귀신을 쫓아내시니 귀신이 나가매 말 못하는 사람이 말하는지라 무리들이 놀랍게 여겼으나"

이미 너희에게 임하였느니라."(마 12:28)고 말씀하셨기 때문입니다.

넷째로, 예수님은 자신이 세상에서 아무도 돌보아 줄 사람이 없는 사람의 구원자, 곧 메시아(그리스도)되심을 계시하시기 위하여 '병자'를 고쳐 주셨습니다. 이러한 치유의 사역은 순전히 '가난한 자'와 '병든 자'와 '고아'와 '과부'를 불쌍히 여기는 하나님 아버지의 자비로우신 사랑을 계시하는 것입니다:

> "그 후에 유대인의 명절이 되어 예수께서 예루살렘에 올라가시니라. 예루살렘에 있는 양문 곁에 히브리 말로 베데스다라 하는 못이 있는데 거기 행각 다섯이 있고 그 안에 많은 병자, 맹인, 다리 저는 사람, 혈기 마른 사람들이 누워 (물의 움직임을 기다리니 …) 거기 서른여덟 해 된 병자가 있더라. 예수께서 그 누운 것을 보시고 병이 벌써 오래된 줄 아시고 이르시되 네가 낫고자 하느냐, 병자가 대답하되 주여 물이 움직일 때에 나를 못에 넣어 주는 사람이 없어 내가 가는 동안에 다른 사람이 먼저 내려가나이다. 예수께서 이르시되 일어나 네 자리를 들고 걸어가라 하시니, 그 사람이 곧 나아서 자리를 들고 걸어 가니라. 이 날은 안식일이니"(요 5:1-9; 비교 마 8:14-15)[503]

마지막으로 예수님은, 인간이 세상에서 겪고 있는 병의 고통이 반드시 '죄의 결과'가 아니라, 때로는 오히려 '하나님의 영광'을 위한 도구가 될 수 있음을 가르쳐 주시기 위하여 '병'을 고쳐 주셨습니다:

> "예수께서 길을 가실 때에 날 때부터 맹인 된 사람을 보신지라, 제자들이 물어 이르되 랍비여 이 사람이 맹인으로 난 것이 누구의 죄로 인함이니이까 자기니이까, 그의 부모니이까, 예수께서 대답하시되 이 사람이나 그 부모의 죄로 인한 것이 아니라 그에게서 하나님이 하시는 일을 나타내고자 하심이라. … 이 말씀을 하시고 땅에 침을 뱉어 진흙을 이겨 그의 눈에 바르시고 이르시되, 실로암 못에 가서 씻으라 하시니 … 이에 가서 씻고 밝은 눈으로 왔더라."(요 9:1-7)

---

503) 마 8:14-15 : "예수께서 베드로의 집에 들어가사 그의 장모가 열병으로 앓아누운 것을 보시고, 그의 손을 만지시니 열병이 떠나가고 여인이 일어나서 예수께 수종들더라"

이상 앞에서 살펴본 바와 같이, 예수님은 특정한 상황에서 특정한 목적으로 아무런 조건 없이 '병'을 고쳐 주시기도 하셨습니다. '안식일의 의미'를 가르쳐 주시기 위하여, 혹은 '죽은 자의 부활'을 계시하시기 위하여, 혹은 '귀신을 쫓아내고 하나님의 나라'를 선포하시기 위하여, 혹은 '자신의 메시아 됨'을 증언하기 위하여, 그리고 '하나님의 영광'을 위하여 병자들을 병의 고통으로부터 해방시켜 주셨습니다. 이와 같이 예수님께서는 당신의 뜻에 합당하면, 언제든지 치유의 은혜를 베푸실 수 있는 사랑과 치유의 그리스도이십니다. 그런데 이를 역설적으로 이해하면, 인간은 각종 병에 걸려 있는 병자들이라는 것입니다. 바꾸어 말하면, 인간은 누구를 막론하고 치유 받아야 할 존재입니다. 그래서 예수께서 이르시되 "건강한 자에게는 의사가 쓸 데 없고 병든 자에게라야 쓸 데 있느니라"(마 9:12)고 말씀하셨던 것입니다. 이러한 의미에서 볼 때, 우리는 그 누군가의 대리적 믿음으로 치유 받을 수밖에 없는 존재입니다.

3. 메시아 예수님에 대한 타인의 믿음으로 치유 받은 사람

예수 그리스도에 대한 한 사람의 신앙이 주위의 '병든 자'를 고칠 수 있을 뿐만 아니라, 그의 생명을 구원할 수 있음을 우리는 백부장의 믿음에서 발견할 수 있습니다:

"예수께서 가버나움에 들어가시니 한 백부장이 나아와 간구하여 이르되 주여 내 하인이 중풍병으로 집에 누워 몹시 괴로워하나이다. 이르시되 내가 가서 고쳐 주리라. 백부장이 대답하여 이르되 주여 내 집에 들어오심을 나는 감당하지 못하겠사오니 다만 말씀으로만 하옵소서. 그러면 내 하인이 낫겠사옵나이다. 나도 남의 수하에 있는 사람이요 내 아래에도 군사가 있으니 이더러 가라 하면 가고 저더러 오라 하면 오고 내 종더러 이것을 하라 하면 하나이다. 예수께서 들으시고 놀랍게 여겨 따르는 자들에게 이르시되 내가 진실로 너희에게 이르노니 이스라엘 중 아무에게서도 이만한 믿음을 보지 못하였노라. … 예수께서 백부장에게 이르시되 가라 네 믿은 대로 될지어다 하시니 그 즉시 하인이 나으니라."(마 8:5-13)

이 기사에서 명백히 드러난 것은, '백부장'의 '대리적 믿음'을 통해서도 병자가 나음을 얻을 수 있다는 것입니다. 즉 예수 그리스도에 대한 백부장의 믿음으로 그의 하인이 병에서 나음을 얻었습니다. 이와 같이 '대리적 믿음'을 통하여 병으로부터 치유함을 받은 사건을 우리는 네 친구를 둔 중풍병자의 치유 기사에서도 발견할 수 있습니다:

"사람들이 한 중풍병자를 네 사람에게 메워 가지고 예수께로 올새 무리들 때문에 예수께 데려갈 수 없으므로 그 계신 곳의 지붕을 뜯어 구멍을 내고 중풍병자의 누운 상을 달아내리니 예수께서 그들(네 사람)의 믿음을 보시고 중풍병자에게 이르시되 작은 자야 네 죄 사함을 받았느니라 하시니"(막 2:3-5); "내(예수님)가 네게 이르노니 일어나 네 상을 가지고 집으로 가라 하시니, 그 (중풍병자)가 일어나 곧 상을 가지고 모든 사람 앞에서 나가거늘 … "(막 2:11-12)

그런데 이렇게 대리적 믿음을 통하여 치유함을 받을 수 있다는 것은, 우리가 예수 그리스도의 대리적 믿음을 통하여 '치유함', 곧 '죄로부터 구원받을 수 있다'는 것을 암시해 줍니다. 왜냐하면 예수님은 중풍병자에게 '네 병이 나았다' 하지 않으시고, "네 죄 사함을 받았느니라"(막 3:5)고 말씀하셨기 때문입니다. 따라서 이 말씀은 '병으로부터의 치유'는 '죄로부터의 구원'이 전제되어야 한다는 것을 암시해 줍니다. 어쨌든 분명한 것은, 예수 그리스도에 대한 어느 특정한 사람의 대리적 믿음을 통하여 우리는 병으로부터 치유함을 받을 수도 있다는 것입니다. 이러한 맥락에서 야고보서는 "너희 중에 병든 자가 있느냐, 그는 교회의 장로들을 청할 것이요 그들은 주의 이름으로 기름을 바르며 그를 위하여 기도할지니라"(약 5:14)고 권하고 있는 것입니다.

그래서 예수님이 능히 자기의 병을 치유하실 수 있는 분이라고 믿은 사람들은 귀신 들린 자와 각종 병으로 고통당하는 친인척들을 치료받게 하기 위하여 예수님께 데려왔습니다.(마 9:32-33) 특히 마가복음은 각 지방에서 많은 사람들이 각종 병에 걸린 사람들을 '치유 받게 하기 위하여' 예수님께로 데리고 온 것을 보고하고 있습니다.(막 7:31-37; 8:22-26)504) 이렇듯 '병病은 병자 당사자의 신앙뿐만 아니라, 타인의 대리적 믿음'을 통해서도 치유함을 받을 수 있는 것입니다. 그래서 사도 바울은 '병 고치는 일'을 성령의 은사 가운데 하나로 증언하고 있습니다. 이 말은 직업적인 치료 능력, 곧 의사醫師의 재능을 의미하기도 하지만, 다른 한편은 성령의 은사로 대신 병을 고쳐 줄 수 있는 사람도 있음을 의미하는 것입니다. 왜냐하면 예수님께서는 제자들에게 병 고치는 은사를 주셨고,(눅 9:1-2) 실제로 베드로와 요한도 앉은뱅이를 걷게 하였기 때문입니다.(행 3:1-8)

4. 예수 그리스도의 말씀을 믿음으로 치유 받은 인간

환자가 치유 받고자 함에 있어서 가장 근본적으로 전제되어지는 것은, 예수 그리스도께 구하면, 예수님이 자신의 병을 치유해 주실 것이라는 믿음입니다. 더 자세히 말하면 예수 그리스도께서 자기의 '주치의主治醫'이시기에 병을 고쳐 주실 것이라는 믿음입니다. 그 전형적인 예를 우리는 앞에서도 언급한 '백부장의 믿음'에서 발견할 수 있습니다.(마 8:5-13) 이 백부장에 대한 기사에 의하면, 그는 예수님의 능력과 말씀을 한 점도 의심 없이 전적으로 믿었습니다: "백부장이 대답하여 이르되 주여 … 다만 말씀으로만 하옵소서 그러면 내 하인이 낫겠사옵나이다."(마 8:8) 이 말씀을 들으신 예수님은 "내가 진실로 너희에게 이르노니 이스라엘 중 아무에게서도 이만한 믿음을 보지 못하였노라"(마 8:10) 말씀하시고, "백부장에게 이르시되 가라 네 믿은 대로 될지어다"(마 8:13a)라고 말씀하십니다. 그 후 백부장의 하인은 즉시 나았다고 마태복음은 증언하고 있습니다.(마 8:13b) 이와 같이 '치유의 가장 큰 전제 조건'은 예수 그리스도의 말씀에 대한 전적인 믿음입니다.

요한복음도 예수 그리스도의 말씀에 대한 전적인 믿음으로 자기 아들의

---

504) 막 7:31-32 : "예수께서 다시 두로 지방에서 나와 시돈을 지나고 데가볼리 지방을 통과하여 갈릴리 호수에 이르시매 사람들이 귀 먹고 말 더듬는 자를 데리고 예수께 나아와 안수하여 주시기를 간구하거늘" 막 8:22 : "벳새다에 이르매 사람들이 맹인 한 사람을 데리고 예수께 나아와 손대시기를 구하거늘"

병을 고친 어느 왕의 신하의 믿음을 증언하고 있습니다:

> "예수께서 다시 갈릴리 가나에 이르시니 전에 물로 포도주를 만드신 곳이
> 라. 왕의 신하가 있어 그의 아들이 가버나움에서 병들었더니, 그(왕의 신하)가
> 예수께서 유대로부터 갈릴리로 오셨다는 것을 듣고 가서 청하되 내려오셔서
> 내 아들의 병을 고쳐 주소서 하니 그가 거의 죽게 되었음이라. … 예수께서
> 이르시되 가라 네 아들이 살아 있다 하시니 그 사람이 예수께서 하신 말씀을
> 믿고 가더니"(요 4:46-50)

이 기사도, 왕의 신하가 '네 아들이 살아 있다'라는 예수님의 말씀을 전
적으로 신뢰하고 자기 집으로 내려갔다고 증언하고 있습니다. 이와 같이
예수 그리스도의 말씀에 대한 전적인 믿음만이 치유함을 받을 수 있는 필
수적인 전제 조건입니다. 오늘 우리의 상황으로 바꾸어 말하면, 성경의 치
유 기사를 전적으로 믿고, 오늘도 살아 계신 보혜사 성령님께서 우리의
병을 고쳐 주실 것을 전적으로 믿음으로써, 그 믿음으로 치유함을 받을
수 있습니다. '약'과 '의사'를 치유의 도구로 삼아 성령님께서 친히 온전히
고쳐 주실 것을 믿음으로써 치유함을 받을 수 있습니다. 그래서 예수님은
나병환자 중 치유함을 받은 자에게 "일어나 가라. 네 믿음이 너를 구원하
였느니라."(눅 17:19)고 말씀하셨을 뿐만 아니라, 두 맹인에게도 "내가 능히
이 일 할 줄을 믿느냐?"(마 9:28b)고 맹인들의 믿음을 확인하셨던 것입니다.
그렇습니다. 전능하신 하나님의 아들 우리 주 예수 그리스도를 믿는 자
에게는 못 고칠 병이 없습니다. 왜냐하면 이미 여호와 하나님은 히스기야
왕의 죽을 병病도 창조주의 권능으로 고쳐 주셨기 때문입니다.(사 38:1-5) 그
래서 시편 기자는 "여호와께서 내 간구를 들으셨음이여, 여호와께서 내 기
도를 받으시리로다"(시 6:9)라고 찬송하고 있습니다. 이렇게 치유하시는 하나
님은 지금 각종 병든 자들이 당신에 대한 믿음으로 치유함 받기를 원하고
계십니다.

참회의 기도

여호와 하나님,
처음부터 우리의 위장과 심장과 각 지체는
당신의 말씀으로 창조되었습니다.

그러기에 주님이 원하시면
지금이라도 언제든지 상한 지체를
말씀으로 새롭게 재생再生시키실 수 있으십니다.

주님!
지금 곧 '네 상을 들고 가라'고 말씀만 하소서!
지금 곧 '네 죄 사함을 받았다'고 말씀 하옵소서!
지금 곧 이 썩은 몸에 생기生氣를 불어넣어 주옵소서!

타는 심정으로 '살려 달라' 부르짖는 기도,
순간도 외면치 마시고, 응답해 주소서!
그래서 종들을 통하여
걷고 뛰며 주님의 이름을 찬양하게 하옵소서!

- 아멘

III. 하나님 앞에 불치의 병은 없다

단 하나의 불치의 병: 스스로 마귀의 종이 된 병

***** 토의 주제 *****

1. 예수님은 어떠한 병들을 고쳐 주셨는가?
2. 내게는 병이 없는가, 있다면 내가 가지고 있는 병의 원인이 무엇이라고 생각하는가?
3. 내 병이 치유 받을 수 있는 방법이 무엇이라고 생각하는가?

1. 귀신에 사로잡혀 있는 인간: 정신병자의 치유

예수님께서 공생애共生厓 동안 고쳐 주신 '병病'은 여러 가지가 있습니다. 그런데 치유함을 받은 사람들의 '병病' 중에서 가장 많은 비중을 차지하고 있는 것은 '귀신 들린 병'입니다. 우선 마태복음의 증언에 의하면, 예수님은 '눈멀고 벙어리 된 귀신 들린 자를 고쳐 주셨으며'(마 12:22), '거라사인 지방의 귀신 들린 사람을 고쳐 주셨으며'(막 8:28-34, 병행 막 5:1-20; 눅 8:26-39), '벙어리 귀신'을 쫓아 내셨고(마 9:32-33), '사귀邪鬼 들린 아이'를 고쳐 주셨습니다. (마 17:14-18, 병행 막 9:14-29; 눅 9:38-42) 여기에 다른 공관복음서, 곧 마가복음과 누가복음의 증언을 추가한다면, 예수님은 하나님의 나라의 복음을 선포하기 시작하신 이후 '회당에서 귀신을 쫓아내어 주셨고'(막 1:23-28, 병행 눅 4:31-36), '안식일에 귀신 들린 여인'을 고쳐 주셨습니다.(눅 13:10-17) 이와 같이 공관복음서의 증언에 의하면, 예수님께서 귀신 들린 사람에게서 귀신을 내쫓아 주신 사건은 모두 여섯 번입니다. 여기서 질문이 제기됩니다: '귀신 들렸다'

는 것은 사람이 어떠한 상태에 있다는 것을 의미하는가? 다시 말해서 어떠한 행동 양태를 '귀신 들렸다'고 판단하는가?

우선 귀신 들린 자의 전형적인 모습은 첫째로, '말이 어눌해집니다': "그들이 나갈 때에 귀신 들려 말 못하는 사람을 예수께 데려오니"(마 9:32) 이와 같이 귀신 들린 사람은 일차적으로 '말'이 어눌해지고, 더 심해지면 '눈까지 멀어집니다': "그 때에 귀신 들려 눈멀고 말 못하는 사람을 데리고 왔거늘"(마 12:22a, 병행 눅 11:14)505) 예수님께서 귀신을 쫓아내시자, 귀신 들렸던 사람이 말도 하고 보게 됩니다: "예수께서 고쳐 주시매, 그 말 못하는 사람이 말하며 보게 된지라."(마 12:22b) 둘째로, 귀신 들린 사람은 큰 '소리를 지릅니다': "그들(귀신 들린 자 둘)이 소리 질러 이르되, 하나님의 아들이여! 우리가 당신과 무슨 상관이 있나이까, 때가 이르기 전에 우리를 괴롭게 하려고 여기 오셨나이까?"(마 8:29; 막 1:23)506) 셋째로, 귀신들린 자는 '몹시 사납고, 강폭합니다': "예수께서 건너편 가다라 지방에 가시매 귀신 들린 자 둘이 무덤 사이에서 나와 예수를 만나니, 그들은 몹시 사나워 아무도 그 길로 지나갈 수 없을 지경이더라."(마 8:28) 그래서 때론 생명에 위험한 행동도 서슴치 않고 행합니다: "주여 내 아들을 불쌍히 여기소서. 그가 간질로 심히 고생하여 자주 불에도 넘어지며 물에도 넘어지는지라."(마 17:15) 넷째로, 누구보다도 '예수님을 먼저 알아보았습니다': "마침 그들의 회당에 더러운 귀신 들린 사람이 있어 소리 질러 이르되, 나사렛 예수여 우리가 당신과 무슨 상관이 있나이까, 우리를 멸하러 왔나이까 나(귀신)는 당신이 누구인줄 아노니 하나님의 거룩한 자니이다."(막 1:23-24) 그래서 귀신은 예수님과 하나님의 신실한 자들을 두려워합니다: "그들(귀신들린 자 둘)이 소리 질러 이르되 하나님의 아들이여 우리가 당신과 무슨 상관이 있나이까? 때가 이르기 전에 우리를 괴롭게 하려고 여기 오셨나이까?"(마 8:29) 그래서 귀신들린 자는 끝내는 소위所謂 '신병神病', 곧 귀신 들린 병을 앓게 되고,

---

505) 눅 11:14 : "예수께서 한 **말 못하는 귀신을 쫓아내시니** 귀신이 나가매 말 못하는 사람이 말하는지라 무리들이 놀랍게 여겼으나."

506) 막 1:23 : "마침 그들의 회당에 더러운 귀신 들린 사람이 있어 **소리 질러 이르되**"

심하면 신체의 한 부분이 마비되기도 합니다: "예수께서 안식일에 한 회당에서 가르치실 때에, 열여덟 해 동안이나 귀신 들려 앓으며 꼬부라져 조금도 펴지 못하는 한 여자가 있더라."(눅 13:10-11)

그런데 귀신이 들려서 '말이 어눌해지고, 눈이 멀어진다'는 것은, 이성적理性的 판단이 흐려지고, 사람이나 사물을 올바로 분간하지 못한다는 것입니다. 그리고 '공연히 아무런 이유 없이 소리를 지르거나, 갑자기 강폭해진다'는 것은, 인내하거나 관용寬容하지 못하고, 조그마한 일에도 자주 분노憤怒한다는 것입니다. 그리고 '하나님의 택함 받은 백성들'을 공연히 미워하거나 저주하는 것은, 하나님의 성령을 거역하여 일체의 거룩한 영적 활동, 곧 예배에 참석하고, 기도하는 것 등을 거부하는 것입니다. 그리고 구체적인 병도 없는데, 시름시름 앓으면서 '신체가 마비되는' 증상을 보인다는 것은, 귀신에 완전히 사로잡혀 이미 귀신을 섬기는 자가 되었다는 것을 의미합니다. 그러므로 이러한 증세를 보이는 사람을 우리는 일단 귀신 들린 사람으로 간주할 수밖에 없습니다.

그런데 이러한 증상을 가진 사람들을 현대 의학은 '정신병자'라고 칭하고 있습니다. 그러나 이러한 증상은 단순히 '정신 이상精神異狀'의 차원을 넘어서서, '악한 영'에 사로잡혀 있는 경우가 더 많습니다. 왜냐하면 귀신이란, 어떠한 모양으로든지 사람들을 미혹하려는 더럽고 악한 '영靈'으로서 하나님을 '대적對敵'하는 '영靈'이기 때문입니다.507)

2. 날 때부터 맹인 된 인간의 치유

예수님께서 고쳐 주신 '병' 가운데는 사람들이 태어날 때부터 가지고 태어나는 병이 있었습니다. 예컨대 예수님께서 날 때부터 맹인 된 사람의

---

507) 귀신을 '하나님에게 대적하는 영'이라고 규정하였다 해서 '이원론'을 이야기하는 것은 아니다. 단지 성경이 증언하는 바에 의하면, 어쨌든 인간들 가운데는 '귀신 들린 자'가 있다는 것이다. 귀신, 곧 악한 영을 니케아 콘스탄티노폴 신조(381)는 천사와 같이 보이지 않는 영적 존재로 규정하고 있다. 왜냐하면 이 신조는 하나님을 '보이는 것과 보이지 않는 것의 창조주'로 고백하고 있기 때문이다. 혹자는 일반적으로 귀신을 보이지 않는 영적 존재인 천사가 타락한 것으로 이해하고 있다. 그러나 귀신의 실재와 관련해서 더욱 중요한 것은, 어쨌든 보이지 않는 영적 세계가 분명히 존재한다는 것이다.

눈을 뜨게 해 주신 것은 사람들의 선천적先天的인 병을 고쳐 주신 것에 대한 총체적 증언입니다: "예수께서 길을 가실 때에 날 때부터 맹인 된 사람을 보신지라. … 이 말씀을 하시고 땅에 침을 뱉어 진흙을 이겨 그의 눈에 바르시고 이르시되 실로암 못에 가서 씻으라 하시니(실로암은 번역하면 보냄을 받았다는 뜻이라) 이에 가서 씻고 밝은 눈으로 왔더라."(요 9:1,6-7) 한 걸음 더 나아가 태어날 때부터 맹인이든, 아니면 후천적인 맹인이든, 분명한 것은 예수님께서 맹인들의 눈을 고쳐 주셨다는 것입니다:

> "예수께서 거기에서 떠나가실 새 두 맹인이 따라오며 소리 질러 이르되 다윗의 자손이여 우리를 불쌍히 여기소서 하더니. 예수께서 집에 들어가시매 맹인들이 그에게 나아오거늘 예수께서 이르시되 내가 능히 이 일 할 줄을 믿느냐 대답하되 주여 그러하오이다 하니, 이에 예수께서 그들의 눈을 만지시며 이르시되 너희 믿음대로 되라 하시니, 그 눈들이 밝아진지라 …"(마 9:27-30a 이밖에 마 20:29-34; 막 8:22-26)508)

그런데 요한일서 기자는, "그의 형제를 미워하는 자는 어둠에 있고, 또 어둠에 행하며 갈 곳을 알지 못하나니 이는 그 어둠이 그의 눈을 멀게 하였음이라"(요일 2:11)고 증언하고 있습니다. 반면에 "그의 형제를 사랑하는 자는 빛 가운데 거하여 자기 속에 거리낌이 없으나"(요일 2:10)라고 증언하고 있습니다. 이러한 증언들은 육체적인 '맹인盲人'뿐만 아니라, '신앙적인 맹인', 한 걸음 더 나아가 '영적 맹인'이 있음을 암시해 줍니다. 따라서 예수님께서 나면서부터 맹인을 고쳐 주셨다는 것은 육체적肉體的, 정신적精神的, 영적靈的 맹인을 고쳐 주셨다고 확장 해석할 수도 있습니다. 왜냐하면 시

---

508) 마 20:29-30,34 : "그들이 여리고에서 떠나 갈 때에 큰 무리가 예수를 따르더라. **맹인 두 사람**이 길 가에 앉았다가 예수께서 지나가신다 함을 듣고 소리질러 이르되 주여 우리를 불쌍히 여기소서 다윗의 자손이여 하니 … 예수께서 불쌍히 여기사 **그들의 눈을 만지시니, 곧 보게 되어** 그들이 예수를 따르니라."; 막 8:22-25 : "벳새다에 이르매 사람들이 **맹인 한 사람**을 데리고 예수께 나아와 손대시기를 구하거늘 예수께서 맹인의 손을 붙잡으시고 마을 밖으로 데리고 나가사 눈에 침을 뱉으시며 **그에게 안수하시고** 무엇이 보이느냐 물으시니 쳐다보며 이르되 사람들이 보이나이다 나무 같은 것들이 걸어가는 것을 보나이다 하거늘 이에 **그 눈에 다시 안수하시매** 그가 주목하여 보더니 나아서 모든 것을 밝히 보는지라."

편 기자는 이스라엘 백성을 가리켜 "어리석고 지각이 없으며 눈이 있어도 보지 못하며, 귀가 있어도 듣지 못하는 백성"(렘 5:21, 비교 시 115:5; 135:16)이라고 책망하고 있기 때문입니다. 그래서 예수님도 참 진리를 모르는 사람을 가리켜 '맹인', 즉 '소경'이라고 규정하고 계십니다:

> "예수께서 이르시되 내가 심판하러 이 세상에 왔으니 보지 못하는 자들은 보게 하고 보는 자들은 맹인 되게 하려 함이라 하시니, 바리새인 중에 예수와 함께 있던 자들이 이 말씀을 듣고 이르되 우리도 맹인인가? 예수께서 이르시되 너희가 맹인이 되었더라면 죄가 없으려니와 본다고 하니 너희 죄가 그대로 있느니라."(요 9:39-41; 막 8:18)509)

이러한 의미에서 모든 인간은 태어날 때부터 '맹인'이라고 할 수 있습니다. 단지 어느 사람은 육체적인 맹인이고, 어느 사람은 세상의 진리를 모르는 '이성적理性的' 혹은 '지적知的' 맹인이고, 어느 사람은 '영적 맹인'인 것뿐입니다. 그러므로 예수님께서 날 때부터 '맹인'을 고쳐 주셨다는 것은, 이상의 세 가지 맹인 모두를 고쳐 주셨다는 총체적인 의미로 해석해야 할 것입니다. 바꾸어 말하면, 이 세상에는 육체적으로는 '맹인'이지만, 정신적으로나 영적으로는 빛 가운데 있는 사람이 있는가 하면, 육체적으로 '맹인'이 아니지만, 정신적, 영적으로는 '맹인'도 있다는 것입니다. 그러므로 예수님께서 맹인의 눈을 뜨게 해 주셨다는 것은, 육체적, 정신적, 영적으로 어두움의 권세 아래 있는 모든 사람의 총체적 치유를 의미합니다.(비교. 엡 5: 8)510) 왜냐하면 예수 그리스도로 말미암아 보게 된 '맹인'들은 살아 계신 하나님의 아들 예수 그리스도를 보게 되었을 뿐만 아니라, 예수님을 구세주로 믿게 되었기 때문입니다.

---

509) 막 8:18: "너희가 눈이 있어도 보지 못하며 귀가 있어도 듣지 못하느냐 또 기억하지 못하느냐"
510) 엡 5:8: "너희가 전에는 어둠이더니 이제는 주 안에서 **빛이라 빛의 자녀들처럼 행하라**."

3. 불치의 병을 앓고 있는 인간의 치유

예수님께서 치유의 은사를 베풀어 주신 '후천적인 병' 가운데는 그 당시의 의학으로 치료할 수 없는 불치의 병이 많이 있었습니다. 우선 그 중 하나가 '문둥병'이었습니다. '문둥병 צרעת 차라아트'은 여러 가지 발진發疹성 피부병과 피부 질환을 가리키는 포괄적인 말입니다.511) 그런데 '문둥병'은 레위기에 의하면, 각종 불결한 것과의 육체적 접촉을 통하여 감염되는 병입니다. 따라서 '문둥병'은 비유적으로 해석하면, 세상에서 다른 사람뿐만 아니라 동물과 접촉하며 살아가면서 인간이 인간들 사이에서 짓는 모든 죄악을 총칭하는 것이라고 볼 수 있습니다. 왜냐하면 '문둥병'은 그 당시 치료할 수 없는 '불치의 병'이었을 뿐만 아니라, '문둥병'에 걸리면 가족과 사회로부터 격리되어 외딴 곳에 거주해야 했기 때문입니다. 그런데 일체의 모든 인간관계가 끊어진다는 것은, 하나님과 사회로부터 버림받는 것을 의미합니다. 이는 그 당시 '세리'나 '창기'가 많은 사람들로부터 멸시받고 천대받은 것, 그 이상이었습니다. 왜냐하면 '세리'나 '창기'는 그래도 건강한 사람들과 사회 속에 함께 거주할 수 있지만, '문둥병'은 전염되기 때문에, '문둥병자'는 일체의 모든 사회적 활동으로부터 완전히 격리되었기 때문입니다.

그러나 예수님은 바로 이러한 '문둥병'에 걸린 사람을 치유해 주십니다: "한 나병환자가 나아와 절하며 이르되 주여 원하시면 저를 깨끗하게 하실 수 있나이다 하거늘, 예수께서 손을 내밀어 그에게 대시며 이르시되, 내가 원하노니 깨끗함을 받으라 하시니 즉시 그의 나병이 깨끗하여진지라."(마 8:2-3, 병행 막 1:40-45; 눅 5:12-16; 17:11-19)512) 뿐만 아니라, 예수님은 각종 병에 걸린

---

511) 성경에서 '문둥병'이라고 기록되고 있는 이 병은 오늘날의 병, 곧 'Leprosy'는 한때 보다 일반적인 용어 'Lepra'에서 유래한 것이다. 또한 한센씨 병(Hansen's disease)이라고 불리우는 병과 동일하게 취급하는 것은, 이 병이 한센 병이 걸렸을 때 일어나는 괴사(국부적으로 조직 세포가 죽는 것)와 동일한 증상이 나타나기 때문이며, 이 병이 중세 때 유럽 전역에 전염되었기 때문이다.

512) 눅 17:11-19 : "예수께서 예루살렘으로 가실 때에 사마리아와 갈릴리 사이로 지나가시다가 한 마을에 들어가시니 나병환자 열 명이 예수를 만나 멀리 서서 소리를 높여 이르되 예수 선생님이여 우리를 불쌍히 여기소서 하거늘 보시고 이르시되 가서 제사장들에게 너희 몸을 보이라 하

자들을 고쳐 주셨습니다: "그(예수)의 소문이 온 수리아에 퍼진지라, 사람들이 모든 앓는 자 곧 각종 병에 걸려서 고통당하는 자, 귀신 들린 자, 간질하는 자, 중풍병자들을 데려오니 그들을 고치시더라."(마 4:24) 이렇듯 예수님께서 '중풍병', '문둥병' 그리고 '간질병'과 같은 불치의 병을 고쳐 주셨다는 것은, 역설적으로 해석하면, 인간은 '불치의 병'에 걸릴 수 있고, 실제로 그러한 병에 걸려 있다는 것입니다.

그래서 '문둥병'이나, '중풍병'과 같은 불치의 병에 걸리면, 그 당시 사람들은 이러한 병자들을 죄인罪人으로 취급하였을 뿐만 아니라, 하나님으로부터 저주받은 자로 간주하였습니다: "내가 칼과 기근과 전염병으로 그들을 뒤따르게 하며 그들을 세계 여러 나라 가운데에 흩어 학대를 당하게 할 것이며, 내가 그들을 쫓아낸 나라들 가운데에서 저주와 경악과 조소와 수모의 대상이 되게 하리라."(렘 29:18) 그래서 오늘날도 각종 '암癌'이나 '후천성 면역 결핍증(AIDS: Acquired immune deficiency syndrome)'에 걸리면, 보통 사람들은 그러한 병에 걸린 사람들을, 남이 알지 못하는 커다란 죄를 범하여 마치 하나님으로부터 저주받아 병에 걸린 것이 아닌가, 하고 의심하기도 합니다. 어쨌든 그 당시 '문둥병'이나 '중풍병'과 같은 병을 오늘날의 의미로 바꾸어 해석하면, '암'과 같은 '불치의 병'입니다. 따라서 오늘날에도 많은 사람들이 그 당시의 '문둥병'과 '중풍병'과 '간질병'과 같은 '불치의 병'인 '후천성 면역 결핍증'이나 '암癌' 뿐만 아니라, 각종 '희귀병'에 걸려 있다는 것입니다. 이러한 점에서 예수님께서 '문둥병'과 '중풍병자' 그리고 '간질병'에 걸린 사람들을 고쳐 주셨다는 것은, 오늘날의 '암'과 같은 '불치의 병'도 고쳐 주실 수 있다는 것을 의미합니다. 결론적으로 현대인이나 그 당시 사람들을 막론하고, 많은 사람들이 '불치의 병'에 걸려 있으며, 예수님은 이러한 '불치의 병'에 걸려 있는 사람들을 고쳐 주셨습니다.

셨더니 그들이 가다가 깨끗함을 받은지라. 그 중의 한 사람이 자기가 나은 것을 보고 큰 소리로 하나님께 영광을 돌리며 돌아와 예수의 발아래에 엎드리어 감사하니 그는 사마리아인이라 예수께서 대답하여 이르시되 열 사람이 다 깨끗함을 받지 아니하였느냐 그 아홉은 어디 있느냐 이 이방인 외에는 하나님께 영광을 돌리러 돌아온 자가 없느냐 하시고 그에게 이르시되 일어나 가라 네 믿음이 너를 구원하였느니라 하시더라."

4. 이미 죽어 있는 인간의 치유

이제 끝으로, 예수님은 이미 죽은 '야이로'의 딸(마 9:18-19, 병행 막 5:22-24; 눅 8:41-42)과 '나인성' 과부의 아들(눅 7:11-15)과 '나사로'(요 11:17-44)를 다시 살리셨습니다:

> "예수께서 와서 보시니 나사로가 무덤에 있은 지 이미 나흘이라 ⋯ 마르다가 예수께 여짜오되 주께서 여기 계셨더라면 내 오라버니가 죽지 아니하였겠나이다. 그러나 나는 이제라도 주께서 무엇이든지 하나님께 구하시는 것을 하나님이 주실 줄을 아나이다. 예수께서 이르시되 네 오라비가 다시 살아나리라. ⋯ 마리아가 예수 계신 곳에 가서 뵈옵고 그 발 앞에 엎드리어 이르되 주께서 여기 계셨더라면 내 오라버니가 죽지 아니하였겠나이다 하더라. ⋯ 이에 예수께서 다시 속으로 비통히 여기시며 무덤에 가시니 무덤이 굴이라 돌로 막았거늘 예수께서 이르시되 돌을 옮겨 놓으라 하시니 그 죽은 자의 누이 마르다가 이르되 주여 죽은 지가 나흘이 되었으매 벌써 냄새가 나나이다. 예수께서 이르시되 내 말이 네가 믿으면 하나님의 영광을 보리라 하지 아니하였느냐 하시니, 돌을 옮겨 놓으니 예수께서 눈을 들어 우러러 보시고 이르시되 아버지여 내 말을 들으신 것을 감사하나이다 ⋯ 이 말씀을 하시고 큰 소리로 나사로야 나오라 부르시니, 죽은 자가 수족을 베로 동인 채로 나오는데 그 얼굴은 수건에 싸였더라 예수께서 이르시되 풀어놓아 다니게 하라 하시니라"(요 11:17-44)

이러한 요한복음의 보고가 증언하고 있듯이, 예수님은 분명 죽은 '나사로'를 다시 살리셨습니다.

그런데 '나사로'의 죽음은 바로 모든 인간을 죽음을 대변합니다. 왜냐하면 최초 인간 아담Adam의 후손인 모든 인간은 죄로 인하여 죽을 수밖에 없기 때문입니다.(창 3:19) 그래서 시편 기자는 인생을 가리켜 말하기를, "나의 때가 얼마나 짧은지 기억하소서. 주께서 모든 사람을 어찌 그리 허무하게 창조하셨는지요"(시 89:47)라고 한탄하고 있습니다. 그러나 '나사로'를 예수님께서 다시 살리셨다는 것은, '나사로'와 같이 '죽은 우리'를 예수님께서 다시 살리신다는 것을 계시하는 것입니다. 인간이 '육적肉的'으로 죽었건,

혹은 '영적'으로 죽었건 '이미 죽은 인간'을 다시 살리실 수 있는 분은 바로 예수님 한 분뿐이십니다. 그러나 이를 역逆으로 말하면, 모든 인간은 '육적'이건, '영적'이건 '이미 죽은 존재'라는 것입니다. 그래서 사도 바울은 '아담 안에서 모든 사람이 죽었다'(고전 15:22)고 증언하고 있습니다.

그러나 역으로, 사도 바울은 성부와 성자와 성령으로 세례를 받아 그리스도인이 된 사람들을 가리켜 '죽은 자가 죄에서 벗어나 의롭다 함을 받고, 살아 있는 자가 되었다'(롬 6:1-8)고 증언하고 있습니다. 그러므로 그 안에 '그리스도의 영'이 없는 사람들은 모두 '이미 죽은 자'입니다. '이미 죽어 있는 자', 이것이 믿지 않는 자들의 본성 및 '위상位相'입니다. 그래서 예수님도 자신을 따르지 않은 자들을 이미 죽은 자로 규정하셨습니다: "예수께서 이르시되 죽은 자들이 그들의 죽은 자들을 장사하게 하고 너는 나를 따르라 하시니라.(마 8:22) 이와 상응하게 요한계시록도 사데 교회 교우들을 향하여 "네가 살았다 하는 이름을 가졌으나, 죽은 자"(계 3:1)라고 증언하고 있습니다. 이러한 의미에서 볼 때, 하나님의 거룩하신 성령으로 거듭나지 않은 인간은 이미 죽은 자로서, 육체의 현실적인 죽음을 향하여 가는 '죽어 가는 자'라고 할 수 있습니다.513) 한 마디로 말해서 인간은 '사망의 몸'(롬 7:24)입니다. 이러한 '사망의 몸'을 다시 일으키시는 것, 그것이 바로 부활입니다. 이 부활의 삶이 우리 주 예수 그리스도로 말미암아 우리에게 은혜로 값없이 주어진 것입니다. 이러한 의미에서 예수님께서 죽은 '나사로'를 다시 살리셨다는 것은, '나사로'같이 죽은 우리 인간을 다시 부활시키실 것을 미리 계시하신 것이라고 해석할 수 있습니다. 따라서 예수 그리스도를 믿어 성령으로 거듭난 그리스도인들은 이제 죽은 자가 아니라, 산 자입니다.

---

513) 시인詩人 윤동주도 그의 서시序詩에서 인간을 가리켜 '죽어가는 자'라고 읊고 있다:

" ...

모든 죽어 가는 것을 사랑해야지,
그리고 나한테 주어진 길을 걸어가야겠다.
오늘밤에도 별이 바람에 스치운다."(1941. 11. 20)

***** 참회의 기도

주여,
많은 날들이 우리를 스쳐가도
해日와 달이
수 없이 떴다 졌어도
그 날은 차라리
죽음의 날이었습니다.

무덤 위에 파란 새싹이 돋아나듯,
싸늘한 육체에 온기溫氣를 느끼는
님의 말씀은
이 몸에 생기를 불어넣어 주셨습니다.

더럽고 추한 모습 벗고 싶어
당신 전에 무릎을 굻고
두 손을 모았사오니,
주여!
내 손잡아 주옵소서!

- 아멘 -

IV. 마음과 생각을 신앙으로 바꿔라

삼 년 고개

***** 토의 주제 *****

1. 현대에 발생하는 병의 원인이 대부분 무엇이라고 생각하는가?
2. 예수님으로부터 치유 받은 사람들의 공통점이 무엇이었나?
3. 나는 내 병을 치유 받기 위하여 어떠한 노력을 하고 있는가?
4. 나는 진심으로 예수님을 나의 삶의 주님으로 믿고 있는가?

1. 죽음에 이르는 병病으로서의 절망

어느 마을에 나이 많은 노인이 계셨습니다. 그 노인이 살고 있는 마을에 들어가려면 고개를 하나 넘어야 합니다. 그런데 이상하게도 그 마을에 살고 계시는 노인들 중에서 그 고개를 넘어오다가 넘어지면, 삼 년을 넘기지 못하고 돌아가시는 분들이 많이 생겼습니다. 그래서 마을 사람들은 그 고개를 '삼 년 고개'라고 불렀습니다. 그런데 어느 날 박 씨 노인이 건너 마을로 시집 간 딸네 집을 다녀오다가, 발을 잘 못 디뎌 '3년 고개'에서 그만 넘어지고 말았습니다. 그러자 박 씨 할아버지는 그 날부터 마음에 근심이 생겼습니다. '혹시 나도 3년 고개에서 넘어진 노인들처럼 앞으로 삼 년밖에 살지 못하는 것이 아닌가?' 하는 걱정이 생겼습니다. 그러나 그 근심은 근심으로 끝나지 않았습니다. 왠지 그 날부터 발목에 힘이 없어지고, 발을 헛딛는 일이 자주 생기게 되었습니다. 그러자 그 후 박 씨 할아버지는 소화도 잘 되지 않고, '위胃'에 바람이 들어간 듯 거북하고, 식후에는 '위'가 쓰리기까지 하였습니다. 그 후 박 씨 할아버지는 식욕食慾이 점점 떨어지고, 밥을 먹고 난 후의 '속 쓰림'이 두려워, 이제는 밥 먹는 것조차 겁이 났습니다. 결국에는 식음을 전폐하고 '나도 전에 삼 년 고개에서 넘어진 노인들처럼 3년 이내에 죽겠구나!' 하는 생각으로, 병이 들어 자리에 눕게 되었습니다.

이러한 소식을 접한 어느 젊은 청년이 박 씨 노인을 찾아갔습니다. 그리고 박 씨 노인에게 물었습니다. '할아버지 왜 갑자기 이렇게 쇠약해 지셨어요?' 하고 물었습니다. 그 할아버지는 거두절미去頭截尾하고 '여보게 젊은이, 내가 우리 마을 입구에 있는 3년 고개에서 넘어졌다네!' 하고 대답하였습니다. 그러자 젊은 청년은 박 씨 할아버지의 병의 원인은 바로 '삼년 고개'라는 것을 알게 되었습니다. 그러자 젊은이는 아주 지혜롭게 박씨 할아버지에게 말했습니다. '할아버지 삼 년 고개에서 넘어져 삼 년밖에 살지 못한다면, 두 번을 넘어지면 6년은 살 수 있을 것이 아닙니까? 그리고 세 번을 넘어지면 9년을 살 수 있을 것이 아닙니까?' 라고 물었습니다. 젊은이의 말을 듣고 있던 박 씨 노인은 벌떡 자리에서 일어나 3년 고개로 달려갔습니다. 그리고는 3년 고개에서 데굴데굴 굴러 마을 입구까지 왔습니다. 그리고 일어나면서 하는 말이 '이제 나는 백 살까지 살 거야'하고는 웃으면서 집으로 돌아가 오래 오래 살다가 세상을 떠났다는 이야기가 있습니다.

이 이야기에서 우리는 '병의 원인'이 근본적으로 어디에 있는지 알 수 있으며, 동시에 또한 병 치유가 근본적으로 어디에 달려 있는지도 알 수 있습니다. '병원체病原體'나 '유전遺傳'에 의한 병을 제외하고, 병의 발생은 대부분 마음의 생각에 있음을 알 수 있습니다. 그래서 전자前者, 곧 병원체나 유전으로 인한 병에 걸려 있는 사람을 일반적으로 '병자病者'라고 부르고, 후자後者, 곧 박 씨 할아버지와 같이 마음의 생각에 의해서 생긴 병을 앓고 있는 사람을 우리는 보통 '환자患者'라고 구분하여 칭할 수 있습니다. 현대인의 병은 주로 후자, 곧 심한 '스트레스Stress'로 인하여 발병되는 경우가 많습니다. 더 자세히 말하면 밖으로부터 주어지는 여러 가지 근심 걱정으로 인하여 생기는 '삶의 좌절감', 자기 자신에 대한 '자포자기', 혹은 '무력감'과 같은 '절망'으로 병이 생깁니다. 그래서 덴마크의 신학자이자 철학자인 키에르케고르Soren Aabye, Kierkegaard, 1813-1855는 '절망'을 「죽음에 이르는 병 Die Krankheit zum Tode, 1843」으로 규정하고 있습니다.514) '키에르케고르'는 인간이 절망하게 되는 원인을 다음과 같이 기술하고 있습니다:

> "왜냐하면 인간은 직접적으로 자기 자신을 모르고 있기 때문이다. 그야말로 인간은 글자 그대로 단지 저고리를 입은 자기 자신만을 알고 있으며, 오로지 외적인 자기의 소유만을 생각하고 있기 때문이다. 그러나 이처럼 우스꽝스러운 혼돈은 없다. 왜냐하면 자기란 실로 외적인 소유와는 무한히 다른 것이기 때문이다."515)

이와 같이 인간의 절망은 사실상 외적인 요소, 예컨대 지금까지 자기의 것이라고 생각하고 주장해 왔던 생명, 재산, 가족, 명예, 재물 등을 잃어버리지나 않을까, 혹은 그것들로부터 소외되지나 않을까 하는 염려, 곧 걱정, 근심, 불안에서 비롯된 것이라고 할 수 있을 것입니다. 다시 말하면 자기의 외적인 요소들을 상실한 것에 대한, 혹은 더 이상 외적 요소들을 소유할 수 없을 것이라는 불안과 염려 속에서 마음이 궁핍해지는 것을 절망이라고 할 수 있습니다. 바꾸어 말하면 지금까지 소유하고 있던 것이 그 누구, 그 무엇 그리고 어떠한 사건 혹은 제도로 인하여 상실된다면, 더 이상 그것을 소유할 수 없다고 하는 것에 대한 좌절감을 뜻합니다. 바로 이러한 좌절감에서 병이 생기는 것입니다. 예를 들면 전에 마을 입구에 있는 고개에서 넘어지고 '3년 이내'에 죽은 사람들이 있었기 때문에, 박 씨 할아

---

514) 이 점에 관하여: Henning Schröer, 'Kierkegaard', TRE 18, 138-155 - 임춘갑 역, 『죽음에 이르는 병』, 종로서적, 1993. 이밖에 우리말로 번역된 키에르케고르의 기독교적 혹은 신앙적 저술로는, 임춘갑 역, 『이것이냐 저것이냐』, 종로서적, 1982 - 임춘갑 역 『공포와 전율/반복』, 종로서적 1979 - 강성위 역, 『유혹자의 일기, 불안의 개념, 죽음에 이르는 병』, 동서문화사 1975 - 임춘갑 역, 『그리스도교의 훈련』, 종로서적 1983 등이 있다.
515) 『죽음에 이르는 병』, 24

버지도 이전의 할아버지들처럼 죽을지도 모른다는 불안이 자신을 병들게 한 것입니다.

결론적으로 말해서 '환자患者'가 되는 것은, 어떤 계기로 인하여 마음의 걱정과 근심과 불안이 생기는 데서 비롯되는 것입니다. 그리고 '병자'가 자신의 병을 치유 받지 못하는 근본적인 원인도, 환자 자신이 자기 병은 불치의 병이라고 치료를 포기하는 '자포자기自暴自棄' 그 자체에 있습니다. 그러나 이러한 '자포자기'는 환자 자신이 스스로 갖게 되는 경우도 있지만, 때로는 오히려 의사들 자신들의 병 진단에 대한 지나친 신뢰감, 혹은 치료할 수 없는 의사의 의술적醫術的 무능력과 현대 의학의 한계점을 환자에게 주입시킨 데서 비롯되는 경우도 있습니다. 그러므로 병을 치유 받을 수 있는 일차적인 전제는, 병자나 환자의 낫고자 하는 강한 소망과, 현대 의학으로는 불가능하지만 하나님께서는 고치실 수 있다는 창조주 하나님에 대한 믿음입니다.516)

2. 치유의 전제로서의 전능하신 창조주 하나님에 대한 믿음

'키에르케고르'에 의하면, 인간 자신의 나약성으로 인한 좌절감 혹은 절망은 두 가지 형태가 있습니다. 하나는 여성적인 절망의 형태로서, 자신의 나약성을 인정하지 않으려는, 곧 자기의 있는 그대로의 모습을 인정하지 않으려는 태도입니다. 그리고 다른 하나는 남성적인 절망의 형태로서, 자기 자신을 지나치게 인정하여 자신의 고난을 있는 그대로 받아들이려고 하는 것입니다. 그러나 사실상 이 둘은 동전의 양면과 같습니다. 즉 전자, 곧 자신의 나약성을 인정하지 않으려는 것은, 마치 여성이 자신의 나약성을 인정하지 않고 남자와 같은 모습을 가지고 있는 듯 지나치게 담대하고 허세를 부리는 것입니다. 그러기 때문에 오히려 해결할 수 없는 불가능의 함정에 스스로 빠져 들어간 절망입니다. 그리고 후자는, 자신이 실제로는 나약한 존재임을 알면서도, 자기가 남자라는 것으로 인하여 도움이나 자

---

516) 이 점에 관하여 본장 II.1. '병病 낫고자 하지 않는 자는 치유 받지 못한다.'를 참고하라.

신의 나약성을 드러내지 않고, 어려움을 감내하려는 실존적 절망입니다. 전자가 인간의 교만에서 비롯된 절망이라면, 후자는 태만으로 비롯된 윤리적 절망이라고 할 수 있습니다. 전자는 광신적狂信的 믿음을 가진 그리스도인들에게서 발견할 수 있고, 후자는 믿음 없는 비기독교인들에게서 발견할 수 있습니다. 바꾸어 말하면 전자는 현대 의학과 의사의 치유 능력을 무시하는 데서 생기는 무모함이고, 후자는 하나님의 초월적 능력을 의지하지 않은 불신앙에서 생기는 무모함입니다.

그런데 키에르케고르는 단지 절망의 원인과 결과에 대한 설명으로 끝나지 않고, 절망의 변증법에 대하여 언급합니다. 즉 치유에 대한 철저한 자기 좌절 혹은 자포자기가 한편 역설적으로 승화되어 전능하신 하나님에 대한 전적인 믿음으로 고양되는 경우와, 다른 한편 보다 깊은 자기 좌절에 빠져서 살고자 하는 모든 소망을 포기하고 스스로 죽음에 이르는 변증법이 그것입니다. 이러한 키에르케고르의 변증법에 의하면, 인간은 불치의 병 앞에서 자신의 나약한 모습을 뼈저리게 인식하고, 전능하신 하나님 앞에서 전적으로 의지하는 신앙을 가짐으로써, 전능하신 하나님의 은총으로 치유될 수 있다는 결론이 나옵니다. 그래서 키에르케고르도 『죽음에 이르는 병』에서 "신앙은 존재이다Glauben ist Sein"라고 바꾸어 쓰고 있습니다.[517] 더 자세히 말하면, "신앙이란, 자아는 바로 자기 자신이라는 점에서, 그리고 또한 자아가 자기 자신이 되기를 원함으로써, 자기 자신을 철저히 하나님 안에 기초하는 것이다"[518]라고 그는 말합니다. 이러한 키에르케고르의 신앙 개념을 잰크W. Janke는 "실존과 신앙"이라는 말로 특징지어 말하였습니다.[519]

키에르케고르가 이야기하는 절망의 변증법을 우리는 예수님의 치유 기사에서 실제로 발견할 수 있습니다. 그것이 바로 열두 해 동안 혈루증 걸린 여인이 치유 받은 사건입니다. 마가복음에 의하면, "열두 해를 혈루증

---

517) S. Kierkergaard, *Die Krankheit zum Tode*, 231(Henning Schröer, 'Kierkegaard', *TRE* 18, 144에서 재인용).

518) *Krankheit zum Tode*, 219.

519) Wolfgang Janke, *Existenzphilosophie*, 1982(SG, 2220), 11-59.

으로 앓아 온 한 여자가 있어 많은 의사에게 많은 괴로움을 받았고, 가진 것도 다 허비하였으되 아무 효험이 없고, 도리어 더 중하여졌던 차에"(막 5:25-26) 예수님의 소문을 듣습니다. 즉 이 여인은 12년을 혈루증으로 앓아오는 동안 절망에 빠져 이제는 모든 것을 포기할 지경에 이르렀습니다. 이제 이 여인에게 남은 것은 그냥 죽기를 기다리든지, 아니면 자신의 모든 체면과 다른 사람들의 질타를 무릅쓰고라도, 소문에 들은 예수님을 찾아가서 예수님의 바지라도 붙들고 늘어지는 것뿐입니다. 이 여인은 후자를 택했습니다. 그리고 예수님을 전적으로 의지했습니다. 이러한 여인의 마음과 모습을 마가복음은 다음과 같이 기술하고 있습니다: "이에 그와 함께 가실 새 큰 무리가 따라가며 에워싸 밀더라 … 예수의 소문을 듣고 무리 가운데 끼어 뒤로 와서 그의 옷에 손을 대니 이는 내가 그의 옷에만 손을 대어도 구원을 받으리라 생각함일러라."(막 5:24,27-28) 그러자 12년 된 여인의 혈루병이 나음을 얻습니다(막 5:29) 그러자 여인이 "자기에게 이루어진 일을 알고 두려워하여 떨며 와서 그 앞에 엎드려 모든 사실을 여쭙니다."(막 5:33) 그러나 "예수께서 이르시되 딸아 네 믿음이 너를 구원하였으니 평안히 가라 네 병에서 놓여 건강할지어다"(막 5:34)라고 말씀하십니다. 즉 예수님은 이 여인의 행동을 예수 자신에 대한 믿음으로 이해하신 것입니다.520)

이와 같이 성경이 증언하고 있는 예수님의 치유 사건을 분석해 보면, 한 가지 공통점이 있습니다. 그것은 환자이건, 병자이건, 혹은 당사자이건 주위의 사람들이건 하나 같이 철저한 절망과 자기의 나약함에 대한 인정, 그리고 그 상황 속에서 역으로 오직 예수 그리스도를 통하여 병 낫고자 하는 예수 그리스도에 대한 믿음입니다. 한 마디로 말해서 병을 치유 받는데 있어서 가장 최우선적인 전제는 바로 창조주 하나님에 대한 믿음,

---

520) 마태복음은 이를 아주 간단하게, "열두 해 동안이나 혈루증으로 앓는 여자가 예수의 뒤로 와서 그 겉옷가를 만지니, 이는 제 마음에 그 겉옷만 만져도 구원을 받겠다 함이라. 예수께서 돌이켜 그를 보시며 이르시되 딸아 안심하라 네 믿음이 너를 구원하였다 하시니 여자가 그 즉시 구원을 받으니라."(마 9:20-22)고 기술하고 있다. 그러나 역시 중심된 것은 혈루증으로 12동안 고생한 여인이 예수님에 대한 믿음으로 나음을 얻은 것은 동일하게 기술하고 있다.

곧 많은 병자를 고치신 예수 그리스도를 통하여 병을 치유 받고자 하는 병자의 믿음입니다. 그 치유 방식이 예수님께서 당시에 행하신 것처럼 기적과 같이 순간에 이루어지건, 아니면 의사를 통한 치료 방식이건, 주된 것은 자기 병의 치료자는 오직 예수 그리스도 한 분이시라는 신앙입니다.

예컨대 감기와 같은 병은, 지금까지 감기는 앓다가도 다시 낫는 경우 많았기 때문에, 사람들이 감기에 걸려도 그렇게 좌절하거나 절망하지 않습니다. 왜냐하면 전례로 보아 감기 정도는 곧 다시금 건강을 회복할 수 있으리라는 희망을 사람들이 가지고 있기 때문입니다. 그러나 현대 의학적으로 불치의 병에 대하여 대부분의 사람들은 고칠 수 있다는 희망보다는, 고칠 수 없다는 진단이 오히려 더 큰 좌절과 절망을 가져다줍니다. 그러나 만일 그 불치의 병이 어느 대학병원에서 치유되었다면, 모두 치유될 수 있다는 소망을 가지고 그 대학병원을 찾아갈 것입니다. 따라서 사실상 그 병자를 고친 것은 그 대학병원의 의술보다는, 고침을 받을 수 있다는 믿음이라고 볼 수 있고, 그리고 실제로 그 믿음이 치유의 과정에 많은 영향을 미치고 있습니다. '키에르케고르'가 이야기하듯이, 자기 자신에 대한 철저한 절망이, 천지를 창조하신 전능하신 하나님에 대한 신앙으로 승화될 수 있다면, 자기 자신에 대한 철저한 절망은 오히려 역설적으로 온전한 신앙의 전제가 될 수도 있습니다.[521] 그래서 '키에르케고르'도 "믿는 자는 누구든지, 위대하고 부유한 자이다. 왜냐하면 그는 하나님과 하나님의 나라를 가지고 있기 때문이다. 그러나 믿는 자는 또한 지극히 작고 가난한 자이다. 왜냐하면 그는 오로지 '주님 나를 긍휼히 여기소서!' 하고 외치는 자이기 때문이다"라고 역설적으로 표현하고 있습니다.[522] 그렇다면 여기서 질문이 제기될 수 있습니다: 믿음으로 구원을 받는 것과 믿음으로 병 낫는 것과는 무슨 차이가 있는가?

---

521) 칼 바르트도 변증법적 신학에서 인간의 긍정은 하나님의 부정이 되고, 하나님의 부정은 인간의 긍정이 되기 때문에 인간의 부정을 부정함으로써 하나님의 긍정에 이를 수 있음을 강조한다. 이 점에 대하여, 김재진, 『칼 바르트 신학 해부』, 도서출판 한들, 1998.
522) S. Kierkegaard, *Entweder - Oder*, 524(Henning Schröer, 'Kierkegaard,' *TRE* 18, 144에서 재인용.)

3. 복福 받기 위한 것이 아닌, 생명 구원을 위한 믿음

예수 그리스도를 통한 하나님의 사역은 궁극적으로 인간의 생명을 구원하는 일입니다. 왜냐하면 우선 우리가 익히 알고 있는 바와 같이, 예수님께서 이 땅에 오신 목적도 인간의 생명 구원을 위한 것이기 때문입니다: "하나님이 세상을 이처럼 사랑하사 독생자를 주셨으니 이는 그를 믿는 자마다 멸망하지 않고 영생을 얻게 하려 하심이라."(요 3:16) 성경을 기록한 목적도 바로 예수 그리스도를 믿는 자들의 생명을 구원하기 위한 것입니다: "오직 이것(요한복음)을 기록함은 너희로 예수께서 하나님의 아들 그리스도이심을 믿게 하려 함이요 또 너희로 믿고 그 이름을 힘입어 생명을 얻게 하려 함이니라."(요 20:31) 심지어 예수님은 안식일에 율법을 지키는 것보다 생명을 구원하는 일이 더 중요하다고 강조하십니다: "예수께서 그들에게 이르시되 내가 너희에게 묻노니, 안식일에 선을 행하는 것과 악을 행하는 것, 생명을 구하는 것과 죽이는 것, 어느 것이 옳으냐?"(눅 6:9) 이렇듯 예수 그리스도의 사역은 오로지 인간의 '생명 구원'에 있음을 성경은 증언하고 있습니다.

그런데 '생명 구원'이란, 단지 이 세상의 삶이 끝난 다음에 이어질 하나님 나라에서의 영생만을 의미하지는 않습니다. 생명 구원이란 보다 포괄적인 의미를 가지고 있습니다. 즉 생명 구원이란, 이 세상에 살아 있는 동안, '병病' 없이 사는 것과 죄와 사망의 권세로부터 해방되는 것도 포함합니다. 다시 말해서 성경이 증언하는 생명 구원은 육적 생명과 영적인 생명 모두의 풍성함을 의미합니다. 바로 그러한 이유에서 예수님은 지상에 계실 때에 많은 병자들의 병을 고쳐 주셨던 것입니다.

그러나 오늘날 한국의 많은 기독교 신자들 가운데는 하나님에 대한 신앙을 이 세상이 아닌 저 세상에서의 삶과 이 세상에서 물질적 축복을 받기 위한 도구로 생각하는 사람들이 많이 있습니다. 그러나 예수님은 아주 분명하게 "삼가 모든 탐심을 물리치라. 사람의 생명이 그 소유의 넉넉한 데 있지 아니하니라"(눅 12:15)고 말씀하고 계십니다. 오히려 물질적 축복은 잘못하면, 영적 생명을 잃어버리는 계기가 될 수도 있습니다. 왜냐하면 우리는 예수님께서 말씀하신 바와 같이, 하나님과 재물을 동시에 섬길 수 없기 때문입니다: "한 사람이 두 주인을 섬기지 못할 것이니, 혹 이를 미워하고 저를 사랑하거나, 혹 이를 중히 여기고 저를 경히 여김이라. 너희가 하나님과 재물을 겸하여 섬기지 못하느니라."(마 6:24)

이상 살펴본 바와 같이 믿음은, 생명을 위협하는 병을 하나님의 능력으로 치유 받기 위한 전제 조건인 동시에, 영원한 생명을 얻게 위한 전제 조건이기도 합니다. 다시 말해서, 전능하사 천지를 창조하신 하나님 아버지와 우리 주 예수 그리스도에 대한 믿음은, 오로지 우리의 육신과 영적 생명을 구원받기 위한 절대적인 전제입니다. 그렇다면 믿고 구한 것은 받은 줄로 알라는 말씀의 의미는 무엇인가?

하나님께서 우리에게 일용할 양식을 주시고 기도에 응답해 주시는 것도 보다 포괄적으로 이해하면, 그것 역시 인간의 생명 보존을 위한 것입니다. 왜냐하면 하나님은 이스라엘 백성들이 광야에서 굶어 죽지 않게 하기 위하여 '만나'를 내려서 그들에게 일용할 양식으로 주셨기 때문입니다. 뿐만 아니라 예수님께서도 산상수훈 마지막 부분에서 "너희에게 이르노니 목숨을 위하여 무엇을 먹을까, 무엇을 마실까, 몸을 위하여 무엇을 입을까, 염려하지 말라. 목숨이 음식보다 중하지 아니하며, 몸이 의복보다 중하지 아니하냐, 공중의 새를 보라. 심지도 않고 거두지도 않고 창고에 모아들이지도 아니하되 너희 하늘 아버지께서 기르시나니 너희는 이것들보다 귀하지 아니하냐"(마 6:25-26)고 반문하고 계시기 때문입니다. 바꾸어 말해서 생명 유지를 위한 기본 양식은, 하나님께서 모든 생물체에게 주시겠다는 뜻입니다. "그러므로 염려하여 이르기를 무엇을 먹을까 무엇을 마실까 무엇을 입을까 하지 말라"(마 6:31)고 선포하신 것입니다.

그러므로 세상에는 죽을 수밖에 없는 병에서도 창조주 하나님과 우리 주 예수 그리스도에 대한 믿음으로 치유함을 받아 다시 사는 자가 있는가 하면, 아무런 병이 없어 건강하게 살아가는 사람이라 할지라도 사실은 죽어 가는 자가 있습니다. 왜냐하면 죽을 수밖에 없는 병에서도 예수 그리스도를 통하여 치유함을 받고자 자기의 죄악성을 인정하고 온전히 하나님 아버지의 자비와 은총을 구하면, 죽을 몸이라도 하나님께서 그 생명을 구원해 주시기 때문입니다. 그 전형적인 예가 바로 '히스기야' 왕입니다:

"히스기야가 낯을 벽으로 향하고 여호와께 기도하여 이르되, 여호와여 구하오니 내가 진실과 전심으로 주 앞에 행하며 주께서 보시기에 선하게 행한 것을 기억하옵소서 하고 히스기야가 심히 통곡하더라"(왕하 20:2-3); "너는 돌아가서 내 백성의 주권자 히스기야에게 이르기를 왕의 조상 다윗의 하나님 여호와의 말씀이 내가 네 기도를 들었고 네 눈물을 보았노라. 내가 너를 낫게 하리니 네가 삼 일 만에 여호와의 성전에 올라가겠고 내가 네 날에 십오 년을 더할 것이며 내가 너와 이 성을 앗수르 왕의 손에서 구원하고 내가 나를 위하고 또 내 종 다윗을 위하므로 이 성을 보호하리라 하셨다 하라 하셨더라"(왕하 20:5-6)

그러나 이 세상에는 신체적으로는 아무리 건강하다 하더라도, 창조주 하나님에 대한 믿음이 없는 고로, 사망의 권세인 사탄 마귀의 노예가 되어 영적으로 죽어 있는 자도 있습니다. 그러한 사람들을 예수님은 '죽은 자'라고 칭하셨습니다: "예수께서 이르시되 죽은 자들이 그들의 죽은 자들을 장사하게 하고 너는 나를 따르라 하시니라."(마 8:22) 그러므로 예수 그리스도께서는 자신을 참된 생명의 구원자로 믿는 사람들은 이 세상에서 뿐만 아니라, 영원한 하나님의 나라에서 영원히 살 것을 약속해 주셨습니다: "나는(예수 그리스도) 부활이요, 생명이니, 나를 믿는 자는 죽어도 살겠고, 무릇 살아서 나를 믿는 자는 영원히 죽지 아니하리니, 이것을 네가 믿느냐"(요 11:25-26) 그래서 "내(예수 그리스도)가 진실로, 진실로 너희에게 이르노니, 내 말을 듣고 또 나 보내신 이를 믿는 자는 영생을 얻었고 심판에 이르지 아니하나니, 사망에서 생명으로 옮겼느니라"(요 5:24)고 담대하게 선포하신 것입니다.

***** 참회의 기도

주께서
믿으라고 주신 말씀
그 말씀 의심함이
병 낫고 싶은 마음에 앞서
치유의 은총을 잃어버렸나이다.

주께서
내민 손길
살며시 붙잡아,
지치고 병든 몸 어루만지고 싶어

엄마의 치마폭에 숨어든 아이처럼
피 묻은 세마포를
가슴에 부둥켜 감싸오며
눈물로 기도드리오니

주여
나의 병든 몸을
이제 고쳐 주옵소서!

- 아멘 -

V. 아기 못 낳는 여인도

생육하고 번성하라

***** 토의 주제 *****

1. 하나님은 왜 인간을 남자와 여자로 창조하셨는가?
2. 불임不姙이 병病인가 아니면, 하나님의 징벌인가?
3. 남녀男女의 성性 관계가 주는 삶의 의미가 무엇이라고 생각하는가?

1. 생육과 번식을 위한 존재 양식으로서의 남성男性과 여성女性

하나님의 창조 역사에 의하면, 하나님께서는 지상에 모든 생명 여건과 인간이 일용할 양식을 모두 창조하신 후, 제 여섯째 날에 인간을 창조하셨습니다. 인간이 모든 피조물 중에서 가장 나중에 창조되었다는 것은, 하나님에 의해서 창조된 다른 피조물과 비교하여 인간이 특별한 '위상位相'을 가지고 있다고 볼 수 있습니다. 왜냐하면 성경은, 하나님께서 인간을 창조하신 목적을 다른 피조물의 관리자로 세우기 위한 것으로 증언하고 있기 때문입니다: "하나님이 이르시되 우리의 형상을 따라 우리의 모양대로 우리가 사람을 만들고 그들로 바다의 물고기와 하늘의 새와 가축과 온 땅과 땅에 기는 모든 것을 다스리게 하자."(창 1:26) 그런데 인간이 다른 피조물을 관리하자면, 인간도 다른 피조물과 동일하게 생육하고 번성해야 합니다. 왜냐하면 다른 피조물을 생육하고 번성하는데, 인간만 번성하지 않는다면, 제한된 인간이 증가된 피조물을 모두 다스리고 관리할 수 없기 때문입니다. 그래서 하나님은 다른 피조물에게 생육하고 번성할 것을 축복하였듯이, 인간도 생육하고 번성하도록 축복해 주셨습니다.(창 1:22 이 밖에 창 1:20-21)[523] 즉 하나님께서는 다른 피조물이 생육하고 번성하도록 허락해 주셨듯이, 인간들도 생육하고 번성할 것을 축복해 주심과 동시에 다른 피조물을 관리하도록 위임하셨습니다: "하나님이 그들(남자와 여자)에게 복을 주시며 하나님이 그들에게 이르시되, 생육하고 번성하여 땅에 충만 하라, 땅을 정복하라, 바다의 물고기와 하늘의 새와 땅에 움직이는 모든 생물을 다스리라 하시니라."(창 1:28) 이러한 점을 고려해 볼 때, 하나님께서 인간을 남자와 여자로 창조하신 것은, 일차적으로는 번성하고 생육하는 다른 피조물과 더불어 인간에게도 축복하여 생육하고 번성하게 하신 것이고, 둘째는 다른 피조물을 다스리기 위하여 인간도 다른 피조물과 동일하게 번성하게 하기 위하여 남자와 여자로 만드셨음을 알 수 있습니다. 이러한 점에서 남자와 여자가 육체적으로 하나가 되어 아기를 낳는 것은 하나님의 섭리의 축복이라고 볼 수 있습니다.[524]

그래서 성경은 자손의 번성을 아브람에 대한 하나님의 약속(언약)으로 규정하고 있습니다: "그(아브람)를 이끌고 밖으로 나가 이르시되, 하늘을 우러러 뭇별을 셀 수 있나 보라, 또 그에게 이르시되, 네 자손이 이와 같으리라."(창 15:5, 이밖에 13:16; 15:13; 16:10; 17:12; 26:4,24; 28:14; 48:19; 출 32:13; 33:1; 사 48:19) 이와 상응하게 성경의 여러 곳에서 '자손의 번성'을 '하나님의 축복'으로 묘사하고 있습니다: "여호와께서 너희를 곧 너희와 너희의 자손을 더욱 번창하게 하시기를 원하노라."(시 115:14)[525] 이러한 점에서 볼 때, 자손이 번성하는 것은 모든 인간에게, 특히 하나님의 백성들에게 주신 창조주 하나님의 기본

---

523) 창 1:22 : "하나님이 그들(물에 사는 생물과 물에 사는 생물들)에게 복을 주시며, 이르시되 생육하고 번성하여 여러 바닷물에 충만 하라, 새들도 땅에 번성하라 하시니라."(이밖에 창 1:20-21).

524) '무자식 상팔자'라는 우리나라 사람들의 말은 자녀 교육의 어려움을 푸념하는 것이지, 진정 자식이 없는 것이 좋다는 뜻이 아니다. 왜냐하면 우리나라 사람들은, 여인이 아기 못 낳는 것을 가리켜 여인의 일곱 가지 악 중에 하나로 취급하였기 때문이다.

525) 이 점에 관하여 W. Zimmerli, 'Verheissung und Erfuellung', EvTh 12(1952/53), 34-50 - Ders., *Der Mensch und seine Hoffnung im AT*, 1968.

적인 축복 가운데 하나라고 볼 수 있습니다. 따라서 하나님에 의해서 창조된 모든 피조물은 남성(수컷) 없는 여성(암컷)만 있을 수 없고, 여성 없는 남성만 있을 수도 없습니다. 다시 말해서 하나님께서 창조하신 모든 피조물이 생육하고 번식하듯이, 인간도 생육하고 번식하기 위해서는 반드시 남성에게는 여성, 그리고 여성에게는 남성이 꼭 필요한 것입니다. 이러한 점에서 볼 때, 성경은 결코 성性을 차별差別하지 않습니다. 단지 남성과 여성은 생육하고 번성하는 데 있어서, 다른 피조물의 암컷과 수컷의 역할이 다르듯이, 그 역할에 있어서 구별이 있을 뿐입니다.(창 2:18)526)

그런데 하나님께서 인간을 남자와 여자로 창조하시고 생육하고 번성하라고 축복하셨다는 것은, 이 세상에 있는 모든 사람들은 누구든지 생육하고 번성할 수 있는 권한이 있다는 것을 뜻합니다. 바꾸어 말하면 하나님께서 모든 사람들에게 각자의 자손을 주시겠다는 것입니다. 다시 말하면 태어날 때부터 아기 못 낳는 사람은 없다는 것입니다. 즉 창조주 하나님께서 다른 피조물처럼 인간에게도 생육하고 번성하는 축복을 주셨듯이, 모든 인간은 선천적으로 남성과 여성이 결합하여 아기를 낳을 수 있다는 것입니다. 즉 인간의 잘못으로 혹은 무지로 스스로 임신을 거부하지 않는 한, 모든 인간은 아기를 낳을 수 있습니다. 바꾸어 말하면 하나님 자신이 태초부터 인간이 이 땅에서 생육하고 번성하도록 축복하셨기 때문에, 여호와 하나님께서는 아기 못 낳는 여인들이 하나님께 자손을 구하면, 그들의 기도를 들어주십니다. 그래서 하나님은 오히려 자손을 낳지 않으려고, 곧 생육하고 번성하는 일을 스스로 의도적으로 거부한 자를 책망하십니다. 이것이 바로 유다의 며느리 '다말'과 그의 둘째 아들 '오난'의 사건입니다. (창 38:6-10)527) 따라서 여호와 하나님의 창조 섭리에 의하면, 이 세상에 아기

---

526) 창 2:18 : "여호와 하나님이 이르시되 사람이 혼자 사는 것이 좋지 아니하니 내가 그를 위하여 돕는 배필을 지으리라 하시니라."

527) 유다의 장자, 엘이 죽은 후 유다는 둘째 아들 오난에게 명하여 이르기를 그의 형수 다말과 동침하여 아기를 낳아 장자의 대를 잇도록 명한다. 왜냐하면 그 당시 가족 풍습에 의하면, 형이 죽으면, 그 동생이 형수에게 들어가 동침하여 아기를 낳아 형의 아들로 삼는 풍습이 있었기 때문이다. 그러나 유다의 둘째 아들 오난은 자기의 씨를 형에게 주기 싫어 형수인 가나안 여인 다말과 성性 관계를 갖던 중 다말의 몸에 사정射精하지 않고, 땅에 사정을 한다. 성경은 이러한

못 낳을 사람은 하나도 없습니다. 바꾸어 말하면 누구든지 하나님께 구하면 아기를 낳을 수 있다는 것입니다. 한 마디로 말해서 하나님은 아기 못 낳는 여인에게도 아기를 주십니다.

2. 여호와께 능하지 못한 일이 있겠느냐?(창 18:14a)

이스라엘의 조상 아브람의 부인 '사라'는 아기 못 낳는 여인이었습니다. 이러한 '사라'에게 어느 날 천사의 모습으로 나타난 여호와 하나님은 "내년 이맘때 내가 반드시 네게로 돌아오리니, 네 아내 사라에게 아들이 있으리라"(창 18:10)고 약속해 주십니다. 그러나 그 당시 '사라'는 나이가 많이 들어서 여성의 생리가 이미 끊어진 상태였습니다.(창 18:11) 이러한 자신의 육체적 상황을 '사라'는 다음과 같이 표현하고 있습니다: "내가 노쇠하였고, 내 주인(아브람)도 늙었으니, 내게 무슨 즐거움이 있으리요."(창 18:12) 그리고 계속하여 말하기를 "내가 늙었거늘 어떻게 아들을 낳으리요"(창 18:13)라고 아기 낳을 수 없는 자기 몸의 상태를 토로했습니다. 그럼에도 불구하고 천사는 "여호와께 능하지 못한 일이 있겠느냐?"고 반문하면서, "기한이 이를 때에 내가 네게로 돌아오리니 사라에게 아들이 있으리라"(창18:14)고 아브람에게 약속해 주셨습니다. 이러한 천사의 약속대로, 사라는 일 년 후에 아들 '이삭'을 낳았습니다. 이를 성경을 다음과 같이 보고하고 있습니다:

> "여호와께서 말씀하신 대로 사라를 돌보셨고 여호와께서 말씀하신 대로 사라에게 행하셨으므로 사라가 임신하고 하나님이 말씀하신 시기가 되어 노년의 아브라함에게 아들을 낳으니 아브라함이 그에게 태어난 아들 곧 사라가 자기에게 낳은 아들을 이름하여 이삭이라 하였고 그 아들 이삭이 난 지 팔일 만에 그가 하나님이 명령하신 대로 할례를 행하였더라. 아브라함이 그의

오난의 행위를 하나님께서 악하게 보았다고 증언하고 있다: "유다가 오난에게 이르되 네 형수에게로 들어가서 남편의 아우 된 본분을 행하여 네 형을 위하여 씨가 있게 하라. **오난이 그 씨가 자기 것이 되지 않을 줄 알므로 형수에게 들어갔을 때에 그의 형에게 씨를 주지 아니하려고 땅에 설정하매 그 일이 여호와가 보시기에 악하므로 여호와께서 그도 죽이시니**"(창 38:8-10)

아들 이삭이 그에게 태어날 때에 백 세라."(창 21:1-5)

이와 같이 하나님께서 아기 못 낳는 여인, 혹은 아기 못 낳은 여인 사라에게 아기를 주신 것은, 단지 아브람의 아내 '사라'를 긍휼히 여기셨기 때문만은 결코 아닙니다. 여호와 하나님께서 아기 못 낳은 사라에게 아기 이삭을 주신 것은 창조 섭리에 의한 것입니다. 즉 모든 인간에게 생육하고 번성하도록 축복해 주신 창조의 축복 혹은 섭리에 따라서 아브람의 대접을 받으시고, 하나님께서 아브람의 가족을 축복하신 것입니다. 다시 말하면 '사라'가 아기를 낳게 된 것은 생육하고 번성하라는 여호와 하나님의 창조의 축복(섭리)에 기인한 것이라고 볼 수 있습니다. 이렇듯 여호와 하나님은 자신이 친히 축복하신 창조의 섭리 때문에, 아기 낳기를 원하는 사람의 기도를 거절하지 않으시고 들어주십니다. 이러한 예를 우리는 사무엘의 어머니 '한나'에게서 발견할 수 있습니다.

'한나'는 아기 없음을 한탄하고 매년 '실로'에 올라가서 만군의 하나님 여호와께 예배하며 제사를 드렸습니다. 그리고 그녀는 서원하여 기도하기를 "만군의 여호와여 만일 주의 여종의 고통을 돌아보시고, 나를 기억하사 주의 여종을 잊지 아니하시고, 주의 여종에게 아들을 주시면, 내가 그의 평생에 그를 여호와께 드리고 삭도를 그의 머리에 대지 아니하겠나이다" (삼상 1:11)라고 서언誓言하였습니다. 그리고 그녀는 아기 못 낳는 슬픔을 한탄하여 이르기를 "나는 마음이 슬픈 여자"(삼상 1:15a)라고 토로합니다. 그러나 그 후 하나님의 은혜로 아기를 낳고, '한나'는 자신이 서언한 대로 아기를 하나님의 종으로 바치기 위하여 제사장 '엘리'에게 가서 이르기를 "이 아이를 위하여 내가 기도하였더니, 내가 구하여 기도한 바를 여호와께서 내게 허락하신지라. 그러므로 나도 그를 여호와께 드리되 그의 평생을 여호와께 드리나이다."(삼상 1:27-28)라고 고告합니다.

이와 같이 창조주 하나님은 피조물들이 생육하고 번성하기를 바라는 창조 섭리에 상응하게, 아기 낳기를 원하는 여인들의 기도를 들어주십니다. 바꾸어 말하면, 모든 인류의 구세주이신 예수 그리스도는 단지 인간들을 죄의 감옥에서 해방시켜 주실 뿐만 아니라, 아기 못 낳는 설움과 슬픔으로 눈물 흘리는 여인의 눈물도 닦아 주십니다. 한 마디로 말해서 여호와 하나님은 아이를 잉태하게 하실 뿐만 아니라, 그 아이를 해산하게 하시며, 해산하게 하실 뿐만 아니라, 그 태를 축복하시어 자손을 번성하게 하시는 하나님이십니다.(사 66:9) 그러기에 비기독교인들도, 인간의 생명은 하나님께 달려 있다는 의미로 '인명人命은 재천在天'이라는 말을 사용하고 있는 것입니다.

여기서 우리는 창조 섭리에 상응하게 역사 속에서 수미일관首尾一觀하게 일어난 하나님의 은총의 사건을 발견할 수 있습니다. 우선 첫째로, 창조주 하나님의 사역은 다름 아닌 생명의 창조였습니다. 그래서 하나님은 그 생명체들이 생육하고 번성하기를 원하여 인간을 비롯하여 모든 생명체를 남성(수컷)과 여성(암컷)으로 만드셨습니다. 바로 이러한 섭리 때문에, 창조주 하나님은 피조물이 생육하고 번성하지 못하고 신음하는 것을 불쌍히 여기시고, 그들의 생육하고 번성하고자 하는 기도에 응답해 주십니다. 이것이 바로 아기 낳고자 간절히 기도하였던 '한나'와 같은 여인들의 기도에 대한 응답입니다. 따라서 아기 낳고자 하는 기도, 곧 생명주시기를 바라는 기도를 하나님은 결코 외면하지 않으십니다. 예컨대 성령을 거스르는 죄 이외에, 자신의 죄 용서를 구하는 회개의 기도는 하나님께서 무조건 응답해 주시는 것처럼, 생명을 얻고자 하는 기도도 하나님께서 우리 주 예수 그리스도로 말미암아 무조건 응답해 주십니다. 왜냐하면 우리 주 예수 그리스도의 구원 사역은 다름 아닌 생명 구원 사역이기 때문입니다. 그러므로 우리 주 예수 그리스도께서 병 낫기 원하여 믿고 간절히 구하는 자들의 각종 불치병을 고쳐 주셨듯이, 아기 못 낳는 병도 고쳐 주시어, 우리에게 새 생명을 주십니다. 여호와 하나님은 지금도 아기 낳기를 원하는 여인들에게 '사라'에게 이야기하였듯이, '여호와께 능하지 못한 일이 있겠느냐?'(창 18:14a)고 반문하십니다.

그러므로 '불임不姙'은 하나님의 징벌이 결코 아닙니다. 그리고 '불임'을 성경 속에 나타난 '문둥병'과 같은 불치의 병도 결코 아닙니다. 더 자세히 말하면 '불임'은 병원체에 의한 것이 아니라, 단지 사랑의 결핍으로 생긴 일순간의 병에 불과합니다. 따라서 불임의 치료는 부부가 서로 몸과 마음과 뜻과 정성을 다하여 사랑하는 것을 보시고, 하나님께서 베풀어 주시는 은총에 의해서 얼마든지 치료될 수 있는 것입니다. 그러므로 우리는 여기서 부부 사이의 '성姓 관계'가 가지고 있는 창조 섭리의 의미에 대하여 살펴볼 필요가 있습니다.

3. 부부의 성姓관계는 창조의 섭리며, 삶의 활력소이다

모든 생명체가 생육하고 번성하는 것이 창조주 하나님의 섭리에 속한 것처럼, 부부 관계 또한 하나님의 창조 섭리에 속한 것입니다. 이 창조의 섭리가 제대로 실행되지 않을 때, 우리에게는 '즐거움'이 없는 것입니다. 그래서 '사라'는 나이 늙어 생리가 끝난 자신의 부부 관계를, "내가 노쇠하였고, 내 주인도 늙었으니, 내게 무슨 즐거움이 있으리요"(창 18:12)라고 표현합니다. 여기서 '즐거움'으로 번역된 히브리어 'עֶדְנָה에드나'의 어원은 'עֵדֶן에덴'입니다. 따라서 '사라'의 말을 은유적으로 해석하면, '내게 무슨 낙원, 곧 생명이 있으리요'라고 풀어서 이해할 수도 있습니다. 즉 에덴동산에서 있었던 생명의 풍성함과 삶의 활력소가 없다는 뜻입니다. 다시 말하면 자신은 죽은 자나 다름없다는 것입니다. 어느 벌레도 찾아 주지 않은 조화造花처럼 육체만 있을 뿐, 생명을 누릴 수 있는 기력이나 활력소가 없다는 뜻입니다. 왜냐하면 '아브람'과 '사라'는 남성과 여성의 역할을 하지 못하고 있었기 때문입니다. 이러한 의미에서 창조의 섭리에 의한 부부간의 성姓관계는, 생육과 번성하는 데 필요한 삶의 활력소입니다.

그러므로 사도 바울도 부부는 "서로 분방하지 말라. 다만 기도할 틈을 얻기 위하여 합의상 얼마 동안은 하되 다시 합하라. 이는 너희가 절제 못함으로 사탄이 너희를 시험하지 못하게 하려 함이라"(고전 7:5)고 권고하고 있습니다. 바꾸어 해석하면 '부부가 서로 분방하면' 사탄이 오히려 좋아한다는 것입니다. 이것은 윤리적인 차원을 넘어서서, 부부간의 사랑으로 생육하고 번성하는 창조의 섭리를 깨고자 하는 사탄의 유혹을 경계하기 위한 것입니다. 왜냐하면 부부간 분방하면, 창조의 섭리에 의한 성性 관계가 아니라, '불륜不倫'에 의한 성 관계를 갖게 될 수도 있기 때문입니다. 왜냐하면 처음부터 하나님께서 아담이 홀로 있는 것이 좋지 않아 그의 배필을 만들어 주셨기 때문입니다: "여호와 하나님이 이르시되 사람이 혼자 사는 것이 좋지 아니하니 내가 그를 위하여 돕는 배필을 지으리라 하시니라."(창 2:18) 그래서 여호와 하나님은 "아담을 깊이 잠들게 하시(고) 잠들매 … (아담의) 갈빗대 하나를 취하고 살로 대신 채우시고, … 아담에게서 취하신 그 갈빗대로 여자를 만드시고 그를 아담에게로 이끌어 오십니다."(창 2:21-22) 이때에 아담은 자기의 아내를 보고 이르되 "이는 내 뼈 중의 뼈요 살 중의 살이라"(창 2:23)고 극찬합니다.

"이러므로 남자가 부모를 떠나 그의 아내와 합하여 둘이 한 몸을 이루는 것"(창 2:24)은 창조주 하나님의 섭리입니다. 그리고 아내는 다름 아닌 남자의 가장 귀한 부분입니다. 왜냐하면 여자는 남자의 갈빗대로 지음을 받았기 때문입니다. 그리고 "아담과 그의 아내 두 사람이 벌거벗었으나 부끄러워하지 아니 하였던 것은"(창 2:25) 아내가 곧 남편의 갈빗대였기 때문입니다. 그래서 사도 바울도 "남편들도 자기 아내 사랑하기를 자기 자신과 같이 할지니 자기 아내를 사랑하는 자는 자기를 사랑하는 것이라"(엡 5:28)고 증언하고 있습니다. 그리고 한 걸음 더 나아가 "남편은 그 아내에 대한 의무를 다하고, 아내도 그 남편에게 그렇게 할지라"(고전 7:3)고 권하고 있습니다.

그렇습니다. 부부夫婦 사이의 성性 관계는 창조주 하나님의 섭리에 속한 것입니다. 따라서 부부 사이의 성性 관계가 온전히 이루어질 때, 생육하고 번성하라는 하나님의 창조의 섭리는 실현되고, 그 창조의 섭리가 실현되는 과정 속에서 아기가 이 세상에 태어나는 것입니다. 이러한 점에서 의도적인 '피임'이나, '낙태'는 창조의 섭리를 거역하는 것이라고 볼 수 있습니다. 오히려 참으로 사랑하는 부부라면, 아내는 사랑하는 남편의 아이를 낳고 싶고, 남자는 아내를 통하여 자신의 자손을 번성하고 싶은 것입니다. 단순히 가계家系를 이어간다는 사회 관습적 요청에 의해서가 아니라, 창조의 섭리에 따라서 사랑하는 사람과 하나가 됨으로써 하나님께서 주신 새 생명이 탄생하는 것입니다. 이러한 새 생명의 잉태는 남편과 아내가 할 수 있는 가장 고귀한 창조 행위입니다. 이렇게 부부간의 성 관계가 고귀한 창조 행위이기 때문에 남편과 아내가 서로 벗었으나 부끄러움이 없는 것입니다.

그러므로 아기가 없는 부부는 먼저 '몸과 마음과 뜻과 정성'을 다하여 서로 사랑해야 합니다. '몸'으로 사랑한다는 것은, 항상 상대방을 맞이할 육체적인 준비를 한다는 것입니다. '마음'으로 사랑한다는 것은 사랑하는 아내 혹은 남편 이외에 아무도 생각하지 않는다는 것입니다. '뜻'으로 사랑하는 것은, 아내 혹은 남편의 뜻에 순종한다는 것입니다. '정성'을 다한다는 것은, 성性 관계를 위하여 가장 좋은 날짜와 시간과 분위기 등을 선택하고 하나님께 간절히 기도한다는 것입니다. 병 낫기를 소망하여 간절히 기도했던 사람들처럼, 아기 낳고 싶은 간절한 소망 속에서 간절히 기도하고 '몸과 마음과 뜻과 정성'을 다하여 부부가 서로 사랑할 때, 하나님은 창조의 섭리에 따라 그들에게 새 생명을 주실 것입니다. 왜냐하면 '생육하고 번성하는 것' 그 자체가 창조주 하나님의 섭리이기 때문입니다. 사랑이 없는 단순한 부부의 육체적 성 관계가 '간음姦淫'인 반면에, 사랑하는 부부의 성 관계는 창조의 섭리요 삶의 활력소이고, 에덴의 생명을 가정으로 이끌어 들이는 평화 운동입니다.

***** 참회의 기도

창조주여,
가슴에 품을
생명이 없기에 슬픈
이 여인을 돌아보소서

긴긴 밤 품고 있어도
부화되지 않는 알卵로
창백해진 여자에게
님의 얼굴을 비춰주소서

무릎이 힘을 잃고
흩어진 머리에
산고産苦로 목이 쉬어도
그 날이 속히 오기를
기뻐 기다리는 이 여인의 눈을 보소서

- 아멘 -

Gloria Patri et Filio et Spiritui Sancto
sicut erat in principio et est nunc
et erit semper et in saecula saeculorum,
Amen

제9장
함께 더불어 살아야 하는 인간의 책임성

참된 '그리스도인Christen'이 된다는 것은 무엇을 의미하는가? 참된 그리스도인이 된다는 것은, 이 세상 사람들과 분리되어 '천상天上'의 존재가 된다는 것을 의미하는 것이 아닙니다. 참된 인간이 된다는 것은, 창조주 하나님의 창조 의지意志, 곧 하나님께서 인간을 만드신 목적을 성실히 실행하는 인간이 된다는 것을 의미합니다. 그러므로 '참된 인간vere homo', '참된 그리스도인'이 된다는 것은 다른 사람뿐만 아니라, 다른 피조물의 참된 '이웃이 되어 준다'는 것을 의미합니다. 왜냐하면 '참 인간'이신 예수 그리스도는 자신의 지상 생애 동안 스스로 고난 받는 사람들의 '참된 이웃', 곧 '참 좋은 친구'가 되어 주셨기 때문입니다.(요 15:14-15)[528]

그런데 예수님께서 고난 받는 사람의 참 '친구'와 '이웃'이 되어 주셨다는 것은, 모든 인간은 이 세상에서 홀로 살 수 없다는 것을 또한 의미하는 것입니다. 더 자세히 말하면, 인간은 이 세상에 태어날 때부터 부모와 함께, 형제자매와 함께 그리고 이웃과 함께, 하나님에 의해서 창조된 자연환경 속에서 다른 피조물들과 함께 더불어 살아가야 한다는 것을 의미합

---

528) 요 15:14-15 : "너희는 내가 명하는 대로 행하면 곧 나의 친구라. 이제부터는 너희를 종이라 하지 아니하리니 종은 주인이 하는 것을 알지 못함이라 너희를 친구라 하였노니 내가 내 아버지께 들은 것을 다 너희에게 알게 하였음이라."

니다. 그러므로 성경의 모든 율법은, 인간이 창조주 하나님과 부모와 형제와 이웃과 그리고 다른 피조물과 어떠한 관계를 맺으며 살아가야 하는지에 대한 삶의 규정 이외에 다른 것을 이야기하지 않고 있습니다. 더 자세히 말하면 모든 인간은 이 세상에서 살아가는 동안 창조주 하나님과 자기를 낳고 길러 주신 부모님에 대한 피조물로서의 '경외와 봉양의 책임', 형제와 자매 그리고 이웃에 대한 '협조와 사랑의 책임', 그리고 다른 생명체와 자기 삶의 터전인 '자연 환경自然環境'에 대한 '돌봄의 책임'을 가지고 있다는 것입니다. 왜냐하면 인간의 '삶(혹은 생명)의 관계성'은 단지 이웃 '인간'과의 관계뿐만 아니라, '창조주 하나님'과의 관계, 그리고 '창조된 다른 생명체'들과의 관계, 그리고 인간의 삶과 생명의 터전인 '자연自然'과의 관계를 포함하고 있기 때문입니다. 그리고 한 걸음 더 나아가, 인간은 이 세상에서 '직장職場'과 '국가'라는 사회 조직을 형성하여 사회 생활을 하고 있기 때문에, 인간은 사회적 조직에 대한 책임도 함께 가지고 있습니다.

그러므로 본 장에서는 창조주 하나님뿐만 아니라, 다른 피조물과 함께, 더불어 살아야 하는 인간이 실존적 삶의 정황 속에서 어떠한 책임성을 가지고 살아가야 하는지에 대하여 알아보고자 합니다. 이를 위하여 우선 먼저 제I절에서 창조주 하나님과 자기 부모에 대한 인간의 책임성에 대하여, 제II절에서 일평생 한 몸이 되어 함께 더불어 살아가는 부부에 대한 책임성에 대하여, 제III절에서는 한 분 하나님과 한 씨, 한 몸에서 태어난 자매와 형제들에 대한 책임성에 대하여 살펴보고자 합니다. 이렇게 창조주 하나님과 부모님에 의해서 창조된 인간의 책임성과 부부 사이의 존재론적 책임성, 그리고 자녀를 향한, 곧 아래로 향한 부모의 창조적 책임성을 살펴본 다음, 제IV절에서는 자연에 대한 인간의 책임성에 대하여, 그리고 제V절에서는 사회와 국가에 대한 책임성에 대하여 알아보고자 합니다.

이러한 탐구를 통하여 우리는 하나님 없는 인간을 생각할 수 없듯이, 부모 없는 인간에 대하여 생각할 수 없음을 다시 한 번 더 깊이 인식하게 될 것이며, 인간은 형제, 자매 그리고 이웃 없이 혼자 살아가는 존재가 아니라, 누구든지 남편과 아내로서 한 가정을 이루어 이웃과 함께, 더불어 살아가야 하는 사회적 존재임을 깨닫게 될 것입니다. 뿐만 아니라, 모든 생명체가 땅을 생명의 토대로 삼아 살아가고 있듯이, 모든 인간은 자기가 속한 국가나 사회가 없이 외딴 섬에 혼자서 살아갈 수 없는 사회적 존재라는 것도 깊이 인식하게 될 것입니다. 결국 우리 인간은 자기의 실존적 삶의 정황 속에서 필연적으로 자기 역할을 하지 않으면 안 되는 책임적 존재임을 깨닫게 될 것입니다.

I. 창조주와 부모에 대한 책임

세상에 부모 없는 자식이 있는가?

***** 토의 주제 *****

1. 세상에 부모 없는 자식이 있는가? 창조주 없는 피조물이 존재하는가?
2. 부모를 공경하는 것이 의무인가, 아니면 축복의 방편인가?
3. 나는 부모님을 어떻게 모셨으며, 혹은 어떻게 모시고 있는가?

1. 인간은 스스로 있는 존재가 아니다

여호와 하나님은 모세에게 자신을 소개하기를 "나는 스스로 있는 자이니라. 또 이르시되 너는 이스라엘 자손에게 이같이 이르기를 스스로 있는 자가 나를 너희에게 보내셨다 하라."(출 3:14)고 말씀하십니다. 이러한 하나님의 '자기 소개Selbstvorstellung'처럼 여호와 하나님은, 어느 누구에 의해서 창조되거나 누구에게도 종속되지 않은, '스스로 계신 분'이십니다. 그런데 '스스로 계시다'는 것은, 하나님께서 이 우주 만물에 있는 모든 것보다 '먼저 계신 분'으로서, 모든 만물을 창조하신 '창조주 하나님'이시라는 것입니다. 그래서 성경은 "태초에 하나님이 천지를 창조하시니라."(창 1:1; 요 1:1-3)[529]라는 증언으로 시작하고 있습니다. 이러한 증언은, 하나님께서 '태초', 곧 역사의

---

529) 요 1:1-3 : "태초에 말씀이 계시니라. 이 말씀이 하나님과 함께 계셨으니 이 말씀은 곧 하나님이시니라. 그가 태초에 하나님과 함께 계셨고, 만물이 그로 말미암아 지은 바 되었으니 지은 것이 하나도 그가 없이는 된 것이 없느니라."

시간 이전에 '영靈'으로 계신 분이 우주의 만물을 창조하셨다는 뜻입니다: "땅이 혼돈하고 공허하며 흑암이 깊음 위에 있고 하나님의 영은 수면 위에 운행하시니라."(창 1:2)[530]

반면에 모든 인간은, 하나님에 의해서 창조되고, 부모님으로부터 태어났기 때문에, 창조주 하나님과 부모님께 종속되어 있는 존재입니다. 바꾸어 말하면, 인간은 일차적으로는 자기를 낳아 주신 부모님에 의해서 이 세상에 태어났고, 생명의 근원적으로는 하나님에 의해서 창조된 존재입니다. 이러한 점에서 부모 없는 인간, 한 걸음 더 나아가, 하나님 없는 인간은 이 세상에 한 사람도 없습니다.(창 1:26-27) 따라서 만일 부모님 없이 그리고 창조주 하나님 없이 이 세상에 태어난 인간이 있다면, 그러한 인간은 여호와 하나님처럼 '스스로 있는 존재', 곧 '하나님' 이외에 다른 존재가 아닙니다.[531] 따라서 이 세상에 생존하는 모든 인간 중에서 '스스로 태어난 인간'은 하나도 없습니다. 모든 인간은 부모에게서 태어났고, 그 부모에 의해서 양육되었고, 그 부모에 의해서 직-간접적으로 교육을 받아 성장하는 것입니다. 그러므로 이 세상 어느 인간도 자기의 생물학적인 부모의 존재를 부인否認할 수 없습니다. 바로 이러한 이유 때문에 여호와 하나님은 십계명(출 20:1-17)에서, 창조주 하나님에 대한 신앙과 부모에 대한 공경을, 하나님과 인간에 대한 첫 번째 계명으로 규정하셨던 것입니다:

"너는 나 외에는 다른 신들을 네게 두지 말라."(출 20:3)
"네 부모를 공경하라 그리하면 네 하나님 여호와가 네게 준 땅에서 네 생명이 길리라"(출 20:12)
"자녀들아 주主 안에서 너희 부모에게 순종하라. 이것이 옳으니라. 네 아버

---

530) "Vers 1, 2 und 3 aufeinanderfolgende Hauptsätze, sie versteht תִּישָׁאַרב als st. abs. 2. תִּישָׁא רב wird als st.cstr. verstehen; Vers 1 und 2 bilden einen Satz. Das ו am Anfang von Vers 2 ist das waw apodois Ges-K § 143d; 111h; 11200; vgl. Köhler, Lex ו Nr. 24 'Nach Zeitangaben leitet ו das Verbum ein'"(Claus Westermann, *Genesis,* BK 1/1, 2.Auflage 1976, 109)
531) 인간이 부모로부터 태어나는 것을 진화로 볼 것인가, 아니면 창조로 볼 것인가에 따라서 '창조와 진화進化'의 논쟁은 해결될 것이다. 태초의 생명체 탄생을 '무無로부터의 진화'로 이야기할 수 있을까? 모체母體가 없는 진화가 가능한가?

지와 어머니를 공경하라. 이것은 약속이 있는 첫 계명이니"(엡 6:1-2)

　이러한 율법은 이론異論을 제기할 여지없이 무조건적으로 준수해야 하는 '절대적인 명령'입니다. 왜냐하면 어느 누구도 부모님을 자기의 선택에 따라서 결정할 수 없기 때문입니다. 마찬가지로 우리가 여호와 하나님만을 섬겨야 하는 것도 우리들의 선택으로 결정할 수 있는 것이 아닙니다. 왜냐하면 부모님은 내가 태어나기 이전부터 계신 분으로서 나의 생명의 근원이듯이, 여호와 하나님도 창조주로서 모든 생명체가 생기기 이전에 계셨던 분으로서 만물을 친히 창조하신 분이시기 때문입니다. 그러므로 창조주 여호와 하나님만을 섬겨야 하는 것과, 우리를 낳아 주신 부모님을 섬겨야 하는 것은 반론의 여지가 없는 불가항력적인 '숙명적geschicklich' 과제입니다. 이러한 명령에 대하여는 어느 누구도 '왜'냐는 질문을 던질 수 없습니다.532) 이러한 점에서 볼 때, 창조주 여호와 하나님만을 섬기는 것과 나를 낳아 주신 부모님을 섬기는 것은 동일한 차원에 있습니다.533)

　그러므로 자기를 낳아 주신 부모를 경외하지 않는 것은 단순히 인륜人倫이나, 사회 윤리의 차원을 훨씬 넘어가는 것입니다. 즉 자기를 낳아 주시고 길러 주신 부모를 공경하지 않는 것은 창조주 하나님을 경외하지 않는 것처럼 '신앙적 위법'입니다. 다시 말해서 부모님께 대한 불경不敬은, 곧 자기 생명의 창조주이신 하나님에 대한 불경이나 다름없는 것입니다. 그리고 한 걸음 더 나아가, 자기 생명의 뿌리를 공경하지 않는 것은, 바로 자기 자신을 학대하는 것입니다.534) 이러한 의미에서 '네 부모를 공경하라'

---

532) 이 점에 관하여: 김재진, 『웨스트민스터 소요리 문답 해설』, 대한기독교서회 2004, 316: "제5계명 네 부모를 공경하라."
533) 구약 성경에서는 "카베드(כבד kabed)", 즉 "경외" 혹은 "공경"이라는 단어를 하나님에게만 사용하고 있다. 즉 이스라엘 사람들이 경외해야 할 대상은 오직 여호와 하나님뿐이다: "여호와를 경외하는 것이 지식의 근본이다."(잠 1:7,29). 그런데 유독 "네 부모를 경외하라."(레 19:3)는 제5계명에서는 부모님을 공경해야 하는 것에 이 단어를 사용하고 있다. 이 만큼 부모님의 권위는 자식에 대하여는 창조주 하나님의 권위에 상당하다는 것이다.
534) 이러한 의미에서 욥은 의인義人이 아니었다. 다만 그는 하나님께 대한 믿음으로 '의인'으로 인정받은 것뿐이다. 왜냐하면 그는 자신이 태어난 것을, 즉 자기를 낳아 주신 부모님을 저주하였기 때문이다.(욥 3:1,7-12)

는 계명은 시대와 문화, 그리고 인종을 넘어서 모든 인류가 언제 어디서나 무조건 준수해야 하는 '정언적 율법apodiktisches Gesetz', 곧 '하나님 율법Theonomie'입니다. 따라서 이를 범하는 자는 죽어 마땅한 것입니다.(출 21:15,17)535) 그렇다면 왜 하나님은 '네 부모를 공경하라'고 말씀하셨을까?

2. 생존生存을 위한 삶의 품앗이로서의 부모 공경과 자식 양육

자식이 부모를 공경해야 하는 것은, 생육하고 번성하기를 원하신 하나님의 창조의 섭리가 실현되는 '생존生存의 품앗이'와 같은 것입니다.536) 왜냐하면 일반적으로 한 인간이 태어나서 성인成人이 되기까지는 누구를 막론하고 부모의 보살핌과 교육을 통하여 성장하기 때문입니다. 즉 한 인간이 장성한 성인이 되기까지는 누구를 막론하고 부모의 도움으로 성장한다는 것입니다.(고후 12:14b)537) 예컨대 성인의 연령을 18-20세로 정한다면, 약 20년 가까이 모든 인간은 자기를 낳아 주신 부모님의 도움으로 살아갈 수밖에 없습니다. 그 후 성인이 되어서는 자기 삶을 스스로 영위해 갑니다. 그러나 노년이 되어서는, 곧 약 60세 이후 약 80세까지는, 자기 스스로 삶을 영위할 수 없으므로 자녀들의 도움과 보살핌으로 살 수밖에 없습니다.(시 90:10)538) 이러한 의미에서 부모를 공경해야 하는 것을, 단순히 '생존 원리'의 차원에서 이해한다면, 그것은 일종의 '생명, 곧 삶의 품앗이'입니다.

그런데 이러한 '삶의 품앗이'는 모든 생명체에 적용되는 '생존의 원리'이기도 합니다. 예컨대, 새들도 자기가 품은 알이 깨어, 그 속에서 새끼가 나와 스스로 먹이를 구하여 먹고 생존할 수 있을 때까지 성실히 자기 새끼

---

535) 출 21:15 : "자기 아버지나 어머니를 치는 자는 **반드시 죽일지니라.**"; 출 21:17 : "자기의 아버지나 어머니를 **저주하는 자는 반드시 죽일지니라.**"

536) '품앗이'란 서로 품을 지고 갚고 하는 일을 의미한다. 즉 '품'이란 어떤 일을 하는 수고로움을 뜻하고, '앗이'란, '앗다', 곧 '없애다. 갚다'의 이름씨 꼴로서 '수고로움을 갚다'라는 뜻이다.(이근술, 최기호 엮음,『토박이말 쓰임사전』하, 동광출판사 2001, 1989

537) 고후 12:14b : "어린 아이가 부모를 위하여 재물을 저축하는 것이 아니요, 부모가 어린 아이를 위하여 하느니라."

538) 시 90:10 : "우리의 연수가 칠십이요 강건하면 팔십이라도 그 연수의 자랑은 수고와 슬픔뿐이요 신속히 가니 우리가 날아가나이다."

를 돌봅니다. 왜냐하면 어미 새도 그러한 과정을 통하여 자라났기 때문입니다. 이러한 점에서 자기 새끼를 돌보아야 하는 어미의 '새끼 양육'의 과제나, 자기 부모를 공경하고 섬겨야 하는 것은 '부모 공경', 곧 '부양扶養의 과제'는, 일차적으로는 하나님의 창조의 섭리가 실현되는 '생존의 원리'입니다. 따라서 이러한 '생존의 원리'를 거역하는 것, 더 자세히 말하면, '부모를 공경하지 않거나', '자녀를 부양하지 않는 것'은 하나님의 율법, 곧 '신율神律 혹은 천륜天倫'을 어기는 죄악인 것입니다. 그래서 구약의 율법은 부모를 공경하지 않는 패역한 자식은 돌로 쳐 죽여서 악惡을 제거하라고 명하고 있습니다:

> "사람에게 완악하고 패역한 아들이 있어 그의 아버지의 말이나 그 어머니의 말을 순종하지 아니하고 부모가 징계하여도 순종하지 아니하거든 그의 부모가 그를 끌고 성문에 이르러 그 성읍 장로들에게 나아가서 그 성읍 장로들에게 말하기를 우리의 이 자식은 완악하고 패역하여 우리 말을 듣지 아니하고 방탕하며 술에 잠긴 자라 하면 그 성읍의 모든 사람들이 **그를 돌로 쳐 죽일지니** 이같이 네가 너희 중에서 **악을 제하라.** 그리하면 온 이스라엘이 듣고 두려워하리라."(신 21:18-21)

그렇다면 여기서 질문이 제기 됩니다: 왜 하나님은 부모에 대한 부양과 공경을 이토록 엄하게 권고勸告하셨는가? 그 이유는 간단합니다. 그것은 첫째로 여호와 하나님의 창조의 주체성을 주장하기 위한 것이요(골 1:16-17),539) 둘째로 인간이 이 세상에 스스로 태어난 것이 아니라, 부모에 의해서 태어난 존재라는 것을 증언하기 위한 것입니다. 즉 인간 생명의 뿌리는 근원적으로는 창조주 하나님께 있으며, 육체적으로는 자기를 낳아 주신 부모님께 있다는 것을 증언하기 위한 것입니다.(창 3:16). 그래서 전도서는 "너는 청년의 때에 너의 창조주를 기억하라, 곧 곤고한 날이 이르기 전에,

---

539) 골 1:16-17: "만물이 그에게서 창조되되 하늘과 땅에서 보이는 것들과 보이지 않는 것들과 혹은 왕권들이나 주권들이나 통치자들이나 권세들이나 만물이 다 그로 말미암고 그를 위하여 창조되었고, 또한 그가 만물보다 먼저 계시고 만물이 그 안에 함께 섰느니라."

나는 아무 낙이 없다고 할 해들이 가깝기 전에"(전 12:1) 창조주를 기억하라고 권고하고 있습니다. 그리고 잠언도 "네 부모를 즐겁게 하며, 너를 낳은 어미를 기쁘게 하라."(잠 23:25)고 권하고 있습니다.

이와 같이 인간 생명의 근원이 첫째는 하나님이요, 둘째는 자기 부모에게 있기 때문에, 이와 상응하게 성경은 인간이 죽으면, 자기 생명의 근원인 창조주 하나님에게로 돌아가는 것으로 묘사하고 있으며(시 104:29; 146:4), 동시에 육신(肉身)도 이미 돌아가신 부모의 곁으로 돌아가는 것으로 묘사하고 있습니다.(삼하 19:37)[540] 따라서 나의 생명을 창조하신 만물의 창조주 하나님께 대한 신앙은, 보이는 육체를 창조하신 부모에 대한 공경에 상응하는 것이고, 보이는 육체의 창조자이신 부모에게 불경(不敬)하는 것은 곧 온 우주의 생명체를 창조하신 창조주 하나님을 경외하지 않는 것에 상응한 것입니다. 바로 이러한 근거에서 예수님께서는 보이는 부모님을 공경하지 못하면서 보이지 아니하는 하나님을 경외한다는 사람들을 경계하여, "너희는 이르되 사람이 아버지에게나 어머니에게나 말하기를 내가 드려 유익하게 할 것이 고르반 곧 하나님께 드림이 되었다고 하기만 하면 그만이라 하고 자기 아버지나 어머니에게 다시 아무것도 하여 드리기를 허락하지 아니하는"(막 7:11-12) 자들을 책망하신 것입니다.

이제 '생존을 위한 삶의 품앗이'로서의 부모님 공경은, 자기가 낳은 자녀에 대한 '양육'의 책임도 포함하고 있습니다. 즉 인간은 자기가 낳은 자녀를 육체적으로 뿐만 아니라, 신앙적으로 잘 양육해야 합니다. 그래서 에베소서 기자는 자녀들로 하여금 부모님을 공경할 것을 강조하면서 동시에 부모들도 자녀를 잘 양육할 것을 강조하고 있습니다:

> "자녀들아 주(主) 안에서 너희 부모에게 순종하라. 이것이 옳으니라.…또 아비들아. 너희 자녀를 노엽게 하지 말고 오직 주의 교훈과 훈계로 양육하라."

---

540) 시 104:29 : "주께서 낯을 숨기신즉 그들이 떨고, 주께서 **그들(인간들)의 호흡을 거두신즉** 그들은 죽어 먼지로 돌아가나이다."; 시 146:4 : "**그(인간)의 호흡이 끊어지면 흙으로 돌아가서** 그 날에 그의 생각이 소멸하리로다."; 삼하 19:37a : "청하건대 당신의 종을 돌려보내옵소서. 내가 **내 고향 부모의 묘** 곁에서 죽으려 하나이다."

이와 같이 에베소서 기자는 자녀들에게는 부모 공경을 권고하고, 부모들에게는 자녀에 대한 교훈과 양육을 권고하고 있습니다. 이러한 점으로 미루어 보아, 부모 공경이나 자녀 양육은 하나님의 창조 섭리에 따른 '생존을 위한 삶의 품앗이'임이 분명합니다. 왜냐하면 자녀들을 사랑으로 잘 양육한 부모만이 자녀들로부터 공경을 받을 수 있는 권한이 있기 때문입니다. 이러한 점에서 부모 공경과 자녀 사랑은 상호 종속적인 것입니다. 즉 아무도 자기에게 생명을 부여한 부모님에 대한 공경을 포기하면서, 자신은 자식으로부터 공경 받기를 기대할 수 없는 것입니다. 즉 부모님에 대한 의무의 포기는 자식에 대한 부모의 권리를 포기하는 것과 같은 것입니다. 그러나 인간이 하나님을 경외하는 것보다 하나님이 인간을 사랑하는 것이 더 넓고 깊고 영원하듯이, 부모가 자식을 사랑하는 것이 자녀가 부모를 공경하는 것보다 더 넓고 깊고 영원한 것입니다.

이상 살펴본 바와 같이, 인간은 창조주 하나님과 더불어 자기를 낳고 양육해 주신 부모님과 함께 살아가야 할 존재입니다. 결코 인간은 혼자서 살아갈 수 있는 존재가 아니라, 생존을 위하여 창조주와 피조물이라는 '창조적 사랑의 사슬'에 함께 묶여 살아가고 있는 존재입니다. 이러한 사슬에서 아무도 벗어날 수 없습니다. 왜냐하면 창조주 없는 피조물이 없듯이, 부모 없는 자녀 또한 없기 때문입니다. 그러므로 우리는 '생존을 위한 삶의 품앗이'를 성실히 수행해야 합니다. 그러나 인간은 이러한 '삶의 품앗이'를 제대로 행하지 못하고 있습니다. 그래서 하나님은 '삶의 품앗이'에 상급을 내걸으셨습니다. 그것이 바로 부모님을 공경하는 자들이 받을 축복입니다.

3. 삶의 품앗이 원리를 유지하기 위한 방편으로서의 축복

창조주 없는 피조물이 없고, 부모 없는 자식이 없음에도 불구하고 우리들의 삶 속에서 창조주 하나님을 몸과 마음과 뜻과 정성을 다하여 섬기는 자도 많지 않고, 자기를 낳아 주신 부모를 사랑으로 섬기는 자녀도 많지 않습니다. 그래서 시편 기자는 인간의 죄악성을 가리켜, "그의 마음에 이르기를 하나님이 없다 하도다."(시 53:1)라고 묘사하고 있습니다. 그래서 "하나님이 하늘에서 인생을 굽어 살피사 지각이 있는 자와 하나님을 찾는 자가 있는가 보려 하신즉…한 사람도 없도다."(시 53:2-3)라고 시편은 증언하고 있습니다. 이를 육신의 창조자 부모님께 돌려 말하면, 악인은 그 마음에 이르기를, '나는 부모님도 없다'하고 말하면서 함부로 행동하고, '부모님을 찾아뵙지도 않습니다.' 그래서 우리나라 사람들도 '행악무도行惡無道'한 사람에게, '너는 하늘(하나님)이 무섭지 않느냐?' 혹은 '너는 네 부모도 없느냐?'라고 반문하는 것입니다. 한 마디로 말해서, 악인惡人은 자기 영적, 육체적 생명의 뿌리를 경輕히 여긴다는 것입니다. 바로 이러한 인간의 죄악 때문에 여호와 하나님은 역逆으로 자기 생명의 뿌리인 창조주 하나님과 부모님을 공경하는 자를 '축복'하실 것을 약속해 주셨습니다.

선지자 이사야는 창조주 여호와 하나님 말씀을 순종하는 자들이 받을 축복을 다음과 같이 열거하고 있습니다:

> "야곱아 너를 창조하신 여호와께서 지금 말씀하시느니라. 이스라엘아 너를 지으신 이가 말씀하시느니라. 너는 두려워하지 말라. 내가 너를 구속하였고 내가 너를 지명하여 불렀나니 너는 내 것이라. 네가 물 가운데로 지날 때에 내가 함께 할 것이라. 강을 건널 때에 물이 너를 침몰하지 못할 것이며, 네가 불 가운데로 지날 때에 타지도 아니할 것이요, 불꽃이 너를 사르지도 못하리니, 대저 나는 여호와 네 하나님이요 이스라엘의 거룩한 이요 네 구원자임이라. 내가 애굽을 너의 속량물로, 구스와 스바를 너를 대신하여 주었노라."(사 43:1-3)

이와 같이 창조주 하나님은 자기가 창조하신 '이스라엘 백성의 구원자'가 될 것을 약속해 주고 계십니다. 이와 상응하게 육신을 낳아 주신 부모님을 공경하는 자가 받을 축복을 에베소서 기자도 다음과 같이 증언하고 있습니다:

"자녀들아 주主 안에서 너희 부모에게 순종하라. 이것이 옳으니라. 네 아버지와 어머니를 공경하라. 이것은 약속이 있는 첫 계명이니 **이로써 네가 잘되고 땅에서 장수하리라.**"(엡 6:1-3)

그렇다면 이러한 축복을 받기 위해서 구체적으로 어떻게 해야 하는가? 다시 말하면 어떻게 하는 것이 창조주 하나님을 경외하고 부모님을 공경하는 것인가?

하나님을 '경외'하고, 부모님을 '공경'하는 것은, 하나님과 부모님의 말씀에 순종하는 것입니다. 왜냐하면 '네 부모를 공경하라'에서 '공경恭敬', '경외敬畏'라는 단어는, 히브리어 'כבד kabed'란 말로서, 본래 '무겁다be heavy, weighty'란 뜻이기 때문입니다. 다시 말하면 하나님의 말씀을, 부모님의 말씀을 '무겁게 여기다', '비중 있게 생각하다', '중요하게 생각하다', '중히 여기다'라는 뜻입니다.(삼상 2:29)541) 그러므로 창조주 하나님을 '경외한다'거나, 부모님을 '공경한다'는 것은, 하나님과 부모님의 말씀을 중히 여겨 순종한다는 뜻입니다. 바꾸어 말하면, '하나님이나 부모님에게 관심을 돌리는 것' 등을 뜻합니다.(시 86:9; 렘 25:3; 신 28:58; 사 58:13; 삼상 2:30)542)

우리는 아브라함과 이삭의 이야기에서, 창조주 하나님을 참으로 '경외'하는 아브라함과 자기를 낳아 주신 아버지 아브라함Abraham을 참으로 '공경'하는 아들, '이삭'의 모습을 발견할 수 있습니다. 왜냐하면 창조주 하나님께서 아브라함의 아들, '이삭'을 제물로 바치라고 말씀하셨을 때, 아브라함은 창조주 하나님께, 그리고 아들, '이삭'은 자기를 낳아 주신 아버지, 아브라함에게 절대적으로 순종하는 모습을 보시고, 여호와 하나님은 "네가 네 아들 독자까지도 내게 아끼지 아니하였으니, 내가 이제야 네가 하나님을

---

541) **Dohmen**, Art. כבד, ThWAT IV, Sp. 13-17 - **C. Westermann**, כבד kbd schwer sien, THAT I, 794-812. 삼상 2:29 : "너희는 어찌하여‥‥네 아들들을 나(하나님)보다 더 중히 여기느냐?" 반면에 '중히 여긴다'라는 'כבד Kabed'에 반대되는 히브리어 '칼(qal)'은 '가볍다'라는 뜻을 가지고 있습니다. '칼(qal)'에서 '칼랄(qallal)'이라는 말이 생겼는데, 이 말은 '가볍게 여기다', '가볍게 취급하다'라는 뜻이다: "나(하나님)를 존중히 여기는 자를 내가 존중히 여기고, 나를 멸시하는 자를 내가 경멸輕蔑하리라."(삼상 2:30)
542) **Stenmans**, Art. כבד, ThWAT IV, 19.

경외יׁרֵא 하는 줄을 아노라."(창 22:12)543)고 말씀하셨기 때문입니다. 더 자세히 말하면, 우선은 여호와 하나님 말씀에 대한 아브라함의 절대적 순종이고, 그 다음은 아버지, 아브라함 말씀에 대한 아들, 이삭의 절대적 순종입니다.(창 22:9-10)

그러므로 부모님에 대한 진정한 공경은, 이삭처럼, 하나님과 부모님의 말씀에 절대적으로 순종하는 것입니다.(골 3:20) 즉 절대적으로 '순종'하는 마음가짐에서 우러나오는 행동으로 연로한 부모님들의 생존권을 존중하고 보장할 뿐만 아니라, 행복한 노년기가 되도록 배려하는 것이, 진실로 부모님을 공경하는 것입니다. 이렇듯 부모를 공경하는 것은 물질적인 보살핌으로 끝나는 것이 아니라, 일평생 살아오신 경험과 고난, 그리고 그로 인하여 생긴 육신의 쇠약衰弱함에 대한 존경, 그리고 크고 작은 일에서의 친절한 도움을 곁들이는 것입니다. 이러한 점에서 창조주 하나님에 대한 경외와 자기를 낳아 주신 부모님께 대한 공경 없이는 어떠한 축복의 통로도 있을 수 없는 것입니다.544)

---

543) '무겁게 여기다'라는 히브리어 'דבכ'의 동의어가 'יׁרֵא(vererehren, in Furcht vor, in Ehrfurcht vor)'이다. 이 점에 관하여 Dohmen, Art.. דבכ, ThWAT Bd.IV, 17.

544) 그래서 신명기 기자는 하나님의 말씀을 순종하는 자가 받을 축복을 다음과 같이 열거하고 있습니다: "네가 네 하나님 여호와의 말씀을 삼가 듣고 내가 오늘 네게 명령하는 그의 모든 명령을 지켜 행하면, 네 하나님 여호와께서 너를 세계 모든 민족 위에 뛰어나게 하실 것이라. **네가 네 하나님 여호와의 말씀을 청종하면 이 모든 복이 네게 임하며 네게 이르리니** 성읍에서도 복을 받고 들에서도 복을 받을 것이며, 네 몸의 자녀와 네 토지의 소산과 네 짐승의 새끼와 소와 양의 새끼가 복을 받을 것이며, 네 광주리와 떡 반죽 그릇이 복을 받을 것이며, 네가 들어와도 복을 받고 나가도 복을 받을 것이니라."(신 28:1-6)

참회의 기도

아버지, 나의 아버지여!

아버지의 그늘이
그렇게 크고 넓은 줄,
예전엔 미처 몰랐습니다.
잔소리 같이 들렸던 그 말씀이
삶의 고난 속에서 얻어진 지혜인 줄,
이전엔 못내 깨닫지 못했습니다.

불러도, 불러도
들을 수 없는 아버지의 음성과
이제는 더 이상 말을 수 없는 어머님의
헤어진 행주치마 냄새는
아직도
다하지 않은 부모님의 사랑되어
불충한 여식의 가슴을 메워옵니다.

아!
그때 왜 내가 조금 더…,

부모님은 가셨지만,
그 사랑 불꽃 되어
님의 자손子孫에게 태워 올리리이다.

- 아멘 -

II. 제1계명에 상응하는 부부의 책임

당신 없이는 못 살아

***** 토의 주제 *****

1. 결혼이 도대체 무엇인가?
2. 결혼 서약誓約의 의미가 무엇인가?
3. 결혼의 조건이 무엇이며, 부부 관계를 지속시켜 주는 것은 무엇인가?
4. 성적性的 사랑의 책임성이란 어떠한 것인가?

1. 인생의 창조적 동반자로서의 부부夫婦

창세기의 증언에 의하면, 창조주 하나님은 사람이 혼자 사는 것이 좋지 않다고 판단하시어, '서로 돕는 배필'을 만들어 주셨습니다.(창 2:18) 이 말은 한편으로는, 인간도 다른 피조물과 같이 생육하고 번성하기 위해서 남성男性과 여성女性이 있어야 한다는 것을 의미합니다.545) 그러나 다른 한편으로, 인간은 혼자서 살아갈 수 있는 존재가 아니라, 함께 더불어 살아가야 할 존재라는 것도 암시해 줍니다. 왜냐하면 다른 피조물들은 단지 번식을 위하여 '이성異性', 곧 암컷은 수컷을 그리고 수컷은 암컷을 필요로 하지만, 인간은 단지 '번식繁殖'만을 위해서가 아니라, 생득적으로 '남성男性'과 '여성女性'이 함께 더불어 살아갈 수밖에 없는 나약한 존재이기 때문입니다.546)

---

545) 참고. 제8장 V절 "1. 생육과 번식을 위한 존재 양식으로서의 남성男性과 여성女性"
546) 반면에 가톨릭 신학자 호세 꼼블린은 성경에 인간이 남자와 여자로 창조하신 것으로 증언되

바꾸어 말해서 하나님은 홀로 '스스로 존재하는 분'이시지만,(출 3:14) 인간은 혼자서 살 수 없는 존재이기 때문입니다. 그러므로 인간은 '서로 돕는 배필'이 필요합니다. 이러한 인간의 양성兩性의 실존 양태를 가리켜 사도 바울은, "주主 안에는 남자 없이 여자만 있지 않고, 여자 없이 남자만 있지 아니하니라."(고전 11:11)고 증언하고 있습니다. 이러한 의미에서 남자나 여자는 서로 평등하고 동등한 것입니다: "남자나 여자나 다 그리스도 예수 안에서 하나이니라."(갈 3:28b)

그런데 창세기는 '남자와 여자', 곧 '아담과 이브'를 '남편과 아내'로 바꾸어 쓰고 있습니다. 즉 여자를 '남자의 아내'로 바꾸어 쓰고 있습니다: "아담과 그의 아내 두 사람이 벌거벗었으나 부끄러워하지 아니하니라."(창 2:25) 또한 성경은 '아담Adam'을 여자의 '남편'으로 표현하고 있습니다: "여자가 그 열매를 따먹고 자기와 함께 있는 남편에게도 주매, 그도 먹은지라." (창 3:6b) 한 걸음 더 나아가, 성경은 "남자가 부모를 떠나 그의 아내와 합하여 둘이 한 몸을 이룰지로다."(창 2:24)라고 증언하고 있습니다. 이렇게 인간은 '남편과 아내'로 '부부'가 되어 살아가야 할 존재이기에, 아담은 자기 여자에게 "내 뼈 중의 뼈요 살 중의 살이라."(창 2:23)고 찬사하고 있습니다. 다시 말하면 남자는 '여자의 남편'이고, 여자는 '남자의 아내'입니다. 이 말은, 남자는 여자에게 종속되고, 여자는 남자에게 종속된다는 뜻입니다. 이렇게 남녀가 상호 종속되어 살아갈 수밖에 없는 것이 바로 인간입니다. 그래서 '남자 없이 여자만 있지 않고, 여자 없이 남자만 있지 않는 것입니다.'(고전 11:11) 한 마디로 말하면 남자와 여자는 함께 더불어 살아갈 수밖에 없는 상호의 종속된 존재라는 것입니다.

바로 이러한 창조의 섭리에서, 한 남자는 한 여자를 그리고 한 여자는 한 남자를 각각 자기의 아내와 남편으로 선택하여 함께 더불어 살아갈 것

고 있는 것은, "상징적 사고의 범주 안에 머물러 있으면서, 교정되고 변형된 옛 신화들로부터 나온 것이고, 또한 이스라엘 백성 혹은 인근 백성들 가운데서 양성(兩性)의 공생(共生)에 관한 체험에서 나온 것이다"라고 주장한다.(Jesé Comblin, Anthrop -logie Christå, 김수복 역, 『그리스도교 人間學』, 분도출판사 1988, 114) 그러나 이러한 해석은 하나님의 창조 섭리와 창조된 세계의 생태학적 원리를 이해하지 못한 해석이라고 볼 수 있다.

을 '약속'하는 것이 '약혼約婚'입니다. 그리고 이 '약속'에 따라서 한 '가정家庭'을 이루어 '부부 관계'를 맺으며 살아갈 것을 '계약'하는 것이 '결혼結婚'입니다. 그러므로 '부부夫婦'는 하나님의 창조 섭리에 의한 가장 기본적인 '삶의 공동체' 혹은 '생명 공동체'입니다. 이런 점에서 '부부'는 창조의 섭리에 따라서 생명을 유지하며, 삶을 함께 더불어 살아가야 할 '인생의 동반자'인 것입니다. 그러므로 '결혼은 하나님께서 주신 축복'입니다. 따라서 결혼하지 않은 남자나 여자는 – 하나님을 섬기기 위하여 특별히 헌신한 자를 제외하고는 – 창조의 섭리에 순응하지 않는 것입니다. 그러므로 '남편'과 '아내'의 관계는 창조 섭리에 의한 계약 관계이고, 부부가 서로에게 감당해야 하는 의무는 '쌍무 계약적雙務契約的 책임'입니다. 왜냐하면 구약 성경은 여호와 하나님과 이스라엘 백성의 계약 관계도 부부 관계로 유비적으로 표현하고 있기 때문입니다.

2. 결혼의 법적 의미로서의 선택과 계약

한 남자와 한 여자의 결혼이 가지고 있는 법적法的 의미는, 우선 여호와 하나님께서 이스라엘 백성을 택하신 '선택 사상'에서 찾을 수 있습니다. 왜냐하면 구약 성경에서 '선택하다'하는 말로 번역된 'בחר'라는 히브리어의 본래 의미는 '스스로 찾는 것', '더 좋아하는 것', 혹은 '욕구하는 것'을 의미하기 때문입니다. 그래서 창세기는 이 점을 다음과 같이 표현하고 있습니다: "하나님의 아들들이 사람의 딸들의 아름다움을 보고 자기들이 좋아하는 모든 여자를 아내로 삼는지라."(창 6:2) 동시에 'בחר'라는 히브리어의 의미는 신앙적으로 '섬길 자를 택한다'는 뜻도 있습니다: "너희가 섬길 자를 오늘 택하라. 오직 나와 내 집은 여호와를 섬기겠노라."(수 24:15,22)547) 한 걸음 더 나아가, 신명기 기자는 '선택했다'는 것은 '사랑한다'는 것을 의미한다고 증언하고 있습니다.(신 7:7-8a)548) 이렇듯 구약 성경은 '선택'이란 개념

---

547) 수 24:22: "여호수아가 백성에게 이르되, 너희가 여호와를 택하고 그를 섬기리라 하였으니, 스스로 증인이 되었느니라 하니, 그들이 이르되 우리가 증인이 되었나이다 하더라."
548) 신 7:7-8a: "여호와께서 너희를 기뻐하시고 너희를 택하심은…여호와께서 다만 너희를 사랑하

으로 여호와 하나님과 이스라엘 백성의 관계를 설명하고 있으며, 그리고 그 '선택'은 언제든지 사랑에서 비롯된 것임을 강조하고 있습니다. 즉 하나님께서는 그 어느 이방 민족보다도 이스라엘 백성을 사랑하기 때문에-바꾸어 말하면 불쌍히 여기셨기에-이스라엘 백성을 선택한 것으로 증언하고 있습니다.(신 7:7)[549] 이러한 구약 성서적 '선택'의 의미를 고려해 볼 때, 결혼은 사랑하기 때문에 한 사람을 선택하고, 그 선택한 사람과 지속적으로 사랑을 나누고 싶어 '한 몸'이 될 것을 서로 약속하는 계약을 체결하는 것이라고 할 수 있습니다.[550]

그러므로 한 남자와 한 여자의 결혼이 가지는 법적法的 의미는, 여호와 하나님과 이스라엘 백성 사이에 맺은 '계약Bund'과 유비적으로 연관해서 이해될 수 있습니다.[551] 왜냐하면 여호와 하나님이 이스라엘 백성과 맺은

심으로 말미암아… "

549) 신 7:7 : "여호와께서 너희를 기뻐하시고 너희를 택하심은 너희가 다른 민족보다 수효가 많기 때문이 아니니라. 너희는 오히려 모든 민족 중에 가장 적으니라." 또한 이 점에 관하여: T. C. Vriezen, *Die Erwaehlung Israels nach dem Alten Testament*, 1953)

550) 구약 성경에서 '약혼'을 표현하는 히브리어 단어 '아라스aras'는, 결혼할 것을 서로 서약하는 것을 의미한다. 왜냐하면 이스라엘의 결혼 예절에 의하면, 남자는 결혼하는 조건으로 여자의 집에 '모하르mohar'(창 34:12; 출 22:16; 삼상 18:25)라는 일정한 액수를 지불해야 했기 때문이다. 그런데 이 '모하르'는 신부의 아버지가 요구하는 바에 따라서 각각 달랐다.(창 34:12) 그래서 야곱도 라헬과 결혼하는 조건으로 7년 동안 '모하르'에 상당하는 '품살이'를 하였다. 그래서 '약혼'과 '결혼' 사이에는 자연히 일정한 기간이 필요하였다. 그러나 '약혼'도 법적인 효력을 가지고 있기 때문에, 약혼한 사람도 결혼한 사람과 동일한 취급을 받았다.(참고. 신 22:23-27) 그런데 앗수르에서는 신랑이 신부에게 지불하는 돈을 '티르하투'라고 하였다. 이 돈은 처녀가 순결을 상실 당한 것에 대한 보상으로 지불하는 돈이었다. 이 돈은 나중에 남편이 죽으면 생활비에 쓰도록 아내에게 주는 일종의 위로금이다. 이것도 형식적으로는 신부의 아버지에게 지불되는 것이지만, 실제적으로는 아내의 소유가 되었다. '모하르'나 '티르하투' 이외에 신랑이 신부집 식구들에게 주는 선물도 있었다. 우리나라의 예단과 같은 것이다. 아브라함의 늙은 종은 리브가에게 처녀의 장식품과 옷을 선사하고, 리브가의 오빠와 어머니에게도 풍성한 선물을 하였다(창 24:53) 이 점에 관하여: Roland de Vaux, *Das Alte Testament und seine Lebensordnungen*, 李陽九 역, 『舊約 時代의 生活 風俗』, 대한기독교출판사 1983, 58-82.

551) 옙슨(A. Jepsen)은 '계약'이란 단어는 구약 성경의 'ברית berith베리트'란 단어를 정확히 번역한 것이라고 볼 수 없다고 강조한다. 그에 의하면 '계약이란, '맹세'라고 이해한다(시 89:3; 105:9; 수 9:15; 비교. 창21:27,31f. 26:28; 겔 17:18f.) 즉 동등한 당사자들이 서로 결정한 것에 대하여 권리와 의무를 상대방에게 서로 제공하기로 합의한 것이라고 본다. 이 점에 관하여: A. Jepsen, 'Berith' Festschrift W. Rudolph(1961), 161-179; E. Kutsch, *Verheissung und Gesetz*, BZAW 131(1972).

계약을 호세아 선지자는 다음과 같이 '남편과 아내'의 '부부 관계'로 '은유적 유비metaphorische Analogie'로 표현하고 있기 때문입니다:

> "여호와께서 이르시되 그날에 네(이스라엘 백성)가 나를 내 남편이라 일컫고 다시는 내 바알(주인)이라 일컫지 아니하리라."(호 2:16)
> "내가 네게(이스라엘) 장가들어 영원히 살되 공의와 정의와 은총과 긍휼히 여김으로 네게 장가들며 진실함으로 네게 장가들리니 네가 여호와를 알리라." (호 2:19-20 이밖에 사 54:5; 렘 3:14; 31:32)[552]

이와 같이 구약 성경이 남편과 아내의 관계를 여호와 하나님과 이스라엘 백성의 계약 관계로 표현하고 있는 것처럼, 남편과 아내가 서로 상대방에게 짊어지는 책임은, 여호와 하나님과 이스라엘 백성 사이에 맺은 계약의 조항으로 주어진 십계명의 제1계명에 상응합니다. 즉 "너는 나 외에는 다른 신들을 네게 두지 말라."(출 20:3)고 말씀하신 것처럼, 남편은 자기 아내 이외에 다른 여자를 두지 말아야 하고, 아내 역시 자기 남편 이외에 다른 남편을 두지 말아야 합니다. 한 걸음 더 나아가 자기 남편이나, 아내 이외에 다른 남편이나 아내를 마음속에서 그리워하고 동경해서도 안 됩니다. 그래서 십계명도 1계명 다음에 곧이어 "너를 위하여 새긴 우상을 만들지 말고 또 위로 하늘에 있는 것이나 아래로 땅에 있는 것이나 땅 아래 물속에 있는 것의 어떤 형상도 만들지 말며 그것들에게 절하지 말며 그것들을 섬기지 말라. 나 네 하나님 여호와는 질투하는 하나님인즉…"(출 20:4-5a)이라고 증언하고 있습니다. 이러한 맥락에서 에스겔 선지자는 이스라엘 사람들의 우상 숭배를 남편이 아내를 버리고 다른 남자와 간통한 것으로 적나라하게 묘사하고 있습니다:

---

552) 사 54:5 : **"너를 지으신 이가 네 남편**이시라. 그의 이름은 만군의 여호와이시며 네 구속자는 이스라엘의 거룩한 이시라. 그는 온 땅의 하나님이라 일컬음을 받으실 것이라."; 렘 3:14 : "여호와의 말씀이니라. 배역한 자식들아 돌아오라. **나는 너희 남편임**이라. 내가 너희를 성읍에서 하나와 족속 중에서 둘을 택하여 너희를 시온으로 데려오겠고"; 렘 31:32 : "이 언약은 내가 그들의 조상들의 손을 잡고 애굽 땅에서 인도하여 내던 날에 맺은 것과 같지 아니할 것은 **내가 그들의 남편이 되었어도** 그들이 내 언약을 깨뜨렸음이라. 여호와의 말씀이니라."

"네(예루살렘)가 내가 준 금, 은 장식품으로 **너를 위하여 남자 우상을 만들어 행음하며**"(겔 16:17), "**그 남편**(여호와 하나님) **대신에 다른 남자들과 내통하여 간음하는 아내로다.**"(겔 16:32)

이상 앞에서 살펴본 바와 같이, 서로 상대방만을 사랑하고 섬기기로 서약하고 결혼으로 맺어진 '부부의 관계'는 선택과 계약의 관계입니다. 따라서 여호와 하나님과 이스라엘의 관계처럼 '부부 관계'는 마음으로라도 자기 남편 이외에 다른 남자를, 자기 아내 이외에 다른 여자를 생각해서는 안 되는 절대적이고 폐쇄적인 '계약 관계'입니다. 그러므로 성경은 최초 인간 아담과 그의 아내에 대한 창조 기사(창 2:21-24)를 비롯하여 '셋' 계열 그리고 노아의 기사(창 7:7)에 이르기까지는 '일부일처Monogamie' 제도를 증언하고 있는 반면에, 타락한 '가인Kain'의 계열은 '일부다처Polygamie' 제도를 취하였음을 증언하고 있습니다.553) 따라서 여호와 하나님께서 이스라엘 백성과 맺은 계약을 성실히 지키셨던 것처럼, 남편과 아내도 결혼 서약을 서로 성실히 실행해야 할 것입니다. 그럴 때 남편과 아내는 연인들보다 더 아름답고 고귀한 사랑을 매 순간 느낄 수 있으며, 서로 상대방을 일평생 함께 더불어 살아가는 가장 귀한 동반자라고 인식하게 될 것입니다.554) 이러한 점에서 결혼의 내용적 조건은 사랑 이외에 결코 다른 것이 될 수 없습니다.

3. 부부 관계의 내용적 원리로서의 사랑의 책임

앞에서도 언급하였듯이, 결혼은 남자와 여자가 서로 상대방만을 섬기고 사랑하기로 약속한 '언약言約' 혹은 '계약契約'에 의해서만 성사成事되는 것입니다. 그러므로 '결혼 계약'으로 형성된 부부 관계는 경제적, 정치적, 심리적 혹은 제도적으로 유지되는 것이 아니라, 오직 '사랑'에 의해서 유지되는

---

553) 이러한 점에서 족장들이 첩을 둔 것은 비록 정식 아내는 한 명밖에 인정하지 않았음에도 불구하고, 타락한 가인과 이방 사람들의 풍습을 따랐다고 볼 수 있다.

554) 이 점에 관하여: Gray Chapmann, *Covenant Marriage*, 김유태 역, 『언약 결혼』 연인보다 아름다운 부부로 살아가기, 황금부엉이 2004.

것입니다. 따라서 부부가 서로 사랑하지 않으면, 부부 관계가 지속될 수 없습니다. 왜냐하면 '결혼 계약'이란, '오직 당신만을 사랑하겠다'는 사랑의 약속 이외에 다른 것이 아니기 때문입니다. 이러한 점에서 볼 때, '일부일처Monogamie' 제도는 결혼의 실질적인 내용을 가장 잘 법제화法制化한 것이라고 볼 수 있습니다. 그렇다면 부부간의 사랑은 구체적으로 어떠한 것인가?

부부간의 사랑이란 무엇보다도 우선 첫째로, 여호와 하나님과 이스라엘 백성과의 계약 관계에 상응하게, 마음으로 자기의 남편과 아내 이외에 다른 남자나 여자를 생각하지 않은 순결한 마음을 갖는 것입니다. 즉 몸과 마음과 뜻과 정성을 다하여 자기 남편과 아내만을 생각하고 사랑하는 것입니다. 왜냐하면 '간음'은 '음욕淫慾'에서 비롯되는 것이라고, 예수님께서 말씀하셨기 때문입니다: "간음하지 말라 하였다는 것을 너희가 들었으나 나는 너희에게 이르노니, 음욕을 품고 여자를 보는 자마다 마음에 이미 간음하였느니라."(마 5:27-28). 이렇듯 성적 범죄를 야기惹起시키는 것은 바로 인간의 마음에 숨겨져 있는 '음욕'입니다. 따라서 간음은 몸(육체)으로 짓는 죄 뿐만 아니라, 마음으로도, 곧 몸과 마음으로 범하는 죄입니다. 따라서 만일 '음욕'을 품고서 자기 남편이나, 아내와 '성性 관계'를 맺는다면, 그 것도 비록 법적으로 허락 받은 부부간의 '성性 관계'라 할지라도, '간음'이라고 볼 수 있습니다. 왜냐하면 '음욕'을 발산하기 위한 의도에서 남편이나 아내를 성 관계 상대자로 삼았다면, 그때의 남편과 아내는 사랑의 부부 관계가 아니라, 서로를 '음욕' 발산의 도구, 곧 성적 만족을 위한 도구로 삼은 것 이외에 다른 것이 아니기 때문입니다. 한 마디로 말해서 '성적 욕구色慾'에서 비롯된 '성 관계'는 '음란πορνεία'이라는 것입니다.

둘째로, 부부간의 사랑은 상호 종속을 인식하는 것입니다: "내 사랑하는 자는 내게 속하였고 나는 그에게 속하였도다."(아가 2:16) 부부가 사랑으로 서로 종속되어 있다는 것은 자기 자신만을 생각하여 자기중심적으로 행동하는 것이 아니라, 항상 남편은 아내를 그리고 아내는 남편을 고려하여 행동한다는 것입니다. '부부간의 상호 종속'을 사도 바울은 다음과 같은 말로 바꾸어 쓰고 있습니다:

"아내는 자기 몸을 주장하지 못하고, 오직 그 남편이 하며, 남편도 그와 같이 자기 몸을 주장하지 못하고 오직 그 아내가 하나니"(고전 7:4, 참고 7:39)

이 말씀처럼 '부부간의 상호 종속'이란, 아내의 주인은 남편이고, 남편의 주인은 아내라는 것입니다. 이러한 점에서 남성과 여성은 사랑 안에서 그리고 그리스도 안에서 서로 동등한 것입니다.(갈 3:28) 그래서 베그만H. Begmann은 창세기의 "너(여자, 아내)는 남편을 원하고, 남편은 너를 다스릴 것이니라."(창 3:16)는 말씀을 가부장적 제도의 성서적 전거典據로 해석하지 않고, 오히려 '상호 종속적 사랑'에 대한 말씀으로 해석하고 있습니다.555)

셋째로, 부부의 사랑은 아무런 조건이 없이 '희생하는 사랑'입니다. 왜냐하면 성경은 그리스도가 희생적으로 교회를 사랑하는 것을 남편이 아내를 사랑하는 것으로 유비적類比的으로 증언하고 있기 때문입니다:

"아내들이여 자기 남편에게 복종하기를 주께 하듯 하라. 이는 남편이 아내의 머리됨이 그리스도께서 교회의 머리됨과 같음이니 … 교회가 그리스도에게 하듯 아내들도 범사에 자기 남편에게 복종할지니라. 남편들아 아내 사랑하기를 그리스도께서 교회를 사랑하시고 그 교회를 위하여 자신을 주심 같이 하라."(엡 5:22-25)

이와 같이 성경이 교회를 위한 예수 그리스도의 사랑을 '스스로 내어주는 희생' 곧 '자기 희생Selbsthingabe'으로 표현하였듯이, 부부간의 '사랑'도 '자기 희생' 이외에 다른 것이 아닙니다. 곧 남편이 아내를 위해서, 그리고 아내가 남편을 위해서 자기를 희생하는 것이 부부간의 참된 사랑입니다. 그래서 에베소서 기자도, "남편들도 자기 아내 사랑하기를 자기 자신과 같이 할지니, 자기 아내를 사랑하는 자는 자기를 사랑하는 것이라"(엡 5:28)고

---

555) H. Begmann, *Strukturwandel der Familie. Eine sozialethisch-theologische Untersuchung ueber die Wandlung von der patriachalischen zur partnerschaftlichen Familie,* 1966, 75f. 134-160 그리고 또한 R. Hamerton-Kelly, *God the Father. Theology and Patriarchy in the Teaching of Jesus,* 1979, 55f.

증언하고 있는 것입니다. 이와 같이 자기 아내나 남편을 사랑한다는 것은 결국 자기 자신을 사랑하는 것이라는 점에서, 부부간의 사랑은 '자기 희생을 통한 자기 사랑'이라고 특징지을 수 있습니다. 이러한 점에서 에베소서 기자는 "너희도 각각 자기의 아내 사랑하기를 자신 같이 하고, 아내도 자기 남편을 존경하라."(엡 5:33)고 권하고 있습니다. 그러면 부부간의 사랑을 실질적으로 어떻게 표현해야 하는가?

4. 부부 관계의 실질적인 책임으로서의 성적 사랑

부부 관계를 유지하기 위한 필연적인 전제이며, 부부 사랑의 가장 기본적이고 실질적인 책임은, 부부간의 '성적 사랑'입니다. 왜냐하면 창세기 2장 24절은 "남자가 부모를 떠나 그 아내와 합하여 둘이 한 몸을 이룰지로다."라고 명령하고 있기 때문입니다.(이밖에 창 4:17; 마 19:5; 엡 5:31). 이와 상응하게 사도 바울도, "남편은 그 아내에 대한 의무를 다하고, 아내도 그 남편에게 그렇게 할지라."(고전 7:3)고 권하고 있습니다. 그래서 사도 바울은 기도할 틈을 얻기 위한 경우를 제외하고는, "서로 분방하지 말라."(고전 7:5)고 강권합니다. 이러한 점에서 부부간에 '성적 사랑'이 원만하게 이루어지지 않는 것은, 부부가 서로에 대한 책임을 다하지 않는 것이며, 결혼 서약을 파기하는 것이라고 볼 수 있습니다. 왜냐하면 결혼은 "한 특정한 남자와 한 특정한 여자가 상호 일치하는 사랑의 선택에 의해서 자유롭게 결단을 내림으로써, 책임적이고 온전하며, 지속적이고 배타적인 성性-생활生活 공동체를 이루는 남자와 여자의 만남이라는 형태"556)이기 때문입니다. 그래서 교회도 여자와 남자가 하나님과 친지들 앞에서 서로 상대방만을 사랑하며, 함께 살아가겠다는 인격적 약속 아래서 '두 사람이 한 몸이 되는 성적 결합'을 공식적으로 허락하는 것입니다.

이렇게 성경이 부부의 성적 사랑을 사회적 혹은 문화적 차원에서 증언하고 있는 것은, '부부'라는 결혼 공동체는 하나님께서 창조하신 생태계의

---

556) K. Barth, KD III/4, 155.

최소의 단위이기 때문입니다. 따라서 부부 관계가 깨어지면, 가족 관계가 깨어지고, 가족 관계가 깨어지면, 모든 사회 공동체가 붕괴됩니다. 바로 이러한 근거에서 사도 바울은 여러 가지 악행의 목록 중에서도 간음, 곧 음행을 가장 전형적인 악행으로 기술하고 있는 것입니다. 그러므로 부부의 성적 사랑은 인간의 생물학적 본능이라는 차원을 넘어서서, 사회 혹은 문화, 그리고 한 걸음 더 나아가, 창조 섭리에 대한 책임성입니다. 즉 '성적 결합'을 의도적으로 회피하는 것은 부부의 결혼 계약을 파기하겠다는 뜻으로 해석될 수 있다는 것입니다. 왜냐하면 '성적 결합'을 거부하는 것은, 상대방이 결혼을 통하여 의당히 누려야 하는 성적 기쁨과 즐거움의 권리를 박탈하는 것이기 때문입니다.557) 그래서 쉘스키H. Schelsky도, 인간의 '성性'을 인간학적 기본 바탕에서 본다면, 성 관계는 이미 "사회적이고 문화적인 형성을 지향하는 인간의 성적 본능의 경향"이라고 주장합니다.558) 그러므로 부부간의 '성적 사랑'은 몸과 마음과 뜻과 정성을 다하여 남편과 아내가 서로를 사랑하는 창조적 행위이며, 동시에 사회적 혹은 문화적 책임성을 성실히 실행하는 윤리적 행위입니다.

557) 이러한 점에 관하여: A. Portmann, 'Biologische Fragmente zu einer Lehre vom Menschen', 61-62(Zoologie und das neue Bild vom Menschen, 1956, 63-64). 포르트만은 사회적 문화적 모든 형태들이 모두 인간의 본능의 표출이듯이 부부간의 '성性'도 인간의 본능이라고 본다면, 부부간의 '성 관계'도 사회적 문화적 차원에서 해석되어야 한다고 주장한다.
558) H. Schelsky, 'Soziologie der Sexualitaet. Ueber die Beziehung zwischen Geschlecht', *Moral und Gesellschaft*, 1955, 15.

참회의 기도

당신에게
내 마음 사로잡혀
오랜 세월
가슴 깊은 곳에 고이 간직한
사랑을 고백했을 때,

태초에 계획하신
창조의 섭리 따라
우리는 한 몸으로 승화되어
생명의 결실을 맺었나이다.

꽃이 피어, 열매 맺고,
그것이 다시 씨앗이 되듯
우리 맺은 그 사랑
영원히 새 생명으로
다시 태어날 것을 믿사오니,
님의 뜻에 따른
우리 부부의 사랑
당신의 나라에 이르기까지
아름다운 꽃 영원히 맺게 하소서.

– 아멘 –

III. 형제(자매)와 이웃에 대한 책임

우리의 형제와 이웃이 누구인가

***** 토의 주제 *****

1. 혈육의 형제를 참 형제라고 생각하십니까? 당신의 참된 형제는 몇이나 있습니까?
2. 당신의 이웃은 누구이며, 지금 그의 경제적, 사회적 신앙적 형편은 어떻습니까?
3. 어떻게 행하는 것이 형제와 이웃을 사랑하는 것이라고 생각하십니까?
4. 당신은 진심으로 형제와 이웃을 사랑하고 있습니까?

1. 참 자매이며, 형제로서의 예수 그리스도

예수님은 유대인들에게 형식적인 신앙생활보다 자기 형제를 진심으로 사랑할 것을 다음과 같이 역설하고 계십니다:

> "나는 너희에게 이르노니 형제에게 노하는 자마다 심판을 받게 되고 형제를 대하여 '라가ῥακά(히브리인의 욕설)'라 하는 자는 공회에 잡혀가게 되고 미련한 놈이라 하는 자는 지옥 불에 들어가게 되리라. 그러므로 예물을 제단에 드리려다가 거기서 네 형제에게 원망들을 만한 일이 있는 것이 생각나거든 예물을 제단 앞에 두고 먼저 가서 형제와 화목하고 그 후에 와서 예물을 드리라."(마 5:22-24)

한 걸음 더 나아가 예수님은, "너희가 너희 형제에게만 문안하면 남보다 더하는 것이 무엇이냐 이방인들도 이같이 아니하느냐"(마 5:47)라고 말씀하심으로써, 그리스도인들은 단지 형제를 사랑하는 것에만 머무르지 말고, '이웃까지' 사랑해야 함을 강조하고 계십니다. 그런데 여기서 즉각적으로 다음과 같은 질문이 제기 됩니다: 나의 형제가 과연 누구인가? 혈육의 형제를 의미하는 것인가, 아니면 그리스도인인가, 아니면 그 이상을 의미하는 것인가? 왜냐하면 예수님은 "누구든지 하나님의 뜻대로 행하는 자가 내 형제요 자매요 어머니이니라."(막 3:35)고 말씀하셨기 때문입니다.

우선 구약 성경의 증언에 의하면, '형제'(창 4:8-11, 25-26 비교 호 12:4; 37:2, 4ff.; 42:3f. 7), '자매'(창 4:22; 20:12; 레 18:9,11)는 단순히 혈연 관계 속에 있는 사람만을 의미한 것이 아니라, '일가친척'(창 14:14.16: 아브라함과 롯; 창 31:32: 야곱과 라반; 삿 9:9; 삼상 20:29), 같은 '고향 사람', 그리고 더 나아가 '자기 종족'(출 2:11; 4:18: 히브리인들은 모세의 형제들이다) 혹은 '씨족'(레 10:4; 족장들의 자손들; 삼하 19:13)에 속한 모든 자를 '형제들'이라고 칭하고 있습니다.559) 그리고 역사적으로 후대로 내려오면서 이스라엘 민족 전체가 한 '형제' '자매'로 불리기도 하였습니다: "백성이 모세와 다투어 말하여 이르되, 우리 형제들이 여호와 앞에서 죽을 때에 우리도 죽었더라면 좋을 뻔하였도다."(민 20:3; 수 1:14-16)560)

이렇듯 구약 성경의 전승에 의하면 이스라엘 사람들은 종족 전체가 한 조상에 뿌리를 둔 한 형제라고 생각했습니다. 그리고 이스라엘 사람들은 같은 신앙을 가지고 있는 사람들까지 모두 자기의 형제요 자매라고 생각했습니다.(수 24:1-28) 그래서 이방인도 계약을 통해 이스라엘 사람들과 한 형제요 자매가 될 수 있었습니다: "여호수아가 기생 '라합'과 그의 아버지의 가족과 그에게 속한 모든 것을 살렸으므로, 그가 오늘까지 이스라엘 중에 거주하였으니 이는 여호수아가 여리고를 정탐하려고 보낸 사자들을 숨겼음이었더라."(수 6:25; 암 1:9)561) 한 걸음 더 나아가, 이방 민족인 '갈렙' 족속

---

559) 이 점에 관하여: Ringgren, 'אח', ThWAT Bd.I, 205-210; A. van Selms, *Marriage and family life in Ugaritio literature*, London 1954; A. Skaist, The autority of the brother at Arraphaand a Nuzi (JAOS 89, 1969, 10-17); R. de Vaux, *Lebensordnungen*, I 45ff, 72ff. 96ff.
560) 수 1:14-15: "너희(므낫세 반 지파)의 처자와 가축은 모세가 너희에게 준 요단 이쪽 땅에 머무르려니와 너희 모든 용사들은 무장하고 너희의 형제(이스라엘 민족)보다 앞서 건너가서 그들을 돕되 여호와께서 너희를 안식하게 하신 것 같이 너희의 형제도 안식하며 그들도 너희의 하나님 여호와께서 주시는 그 땅을 차지하기까지 하라."

전체가 아예 이스라엘 족속으로 병합되기도 하였습니다. 왜냐하면 '갈렙'은 본래 '그니스' 족속에 속한 여분네의 아들이었기 때문입니다.(민 32:12; 수 14:6,14, 비교 창 15:19; 36:11) 그러나 '갈렙' 족속은 '가데스'에 거주한 다음부터 '이스라엘' 족속과 관계를 맺게 됩니다. 그 후 '갈렙' 족속은 '가데스'에서 가나안 땅을 얻는 일에 유다 지파의 대표자로 표현됩니다.(민 13:6) 결국 '갈렙' 족속과 '유다' 지파가 통합되고, '갈렙'은 족보상 유다 지파에 속하게 되어,(참고 수 5:13; 14:6-15) '헤스본'의 아들이 됩니다.(대상 2:18)562) 이와 같이 구약 성경 전승에 의하면, '형제'나 '자매'는 단순히 혈연관계뿐만 아니라, 하나님을 함께 섬기는 신앙의 관계로 맺어진 사람들도 '형제자매'로 불렀습니다.563)

그런데 이렇게 형성된 '형제자매'의 사랑을, 이스라엘 사람들은 '고엘' 제도와 '게울라' 제도라는 율법을 통하여 아주 구체화시켰습니다. 왜냐하면 이스라엘 사람들은 한 개인의 명예와 수치는, 그가 속한 종족 구성원 전체의 영예와 수치와 곧바로 직결된다고 생각하였기 때문입니다. 왜냐하면 간혹 종족 중 어느 한 사람이 과실을 범하면, 그 종족 전체가 그에 대한 보상을 지불해야만 했기 때문입니다.(참고. 창 34:1-26: 디나와 하몰 사건; 삼하 21:1)564) 그래서 이스라엘 사람들은 '고엘: 속량자贖良者' 제도와 '게울라' 제도를 통하여 '형제자매', 곧 가족 공동체의 연대성을 제도화하였던 것입니다.

우선 '고엘' 제도란, 주로 형제가 다른 족속에게 진 '부채負債'로 인하여

---

561) 암 1:9: "여호와께서 이와 같이 말씀하시되 두로의 서너 가지 죄로 말미암아 내가 그 벌을 돌이키지 아니하리니 이는 그들이 그 **형제의 계약**을 기억하지 아니하고 모든 사로잡은 자를 에돔에 넘겼음이라."

562) 갈렙 족속와 가나안 정복에 관하여: Antonius H. J. Gunneweg, *Geschichte Israels bis Bar Kochba*, 文熹錫 역, 『이스라엘의 歷史』, 한국신학연구소, 1990, 59.

563) Gerhard Lohfink, Wie hat Jesus Gemeinde gewollt?, 정한교 역, 『예수는 어떤 공동체를 원했나?』, 분도출판사 1982, 187: "신약 성서에서는 … 사람 사이의 사랑이란, 거의 예외 없이 신앙의 **형제에 대한 사랑, 그러니까 그리스도인의 서로의 사랑**을 뜻한다는 사실이다." 로핑크는 사랑이라는 동사 'ἀγαπάν'은 확실히 '형재애'의 뜻으로 쓰이고 있음을 지적하고 있다: 막 12:31,33; 마 5:43; 19:19; 22:39; 눅 6:32; 요 13:34; 5:12,17; 고후 11:11; 12:15; 갈 5:14; 엡 5:25,33; 골 3:19; 살전 4:9; 약 2:8; 벧전 1:22 등등.

564) 삼하 21:1 : "다윗의 시대에 해를 거듭하여 삼 년 기근이 있으므로 다윗이 여호와 앞에 간구하매 여호와께서 이르시되 이는 사울과 피를 흘린 그의 집으로 말미암음이니 그가 기브온 사람을 죽였음이니라 하시니라."

토지가 다른 족속으로 넘어가게 될 경우에 가장 가까운 친척이 그 토지를 대신 구입하여 토지가 종족의 재산으로 남아 있도록 함과 동시에, 원수나 채권자로부터 친척을 보호하는 일종의 경제적 '속량' 제도입니다. 그래서 '고엘'이란, '되사다', '반환을 요구하다', 특히 '보호하다'는 의미를 가지고 있으므로, 가장 가까운 친척의 부채를 갚아주고, 그를 원수의 속박으로부터 해방시키는 자를 가리킵니다. 이러한 점에서 '고엘'은 자기 씨족 집단이나 형제자매의 이익을 보호하는 자입니다. 예컨대 가까운 형제나 자매가 '부채'로 인하여 다른 족속에 노예로 팔려가지 않으면 안 되는 불가피한 경우에 처하게 되었을 때, 그 사람의 가장 가까운 친인척 순으로 채무를 대신 갚아 주거나, 이미 팔려간 노예를 다시 사오는 제도를 말합니다.(렘 25:47하) 뿐만 아니라, '고엘' 제도란, 이스라엘 형제나 자매가 부모로부터 물려받은 상속 재산을 부채로 인하여 팔지 않으면 안 되는 어려운 상황에 놓여 있을 때, 그 재산을 '선매先買'할 수 있는 권한이 가장 가까운 일가친척 순順으로 주어지는 제도입니다. 이러한 제도를 통해 이스라엘 사람들은 첫째는 '자기 가족' 혹은 '자기 종족'의 재산이 외부로 매각되는 것을 방지하였을 뿐만 아니라, 둘째로 형제와 '일가친척—家親戚'간의 사랑을 구체적으로 실현할 것을 법제화하였던 것입니다.(레 25:25) 그래서 선지자 '예레미야'도 '고엘'의 자격으로 자기의 조카 '하나멜'의 밭을 매입하였습니다.(렘 23:6)

한 걸음 더 나아가 '고엘' 제도는 단지 경제적으로 뿐만 아니라, 종족 보전과 유지를 위한 제도로 사용되기도 하였습니다. 그 한 가지 예가 바로 '룻과 보아스' 사건입니다. '룻'의 시어머니 '나오미'도 가난으로 인하여 조상으로부터 물려받은 땅을 매각하지 않으면 안 되는 상황에 놓였습니다. 그리고 '나오미'의 아들, '기론'도 자식 없이 죽어, 그의 며느리 '룻'도 자식 없는 과부가 되었습니다. 그래서 '나오미'는 자기 며느리 '룻'의 '고엘'이 될 사람이 '보아스' 임을 '룻'에게 일러 주어, '보아스'가 '나오미' 가족의 '고엘'이 되어 줄 것을 청하도록 합니다. 그러나 '보아스'에게는 자기보다 먼저 이 선매권을 행사할 수 있는 친척이 있었습니다. 그러나 그 친척은 나오미의 땅도 사 주고, 그의 며느리 '룻'까지 아내로 맞이할 의무를 지고자 하지 않자, 이 '고엘'의 의무를 '보아스'가 대신 지게 됩니다. 그래서 '보아스'가 '나오미' 가족의 '고엘'이 되어 '나오미' 가족의 재산도 매입하고, '룻'을 아내로 맞이합니다.(룻 4:9f.)565)

이제 이스라엘의 '고엘' 제도를 만들어 주신 여호와 하나님은 친히 모든 고난 받은 자들의 '고엘'이 되어 주십니다. 그래서 이스라엘 백성들은 자신들을 구원해 주시는 여호와 하나님을 자기들의 '고엘', 곧 '속량자'로 고백하고 있는 것입니다.(욥 19:25; 시 19:15; 78:35; 렘 50:34 등) 특히 이사야서에서 여호와 하나님에 대한 이러한 의미의 '칭호'가 두드러지게 많이 나타납니다: "너희의 구속자(וֹאֲלְכֶם)요 이스라엘의 거룩한 이 여호와가 말하노라 너희를 위하여 내가 바벨론에 사람을 보내어 모든 갈대아 사람에게 자기들의 연락하던 배를 타고 도망하여 내려가게 하리라."(사 43:14, 이밖에 사 41:14; 44:6,24; 49:7; 59:9 등) 즉 여호와 하나님은 자신을 가난한 자의 '속량자' 혹은 '구원자'로 선포하고 계십니다: "가련하고 가난한 자가 물을 구하되 물이 없어서 갈증으로 그들의 혀가 마를 때에, 나 여호와가 그들에게 응답하겠고, 나 이스라엘의 하나님이 그들을 버리지 아니할 것이라."(사 41:17)

그런데 가난한 형제, 자매의 '고엘', 곧 '속량자'이셨던 여호와 하나님은 친히 육신으로 오셔서 모든 인간들의 '고엘'이 되십니다. 이 점을 예수님은 성전에서 다음의 이사야서 말씀을 들어 증언하십니다:

> "주 여호와의 영이 내게 내리셨으니 이는 여호와께서 내게 기름을 부으사 가난한 자에게 아름다운 소식을 전하게 하려 하심이라. 나를 보내사 마음이 상한 자를 고치며, 포로 된 자에게 자유를, 갇힌 자에게 놓임을 선포하며, 여호와의 은혜의 해와 우리 하나님의 보복의 날을 선포하여 모든 슬픈 자를 위로하되, 무릇 시온에서 슬퍼하는 자에게 화관을 주어 그 재를 대신하며 기쁨의 기름으로 그 슬픔을 대신하며 찬송의 옷으로 그 근심을 대신하시고 그들이 의의 나무 곧 여호와께서 심으신 그 영광을 나타낼 자라 일컬음을 받게 하려 하심이라."(사 61:1-3)

---

565) 예수 그리스도의 탄생은 바로 이 '고엘' 제도에 의해서 다윗의 후손으로 태어난 것이다.(마 1:5)

이상 살펴본 바와 같이, 이스라엘 '고엘' 제도에 의하면, 가까운 형제자매에 대한 사랑은, 구체적으로 형제자매의 고난을 대신 짊어지는 것을 의미합니다. 이러한 의미에서 그리스도인뿐만 아니라, 모든 인간은 가장 가까운 형제자매의 고난을 대신 짊어져야 하는 '고엘', 곧 '속량자'의 책임을 지고 있는 것입니다. 그래서 예수님은 "손을 내밀어 제자들을 가리켜 이르시되, 나의 어머니와 나의 동생들을 보라. 누구든지 하늘에 계신 내 아버지의 뜻대로 하는 자가 내 형제요 자매요 어머니이니라."(마 12:49-50)고 말씀하셨던 것입니다. 이 말씀을 역逆으로 해석하면, 예수 그리스도께서 고난받는 죄인들의 '고엘, 구원자'가 되셨다는 점에서, 예수 그리스도만이 참으로 우리의 형제이며, 자매이십니다.566) 이러한 점에서 예수님은 고난 받는 자나, 가난한 자를 자기와 일치시켰던identify 것입니다: "내(임금으로 지칭된 예수 그리스도)가 진실로 너희에게 이르노니 너희가 여기 내 형제 중에 지극히 작은 자 하나에게 한 것이 곧 내게 한 것이니라."(마 25:40) 그래서 사울에 의해서 박해받고 있던 그리스도인들을 예수님은 자기 자신과 일치시켰던 것입니다: "나는 네가 박해하는(그리스도인) 예수라."(행 9:5)

2. 참 이웃으로서의 예수 그리스도

예수님은 우리 인간들이 이 세상에서 살아가야 할 규범을 '하나님 사랑'과 '이웃 사랑'이라는 두 가지 규범으로 아주 간략하게 요약해 주셨습니다. 즉 어느 날 유대인의 율법학자가 예수님께 찾아와서 물었습니다: "모든 계명 중에 첫째가 무엇이니이까?"(마 12:28b) 이때에 예수님께서, "첫째는 이것이니, 이스라엘아 들으라, 주 곧 우리 하나님은 유일하신 주시라. 네 마음을 다하고 목숨을 다하고 뜻을 다하고 힘을 다하여 주 너의 하나님을 사랑하라 하신 것이요, 둘째는 이것이니 네 이웃을 네 자신과 같이 사랑하라 하신 것이라. 이보다 더 큰 계명이 없느니라."(마 12:29-31)고 대답하십니다. 그런데 여기서 '과연 누가 우리의 이웃인가'하는 질문이 생깁니다. 왜냐하

---

566) Gerhard Lohfink, 정한교 역, 『예수는 어떤 공동체를 원했나?』, 분도출판사 1982, 184: "하느님을 사랑하는 아들딸이라는 의식에 의해서 서로가 형제자매가 되는 것이다."

면 누가복음에 의하면, 예수님께서는, 우리가 기존에 이해하고 있던 '이웃 개념'에 새로운 전망을 제시하셨기 때문입니다. 즉 어느 날 율법 교사가 예수님께 찾아와, "내가 무엇을 하여야 영생을 얻으리이까."(눅 10:25)라고 물었을 때, 예수님께서는 선한 사마리아 사람에 관한 비유의 말씀으로 '이웃'이 누구인지에 대하여 다음과 같이 설명해 주십니다:

> "예수께서 대답하여 이르시되 어떤 사람이 예루살렘에서 여리고로 내려가다가 강도를 만나매 강도들이 그 옷을 벗기고 때려 거의 죽은 것을 버리고 갔더라. 마침 한 제사장이 그 길로 내려가다가 그를 보고 피하여 지나가고 또 이와 같이 한 레위인도 그 곳에 이르러 그를 보고 피하여 지나가되, 어떤 사마리아 사람은 여행하는 중 거기 이르러 그를 보고 불쌍히 여겨 가까이 가서 기름과 포도주를 그 상처에 붓고 싸매고 자기 짐승에 태워 주막으로 데리고 가서 돌보아 주니라. 그 이튿날 그가 주막 주인에게 데나리온 둘을 내어 주며 이르되 이 사람을 돌보아 주라 비용이 더 들면 내가 돌아올 때에 갚으리라 하였으니, 네 생각에는 이 세 사람 중에 누가 강도 만난 자의 이웃이 되겠느냐, 이르되 자비를 베푼 자니이다. 예수께서 이르시되 가서 너도 이와 같이 하라 하시니라."(눅 10:30-37)

이 말씀의 증언에 의하면, 강도 만난 사람의 이웃은 자비를 베푼 선한 사마리아 사람이 됩니다. 그런데 이 비유의 말씀을 앞 절에서 이해한 '고엘'의 개념에 적용해 볼 때, 선한 사마리아 사람이 곧 '참 형제요, 자매'라고 할 수 있습니다. 왜냐하면 선한 사마리아 사람은 강도 만난 사람을 위하여 치료비와 숙박비를 대신 지불했기 때문입니다.(눅 10:33-35) 다시 말해서 선한 사마리아 사람은 구약의 '고엘' 제도에서처럼, 강도 만난 사람의 가장 가까운 '형제 역할'을 행하였기 때문입니다.567) 구약에서 고난 받은 백성

---

567) 여기서 "어떤 사마리아 사람은 … 가까이 가서 기름과 포도주를 그 상처에 붓고 싸매고 자기 짐승에 태워 주막으로 데리고 가서 돌보아 주니라. 그 이튿날 그가 주막 주인에게 데나리온 둘을 내어 주며 이르되 이 사람을 돌보아 주라 비용이 더 들면 내가 돌아올 때에 갚으리라."(눅 10:33-35)는 말은 구약의 '고엘' 제도를 그림 언어로 표현하고 있는 것이라고 볼 수 있다. 왜냐하면 '가까이 가서'라는 말은 존재론적으로 해석하면, 가장 가까이 있는 사람, 곧 '친인척'을 의미하고, '주막 주인에게 데나리온 둘을 내어 주며 이르되 이 사람을 돌보아 주라 비용이 더 들

의 '고엘'이 그 집안 혹은 종족 중에서 가장 가까운 '형제자매'가 되었던 것처럼, 이 비유에서도 강도 만난 사람의 고난을 '함께' 혹은 '대신' 짊어진 사람은 바로 선한 사마리아 사람이었습니다. 이러한 점에서 강도 만난 사람의 이웃은 바로 선한 사마리아 사람입니다.

그래서 '이웃'으로 번역된 10장 29절의 'πλησιον'은 '이웃'으로 번역될 수도 있지만, 동시에 '친구'나 '형제'로 번역될 수 있습니다. 왜냐하면 우선 이 비유의 구약 성경적 전거典據인 레위기 19장 18절에 의하면, 이웃은 다름 아닌 '동포, 형제'임을 암시해 주기 때문입니다: "원수를 갚지 말며, 동포를 원망하지 말며, 네 이웃 사랑하기를 네 자신과 같이 사랑하라. 나는 여호와이니라."(레 19:18) 또한 마태복음 5장 43절에 의하면, '원수ἐχθρός'의 반대말로 쓰이고 있는 'πλησιον'은 '이웃'을 의미하기보다는, '형제'를 의미하기 때문입니다. 그리고 마태복음의 '이웃 사랑'에 대한 말씀(마 5: 43-47) 전체를 숙고해 볼 때, "너희가 너희를 사랑하는 자를 사랑하면"(마 5:46)은 곧 "너희가 너희 형제에게만 문안하면"이라는 문맥과 상응합니다.568)

그러므로 '선한 사마리아 사람에 대한 비유'의 말씀을 기독론적으로 christologisch 재해석하면, '선한 사마리아 사람'은 사실적으로는 예수 그리스도를 계시하는 것으로 이해할 수 있습니다. 왜냐하면 예수 그리스도가 '가난한 자', '고난 받는 자' 혹은 '억압받는 자' 등의 '형제' 혹은 '친구'로 표현되고 있기 때문입니다. 다시 말하면 구약에서 '고엘' 역할을 하는 사람이, 고난 받는 사람의 가장 가까운 친인척 혹은 형제였듯이, 강도 만난 사람의 친인척 역할을 한 사람은 바로 선한 사마리아 사람이기 때문입니다. 그래서 이를 기독론적으로 해석하면, 강도처럼 선량한 시민들을 수탈收奪하는 세상 권세 잡은 자들에 의해서 고난 받는 사람을 구원해 주신 예수 그리스도의 구원 사역은, 외형상으로는 선한 사마리아 사람의 행위에 상응한다고 볼 수 있습니다. 한 마디로 말해서 구약에서 여호와 하나님께서

면 내가 돌아올 때에 갚으리라'는 말은 형제의 채무를 대신 감당하는 것으로 이해할 수 있기 때문이다.

568) 이 점에 관하여: K. Haacker, 'πλησιον', ExWNT III, 265-269.

고난 받는 백성들의 '고엘(속량자)'이 되어 주신 것처럼, 신약에서는 예수 그리스도께서 고난 받는 자들의 '고엘', 곧 '구속자'가 되어 주신 것입니다. 그래서 예수님은 자신의 오심을 이사야 선지자의 말씀을 인용하여 '마음이 상한 자의 위로자'로, '포로 된 자의 해방자'로 선포하셨던 것입니다.(눅 10:30-37 인용 사 61:1-5) 이를 간단히 도표로 그리면 다음과 같습니다:

제도/비유/의미	이웃의 역할	이웃이 되어 준 사람
고엘 제도	형제의 채무를 대신하여 감당할 자	'고엘'(채무자의 가까운 친인척, 형제)
이웃에 대한 예수님의 비유	강도 만난 사람의 비용을 대신 감당한 자	'선한 사마리아 사람'(강도 만난 사람의 이웃)
기독론적 의미	인간의 죄와 허물을 대신 감당한 자:	'예수 그리스도'(가난한 죄인들의 친구)

이러한 점에서 나사렛 예수 그리스도만이 죄지은 모든 인간의 참된 '친구'이며, '이웃'이며, '고엘', 곧 '구원자'이십니다. 그러면 어떻게 행하는 것이 참된 형제 사랑과 이웃 사랑인가?

3. 그리스도의 은혜에 대한 감사로서의 형제와 이웃 사랑

요한 기자는 우리 그리스도인들이 형제를 사랑해야 하는 이유를 다음과 같이 증언하고 있습니다:

"사랑하는 자들아, 우리가 서로 사랑하자. 사랑은 하나님께 속한 것이니 사랑하는 자마다 하나님으로부터 나서 하나님을 알고 사랑하지 아니하는 자는 하나님을 알지 못하나니 이는 하나님은 사랑이심이라. 하나님의 사랑이 우리에게 이렇게 나타난바 되었으니 하나님이 자기의 독생자를 세상에 보내심은 그로 말미암아 우리를 살리려 하심이라. 사랑은 여기 있으니 우리가 하나님을 사랑한 것이 아니요, 하나님이 우리를 사랑하사 우리 죄를 속하기 위하여 화목 제물로 그 아들을 보내셨음이라. 사랑하는 자들아, 하나님이 이같이 우리를 사랑하셨은즉 우리도 서로 사랑하는 것이 마땅하도다."(요일4:7-11)

우선 이 말씀에 의하면, 첫째로 사랑은 우리에게서 나오는 것이 아닙니다. 사랑의 근원은 우리가 아니라, 하나님 자신입니다: "사랑은 하나님께 속한 것이니"(요 13:34)[569] 둘째로 하나님의 사랑은 예수 그리스도의 사역으로 실행되었습니다. 즉 예수 그리스도가 우리의 죄를 대신 짊어지고 십자가에 죽으신 것이 바로 고난 받는 우리를 향한 하나님 사랑의 표현이라는 것입니다. 그래서 요한복음은, "하나님이 세상을 이처럼 사랑하사 독생자를 주셨다"(요 3:16a)고 선포하고 있습니다. 따라서 셋째로 우리 그리스도인들이 형제나 이웃을 사랑하는 것은 빚진 자의 '감사의 사랑'입니다. 즉 우리가 '이웃'과 '형제'를 사랑하는 것은 처음부터 자기 마음에서 우러나온 사랑이 아니라, 하나님의 사랑에 '응답하는 사랑'이라는 것입니다. 다시 말해서 우리가 형제와 이웃을 사랑함으로써 하나님의 사랑에 보답하는 2차적이고 '간접적 사랑'이라는 특성을 갖는 것입니다.

바로 이러한 이유에서 예수님은 보이는 형제를 사랑하지 못하면서 하나님을 사랑할 수 없으며, 살아 계신 부모님을 공경하지 못하면서 생명의 창조주이신 하나님을 사랑할 수 없다고 증언하셨던 것입니다. 그래서 예수님은, 서기관이 "마음을 다하고 지혜를 다하고 힘을 다하여 하나님을 사랑하는 것과 또 이웃을 자기 자신과 같이 사랑하는 것이 전체로 드리는 모든 번제물과 기타 제물보다 나으니이다."(막 12:33)라고 답변한 것을 인정하시고, 하나님 사랑과 이웃 사랑을 결합하셨습니다. 즉 "예물을 제단에 드리려다가 거기서 네 형제에게 원망들을 만한 일이 있는 것이 생각나거든 예물을 제단 앞에 두고 먼저 가서 형제와 화목하고 그 후에 와서 예물을 드리라."(마 5:23-24)고 예수님은 선포하셨습니다. 이렇듯 그리스도인은 형제와 이웃에 대한 사랑 없이 하나님을 직접 사랑할 수 없기 때문에, 참된 그리스도인, 곧 참으로 '하나님이 함께 하시는 자'는 사랑의 행위로 자기 존재가 계시되는 것입니다: "어느 때나 하나님을 본 사람이 없으되, 만일 우리가 서로 사랑하면, 하나님이 우리 안에 거하시고 그의 사랑이 우리 안에

---

569) 요 13:34 : "새 계명을 너희에게 주노니 서로 사랑하라. 내가 너희를 사랑한 것 같이 너희도 서로 사랑하라."

온전히 이루어지느니라."(요일 4:12) 따라서 그런 사랑은 예수 그리스도처럼 자기희생의 삶으로 표현됩니다: "사람이 친구를 위하여 자기 목숨을 버리면 이보다 더 큰 사랑이 없나니"(요 15:13) 그러므로 야고보서는 "믿음이 그의 행함과 함께 일하고, 행함으로 믿음이 온전하게 되었느니라."(약 2:22)고, 하나님에 대한 사랑과 형제와 이웃에 대한 사랑을 결합시키고 있습니다.

***** 참회의 기도

주님
한 순간 작은 봉사로
감히 입으로 사랑을 말하지만
그것은 사랑이 아니라, 오히려 위선이었습니다.

사랑 받기를 원하면서도
먼저 사랑할 줄 모르는 것은
아직도 마음에
교만의 씨앗이 남아 있기 때문입니다.

그리스도여!
그러나 사실 우리는
당신 사랑에 굶주려 있습니다.
하오니 주여,
주님의 그 먼저 사랑으로 우리를 채워 주소서.
우리를 불쌍히 여기소서.
우리가 당신의 이름을 부르리이다.

- 아멘 -

IV. 자연 환경에 대한 책임성

모든 생명체는 환경에 따라 변한다

***** 토의 주제 *****

1. 당신의 어떠한 가정 환경에서 태어났습니까?, 평소 '좀 더 좋은 가정 환경에서 태어났더라면' 하고 생각해 보신 적이 없습니까? 왜 그러한 생각을 하셨습니까?
2. 하나님은 어떠한 '가정 및 자연 환경'을 우리에게 주셨습니까?
3. '가정 및 자연 환경'을 파괴하는 원인 및 동기가 어디에 있다고 생각하십니까? 당신은 보다 좋은 '가정 및 자연 환경'을 자손에게 물려주고 싶지 않습니까?
4. 가장 중요하고 현실적인 '환경'은 무엇이라고 생각하십니까?

1. 보전하고 관리해야 할 주어진 생태生態 환경

구약 성경의 창조 기사에 의하면, 인간의 '생태 환경'은 '시간' 혹은 '역사'에 따라 '진화'한다는 것을 의미하기보다는, 오히려 실존적 혹은 존재론적 '생명의 연계성Lebensnexus'을 계시해 줍니다. 즉 창세기 1-2장에 나타난 창조 기사에 의하면, 세 가지 '생태 환경'의 창조 과정이 있습니다. 첫째는, 생명체가 자기의 생명을 유지시켜 갈 '생명 여건', 곧 '삶의 공간' 내지는 '생명 공간의 창조'입니다. 둘째는, '생명체의 창조'입니다. 그리고 셋째는, 창조된 생명체에게 번성과 유지를 위한 '먹거리 수여'입니다. 그리고 인간을 비롯한 모든 생명체들이 생육하고 번성할 수 있도록 '생육하고 번성하기 위한 파트너(남자와 여자, 수컷과 암컷)' 내지 '삶의 동반자'를 창조해 주신 것입니다. 따라서 하나님의 창조 역사의 목적은, '생명 창조와 창조 질서 유지'에 있음을 알 수 있습니다. 즉 창조의 두 기사가 증언하고 있는 근본 의도는, 단지 '하나님께서 자연, 곧 만물을 창조하셨다'는 사실만을 증언하려고 한 것보다는, 오히려 생명 창조와 생명체의 생태학적 연관성을 증언하려는데 그 의도가 있다고 볼 수 있습니다.[570] 이러한 점에서 구약 성경의 창조 기사는 '생태학적 생명 창조 역사'라고 할 수도 있습니다. 이러한 사실은 창조의 역사를 도식화하면 보다 더 명백히 드러납니다:[571]

구별해 나누는 창조	만들어 내시는 창조
* 첫째 날(1): 빛(어두움); 낮과 밤을 나누시고,	* 넷째 날(4): 낮과 밤(빛과 어두움)을 주관하는 두 광명체를 내시고
* 둘째 날(2): 물(水)(궁창 위의 물과 궁창 아래의 물); 하늘과 땅(Earth)을 나누시고	* 다섯째 날(5): 궁창 위에 사는 새와 궁창 아래에 사는 각종 바다 물고기를 내시고
* 셋째 날(3): 땅(Land)과 바다(Sea)를 나누시고, 육지의 각종 식물을 내시고	*여섯째 날(6): 동물과 가축과 사람을 창조.
모으시는 창조: * 일곱째 날(7): 모든 피조물이 하나님의 안식에 참여함.	

이러한 창조 과정에 의하면, 하나님은 우선 생명체의 생존을 위한 '생명 여건'을 조성하시고, 곧 '빛'(해와 달), '물'(위의 궁창과 아래의 궁창), '땅'을 만드시고, 그 다음 생명체를 창조하시고, 그 다음 생명체의 생존을 위한 '양식'(먹거리)을 주셨습니다. 그래서 생명체의 '생명 여건'으로서의 '빛', '물', '땅'에 대한 창조는 그 다음 구체적인 '생명 창조'로 이어집니다.(창 1:2

---

570) 이 점에 관하여: C. F. Whitley, The Genus of Israel, 안성림 역, 『고대 이스라엘 종교의 독창성』, 분도출판사 1981. 화이트리에 의하면, 구약 성경의 창조 기사는 우주의 생성에 대하여 이야기하려는 것보다는, 자연의 지배자이시며, 생명의 주가 되시는 하나님의 창조 사역을 증언하기 위한 것으로 해석한다(같은 책, 65)

571) 이 점에 관하여: 김재진, '생명의 생태학적 환경과 생명 창조사', 「한국 기독교 신학논총」 제30집(2003), 291-311; 김균진, 『생태학의 위기와 신학』, 대한기독교서회, 1991.

1)572) 끝으로 하나님은 이 모든 생명체를 다스리고, 보호할 '인간'을 만드십니다.(창 1:26)573)

그런데 하나님께서 모든 생명체의 '생태 여건'을 먼저 만들어 놓으신 것은, 인간은 '생명 여건', 곧 '생태 여건' 없이는 살아 갈 수 없는 존재라는 것을 암시해 줍니다. 즉 인간뿐만 아니라, 모든 생명체는 '생명 여건', 곧 '생태 환경'에 서로 종속되어 있다는 것입니다. '땅', '물' 그리고 '공기'가 없으면, 인간뿐만 아니라, 모든 생명체가 생존할 수 없습니다. 따라서 인간은 '땅과 땅에 거하는 모든 생명체' 뿐만 아니라, '생명 여건'도 잘 보존해야 할 청지기 책임이 있습니다. 왜냐하면 모든 생명체는 '생명 여건'과 '생태학적 상호 종속 관계'에 있기 때문입니다. 즉 인간은 자연 환경을 잘 보존해야 하고, 자연은 인간에게 상당한 열매를 '먹거리'로 제공하는 '생존의 상호 관계'가 있습니다. 인간은 "바다의 물고기와 하늘의 새와 땅에 움직이는 모든 생물을 다스려야 할"(창 1:28, 또한 1:26) 책임이 있고, "온 지면의 씨 맺는 모든 채소와 씨 가진 열매 맺는 모든 나무"(창 1:29)는 인간에게 '먹거리'를 주어야 하는 것입니다.

그런데 생명의 상호 종속 관계가 유지되려면 먼저 '광명체光明體'가 필요한 것입니다. 그래서 창조주 하나님은 제일 먼저 두 '광명체'를 하늘 궁창에 두시어 낮과 밤을 주관하고, 땅을 비추게 하셨습니다.(창 1:14-15) 그리고 하나님은 "그들에게 복을 주시며 이르시되, 생육하고 번성하여 여러 바닷물에 충만하라, 새들도 땅에 번성하라."(창 1:22)고 축복하셨던 것입니다.

인간과 자연 환경과의 '생태적 연관성'은 인간의 타락에서 역설적으로 더욱 분명히 드러납니다. 왜냐하면 인간의 죄로 인한 타락은 곧바로 생태 환경의 파괴로 직결되었고, 인간의 생태 환경의 파괴는 곧 인간의 죽음으로 직결되기 때문입니다. 왜냐하면 "땅은 너(인간)로 말미암아 저주를 받아 너는 네 평생에 수고하여야 그 소산을 먹으리라. 땅이 네게 가시덤불

---

572) 창 1:21: "하나님이 큰 바다 짐승들과 물에서 번성하여 움직이는 모든 생물을 그 종류대로, 날개 있는 모든 새를 그 종류대로 창조하시니 하나님이 보시기에 좋았더라."
573) 창 1:26 : "우리의 형상을 따라서 우리의 모양대로 우리가 사람을 만들고 그들로 바다의 물고기와 하늘의 새와 가축과 온 땅과 땅에 기는 모든 것을 다스리게 하자 하시고"

과 엉겅퀴를 낼 것"(창 3:17b-18)이기 때문입니다. 이러한 생태 환경과 인간 생명의 상호 종속 관계는 구원 사역에 있어서도 동일하게 나타납니다. 왜 냐하면 사도 바울은, "피조물이 고대하는 바는 하나님의 아들들이 나타나 는 것이니…피조물이…그 바라는 것은 피조물도 썩어짐의 종노릇한 데서 해방되어 하나님의 자녀들의 영광의 자유에 이르는 것이니라."(롬 8:19-21)고 증언하고 있기 때문입니다. 그러나 참된 '하나님의 아들들'이 나타나면 다 른 피조물에 대한 인간의 본연의 책임, 곧 다스리는 일을 성실히 수행하 여, 즉 다른 피조물들을 잘 보전하고 다스림으로써, 피조물이 더 이상 인 간의 죄악으로 인하여 착취당하지 않게 될 것입니다.574)

물을 떠나서 고기가 살 수 없는 것처럼, 인간은 '생태 환경'을 벗어나서 살 수 없는 존재입니다. 따라서 '생태 환경'의 파괴는 곧바로 인간 생명의 종식을 가져올 것입니다. 그래서 인간은 생태 환경을 개선하려고 노력해 야 할 뿐만 아니라, 환경 문제를 야기惹起시키는 모든 요소들을 제거해야 합니다. 즉 인간은 하나님께서 창조해 주신 피조물의 생태 환경을 다시 회복하는 일에 최선의 노력을 해야 할 것입니다. 그런데 인간이 청지기 직분을 잘 수행하려면, 인간의 생명은 '생태 환경과 상호 존속'되어 있다는 사상이 가슴 속 깊이 뿌리내려야 할 것입니다. 간단하게 말해서, 우리 집 에서 내뿜은 악한 공기를 내가 다시 들어 마신다는 생태학적 순환의 원리 를 가슴깊이 새겨야 할 것입니다.

2. 생태 환경 변화의 주체로서의 인간

인간의 '생태 환경'에 대한 연구는 비교적 최근에 와서 발전하였습니다. 1970년에는 단지 영국 정부만이 국무장관 관할에 '환경청'을 두었습니다. 그 임무는 주로 '주택', '운송', '지방 관리'에 집중되었습니다. 그러나 그 후 핵무기와 같은 대량 살상 무기와 자원의 무분별한 개발로 인하여 인간의 생명이 위협을 받게 되자, '생태학', 철새 및 야생 동물의 '서식지', 산업 발

---

574) 이종윤 목사님도 이 구절을 해설하면서, 생태계가 파괴되는 원인을 인간의 죄악으로 인한 것 임을 강조하고 있다.(이종윤, 『로마서 II』, 필그림 출판사 1996, 247-253)

달로 인한 '공해'에 대한 문제는 단지 몇몇 지식인들만이 점유하는 논제가 되지 않고, 온 인류가 함께 풀어야 할 인간학적 논제가 되었습니다. 그 중에서도 가장 큰 문제가 되는 것은, 우선 '인구 증가'로 인한 기아飢餓 문제, 무분별한 자연 개발로 인한 '자원의 고갈' 문제, 그리고 자연을 파괴하면서까지 산업을 발달시킨 결과로 생긴 '자연 환경' 문제입니다.[575]

그런데 이러한 '자연 환경의 파괴'는 다름 아닌 인간 자신에 의해서 이루어지고 있습니다. 최초 인간 아담Adam이 죄악으로 인하여 "땅이 네(인간에)게 가시덤불과 엉겅퀴"(창 3:18)를 낼 것이라는 징벌을 하나님으로부터 받았던 것처럼, 하나님 말씀에 대한 인간의 끊임없는 불순종과 죄악으로 파괴된 '자연 환경', 곧 '생태 환경의 변화' 및 개선도 역시 인간에게 달려있습니다. 만일 이러한 자연 보호의 책임을 인간이 감당하지 않을 경우, 자연은 점점 더 악화될 것이고, 결국 자연은 인간에게 더 이상 먹을 것뿐만 아니라, 삶의 터전조차 제공하지 않게 될 것입니다. 그러므로 일차적으로 '자연 환경을 개선해야 할 책임성'은 바로 인간 자신에게 있는 것입니다.

우선 자연 환경 파괴의 가장 일차적인 원인은 경제적인 문제에 있습니다. 즉 인간은 보다 잘 먹고, 편안하게 살아보고자 하는 욕구를 충족시키기 위하여 '돈', 곧 '재화財貨'가 될 수 있는 것이라면, 생명 여건이 되는 자연을 파괴하는데 주저하지 않고 있습니다. 마치 '피'를 팔아서 '배腹'를 채우듯이, 생태적 생명 여건을 파괴하여 재화를 축적하고 있습니다. 예컨대 브라질의 원시림을 토벌하여 헐값에 나무를 팔아서 순간의 배를 채우고는, 그 다음 해는 홍수로 인하여 죽어 가는 것과 같습니다. 이렇듯 '자연 환경' 파괴의 주범은 다름 아닌, '물신物神', 곧 '돈'입니다.[576] 그러나 분명 계시록은 '돈의 권세'를 우상화하는 것과 그것에 노예가 되어 있어 '짐승', 곧 '마귀'에게 자유를 빼앗긴 인간을 다음과 같이 묘사하고 있습니다:

---

575) '인구 문제', '자원 고갈과 투자' 그리고 '공해 문제'와 관련하여 매사추세츠기술연구소는 두 권의 책을 출간하였는데, 하나는 Jay W. Forrester, *World Dynamics*, 1971 이고, 다른 하나는 로마 클럽의 지원을 받은 Dennis Meadows, *The Limits to Growth*, 1972 이다.

576) 이 점에 관하여: Franz J. Hinkelammert, *Las Armas Ideológicas de la Muerte*, 김항섭 역, 『物神』, 다산글방 1999, 특히 31이하: "죽이는 물신: 경제 관계의 물신화"

"그들이 한 뜻을 가지고 자기의 능력과 권세를 짐승에게 주더라."(계 17:13)

"그가 모든 자 곧 작은 자나 큰 자나 부자나 가난한 자나 자유인이나 종들에게 그 오른 손에나 이마에 표를 받게 하고, 누구든지 이 표를 가진 자 외에는 매매를 못하게 하니, 이 표는 곧 짐승의 이름이나 그 이름의 수라."(계 13:16-17)

이 말씀은 이스라엘 백성들이 가나안 땅에 들어가서 상아 침대에서 잠을 자기 시작한 이후(암 6:4)577), 보다 더 잘 먹고, 평안히 살기 위하여 '축복과 다산의 여신女神 아세라 목상'을 섬기다가, 바벨론에 포로로 잡혀간 것처럼, '돈'을 섬기다 '사탄 마귀 짐승'의 노예가 될 인간의 모습을 계시하고 있는 것입니다. 이처럼 자본주의 사상과 체계를 가지고 있는 한, 인류의 종말은 명백한 것입니다. '돈'은 어디까지나 삶의 '수단'일 뿐 목적이 되어서는 안 되는 것입니다. 그래서 예수님은, "한 사람이 두 주인을 섬기지 못할 것이니, 혹 이를 미워하고 저를 사랑하거나 혹 이를 중히 여기고 저를 경히 여김이라. 너희가 하나님과 재물을 겸하여 섬기지 못하느니라."(마 6:24)고 분명하게 말씀하신 것입니다.

자연 환경 파괴의 두 번째 원인은 사회적 문제에 있습니다. 예컨대 '핵무기 개발'로 인한 인류 파멸의 위기는 국제적 주-객 관계, 곧 지배자와 피지배자의 권력 구조와 국제 관계에 기인한 것이라고 볼 수 있습니다. 보다 대량 살상 무기를 많이 보유하고 있음으로써, 다른 나라를 우월적으로 지배할 수 있다는 제국주의적 사회의식입니다. 한 국가 사회에서 보면, 다른 사람보다 더 높은 지위를 확보하여, 사회적 기득권을 가지고 있음으로써 다른 사람을 지배하고자 하는 욕구입니다. 혹은 특정한 사회적 지위에 대하여 지나친 경제적 대우를 해 줌으로써 사회적 고위 신분을 선호하게 되는 정황입니다. 따라서 기독교의 '은사론', 혹은 '소명론'에 따라서 모든 직업을 평등하게 간주함으로써, 곧 사회의 모든 직위를 평준화함으로써 자연 환경 파괴의 두 번째 요소가 제거될 수 있을 것입니다.(고전 12:12-30)

---

577) 암 6:4 : "상아 상에 누우며 침상에서 기지개 켜며 양 떼에서 어린 양과 우리에서 송아지를 잡아서 먹고…"

왜냐하면 본래 창조주 하나님의 창조 섭리에 의하면, 모든 피조물은 지배자와 피지배자의 주객 공동체가 아니라, 모두가 서로가 서로를 도와야 하는 동등한 하나의 생명 공동체였기 때문입니다.(사 11:6-9)578)

그러므로 예컨대 인구의 불균형한 증가로 인하여 생기는 '기아飢餓 문제'나 '낙태' 그리고 '인권 문제'와 같은 생명의 '사회-생태학적 문제'는 '남녀 평등 제도'나, '인권 보호 제도' 등으로 얼마든지 개선될 수 있을 것입니다. 그리고 '핵 확산'으로 인한 인류 파멸의 위기는 '핵 확산 금지 제도'라는 국제 제도를 통하여 극복될 수 있을 것입니다. 그리고 야생 동물에 대한 학대 등은 시민 운동에 의한 생태학적-사회 제도 마련으로 해결될 수도 있을 것입니다. 어쨌든 자연 환경 파괴의 장본인이 바로 인간인 만큼, 인간 스스로의 노력에 의해서 자연 환경은 얼마든지 보호, 보전될 수 있습니다. 그러나 그 무엇보다 '생태 환경'의 변화는, 인간 자신이 자기의 죄악성을 벗어버릴 때만, 근본적으로 성취될 수 있습니다. 다시 말해서 인간 실존에 대한 근본적인 이해와 인식이 선행될 때, 생태 환경의 경제적, 사회적 변화의 노력도 함께 더불어 성취될 수 있을 것입니다.

4. 정작 물려주어야 할 생태적 환경은 함께 더불어 사는 의식이다

인간은 자기가 태어날 부모나 국가나 자연 환경을 스스로 결정할 수 없습니다. 더 자세히 말하면, 모든 인간은 자기 육신의 '모체母體', 곧 아버지와 어머니를 선택하여 태어날 수 없듯이, 자신이 태어날 '시각時刻', '씨족氏族', 곧 '성씨姓氏'나 '지역地域', 한 걸음 더 나아가 '국가國家'를 선택하여 태어날 수 없습니다. 바꾸어 말하면 인간의 '생태적 환경'은 선택의 여지없이 각 사람에게 태어날 때부터 불가항력적으로 이미 주어진 것입니다. 이러

---

578) 사 11:6-9 : "그 때에 이리가 어린 양과 함께 살며 표범이 어린 염소와 함께 누우며 송아지와 어린 사자와 살진 짐승이 함께 있어 어린 아이에게 끌리며, 암소와 곰이 함께 먹으며 그것들의 새끼가 함께 엎드리며 사자가 소처럼 풀을 먹을 것이며, 젖 먹는 아이가 독사의 구멍에서 장난하며 젖 뗀 어린 아이가 독사의 굴에 손을 넣을 것이라. 내 거룩한 산 모든 곳에서 해 됨도 없고 상함도 없을 것이니 이는 물이 바다를 덮음 같이 여호와를 아는 지식이 세상에 충만할 것임이니라."

한 '생태 환경'의 '불가항력적 성격'을 비기독교인들은 철학적 혹은 종교적으로 해석하여 인간의 '역운歷運' 혹은 '운명運命'이라고 지칭합니다. 이렇게 비기독교인들이 인간의 '운명'을 강조하는 데는, 그 근저에 '생태학적 이유'가 있습니다. 왜냐하면 비기독교인들은, 인간의 생애는 삶의 주체인 인간 자신에 의해서 주관되는 것이 아니라, '생태학적 환경' 곧, 그가 태어난 '가정', '사회', '시대', '국가' 등 '생태적 환경'에 의해서 지배된다고 생각하기 때문입니다. 즉 그들은, 모든 인간은 자신이 태어난 '생태학적 환경', 곧 '부모', '가계家系', '지역' 그리고 '국가'라는 삶의 환경에 의해서 영향을 받아 살아가는 존재라고 생각하기 때문입니다. 한 걸음 더 나아가, 비기독교인들은, 인간의 삶은 자신이 태어난 '시대時代: 시간대時間帶'와 심지어는 '시각時刻'에까지 영향을 받는다고 생각하고 있습니다. 그래서 '역학자易學者'들은 인간의 다양한 생태학적 환경의 영향을 아예 하나의 '역사歷史의 원리原理'로 통일하여 체계적으로 변이變異시켰습니다. 그것이 바로, 모든 인간은 자신이 태어난 '생년월일시生年月日時'에 따라서 삶이 전개된다고 주장하는 '사주팔자四柱八字' 이론입니다.[579]

그러나 구약 성경의 창조 기사에 의하면, 인간의 다양한 '생태적 환경'은 역술歷術가들처럼 그렇게 단순하게 시간적으로 역사화 할 수 없습니다. 왜냐하면 앞에서도 언급했듯이, 인간의 '생태 환경'은 '시간' 혹은 '역사'에 따라 '진화'되는 것이 아니라, 오히려 실존적 혹은 존재론적 '생명의 연계 Lebensnexus'에 의해서 변화되기 때문입니다. 더 자세히 말하면, '생명의 연계성'이란, 모든 생명체는 '생명 여건', 곧 '생태 환경'에 서로 종속되어 있어, 한 부분이 파괴되면 다른 부분도 함께 파멸한다는 뜻입니다. 즉 물고기가 '물'을 떠나서 살 수 없듯이, '땅', '물' 그리고 '공기'가 없으면 인간뿐만 아

---

[579] 순수 우리말에 의하면, '운'이란, '어떤 일을 여럿이 어울려 하는 바람'을 뜻한다. "잘 만났네, 내 사주 하나 보아 주게" 하고 말하니, 장관서도 운에 딸려서 "이왕이니 내 사주도 보아 주소" 하고 말하였다(홍명희-임꺽정).(『토박이 말 쓰임 사전』 하권, 이근술, 최기술 엮음, 동광출판사 2001, 1604. 이밖에 서구의 '운명' 사상의 기원은 인간의 불가항력적 사건들에 대한 근원이 어디에 있느냐는 통찰에서 비롯되었다는 것이다. 그것은 그 원인을 크게 두 가지로 보는데, 하나는 신에 의한 것이고, 다른 하나는 일반적인 삶의 환경으로 보는 견해가 있다. 이 점에 관하여: Gregor Ahn, 'Schicksal I', TRE 30, 102-107.

니라, 모든 생명체가 생존할 수 없다는 것입니다.

그런데 이러한 '생명의 연계성'은 단지 자연 환경에만 국한되는 것이 아니라, 보다 폭 넓은 의미로, '부모', '씨족氏族', 곧 '성씨姓氏'나 '지역地域' 한 걸음 더 나아가 '국가國家'에도 적용됩니다. 바꾸어 말하면 인간 생명의 '생태적 환경'은 단지 자연만이 아니라, 생물학적 혹은 사회적 환경, 더 나아가 신앙 환경까지 포함합니다. 따라서 부모가 질병을 앓은 병력이 있으면, 그 후손도 동일한 병에 걸릴 확률이 높은 것입니다. 다시 말하면 부모의 건강 상태는 그 자손이 태어날 때부터 불가항력적으로 유전된다는 것입니다. 그러므로 한 인간의 생물학적 '생태 환경'은 단지 자신에게만 국한되는 것이 아니라, 자신에 의해서 보다 개선되든지 혹은 악화되어 자신의 후손에게까지 전이轉移되는 것입니다. 따라서 모든 인간은 보다 좋은 생태학적 환경을 후손에게 물려주도록 노력해야 합니다. 이러한 점에서 생물학적으로 하나의 '가계', 곧 부모와 자식은 '생태학적 종속 관계'에 있다고 볼 수 있습니다. 이 점을 비기독교인들은 '운명'이라는 단어로 일축하지만, 사실은 생물학적 생태 환경 변화로 얼마든지 개선될 수 있는 것입니다.

그러므로 '나' 한 사람의 건강은 단지 '나' 한 사람에게 국한되는 것이 아니라, 나의 후손에게, 더 나아가서는 사회 그리고 국가 전체에까지 영향을 끼치는 것입니다. 예컨대 어느 한 사람이 'AIDS에이즈: 후천성 면역 결핍증'에 감염되었다면, 그것은 '그' 한 사람만의 질병이 아니라, 가깝게는 '부부夫婦'의, 그의 '자손'의, 그가 속한 '사회'의, 그리고 더 나아가 그가 속한 '국가'의 생태학적 환경을 파괴하는 것입니다. 다시 말해서 한 생명의 '생태학적 환경'은 순차적 '연계성'과 '종속성'을 갖습니다. 즉 한 사람의 부주의로 인하여 생긴 '생태 환경'의 파괴로 인하여 많은 사람이 동시에 고통을 당할 수도 있습니다. 마치 고속도로 상에서의 한 사람의 운전 부주의로 교통 사고가 생겨 교통이 마비되었을 때, 그로 인하여 수백 명, 수천 명의 경제적, 시간적, 육체적 손실을 가져오게 하는 것과 같습니다. 따라서 한 생명의 생태 환경 파괴로 인한 연대적 손실을 막기 위해서는 무엇보다도 '함께 더불어 사는 공동체 의식'을 모든 인간이 스스로 가슴에 새기는 것이 가장 중요합니다. 아빠의 한 순간의 운전 부주의로 인한 사망은 온 식구 및 일가친척에까지 그 고통이 전이되듯이, 생명의 생태 환경의 파괴도 이와 같은 것입니다.

***** 참회의 기도

주님!

한 인간의 범죄가
모든 인류에게 죽음과,
생명 질서의 파괴를 가져왔듯이
이 죄인의 순간의 이기적 사고가
다른 사람에게 불행을 가져왔다면,
주여!
이 종을 용서 하옵소서!

나의 죄 값이 나의 자녀에게
나의 허물이 이웃의 불행으로 전이되지 않도록
우리의 죄는 우리에게만 돌리소서.

그러나 주님!
당신의 죄 용서의 사랑은
우리뿐만 아니라, 우리 자녀들에게까지도
영원히 베풀어 주옵소서!

- 아멘 -

V. 국가에 대한 책임

모든 권세는 다 하나님께서 정하신 바라

***** 토의 주제 *****

1. 국적은 바꿀 수 있어도, 조국에 대한 감정은 왜 변하지 않는가?
2. 왜 국가(조국)가 존재해야 하는가?
3. 나는 조국을 위해서 무엇을 공헌하고 있다고 생각하는가?
4. 조국(국가)에 대한 고마움을 어느 때 느끼며, 어느 때 국가에 대한 원망이 생기나?

1. 하나님에 대한 신앙은 세속 국가國家와의 연대Solidait를 거부하는 가?

모세는, 여호와 하나님의 초자연적 권능을 힘 입어 애굽을 탈출한 이스라엘 백성들이 '금송아지'를 만들어 놓고 그것에게 모든 영광을 돌렸을 때, 그들이 만든 금송아지를 가져다가 불살라 부수어, 가루를 만들어 물에 뿌려, 이스라엘 백성으로 마시게 합니다.(출 32:20) 그리고 그는 '호렙' 산에 다시 올라가서 여호와 하나님께 이스라엘의 자손들의 죄를 용서하여 주실 것을 다음과 같이 간절히 기도드립니다: "슬프도소이다. 이 백성이 자기들을 위하여 금신金神을 만들었사오니 큰 죄를 범하였나이다. 그러나 이제 그들의 죄를 사赦하시옵소서. 그렇지 아니하시오면 원하건대 주께서 기록하신 책에서 내 이름을 지워 버려 주옵소서."(출 32:31-32) 이스라엘 신앙전승에 의하면, '기록한 책에서 이름을 지워버린다'는 것은, 공동체에서 출회당하는 영원한 '저주'를 뜻합니다.(참고, 빌 4:3; 계 3:5; 13:8; 17:8; 20:15; 21:17)580)

여기서 질문이 제기 됩니다: 범죄 한 이스라엘 자손을 위한 모세의 이러한 '중보 기도'는 어디에서부터 비롯되었을까? 그것은 두말할 것도 없이 동족同族 혹은 동거민同居民 이스라엘 백성들을 신앙적으로 사랑하는 모세의 애족愛族 혹은 애국심愛國心에서 비롯된 것이라고 할 수 있습니다. 왜냐하면 모세는 여호와 하나님께 이스라엘 백성들의 죄악을 용서하지 않으시려면, '주께서 기록하신 책에서 자기의 나의 이름도 지워 버려 달라'고 간청하고 있기 때문입니다. 이렇듯 모세는 자기의 동족 이스라엘 백성과의 '연대감 Solidarität'을 하나님께 강하게 부각시키고 있습니다. 이와 유사하게 사도 바울도 자기 동족 유대인에 대한 연대성을 다음과 같이 표현하고 있습니다: "나의 형제 곧 골육의 친척을 위하여 내 자신이 저주를 받아 그리스도에게서 끊어질지라도 원하는 바로라."(롬 9:3)

그런데 이스라엘 민족의 지도자, 모세나 사도 바울의 자기 동족에 대한 '연대성'은 결코 여호와 하나님과 주 예수 그리스도에 대한 신앙을 배제하지 않습니다. 왜냐하면 여호와 하나님과 우리 주 예수 그리스도는, 동족에 대한 사랑을 여호와 하나님에 대한 사랑과 분리시키지 않고 있기 때문입니다. 우선 이스라엘의 율법에 의하면, "그러므로 너희 곧 너희의 동족이나 혹은 너희 중에 거류하는 거류민이나 내 규례와 내 법도를 지키고 이런 가증한 일의 하나라도 행하지 말라."(레 18:26, 이밖에 레 19:18; 신 15:12; 렘 34:9)고 규정하고 있기 때문입니다.581) 동족에 대한 사랑, 곧 '국가'에 대한 사랑을 예수 그리스도께서도 결코 분리시키지 않습니다. 그래서 예수님은, 바리새인들이 "당신의 생각에는 어떠한지 우리에게 이르소서, 가이사에게 세금을 바치는 것이 옳으니이까, 옳지 아니하니이까?"(마 22:17)라고 물었을 때, "가

---

580) 계 21:27 : "무엇이든지 속된 것이나 가증한 일 또는 거짓말하는 자는 결코 그리로 들어가지 못하되 오직 어린 양의 생명책에 기록된 자들만 들어가리라."

581) 레 19:18 : "원수를 갚지 말며, **동포를 원망하지 말며**, 네 이웃 사랑하기를 네 자신과 같이 사랑하라. 나는 여호와니라."; 신 15:12 : "네 **동족 히브리** 남자나 히브리 여자가 네게 팔렸다 하자. 만일 여섯 해 동안 너를 섬겼거든 일곱째 해에 너는 그를 놓아 자유롭게 할 것이요."; 렘 34:9 : "그 계약은 사람마다 각기 히브리 남녀 노비를 놓아 자유롭게 하고 그의 **동족 유다인**을 종으로 삼지 못하게 한 것이라."

이사의 것은 가이사에게, 하나님의 것은 하나님께 바치라."(마 22:21)고 답변하셨습니다. 이러한 점에서 이스라엘의 조상, 모세가 "이제 그들(이스라엘 백성들)의 죄를 사하시옵소서. 그렇지 아니하시오면 원하건대 주께서 기록하신 책에서 내 이름을 지워 버려 주옵소서."(출 32:32)라고 기도한 것은, 여호와를 버리고 이스라엘 백성을 사랑하겠다는 것이 아니라, 오히려 여호와 하나님의 구원 역사에서 이스라엘 백성을 제외시키지 않기 위한 중보의 기도라고 이해할 수 있습니다. 이러한 모세의 마음을 여호와 하나님께서 읽으셨기 때문에, 모세를 책망하지 않으시고, 오히려 죄 지은 이스라엘 백성과 여호와께서 동행해 주실 것을 계속 간청한 모세에게 적극적으로 "내가 친히 가리라."(출 33:14)고 약속해 주셨던 것입니다.

뿐만 아니라, 사도 바울이 "나의 형제 곧 골육의 친척을 위하여 내 자신이 저주를 받아 그리스도에게서 끊어질지라도 원하는 바로라."(롬 9:3)고 고백한 것도, 동족 이스라엘이 예수 그리스도를 통한 구원의 은총에서 제외되지 않기를 바라는 마음에서 비롯된 것이라고 이해할 수 있습니다. 결국 모세와 사도 바울의 동족에 대한 참된 '연대감'은 창조주 하나님의 은총에서 자기 동족이 제외되기를 원치 않는 신앙에 근거한 것입니다. 그러므로 누구든지 하나님에 대한 바른 신앙을 가지고 있는 사람은 자기 '국가國家' 혹은 동족과의 '연대감Solidaität'을 거부하지 않습니다. 바꾸어 말하면, 만일 하나님의 참 구원의 은총을 알고 있는 사람이 있다면, 그 사람은, 자기 형제나 부모가 그 하나님의 사랑에서 제외되었다고 생각되었을 때, 본인이 어떠한 희생을 치르더라도 자기 형제와 부모의 구원을 위하여 기도하지 않겠습니까? 모세와 사도 바울의 심정은 바로 이러한 심정이었던 것입니다. 그렇다면 모세와 사도 바울이 동족을 사랑한 것이 단지 동족에 대한 애정이었는가?

2. 신앙 공동체 사랑으로서의 나라 사랑

모세나 사도 바울이 자신의 구원을 '담보'로 제시하면서까지 동족, 이스라엘을 구원하고자 하였던 것은, 단지 동족에 대한 인간중심적humanistisch 동정同情만은 결코 아니었습니다. 거기에는 그들의 국가관이 전제되어 있었습니다.582) 왜냐하면 우선 사도 바울은, '모든 권세는 하나님으로부터' 나온다고 증언하고 있기 때문입니다.(참고 롬 13:1-5)583) 뿐만 아니라, 예수님께서도 로마 총독 '빌라도'가 "내게 말하지 아니하느냐 내가 너(예수 그리스도)를 놓을 권한도 있고 십자가에 못 박을 권한도 있는 줄 알지 못하느냐"(요 19:10)고 말하였을 때, "위(하나님)에서 주지 아니하셨더라면 나를 해할 권한이 없었으리니"(요 19:11a)라고 답변하셨기 때문입니다. 그리고 이스라엘 역사를 소급하면, 여호와 하나님께서도 "네(다윗) 집과 네 나라가 내 앞에서 영원히 보전되고 네 왕위가 영원히 견고하리라."(삼하 7:16)고 다윗 왕조의 영존을 약속해 주셨기 때문입니다. 심지어 여호와 하나님께서는 애굽 왕 '파라오Paraoh'의 마음도 강퍅하게 하셨다고, 성경은 증언하고 있기 때문입니다.(출 7:3)584) 이렇듯 이 세상 권세는 근본적으로 '하나님으로부터 주어진다'는 것이 성경의 증언입니다.

'모든 권세가 하나님으로부터 나온다'는 점에서 바로 그리스도교의 '국가관'과 철학자들의 '세속적인 국가관' 사이에 근본적인 차이가 있습니다. 기독교적 의미의 '국가'는 하나님의 구원 역사를 경험한 사람들로 구성된

---

582) 플라톤 이후 뿐만 아니라, 근대 철학자들의 '국가관'에는 이 세상 국가에 대한 '하나님의 주권'이 전혀 고려되지 않았다. 다시 말해서 세속적인 국가관에서는 이 세상 국가에 대한 '하나님의 통치Theokratie'가 전혀 언급되지 않았다.

583) 롬 13:1-5 : "각 사람은 위에 있는 권세들에게 복종하라. 권세는 하나님으로부터 나지 않음이 없나니 모든 권세는 다 하나님께서 정하신 바라. 그러므로 권세를 거스르는 자는 하나님의 명을 거스름이니 거스르는 자들은 심판을 자취하리라. 다스리는 자들은 선한 일에 대하여 두려움이 되지 않고 악한 일에 대하여 되나니 네가 권세를 두려워하지 아니하려느냐 선을 행하라. 그리하면 그에게 칭찬을 받으리라. 그는 하나님의 사역자가 되어 네게 선을 베푸는 자니라. 그러나 네가 악을 행하거든 두려워하라. 그가 공연히 칼을 가지지 아니하였으니 곧 하나님의 사역자가 되어 악을 행하는 자에게 진노하심을 따라 보응하는 자니라. 그러므로 복종하지 아니할 수 없으니 진노 때문에 할 것이 아니라 양심을 따라 할 것이라."(롬 13:1-5)

584) 출 7:3-4 : "내가 바로의 마음을 완악하게 하고 내 표징과 내 이적을 애굽 땅에서 많이 행할 것이나, 바로가 너희의 말을 듣지 아니할 터인즉 내가 내 손을 애굽에 뻗쳐 여러 큰 심판을 내리고 내 군대, 내 백성 이스라엘 자손을 그 땅에서 인도하여 낼지라."

'구원 공동체'입니다.(출 13:11-16) 더 자세히 말하면, 구약 성경의 '국가' 혹은 '민족'은 이스라엘의 족장, 아브라함의 자손을 중심으로 여호와 하나님의 구원 사건을 경험하고, 여호와 하나님만을 섬기기로 약속한 '계약 신앙 공동체'(출 19:5-6)입니다. 바로 이러한 근거에서 '이스라엘 공동체'는 '하나님 백성'입니다.585) 이와 상응하게 기독교적 측면에서 볼 때도, '국가'는 각 개인의 권력을 '계약' 혹은 여러 가지 조건에 의해서 한꺼번에 한 개별적 '통치자'에게 위임한 '왕권', 곧 '국가 권력'이 아니라, 처음부터 하나님으로부터 값없이 은혜를 받은 사람들의 공동체를 의미합니다. 왜냐하면 예수님께서 모든 세상 권세는 "위(하나님)"로부터 주어진 것이라고 말씀하셨기 때문입니다.(요 19:11a) 이러한 의미에서 성경이 증언하는 '나라사랑'은, 곧 '동족 사랑', 더 자세히 말하면 '신앙 공동체 사랑'이고, 신앙 공동체를 사랑하는 것은, 곧 공동체의 주권을 가지고 계신 여호와 하나님의 권세에 순종하는 것입니다. 그래서 잠언 기자는, "가난한 사람을 학대하는 자는 그를 지으신 이(창조주 하나님)를 멸시하는 자요, 궁핍한 사람을 불쌍히 여기는 자는 주(하나님)를 공경하는 자"(잠 14:31)라고 증언하고 있는 것입니다.

그러므로 '신앙 공동체'와 '국가'는 두 개의 서로 아주 다른 권위의 영역이 아닙니다. 두 기관 모두 하나님께서 세우신 제도이며, 바로 그러기 때문에 상호 보충적인 기관이고, 따라서 근원적으로는 두 기관 모두 하나님이 다스리고 계십니다. 즉 하나님께서는 '국가'도 다스리시고 '신앙 공동체'도 다스리십니다.586) 그래서 화란Holland의 신학자이자 정치가인 '카이퍼A. Kuyper'도 "국가와 교회는 둘 다 하나님의 주권 아래 있다. 국가가 교회의 위에 있거나, 교회가 국가 위에 있는 것이 아니라, 하나님의 주권 밑에 국가가 있고, 교회가 있다"587)고 주장하였습니다. 이러한 점에서 '나라 사랑'

---

585) 출 19:5-6 : "세계가 다 내게 속하였나니 너희가 내 말을 잘 듣고 내 언약을 지키면 너희는 모든 민족 중에서 내 소유가 되겠고, 너희가 내게 대하여 제사장 나라가 되며 거룩한 백성이 되리라."

586) 이종윤, '성경에서 본 교회와 국가', 김명혁 편, 「현대 교회와 국가」, 도서출판 엠마오 1988, 70.

587) 손봉호, '현대적 상황에서 본 교회와 국가', 「현대 교회와 국가」, 97.

은 곧 '신앙 공동체 사랑'이고, '신앙 공동체'로서의 '동족에 대한 사랑'은 곧 '하나님 사랑'이라고 할 수 있습니다. 그래서 예수님은 "가이사의 것은 가이사에게, 하나님의 것은 하나님께 바치라."(마 22:21)고 말씀하셨고, 사도 바울도 "모든 자에게 줄 것을 주되 조세를 받을 자에게 조세를 바치고 관세를 받을 자에게 관세를 바치고 두려워할 자를 두려워하며 존경할 자를 존경하라."(롬 13:7)고 권하고 있는 것입니다. 그렇다면 여기서 질문이 제기됩니다: 모든 세속적 국가 권력은 하나님에 의해서 주어진 것인가?

3. 하나님의 주권 아래 있는 왕권 혹은 국가 권력

기독교적 의미의 '왕권신수설'은, 영국의 제임스 1세가 주장하는 세속적 무소불위無所不爲의 '통치 권력'을 영원히 보증해 주는 것이 결코 아닙니다. 왜냐하면 '국가 권력'이 여호와 하나님의 뜻에 불순종하거나, 그의 뜻에 상응하게 통치하지 않을 때는, 언제든지 국가나 통치자의 권력이 제한되거나 찬탈당할 수 있기 때문입니다. 그 두드러진 실례를 우리는 이스라엘의 초대 왕 '사울Saul'에게서 발견할 수 있습니다. 사울לשאול은 농부 아들로 태어나서, '암몬Ammon' 사람들이 길르앗 '야베스'를 쳐들어 왔을 때, '하나님의 영에 의해서 크게 감동되어'(삼상 11:6-7) 이스라엘 사람들을 데리고 전쟁에 나아가 크게 승리함으로써,(삼상 11:11) 이스라엘의 초대 왕이 됩니다.(삼상 12:12-13)[588] 그러나 왕이 된 이후로 사울은 스스로 제사장이 되어, '하나님의 종'만이 드리는 제물을 하나님께 드립니다. 사울은 군사적으로 긴급한 상황 속에서, 곧 블레셋과 결전決戰을 치러야 할 전시 상황에서, 마음이 급해진 나머지 제사장 '사무엘'을 기다리지 못하고, '왕권'을 남용하여 제사장의 직무를 대행하였습니다. 그러자 제사장 '사무엘'은 사울 왕을 심히 책망

---

588) '사울' 왕이 이스라엘의 왕이 된 사유를 같은 『사무엘 상』 내부에서도 다르게 기술하고 있다. 예컨대 삼상 10장 1절에서는, 사울이 사무엘에 의해서 사적으로 기름부음을 받은 것으로 보고하고 있으며, 삼상 10장 17-24절에서는 사울이 이스라엘 장로들 가운데서 제비뽑기에 의해서 선발된 것으로 보고하고 있다. 그러나 분명한 것은, 그 당시 팔레스틴의 정치적 상황이 '사울'을 이스라엘 왕으로 세우게 된 이유 가운데 하나이었던 것만큼은 분명하다.

하고(삼상 13:13), 그가 여호와 하나님의 명령을 어겼기 때문에 왕의 '위(位)'가 끊어질 것이라고 선언합니다: "지금은 왕의 나라가 길지 못할 것이라. 여호와께서 왕에게 명령하신 바를 왕이 지키지 아니하였으므로 여호와께서 그의 마음에 맞는 사람을 구하여 여호와께서 그를 그의 백성의 지도자로 삼으셨느니라."(삼상 13:14) 그 후 '사울' 왕은 여호와 하나님의 뜻에 어긋난 통치를 계속합니다. 뿐만 아니라, 이스라엘 백성들도 '사울' 왕의 명령을 거역하여 하나님 앞에 죄를 짓습니다. 결국 백성들의 명령 불복종으로 인하여 '사울' 왕은 왕위 찬탈(簒奪)에 관한 결정적인 예언을 듣습니다: "왕이 여호와의 말씀을 버렸으므로 여호와께서도 왕을 버려 왕이 되지 못하게 하셨나이다."(삼상 15:23b)

그러나 반면에 '다윗' 왕은 겸손한 마음으로 여호와 하나님을 섬길 성전을 건축하고자 합니다.(참고 삼하 7:1-2,5)[589] 다윗의 마음을 감찰하시고 여호와 하나님께서는 '다윗' 왕조를 굳게 지켜 주실 것을 약속해 주십니다: "내가 네 앞에서 물러나게 한 사울에게서 내 은총을 빼앗은 것처럼 그(다윗의 아들, 필자 주)에게서 빼앗지는 아니하리라. 네(다윗) 집과 네 나라가 내 앞에서 영원히 보전되고 네 왕위가 영원히 견고하리라."(삼하 7:15-16) '사울' 왕과 '다윗' 왕에 대한 이러한 성경의 증언으로 명백히 드러난 것은, 이스라엘의 '왕권', 곧 '국가 권력'은 여호와 하나님의 주권 아래 있다는 것입니다. 더 자세히 말하면, '왕권', 곧 '국가 권력'은 한 개인이 자기의 개별적인 권한을 '국가 기관' 혹은 '통치자'에게 위임함으로써 생성된 것이 아니라, 여호와 하나님으로부터 주어지는 것입니다. 그래서 사도 바울은, '모든 권세는 하나님으로부터 나온다'(참고 롬 13:1-5)고 증언하였던 것입니다. 따라서 '기독교의 국가관'은 어느 '국가 기관' 혹은 어떠한 '국가 권세' 및 '왕권'을 막론하고, 여호와 하나님의 뜻에 순종하지 않거나, 그 뜻에 상응하게 통치하지

---

589) 삼하 7:1-2 : "여호와께서 주위의 모든 원수를 무찌르사 왕으로 궁에 평안히 살게 하신 때에, 왕이 선지자 나단에게 이르되 볼지어다 나는 백향목 궁에 살거늘 하나님의 궤는 휘장 가운데에 있도다."; 5절 : "여호와께서 이와 같이 말씀하시되 네가 나를 위하여 내가 살 집을 건축하겠느냐"

않으면, 언제든지 그 '권력'을 박탈당할 수밖에 없는 제한적인 '권세'입니다.

그러므로 '왕권' 혹은 '국가 권력'은, 라이프니츠Gottfried Wilhelm Leibniz, 1646-1716가 주장하듯, 보다 강한 힘, 곧 '하나님의 주권'에 의해서 제한되고 통제되어야 합니다. 왜냐하면 그는, '하나님의 주권'은 "이성을 가지고 있는 영혼의 법이고, 이 영혼은 본질적으로, 그리고 남에게 양도할 수 없는 것으로서, 자유로운 것이다. 이것은 또 하나님의 법이기도 한데, 하나님은 물체와 영혼에 대한 최고의 주인이고, 이런 하나님 아래에서는 군주도 노예도 똑같은 시민이고, 노예도 하나님의 나라에서는 군주와 같은 시민권을 갖는다"고, 주장하기 때문입니다.590) 그래서 예수회원이었던 스페인의 '마리아나Mariana'는, 한 걸음 더 나아가, "정통적인 군주가 자기의 권력을 백성들을 억압하는 데, 잘못 사용했을 때에는, 국민들은 폭력을 써서 이 폭군으로부터 풀려나도 좋다"고 말하였습니다.591)

이러한 이유에서 성경은, 국민을 억압하는 '왕권'이나 '국가 권력'은 엄밀한 의미에서 '마귀의 권세'로 특징짓고 있습니다. 왜냐하면 예수님은 성령에 이끌리어 마귀에게 시험을 받으실 때, "마귀가 또 그를 데리고 지극히 높은 산으로 가서 천하만국과 그 영광을 보여 이르되 만일 내게 엎드려 경배하면 이 모든 것을 네게 주리라. 이에 예수께서 말씀하시되 사탄아 물러가라 기록되었으되 주 너의 하나님께 경배하고 다만 그를 섬기라" (마 4:8-10)고 말씀하셨기 때문입니다. 그런데 이러한 사화詞話를 분석하여 바꾸어 말하면, 하나님의 뜻에 순종하지 않고, 마귀를 경배하면, 그가 천하만국의 영광을 주겠다는 것입니다. 이러한 의미에서 '어거스틴'에게서처럼, 하나님의 뜻을 따르지 않는 나라는 '악마의 연맹체societas diaboli'이고, 하나님의 뜻을 순종하는 나라는 '하나님의 나라civitas Dei'입니다.592) 그러므로 하나

---

590) Gottfried Wilhelm Leibniz, 「정의의 일반적인 개념에 관한 성찰」 Mollat, S. 68 = B-C. II, 516(Johannes Hirschberger, 강성위, 「서양 철학사」 하(下)권, 306에서 재인용)

591) Mariana, De rege et regis institutione, 1599(Johannes Hirschberger, 강성위, 「서양 철학사」 하(下)권, 121에서 재인용)

님의 뜻에 불순종하여 지상에서 부귀영화를 꿈꾸는 '지상의 나라'는 마귀의 권세 아래 있는 것이 명백합니다.593) 그래서 종교개혁자 마르틴 루터도 이 세상에는 하나님의 영적 왕국과 세속적 악마의 왕국이 대립해 있는데, 이 두 왕국을 통하여 하나님은 이 세상을 통치하신다고 주장하였던 것입니다.594) 이 세상의 세속적 권력이 마귀의 지배 아래 있다면, 어째서 세상 주관자에 복종해야 하는가?

4. 세속적 국가의 영적靈的 실체로서의 신앙 공동체

그리스 철학자 소크라테스Socrates, 469-399는, 국가가 자기에게 부당한 사형 선고를 내린다하더라도 '악법도 법法'이기 때문에, 국가의 명령에 순종하겠다면서 '사약死藥'을 받음으로써, 국가의 무소불위無所不爲의 절대적 권력을 인정했습니다.(변명, 29d) 그러나 쟝 칼뱅J. Calvin, 1509-1564은, 이 세상의 모든 '국가'는 그리스도 안에 그 기초를 두고 있다고 강조합니다.595) 그리고 그리스도가 '교회 공동체'의 머리이듯이(엡 1:22; 5:23; 골 1:18)596) '국가'와 '교회 공동체'의 관계도 '유비적analogisch'으로 우리 '몸'의 '육肉'과 '영靈'의 관계로 보았습니다. 왜냐하면 칼뱅은 우리의 '육신'이 '악한 영'에 사로잡히면, 죄를 짓게 되는 것과 마찬가지로(참고 갈 5:19-21), '국가'도 그릇된 '국가 정신' 혹은 '국가관'에 의해서 통치되면, 국가의 기본 역할을 하지 못하고, 오

---

592) 「신학대전」 1, II, 91,2 ad 3; 90,4(Johannes Hirschberger, 강성위, 서양 철학사」 상(上)권, 606에서 재인용)

593) 이러한 의미에서 우리는 또한 '국가 권력 및 이 세상 통치자들'과 '어두운 세상을 주관하고 있는 악한 영'들을 구별해야 할 것이다.

594) 이 점에 관하여: W. D. J. Cargill Thompson, "The 'Two Kingdom' and the 'Two Regiments': Some Problems of Luther's Zwei-Reiche-Lehre", *Journal of Theological Studies*, 20(1969), 174.

595) Corpus Reformatorum. Calvin Opera, 13,17

596) 엡 1:22 : "또 만물을 그의 발아래에 복종하게 하시고 그를 만물 위에 교회의 머리로 삼으셨느니라"; 엡 5:23 : "이는 남편이 아내의 머리됨이 그리스도께서 교회의 머리됨과 같음이니 그가 바로 몸의 구주시니라"; 골 1:18 : "그는 몸인 교회의 머리시라 그가 근본이시요 죽은 자들 가운데서 먼저 나신 이시니 이는 친히 만물의 으뜸이 되려 하심이요"

히려 백성을 탄압하는 폭력 집단이 된다고 주장하였기 때문입니다. 이와 상응하게 일찍이 플라톤Platon,BC.428-ca.347도 "정의가 국가의 기초justitia fundamentum regnorum"이기 때문에, 한 국가의 멸망 원인은, "모든 방면에 널리 퍼져 있는 윤리적 퇴폐함"(법률, 688c)에 있다고 주장했습니다.597) 그는 말하기를, "신神이 아니라, 죽어 마땅한 인간을 통치자로 받들고 있는 국가는 불행과 비참한 상태에서 구원받지 못할 것이다. … 그래서 우리들은 우리들 안에 있는 죽지 않는 것을 … 우리들의 공적인 생활을 위한 지도자로 삼아야 한다"(법률, 713c)598)고 주장했습니다. 그리고 아리스토텔레스Aristoteles, BC 384-322도, 본래 '정치가란, 법과 법칙을 가장 잘 지키는 대표자'라는 뜻임을 전제하면서, 정치가는 누구보다도 법과 질서를 잘 지키는 자가 되어야 한다고 주장합니다.599) "그런데 대부분의 사람들은 압정壓政을 국가의 현명한 방법이라고 생각하고 있는 것 같다. 그들 모두가 자기 자신에게 행해지면 의롭지 못하고, 견딜 수 없는 것으로 생각할 그런 방법을 다른 사람들에게 자행할 때는 조금도 부끄럼을 느끼지 않는 것 같다. 왜냐하면 자기 자신이 문제될 때는 정의로운 정부가 지배해야 한다고 하고, 남들이 문제될 때는 조금도 정의를 요청하지 않기 때문"(정치학 7권 2장, 1324 b 32)600)이라고 지적하고 있습니다. 이러한 이유에서 아리스토텔레스는 국내뿐만 아니라, 타국에 대한 모든 폭력 정치까지 반대했습니다.

뿐만 아니라 초대 교부教父 아우구스티누스Augustinus, 354-430도 '정의를 내동댕이친 권력 국가는 이미 강도들의 집단과 다를 바 없다'고 증언하였습니다.(신국론, XIX, 24) 그에 의하면, 세계사에 있어서 '국가'라는 사회 형태는, '신국', 곧 하나님의 나라이거나, '지상의 나라'였다고 말하면서, 이 두 나라는 '교회'와 '세속 국가'를 의미하는 것이 아니라, '하나님의 뜻을 따르는 사회냐, 아니면 하나님의 뜻을 거역하는 사회 질서가 있는 사회냐

---

597) Johannes Hirschberger, *Geschichte der Philosophie*, 강성위 역, 「서양 철학사」 상(上)권· 고대와 중세, 대구: 이문출판사 1996, 185에서 재인용.
598) Johannes Hirschberger, 강성위, 「서양 철학사」 상(上)권, 185에서 재인용
599) Johannes Hirschberger, 강성위, 「서양 철학사」 상(上)권, 294.
600) Johannes Hirschberger, 강성위, 「서양 철학사」 상(上)권, 294에서 재인용

아니면, 혼돈된 사회냐'로 구분된다고 역설합니다. 그리고 덧붙여 말하기를, '교회'도 이러한 구분에서 제외될 수 없다고 강조합니다.601) 이런 점에서 하나님의 뜻을 따르지 않는 '지상의 나라'는 곧 '악마의 나라societas diaboli'의 나라이고, 하나님의 뜻을 따르는 나라가 참으로 '하나님의 나라', 곧 '신국civitas Dei'이라고 강조합니다. 그래서 토마스 아퀴나스도, "법은 단순 권력을 휘두르기 위한 것이 아니라, 본질적으로 이성의 질서에 상응하는 것"이어야 한다고 주장했습니다.602)

이상 살펴본 바와 같이, '신앙 공동체'는 세속적 국가의 실재적realistisch 영적靈的 실체로서의 한 국가의 흥망성쇠興亡盛衰를 책임져야 하는 것입니다. 왜냐하면 사과Apple가 속부터 썩어 나오듯이, 영적 실체인 '신앙 공동체'가 부패하면, 형식적 형태인 '국가'는 자연히 멸망하기 때문입니다. 이러한 의미에서 인간의 가장 선한 양심의 보루인 종교가 부패하면 나라가 망하는 것입니다. 이러한 실례를 우리는 이스라엘의 역사에서 찾을 수 있습니다. 왜냐하면 이스라엘 백성들의 신앙적 부패는 이스라엘 국가의 멸망을 가져왔기 때문입니다. 그렇다면 '신앙 공동체'는 '국가 기관'을 위하여 구체적으로 어떠한 역할을 해야 하는가?

5. 하나님 나라의 세속적 실존 양식으로서의 신앙 공동체

세속적 국가를 개혁하는 것은 우선 이 지상에 있는 '교회 공동체'가 아니라, '하나님의 나라'입니다. 더 자세히 말하면, 우리 주님께서 가르쳐 주신 기도처럼, '하나님 아버지의 나라가 이 땅에 임하여, 하나님 아버지의 뜻이 하늘에서와 같이 이 땅에서도 이루어짐으로써' 가능한 것입니다. 그러기 위해서는 먼저 이 세상 세속적인 나라들이 추구하는 '가치관', '국가

601) 이 점에 관하여: B. Wendorff, *Die Staatlehre des Aur. Augustinus nach De civ. Dei*, 1926. 후대에 와서 토마스 홉스Thomas Hobbes, 1588-1679는 사회가, 하나님의 뜻에 따르지 않고, 인간의 '자연적 욕구cupidlitas naturalis'에 따르게 될 때, 국가의 여러 가지 가치는 모두 환상에 지나지 않다고 지적하고 있다.
602) 「신학대전」 1, II, 91,2 ad 3; 90,4(Johannes Hirschberger, 강성위, 서양 철학사」상(上)권, 606에서 재인용)

관', '신앙관'에 대한 '부정否定', 곧 '아니요No'가 선행되어야 합니다. 반면에, 하나님의 나라의 '가치관'과 '국가관', '신앙관'에 대한 '긍정肯定', 곧 '예Yes'가 전제되어야 합니다.

세속적 국가를 개혁하기 위해서 '교회 공동체'가 최우선적으로 '거부', 곧 '아니요' 해야 할 것은, 바로 이기적인 '민족주의 혹은 국수주의'입니다. 왜냐하면 성경은 결코 이기적 '민족주의'를 허용하지 않기 때문입니다. 기독교의 하나님은 이스라엘의 하나님이시요, 동시에 앗수르의 하나님이십니다. 기독교의 하나님은 한 나라, 한 백성의 하나님이 아니라, 모든 인류의 하나님이십니다. 기독교의 하나님은 온 우주의 창조주이십니다. 둘째로 거부되어야 할 것은, '상대주의Relativism', 더 자세히 말하면 '종교 다원주의 Religions Pluralism'입니다. 왜냐하면 기독교의 하나님은 온 인류의 하나님이시지만, 계약의 하나님이시기 때문입니다. 더 자세히 말하면, "내(여호와 하나님)가 나의 법을 그들의 속에 두며 그들의 마음에 기록하여 나는 그들의 하나님이 되고 그들은 내 백성이 될 것이라"(렘 31:33) 그러므로 너희는 "너는 나 외에는 다른 신들을 네게 두지 말라. 너를 위하여 새긴 우상을 만들지 말고 또 위로 하늘에 있는 것이나 아래로 땅에 있는 것이나 땅 아래 물속에 있는 것의 어떤 형상도 만들지 말며, 그것들에게 절하지 말며 그것들을 섬기지 말라. 나 네 하나님 여호와는 질투하는 하나님인즉 나를 미워하는 자의 죄를 갚되 아버지로부터 아들에게로 삼사 대까지 이르게 하겠다"(출 20:3-5)고 약속하신 하나님이기 때문입니다. 셋째로 거부되어야 할 것은, 배금拜金주의 혹은 '물질주의Materialism'입니다. 왜냐하면 하나님과 돈은 동시에 함께 섬길 수 없기 때문입니다. 넷째로 거부되어야 할 것은, '세속화된 인본주의Humannism'입니다. 왜냐하면 '세속주의Secularism'란, 세속적 가치관을 가지고 사는 것을 의미하기 때문입니다. 이러한 '세속주의'에는 하나님 나라에 대한 동경 혹은 기대가 없습니다. '세속주의'는 현재 이 세상의 보이는 것만을 생각하는 것입니다.

그러나 기독교의 복음은 이 세상에 관한 것이 아니라, 보이지 않는 하나님의 나라, 현재가 아니라, 미래의 나라에 대하여 증언하고 있습니다. 따라서 '세속주의자'들에게는 '하나님'도, '천국'도, '죄'도, '심판'도 안중에 없습니다. 그러나 분명히 우리 주 예수님께서는 '회개하라. 하나님의 나라가 가까이 왔느니라'(마 4:17)고 선포하셨습니다. 그러므로 '세속적 인본주의'는 하나님의 나라가 아니라 이 세상을, 하나님이 아니라 인간을 더 중시하게 됩니다. 그러나 기독교 신앙은 인간 중심에서 하나님 중심으로, 이 세상 중심에서 도래할 하나님의 나라 중심으로 살아가는 것을 뜻합니다. 그러므로 '세속적 인본주의'는 하나님이 역사의 주권을 가지고 다스리시고 계신다는 기독교 역사관에 위배됩니다.

그런데 이상 앞에서 언급한 이 지상 국가의 네 가지 '가치관'에 대한 '거부' 혹은 '아니요Nein'는 동시에 하나님의 나라의 '가치관'에 대한 '긍정肯定', 곧 '예Ja'를 의미합니다. 다시 말해서 이 세상 국가의 '부정성 Negativität'에 대한 '부정Nein'은, 곧 하나님 나라에 대한 '긍정Ja'입니다. 왜냐하면 앞에서 언급한 4가지 사상은 오늘날 '국가'뿐만 아니라, '국가'의 영적 실체 역할을 해야 하는 '신앙 공동체'를 병들게 하는 이 시대적 조류이기 때문입니다. 이러한 의미에서 '하나님 나라'의 도래는 오히려 이 지상의 '세속적 국가'의 위기입니다. 왜냐하면 예수 그리스도의 이 땅에 오심은, 이 세상 공중 권세 잡은 자들의 종말을 의미하기 때문입니다. 그래서 더러운 귀신은 "나사렛 예수여, 우리가 당신과 무슨 상관이 있나이까. 우리를 멸하러 왔나이까?"(막 1:24, 병행 눅 4:34)라고 외쳤던 것입니다.

그런데 '하나님의 나라'는 지금 '교회 공동체'라는 실존 양식으로 이 세속적 국가 가운데 현존해 있습니다. 그러므로 이 세상 '국가'와 '교회 공동체' 사이에는 항상 긴장 관계가 있습니다. 즉 '교회 공동체'는 이 세상의 세속적 국가에 대하여 때론 '아니요Nein'를 말해야 하는 영적 과제가 있습니다. 그럼에도 불구하고 '국가'와 '교회 공동체'는 한 '하나님의 주권' 아래 함께 공존하고 있기 때문에, 동시에 함께 협력, 곧 '긍정Ja'해야 할 과제도 있습니다. 그것이 바로 백성을 위한 '교회 공동체'의 '국가와 백성'을 위한 '섬김Service'입니다.

참회의 기도

세상에 태어나 처음 안기었던 어머니의 품처럼,
값없이 삶의 터전으로 주어진 아버지의 나라,
대한민국,
나의 조국

이곳에 몸과 마음을 두고
함께 살고 있는 사람들을 위하여
땀 흘려 수고하지 못한 것이 못내 아쉬워

가는 세월을 붙잡아 매어 두고
바짓가랑이 걷어 올린 채
역사의 강물에 힘껏 한 발자국 내딛어 보지만

이미 지나간 세월이 내 등을 내밀며
서쪽 바다 끝의 낙조를 바라보게 하니,
저 멀리
주님의 나라가 이미 눈에 들어오는구나

- 아멘 -

Gloria Patri et Filio et Spiritui Sancto
sicut erat in principio et est nunc
et erit semper et in saecula saeculorum,
Amen

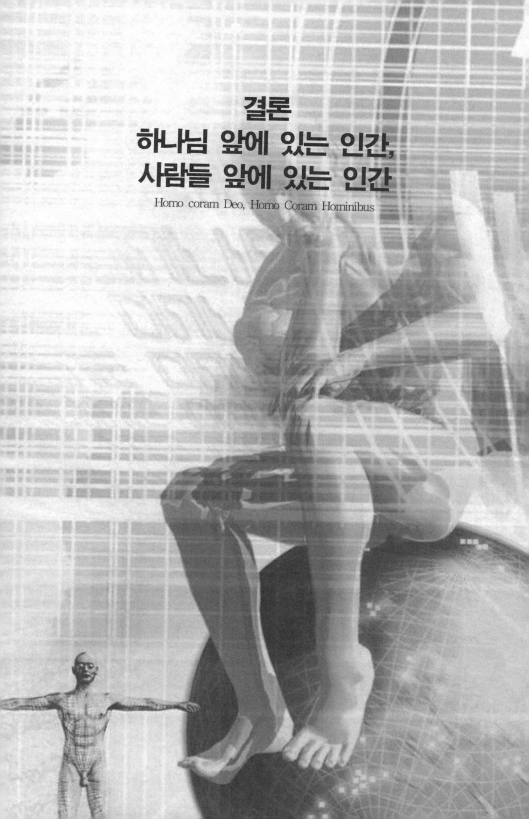

결론
하나님 앞에 있는 인간,
사람들 앞에 있는 인간
Homo coram Deo, Homo Coram Hominibus

I. 하나님 앞에 있는 인간

****** 토의 주제 ******

1. 하나님의 낯을 피하려는 자는 어떠한 자인가?
2. 당신은 한 순간 하나님의 낯을 피하고 싶은 충동을 느끼지 않는가?
   그 때가 어느 때이었던가?
3. 하나님은 어떠한 사람을 찾으시는가? 우리는 '참 인간'을 어디서 발견할 수 있는가?

1. 아담아! 네가 어디 있느냐?

최초 인간 아담Adam과 그의 아내가 하나님께 범죄 한 후 취한 행동을 창세기는 다음과 같이 기술하고 있습니다:

> "그들(아담과 그의 아내)이 … 자기들이 벗은 줄을 알고, 무화과나무 잎을 엮어 치마로 삼았더라. 그들이 그 날 바람이 불 때 동산에 거니시는 여호와 하나님의 소리를 듣고 아담과 그의 아내가 여호와 하나님의 낯을 피하여 동산 나무 사이에 숨은지라. 여호와 하나님이 아담을 부르시며 그에게 이르시되 네가 어디 있느냐?"(창 3:7-9)

이러한 증언에서 우리는 두 가지 사실을 발견할 수 있습니다. 한 가지는, 최초 인간 아담은 하나님의 말씀에 불복종하여 '선악善惡을 알게 하는 나무의 실과實果'를 따먹은 후(창 3:6), 하나님이 그의 죄과를 묻기 위하여 찾으시기도 전에, 스스로 '자신들이 벗은 줄을 알고 무화과나무 잎을 엮어 치마로 삼았으며, 여호와 하나님의 낯을 피하여 동산 나무 사이에 숨었다는 것입니다. 그리고 다른 한 가지는, 인간의 불순종에도 불구하고 여호와 하나님은 여전히 당신의 창조물 '아담', 곧 '인간'을 찾으셨다는 것입니다. 여기서 즉각적으로 질문이 제기됩니다: 왜 아담과 그의 아내는 무화과나무 잎을 엮어 치마로 삼았으며, 왜 하나님의 낯을 피하여 숨었는가? 그럼에도 불구하고 왜 하나님은 '아담아 네가 어디 있느냐'고 아담을 찾으셨는가?

2. 자기 죄와 허물을 알고 있지만, 숨기려는 인간

하나님의 말씀을 거역하여 '선악을 알게 하는 나무의 실과를 따먹은 죄'를 범한 최초 인간 아담Adam은, 자신이 죄를 범하였다는 것을 인식하자 곧바로 '무화과나무 잎을 엮어 치마로 삼았습니다.' 왜냐하면 그 나무의 열매 자체가 '선악'을 알게 하는 열매였기 때문입니다: "선악을 알게 하는 나무의 열매는 먹지 말라"(창 2:17a; 3:5b) 따라서 범죄 한 아담과 그의 아내가 '잎을 엮어 치마로 삼았다'는 것은, 그들의 눈이 밝아져 자신들의 죄를 인식하게 되었다는 것입니다. 그렇다면 아담과 그의 아내는 구체적으로 어떠한 죄를 인식했는가?

그들은, 사탄이 이야기한 대로, "눈이 밝아져"(창 3:5) 이전에 보지 못했던 것을 보게 되었습니다.603) 즉 그들은 자신들이 행한 일, 곧 하나님의 말씀에 불순종한 것이 '악한 것'이라는 것을 인식하게 된 것입니다. 그러자 그들의 '죄 인식'은, 곧 바로 '죄를 은익隱匿'하고, 말씀을 주신 하나님을 피하여 숨는 행동으로 옮겨졌습니다. 그래서 그들은 자신들의 죄를 은폐하기 위하여 '무화과나무 잎으로 치마를 만들어' 자신들의 부끄러움을 감추었던

---

603) 이 점에 관하여: C. Westermann, *Genesis*, BK I/1, 337-343. 베스터만은 이 기사에서 '눈이 밝아지는 사건' - '죄에 대한 인식' - 그리고 '무화과나무 잎으로 엮어 치마를 삼는 일'의 세 가지 과정을 통전적으로 이해해야 할 것을 강조한다.

것입니다. 그래서 아담은 "내가 벗었으므로 두려워하여 숨었나이다"(창 3:10) 라고 고백하고 있습니다. 따라서 하나님의 말씀에 불순종하고 선악을 알 게 하는 나무의 실과를 따먹기 전, 그들은 "벗었으나 부끄러워하지 아니하 니라"(창 2:25)는 성경의 증언을 고려해 볼 때, 아담과 그의 아내가 '벗었으나 부끄러워하지 아니하던 정황'에서 '벗음을 부끄러워하게 되는 정황'으로 바 뀌게 된 근본 원인은 바로 '선악을 알게 하는 나무의 실과를 먹지 말라'(창 3:3)는 말씀을 불순종한 '죄'에 있음을 알 수 있습니다.

그런데 그 나무의 열매가 '선善'과 '악惡'을 알게 하는 열매라는 것을 처 음부터 하나님뿐만 아니라, 사탄도 아담에게 이야기하였습니다. 다만 사탄 은 '선악'을 알게 하는 나무의 실과를 먹어도 "결코 죽지 아니하리라"(창 3:4) 고 거짓말하였고, 하나님은 "먹는 날에는 반드시 죽으리라"(창 2:17)고 말씀 하셨습니다. 그러나 아담과 그의 아내는 '선과 악'을 알게 하는 나무의 실 과를 따먹고 실제로 자신들의 '죄악'을 알게 된 것입니다. 그 때부터 그들 은 자신들의 '죄를 인식하고', 죄가 부끄러워 '무화과나무 잎으로' 자신들의 부끄러운 부분을 가리고, 또한 하나님의 심판이 두려워 "하나님의 낯을 피 하여 동산 나무 사이에"(창 3:8) 스스로 숨게 된 것입니다. 만일 아담과 그의 아내가 '죄를 인식'하지 못했다면, 바꾸어 말해서 '선악을 알지 못했다면', 즉 '선악과를 따먹지 않았다면', 그들은 벗었음을 부끄러워하지도 않았을 것이고, 하나님이 두려워 하나님의 낯을 피하여 동산 나무 사이에 숨지도 않았을 것입니다. 그런데 여기서 계속적으로 질문이 생깁니다: 왜 아담과 그의 아내가 자기들의 벗은 줄을 알고, 무화과나무 잎을 엮어 치마로 삼 았는가?

이러한 질문에 대하여 우선 쉬미트H. S. Schmidt 같은 학자는 선악과를 따 먹음으로써 아담과 그의 아내가 '성性'에 대하여 인식하게 되었기 때문이 라고 해석합니다.[604] 그러나 아담과 그의 아내가 성적性的으로 범죄 하였

---

[604] H. H. Smith, *Changing Conceptions of Original Sin.* A Study in American Theology Since 1975, 1955. 통일교는 '선악을 알게 하는 나무를 따 먹었다'는 것을 한국어 속어로 해석하여 '성 적 관계를 맺은 것'으로 해석하여 구원을 위해서 소위 성적 피 가름을 해야 한다고 주장한다고 한다.

다는 성경의 기록이 없기 때문에, 쉬미트의 해석은 정당하지 않습니다. 단지 인간이 자신의 육체 가운데 가장 부끄러워하는 곳이 성기性器이므로, 자신들이 지은 죄를 부끄러워하여, 바꾸어 말해서 자신들의 죄를 은폐隱蔽하기 위하여, 자신들이 가장 부끄러워하는 신체의 부위를 가린 것뿐입니다.605) 이러한 해석의 근거를 우리는 아담 자신의 증언 속에서 발견할 수 있습니다: "내(아담)가 동산에서 하나님의 소리를 듣고 내가 벗었으므로 두려워하여 숨었나이다."(창 3:10) 따라서 아담과 그의 아내가 '무화과나무 잎으로 엮어 치마로 삼았다'(창 3:7)는 것은, 선악을 알게 하는 나무의 실과를 따 먹어 죽게 되었으므로, 육체적 생명이 근원이 되는 신체의 부위를 가렸다는 것으로 이해해야 할 것입니다. 왜냐하면 역逆으로 이스라엘 백성들은 다른 사람들을 부끄럽게 만들려면, 그 사람의 옷을 벗겼기 때문입니다: "그렇지 아니하면 내가 그를 벌거벗겨서 그 나던 날과 같게 할 것이요, 그로 광야 같이 되게 하며 마른 땅 같이 되게 하여 목말라 죽게 할 것이다."(호 2:3, 참고. 사 32:11; 미 2:8)606) 그래서 로마 군인들도 예수님을 희롱하기 위하여 예수님의 옷을 벗겼다, 다시 입히고, 그리고 그 옷을 십자가 위에서 다시 벗겼던 것입니다: "그의 옷을 벗기고 홍포를 입히며 … 희롱을 다한 후 홍포를 벗기고 도로 그의 옷을 입혀 십자가에 못 박으려고 끌고 나가니라. … 그들이 예수를 십자가에 못 박은 후에 그 옷을 제비 뽑아 나누고 … "(마 27:28,31,35; 막 15:20)607)

이상 앞에서 살펴본 바에 의하면, 아담과 그의 아내가 '자기들이 벗은 줄을 알고, 무화과나무 잎을 엮어 치마로 삼았다'는 것은 자기의 범죄를 은익隱匿하고자 하였다는 것이고, 그들이 동산 나무 사이에 숨었다는 것은, 범죄의 대상, 곧 하나님의 낯을 피하여 스스로 숨었다는 것입니다. 우리나

---

605) Seebaß, Art. שוב, ThWAT Bd.I., Sp. 568-580, 특히 579.
606) 사 32:11 : "너희 안일한 여자들아 떨지어다, 너희 염려 없는 자들아, 당황하여 할지어다. 옷을 벗어 몸을 드러내고 베로 허리를 동일지어다." ; 미 2:8 : "근래에 내 백성이 원수 같이 일어나서 전쟁을 피하여 평안히 지나가는 자들의 의복에서 겉옷을 벗기며 … "
607) 막 15:20 : "희롱을 다한 후 **자색 옷을 벗기고**, 도로 그의 옷을 입히고, 십자가에 못 박으려고 끌고 나가니라."

라 속담에 "도둑이 제발 저려한다"라는 말이 있듯이, 범죄를 저지른 자는 제일 먼저 자신의 범죄를 인식하고, 범죄의 대상 앞에서 스스로 그 범죄를 숨기려 하고, 그의 낯을 피한다는 것입니다. 왜냐하면 범죄자는 그 누구보다도 자기 자신이 범죄의 사실과 그 깊이를 가장 잘 알고 있기 때문입니다. 그래서 가인도 하나님께 범죄를 저지른 이후, 스스로 '안색'이 변하고 하나님 앞에서 낯을 들지 못하였던 것입니다. 그래서 하나님은 "네가 선을 행하(였다)면, 어찌 낯을 들지 못하겠느냐?"(창 4:7a)고 반문하셨던 것입니다.

이제 한 걸음 더 나아가, 아담과 그의 아내가 '무화과나무 잎을 엮어 치마로 삼았다'는 것은, 범죄 후 아담과 그의 아내는 더 이상 한 몸이 아니라, 죄로 인하여 서로 분리되었다는 것을 의미합니다. 왜냐하면 하나님의 창조 섭리에 의하면 남자와 여자는 결혼하여 한 몸이 되는 것입니다: "남자가 부모를 떠나 그의 아내와 합하여 둘이 한 몸을 이룰지니라."(창 2:24) 그리고 존재론적으로도 남자와 여자는 하나입니다: "아담이 이르되, 이(여자)는 내 뼈 중의 뼈요, 살 중의 살이라"(창 2:23)608) 그래서 예수님께서도 "그런즉 (남편과 아내가) 이제 둘이 아니요 한 몸이니, 하나님께서 짝지어 주신 것을 사람이 나누지 못할지니라"(마 19:6)고 말씀하셨던 것입니다.(비교 마 19:9)609) 그러므로 타락 후의 남녀 관계는 '계약 파트너' 관계인 것입니다.610) 왜냐하면 선악을 알게 하는 열매를 따먹는 죄를 범하기 이전에는, "아담과 그의 아내 두 사람이 벌거벗었으나 부끄러워하지 아니"(창 2:25)하였기 때문입니다. 그러면 여기서 질문이 제기됩니다: 아담과 그의 아내가 동산 나무 사이에 숨었다고 해서 하나님의 낯을 피하였던가?, 즉 과연 인간은 하나님의 낯을 피할 수 있는가?

---

608) '나의 뼈, 나의 살'이란, 피를 나누고, 살을 함께 나눈 일가친척一家親戚를 뜻한다. 다시 말해서 존재론적으로 동일한 뿌리를 가지고 있다는 뜻이다.

609) 마 19:9 : "내가 너희에게 말하노니 누구든지 음행한 이유 외에 아내를 버리고 다른 데 장가 드는 자는 간음함이니라."

610) 칼 바르트는 성경이 '하나님과 이스라엘'의 계약 파트너 관계를 '남자와 여자'의 관계로 유비적으로 기술하고 있음을 강조한다. 이에 관하여: K. Barth, *Kirchliche Dogmatik* III/1, 331.

3. 하나님 앞에 있는 인간 homo coram Deo

아담과 그의 아내는 '무화과나무 잎을 엮어 치마'로 삼고, 하나님의 낯을 피하여 동산 나무 사이에 숨었지만, 곧바로 하나님은 '아담아 네가 어디 있느냐'고 아담을 부르며, 찾으십니다. 다시 말해서 아담과 그의 아내가 하나님의 낯을 피하여 숨었지만, 결코 그들은 하나님의 낯을 피할 수 없었습니다. 바꾸어 말해서 인간은 하나님의 낯을 한 순간도 피할 수 없고, 오히려 항상 '하나님 앞 coram Deo'에서 살아갈 수밖에 없는 존재입니다.

하나님의 낯을 피하여 다른 곳으로 가서 숨으려 하였지만, 결단코 하나님의 낯을 피하지 못한 예를, 우리는 요나의 사건에서 발견할 수 있습니다. 여호와 하나님은 '아밋대의 아들 요나'에게 '너는 일어나 큰 성읍 니느웨로 가서 외치라'(욘 1:2)고 명령하십니다. "그러나 요나가 여호와의 얼굴을 피하려고 일어나 다시스로 도망하려 하여 욥바로 내려갔더니, 마침 다시스로 가는 배를 만난지라. 여호와의 얼굴을 피하여 그들과 함께 다시스로 가려고 배 삯을 주고 배에 올랐습니다."(욘 1:3) 그러나 '요나'가 탄 배가 풍랑을 만나게 되어 더 이상 항해를 할 수 없음에도 불구하고, '요나'는 자신의 죄악을 감추고자 "배 밑층에 내려가서 누워 깊이 잠이 들었습니다."(욘 1:5) 그럼에도 불구하고 '요나'는 큰 폭풍이 자기 때문이라는 것을 숨길 수가 없었습니다. 그래서 그는 "너희가 이 큰 폭풍을 만난 것이 나 때문인 줄 내가 아노라"(욘 1:12b)고 자기 죄를 고백합니다. 이렇듯 '요나'는, 최초 인간 아담처럼, 그가 바로 범죄자이기 때문에 누구보다도 자신의 죄를 가장 먼저 그리고 가장 깊이 인식하였던 것입니다. 이와 같이 인간이 하나님의 낯을 피하여 어느 곳으로 갈지라도, 결단코 하나님의 낯을 피할 수 없는 '하나님 앞에 있는' 있는 존재, 이것이 인간의 실존입니다.

모든 인간은 '하나님 앞에' 있는 존재라는 것을 가장 잘 묘사하고 있는 것은 시편 139편입니다. 여기서 시편 기자는 하나님의 무소부재無所不在하심을 다음과 같이 기술하고 있습니다:

"여호와여 주께서 나를 살펴보셨으므로 나를 아시나이다. 주께서 내가 앉고 일어섬을 아시고 멀리서도 나의 생각을 밝히 아시오며, 나의 모든 길과 내가 눕는 것을 살펴보셨으므로, 나의 모든 행위를 익히 아시오니, 여호와여 내혀의 말을 알지 못하시는 것이 하나도 없으시니이다 … 내가 주의 영을 떠나 어디로 가며 주의 앞에서 어디로 피하리이까, 내가 하늘에 올라갈지라도 거기 계시며 스올에 내 자리를 펼지라도 거기 계시니이다. 내가 새벽 날개를 치며 바다 끝에 가서 거주할지라도, 거기서도 주의 손이 나를 인도하시며 주의 오른손이 나를 붙드시리이다.. 내가 혹시 말하기를 흑암이 반드시 나를 덮고 나를 두른 빛은 밤이 되리라 할지라도, 주에게서는 흑암이 숨기지 못하며 밤이 낮과 같이 비추이나니 주에게는 흑암과 빛이 같음이니이다."(시 139:1-12)

그런데 하나님이 우리 인간을 누구보다도 잘 알고, 인간이 그의 낯을 피하여 숨을 수 없는 이유는, '하나님이 바로 인간의 창조주'이시기 때문이라고 시편 기자는 고백합니다:611)

"주께서 내(인간) 내장을 지으시며, 나의 모태에서 나를 만드셨나이다. 내가 주께 감사하옴은 나를 지으심이 심히 기묘하심이라. … 내가 은밀한 데서 지음을 받고 땅의 깊은 곳에서 기이하게 지음을 받은 때에, 나의 형체가 주의 앞에 숨겨지지 못하였나이다. 내 형질이 이루어지기 전에 주의 눈이 보셨으며 나를 위하여 정한 날이 하루도 되기 전에 주의 책에 다 기록이 되었나이다." (시 139:13-16)

이 말은 간단히 말해서 여호와 하나님이 인간의 창조주이시기 때문에, 인간의 맨 처음 생성生成될 때부터 시작하여 인간의 전 생애, 그리고 그 인간의 성품과 생각과 계획까지도 모두 알고 계시다는 것입니다. 그러므로 모든 인간은 창조주 하나님의 낯을 피하면서 살아갈 수 없는 영적-실존적 존재라는 것입니다. 다시 말해서 역사 속에서 인간은 자기의 의지와 계획대로 살아가지만, 다른 한편으로는 인간의 삶의 모든 것은 하나님 앞에 백일하白日下에 드러나 있다는 것입니다. 그래서 예수님은 "감추인 것이

---

611) 139편 1-12절의 근거로 13절 이하가 기술되고 있다. 왜냐하면 13절은 'כִּי'는 접속사로 이어지기 때문이다. 이 점에 관하여: Hans Walter Wolff, *Anthropologie des Alten Testaments*, München 1973, 문희석 역, 『舊約 聖書의 人間學』, 분도출판사 1976, 174.

드러나지 않을 것이 없고 숨은 것이 알려지지 않을 것이 없느니라."(마 10:26 비교. 막 4:22; 눅 8:7; 12:2; 고전 4:5)고 말씀하셨던 것입니다.612)

이상 앞에서 살펴본 바와 같이 '하나님의 낯'을 피하고 싶지만, 결코 피하지 못하는 것이 인간의 역사적 혹은 실존적 '삶의 정황Sitz im Leben'입니다. 조금 편하게 살고 싶고, 적당히 죄를 범하면서 살고 싶지만, 그렇게 살 수 없는 것이 바로 인간의 영적 '삶의 정황'입니다. 그렇지만 인간은 끊임없이 하나님의 낯을 피하여 숨으려 하고, 은밀한 곳에서 하나님 몰래 죄악을 범하고 싶어 합니다. 그러나 하나님께서 당신의 낯을 우리에게 돌리신다는 것은 결코 억압이 아닙니다. 그것은 오히려 축복입니다.

4. 하나님의 낯을 그에게 향하여 든 자는 복되도다

여호와께서 어느 날 모세에게 말씀하여 이르시되, 제사장 아론과 그의 아들들에게 말하여 이르기를 너희는 이스라엘 자손을 위하여 다음과 같이 축복하라고 명령하십니다:

> "여호와는 네게 복을 주시고 너를 지키시기를 원하며, 여호와는 그의 얼굴을 네게 비추사 은혜 베푸시기를 원하며, 여호와는 그 얼굴을 네게로 향하여 드사 평강 주시기를 원하노라 할지니라 하라."(민 6:24-26)

이러한 축복 양식에 의하면 '여호와의 얼굴(낯)'을 우리에게 향하여 드신다는 것은 분명 축복입니다. 왜냐하면 여호와 하나님께서 '얼굴(낯)'을 비춘다는 것은, 인간 행동의 잘못을 감찰하기 위한 것이 목적이 아니라, 오히려 인간을 돌보시기 위한 것이기 때문입니다. 그래서 시편 기자는 "나(시편의 작가)를 눈동자 같이 지키시고 주의 날개 그늘 아래에 감추신다"(시 17:8)고 고백하고 있습니다.613) 다시 말해서 여호와 하나님께서 그의 낯

---

612) 막 4:22 : "드러내려 하지 않아도 숨긴 것이 없고 나타내려 하지 않아도 감추인 것이 없느니라."; 눅 8:17 : "숨은 것이 장차 드러나지 아니 할 것이 없고, 감추인 것이 장차 알려지고 나타나지 않을 것이 없느니라."; 눅 12:2 : "감추인 것이 드러나지 않을 것이 없고 숨긴 것이 알려지지 않을 것이 없나니."

613) 신 32:10 : "여호와께서 그를 황무지에서, 짐승이 부르짖는 광야에서 만나시고 호위하시며 보호하시며 자기의 눈동자 같이 지키셨도다."

을 우리에게 돌리신다는 것은, '여호와 하나님이 긍휼을 베풀어 주신다는 뜻이며, 인자(仁慈)와 진리로 항상 보호하신다'는 뜻입니다.(시 40:11) 그래서 시편 기자는 여호와의 얼굴을 본다는 것은 하나님의 은혜를 받는 것으로 기술하고 있습니다. 다시 말해서 시편 기자는 하나님의 구원을 고대하는 바를 '주님의 얼굴을 숨기지 말아 달라' 것으로 표현하고 있습니다: "만군의 하나님 여호와여 우리를 돌이켜 주시고, 주의 얼굴의 광채를 우리에게 비추소서, 우리가 구원을 얻으리이다."(시 80:19)614)

그래서 모세가 호렙 산에서 "주(하나님)의 영광을 내게 보이소서"(출 33:18)라고 청하였을 때, "여호와께서 이르시되, 내가 내 모든 선한 것을 네 앞으로 지나가게 하고, 여호와의 이름을 네 앞에 선포하리라. 나는 은혜 베풀 자에게 은혜를 베풀고 긍휼히 여길 자에게 긍휼을 베푸느니라."(출 33:19)고 답변하셨던 것입니다. 그렇습니다. 여호와 하나님께서 그의 낯을 우리에게 돌리신다는 것은, 하나님께서 우리에게 긍휼과 은혜를 베풀어 주신다는 것입니다. 이러한 의미에서 하나님의 얼굴은 사랑의 얼굴이지, 불교 사원 입구에서 문을 지키고 있는 사천왕처럼 무서운 얼굴이 결코 아닙니다. 우리 그리스도의 얼굴은 "해가 힘 있게 비치는 것 같습니다."(계 1:16)

그러므로 예수님께서 이 세상에 잃어버린 양, 곧 죄인을 찾으러 오신 것은 죄인인 우리에게는 참으로 축복인 것입니다. 왜냐하면 예수님께서 우리를 죄의 억압과 고통 속에서 방치해 두지 않으시고, 오히려 죄에서 우리를 구원하시기 위해서 오셨기 때문입니다. 이러한 의미에서 "예수께서 … 이르시되 건강한 자에게는 의사가 쓸 데 없고 병든 자에게라야 쓸 데 있느니라. 나는 의인을 부르러 온 것이 아니요 죄인을 부르러 왔노라"(막 2:17, 마 9:13)615)는 말씀은, 곧 죄인인 인간들에게는 축복의 말씀입니다. 왜냐

---

614) 시 4:6 : "여호와여 주의 얼굴을 들어 우리에게 비추소서"; 시 11:7 : "여호와는 의로우사 의로운 일을 좋아하시나니 정직한 자는 그의 얼굴을 뵈오리로다."; 27:8 : "너희는 내 얼굴을 찾으라 하실 때에 내가 마음으로 주께 말하되 여호와여 내가 주의 얼굴을 찾으리이다 하였나이다." 그 밖에 시 30:7; 34:16; 88:14; 89:15; 143:7 : "여호와여 속히 내게 응답하소서. 내 영이 피곤하나이다. 주의 얼굴을 내게서 숨기지 마소서. 내가 무덤에 내려가는 자 같을까 두려워하나이다."
615) 마 9:13 : "너희는 가서 내가 긍휼을 원하고 제사를 원치 아니하노라 하신 뜻이 무엇인지 배

하면 이미 버림받은 자, 곧 구원받지 못할 자들은 하나님께서 찾지도 않으시기 때문입니다: "너희가 믿음 안에 있는가 너희 자신을 시험하고 너희 자신을 확증하라. 예수 그리스도께서 너희 안에 계신 줄을 너희가 스스로 알지 못하느냐 그렇지 않으면 너희는 버림받은 자니라."(고후 13:5) 다시 말해서 주님께서 찾지 않는 자들은 '아직도 이 세상 풍조를 따르고 공중의 권세 잡은 자를 따르는 자들, 곧 지금 불순종의 아들들 가운데서 역사하는 영에 사로잡혀 있는 자들입니다.'(참고, 엡 2:2) 여기서 질문이 제기됩니다. 그렇다면 우리는 참 인간을 어디서 발견할 수 있는가?

5. 이 사람을 보라! - Ecce Homo(요. 19:4)

예수님께서 십자가에 못 박혀 돌아가실 때, 예수님의 마지막 운명하시는 모습을 보고 있던 로마 백부장과 그와 함께 있던 자들은 "하나님께 영광을 돌려 이르되, 이 사람은 정녕 의인(義人)이었도다"(눅 23:47)라고 증언하고 있습니다. 그러나 마태복음과 마가복음은, 백부장과 그와 함께 있던 자들이, "이(이 사람)는 진실로 하나님의 아들이었도다"(마 27:54 병행 막 15:39)라고 증언한 것으로 보고하고 있습니다. 그런데 '이 사람은 정녕 의인이었도다'로 번역된 헬라어 성경은 'ὄντως ὁ ἄνθρωπος οὗτος δίκαιος'로 기록하고 있습니다. 여기서 '정녕 의인'으로 번역된 'οὗτος δίκαιος후토스 디카이오스'는 '진실로 의로운 자', 즉 '하나님의 말씀인 율법에서 벗어나지 않은 거룩한 자'라고 풀어 이해할 수 있습니다. 히브리서가 증언하고 있듯이, "모든 일에 우리와 똑같이 시험을 받으신 이로되 죄는 없으신 분"(히 4:15)이십니다. 결국 '죄가 없는 분'이시기에, '진실로 의로운 분'이시고, 그러기에 바로 '진실로 하나님의 아들'(마 27:54, 병행 막 15:39)이었다고, 다른 복음서가 증언하고 있습니다.

그런데 본디오 빌라도는 법정에서 아무 말 없이 많은 사람들에게 심판을 받으시는 예수님을 보고, 가리켜 말하기를 "보라! 이 사람을"(요 19:4)이라

우라. 나는 의인을 부르러 온 것이 아니요, 죄인을 부르러 왔노라 하시니라."

고 외쳤습니다. 이 말씀은 역으로 이해하면, 예수 그리스도 이외의 다른 모든 인간은 '인간人間도 아니고', '참된 의인義人은 더욱 아니라'는 뜻입니다. 다시 말하면, 예수 그리스도 이외의 다른 모든 인간들은, '참 인간이 아니라, 죄인罪人', 곧 '흙에서 났으니, 흙으로 돌아갈 먼지רפע'(창 3:19)라는 것입니다. 따라서 사도 바울의 증언에 의하면, "의인은 없나니 하나도 없으며, 깨닫는 자도 없고 하나님을 찾는 자도 없고, 다 치우쳐 함께 무익하게 되고 선을 행하는 자는 없나니 하나도 없도다. 그들의 목구멍은 열린 무덤이요, 그 혀로는 속임을 일삼으며, 그 입술에는 독사의 독이 있고, 그 입에는 저주와 악독이 가득하고, 그 발은 피 흘리는데 빠른지라, 파멸과 고생이 그 길에 있어, 평강의 길을 알지 못했고, 그들의 눈앞에 하나님을 두려워함이 없다"(롬 3:10-18, 인용 시 14:1하; 53:1하)는 것입니다. 그리고 여호와 하나님 자신의 말씀에 의하면, "그(인간)의 마음으로 생각하는 모든 계획이 항상 악할 뿐"(창 6:5)이라는 것입니다. 그리고 우리들도 이미 앞장에서 실제로 인간의 죄악이 얼마나 깊고, 넓고, 교묘하고, 위선적인가를 살펴보았습니다. 한 마디로 말해서 머리끝에서부터 발끝까지, 겉모습에서부터 마음 속 깊은 곳까지 부패할 대로 부패한 것이 바로 인간입니다. 그래서 예레미야 선지자는 "만물보다 거짓되고 심히 부패한 것은 마음이라 누가 능히 이를 알리요마는, 나 여호와는 심장을 살피며 폐부를 시험하고 각각 그의 행위와 그의 행실대로 보응하나니"(렘 17:9-10)라고 선언한 것입니다.

그러므로 본디오 빌라도는 예수님을 가리켜 말하기를 "보라! 이 사람을"(요 19:4)이라고 외친 것이나, 로마 백부장과 그와 함께 있던 자들이 십자가에 못 박혀 돌아가시는 예수님을 보고서, "이 사람은 정녕 의인義人이었도다"(눅 23:47) 혹은 "이(이 사람)는 진실로 하나님의 아들이었도다"(마 27:54, 병행 막 15:39)라고 증언한 것은, 예수 그리스도만이 '참 인간vere homo'이시고, 예수님만이 '죄가 없으신 분이시고', 예수님만이 '참 하나님의 아들'이라는 뜻입니다. 이런 점에서 우리는 '참 인간'의 모습을, 예수 그리스도 이외에 그 어느 다른 인간의 모습에서도 찾을 수 없다는 것입니다.616) 따라서 우리는 '참 인간'이란 칭호를 예수 그리스도에게 돌려야 하는 반면에, 우리들 자신에 대하여는 '참 인간'이신 '참 하나님의 아들'을 십자가에 못 박아 '죽인 살인자', 곧 '죄인'이라는 칭호 이외에 다른 칭호를 붙일 수 없을 것입니다. 왜냐하면 '참 인간'은 죄인으로 취급 받아 저주받은 십자가에서 모진 고통을 당하시고, 십자가 위에서 죽으셨고, 반면에 '죄인'은 우리는 오히려 역으로 '참 인간'을 십자가에 못 박으면서 '의인義人'인체, '자기는 죄가 없는 체'하였기 때문이다.617) 이것이 바로 가장 무서운 종교적 위선이라는 바위에 선 우리 인간들의 모습입니다. 그래서 순교자 '스데반' 집사는 마지막 죽어가면서 유대인의 종교적 지도자들, 곧 바리새인과 서기관과 대제사장을 향하여, "목이 곧고 마음과 귀에 할례를 받지 못한 사람들아, 너희도 너희 조상과 같이 항상 성령을 거스르는도다. 너희 조상들이 선지자들 중의 누구를 박해하지 아니하였느냐, 의인이 오시리라 예고한 자들을 그들이 죽였고, 이제 너희는 그 의인을 잡아 준 자요 살인한 자가 되나니, 너희는 천사가 전한 율법을 받고도 지키지 아니하였도다"(행 7:51-53)고 꾸짖었던 것입니다.

　그렇다면 왜 '죄 없으신 의인義人'이자 '하나님의 아들'이 '나의 하나님, 나의 하나님, 어찌하여 나를 버리셨나이까?' 절규하면서 저주받은 십자가에 못 박혀 죽으셨나? '정녕 의인義人'이자 '진실로 하나님의 아들'인 예수님이 저주받은 십자가에 못 박혀 죽으신 것, 바로 그 점이, 예수님이 본질에 있어서 우리와 동일한 '참 인간vere homo'이라는 것을 반증해 주는 것입니다. 왜냐하면 우선 예수님도 "육신으로는 다윗의 혈통"(롬 1:3)에서 여자 '마리아'의 몸에서 태어난 우리와 동일한 본질을 가진 '참 인간'으로서 최초 인간 아담Adam이 지은 죄의 징벌, "흙으로 돌아갈 것이니라"(참고 창 3:19)는 '죽음'에서 벗어날 수 없었기 때문입니다. 그러나 그의 죽음은 자신의

---

616) 이러한 근거에서 종교개혁자 마르틴 루터는 '성자 숭배', '교황 숭배' 심지어는 '천사 숭배'까지도 거부하였다. 왜냐하면 예수 그리스도 이외에 다른 인간은 모두 죄인이고, 온전하지 못하기 때문이다.

617) 빌라도는 자기 자신은 예수님을 죽이는 데 죄와 상관없다는 뜻으로 '손을 씻었다': "빌라도가 아무 성과도 없이 도리어 민란이 나려는 것을 보고 물을 가져다가 무리 앞에서 손을 씻으며 이르되 이 사람의 피에 대하여 나는 무죄하니 너희가 당하라. 백성이 다 대답하여 이르되 그 피를 우리와 우리 자손에게 돌릴지어다 하거늘"(마 27:24-25)

죄 때문이 아니라, 다른 모든 인간의 '죄'를 대속해 주시기 위한 죽음이었습니다. 이 점을 예수님 자신이 다음과 같이 명백히 증언하고 계십니다: "인자(사람의 아들)가 온 것은 섬김을 받으려 함이 아니라, 도리어 섬기려 하고 자기 목숨을 많은 사람의 대속물로 주려 함이니라."(막 10:45) 따라서 '나의 하나님, 나의 하나님, 어찌하여 나를 버리셨나이까?'라는 예수님의 십자가 위에서의 마지막 절규는 '하나님의 아들'의 절규가 아니라, '사람의 아들(인자)', '나사렛 예수'의 절규인 것입니다. 즉 예수님의 죽음은 '신성神性'을 가진 '하나님 아들'의 죽음이 아니라, '인성人性'을 가진 '사람의 아들'의 죽음입니다. 왜냐하면 '인자人子'라는 칭호는, 한편으로는 예수님 자신을 가리키며(마 10:45), 동시에 다른 한편으로는, 최초 인간을 '아담Adam'이라고 칭하고, 예수님을 '두 번째 아담'으로 칭하는 것처럼, 모든 인간을 의미하는 '보통 명사'로서 '총칭 명칭'이기 때문입니다.

그러나 죄인인 모든 인간의 징벌을 대신 받으신 예수님의 이러한 대속의 죽음 때문에, 예수님에게는 마지막 날에 이 세상을 통치하실 수 있는 모든 권한이 주어진 것입니다: "예수께서 나아와 말씀하여 이르시되 하늘과 땅의 모든 권세를 내게 주셨으니"(마 28:18). 왜냐하면 하나님의 형상대로 지음을 받은 최초 인간 '아담Adam'에게도 만물을 다스리는 권한이 주어졌었기 때문입니다.(창 1:26) 그래서 예수님은 대속의 죽음으로 마지막 날에 주어질 자기의 세상 통치권에 대하여 다음과 같이 증언합니다: "예수께서 이르시되, 내가 진실로 너희에게 이르노니, 세상이 새롭게 되어 인자가 자기 영광의 보좌에 앉을 때에 나를 따르는 너희도 열두 보좌에 앉아 이스라엘 열두 지파를 심판하리라."(마 19:28, 참고 눅 22:69; 요 12:23; 13:31 행 7:56) 이와 상응하게 "예수께서 이르시되, 네가 말하였느니라. 그러나 내가 너희에게 이르노니 이 후에 인자가 권능의 우편에 앉아 있는 것과 하늘 구름을 타고 오는 것을 너희가 보리라"(마 26:64, 참고 마 24:30; 25:31; 막 13:26; 14:62)고 증언하셨습니다. 그래서 바로 이러한 '인자'의 모습에 대하여 시편 8편은 다음과 같이 노래하였던 것입니다: "사람이 무엇이기에 주께서 그를 생각하시며 인자가 무엇이기에 주께서 그를 돌보시나이까? 그를 하나님보다 조금 못하게 하시고 영화와 존귀로 관을 씌우셨나이다. 주의 손으로 만드신 것을 다스리게 하시고 만물을 그의 발아래 두셨으니, 곧 모든 소와 양과 들짐승이며, 공중의 새와 바다의 물고기와 바닷길에 다니는 것이니이다."(시 8:4-8) 그래서 예수님께서 "인자가 세상에서 죄를 사하는 권능이 있는 줄을 너희로 알게 하려 하노라 하시고 중풍병자에게 말씀하시되 일어나 네 침상을 가지고 집으로 가라"(마 9:6) 하셨던 것입니다.

그러므로 '인자'이신 예수 그리스도의 부활은 모든 인간의 희망인 것입니다. 왜냐하면 예수님이 죽은 자들 가운데서 다시 살아났다는 것은, 최초 인간 '아담' 이후의 모든 죄 값이 예수 그리스도로 말미암아 지불되었다는 것을 뜻하기 때문입니다. 두 번째 아담, '나사렛 예수'가 하나님의 말씀에 죽기까지 순종하였기 때문에, 하나님께서 그를 죽은 자들 가운데서 다시 살아나게 하신 것입니다. 왜냐하면 죄 없는 자를 죽이는 것도 불의이고, 역으로 죄 있는 자를 죽이지 않는 것도 불의이기 때문입니다. 그러므로 십자가 위에서의 예수님의 죽음을 '내가 받아야 할 심판'으로 인정하는 사람은 누구든지 예수님처럼 다시 부활할 수 있습니다. 이것이 예수님의 십자가가 주는 구원의 은총입니다. 그래서 사도 바울은, "사망이 한 사람으로 말미암았으니 죽은 자의 부활도 한 사람으로 말미암는도다"(고전 15:21)라고 증언하고 있습니다. 이러한 '성경의 인간학Anthropologie der Bibel'은 곧 그리스도이신 예수에 관한 학문, 곧 '그리스도적 인간학Christliche Anthropologie'이외에 다른 것이 아닙니다. 즉 참된 인간에 관한 학문은, '나사렛 예수' 그리스도에 관한 학문이 되어야 합니다.

따라서 우리가 제1부에서 5장에 걸쳐서 성경에 나타난 인간의 모습을 탐구한 바와 같이, 이 세상에는 '예수 그리스도'를 제외한 다른 모든 사람은 '인간이 아니라, 모두 죄인'이라는 것이 판명되었습니다. 그러나 바로 이러한 인식에 이르는 것이 '참 자아', 곧 '현실적인 인간'의 참 모습을 인식하는 것입니다. 우리가 '죄인'이라는 것을 참으로 인식할 때, 역설적으로 그때에 우리는 '의인義人'이 아니라, '의롭다 인정을 받은 인간gerechtfertigter Mensch'이 되는 것입니다. 마치 성전에서 기도하던 "세리가 멀리 서서 감히 눈을 들어 하늘을 쳐다보지도 못하고 다만 가슴을 치며 이르되, 하나님이여 불쌍히 여기소서, 나는 죄인이로소이다"(눅 18:13)라고 기도하였을 때, 이 기도 소리를 들으시고, 예수님께서 "내가 너희에게 이르노니 이에 저 바리새인이 아니고, 이 사람(세리)이 의롭다 하심을 받고 그의 집으로 내려갔느니라."(눅 18:14, 비교 눅 23:41-43)고 증언하셨던 것과 같습니다. 이것이 기독교의 복음의 가장 핵심적인 구원의 진리입니다.

이러한 점에서 인간에 대한 참된 인식은, 인간이 구원에 이르는 첩경입니다. 바꾸어 말하면, '성경의 인간학Anthropologie der Bibel'은 기독교 다른 모든 교리, 특히 '구원론'의 배면背面입니다. 따라서 '성경이 증언하는 인간'에 위배되는 다른 모든 기독교의 교리는, 어느 면에서 보면, 기독교의 참된 가르침이라고 볼 수 없습니다. 예컨대 '성경의 인간학'에 의하면, 인간은 태어나면서부터 죽을 때까지 죄에서 벗어나지 못하는 죄의 노예가 되어 있는 존재임에도 불구하고, '인간이 스스로 선善해 질 수 있다거나', '인간의 노력으로 구원에 이를 수 있다'는 가르침은 '성경의 인간학'에 위배되는 교리입니다. 그러므로 '성경의 인간학'은 모든 '기독교 교의학의 근본적인 전제Die grunsetzliche Voraussetzung der christlichen Dogmatik'입니다. 따라서 한 걸음 더 나아가, '성경의 인간학'은 인간에 관하여 언급하는 모든 인문학, 사회학, 정치학, 철학 등의 전제가 될 수도 있습니다. 즉 '성경의 인간학'은 모든 학문의 공통분모입니다.

그렇다면 여기서 질문이 제기됩니다: 예수님은 어떻게 '참 인간'이 되셨는가? 예수님이 '참 인간vere homo'이 되신 것은, 우선 예수님이 하나님 아버지의 말씀에 철저히 순종하였기 때문입니다. 왜냐하면 예수님은 겟세마네 동산에서 마지막 기도를 올리실 때, "아버지여 만일 할 만하시거든 이 잔을 내게서 지나가게 하옵소서. 그러나 나의 원대로 마시옵고, 아버지의 원대로 하옵소서."라고 기도하셨기 때문입니다. 이러한 예수님의 기도처럼, 그 분은 모든 희롱과 침 뱉음과 로마 군인의 채찍과 많은 민중들의 야유와 제자의 배반 그리고 골고다에 오르기까지의 모진 고난을 받으면서도, 자기 생명을 하나님 아버지에게 맡기고 침묵하시면서 하나님의 뜻에 철저

히 순종하셨습니다: "아버지 내 영혼을 아버지 손에 부탁하나이다"(눅 23:46). 바로 이렇게 자신 영혼을 하나님 아버지에게 철저히 의탁하는 예수님의 모습을 보고서 백부장이 "이 사람은 정녕 의인이었도다"(눅 23:47)라고 증언하였던 것입니다. 하나님 아버지에게 자기의 영혼을 온전히 부탁하는 예수님의 철저한 순종, 이것이 바로 예수님이 '참 인간vere homo, 곧 정녕 의인οὗτος δικαίος'이 될 수 있었던 길입니다.618)

둘째로, 예수님이 '참 인간vere homo'라 되신 것은, 그가 '성령'으로 잉태되었기 때문입니다. 모든 인간의 조상인 첫 번째 아담이 하나님의 영으로 창조되었듯이,(창 2:7)619) 두 번째 아담, 예수 그리스도도 성령으로 잉태 되었습니다: "예수 그리스도의 나심은 이러하니라. 그의 어머니 마리아가 요셉과 약혼하고 동거하기 전에 성령으로 잉태된 것이 나타났더니"(마 1:18, 이밖에 마 1:20; 눅 1:35) 그러나 첫 번째 인간(아담)은 하나님 말씀에 불순종함으로 인하여 '하나님의 영'을 상실한 반면에(창 6:3)620), 예수님은 하나님 말씀에 철저히 순종함으로써, '성령의 열매들'(갈 5:22-24)을 맺으셨습니다. 왜냐하면 '육신의 열매'(갈 5:19-21)는 모두 죄뿐이기 때문에 하나님 나라를 유업으로 받을 수 없기 때문입니다. 바로 이러한 이유에서, 예수님은 유대인의 관원 '니고데모'에게 "진실로, 진실로 네게 이르노니, **사람이 물과 성령으로 나지 아니하면** 하나님의 나라에 들어갈 수 없느니라. 육으로 난 것은 육이요, 영으로 난 것은 영이니 내가 네게 거듭나야 하겠다 하는 말을 놀랍게 여기지 말라"(요 3:5-7)고 말씀하셨던 것입니다.

그러므로 우리도 '참 인간'이 되려면, 성령으로 거듭나야 하는 것입니다.

---

618) '에녹', '노아', '욥'과 같은 사람들을 의인으로 표현하는데, 이 점은 어떻게 된 것인가? 성경은, 이들이 윤리적이나 도덕적으로 의인이었다는 뜻이 아니라, 하나님께서 그들과 '동행하는 은혜'를 베풀어서 하나님의 말씀을 믿었기 때문에 의인으로 인정받은 것으로 증언하고 있다.(창 5:22,24; 6:9,22; 욥 1:8-11)

619) 창 2:7 : "여호와 하나님이 땅의 흙으로 사람을 지으시고 생기를 그 코에 불어넣으시니 사람이 생령이 되니라" 최초 인간 아담도 '하나님의 생기', 곧 '영'으로 창조되었는데, 왜 아담은 참 인간이 아닌가? 최초 인간 아담의 타락 후 인간들의 계속적인 타락으로 인하여 하나님의 영이 인간을 떠난 것으로 성경은 보고하고 있다.(참고. 창 6:3)

620) 창 6:3 : "여호와께서 이르시되 나의 영이 영원히 사람과 함께 하지 아니하리니 이는 그들이 육신이 됨이라 그러나 그들의 날은 백이십 년이 되리라 하시니라"

그래서 사도 바울은 "만일 너희 속에 하나님의 영이 거하시면, 너희가 육신에 있지 아니하고 영에 있나니, 누구든지 그리스도의 영이 없으면 그리스도의 사람이 아니라"(롬 8:9)고 증언하였던 것입니다. 그리고 그는 또한 고후 5:17에서는, "누구든지 그리스도 안에 있으면 새로운 피조물이라. 이전 것은 지나갔으니 보라 새 것이 되었도다"라고 증언하고 있습니다. 즉 그리스도에게 임한 성령이 우리 안에 거하실 때, 우리가 '그리스도의 사람'이 되고, '그리스도의 영' 안에 거할 때에, 참 그리스도인이 되고, 그 때 '새로운 피조물', 곧 '참 인간'이 된다는 뜻입니다. 반면에 '불순종의 영靈'(엡 2:2; 6:12)인 '사탄, 마귀'의 지배를 받는 사람들은 모두 '사탄의 자녀', 곧 '비非-인간Unmensch'입니다. 왜냐하면 성령의 인도함을 받는 사람들은 성령의 열매를 맺기 때문입니다.(참고 갈 5:25)

그러면 우리는 어떻게 해야 성령을 받아 '참 인간', 곧 '새로운 피조물'이 될 수 있는가? 그것은 세리처럼 자신의 죄인임을 시인하고(눅 18:14), 회개하면서, 예수 그리스도를 통한 구원의 은혜를 구하는 것입니다.(눅 23:41-43) 그래서 사도 베드로는 "너희가 회개하여 각각 예수 그리스도의 이름으로 세례를 받고 죄 사함을 받으라. 그리하면 성령의 선물을 받으리(라)"(행 2:38) 증언하고 있습니다. 그래서 예수님께서도 "하나님의 나라가 가까이 왔으니, 회개하고 복음을 믿으라"(막 1:15)고 선포하셨던 것입니다. 이 말씀은 하나님 나라의 백성, 곧 '참 하나님의 자녀'가 되려면 회개하고 복음을 믿으라는 뜻이다. 결국 자신이 죄인이라는 것을 시인하고, 그 죄에서 벗어나고자 하는 '회개'가 성령을 받아 참 하나님 나라의 백성, 곧 '참 인간'이 되는 길입니다. 그래서 요한1서는 "만일 우리가 죄가 없다고 말하면 스스로 속이고, 또 진리(그리스도, 필자 주)가 우리 속에 있지 아니할 것이요, 만일 우리가 우리 죄를 자백하면 그는 미쁘시고 의로우사 우리 죄를 사하시며 우리를 모든 불의에서 깨끗하게 하실 것이요"(요일 1:8-9)라고 증언하고 있는 것입니다.

이와 같이 우리가 우리 자신의 죄를 시인하고, 회개하여 성령을 받아 그리스도 안에 거할 때, 우리는 참 '하나님의 형상'을 회복하는 것이고, '하나님의 형상'을 회복할 때, 우리는 '참 인간'이 되는 것입니다. 마치 예수 그리스도가 '성령'으로 잉태하여 '성령 충만함'을 받고, 성령의 인도하심에 따라서 '하나님의 말씀'에 철저히 순종하였을 때, 백부장이 '이 사람은 정녕 의인이었다'라고 고백한 것과 같습니다. 왜냐하면 예수님은 "그는 보이지 아니하는 하나님의 형상이시요 모든 피조물보다 먼저 나신 이"(골 1:15)시기 때문입니다. 즉 첫 번째 아담, 최초 인간은 '하나님의 형상'(창 1:27)으로 지음을 받았지만, '불순종의 영'에 사로잡혀 '하나님의 말씀'에 불순종하여 '하나님의 형상'이 파괴되었지만, 두 번째 아담, 예수님은 그 속에 '성령, 곧 하나님의 영'으로 충만함을 받아, '하나님의 말씀'에 죽기까지 순종함으로써, '하나님의 형상'을 유지할 수 있었습니다. 그래서 사도 바울은 고후 4:4에서 "그 중에 이 세상의 신이 믿지 아니하는 자들의 마음을 혼미하게 하여 그리스도의 영광의 복음의 광채가 비치지 못하게 함이니, 그리스도는 하나님의 형상이니라"고 증언하고 있습니다. 이러한 점에서 예수 그리스도만이 '하나님 앞에 있는 참 인간vere homo coram deo'입니다.

***** 오늘의 기도

여호와여!
주의 얼굴을 우리에게 비추소서
우리가 주의 인자하신 영광을 찾고 찾나이다.
의로우신 여호와여,
주님은 정직한 자에게 당신의 낯을 비추시며,
주님의 찾는 자에게 주의 얼굴을 비추소서
은혜의 주님,
내 영이 피곤하여, 주의 얼굴을 찾사오니,
주의 얼굴을 숨기지 마시고, 속히 응답하소서!

- 아멘 -

II. 사람들 앞에 있는 인간

- Homo coram hominibus -

***** 토의 주제*****

1. 어느 때 인간은 '하나님을 모른다' 부인하는가?
2. 왜 사람들은 사람들을 기쁘게 하려 하는가?
3. 참 인간은 어떠한 사람들 앞에 있어야 하는가?

1. 보이지 않는 하나님과 보이는 인간

우리는 창세기의 타락 기사를 통하여, 하나님의 말씀에 불순종한 인간
은 스스로 하나님의 낯을 피하려고 한다는 것을 알고 있습니다. 그러나
하나님 앞에서 떳떳하고 의롭게 사는 사람들은 오히려 자기의 '의義'를 드
러내려고 하나님 앞으로 나아온다는 것을 알고 있습니다.(참고. 요 3:20-21)621)
동시에 이와 반대로 보이지 않는 하나님에게는 자기 마음대로 행하면서,
보이는 사람들 앞에서는 - 특히 자기보다 사회적 지위가 높은 사람에게는
- 그 사람의 마음에 합의合意한 일을 하려고 노력하는 것이 평범한 인간들
의 모습이라는 것을 우리는 일상생활을 통하여 자주 경험하고 있습니다.
그러나 사도 바울은 이러한 평범한 보통 사람들의 인간관계 방식보다는,
오히려 눈에 보이지 아니하는 하나님께서 기뻐하시는 일을 행하려고 노력

---

621) 요 3:20 : "악을 행하는 자마다 빛을 미워하여 빛으로 오지 아니하나니 이는 그 행위가 드러
날까 함이요."; 요 3:21 : "진리를 따르는 자는 빛으로 오나니 이는 그 행위가 하나님 안에서 행
한 것임을 나타내려 함이라 하시니라."

하고 있는 모습을 우리에게 보여 주고 있습니다. 사도 바울은 "이제 내가 사람들에게 좋게 하랴, 하나님께 좋게 하랴, 사람들에게 기쁨을 구하랴. 내가 지금까지 사람들의 기쁨을 구하였다면, 그리스도의 종이 아니니라"(갈 1:10)고 자신이 신앙 안에서 살아가고 있음을 증언하고 있습니다.

이러한 사도 바울의 고백처럼 그리스도인들뿐만 아니라, 평범한 사람들까지도 옳고 그릇된 일 가운데서 어느 한쪽을 결정해야 할 경우, '사람들이 기뻐하는 일을 할 것인가, 아니면 하나님이 기뻐하는 일을 할 것인가' 하는 신앙적 결단의 고민을 하게 됩니다. 다시 바꾸어 말하면, 자기 일신一身의 평안을 위해서 불의不義를 간과看過하고 눈감아 줄 것인가, 아니면 사회적 정의正意와 하나님의 공의公義를 위하여 주위의 사람들이 꺼려하여도 의롭게 행동할 것인가, 결단해야 하는 상황에 봉착하게 될 때가 많이 있습니다. 그럴 때마다 우리들이 신앙적으로 항상 넘어지기 쉬운 것은, 하나님은 우리들의 눈에 보이지 않고, 세상 사람들은 우리들의 눈앞에 서 있다는 것입니다. 그래서 대부분의 사람들은 보이지 않는 하나님보다는 보이는 인간들 앞에서, 인간들이 기뻐하는 일을 행하는 경우가 많이 있습니다. 그러나 그 순간 우리에게 살며시 들려오는 다음과 같은 질문이 있습니다: 네가 참으로 그리스도인이라면, 너는 누구의 뜻에 따라 살아야 하는가? 네가 참으로 그리스도의 자녀라면, 너는 누구의 말씀에 순종하여야 하는가?

만일 이러한 질문을 스스로에게 던지지 않는다든지, 그리고 이러한 질문에 대하여 답변해야 할 아무런 의무도 느끼지 않는다면, 우리는 그러한 사람들을 결코 그리스도인이라고 칭할 수 없을 것입니다. 그리고 자기에게 이러한 질문조차 던지지 않고, 아무런 규범도 없이 신앙생활을 하는 그리스도인들이 있다면, 우리는 과연 그들이 가지고 있는 기독교 신앙의 내용이 무엇인지, 한번쯤 질문에 보아야 할 것입니다. 그러므로 아래에서 인간학의 결론으로 우리는 그리스도인들이 일상생활에서 하나님과 사람들 앞에서 누구의 뜻에 따라, 어떻게 살아가야 할지, 이 점에 관하여 탐구해 보고자 합니다. 그리고 실제로 우리는 주위의 사람들로부터 어떠한 요구를 받으면서 살아가고 있는지도 함께 살펴보고자 합니다. 왜냐하면 예수님과 함께 3년 동안 동거同居하며 그의 가르침을 받았던 제자 베드로조차도, 계집종과 여러 사람들 앞에서 세 번씩 자기의 선생이신 예수 그리스도를 모른다고 부인否認하였기 때문입니다. 그리고 현실적으로 우리 그리스도인들은 일상생활의 삶 속에서 제자 베드로처럼 "너도 예수와 함께 있었지?"(눅 22:56,59)라는 질문을 주위의 사람들로부터 은연중 수없이 받으면서 살아가고 있기 때문입니다.

2. 사람들 앞에 있는 인간 homo coram hominubus

모든 인간은 '하나님 앞에coram Deo' 죄인으로 서 있는 존재입니다. 그러나 동시에 인간은 모든 '사람들 앞에서coram hominibus' 다른 사람들과 더불어 살아가야 할 존재이기도 합니다. 이것이 바로 인간의 실존적 현실입니다. 이러한 점에서 기독교에서는, 하나님 없이 인간에 대해서만 이야기할 수 없는 것처럼, 인간 없이 하나님에 대해서만 이야기할 수도 없습니다. 다시 말하면, '하나님 앞'에서 산다는 것은 곧 '사람들 앞'에서 산다는 것이고, '사람들 앞'에서 산다는 것은 곧 '하나님 앞'에서 산다는 것을 의미합니다. 왜냐하면 예수님은 구약의 모든 율법을 다음과 같이 종합하셨기 때문입니다:

> "첫째는 이것이니 이스라엘아 들으라, 주 곧 우리 하나님은 유일한 주시라. 네 마음을 다하고 목숨을 다하고 뜻을 다하고 힘을 다하여 주 너의 하나님을 사랑하라 하신 것이요. 둘째는 이것이니 네 이웃을 네 자신과 같이 사랑하라 하신 것이라 이보다 더 큰 계명이 없느니라."(막 12:29-31)

이러한 증언에 의하면, 하나님에 대한 사랑과 이웃에 대한 사랑은 결코 분리되지 않습니다. 바꾸어 말하면 하나님에 대한 사랑은 이웃에 대한 사랑으로 표현되어야 한다는 것입니다. 그러나 이웃 사랑이 곧 하나님에 대한 사랑은 아닙니다. 왜냐하면 기독교 신앙은 인본주의적 윤리가 결코 아니기 때문입니다. 다시 말하면, 하나님께서 인간을 사랑한다고 해서 하나님보다 인간을 더 사랑해야 한다거나, 사랑해도 된다는 것은 결코 아닙니다. 왜냐하면 예수님은 분명히 "아버지나 어머니를 나보다 더 사랑하는 자는 내게 합당하지 아니하고, 아들이나 딸을 나보다 더 사랑하는 자도 내게 합당하지 아니하다"(마 10:37)고 말씀하셨기 때문입니다.(비교. 눅 18:29)[622] 이러한 점에서 기독교 사랑은 '하나님 사랑' 없는 단순한 인간애 人間愛가 아닙니다. 기독교 사랑은 그 순서나 양量과 질質에 있어서 인간에 대한 사랑이, 심지어는 자기 가족에 대한 사랑조차도, 하나님 사랑에 우선할 수가 없습니다. 한 마디로 말해서, 기독교의 사랑은 하나님을 사랑하기 때문에 이웃을 사랑하는 것이지, 이웃을 사랑하기 때문에 하나님을 사랑하는 것이 결코 아닙니다. 이것은 사랑의 주체는 오직 여호와 하나님 한 분이라는 것이며, 동시에 그 표현에 있어서도 하나님이 우선되어야 한다는 것입니다. 즉 인간의 어떠한 선행이나 사랑도 하나님의 사랑을 이끌어내는 전제가 되지 못한다는 것입니다. 오히려 자녀들에 대한 하나님의 사랑은 하나님을 사랑하지 않는 다른 모든 사람에 대한 사랑을 포함한다는 것입니다. 이 점을 우리는 소돔과 고모라의 기사에서 발견할 수 있습니다. 왜냐하면 '소돔'과 '고모라'에 의인義人 열 명만 있다면, '소돔'과 '고모라'를 멸하지 않으시겠다고 하나님께서 아브라함에게 약속하셨기 때문입니다.(참고. 창 18:23-32)[623]

그러므로 그리스도인들은, 한편으로는 창조주 '하나님 앞에 죄인으로서 있으면서, 동시에 다른 한편으로는 '인간 앞'에 서 있는 것입니다. 바꾸어 말하면 하나님의 낯을 피하여 살 수 없는 인간이기 때문에, 그리스도인들은 모든 사람들 앞에서, 자신이 하나님 앞에 죄인으로 서 있다는 것

---

622) 눅 18:29-30 : "이르시되 내가 진실로 너희에게 이르노니, 하나님의 나라를 위하여 집이나 아내나 형제나 부모나 자녀를 버린 자는 현세에 여러 배를 받고 내세에 영생을 받지 못할 자가 없느니라 하시니라."
623) 창 18:23 : "아브라함이 가까이 나아가 이르되 주께서 의인을 악인과 함께 멸하려 하시나이까?"; 창 18:32 : "아브라함이 또 이르되 주는 노하지 마옵소서. 내가 이번만 더 아뢰리이다. 거기서 **십 명을 찾으시면 어찌 하려 하시나이까 이르시되 내가 십 명으로 말미암아 멸하지 아니하리라.**"

을 증거 하는 삶을 살아야 하는 것입니다. 그러나 하나님은 현실적으로 우리들의 눈에 보이지 않기 때문에, 하나님이 기뻐하시는 것보다는, 오히려 인간들이 기뻐하는 것을 행하고 싶어하는 것이 또한 모든 인간의 세속적인 욕구입니다. '보이는 것'과 '보이지 않는 것', '인간이 원하는 것'과 '하나님이 원하시는 것', '세속적인 것'과 '신적인 것'들 사이에서 어느 것을 선택하며 살 것인가, 이것이 바로 그리스도인들의 신앙적 고뇌입니다.

그러나 분명한 것은, "믿음은 바라는 것들의 실상이요, 보지 못하는 것들의 증언"(히 11:1)라고 말씀하고 있는 것처럼, 기독교 신앙은 보이지 않는 것과 미래에 관한 것이지, 보이는 것과 이 현실 세계의 세속적인 것에 관한 것이 결코 아닙니다. 왜냐하면 "보이는 것은 나타난 것으로 말미암아 된 것이 아니기"(히 11:3b) 때문입니다. 만일 '신앙'이 현재 보이는 것과 연관되어 있는 것이라면, 사실상 미래와 보이지 않는 것에 대한 믿음은 필요하지 않는 것입니다. 이러한 맥락에서 볼 때, 하나님은 보이지 않는 분으로 우리들 앞에 계시고, 이 세상 사람들은 보이는 인간으로 우리 앞에 서 있습니다. 따라서 보이지 않는 하나님은 신앙의 눈으로만 볼 수 있고, 이 세상 사람은 육신의 눈으로 볼 수 있습니다. 그렇다면 왜 사람들은 보이지 않는 하나님은 외면하면서, 보이는 인간들만 기쁘게 하려는가?

3. 자기 자신을 위하여 하나님을 부인否認하는 인간

사람들이 현실 생활에서 하나님을 모른 체하고, 인간들에게 더 잘 보이고, 그들이 기뻐하는 것을 행하려 하는 것은 자기 자신만의 평판評判을 위한 철저히 이기적인 욕구입니다. 이러한 실례를 우리는 우선 아브라함에게서 발견하게 됩니다. 어느 해 가나안 땅에 기근이 들었으므로, 아브라함이 애굽에 거류하려고 그리로 내려갔습니다. 그가 애굽에 가까이 이르렀을 때에, 아브라함은 자기 아내 사라에게 말하여 이르기를, "내가 알기에 그대는 아리따운 여인이라. 애굽 사람이 그대를 볼 때에 이르기를, 이는 그의 아내라 하여 나는 죽이고 그대는 살리리니 원하건대 그대는 나의 누이라 하라. 그러면 내가 그대로 말미암아 안전하고 내 목숨이 그대로 말

미암아 보존되리라 하니라."(창 12:11-13, 비교 창 20:11)[624]

이 기사 속에서 우리는, 아브라함이 자기 목숨을 위하여 사래와의 결혼 관계를 포기할 뿐만 아니라, 여호와 하나님에 대한 신앙마저 포기하고, 애굽 사람에게 '거짓말'을 하는 것을 발견하게 됩니다. 다시 말하면, 아브라함은 자기 목숨을 보존하기 위하여 하나님을 두려워하지도 않고, 자기 아내 '사라'와 결혼 관계를 포기하였던 것입니다.[625] 물론 우리는 아브라함이 자기 아내를 포기하는 것은 아브라함의 자유라고 이해할 수도 있으나, 만일 그것이 정당한 것이었다면, 여호와 하나님은 '사라'를 애굽 사람과 '아비멜렉'으로부터 보호하지 않았을 것입니다. 다시 말해서, 아브라함은 하나님보다는 애굽 사람과 '아미멜렉'을 더 두려워하였던 것입니다.

예수님의 제자 베드로도 자기 생명 보존을 위하여 예수님을 부인하고 사람들의 틈 속으로 사라집니다. 베드로가 아래 뜰에 있을 때, 대제사장의 여종 하나가 와서 베드로가 불 쬐고 있는 것을 보고 물었습니다: "너도 나사렛 예수와 함께 있었도다"(막 14:67) 이때에 "베드로가 부인하여 이르되, 나는 네가 말하는 것이 무엇인지 알지도 못하고 깨닫지도 못하겠노라"(막 14:68)고 답변합니다. 이렇게 주위의 사람들이 베드로를 가리켜 예수 그리스도와 '함께 있던 자'라고 말할 때마다, 베드로는 이를 부인하였습니다. 그리고 끝내는 "베드로가 저주하며 맹세하되, '나는 너희가 말하는 이 사람 (예수 그리스도)을 알지 못하노라'"(막 14:71)고 예수를 부인합니다. 이렇듯 베드로도 아브라함처럼 자기 일신—身의 평안을 위하여 사람들 앞에서 예수님을 부인합니다. 결국 아브라함이나 베드로는 사람들 앞에서 하나님과 예수 그리스도를 부인하였던 것입니다. 바꾸어 말하면, '사람들 앞에서coram

---

624) 창 20:11 : "아브라함이 이르되 이곳에서는 하나님을 두려워함이 없으니 내 아내로 말미암아 사람들이 나를 죽일까 생각하였음이요."

625) 물론 당시의 결혼 제도에 의하면, 아내는 일종의 소유물이기에 자기 소유물을 이용하여 자기 목숨을 보존하려는 것을 당연한 일이지만, 하나님께서 사래가 타인의 아내가 되는 것을 막아주신 것으로 미루어보아, 아브라함이 자기 아내 사래를 호신용으로 이용하였다는 것은, 하나님보다는 사람들을 더 두려워하였다는 것으로 해석할 수 있을 것이다. 이 점에 관하여: Roland de Vaux, *Das Alte Testament und seine Lebensordnungen*, 이양구 역, 『구약 시대의 생활 풍습』, 대한기독교출판사 1983, 55-79.

hominibus' 여호와 하나님과 예수 그리스도를 인정하고 선택하기보다는, 예수를 십자가에 못 박은 사람들 편에 섰던 것입니다.

이와 같이 아브라함이나 베드로는, 사람들 앞에서 자기 신변의 위협 때문에, 하나님과 예수 그리스도 편에 서기보다는 인간들 편에 섰습니다. 아브라함과 베드로는 수동적으로 '사람들 편'에 섰지만, 거짓 예언자들은 보다 적극적으로 사람들을 기쁘게 하기 위하여 거짓된 예언으로 사람들의 욕심을 부추기고, 인간들이 기뻐하는 예언을 합니다. 그 한 가지 예가 바로 '아합' 왕의 욕심을 부추긴 거짓 선지자들입니다. 어느 날 "유다의 여호사밧 왕이 이스라엘의 왕에게 내려가매, 이스라엘의 왕이 그의 신하들에게 이르되 길르앗 라못은 본래 우리의 것인 줄을 너희가 알지 못하느냐 우리가 어찌 아람의 왕의 손에서 도로 찾지 아니하고 잠잠히 있으리요 하고 여호사밧에게 이르되 당신은 나와 함께 길르앗 라못으로 가서 싸우시겠느냐 여호사밧이 이스라엘 왕에게 이르되 나는 당신과 같고 내 백성은 당신의 백성과 같고 내 말들도 당신의 말들과 같으니이다."(왕상 22:2-4)라고 답변합니다. 그러자 여호사밧이 또 이스라엘의 왕에게 이르되, "청하건대 먼저 여호와의 말씀이 어떠하신지 물어 보소서 (하니) 이스라엘의 왕이 이에 선지자 사백 명쯤 모으고 그들에게 이르되, '내가 길르앗 라못에 가서 싸우랴 말랴' 그들(거짓 선지자들)이 이르되 '올라가소서 주께서 그 성읍을 왕의 손에 넘기시리이다'"(왕상 22:5-6) 이렇듯 거짓 선지자들은 이스라엘 왕, '아합'의 욕심을 부추기기 위해서 하나님을 두려워하지 않고, 이스라엘 왕이 기뻐하는 예언을 하였습니다. 그러나 사도 바울은, 너희는 "눈가림만 하여 사람을 기쁘게 하는 자처럼 하지 말고, 그리스도의 종들처럼 마음으로 하나님의 뜻을 행하고, 기쁜 마음으로 섬기기를 주께 하듯 하고 사람들에게 하듯 하지 말라."(엡 6:6-7)고 경고하고 있습니다.

이상 살펴본 것처럼, 우리는 그리스도인이건 비그리스도인이건, '참眞'과 '거짓僞'이 있을 때, 분명하게 자기 자신의 입장을 밝혀야 합니다. 그것이 책임 있는 인간의 삶의 태도이며 동시에 신앙입니다. 그 때에 우리는 '하나님 편'에 설 것인가, 아니면 '인간 편'에 설 것인가를 분명히 결정해야 할 것입니다. 더 자세히 말하면, 보이지 않지만 무소부재無所不在하신 '하나님 말씀 앞'에 설 것인가, 아니면 보이는 '인간들의 요구 앞'에 설 것인가를 결정해야 할 것입니다. 왜냐하면 하나님의 생각은 인간의 생각과 다르며, 하나님의 길은 인간의 길과 다르기 때문입니다.(사 55:8-9)626) 이러한 의미에서 신앙은 순교적인 삶입니다. 즉 자기의 생각과 욕심을 버리고, 어떠한 고통이 닥쳐와도 '사람들 편'에 서지 않고, '하나님 편'에 서는 것입니다. 바꾸어 말하면 우리들의 모든 것을 알고 계시지만(시 139:2)627) 그러나 보이지 않는 하나님 앞에서, 끊임없이 인간들의 편에 설 것을 강요받고 있는 것이 그리스도인의 실존이고, 이 실존적 삶의 정황에서 죽음을 무릅쓰고 하나님 앞에서 살아가는 삶이 그리스도인의 삶입니다. 그러면 순교적 삶은 구체적으로 어떻게 표현되어야 하는가?

4. 낮고 천한 사람들 가운데 계신 참 인간vere homo

'사람들 앞에 있는 인간homo coram hominibus'이란, 단지 수동적으로 인간들의 욕구에 부응하여 인간들 편에 서서 그들을 편들고 있는 사람들만을 결코 의미하지 않습니다. 긍정적인 측면에서 볼 때, '사람들 앞에 있는 인간'이란, 인간은 '하나님 앞'에 있기 때문에 동시에 '인간 앞'에 있어야 한다는 것을 의미합니다. 왜냐하면 하나님이 직접 육신의 옷을 입고, 종從의 모습으로 이 땅에 오셨기 때문입니다.(빌 2:6f; 요 1:14) 이러한 점에서 기독교는 인간 없이 하나님에 대해서만 이야기할 수 없습니다. 즉 하나님이 나사렛 예수의 몸으로 직접 육신을 입고 오셨기 때문에, 이제 그리스도의 화육 이후 모든 인간들이 '하나님 앞coram Deo'에서 산다는 것은, 곧 '사람들 앞coram hominibus'에서 산다는 것을 뜻합니다. 왜냐하면 하나님은 나사렛 예수의 모습으로 이 땅에 오셔서 낮고 천한 사람들의 친구가 되어 주셨기 때

---

626) 사 55:8-9 : "이는 내 생각이 너희의 생각과 다르며 내 길은 너희의 길과 다름이니라 여호와의 말씀이니라. 이는 하늘이 땅보다 높음 같이 내 길은 너희의 길보다 높으며 내 생각은 너희의 생각보다 높음이니라."
627) 시 139:2 : "주께서 내가 앉고 일어섬을 아시고 멀리서도 나의 생각을 밝히 아시오며 … "

문입니다: "인자는 와서 먹고 마시매, 너희 말이, 보라, 먹기를 탐하고 포도주를 즐기는 사람이요, 세리와 죄인의 친구로다."(눅 7:34) 이렇게 하나님은 인간의 모습으로 이 땅에 오셔서 세리들과 죄인의 친구로서 우리 앞에 서 계십니다. 그래서 예수님은 천국에 대한 비유에서, "너희가 여기 내 형제 중에 지극히 작은 자 하나에게 한 것이 곧 내(임금님, 곧 예수 그리스도)게 한 것이니라 하시고"(마 25:40) 또한 동시에 "이 지극히 작은 자 하나에게 하지 아니한 것이 곧 내게 하지 아니한 것이니라."(마 25:45)고 말씀하고 계십니다. 그러므로 예수님은 "삼가 이 작은 자 중의 하나도 업신여기지 말라. 너희에게 말하노니, 그들의 천사들이 하늘에서 하늘에 계신 내 아버지의 얼굴을 항상 뵈옵느니라"(마 18:10)고 말씀하셨습니다.628)

따라서 '사람 앞'에 있는 인간이란, 다른 말로 말하면 이웃의 지극히 작은 자를 사랑하는 것으로, 하나님에 대한 사랑을 표현해야 하는 존재라는 것입니다. 그러므로 그리스도인은, 한편으로는 창조주 '하나님 앞'에 죄인으로 서 있으면서, 동시에 다른 한편으로는 낮고 천한 '이웃들 앞'에 서 있습니다. 즉 하나님의 낯을 피하여 아무 곳에도 숨을 수 없는 죄인이 인간이라면, 그 죄인들 가운데 인간의 모습으로 그들과 함께 계시는 '하나님 앞'에서 인간은 숨을 수 없습니다. 이러한 의미에서 그리스도인들은 우리 주님께서 그들과 함께 계신 낮은 자와 천한 자들 앞에서 그들을 섬겨야 하는 죄인의 모습으로 서 있다는 것입니다. 이러한 의미를 우리는 선한 사마리아 사람의 비유에서 발견할 수 있습니다.

어떤 율법 교사가 예수님을 시험하기 위하여 "내가 무엇을 하여야 영생을 얻으리이까?"라고 예수님께 물었습니다. 그러자 예수님께서 대답하여 이르시되, "율법에 무엇이라 기록되었으며 네가 어떻게 읽느냐?"고 반문하십니다. 그러자 율법 교사는 "네 마음을 다하며 목숨을 다하며 힘을 다하며 뜻을 다하여 주 너의 하나님을 사랑하고 또한 네 이웃을 네 자신 같이

---

628) 계 13:16 : "그가 모든 자 곧 작은 자나 큰 자나 부자나 가난한 자나 자유인이나 종들에게 그 오른손에나 이마에 표를 받게 하고"; 계 20:12 : "또 내가 보니 죽은 자들이 큰 자나 작은 자나 그 보좌 앞에 서 있는데 책들이 펴 있고 또 다른 책이 펴졌으니 곧 **생명책이라** 죽은 자들이 자기 행위를 따라 책들에 기록된 대로 심판을 받으니."

사랑하라"는 말씀으로 답변하셨습니다. 이에 예수님께서 그에게 "네 대답이 옳도다 이를 행하라 그러면 살리라"고 말씀하셨습니다. 그러자 또 다시 율법 교사는 "내 이웃이 누구이니이까?"고 다시 물었습니다.(눅 10:25-30) 이에 예수님께서 다음과 같은 비유로 대답해 주셨습니다:

> "어떤 사람이 예루살렘에서 여리고로 내려가다가 강도를 만나매 강도들이 그 옷을 벗기고 때려 거의 죽은 것을 버리고 갔더라. 마침 한 제사장이 그 길로 내려가다가 그를 보고 피하여 지나가고, 또 이와 같이 한 레위인도 그 곳에 이르러 그를 보고 피하여 지나가되, 어떤 사마리아 사람은 여행하는 중 거기 이르러 그를 보고 불쌍히 여겨 가까이 가서 기름과 포도주를 그 상처에 붓고 싸매고 자기 짐승에 태워 주막으로 데리고 가서 돌보아 주니라. … 네 생각에는 이 세 사람 중에 누가 강도 만난 자의 이웃이 되겠느냐? 이르되 자비를 베푼 자니이다. 예수께서 이르시되 가서 너도 이와 같이 하라 하시니라."(눅 10:30-37)[629]

이 비유의 말씀에서 우리가 분명히 알 수 있는 것은 사마리아 사람은 강도 만난 사람의 이웃이고, 동시에 강도 만난 사람도 역시 선한 사마리아 사람의 이웃입니다. 따라서 '이웃'이란, '주객의 관계'가 아니라, '상호관계'입니다. 따라서 '이웃을 사랑한다'는 것은, 누가 누구를 일방적으로 사랑하는 것이 아니라, 서로 사랑하고, 또 서로 사랑을 받는 '상조相助의 사랑'입니다.

그러므로 '하나님 앞'에 있다는 것은 동시에 '사람들 앞'에 있다는 것을 뜻합니다. 왜냐하면 우리 주님께서 친히 우리의 이웃이 되어 주셨기 때문입니다. 그러므로 우리는 주님을 이웃으로 삼아 사랑해야 하는 것입니다. 그런데 그 주님은 홀로 계시지 않고, 낮고 천한 사람들 가운데서 그들과 함께 계시기 때문에, 우리가 주님을 사랑하려면, 그 낮고 천한 사람들을

---

629) 이 비유의 말씀을 김덕기는 "라깡의 후기 구조주의에 근거한 토착화의 새 모델"로 해석하고 있다. 그에 의하면, 이 비유는 궁극적으로 하나님 나라가 활동하는 방식과 도래하는 방식, 곧 "하나님과 인간과 세상"의 관계를 비유로 증언하고 있다. 이 점에 관하여: 김덕기, 『예수 비유의 새로운 지평』, 다산글방, 2001, 339-366.

사랑해야 하는 것입니다. 이러한 의미에서 이웃 사랑은 그리스도인들에게
선택 사항이 아니라, 필수적인 것입니다. 그러므로 결론적으로 말해서, 우
리 그리스도는 '하나님 앞에서 낮고 천한 사람들 앞에 서 계시고', 동시에
'낮고 천한 사람들 앞에 함께 있음으로써 하나님 앞에 서 계십니다.'

5. 너 자신을 알라!(미래의 인간)

한편으로는 '하나님 앞에*coram Deo*' 있으면서, 다른 한편으로는 '사람들 앞
에*coram hominibus*'에 있는 것인 모든 인간의 실존적 위상임에도 불구하고, '불
순종의 영'에 사로 잡혀 있는 '자연인'들은 벌써 '하나님의 형상'에 대항하
는 '인간의 형상'을 가진 '비인간'을 수없이 만들고 있습니다. 이것이 바로
'복제인', '로봇인'입니다. 이미 인류 역사 한 가운데 '복제인'과 '로봇인'이
등장하였습니다. 이것은 앞으로 '자연인'에게 가장 큰 도전이 될 것이며,
동시에 인간이 '하나님 앞'에 있고자 하지 않고, 오히려 인간이 만든 '인간
들 앞'에 있고자 하는 욕구의 표출입니다. 그러나 이러한 인간의 의도는,
앞으로 커다란 재앙을 가져올 것입니다. 이미 '아이 로봇'이라는 영화에서
인간은 '자연인'에 도전하는 '로봇들의 반란'을 그리고 있습니다.

카네기 멜론 대학 교수인 로봇공학자 '한스 모라베크'는 "2050년이면 인
간과 같은 지적知的 능력을 가진 '로봇'이 등장하고, 이 '로봇'이 인간의 목
표와 가치를 공유해 우리의 상속인이 될 수도 있다"고 예견하였습니다.630)
비록 '한스 모라베크' 교수가 예견한 시간에 꼭 이러한 일이 발생하지 않
는다 하더라도, 그러한 시대는 언젠가는 오고 말 것입니다. 왜냐하면 미국
터프츠 대학 교수이며 인지과학자인 '다니엘 데넷Daniel Dennett'은 '인간의 의
식意識'도 컴퓨터처럼 분해가 가능하다고 보고 있기 때문입니다. 그는, 인
간의 신경과학 및 뇌腦 과학이 자연과학적으로 탐구되듯이, 인간의 의식도
자연과학적으로 탐구될 수 있는 가능성을 제시하였습니다.631) 그런데 인
간의 의식을 자연과학적으로 컴퓨터로 분해할 수 있는 가능성은, 이미 독

---

630) 참고. 조선일보 이철민 기자(블로그, chulmin.chosun.com)
631) 참고. 조선일보, 2002년 11월 7일, A.13(김기철 기자, kichul@chosun.com)

일의 '막스 플랑크Max Planck' 생화학연구소에 의해서 발표되었습니다. 왜냐하면 '막스 플랑크' 연구소는 생물체의 신경 단위인 '뉴런Neuron'과 인공 반도체 사이에 쌍방향 신호 전달이 가능한 '뉴런 반도체'를 발명하였기 때문입니다.632) 그리고 최근에는, 외부의 고성능 컴퓨터가 두뇌 역할을 대신하는 인간형 로봇이 국내 연구진에 의해서 개발되었습니다. 한국과학기술연구원 지능로봇연구센터 유범재 박사팀은, 2005년 1월 6일 '로봇과 고성능 인간형 로봇(NBH-1: Network Based Humanoid)을 개발하였다'고 밝혔습니다.633)

그리고 '복제 인간'이 탄생할 가능성은 이미 문 앞에 와 있습니다. 왜냐하면 국내외적으로 동물 복제가 이미 성공하였기 때문입니다. 국내에서도 진주산업대 동물생명과학과 '박희성' 교수에 의해서 '체세포 복제 기술'을 이용하여 '복제 염소'를 생산하였습니다. 1977년 복제 양 '돌리'가 탄생한 이래 체세포 복제를 이용한 소, 돼지, 개, 고양이 등을 생산하는 것은 이제 그리 어려운 일이 아닙니다. 박 교수는 '복제 염소'를 만들 때, 염소의 귀 세포를 극소량 채취하여, 분리 배양한 후, 핵을 제거한 후, 난자에 주입하여, 전기 자극 방법으로 융합해서 대리모의 난관에 이식, 임신을 유도하는 방식으로 생산하였다고 합니다.634) 그리고 이미 복제된 소들에 의해서 다시 새끼가 태어나는 일까지 이루어지고 있습니다. 2006. 7. 31. 대한민국 축산 연구소는 "복제소들의 번식력이 증명됐으므로 앞으로 대량 생산과 산업화의 길이 열린 셈"이라고 평가 하고 있습니다. 복제 암소는 2003년 7월, 복제 수컷 소는 같은 해 10월에 태어났으며, 이들을 통한 인공 수정은 2005년 10월에 이루어졌다고 합니다.635) 생명 복제 기술이 포유 동물에까지 가능하다면, 인간 복제는, 현재 윤리적인 문제로 인하여 착수하고 있지 않는 것뿐이지, 원하기만 하면 앞으로 얼마든지 가능한 일입니다.

이렇듯, '자연인'들은 자기 형상을 닮은 수많은 '로봇인'과 '복제인'을

---

632) 참고. 영국 PA 통신, 조선일보 이태훈 기자, libra@chosun.com
633) 참고. 조선일보, 2005년 1월 7일, 16A(이영완 기자, 블로그, ywlee.chosun.com)
634) 참고. 조선일보, 2005년 6월 8일, A6(강인범 기자, 블로그, ibkang.chonsun.com)
635) 참고. 조선일보, 2006년 8월 2일, A8(뉴시스)

만들어 낼 것입니다. 따라서 앞으로 '로봇인'과 '복제인'이 지구상에 등장하리라는 것은 시간문제입니다. 그러므로 '로봇인', '복제인' 그리고 '외계인' 등 '인간의 형상'을 가진 세 가지 종류의 '비인간'과 '자연인'에 대한 연구는, 미래의 '성경의 인간학'의 문제점이자 주제가 될 것입니다. 그래서 이미 '에스겔' 선지자는, '사람의 형상'을 가진 미래의 인간에 대하여 다음과 같이 예언하였던 것입니다: "내가 보니 … 불이 번쩍번쩍하여 빛이 그 사방에 비치며, … 그(불)속에서 네 생물의 형상이 나타나는데, 그들의 모양이 이러하니 그들에게 사람의 형상이 있더라."(겔 1:4-5) 이러한 점에서 '사람의 형상'을 가진 '로봇인'과 '복제인', 그리고 한 걸음 더 나아가 '외계인'에 대한 연구는, 미래의 '인간학의 과제'로 부각될 것입니다. 본 '성경의 인간학'은 이 과제를 후학들의 연구 과제로 남겨 놓고자 합니다. 그리고 앞으로 도래할 자연인들의 위기 극복을 위하여 기도합니다.

***** 오늘의 기도

주님,
먹을 것을 달라고 아우성치는 가난한 군중들
침상에 누워서 살려달라고 외치는 병자들
이상한 몸짓으로 괴로워하고 있는 사람들
그 때,
주님은 그들 가운데 계셨습니다.

그러나 우리들 눈에는
주님은 보이지 않고,
아우성치는 저 백성들의 헐벗은 모습만 보였습니다
그 때,
우리는 제사장처럼, 그리고 레위인처럼,
바쁜 재 걸음으로 귀를 막고 그 곳을 지나쳤습니다

그러나
그 때,
주님이 그들 가운데 계셨음을 실상은 알고 있었습니다.
주여 저희의 죄를 용서하여 주옵소서!

- 아멘 -

Gloria Patri et Filio et Spiritui Sancto
sicut erat in principio et est nunc
et erit semper et in saecula saeculorum,
Amen

참고 문헌

Abir, S., "Das Erdreich als Schöpfungselement in den Mythen der Urgeschichte", Judaica 35(1979), 23-27; 125-130.

Ahn, G., "Schicksal I", TRE 30, 102-107.

Ahn, Gregor, Art. 'Schicksal I', *TRE 30*, 102-107.

Alt, A., "Gedanken über das Königtum Jahwes", Kl. Schriften I, 345-357.

Althaus, P., 구영철 역, 「마르틴 루터의 신학」, 성광출판사, 1994.

Althaus, P., Die christliche Wahrheit, 7. Aufl., 1966.

Barth, K., Der Römerbrief, 2. Aufl., München, 1922.

----, Kirchliche Dogmatik, III/1, 2,4, IV/1, Zürich, 1945-1953

Begmann, H., Strukturwandel der Familie. Eine sozialethisch-theologische Untersuchung über die Wandlung von der patriachalischen zur partnerscha -ftlichen Familie, 1966.

Bergmann, H., *Strukturwandel der Familie. Eine sozialethisch-theologische Untersuchung ueber die Wandlung von der patriachalischen zur partnerschaftlichen Familie,* 1966, 75f, 134-160.

Berkhof, L., 권수경, 이상원 공역, 「벌코프 조직 신학」 상, 크리스챤다이제스트, 1991.

Bernhardt, R., Art. "Vorsehung", EKL Bd.4., Sp. 1208-1211.

Betz, O., "Heilung", TRE 14, 763-768.

Bloch, E., Das Prinzip Hoffnung I, Suhrkamp, 1970.

Bloch, E., Geist der Utopie. Unveränderter Nachdruck der bearbeiteten Neuauflage der zweiten Fassung von 1923, Frankfurt, 1964.

Boecker, H. J., Redeformen des Rechtsleben im AT, WMANT 14, 2.

Aufl., 1970.

Bonhoeffer, D., Akt und Sein. Transzendentalphilosophie und Ontologie in der systematischen Theologie, hrsg. von Hans-Richard Reuter, München, 1988.

Bornhäuser, K., Studien zum Sondergut des Lukas, Gütersloh, 1934.

Brueggemann, W., 강성열 역, 「성서로 본 땅」, 나눔사, 1992.

Brunner, E., Dogmatik II, 3. Aufl., 1972.

Brunner, E., Natur und Gnade, 1935.

Brunner, P., Pro ecclesia I, 1962.

Buber, M., Der Glaube der Propheten, 1950.

Büchsel, F., Art. "Θ´υμος, κτλ", ThWNT III, 167-173.

Bultmann, R., 허혁 역, 「요한 福音書 研究」, 성광문화사, 1979.

―――――, Primitive Christianity in its contemporary setting, 1956.

―――――, Theologie des Neuen Testaments, Tübingen, 1948.

Buytendijk, F. J. J., Allgemeine Theorie der menschlichen Haltung und Bewegung, 1948(독일어판, 1956).

―――――, Menschen und Tier. Ein Beitrag zur vergleichenden Psychologie, rde 74, 1958.

Calvin, J., Institutio Christianae Religionis, tr. von Otto Weber, Neukirchener Verlag, 1955.

Cargill Thompson, W. D. J., "The 'Two Kingdom' and the 'Two Regiments': Some Problems of Luther's Zwei-Reiche-Lehre", Journal of Theological Studies, 20(1969), 174ff.

Chapmann Gray, Covenant Marriage, 김유태 역, 「언약 결혼. 연인보다 아름다운 부부로 살아가기」, 황금부엉이 2004.

Chapmann, G., 김유태 역, 「언약 결혼. 연인보다 아름다운 부부로 살아가기」, 황금부엉이 2004.

Childs, B. S., 김갑종 역, 「구약정경개론」, 대한기독교출판사, 1987.

Collumann, O., 전경연 역, 「영혼 불멸과 죽은 자의 부활」, 향린사, 1965.

Comblin Jesé, Anthroplogie Christā, 김수복 역, 『그리스도교 人間學』, 분도출판사 1988.

Comblin, J., 김수복 역, 「그리스도교 人間學」, 분도출판사, 1988.

―――――, Der Heilige Geist, Düsseldorf, 1988.

Cone, J., A Black Theology of Liberation, New York: Lippincott, 1970; 2 판. Maryknoll, N.Y.: Orbis Books, 1986.

Corpus Reformatorum. Calvin Opera, 13,17

Cox, D., Man's Anger and God's Silence. The Book of Job, Middlegreen, 1990.

Crenshaw, J. L., 강성열 역, 「구약 지혜 문학의 이해」, 한국장로교출판사, 1993.

Cuzzort, R. P./King, E. W., 한승홍 역, 「20세기 사회사상」, 도서출판 나눔사, 1988.

Dalman, G., Worte Jeus I, 2. Aufl., 1930.

de Vaux, Roland, Das Alte Testament und seine Lebensordnungen, 李陽九 역, 『舊約 時代의 生活 風俗』, 대한기독교출판사 1983.

――――――, Lebensordnungen I., 45ff, 72ff. 96ff.

Dohmen, Ch. Art. "דבב", ThWAT IV, Sp. 13-17.

Eichrodt, W., Theologie des ATs, Bd. 1, 1957.

Fabry, H-J., Art. "לב / לבב", ThWAT Bd.IV, Sp. 413-451.

Fendrich, H., Art. "κράζω", EWNT Bd. II, 774-776.

Fiorenza, E. S., Zu ihrem Gedächtnis. Eine feministisch-theologische Rekonstruktion der christlichen Ursprünge, Gütersloh, 1993.

Fleischer, M., "Nietzsche, Friedrich(1844-1900)", TRE 24, 506-524.

Forrester, Jay. W., World Dynamics, Cambridge, 1971.

Freedman, Lundbom, Art. "הרה", ThWAT Bd. III, 182-188.

Freud, S., Massenpsychologie und Ich-Analyse. Die Zukunft einer Illusion, Fischer Bücherei, 1922.

Friedrich, J., Gott im Bruder?, Calwer Theologische Monographien 7, Stuttgart, 1977.

Fromm, E., 「자유로부터의 도피」, 박영사, 1985.

Gamberoni, Art. "שבל", ThWAT Bd. IV, 471-483.

Gasset, J. O. Y., Der Aufstand der Massen, Hamburg, 1956.

Gehlen, A., Der Mensch. Seine Natur und seine Stellung in der Welt, Wiesbaden, 2004.

Gnilka, J., 정한교 역, 「나자렛 예수」, 분도출판사, 2002.

――――――, Mathäusevangelium I, II, Herder, 1986, 1988.

Godet, G., Kommentar zu dem Brief an die Römer, deutsch von E. R. und K. Wunderlich, 2. Aufl., Hannover, 1892.

Gordis, R., The Book of Job. Commentary. New Translation and Special Studies, New York, 1978.

Greshake, G., Auferstehung der Toten. Ein Beitrag zur gegenwärtigen theologischen Diskussion über die Zukunft der Geschichte, Essen, 1969

------, 심상태 역, 「종말 신앙: 죽음보다 강한 희망」, 성바오로출판사, 1980).

Groß, J., Geschichte des Erbsündendogmas. Ein Beitrag zur Geschichte des Problems vom Ursprung des Übels, 1969.

Guardini, R., 전호헌 역, 「불완전한 인간과 힘」, 성바오로출판사, 1999.

Gunkel, H., "Über die Beschneidung im Alten Testament", APF 2(1903), 13-21.

Gunneweg, Antonius H. J., *Geschichte Israels bis Bar Kochba*, 文憙錫 역, 『이스라엘의 歷史』, 한국신학연구소, 1990.

Gutiérrez, G., 황종렬 역, 「생명이신 하나님」, 분도출판사, 1994,

Haacker, K., Art. "πλησίον", ExWNT III, 265-269.

Habel, H., "The Form and Significance of the Call Narratives", ZAW 77(1965), 297-323.

Habel, N. C., 정진원 역, 「땅의 신학」, 한국신학연구소, 2001.

Habermas, J., Zur Logik der Sozialwissenschaften, Frankfurt, 1970.

Hasel, Art. Art. "קצף", ThWAT Bd II, 628-639.

Hastings, S.(ed.), Encyclopaedia of Religion and ethics 5, Edinburgh/New York, 1912.

Hauck, Art. Art. "μαμωνάς", ThWNT IV, 390-392.

Hegel, G.W.F., Phänomenologie des Geistes, Frankfurt, 1973.

Heim, K., Die Auferstehung der Toten, Berlin, 1936.

Hengel, M., 전경연, 김수남 역, 「요한문서 탐구」, 대한기독교서회, 1998.

Herder, J. G., Abhandlung über den Ursprung der Sprache, Berlin, 1970.

Hinkelammert, F. J., 김항섭 역, 「物神: 죽음의 이데올로기적 무기」, 다산글방, 1999.

Hinkelammert, Franz J., *Las Armas Ideológicas de la Muerte*, 김항섭 역, 『物神』, 다산글방 1999.

Hirschberger, J., 강성위 역, 「서양철학사」 상/하, 이문출판사 1996/1997.

Honecker, M., Art. "Arbeit VII", TRE 3, 644-645.

――――――, Art. "Geld II", TRE 12, 278-298,

Hübner, H., Das Gesetz bei Paulus. Ein. Beitrag zum Werden der paulinischen Theologie, Göttingen, 1978.

Irenaeus, Adversus haereses III, Freiburg, 1995

Janke, W., Existenzphilosophie, Berlin, 1982.

Jaspers, K., 신옥희, 변선환 역, 「계시에 직면한 철학적 신앙」, 분도출판사, 1989.

Jepsen, A., "Berith", Festschrift von W. Rudolpf, 1961.

Jeremias, J., Jerusalem zur Zeit Jesu, 3. Aufl., Göttingen 1962.

――――――, 허 혁 역, 「예수의 比喩」, 분도출판사, 1974.

――――――, Zum Gleichnis vom verlorenen Sohn, ThZ 5(1949), 228-231.

Kähler, M., Das Gewissen, Halle, 1878 = Darmstadt, 1967.

Kegler, J., "Hauptlinien der Hiobforschung seit 1956", in: Claus Westermann, Der Aufbau des Buches Hiob, Tübingen: J.C.B. Mohr, 1956, 9-25.

Kelly, R. H., God the Father. Theology and Patriarchy in the Teaching of Jesus, Philadelphia: Fortress Press, 1979.

Kelly, R. Hamerton, *God the Father. Theology and Patriarchy in the Teaching of Jesus*, 1979, 55f.

Kierkegaard, S., 강성위 역, 「유혹자의 일기, 불안의 개념, 죽음에 이르는 병」, 동서문화사, 1975.

――――――, 임춘갑 역, 「공포와 전율/반복」, 종로서적, 1979.

――――――, 임춘갑 역, 「그리스도교의 훈련」, 종로서적, 1983.

――――――, 임춘갑 역, 「이것이냐 저것이냐」, 종로서적, 1982.

――――――, 임춘갑 역, 「죽음에 이르는 병」, 종로서적, 1993.

Kim, Jae Jin, "E. Brunner: Sein Denkweg und Die Dialektik der autonomen Vernunft", in: Korea Journal of SYSTEMATIC THEOLOGY, Vol. I(1997), 149-166.

Kinder, E., Die Erbsünde, Stuttgart: Schwabenverl., 1959.

Klein, G., Exegetische Probleme in Römer 3,21-4,25. Antwort an U. Wilkens, EvTh 24(1964), 676-683.

———, Römer 4 und die Idee der Heilsgeschichte, EvTh 23(1963), 424-447.

Konrad, J., Art. "Vorsehung", RGG 3. Aufl., Bd.VI., Sp. 1496-1499.

Kopfstein, Kedar, Art. "תמם", ThWAT VIII, Sp. 688-701.

Kornfeld, Art. "שקר", ThWAT Bd. VI., Sp. 1179-1188.

Kranz, Margarita, Art. "Schicksal", in: HPhWPh 8, 1275-1289.

Kreck, W., Grundfrage der Dogmatik, 2. Aufl. München, 1985.

Kümmel, W.-G., 박익수 역, 「신약 정경 개론」, 대한기독교출판사, 1988.

Kutsch, E., "Gideons Berufung und Altarbau Jdc 6,11-24", ThLZ 81(1956), 75-84.

———, "Trauerbräuche und Selbst- minderungsriten im AT", ThSt 78(1965), 26-32.

———, Art.. "וחת", ThWAT III, 288-296.

———, Verheißung und Gesetz. Untersuchungen zum sogenannten "Bund" im Alten Testament, Berlin: de Gruyter, 1973.

Leibniz, Gottfried Wilhelm., 「정의의 일반적인 개념에 관한 성찰」 Mollat, = B-C. II.

Lohfink, G., 신교선, 이석재 옮김, 「죽음이 마지막 말은 아니다」, 성바오로 출판사, 1986.

———, Wie hat Jesus Gemeinde gewollt?, 정한교 역, 『예수는 어떤 공동체를 원했나?』, 분도출판사 1982.

Lohse, E., 박창건 역, 「新約聖書 背景史」, 대한기독교서회, 1983.

Lorenz, K., Die acht Todsünden der zivilisierten Menschheit, 9. Aufl., München: Piper, 1978.

Luther, M., D. Martin Luthers Werke. Kritische Gesamtausgabe, Weimar 1883ff./ Neudruck Graz, Bd. 40 I, 1964ff.

Maly, K., Mündige Gemeinde, Stuttgart, 1967.

Mariana, De rege et regis institutione, 1599.

Marx, K., "Kritik der Hegelschen Dialektik und Philosophie", in: K. Marx, F. Engels, Studienausgabe in 4 Bänden, Fischer Taschenbuch 6059, 1971.

———, Nationalökonomie und Philosophie, Köln: Verlag Gustav Kiepenheuer, 1950.

Maurer, Chr., Art. "σύνοιδα, συνείδησις", ThWNT 7, 897-918.

------, "Glaubensbindung und Gewissensfreiheit im NT", NhZ 17(1961), 107-117.

Meadows, D. H., The Limits to Growth. A report for the Club of Rome's project on the predicament of mankind, New York: Universe Books; London: Pan Books, 1972.

Meadows, Dennis, *The Limits to Growth*, 1972.

Mitscherlich, A., Auf dem Wege zur vaterlosen Gesellschaft. Ideen zur Sozialpsychologie, Weinheim; Basel; Berlin: Beltz, 1963.

Moltmann, J., 全景淵 편, 「人間」, 복음주의총서 10, 대한기독교서회, 1993.

------, Theologie der Hoffnung, 전경연, 박봉랑 역, 「희망의 신학. 현대 문명과 한국」, 현대사상사, 1973.

Müller, H. P., Das Hiobproblem. Seine Stellung und Entstehung im alten Orient und im Alten Testament, Darmstadt, 1978.

Neve, J. L., 서남동 역, 「기독교교리사」, 대한기독교서회, 1965.

Nietzsche, Fr. W., Der Wille zur Macht. Versuch eine Umwertung aller Werte, Stuttgart: Kröner, 1952.

Nolan, A., Jesus before Christianity, Maryknoll, N.Y. : Orbis Books, 1978,

Noth, M., Das Gesetz im Pentateuch. Ihre Voraussetzungen und ihr Sinn, Halle(Saale): Niemeyer, 1940.

------, Geschichte Israels, Göttingen: Vandenhoeck & Ruprecht, 1950.

Obermann, H. A., Luther. Mensch zwischen Gott unf Teufel, Berlin: Sevrin und Siedler, 1982.

Odeberg, H., The Fouth Gospel. Interpreted in its relation to contemporaneous religious currents in Palestine and the Hellenistic-oriental world, Amsterdam, 1974

Ott, H., Das Reden vom Umsagbaren - Die Frage nach Gott in unserer Zeit -, 김광식 역, 「하나님에 대한 우리 시대의 질문」, 대한기독교출판사, 1994.

Pannberg, W., Anthropologie in theologischer Perspekttive, 박일영 옮김, 「인간학」, 분도출판사, 1996.

Plessner, H., Die Stufen des Organischen und der Mensch. Einleitung in die philosophische Anthropologie, Berlin: Walter de Gruyter, 1928.

Pöhlmann, H. G., 이신건 역, 「교의학 개요」, 한국신학연구소, 1989.

⎯⎯⎯⎯, Analogia entis oder Analogia fidei. Die Frage der Analogie bei Karl Barth, Göttingen: Vandenhoeck & Ruprecht, 1965.

Portmann, A., 'Biologische Fragmente zu einer Lehre vom Menschen', 61-62(Zoologie und das neue Bild vom Menschen, 1956, 63-64).

Portmann, A., "Biologische Fragmente zu einer Lehre vom Menschen", in: Zoologie und das neue Bild vom Menschen, 1956.

Wallis, G., Art. "תמך", ThWAT II, Sp. 1020-1032.

Preuß, H. D., "ich will dir sein", in: ZAW 80(1968), 139-173.

Problems of Luther's Zwei-Reiche-Lehre", *Journal of Theological Studies,* 20(1969), 174ff.

Radl, W., Art. "προνοέω", ExWNT III, 382f.

Rahner, K., "Bemerkunggen zum Begriff der Offenbarung", in: K. Rahner/J. Ratzinger, Offenbarung und Überlieferung, Freiburg, 1965.

⎯⎯⎯⎯, Grundkurs des Glaubens, 2. Aufl., Freiburg: Basel: Wien, 1976.

Rainey, A. F., "Dust and Ashes", Tel Aviv I, 1974, 77-83.

Ratschow, C. H., Werden und Wirken. Eine Untersuchung des Wortes hajah als Beitrag zur Wirklichkeitserfassung des Alten Testamentes, Berlin: Töpelmann, 1941.

Rendtorff, R., Studien zur Geschichte des Opfers im Alten Israel, Neukirchen-Vluyn: Neukirchener Verlag, 1967.

Reventlow, H. G., Liteurgie und prophetisches Ich bei Jeremia, Gütersloh, 1963.

Richter, G., "Zwei alttestamentliche Studien. I. Der Blutbräutigam", ZAW 39(1921), 123-128.

Richter, W., Die sogenannten vorprophetischen Berufungsberichte. Eine literaturwissenschaftliche Studie zu 1 Sam 9,1-10,16, Ex 3f. und Ri 6,11-17, Göttingen 1970.

⎯⎯⎯⎯, Traditonsgeschichtliche Untersuchungen zum Richterbuch, Bonn, Richter, W.,1963.

Ridderbos, N. H., Art. "רפע als Staub der Totenortes", OTS 5(1948), 174-178.

Ringgren, Art. "דאג", ThWAT Bd. I, 205-210.

Ringgren, H., Art. "Schicksal", RGG. 3.Aufl., Bd.V, Sp. 1404f.

Rivkin, E., 신혜란 역, 「무엇이 예수를 십자가에 못 박았는가?」, 한국신학연구소, 1996.

Roloff, D., Eidolon, Eikon, Bild, HWPh Bd. 2., 330-332.

Sanders, E. P., 이정희 역, 「예수 운동과 하나님의 나라」, 한국신학연구소, 1997.

Scheler, M., Die Stellung des Menschen im Kosmos, München, 1947.

───────, Wesen und Formen der Sympathie(Ges. Werke 7), 1913, 1974.

Schelsky, H., "Soziologie der Sexualitaet. Ueber die Beziehung zwischen Geschlecht", Moral und Gesellschaft, Hamburg : Rowohlt, 1955, 15ff.

Schlatter, A., Gottes Gerechtigkeit. Ein Kommentar zum Römerbrief, Stuttgart, 1934.

Schleiermacher, F. D. E.., Der christliche Glaube. Nach den Grundsaetzen der evangelischen Kirche im Zusammenhange dargestellt, 1821.

Schmidt, W. H., 강성렬 역, 「역사로 본 구약 신앙」, 나눔사, 1990.

───────, Exodus, [BK, II/1], Neukirchen-Vluyn, 1974.

Schniewind, J., Das Gleichnis vom verlorenen Sohn, Göttingen 1940(재판: J. Schniewind, Die Freude der Buße, kleine Vandenhoeck-Reihe 32, Göttingen 1956).

Schönweiß, H., Art. "ἐπιθυμία", ThBNT I, 164-166.

Schröer, H., Art. "Kierkegaard", TRE 18, 138-155.

Schürmann, H., Lukasevangelium, Freiburg: Herder, 1969.

Schweizer, E., Das Evangelium nach Mätthaus, Göttingen: Vandenhoech & Ruprecht 1976, 한국신학연구소 편, 「국제성서주석」 29, 1982.

───────, "Die Weltlichkeit des Neuen Testaments: Haustafeln", in: H. Donner(Hg.), Beiträge zur Alttestamentlichen Theologie, 1977, 397-413.

Seebaß, H., Art. "שוב", ThWAT Bd. I, 568-580.

Seel, O., "Zur Vorgeschichte des Gewissens-Begriffes im altgriechischen Denken", in: Festschrift F. Dornseiff zum 65 Geburtstag, Leipzig: Bibliographisches Institut, 1953. 291-319.

Smend, R., Die Entstehung des Alten Testaments, 2. Aufl., Stuttgart,

1981.

Smith, H. H., Changing Conceptions of Original Sin. A Study in American Theology Since 1975, 1955.

Snell, B., Die Entdeckung des Geistes. Studien zur Entstehung des europäischen Denkens bei den Griechen, 3. Aufl., Göttingen: Vandenhoeck & Ruprecht, 1955.

Stenmans, P., Art. "רבכ", ThWAT IV, 17-23.

Thompson, W. D. J. Cargill, "The 'Two Kingdom' and the 'Two Regiments': Some Problems of Luther's Zwei-Reiche-Lehre", *Journal of Theological Studies,* 20(1969), 174.

Thraede, K., Zum historischen Hintergrund der "Haustafeln" im Neuen Testament, In: E. Dassmann(Hg.), Pietas, 1980, 359-368.

Thyen, H., Art. "καθαρος", EWNT, Bd. II, 535-542.

Tillich, P., Systematische Theologie, Darmstadt: Wissenschaftliche Buchgesellschaft, 1984.

Tolstoy, L. G., 이철 옮김, 「사람은 무엇으로 사는가」, 을지출판사, 1995.

van Selms, A., Marriage and family life in Ugaritio literature, London, 1954.

van Skaist, A., The autority of the brother at Arraphaand a Nuzi (JAOS 89, 1969, 10-17).

Vetter, D., Jahwes Mit-Sein. Ein Ausdruck des Segens, Stuttgart: Calwer, 1971.

Vriezen, Th. C., Die Erwählung Israels nach dem Alten Testament, Zürich: Zwingli-Verlag, 1953.

Wächter, L., Der Tod im Alten Testament, Stuttgart: Calwer Verlag, 1967.

--------, Art. "רפע", ThWAT I, 275-284

--------, Unterweltvorstellung und Unterweltsnamen in Babylonien, Israel und Ugarit, MIO 15, 1969.

Wallis, G., Art. "hamad", ThWAT II, 1020-1032.

Weber, O., Grundlagen der Dogamtik, Bd. I, 4. Aufl., Neukirchen-Vluyn, 1972.

Weischedel, W., Der Gott der Philosophen. Grundlegung einer

philosophischen Theologie im Zeitalter des Nihilismus, Darmstadt: Wissenschaftliche Buchgesellschaft, 1983.

Wendel, F., 이종태 역, 「칼빈신학의 이해」, 생명의 말씀사, 1991.

Wendorff, B., Die Staatlehre des Aur. Augustinus nach De civ. Dei, 1926.

Westerman, C., "Geist im Alten Testament", EvTh 41(1981), 223-230.

-------, "The Complain Against God", in: God in the Fray. A Tribute to Walter Brueggemann, hg. von. T.Linafelt - R.K.Beal, Minneapolis, 1998.

-------, Art. "כבד kbd schwer sien", THAT I, 794-812.

-------, Genesis, BK 1/1, 2. Auflage 1976.

Whitley, C. F., The Genius of Israel, 안성림 역, 「고대 이스라엘 종교의 독창성」, 분도출판사 1981.

Wildberger, H., Jesaja 1-12, BK, 2. Auflage, 1990.

Wilkens, U., "Die Rechtfertigung Abrahams nach Römer 4, Studien zur Theologie der alttestamentlichen Überlieferung." FS. für Gerhard von Rad, 1961, 111-127(그의, Rechtfertigung als Freiheit: Paulusstudien, Neukirchener Verlag, 1974, 33-49).

-------, "Gottes geringste Brüder", in: Jesus und Paulus(W. G. Kümmel), Göttingen 1975, 363-383.

-------, "Zu Römer 3,21-4,25 Antwort an G. Klein", EvTH 24(1964), 586-610.

Wilpert, P., Art. "Begierde", RAC II, 62-78.

Wolff, Chr., Der erste Brief des Paulus an die Korinther, 2. Aufl., Belrin 1982.

Wolff, H. W., Anthropologie des Alten Testaments, 문희석 역, 「舊約 聖書의 人間學」, 분도출판사 1976.

-------, "Hauptprobleme alttestamentlicher Prophet", EvTh 15(1955), 436-465.

-------, Das Alte Testament und das Problem der existentialen Interpretation, München, 1963.

Wolther, M., Art. "Gewissen, II. Neues Testament", TRE 13, 213-218.

Zimmerli, W., 'Verheissung und Erfuellung', EvTh 12(1952/53), 34-50.

-------, "Gott in der Verkündigung der Propheten", La Notion biblique de Dien. Le Dieu de la Bible et le Dieu des philosophes, BEThL 41, hg. von. J. Coppens, Leuven, 1976, 127-143.

--------, "Sinaibund und Abrahambund. Ein. Beitrag zum Verständnis der Priesterschrift", in: Theologische Zeitschrift, 16(1960), 268-280.

--------, Der Mensch und seine Hoffnung im AT, Göttingen: Vandenhoeck & Ruprecht, 1968.

--------, Grundriss der alttestamentlichen Theologie, 김정준 역, 「舊約神學」, 한국신학연구소.

Aquinus, Th., 「신학대전」 1, II, 91,2 ad 3; 90,4

김균진, 「기독교조직신학 II」, 연세대학교 출판부, 1991.

----, 「생태학의 위기와 신학」, 대한기독교서회, 대한기독교서회, 1991.

김덕기, 「예수 비유의 새로운 지평」, 다산글방, 2001.

김재진, "생명의 생태학적 환경과 생명 창조사", 「한국기독교 신학논총」 제30집(2003), 291-311.

----, "'함께(מה) 있음(삶)'으로서의 하나님 형상(Imago dei)", 연세대학교 신과대학, 연합신학대학원 편, 「神學論壇」 第三十一輯 (2003, 5), 73-97.

----, 「웨스트민스터 소 요리 문답 해설」, 대한기독교서회, 2004.

----, 「칼 바르트 신학 해부」, 도서출판 한들, 1998.

----, 「현실적 경험 신학」, 대한기독교서회 2003.

문희석 편역, 「舊約 聖書 背景史」, 대한기독교출판사, 1990.

박요한 영식, "욥의 기도의 내부 구조 분석", 「가톨릭 신학과 사상」 42(2002), 145-168.

----, 「간추린 성문서 입문」, 성바오로출판사 1998.

----, 「생명의 샘과 인생길」, 성바오로출판사 1999.

생텍쥐페리, A., 「인간의 대지」, 안응렬 옮김, 동서문화사 1975.

손봉호, '현대적 상황에서 본 교회와 국가', 「현대교회와 국가」, 97.

심상태, 「인간. 신학적 인간학 입문」, 서광사 1989.

아가페 출판사 편, 「아가페 성경 사전」, 1993, 1452-1356,

영국 PA 통신, 조선일보 이태훈 기자, libra@chosun.com.

오덕호, 「하나님이냐, 돈이냐?」, 한국신학연구소 2001.

이근술, 최기술 엮음, 「토박이 말 쓰임 사전」 하권, 동광출판사 2001.

이종성, 「神學的 人間學」, 대한기독교서회 1962

이종윤, '성경에서 본 교회와 국가', 김명혁 편, 「현대 교회와 국가」, 도서

출판 엠마오 1988, 70.

————, 「로마서 I」, 필그림 출판사 1995.

————, 「로마서 II」, 필그림 출판사 1966.

————, 「성경난해 구절 해설」, 필그림 출판사 2004.

전경연, 「로마서 연구」, 기독교서회 1999.

정기덕, "나사렛에서 무슨 좋은 사람이 나올 수 있겠소? – 예수의 고향 나사렛을 찾아서 II", 「神學과 文化」 13집(2004), 대전신학대학교 편, 115-156.

조선일보 이철민 기자(블로그, chulmin.chosun.com)

조선일보, 2002년 11월 7일, A.13(김기철 기자, kichul@chosun.com)

조선일보, 2005년 1월 7일, 16A(이영완 기자, 블로그, ywlee.chosun.com)

조선일보, 2005년 6월 8일, A6(강인범 기자, 블로그, ibkang.chonsun.com

조선일보, 2006년 8월 2일, A8(뉴시스)

퍼니쉬, V. P., 金龍玉 역, 「바울의 神學과 倫理」, 대한기독교출판사, 2000.